통합편

5대 발전회사

NCS + 전공 + 한국사 + 모의고사 5회

SD에듀

(주)시대고시기획

2024 최신판 SD에듀 5대 발전회사 통합편
NCS+전공+한국사+모의고사 5회+무료NCS특강

SD에듀

Always **with you**

사람의 인연은 길에서 우연하게 만나거나 함께 살아가는 것만을 의미하지는 않습니다.
책을 펴내는 출판사와 그 책을 읽는 독자의 만남도 소중한 인연입니다.
SD에듀는 항상 독자의 마음을 헤아리기 위해 노력하고 있습니다. 늘 독자와 함께하겠습니다.

머리말

우리나라의 발전을 책임지는 5대 발전회사는 2024년에 신입직원을 채용한다. 발전회사의 채용절차는 크게 「지원서 접수 ➡ 필기전형 ➡ 면접전형 ➡ 최종 합격자 발표」순서로 이루어지며, 필기전형에서는 공통으로 직업기초능력평가와 직무능력평가(전공)를 평가하고, 일부 공단의 경우 한국사도 평가한다. 발전회사별로 절차가 추가되거나 세분화되어 있고, 평가하는 내용도 상이하므로 시험을 준비하기 전 반드시 지원하고자 하는 발전회사의 공고를 확인해야 한다. 또한 자신에게 필요한 영역의 문제 풀이 능력을 높이는 등 철저한 준비가 필요하다.

발전회사 필기전형 합격을 위해 SD에듀에서는 기업별 NCS 시리즈 누적 판매량 1위의 출간 경험을 토대로 다음과 같은 특징을 가진 도서를 출간하였다.

도서의 특징

❶ 기출복원문제를 통한 출제 유형 확인!
- 2023년 주요 공기업 NCS 기출문제를 복원하여 공기업별 출제경향을 파악할 수 있도록 하였다.
- 2023년 주요 공기업 전공 기출문제를 복원하여 전공 필기 유형까지 파악할 수 있도록 하였다.

❷ 발전회사별 출제 영역 맞춤 문제를 통한 실력 상승!
- 직업기초능력평가 출제유형분석&실전예제를 수록하여 NCS를 유형별로 꼼꼼히 대비할 수 있도록 하였다.
- 전공(법 · 행정 · 경영 · 경제 · 회계 · 기계 · 전기 · 화학) 적중예상문제와 한국사 기출복원 · 적중예상문제를 수록하여 필기전형 전반에 빈틈없이 학습할 수 있도록 하였다.

❸ 최종점검 모의고사를 통한 완벽한 실전 대비!
- 철저한 분석을 통해 실제 유형과 유사한 NCS 최종점검 모의고사를 수록하여 자신의 실력을 점검할 수 있도록 하였다.

❹ 다양한 콘텐츠로 최종 합격까지!
- 발전회사 채용 가이드와 면접 기출질문을 수록하여 채용 전반에 대비할 수 있도록 하였다.
- 온라인 모의고사 3회분을 무료로 제공하여 필기전형을 준비하는 데 부족함이 없도록 하였다.

끝으로 본 도서를 통해 발전회사 채용을 준비하는 모든 수험생 여러분이 합격의 기쁨을 누리기를 진심으로 기원한다.

SDC(Sidae Data Center) 씀

미션

> 깨끗하고 안전한 에너지를 **안정적으로 공급**하고,
> 지속가능한 **미래성장**을 선도하여 **국가발전과 국민복지에 기여**한다.

비전

Clean & Smart Energy Leader

인재상

학습형 인재
> 남다른 생각과 학습을 통해 새로운 기회를 만드는 **학습형 인재**
> 업무방식, 에너지 산업 등에 관한 새로운 통찰과 전문성을 접목하여
> 새로운 기회를 창출해 내는 사람

개방형 인재
> 다양하게 소통하고 협업하는 **개방형 인재**
> 열린 생각과 마음을 바탕으로 다양성을 존중하고 협력함으로써
> 신뢰를 구축하고 새로운 가치를 만들어 내는 사람

실행형 인재
> 명확한 목표를 향해 스스로 행동하고 성과를 만들어 내는 **실행형 인재**
> 공동의 목표를 달성하기 위해 자신의 전문성을 발휘하여
> 성과를 만들어 내는 사람

○ 핵심가치

Real;ationship (Real & Relationship)	Add;vanced (Add & Advanced)	Deep;erence (Deep & Difference)
안전과 상생을 바탕으로 신뢰 구축	도전과 변화를 통한 혁신 성장	전문성과 차별성을 갖춘 가치 선도

○ 전략방향 & 전략과제

전략방향	경영목표	전략과제
"탄소중립" 기반의 안정적 전력 생산	온실가스 감축 48% 무탄소혼소발전 9TWh	안정적 · 효율적 전력 생산 탄소중립 실행력 강화 新전력시장 대응력 강화
미래성장 발판의 "에너지신사업" 강화	신재생 발전 비중 30% 분산전원 융복합사업 1GW	청정수소 밸류체인 구축 해상풍력 중심 산업생태계 선도 분산에너지 기반 융복합 사업 개발
지속혁신 기반의 "경영 체계 효율화"	부채 비율 160% 영업이익률 7%	경영리스크 극복 및 효율성 강화 미래대응 조직 · 성과 관리 디지털 신기술 활용 생산성 제고
신뢰 · 상생의 "책임경영" 실현	안전관리등급 1등급 종합청렴도 1등급	안전동행 가치경영 실현 혁신성장형 동반생태계 구축 윤리 · 준법 경영 내재화

한국남부발전 이야기 INTRODUCE

미션

> 안전하고 깨끗한 에너지로 지속가능한 미래를 창출하여
> 국민 삶의 질 향상에 기여한다.

비전

> 친환경 에너지를 선도하는 국민기업

핵심가치

> 도약 / 혁신 / 사람 / 개방

인재상

> 협력과 소통으로 디지털 혁신과 가치 창출을 주도하는 인재

가치 창출에 앞장서는 실천인	▶	차별화된 생각과 능동적 행동으로 기존 사업과 신규 사업에서 차이를 만들어 내며(Value-added) 새로운 가치를 창출하는 실행력을 갖춘 인재
디지털 혁신을 리드하는 도전인	▶	현실에 안주하지 않고 4차 산업혁명의 경영환경 속에서 Digital Intelligence를 활용하여 발전사업과 조직문화의 변화를 이끄는 도전과 열정을 갖춘 인재
상생과 협력을 추구하는 소통인	▶	세대 간의 다름(Difference)을 인정하고, 개방된 자세로 소통하며 선후배 간의 협력과 사회 책임에 최선을 다하는 인재

CI

한국남부발전 심볼마크(Symbolmark)는 한국남부발전(주)를 대표하는 시각적 표상으로, 한국남부발전(주)의 CI, 시스템에서 레터마크와 더불어 중요한 요소 중의 하나이다. 심볼마크(Symbolmark)는 메뉴얼에 제시된 항목별 사용규정에 따라 정확하게 사용하여야 하며 어떠한 경우라도 임의로 변경 사용할 수 없다.

전략방향 & 전략과제

전략방향	경영목표	전략과제
성과지향 경영혁신	부채율 200% 미만	재무관리 안정성 강화
		효율성 제고 관리체계 개편
	KOSPO 혁신지수 A	디지털 기반 생산성 향상
미래 에너지 산업 주도	신성장 매출액 3조 원	대용량 중심 재생에너지 확대
		해외 거점 개발 및 사업 다각화
	신성장 순이익 3,000억 원	수소산업 생태계 선도
저탄소 발전체제 전환	노후석탄 LNG 전환 100%	화력사업 그린에너지 전환
		설비 효율화 및 연료믹스 최적화
	온실가스 감축률 55%	친환경 종합감축체계 구축
지속가능경영 선도	중대재해사고 ZERO	안전 최우선 경영
		청렴·공정한 신뢰경영 선도
	청렴도 1등급	민간지원 협력 강화

미션

> 국가 필요 에너지의 안정적 공급

비전

> 친환경 에너지 전환 선도기업

인재상

> 미래 성장을 주도하는 **도전적 변화인재**

> 세계 최고를 지향하는 **글로벌 전문인재**

> 사회적 책임을 다하는 **협력적 조직인재**

공유가치

핵심 가치	혁신성장 / 안전우선 / 녹색전환 / 상생협력 / 청렴공정
경영 방침	가치추구 / 혁신지향 / 소통참여

전략방향＆전략과제

전략방향	경영목표	전략과제
성과 · 효율 중심 경영혁신체계 강화	부채비율 200% 미만	미래대응 관리체계 강화
	조직 인사 역량지수 90점	조직 · 인사 역량 강화
	청렴도 1등급	소통의 조직문화 구현
신사업 확장으로 미래성장동력 창출	신재생에너지 발전비중 30%	신재생에너지 사업 개발
	신재생 R&D 투자비중 80%	미래기술 경쟁력 선도
	미래 신사업 매출액 2.4조 원	민간협력 에너지신사업 개발 확대
탄소중립 이행으로 녹색성장 실현	무탄소 혼소발전량 4.8TWh	EWP 수소산업 생태계 구축
	저탄소 LNG 설비용량 6.7GW	저탄소 · 친환경 발전 선도
	온실가스 감축률 61%	계통변화 대응 발전운영 개선
안전 · 협력 기반 사회적책임 실현	중대재해 Zero	에너지산업 동반성장
		안전보건 관리체계 강화
	동반성장평가 최고등급	상생 · 포용 사회 구현

미션

> 우리는 지속적인 혁신으로 **안전하고 깨끗한 에너지**를 만들어
> **사회 공공의 발전**에 기여한다.

비전

> 새로운 시대를 여는 **친환경 에너지** 글로벌 리더

인재상

세계 최고를 지향하는 Global 인재
차별화된 글로벌 역량과 강한 리더십으로 세계 최고의 종합에너지 기업으로 성장을 추구하는 인재

변화를 주도하는 도전인재
열정과 도전정신으로 변화를 주도하고 혁신을 통해 미래를 개척하는 인재

상생의 조직문화를 구축하는 협력인재
신뢰를 바탕으로 서로 협력하여 상생의 조직문화를 구축하는 인재

가치를 창조하는 전문인재
전문성 확보를 통해 가치를 창조하고 경쟁력 향상에 기여하는 인재

경영목표&전략과제

경영목표	전략과제

청정화력 설비용량 14.5GW
매출액 8조 원
(부채비율 159%)

- 최적의 사업부지 확보로 청정 복합 적기 건설
- 에너지 시장 탄력대응 경제적 · 안정적 연료 조달
- 급전 경쟁력 제고를 위한 발전설비 운영 최적화
- 발전 신기술 개발을 통한 경쟁력 강화

신재생발전량 비중 27%
수소 · 암모니아발전 상용화
해외 · 신사업 매출액 1.7조 원

- 합리적 신재생 개발 및 운영효율 강화
- 수소 · 암모니아 혼소 실증 기반 무탄소발전 선도
- 수익성과 친환경 기반의 해외사업 집중 개발
- 디지털 기반 에너지신사업 창출

온실가스 감축률 61%
산업재해율 ZERO

- 혁신기술 활용 온실가스 감축
- 에너지효율화를 통한 탄소중립 기여
- 환경설비 개선을 통한 미세먼지 저감
- 안전의식 내재화 및 스마트 안전관리체계 구축

청렴도평가 1등급
동반성장평가 최고등급
K-ESG 90점 이상

- 청렴문화 확산 및 내부통제시스템 강화
- 자원공유 · ESG경영 확산으로 협력사 성장 지원
- 지속가능한 지역상생 및 공정한 에너지 전환
- 소통과 참여의 공감경영 실현

전략방향

최고의 기술력과 품질로 **경쟁우위 강화**	**미래성장동력 창출로** **지속가능성 확보**
친환경 · 안전 발전으로 **사회적 책임 이행**	**공정과 책임에 기반한** **공공가치 제고**

한국중부발전 이야기 INTRODUCE

미션

친환경 에너지의 안전하고 안정적인 공급을 통해
국가 발전과 국민 삶의 질 개선에 기여한다.

비전

친환경으로 미래를 여는 에너지 전문기업
Green Energy Leader Creating a Clean Tomorrow

핵심가치

안전환경 / 미래성장 / 혁신소통 / 국민신뢰

경영목표

신재생에너지 발전량 40%	해외신재생 설비용량 4,000MW	온실가스 감축률 70%	부채비율 180% 이하
청정전원 설비용량 6,000MW	미래성장사업 매출비율 40%	중대재해 ZERO	국민신뢰지수 최상위 등급

전략목표 & 전략과제

전략목표		전략과제
Best 주력사업 최대성과 창출	▷	• 기본 중심 재난 안전체계 확산 • 품질 · 역량 기반 발전 신뢰도 확보 • 친환경 전력 생산 기반 확대
Accelerating 내부 경영효율 가속화	▷	• 재무건전성 관리 고도화 • 신사업 수익성 강화 • 조직운영 효율성 제고
Sustainable 지속가능 에너지 선도	▷	• 탄소중립체계 이행 • 무탄소 전원 기반 구축 확대 • 신재생에너지 역량 확장
Innovative 소통 · 역량 기반 경영혁신 강화	▷	• 공공기관 ESG경영 선도 • 소통 · 상생의 조직문화 확산 • 조직 및 구성원 혁신역량 강화
Customized 국민 니즈 맞춤 공공성 제고	▷	• 이해관계자별 혁신성장 강화 • 윤리 · 인권경영 고도화 • 투명한 기업 운영 및 국민 참여 확대

인재상

CREATIVE GLOBAL KOMIPO CHALLENGER
창조적 에너지로 세계와 소통하여 KOMIPO의 미래를 이끄는 인재

Creative Challenger	**Global Communicator**	**Performance Leader**
혁신적 사고와 열정으로 새로운 가치창출에 도전하는 인재	상호 존중과 배려로 세계와 소통하는 인재	강한 자부심과 책임감으로 자기 업무에 주도적인 인재

신입 채용 안내 INFORMATION

🔄 지원자격

❶ 자격 : [일반] 제한 없음

[보훈] 보훈관련법에 의한 취업지원대상자로서 경남서부보훈지청으로부터 추천받은 자에 한함

❷ 외국어 : [일반] 토익 700점 이상

[보훈] 토익 500점 이상

❸ 학력·전공 : 제한 없음

❹ 연령 : 제한 없음[단, 취업규칙 제59조상 정년(만 60세) 초과자 제외]

❺ 병역 : 병역필(입사일 이전 전역가능자 포함) 또는 면제자

❻ 인사관리규정 제11조 결격사유에 해당하지 않는 자

❼ 입사일부터 정상근무가 가능한 자

🔄 필기전형

구분	직렬	내용	문항 수
직무능력검사	사무	의사소통능력, 자원관리능력, 문제해결능력, 정보능력, 수리능력	50문항
	기술	의사소통능력, 자원관리능력, 문제해결능력, 기술능력(전공)	55문항 (기술 25문항)
인성검사		적부 판단	

🔄 면접전형

직무면접(50점)+종합면접(50점)으로 진행

❖ 위 채용 안내는 2024년 채용공고를 기준으로 작성하였으나, 세부사항은 확정된 채용공고를 확인하기 바랍니다.

한국남부발전

○ 지원자격

❶ 학력 · 연령 · 자격 : 제한 없음[단, 정년(만 60세) 미만인 자]

❷ 어학 : 토익 700점 이상(단, 장애 및 보훈 면제)

❸ 병역 : 군필 또는 면제자(현역의 경우 최종합격자 발표일 이전에 전역 가능한 자)

❹ 인사관리규정 제10조 결격사유에 해당하지 않는 자

❺ 채용 직후 즉시 근무 가능한 자

○ 필기전형

❶ 인성평가

• 직무적합평가(인성) : E, F등급 부적합(A~F등급)

❷ 기초지식평가

• 직무능력 : 직무능력평가(K-JAT)

– 직무수행(KOSPO 요구역량), 직업기초능력

• 전공기초(50문항)

– 사무 : 2개 분야 중 택 1

㉠ 법정분야 : 법학, 행정학 분야 지식

㉡ 상경분야 : 경제학, 회계학, 경영학 분야 지식

– 기계, 전기, 화학, 토목, 건축, ICT : 지원분야 기사 수준

○ 면접전형

NCS 기반 역량면접전형	
1차 면접	• Presentation, Group Discussion, 실무역량 • NCS 직업기초능력 및 직무수행능력 검증 • 면접점수 합계 60% 미만은 불합격으로 판단하며 원점수에 가점을 합산한 점수로 적용
2차 면접	• 인성 및 조직적합성 평가

❖ 위 채용 안내는 2024년 채용공고를 기준으로 작성하였으나, 세부내용은 반드시 채용공고를 확인하기 바랍니다.

한국동서발전

◯ 지원자격

❶ 학력 · 전공 · 연령 · 성별 : 제한 없음(단, 만 60세 이상인 자는 지원 불가)
❷ 외국어 : TOEIC 700점 이상(단, 보훈 및 장애인, 전문자격증 소지자 면제)
❸ 병역 : 군필 또는 면제자(병역 기피사실이 없는 자)
❹ 인사관리규정 제16조(신규채용자의 결격사유) 미해당자
❺ 최종합격자 발표 이후 즉시 근무 가능한 자

◯ 필기전형

구분	세부내용
인성검사	최종면접 참고자료로 활용
직무수행능력평가	전공(90점), 한국사(10점)
직업기초능력평가	의사소통능력, 수리능력, 문제해결능력, 자원관리능력

◯ 면접전형

구분	세부내용
1차 면접 (직무역량면접)	직무분석발표면접(50점)
	직무토론면접(50점)
2차 면접 (최종면접)	최종면접(100점)

❖ 위 채용 안내는 2024년 채용공고를 기준으로 작성하였으나, 세부사항은 반드시 확정된 채용공고를 확인하기 바랍니다.

한국서부발전

🔄 지원자격(공통)

❶ 학력 · 연령 : 제한 없음(단, 만 60세 이상 지원 불가)

❷ 어학 : TOEIC 기준 700점 이상(TOEIC, New TEPS, TOEFL iBT, TOEIC-S, TEPS-S, OPIc)

❸ 병역 : 병역 기피사실이 없는 자(현역의 경우 최종합격자 발표일 이전에 전역이 가능한 자)

❹ 인사관리규정 제10조에 의거하여 신규채용에 결격사유가 없는 자

❺ 당사가 정한 입사일부터 근무가 가능한 자

🔄 필기전형

구분	내용	문항 수
직무지식평가	직군별 전공지식	50문항
	한국사	10문항
직업기초능력평가	의사소통능력, 수리능력, 문제해결능력, 기술능력, 자원관리능력	5개 과목 50문항
인성검사	필요역량과 성격유형 검사	적부 판정

🔄 면접전형

❶ 개별인터뷰(인성면접) : 60점

❷ 직무상황면접(그룹면접) : 40점

❖ 위 채용 안내는 2024년 채용공고를 기준으로 작성하였으나, 세부내용은 반드시 채용공고를 확인하기 바랍니다.

한국중부발전

⟳ 지원자격(공통)

❶ 연령 · 성별 : 제한 없음(단, 만 60세 이상인 자는 지원 불가)
❷ 병역 : 병역 기피 사실이 없는 자(단, 현역은 최종합격자 발표예정일 이전에 전역 가능한 자)
❸ 인사관리규정 제10조의 결격사유가 없는 자
❹ 최종합격자 발표 이후 즉시 근무 가능한 자

⟳ 필기전형

구분	직렬	내용
직업기초능력평가	사무	의사소통능력, 조직이해능력, 자원관리능력, 수리능력
	정보통신	의사소통능력, 문제해결능력, 정보능력, 기술능력
	발전기계	의사소통능력, 문제해결능력, 자원관리능력, 기술능력
	발전전기	의사소통능력, 문제해결능력, 수리능력, 기술능력
	발전화학	의사소통능력, 문제해결능력, 자원관리능력, 기술능력
	토목	의사소통능력, 문제해결능력, 자원관리능력, 조직이해능력
	건축	의사소통능력, 문제해결능력, 수리능력, 정보능력
	산업위생	의사소통능력, 문제해결능력, 자원관리능력, 조직이해능력
직무지식평가	전 직렬	직렬별 상이

⟳ 면접전형

구분	직렬	내용
직군별 직무역량평가	전 직렬	PT면접
		토론면접
인성면접		태도 및 인성 등 종합평가

❖ 위 채용 안내는 2024년 채용공고를 기준으로 작성하였으나, 세부내용은 반드시 확정된 채용공고를 확인하기 바랍니다.

2023년 기출분석 ANALYSIS

총평

2023년 발전회사 필기전형은 대체로 난이도가 높았다는 후기가 많았다. 한국중부발전의 경우 PSAT형의 비중이 높은 피듈형으로 출제되었고, 한국남동발전은 자원관리능력이나 문제해결능력에서 지문의 길이가 긴 세트문제가 다수 출제되었기 때문에 주어진 자료를 다양한 문제에 적용하는 연습이 필요해 보인다. 한국동서발전에서는 공사와 관련된 지문이 많이 출제되었으므로 평소 지원하려는 발전회사의 보도자료나 동향에 관심을 두는 것이 필요하다.

의사소통능력

출제 특징	• 내용 일치, 글의 주제, 문단 나열 등 다양한 유형이 출제됨 • 맞춤법 문제가 출제됨
출제 키워드	• 발전, 기후, 환경, 속담(한국중부발전)/친환경에너지, 연료감응, 탄소중립(한국남동발전)/발전소, 태양광의 인버터(한국동서발전) 등

문제해결능력

출제 특징	• 명제 추론 문제가 출제됨(한국중부발전) • 자료 해석 문제가 다수 출제됨
출제 키워드	• 참·거짓, 원탁 배치, BCG 매트릭스(한국중부발전)/정책 심의검사, 근무 날짜(한국동서발전) 등

수리능력

출제 특징	• 방정식 풀이 문제가 출제됨(한국중부발전) • 도표 이해 문제가 출제됨 • 자료를 활용한 문제가 다수 출제됨
출제 키워드	• 증감률, 이민자 수치 등

PSAT형

※ 다음은 K공단의 국내 출장비 지급 기준에 대한 자료이다. 이어지는 질문에 답하시오. **[15~16]**

〈국내 출장비 지급 기준〉

① 근무지로부터 편도 100km 미만의 출장은 공단 차량 이용을 원칙으로 하며, 다음 각호에 따라 "별표 1"에 해당하는 여비를 지급한다.

  ㉠ 일비
    ⓐ 근무시간 4시간 이상 : 전액
    ⓑ 근무시간 4시간 미만 : 1일분의 2분의 1
  ㉡ 식비 : 명령권자가 근무시간이 모두 소요되는 1일 출장으로 인정한 경우에는 1일분의 3분의 1 범위 내에서 지급
  ㉢ 숙박비 : 편도 50km 이상의 출장 중 출장일수가 2일 이상으로 숙박이 필요할 경우, 증빙자료 제출 시 숙박비 지급

② 제1항에도 불구하고 공단 차량을 이용할 수 없어 개인 소유 차량으로 업무를 수행한 경우에는 일비를 지급하지 않고 이사장이 따로 정하는 바에 따라 교통비를 지급한다.

③ 근무지로부터 100km 이상의 출장은 "별표 1"에 따라 교통비 및 일비는 전액을, 식비는 1일분의 3분의 2 해당액을 지급한다. 다만, 업무 형편상 숙박이 필요하다고 인정할 경우에는 출장기간에 대하여 숙박비, 일비, 식비 전액을 지급할 수 있다.

〈별표 1〉

구분	교통비				일비 (1일)	숙박비 (1박)	식비 (1일)
	철도임	선임	항공임	자동차임			
임원 및 본부장	1등급	1등급	실비	실비	30,000원	실비	45,000원
1, 2급 부서장	1등급	2등급	실비	실비	25,000원	실비	35,000원
2, 3, 4급 부장	1등급	2등급	실비	실비	20,000원	실비	30,000원
4급 이하 팀원	2등급	2등급	실비	실비	20,000원	실비	30,000원

1. 교통비는 실비를 기준으로 하되, 실비 정산은 국토해양부장관 또는 특별시장·광역시장·도지사·특별자치도지사 등이 인허한 요금을 기준으로 한다.
2. 선임 구분표 중 1등급 해당자는 특등, 2등급 해당자는 1등을 적용한다.
3. 철도임 구분표 중 1등급은 고속철도 특실, 2등급은 고속철도 일반실을 적용한다.
4. 임원 및 본부장의 식비가 위 정액을 초과하였을 경우 실비를 지급할 수 있다.
5. 운임 및 숙박비의 할인이 가능한 경우에는 할인 요금으로 지급한다.
6. 자동차임 실비 지급은 연료비와 실제 통행료를 지급한다.
   (연료비)=[여행거리(km)]×(유가)÷(연비)
7. 임원 및 본부장을 제외한 직원의 숙박비는 70,000원을 한도로 실비를 정산할 수 있다.

특징
▶ 대부분 의사소통능력, 수리능력, 문제해결능력을 중심으로 출제(일부 기업의 경우 자원관리능력, 조직이해능력을 출제)
▶ 자료에 대한 추론 및 해석 능력을 요구

대행사
▶ 엑스퍼트컨설팅, 커리어넷, 태드솔루션, 한국행동과학연구소(행과연), 휴노 등

모듈형

| 대인관계능력

60 다음 자료는 갈등해결을 위한 6단계 프로세스이다. 3단계에 해당하는 대화의 예로 가장 적절한 것은?

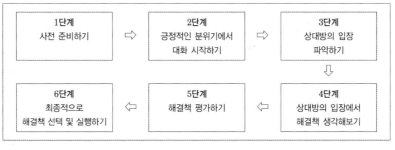

1단계	2단계	3단계
사전 준비하기	긍정적인 분위기에서 대화 시작하기	상대방의 입장 파악하기

6단계	5단계	4단계
최종적으로 해결책 선택 및 실행하기	해결책 평가하기	상대방의 입장에서 해결책 생각해보기

① 그럼 A씨의 생각대로 진행해 보시죠.

특징
▶ 이론 및 개념을 활용하여 푸는 유형
▶ 채용 기업 및 직무에 따라 NCS 직업기초능력평가 10개 영역 중 선발하여 출제
▶ 기업의 특성을 고려한 직무 관련 문제를 출제
▶ 주어진 상황에 대한 판단 및 이론 적용을 요구

대행사 ▶ 인트로맨, 휴스테이션, ORP연구소 등

피듈형(PSAT형 + 모듈형)

| 문제해결능력

60 P회사는 직원 20명에게 나눠 줄 추석 선물 품목을 조사하였다. 다음은 유통업체별 품목 가격과 직원들의 품목 선호도를 나타낸 자료이다. 이를 참고하여 P회사에서 구매하는 물품과 업체를 바르게 연결한 것은?

〈업체별 품목 금액〉

구분		1세트당 가격	혜택
A업체	돼지고기	37,000원	10세트 이상 주문 시 배송 무료
	건어물	25,000원	
B업체	소고기	62,000원	20세트 주문 시 10% 할인
	참치	31,000원	
C업체	스팸	47,000원	50만 원 이상 주문 시 배송 무료
	김	15,000원	

〈구성원 품목 선호도〉

특징
▶ 기초 및 응용 모듈을 구분하여 푸는 유형
▶ 기초인지모듈과 응용업무모듈로 구분하여 출제
▶ PSAT형보다 난도가 낮은 편
▶ 유형이 정형화되어 있고, 유사한 유형의 문제를 세트로 출제

대행사 ▶ 사람인, 스카우트, 인크루트, 커리어케어, 트리피, 한국사회능력개발원 등

주요 공기업 적중 문제 TEST CHECK

한국남동발전

04 다음 글에서 〈보기〉가 들어갈 위치로 가장 적절한 곳은?

(가) 불행이란 사물의 결핍 상태에서 오는 것이 아니라, 결핍감을 느끼게 하는 욕구에서 온다. 현실세계에는 한계가 있지만 상상의 세계에는 한계가 없다. 현실세계를 확대시킬 수는 없는 일이므로 상상의 세계를 제한할 수밖에 없다. 왜냐하면 우리를 진정으로 불행하게 하는 모든 고통은 오로지 이 두 세계의 차이에서만 생겨나는 것이기 때문이다. 체력과 건강과 스스로가 선한 사람이라는 확신을 제외한 그 밖의 인간 생활의 모든 행복은 모두 사람들의 억측에 불과한 것이다. 신체의 고통과 양심의 가책을 제외한 그 밖의 모든 불행은 공상적인 것이다. (나)

인간은 약하다고 하는데 그것은 무엇을 뜻하겠는가? 이 약하다고 하는 말은 하나의 상대적 관계를, 즉 그 말이 적용되는 자의 어떤 관계를 나타내는 것이다. 능력이 모든 욕구보다 넘치고 있는 경우에는 곤충이든 벌레든 간에 모두 강자임에 틀림이 없다. 욕망이 그것을 능가할 경우에는 그것이 코끼리든 사자이든, 또는 정복자든 영웅이든, 심지어 신이라 할지라도 모두 약자이다. 자신의 본분을 깨닫지 못하고 반항한 천사는 자신의 본분에 따라서 평화롭게 산 지상의 행복한 인간보다 더 약한 존재였다. 인간은 지금 있는 그대로 만족할 때는 대단히 강해지고 인간 이상이고자 할 때는 대단히 약해진다. (다)

그리고 마치 거미가 거미줄 한가운데 있듯이 그 범위의 중심에 머물러 있도록 하자. 그렇게 하면 우리는 항상 우리 자신에게 만족하고 자신의 약함을 한탄하는 일이 없게 될 것이다. 왜냐하면 허약하다는 것을 새삼스레 느끼게 되는 일이 없을 것이기 때문이다. (라)

모든 동물들은 자기 보존에 필요한 만큼의 능력만을 지니고 있다. 인간만이 오직 그 이상의 능력을 가지고 있다. 그 여분의 능력이 인간의 불행을 만들어 내고 있으니 참으로 기이한 일이 아닌가? 어

15 K공사에서는 비품을 구매할 때 다음 비품구매 매뉴얼에 따른다. 부서별 요청 비품과 비품 현황을 고려하였을 때 구매할 비품으로 적절한 것은?

〈비품구매 매뉴얼〉
- 사용 부서의 수가 많은 비품부터 먼저 구매한다.
- 현재 부서별 재고가 없는 비품은 사용 부서 수가 많은 비품 다음으로 구매한다.
- 1회당 100,000원의 한도 내에서 최대한 구매한다.
- 부서별로 요청한 비품의 구매처가 다를 경우 가격이 저렴한 곳으로 주문한다.
- 동일 비품 중 일부만 먼저 구매할 수 없다.

〈부서별 요청 비품〉
- 총무부 : 연필(400원/개) 5개, 수정테이프(2,000원/개) 6개, 지우개(500원/개) 3개
- 인사부 : 연필(400원/개) 10개, 수정테이프(1,500원/개) 1개
- 생산부 : 종이컵(10,000원/박스) 3박스
- 영업부 : 볼펜(2,000원/개) 1개, 메모지(800원/개) 5개, 종이컵(10,000원/박스) 5박스
- 기획부 : 볼펜(1,000원/개) 3개

〈부서별 비품 사용 현황〉
(단위 : 개)

구분	연필	볼펜	지우개	수정테이프	메모지	종이컵
총무부	6	10	0	1	3	10
인사부	0	5	5	1	2	4

한국동서발전

신재생 ▶ 키워드

17 다음 중 스마트미터에 대한 내용으로 올바르지 않은 것은?

스마트미터는 소비자가 사용한 전력량을 일방적으로 보고하는 것이 아니라, 발전사로부터 전력 공급 현황을 받을 수 있는 양방향 통신, AMI(AMbient Intelligence)로 나아간다. 때문에 부가적인 설비를 더하지 않고 소프트웨어 설치만으로 집안의 통신이 가능한 각종 전자기기를 제어하는 기능까지 더할 수 있어 에너지를 더욱 효율적으로 관리하게 해주는 전력 시스템이다.

스마트미터는 신재생에너지가 보급되기 위해 필요한 스마트그리드의 기초가 되는 부분으로 그 시작은 자원 고갈에 대한 걱정과 환경 보호 협약 때문이었다. 하지만 스마트미터가 촉구되었던 더 큰 이유는 안정적으로 전기를 이용할 수 있느냐 하는 두려움 때문이었다. 사회는 끊임없는 발전을 이룩해왔지만 천재지변으로 인한 시설 훼손이나 전력 과부하로 인한 블랙아웃 앞에서는 어쩔 도리가 없었다. 태풍과 홍수, 산사태 등으로 막대한 피해를 보았던 2000년 대 초반 미국을 기점으로, 전력 정보의 신뢰도를 위해 스마트미터 산업은 크게 주목받기 시작했다. 대중은 비상시 전력 보급 현황을 알기 원했고, 미 정부는 전력 사용 현황을 파악함은 물론, 소비자가 전력 사용량을 확인할 수 있도록 제공하여 소비자 스스로 전력 사용을 줄이길 바랐다.

한편, 스마트미터는 기존의 전력 계량기를 교체해야 하는 수고와 비용이 들지만, 실시간으로 에너지 사용량을 알 수 있기 때문에 이용하는 순간부터 공급자인 발전사와 소비자 모두가 전력 정보를 편이하게 접할 수 있을 뿐만 아니라 효율적으로 관리가 가능해진다. 앞으로는 소비처로부터 멀리 떨어진 대규모 발전 시설에서 생산하는 전기뿐만 아니라, 스마트 그린시티에 설치된 발전설비를 통한 소량의 전기들까지 전기 가격을 하나의 정보로 규합하여 소비자가 필요에 맞게 전기를 소비할 수 있게 하였다. 또한, 소형 설비로 생산하거나 에너지 저장 시스템에 사용하다 남은 소량의 전기는 전력 시장에 역으로 제공해 보상을 받을 수도 있게 된다.

미래 에너지는 신재생에너지로의 완전한 전환이 중요하지만, 산업체는 물론 개개인이 에너지를 절약하는 것 역시 중요하다. 앞서 미국이 의도했던 것처럼 스마트미터를 보급하면 일상에서 쉽게 에너지 운용을 파악할 수 있게 되고,

태양광 ▶ 키워드

13 다음은 A국의 주택용 태양광 발전시스템 도입량 예측에 관한 자료이다. 〈보기〉 중 옳은 것을 모두 고른 것은?

〈A국의 주택용 태양광 발전시스템 도입량 예측〉

(단위 : 천 건, MW)

구분		2017년		2022년			
				현재 성장을 유지할 경우		도입을 촉진할 경우	
		건수	도입량	건수	도입량	건수	도입량
기존주택	10kW 미만	94.1	454	145.4	778	165	884
	10kW 이상	23.3	245	4.6	47	5	51
신축주택	10kW 미만	86.1	407	165.3	1,057	185.2	1,281
	10kW 이상	9.2	98	4.7	48	4.2	49
합계		212.7	1,204	320	1,930	359.4	2,265

보기

가. 2022년에 10kW 이상의 설비를 사용하는 신축주택은 도입을 촉진할 경우, 현재 성장을 유지했을 때보다 건수 당 도입량이 클 것이다.

나. 2017년 기존주택의 건수당 도입량은 10kWh 이상이 10kWh 미만보다 더 적다.

다. 2022년에 태양광 설비 도입을 촉진할 경우, 전체 신축주택 도입량에서 10kW 이상이 차지하는 비중은 유지했을 경우보다 0.5%p 이상 하락한다.

라. 2022년에 태양광 설비 도입 촉진 시 10kW 미만 기존주택의 도입 건수는 현재 성장을 유지할 경우보다 15% 이상 높다.

주요 공기업 적중 문제 TEST CHECK

문단 나열 ▶ 유형

03 다음 문단을 논리적 순서대로 바르게 나열한 것은?

(가) 본성 대 양육 논쟁은 앞으로 치열하게 전개될 소지가 많다. 하지만 유전과 환경이 인간의 행동에 어느 정도 영향을 미치는가를 따지는 일은 멀리서 들려오는 북소리가 북에 의한 것인지, 아니면 연주자에 의한 것인지를 분석하는 것처럼 부질없는 것일지도 모른다. 본성과 양육 다 인간 행동에 필수적인 요인이므로.

(나) 20세기 들어 공산주의와 나치주의의 출현으로 본성 대 양육 논쟁이 극단으로 치달았다. 공산주의의 사회 개조론은 양육을, 나치즘의 생물학적 결정론은 본성을 옹호하는 이데올로기이기 때문이다. 히틀러의 유대인 대량 학살에 충격을 받은 과학자들은 환경 결정론에 손을 들어 줄 수밖에 없었다. 본성과 양육 논쟁에서 양육 쪽이 일방적인 승리를 거두게 된 것이다.

(다) 이러한 추세는 1958년 미국 언어학자 노엄 촘스키에 의해 극적으로 반전되기 시작했다. 촘스키가 치켜든 선천론의 깃발은 진화 심리학자들이 승계했다. 진화 심리학은 사람의 마음을 생물학적 적응의 산물로 간주한다. 1992년 심리학자인 레다 코스미데스와 인류학자인 존 투비 부부가 함께 저술한 「적응하는 마음」이 출간된 것을 계기로 진화 심리학은 하나의 독립된 연구 분야가 됐다. 말하자면 윌리엄 제임스의 본능에 대한 개념이 1세기 만에 새 모습으로 부활한 셈이다.

(라) 더욱이 1990년부터 인간 게놈 프로젝트가 시작됨에 따라 본성과 양육 논쟁에서 저울추가 본성 쪽으로 기울면서 생물학적 결정론이 더욱 강화되었다. 그러나 2001년 유전자 수가 예상보다 적은 3만여 개로 밝혀지면서 본성보다는 양육이 중요하다는 목소리가 커지기 시작했다. 이를 계기로 본성 대 양육 논쟁이 재연되기에 이르렀다.

글의 수정 ▶ 유형

11 다음 ㉠ ~ ㉣의 수정사항으로 적절하지 않은 것은?

오늘날 인류가 왼손보다 오른손을 ㉠ 더 선호하는 경향은 어디서 비롯되었을까? 오른손을 귀하게 여기고 왼손을 천대하는 현상은 어쩌면 산업화 이전 사회에서 배변 후 사용할 휴지가 없었다는 사실과 관련이 있을 법하다. 맨손으로 배변 뒤처리를 하는 것은 ㉡ 불쾌할 뿐더러 병균을 옮길 위험을 수반하는 일이었다. 이런 위험의 가능성을 낮추는 간단한 방법은 음식을 먹거나 인사할 때 다른 손을 사용하는 것이었다. 기술 발달 이전의 사회는 대개 왼손을 배변 뒤처리에, 오른손을 먹고 인사하는 일에 사용했다.

나는 이런 배경이 인간 사회에 널리 나타나는 '오른쪽'에 대한 긍정과 '왼쪽'에 대한 ㉢ 반감을 어느 정도 설명해 줄 수 있으리라고 생각한다. 그러나 이 설명은 왜 애초에 오른손이 먹는 일에, 그리고 왼손이 배변 처리에 사용되었는지 설명해주지 못한다. 동서양을 막론하고, 왼손잡이 사회는 확인된 바가 없기 때문이다. ㉣ 하지만 왼손잡이 사회가 존재할 가능성도 있으므로 만약 왼손잡이를 선호하는 사회가 발견된다면 이러한 논란은 종결되고 왼손잡이와 오른손잡이에 대한 새로운 이론이 등장할 것이다. 그러므로 근본적인 설명은 다른 곳에서 찾아야 할 것 같다.

한쪽 손을 주로 쓰는 경향은 뇌의 좌우반구의 기능 분화와 관련되어 있는 것으로 보인다. 보고된 증거에 따르면, 왼손잡이는 읽기와 쓰기, 개념적·논리적 사고 같은 좌반구 기능에서 오른손잡이보다 상대적으로 미약한 대신 상상력, 패턴 인식, 창의력 등 전형적인 우반구 기능에서는 상대적으로 기민한 경우가 많다.

나는 이성 대 직관의 힘겨루기, 뇌의 두 반구 사이의 힘겨루기가 오른손과 왼손의 힘겨루기로 표면화된 것이 아닐까 생각한다. 즉, 오른손이 원래 왼손보다 더 능숙했기 때문이 아니라 뇌의 좌반구가 인간의 행동을 지배하는 권력을 갖게 되었기 때문에 오른손 선호에 이르렀다는 생각이다.

한국전력공사

문장 삽입 ▶ 유형

02 다음 글에서 〈보기〉의 문장이 들어갈 위치로 가장 적절한 곳은?

> 문화가 발전하려면 저작자의 권리 보호와 저작물의 공정 이용이 균형을 이루어야 한다. 저작물의 공정 이용이란 저작권자의 권리를 일부 제한하여 저작권자의 허락이 없어도 저작물을 자유롭게 이용하는 것을 말한다. 대표적으로 비영리적인 사적 복제를 허용하는 것이 있다. (㉮) 우리나라의 저작권법에서는 오래전부터 공정 이용으로 볼 수 있는 저작권 제한 규정을 두었다.
> 그런데 디지털 환경에서 저작물의 공정 이용은 여러 장애에 부딪혔다. 디지털 환경에서는 저작물을 원본과 동일하게 복제할 수 있고 용이하게 개작할 수 있다. (㉯) 그 결과 디지털화된 저작물의 이용 행위가 공정 이용의 범주에 드는 것인지 가늠하기가 더 어려워졌고 그에 따른 처벌 위험도 커졌다. (㉰)
> 이러한 문제를 해소하기 위한 시도의 하나로 포괄적으로 적용할 수 있는 '저작물의 공정한 이용' 규정이 저작권법에 별도로 신설되었다. 그리하여 저작권자의 동의가 없어도 저작물을 공정하게 이용할 수 있는 영역이 확장되었다. 그러나 공정 이용 여부에 대한 시비가 자율적으로 해소되지 않으면 예나 지금이나 법적인 절차를 밟아 갈등을 해소해야 한다. (㉱) 저작물 이용의 영리성과 비영리성, 목적과 종류, 비중, 시장 가치 등이 법적인 판단의 기준이 된다.
> 저작물 이용자들이 처벌에 대한 불안감을 여전히 느낀다는 점에서 저작물의 자유 이용 허락 제도와 같은 '저작물의 공유' 캠페인이 주목을 받고 있다. 이 캠페인은 저작권자들이 자신의 저작물에 일정한 이용 허락 조건을 표시해서 이용자들에게 무료로 개방하는 것을 말한다. 누구의 저작물이든 개별적인 저작권을 인정하지 않고 모두가 공동으로 소유하자고 주장하는 사람들과 달리, 이 캠페인을 펼치는 사람들은 기본적으로 자신과 타인의 저작권을 존중한다. 캠페인 참여자들은 저작권자와 이용자들의 자발적인 참여를 통해 자유롭게 활용할 수 있는 저작물의 양과 범위를 확대하려고 노력한

도서코드 ▶ 키워드

10 다음은 도서코드(ISBN)에 대한 자료이다. 주문한 도서에 대한 설명으로 옳은 것은?

〈[예시] 도서코드(ISBN)〉

국제표준도서번호					부가기호		
접두부	국가번호	발행자번호	서명식별번호	체크기호	독자대상	발행형태	내용분류
123	12	1234567		1	1	1	123

※ 국제표준도서번호는 5개의 군으로 나누어지고 군마다 '-'로 구분한다.

〈도서코드(ISBN) 세부사항〉

접두부	국가번호	발행자번호	서명식별번호	체크기호
978 또는 979	한국 89 미국 05 중국 72 일본 40 프랑스 22	발행자번호 - 서명식별번호 7자리 숫자 예 8491 - 208 : 발행자번호가 8491번인 출판사에서 208번째 발행한 책		0 ~ 9

독자대상	발행형태	내용분류
0 교양	0 문고본	030 백과사전
1 실용	1 사전	100 철학
2 여성	2 신서판	170 심리학
3 (예비)	3 단행본	200 종교
4 청소년	4 전집	360 법학
5 중고등 학습참고서	5 (예비)	470 생명과학

도서 200% 활용하기 STRUCTURES

1 기출복원문제로 출제경향 파악

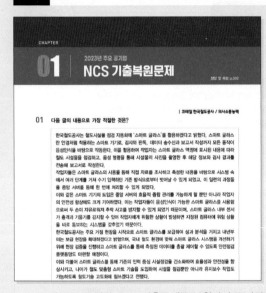

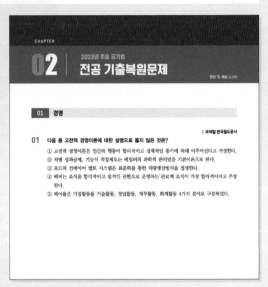

▶ 2023년 주요 공기업 NCS 기출문제를 복원하여 공기업별 출제경향을 파악할 수 있도록 하였다.

▶ 2023년 주요 공기업 전공 기출문제를 복원하여 전공 필기 유형까지 파악할 수 있도록 하였다.

2 출제유형분석＋유형별 문제로 필기전형 완벽 대비

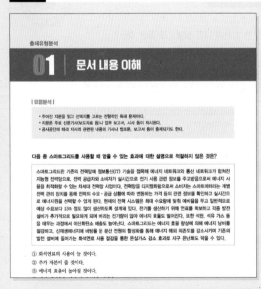

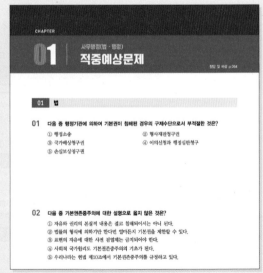

▶ 직업기초능력평가 출제유형분석&실전예제를 수록하여 NCS를 유형별로 꼼꼼히 대비할 수 있도록 하였다.

▶ 전공(법·행정·경영·경제·회계·기계·전기·화학) 적중예상문제와 한국사 기출복원·적중예상문제를 수록하여 필기전형 전반에 빈틈없이 학습할 수 있도록 하였다.

3 최종점검 모의고사 + OMR을 활용한 실전 연습

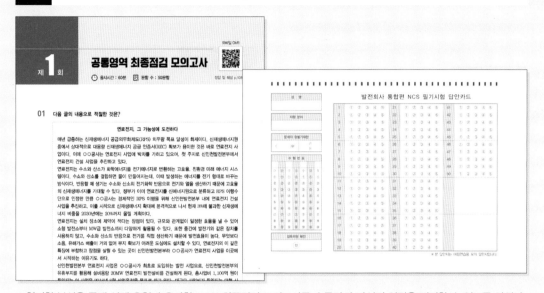

▶ 철저한 분석을 통해 실제 유형과 유사한 NCS 최종점검 모의고사를 수록하여 자신의 실력을 점검할 수 있도록 하였다.
▶ 모바일 OMR 답안채점/성적분석 서비스를 통해 필기시험에 대비할 수 있도록 하였다.

4 인성검사부터 면접까지 한 권으로 최종 마무리

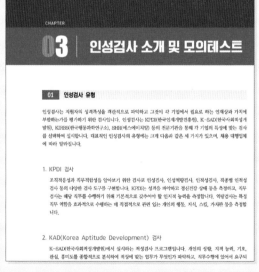

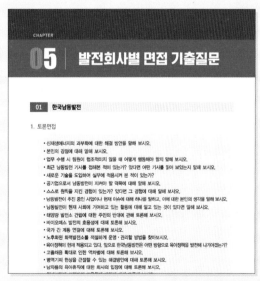

▶ 인성검사 모의테스트를 수록하여 인성검사 유형 및 문항을 확인할 수 있도록 하였다.
▶ 발전회사별 면접 기출질문을 수록하여 면접에서 나오는 질문을 미리 파악하고 면접에 대비할 수 있도록 하였다.

이 책의 차례 CONTENTS

Add+

합격의 공식 SD에듀 www.sdedu.co.kr

특별부록

01

2023년 주요 공기업
NCS 기출복원문제

정답 및 해설 p.002

| 코레일 한국철도공사 / 의사소통능력

01 다음 글의 내용으로 가장 적절한 것은?

> 한국철도공사는 철도시설물 점검 자동화에 '스마트 글라스'를 활용하겠다고 밝혔다. 스마트 글라스란 안경처럼 착용하는 스마트 기기로, 검사와 판독, 데이터 송수신과 보고서 작성까지 모든 동작이 음성인식을 바탕으로 작동한다. 이를 활용하여 작업자는 스마트 글라스 액정에 표시된 내용에 따라 철도 시설물을 점검하고, 음성 명령을 통해 시설물의 사진을 촬영한 후 해당 정보와 검사 결과를 전송해 보고서로 작성한다.
>
> 작업자들은 스마트 글라스의 사용을 통해 직접 자료를 조사하고 측정한 내용을 바탕으로 시스템 속에서 여러 단계를 거쳐 수기 입력하던 기존 방식으로부터 벗어날 수 있게 되었고, 이 일련의 과정들을 중앙 서버를 통해 한 번에 처리할 수 있게 되었다.
>
> 이와 같은 스마트 기기의 도입은 중앙 서버의 효율적 종합 관리를 가능하게 할 뿐만 아니라 작업자의 안전성 향상에도 크게 기여하였다. 이는 작업자들이 음성인식이 가능한 스마트 글라스를 사용함으로써 두 손이 자유로워져 추락 사고를 방지할 수 있게 되었기 때문이며, 스마트 글라스 내부 센서가 충격과 기울기를 감지할 수 있어 작업자에게 위험한 상황이 발생하면 지정된 컴퓨터에 위험 상황을 바로 통보하는 시스템을 갖추었기 때문이다.
>
> 한국철도공사는 주요 거점 현장을 시작으로 스마트 글라스를 보급하여 성과 분석을 거치고 내년부터는 보급 현장을 확대하겠다고 밝혔으며, 국내 철도 환경에 맞춰 스마트 글라스 시스템을 개선하기 위해 현장 검증을 진행하고 스마트 글라스를 통해 측정된 데이터를 총괄 제어할 수 있도록 안전점검 플랫폼망도 마련할 예정이다.
>
> 이와 더불어 스마트 글라스를 통해 기존의 인력 중심 시설점검을 간소화하여 효율성과 안전성을 향상시키고, 나아가 철도 맞춤형 스마트 기술을 도입하여 시설물 점검뿐만 아니라 유지보수 작업도 가능하도록 철도기술 고도화에 힘쓰겠다고 전했다.

① 작업자의 음성인식을 통해 철도시설물의 점검 및 보수 작업이 가능해졌다.

② 스마트 글라스의 도입으로 철도시설물 점검의 무인작업이 가능해졌다.

③ 스마트 글라스의 도입으로 철도시설물 점검 작업 시 안전사고 발생 횟수가 감소하였다.

④ 스마트 글라스의 도입으로 철도시설물 작업 시간 및 인력이 감소하고 있다.

⑤ 스마트 글라스의 도입으로 작업자의 안전사고 발생을 바로 파악할 수 있게 되었다.

02 다음 글에 대한 설명으로 적절하지 않은 것은?

2016년 4월 27일 오전 7시 20분경 임실역에서 익산역으로 향하던 열차가 전기 공급 중단으로 멈추는 사고가 발생해 약 50여 분간 열차 운행이 중단되었다. 바로 전차선에 지어진 까치집 때문이었는데, 까치가 집을 지을 때 사용하는 젖은 나뭇가지나 철사 등이 전선과 닿거나 차로에 떨어져 합선과 단전을 일으킨 것이다.

비록 이번 사고는 단전에서 끝났지만, 고압 전류가 흐르는 전차선인 만큼 철사와 젖은 나뭇가지만으로도 자칫하면 폭발사고로 이어질 우려가 있다. 지난 5년간 까치집으로 인한 단전사고는 한 해 평균 3 ~ 4건 발생해 왔으며, 한국철도공사는 사고방지를 위해 까치집 방지 설비를 설치하고 설비가 없는 구간은 작업자가 육안으로 까치집 생성 여부를 확인해 제거하고 있는데, 이렇게 제거해 온 까치집 수가 연평균 8,000개에 달한다. 하지만 까치집은 빠르면 불과 4시간 만에 완성되어 작업자들에게 큰 곤욕을 주고 있다.

이에 한국철도공사는 전차선로 주변 까치집 제거의 효율성과 신속성을 높이기 위해 인공지능(AI)과 사물인터넷(IoT) 등 첨단 기술을 활용하기에 이르렀다. 열차 운전실에 영상 장비를 설치해 달리는 열차에서 전차선을 촬영한 화상 정보를 인공지능으로 분석함으로써 까치집 등의 위험 요인을 찾아 해당 위치와 현장 이미지를 작업자에게 실시간으로 전송하는 '실시간 까치집 자동 검출 시스템'을 개발한 것이다. 하지만 시속 150km로 빠르게 달리는 열차에서 까치집 등의 위험 요인을 실시간으로 판단해 전송하는 것이다 보니 그 정확도는 65%에 불과했다.

이에 한국철도공사는 전차선과 까치집을 정확하게 식별하기 위해 인공지능이 스스로 학습하는 '딥러닝' 방식을 도입했고, 전차선을 구성하는 복잡한 구조 및 까치집과 유사한 형태를 빅데이터로 분석해 이미지를 구분하는 학습을 실시한 결과 까치집 검출 정확도는 95%까지 상승했다. 또한 해당 이미지를 실시간 문자메시지로 작업자에게 전송해 위험 요소와 위치를 인지시켜 현장에 적용할 수 있다는 사실도 확인했다. 현재는 이와 더불어 정기열차가 운행하지 않거나 작업자가 접근하기 쉽지 않은 차량 정비 시설 등에 드론을 띄워 전차선의 까치집을 발견 및 제거하는 기술도 시범 운영하고 있다.

① 인공지능도 학습을 통해 그 정확도를 향상시킬 수 있다.
② 빠른 속도에서 인공지능의 사물 식별 정확도는 낮아진다.
③ 사람의 접근이 불가능한 곳에 위치한 까치집의 제거도 가능해졌다.
④ 까치집 자동 검출 시스템을 통해 실시간으로 까치집 제거가 가능해졌다.
⑤ 인공지능 등의 스마트 기술 도입으로 까치집 생성의 감소를 기대할 수 있다.

03 다음 글을 이해한 내용으로 적절하지 <u>않은</u> 것은?

> 열차 내에서의 범죄가 급격하게 증가함에 따라 한국철도공사는 열차 내 범죄 예방과 안전 확보를 위해 2023년까지 현재 운행하고 있는 열차의 모든 객실에 CCTV를 설치하고, 모든 열차 승무원에게 바디캠을 지급하겠다고 밝혔다.
>
> CCTV는 열차 종류에 따라 운전실에서 비상시 실시간으로 상황을 파악할 수 있는 '네트워크 방식'과 각 객실에서의 영상을 저장하는 '개별 독립 방식'이라는 2가지 방식으로 사용 및 설치가 진행될 예정이며, 객실에는 사각지대를 없애기 위해 4대 가량의 CCTV가 설치된다. 이 중 2대는 휴대물품 도난 방지 등을 위해 휴대물품 보관대 주변에 위치하게 된다.
>
> 이에 따라 한국철도공사는 CCTV 제품 품평회를 가져 제품의 형태와 색상, 재질 등에 대한 의견을 나누고 각 제품이 실제로 열차 운행 시 진동과 충격 등에 적합한지 시험을 거친 후 도입할 예정이다.

① 현재는 모든 열차의 객실 전부에 CCTV가 설치되어 있진 않을 것이다.

② 과거에 비해 승무원에 대한 승객의 범죄행위 증거 취득이 유리해질 것이다.

③ CCTV 설치를 통해 인적 피해와 물적 피해 모두 예방할 수 있을 것이다.

④ CCTV 설치를 통해 실시간으로 모든 객실을 모니터링할 수 있을 것이다.

⑤ CCTV의 내구성뿐만 아니라 외적인 디자인도 제품 선택에 영향을 줄 수 있을 것이다.

04 작년 K대학교에 재학 중인 학생 수는 6,800명이고 남학생과 여학생의 비는 8:9이었다. 올해 남학생과 여학생의 비가 12:13만큼 줄어들어 7:8이 되었다고 할 때, 올해 K대학교의 전체 재학생 수는?

① 4,440명

② 4,560명

③ 4,680명

④ 4,800명

⑤ 4,920명

05 다음 자료에 대한 설명으로 가장 적절한 것은?

- KTX 마일리지 적립
  - KTX 이용 시 결제금액의 5%가 기본 마일리지로 적립됩니다.
  - 더블적립(×2) 열차로 지정된 열차는 추가로 5%가 적립됩니다(결제금액의 총 10%).
    ※ 더블적립 열차는 홈페이지 및 코레일톡 애플리케이션에서만 승차권 구매 가능
  - 선불형 교통카드 Rail+(레일플러스)로 승차권을 결제하는 경우 1% 보너스 적립도 제공되어 최대 11% 적립이 가능합니다.
  - 마일리지를 적립받고자 하는 회원은 승차권을 발급받기 전에 코레일 멤버십카드 제시 또는 회원번호 및 비밀번호 등을 입력해야 합니다.
  - 해당 열차 출발 후에는 마일리지를 적립받을 수 없습니다.
- 회원 등급 구분

구분	등급 조건	제공 혜택
VVIP	• 반기별 승차권 구입 시 적립하는 마일리지가 8만 점 이상인 고객 또는 기준일부터 1년간 16만 점 이상 고객 중 매년 반기 익월 선정	• 비즈니스 회원 혜택 기본 제공 • KTX 특실 무료 업그레이드 쿠폰 6매 제공 • 승차권 나중에 결제하기 서비스 　(열차 출발 3시간 전까지)
VIP	• 반기별 승차권 구입 시 적립하는 마일리지가 4만 점 이상인 고객 또는 기준일부터 1년간 8만 점 이상 고객 중 매년 반기 익월 선정	• 비즈니스 회원 혜택 기본 제공 • KTX 특실 무료 업그레이드 쿠폰 2매 제공
비즈니스	• 철도 회원으로 가입한 고객 중 최근 1년간 온라인에서 로그인한 기록이 있거나, 회원으로 구매실적이 있는 고객	• 마일리지 적립 및 사용 가능 • 회원 전용 프로모션 참가 가능 • 열차 할인상품 이용 등 기본서비스와 멤버십 제휴서비스 등 부가서비스 이용
패밀리	• 철도 회원으로 가입한 고객 중 최근 1년간 온라인에서 로그인한 기록이 없거나, 회원으로 구매실적이 없는 고객	• 멤버십 제휴서비스 및 코레일 멤버십 라운지 이용 등의 부가서비스 이용 제한 • 휴면 회원으로 분류 시 별도 관리하며, 본인인증 절차로 비즈니스 회원으로 전환 가능

  - 마일리지는 열차 승차 다음날 적립되며, 지연료를 마일리지로 적립하신 실적은 등급 산정에 포함되지 않습니다.
  - KTX 특실 무료 업그레이드 쿠폰 유효기간은 6개월이며, 반기별 익월 10일 이내에 지급됩니다.
  - 실적의 연간 적립 기준일은 7월 지급의 경우 전년도 7월 1일부터 당해 연도 6월 30일까지 실적이며, 1월 지급은 전년도 1월 1일부터 전년도 12월 31일까지의 실적입니다.
  - 코레일에서 지정한 추석 및 설 명절 특별수송기간의 승차권은 실적 적립 대상에서 제외됩니다.
  - 회원 등급 조건 및 제공 혜택은 사전 공지 없이 변경될 수 있습니다.
  - 승차권 나중에 결제하기 서비스는 총 편도 2건 이내에서 제공되며, 3회 자동 취소 발생(열차 출발 전 3시간 내 미결제) 시 서비스가 중지됩니다. 리무진+승차권 결합 발권은 2건으로 간주되며, 정기권, 특가상품 등은 나중에 결제하기 서비스 대상에서 제외됩니다.

① 코레일에서 운행하는 모든 열차는 이용 때마다 결제금액의 최소 5%가 KTX 마일리지로 적립된다.

② 회원 등급이 높아져도 열차 탑승 시 적립되는 마일리지는 동일하다.

③ 비즈니스 등급은 기업회원을 구분하는 명칭이다.

④ 6개월간 마일리지 4만 점을 적립하더라도 VIP 등급을 부여받지 못할 수 있다.

⑤ 회원 등급이 높아도 승차권을 정가보다 저렴하게 구매할 수 있는 방법은 없다.

〈2023년 한국의 국립공원 기념주화 예약 접수〉

- 우리나라 자연환경의 아름다움과 생태 보전의 중요성을 널리 알리기 위해 K공사는 한국의 국립공원 기념주화 3종(설악산, 치악산, 월출산)을 발행할 예정임
- 예약 접수일 : 3월 2일(목) ~ 3월 17일(금)
- 배부 시기 : 2023년 4월 28일(금)부터 예약자가 신청한 방법으로 배부
- 기념주화 상세

화종	앞면	뒷면
은화Ⅰ – 설악산		
은화Ⅱ – 치악산		
은화Ⅲ – 월출산		

- 발행량 : 화종별 10,000장씩 총 30,000장
- 신청 수량 : 단품 및 3종 세트로 구분되며 단품과 세트에 중복신청 가능
  - 단품 : 1인당 화종별 최대 3장
  - 3종 세트 : 1인당 최대 3세트
- 판매 가격 : 액면금액에 판매 부대비용(케이스, 포장비, 위탁판매수수료 등)을 부가한 가격
  - 단품 : 각 63,000원(액면가 50,000원＋케이스 등 부대비용 13,000원)
  - 3종 세트 : 186,000원(액면가 150,000원＋케이스 등 부대비용 36,000원)
- 접수 기관 : 우리은행, 농협은행, K공사
- 예약 방법 : 창구 및 인터넷 접수
  - 창구 접수
    신분증[주민등록증, 운전면허증, 여권(내국인), 외국인등록증(외국인)]을 지참하고 우리·농협은행 영업점을 방문하여 신청
  - 인터넷 접수
    ① 우리·농협은행의 계좌를 보유한 고객은 개시일 9시부터 마감일 23시까지 홈페이지에서 신청
    ② K공사 온라인 쇼핑몰에서는 가상계좌 방식으로 개시일 9시부터 마감일 23시까지 신청
- 구입 시 유의사항
  - 수령자 및 수령지 등 접수 정보가 중복될 경우 단품별 10장, 3종 세트 10세트만 추첨 명단에 등록
  - 비정상적인 경로나 방법으로 접수할 경우 당첨을 취소하거나 배송을 제한

06 다음 중 한국의 국립공원 기념주화 발행 사업의 내용으로 옳은 것은?

① 국민들을 대상으로 예약 판매를 실시하며, 외국인에게는 판매하지 않는다.

② 1인당 구매 가능한 최대 주화 수는 10장이다.

③ 기념주화를 구입하기 위해서는 우리·농협은행 계좌를 사전에 개설해 두어야 한다.

④ 사전예약을 받은 뒤, 예약 주문량에 맞추어 제한된 수량만 생산한다.

⑤ K공사를 통한 예약 접수는 온라인에서만 가능하다.

07 외국인 A씨는 이번에 발행되는 기념주화를 예약 주문하려고 한다. 다음 상황을 참고했을 때 A씨가 기념주화 구매 예약을 할 수 있는 방법으로 옳은 것은?

〈외국인 A씨의 상황〉

• A씨는 국내 거주 외국인으로 등록된 사람이다.
• A씨의 명의로 국내은행에 개설된 계좌는 총 2개로, 신한은행, 한국씨티은행에 1개씩이다.
• A씨는 우리은행이나 농협은행과는 거래이력이 없다.

① 여권을 지참하고 우리은행이나 농협은행 지점을 방문한다.

② K공사 온라인 쇼핑몰에서 신용카드를 사용한다.

③ 계좌를 보유한 신한은행이나 한국씨티은행의 홈페이지를 통해 신청한다.

④ 외국인등록증을 지참하고 우리은행이나 농협은행 지점을 방문한다.

⑤ 우리은행이나 농협은행의 홈페이지에서 신청한다.

08 다음은 기념주화를 예약한 5명의 신청내역이다. 이 중 가장 많은 금액을 지불한 사람의 구매 금액은?

(단위 : 세트, 장)

구매자	3종 세트	단품		
		은화 I – 설악산	은화 II – 치악산	은화 III – 월출산
A	2	1	–	–
B	–	2	3	3
C	2	1	1	–
D	3	–	–	–
E	1	–	2	2

① 558,000원   ② 561,000원

③ 563,000원   ④ 564,000원

⑤ 567,000원

※ 다음 글을 읽고 이어지는 질문에 답하시오. [9~10]

척추는 신체를 지탱하고, 뇌로부터 이어지는 중추신경인 척수를 보호하는 중요한 뼈 구조물이다. 보통 사람들은 허리에 심한 통증이 느껴지면 허리디스크(추간판탈출증)를 떠올리는데, 디스크 이외에도 통증을 유발하는 척추 질환은 다양하다. 특히 노인 인구가 증가하면서 척추관협착증(요추관협착증)의 발병 또한 늘어나고 있다. 허리디스크와 척추관협착증은 사람들이 혼동하기 쉬운 척추 질환으로, 발병 원인과 치료법이 다르기 때문에 두 질환의 차이를 이해하고 통증 발생 시 질환에 맞춰 적절하게 대응할 필요가 있다.

허리디스크는 척추 뼈 사이에 쿠션처럼 완충 역할을 해주는 디스크(추간판)에 문제가 생겨 발생한다. 디스크는 찐득찐득한 수핵과 이를 둘러싸는 섬유륜으로 구성되는데, 나이가 들어 탄력이 떨어지거나, 젊은 나이에도 급격한 충격에 의해서 섬유륜에 균열이 생기면 속의 수핵이 빠져나오면서 주변 신경을 압박하거나 염증을 유발한다. 허리디스크가 발병하면 초기에는 허리 통증으로 시작되어 점차 허벅지에서 발까지 찌릿하게 저리는 방사통을 유발하고, 디스크에서 수핵이 흘러나오는 상황이기 때문에 허리를 굽히거나 앉아 있으면 디스크에 가해지는 압력이 높아져 통증이 더욱 심해진다. 허리디스크는 통증이 심한 질환이지만, 흘러나온 수핵은 대부분 대식세포에 의해 제거되고, 자연치유가 가능하기 때문에 병원에서는 주로 통증을 줄이고, 안정을 취하는 방법으로 보존치료를 진행한다. 하지만 염증이 심해져 중앙 척수를 건드리게 되면 하반신 마비 등의 증세가 나타날 수 있는데, 이러한 경우에는 탈출된 디스크 조각을 물리적으로 제거하는 수술이 필요하다.

반면, 척추관협착증은 대표적인 척추 퇴행성 질환으로, 주변 인대(황색 인대)가 척추관을 압박하여 발생한다. 척추관은 척추 가운데 신경 다발이 지나갈 수 있도록 속이 빈 공간인데, 나이가 들면서 척추가 흔들리게 되면 흔들리는 척추를 붙들기 위해 인대가 점차 두꺼워지고, 척추 뼈에 변형이 생겨 결과적으로 척추관이 좁아지게 된다. 이렇게 오랜 기간 동안 변형된 척추 뼈와 인대가 척추관 속의 신경을 눌러 발생하는 것이 척추관협착증이다. 척추관 속의 신경이 눌리게 되면 통증과 함께 저리거나 당기게 되어 보행이 힘들어지며, 지속적으로 압박받을 경우 척추 신경이 경색되어 하반신 마비 증세로 악화될 수 있다. 일반적으로 서 있을 경우보다 허리를 구부렸을 때 척추관이 더 넓어지므로 허리디스크 환자와 달리 앉아 있을 때 통증이 완화된다. 척추관협착증은 자연치유가 되지 않고 척추관이 다시 넓어지지 않으므로 발병 초기를 제외하면 일반적으로 변형된 부분을 제거하는 수술을 하게 된다.

이와 같이 허리디스크와 척추관협착증은 똑같이 허리 통증을 유발하지만 원인과 증상, 치료법이 상이하다. 비교적 고령인 60대 이상의 사람이 만성적으로 서 있을 때 통증이 나타난다면 ___㉠___ 을/를 의심해야 하며, 비교적 젊은 20~50대의 사람이 앉아 있을 때 통증이 급작스럽게 나타날 때는 ___㉡___ 을/를 의심해야 한다. 척추는 우리의 몸을 지탱하는 중요한 골격이며, 신경계와 밀접한 관련이 있으므로 통증이 발생한다면 자신의 몸 상태를 잘 파악하고, 초기에 치료를 받는 것이 중요하다.

┃ 국민건강보험공단 / 의사소통능력

09 다음 중 윗글의 내용으로 적절하지 않은 것은?

① 일반적으로 허리디스크는 척추관협착증에 비해 급작스럽게 증상이 나타난다.
② 허리디스크는 서 있을 때 통증이 더 심해진다.
③ 허리디스크에 비해 척추관협착증은 외과적 수술의 빈도가 높다.
④ 허리디스크와 척추관협착증 모두 증세가 심해지면 하반신 마비의 가능성이 있다.

10 다음 중 빈칸 ⊙과 ⓒ에 들어갈 단어가 바르게 연결된 것은?

	⊙	ⓒ
①	허리디스크	추간판탈출증
②	허리디스크	척추관협착증
③	척추관협착증	요추관협착증
④	척추관협착증	허리디스크

11 다음 문단을 논리적 순서대로 바르게 나열한 것은?

(가) 주장애관리는 장애정도가 심한 장애인이 의원뿐만 아니라 병원 및 종합병원급에서 장애 유형별 전문의에게 전문적인 장애관리를 받을 수 있는 서비스이다. 이전에는 대상 관리 유형이 지체장애, 시각장애, 뇌병변장애로 제한되어 있었으나, 3단계부터는 지적장애, 정신장애, 자폐성장애까지 확대되어 더 많은 중증장애인들이 장애관리를 받을 수 있게 되었다.

(나) 이와 같이 3단계 장애인 건강주치의 시범사업은 기존 1ㆍ2단계 시범사업보다 더욱 확대되어 많은 중증장애인들의 참여를 예상하고 있다. 장애인 건강주치의 시범사업에 신청하기 위해서는 국민건강보험공단 홈페이지의 건강IN에서 장애인 건강주치의 의료기관을 찾은 후 해당 의료기관에 방문하여 장애인 건강주치의 이용 신청사실 통지서를 작성해야 한다.

(다) 장애인 건강주치의 제도가 제공하는 서비스는 일반건강관리, 주(主)장애관리, 통합관리로 나누어진다. 일반건강관리 서비스는 모든 유형의 중증장애인이 만성질환 등 전반적인 건강관리를 받을 수 있는 서비스로, 의원급에서 원하는 의사를 선택하여 참여할 수 있다. 1ㆍ2단계까지의 사업에서는 만성질환관리를 위해 장애인 본인이 검사비용의 30%를 부담해야 했지만, 3단계부터는 본인부담금 없이 질환별 검사바우처로 제공한다.

(라) 마지막으로 통합관리는 일반건강관리와 주장애관리를 동시에 받을 수 있는 서비스로, 동네에 있는 의원급 의료기관에 속한 지체ㆍ뇌병변ㆍ시각ㆍ지적ㆍ정신ㆍ자폐성 장애를 진단하는 전문의가 주장애관리와 만성질환관리를 모두 제공한다. 이 3가지 서비스들은 거동이 불편한 환자를 위해 의사나 간호사가 직접 집으로 방문하는 방문 서비스를 제공하고 있으며 기존까지는 연 12회였으나, 3단계 시범사업부터 연 18회로 증대되었다.

(마) 보건복지부와 국민건강보험공단은 2021년 9월부터 3단계 장애인 건강주치의 시범사업을 진행하였다. 장애인 건강주치의 제도는 중증장애인이 인근 지역에서 주치의로 등록 신청한 의사 중 원하는 의사를 선택하여 장애로 인한 건강문제, 만성질환 등 건강상태를 포괄적이고 지속적으로 관리 받을 수 있는 제도로, 2018년 5월 1단계 시범사업을 시작으로 2단계 시범사업까지 완료되었다.

① (다) – (마) – (가) – (나) – (라)   ② (다) – (가) – (라) – (마) – (나)

③ (마) – (가) – (라) – (나) – (다)   ④ (마) – (다) – (가) – (라) – (나)

12 다음은 K지역의 연도별 건강보험금 부과액 및 징수액에 대한 자료이다. 직장가입자 건강보험금 징수율이 가장 높은 해와 지역가입자의 건강보험금 징수율이 가장 높은 해를 바르게 짝지은 것은?

〈건강보험금 부과액 및 징수액〉

(단위 : 백만 원)

구분		2019년	2020년	2021년	2022년
직장가입자	부과액	6,706,712	5,087,163	7,763,135	8,376,138
	징수액	6,698,187	4,898,775	7,536,187	8,368,972
지역가입자	부과액	923,663	1,003,637	1,256,137	1,178,572
	징수액	886,396	973,681	1,138,763	1,058,943

※ (징수율)$=\dfrac{(징수액)}{(부과액)} \times 100$

	직장가입자	지역가입자
①	2022년	2020년
②	2022년	2019년
③	2021년	2020년
④	2021년	2019년

13 다음은 K병원의 하루 평균 이뇨제, 지사제, 진통제 사용량에 대한 자료이다. 이에 대한 설명으로 옳지 않은 것은?

〈하루 평균 이뇨제, 지사제, 진통제 사용량〉

구분	2018년	2019년	2020년	2021년	2022년	1인 1일 투여량
이뇨제	3,000mL	3,480mL	3,360mL	4,200mL	3,720mL	60mL/일
지사제	30정	42정	48정	40정	44정	2정/일
진통제	6,720mg	6,960mg	6,840mg	7,200mg	7,080mg	60mg/일

※ 모든 의약품은 1인 1일 투여량을 준수하여 투여했다.

① 전년 대비 2022년 사용량 감소율이 가장 큰 의약품은 이뇨제이다.
② 5년 동안 지사제를 투여한 환자 수의 평균은 18명 이상이다.
③ 이뇨제 사용량은 증가와 감소를 반복하였다.
④ 매년 진통제를 투여한 환자 수는 이뇨제를 투여한 환자 수의 2배 이하이다.

14 다음은 분기별 상급병원, 종합병원, 요양병원의 보건인력 현황에 대한 자료이다. 분기별 전체 보건인력 중 전체 사회복지사 인력의 비율로 옳지 않은 것은?

〈상급병원, 종합병원, 요양병원의 보건인력 현황〉

(단위 : 명)

구분		2022년 3분기	2022년 4분기	2023년 1분기	2023년 2분기
상급병원	의사	20,002	21,073	22,735	24,871
	약사	2,351	2,468	2,526	2,280
	사회복지사	391	385	370	375
종합병원	의사	32,765	33,084	34,778	33,071
	약사	1,941	1,988	2,001	2,006
	사회복지사	670	695	700	720
요양병원	의사	19,382	19,503	19,761	19,982
	약사	1,439	1,484	1,501	1,540
	사회복지사	1,887	1,902	1,864	1,862
합계		80,828	82,582	86,236	86,707

※ 보건인력은 의사, 약사, 사회복지사 인력 모두를 포함한다.

① 2022년 3분기 : 약 3.65% ② 2022년 4분기 : 약 3.61%
③ 2023년 1분기 : 약 3.88% ④ 2023년 2분기 : 약 3.41%

15 다음은 건강생활실천지원금제에 대한 자료이다. 〈보기〉의 신청자 중 예방형과 관리형에 해당하는 사람을 바르게 분류한 것은?

〈건강생활실천지원금제〉

- 사업설명 : 참여자 스스로 실천한 건강생활 노력 및 건강개선 결과에 따라 지원금을 지급하는 제도
- 시범지역

지역	예방형	관리형
서울	노원구	중랑구
경기·인천	안산시, 부천시	인천 부평구, 남양주시, 고양일산(동구, 서구)
충청권	대전 대덕구, 충주시, 충남 청양군(부여군)	대전 동구
전라권	광주 광산구, 전남 완도군, 전주시(완주군)	광주 서구, 순천시
경상권	부산 중구, 대구 남구, 김해시, 대구 달성군	대구 동구, 부산 북구
강원·제주권	원주시, 제주시	원주시

- 참여대상 : 주민등록상 주소지가 시범지역에 해당되는 사람 중 아래에 해당하는 사람

구분	조건
예방형	만 20 ~ 64세인 건강보험 가입자(피부양자 포함) 중 국민건강보험공단에서 주관하는 일반건강검진 결과 건강관리가 필요한 사람[*]
관리형	고혈압·당뇨병 환자

[*]건강관리가 필요한 사람 : 다음에 모두 해당하거나 ①, ② 또는 ①, ③에 해당하는 사람

① 체질량지수(BMI) 25kg/m^2 이상
② 수축기 혈압 120mmHg 이상 또는 이완기 혈압 80mmHg 이상
③ 공복혈당 100mg/dL 이상

보기

신청자	주민등록상 주소지	체질량지수	수축기 혈압 / 이완기 혈압	공복혈당	기저질환
A	서울 강북구	22kg/m^2	117mmHg / 78mmHg	128mg/dL	−
B	서울 중랑구	28kg/m^2	125mmHg / 85mmHg	95mg/dL	−
C	경기 안산시	26kg/m^2	142mmHg / 92mmHg	99mg/dL	고혈압
D	인천 부평구	23kg/m^2	145mmHg / 95mmHg	107mg/dL	고혈압
E	광주 광산구	28kg/m^2	119mmHg / 78mmHg	135mg/dL	당뇨병
F	광주 북구	26kg/m^2	116mmHg / 89mmHg	144mg/dL	당뇨병
G	부산 북구	27kg/m^2	118mmHg / 75mmHg	132mg/dL	당뇨병
H	강원 철원군	28kg/m^2	143mmHg / 96mmHg	115mg/dL	고혈압
I	제주 제주시	24kg/m^2	129mmHg / 83mmHg	108mg/dL	−

※ 단, 모든 신청자는 만 20 ~ 64세이며, 건강보험에 가입하였다.

	예방형	관리형		예방형	관리형
①	A, E	C, D	②	B, E	F, I
③	C, E	D, G	④	F, I	C, H

16 K동에서는 임신한 주민에게 출산장려금을 지원하고자 한다. 출산장려금 지급 기준 및 K동에 거주하는 임산부에 대한 정보가 다음과 같을 때, 출산장려금을 가장 먼저 받을 수 있는 사람은?

〈K동 출산장려금 지급 기준〉

- 출산장려금 지급액은 모두 같으나, 지급 시기는 모두 다르다.
- 지급 순서 기준은 임신일, 자녀 수, 소득 수준 순서이다.
- 임신일이 길수록, 자녀가 많을수록, 소득 수준이 낮을수록 먼저 받는다(단, 자녀는 만 19세 미만의 아동 및 청소년으로 제한한다).
- 임신일, 자녀 수, 소득 수준이 모두 같으면 같은 날에 지급한다.

〈K동 거주 임산부 정보〉

임산부	임신일	자녀	소득 수준
A	150일	만 1세	하
B	200일	만 3세	상
C	100일	만 10세, 만 6세, 만 5세, 만 4세	상
D	200일	만 7세, 만 5세, 만 3세	중
E	200일	만 20세, 만 16세, 만 14세, 만 10세	상

① A임산부
② B임산부
③ D임산부
④ E임산부

17 다음 글과 같이 한자어 및 외래어를 순화한 내용으로 적절하지 않은 것은?

열차를 타다 보면 한 번쯤은 다음과 같은 안내방송을 들어 봤을 것이다.

"○○역 인근 '공중사상사고' 발생으로 KTX 열차가 지연되고 있습니다."

이때 들리는 안내방송 중 한자어인 '공중사상사고'를 한 번에 알아듣기란 일반적으로 쉽지 않다. 실제로 S교통공사 관계자는 승객들로부터 안내방송 문구가 적절하지 않다는 지적을 받아 왔다고 밝혔으며, 이에 S교통공사는 국토교통부와 협의를 거쳐 보다 이해하기 쉬운 안내방송을 전달하기 위해 문구를 바꾸는 작업에 착수하기로 결정하였다고 전했다.

우선 가장 먼저 수정하기로 한 것은 한자어 및 외래어로 표기된 철도 용어이다. 그중 대표적인 것이 '공중사상사고'이다. S교통공사 관계자는 이를 '일반인의 사상사고'나 '열차 운행 중 인명사고' 등과 같이 이해하기 쉬운 말로 바꿀 예정이라고 밝혔다. 이 외에도 열차 지연 예상 시간, 사고복구 현황 등 열차 내 안내방송을 승객에게 좀 더 알기 쉽고 상세하게 전달할 것이라고 전했다.

① 열차 시격 → 배차 간격

② 전차선 단전 → 선로 전기 공급 중단

③ 우회수송 → 우측 선로로의 변경

④ 핸드레일(Handrail) → 안전손잡이

⑤ 키스 앤 라이드(Kiss and Ride) → 환승정차구역

18 다음 글에서 언급되지 않은 내용은?

전 세계적인 과제로 탄소중립이 대두되자 친환경적 운송수단인 철도가 주목받고 있다. 특히 국제에너지기구는 철도를 에너지 효율이 가장 높은 운송 수단으로 꼽으며, 철도 수송을 확대하면 세계 수송 부문에서 온실가스 배출량이 그렇지 않을 때보다 약 6억 톤이 줄어들 수 있다고 하였다.

특히 철도의 에너지 소비량은 도로의 22분의 1이고, 온실가스 배출량은 9분의 1에 불과해, 탄소 배출이 높은 도로 운행의 수요를 친환경 수단인 철도로 전환한다면 수송 부문 총배출량이 획기적으로 감소될 것이라 전망하고 있다.

이에 발맞춰 우리나라의 S철도공단도 '녹색교통'인 철도 중심 교통체계를 구축하기 위해 박차를 가하고 있으며, 정부 역시 '2050 탄소중립 실현' 목표에 발맞춰 저탄소 철도 인프라 건설·관리로 탄소를 지속적으로 감축하고자 노력하고 있다.

S철도공단은 철도 인프라 생애주기 관점에서 탄소를 감축하기 위해 먼저 철도 건설 단계에서부터 친환경·저탄소 자재를 적용해 탄소 배출을 줄이고 있다. 실제로 중앙선 안동 ~ 영천 간 궤도 설계 당시 철근 대신에 저탄소 자재인 유리섬유 보강근을 콘크리트 궤도에 적용했으며, 이를 통한 탄소 감축효과는 약 6,000톤으로 추정된다. 이 밖에도 저탄소 철도 건축물 구축을 위해 2025년부터 모든 철도건축물을 에너지 자립률 60% 이상(3등급)으로 설계하기로 결정했으며, 도심의 철도 용지는 지자체와 협업을 통해 도심 속 철길 숲 등 탄소 흡수원이자 지역민의 휴식처로 철도부지 특성에 맞게 조성되고 있다.

S철도공단은 이와 같은 철도로의 수송 전환으로 약 20%의 탄소 감축 목표를 내세웠으며, 이를 위해서는 정부의 노력도 필요하다고 강조하였다. 특히 수송 수단 간 공정한 가격 경쟁이 이루어질 수 있도록 도로 차량에 집중된 보조금 제도를 화물차의 탄소배출을 줄이기 위한 철도 전환교통 보조금으로 확대하는 등 실질적인 방안의 필요성을 제기하고 있다.

① 녹색교통으로 철도 수송이 대두된 배경
② 철도 수송 확대를 통해 기대할 수 있는 효과
③ 국내의 탄소 감축 방안이 적용된 설계 사례
④ 정부의 철도 중심 교통체계 구축을 위해 시행된 조치
⑤ S철도공단의 철도 중심 교통체계 구축을 위한 방안

19 다음 글의 주제로 가장 적절한 것은?

> 지난 5월 아이슬란드에 각종 파이프와 열교환기, 화학물질 저장탱크, 압축기로 이루어져 있는 '조지올라 재생가능 메탄올 공장'이 등장했다. 이곳은 이산화탄소로 메탄올을 만드는 첨단 시설로, 과거 2011년 아이슬란드 기업 '카본리사이클링인터내셔널(CRI)'이 탄소 포집·활용(CCU) 기술의 실험을 위해서 지은 곳이다.
>
> 이곳에서는 인근 지열발전소에서 발생하는 적은 양의 이산화탄소(CO_2)를 포집한 뒤 물을 분해해 조달한 수소(H_2)와 결합시켜 재생 메탄올(CH_3OH)을 제조하였으며, 이때 필요한 열과 냉각수 역시 지열발전소의 부산물을 이용했다. 이렇게 만들어진 메탄올은 자동차, 선박, 항공 연료는 물론 플라스틱 제조 원료로 활용되는 등 여러 곳에서 활용되었다.
>
> 하지만 이렇게 메탄올을 만드는 것이 미래 원료 문제의 근본적인 해결책이 될 수는 없었다. 왜냐하면 메탄올이 만드는 에너지보다 메탄올을 만드는 데 들어가는 에너지가 더 필요하다는 문제점에 더하여 액화천연가스(LNG)를 메탄올로 변환할 경우 이전보다 오히려 탄소배출량이 증가하고, 탄소배출량을 감소시키기 위해서는 태양광과 에너지 저장장치를 활용해 메탄올 제조에 필요한 에너지를 모두 조달해야만 하기 때문이다.
>
> 또한 탄소를 포집해 지하에 영구 저장하는 탄소포집 저장방식과 달리, 탄소를 포집해 만든 연료나 제품은 사용 중에 탄소를 다시 배출할 가능성이 있어 이에 대한 논의가 분분한 상황이다.

① 탄소 재활용의 득과 실
② 재생 에너지 메탄올의 다양한 활용
③ 지열발전소에서 탄생한 재활용 원료
④ 탄소 재활용을 통한 미래 원료의 개발
⑤ 미래의 에너지 원료로 주목받는 재활용 원료, 메탄올

20 다음은 A ~ C철도사의 연도별 차량 수 및 승차인원에 대한 자료이다. 이에 대한 설명으로 옳지 않은 것은?

<표제>

구분	2020년			2021년			2022년		
철도사	A	B	C	A	B	C	A	B	C
차량 수(량)	2,751	103	185	2,731	111	185	2,710	113	185
승차인원 (천 명/년)	775,386	26,350	35,650	768,776	24,746	33,130	755,376	23,686	34,179

〈철도사별 차량 수 및 승차인원〉

① C철도사가 운영하는 차량 수는 변동이 없다.
② 3년간 전체 승차인원 중 A철도사 철도를 이용하는 승차인원의 비율이 가장 높다.
③ A ~ C철도사의 철도를 이용하는 연간 전체 승차인원 수는 매년 감소하였다.
④ 3년간 차량 1량당 연간 평균 승차인원 수는 B철도사가 가장 적다.
⑤ C철도사의 차량 1량당 연간 승차인원 수는 200천 명 미만이다.

21 다음은 A ~ H국의 연도별 석유 생산량에 대한 자료이다. 이에 대한 설명으로 옳은 것은?

〈연도별 석유 생산량〉

(단위 : bbl/day)

국가	2018년	2019년	2020년	2021년	2022년
A	10,356,185	10,387,665	10,430,235	10,487,336	10,556,259
B	8,251,052	8,297,702	8,310,856	8,356,337	8,567,173
C	4,102,396	4,123,963	4,137,857	4,156,121	4,025,936
D	5,321,753	5,370,256	5,393,104	5,386,239	5,422,103
E	258,963	273,819	298,351	303,875	335,371
F	2,874,632	2,633,087	2,601,813	2,538,776	2,480,221
G	1,312,561	1,335,089	1,305,176	1,325,182	1,336,597
H	100,731	101,586	102,856	103,756	104,902

① 석유 생산량이 매년 증가한 국가의 수는 6개이다.
② 2018년 대비 2022년에 석유 생산량 증가량이 가장 많은 국가는 A이다.
③ 매년 E국가의 석유 생산량은 H국가 석유 생산량의 3배 미만이다.
④ 연도별 석유 생산량 상위 2개 국가의 생산량 차이는 매년 감소한다.
⑤ 2018년 대비 2022년에 석유 생산량 감소율이 가장 큰 국가는 F이다.

22 A씨는 최근 승진한 공무원 친구에게 선물로 개당 12만 원인 수석을 보내고자 한다. 다음 부정청탁 및 금품 등 수수의 금지에 관한 법률에 따라 선물을 보낼 때, 최대한 많이 보낼 수 있는 수석의 수는?(단, A씨는 공무원인 친구와 직무 연관성이 없는 일반인이며, 선물은 한 번만 보낸다)

금품 등의 수수 금지(부정청탁 및 금품 등 수수의 금지에 관한 법률 제8조 제1항)
공직자 등은 직무 관련 여부 및 기부·후원·증여 등 그 명목에 관계없이 동일인으로부터 1회에 100만 원 또는 매 회계연도에 300만 원을 초과하는 금품 등을 받거나 요구 또는 약속해서는 아니 된다.

---

① 7개   ② 8개
③ 9개   ④ 10개
⑤ 11개

23 S대리는 업무 진행을 위해 본사에서 거래처로 외근을 가고자 한다. 본사에서 거래처까지 가는 길이 다음과 같을 때, 본사에서 출발하여 C와 G를 거쳐 거래처로 간다면 S대리의 최소 이동거리는?(단, 어떤 곳을 먼저 가도 무관하다)

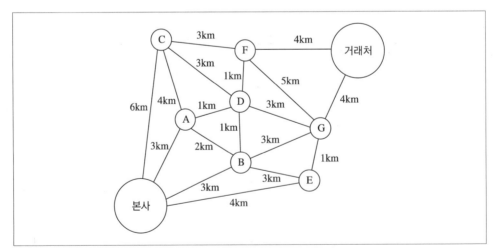

① 8km   ② 9km
③ 13km   ④ 16km
⑤ 18km

24 총무부에 근무하는 A사원이 각 부서에 필요한 사무용품을 조사한 결과, 볼펜 30자루, 수정테이프 8개, 연필 20자루, 지우개 5개가 필요하다고 한다. 다음 〈조건〉에 따라 비품을 구매할 때, 지불할 수 있는 가장 저렴한 금액은?(단, 필요한 비품 수를 초과하여 구매할 수 있고, 지불하는 금액은 배송료를 포함한다)

> **조건**
>
> • 볼펜, 수정테이프, 연필, 지우개의 판매 금액은 다음과 같다(단, 모든 품목은 낱개로 판매한다).
>
> | 품목 | 가격(원/1EA) | 비고 |
> | --- | --- | --- |
> | 볼펜 | 1,000 | 20자루 이상 구매 시 개당 200원 할인 |
> | 수정테이프 | 2,500 | 10개 이상 구매 시 개당 1,000원 할인 |
> | 연필 | 400 | 12자루 이상 구매 시 연필 전체 가격의 25% 할인 |
> | 지우개 | 300 | 10개 이상 구매 시 개당 100원 할인 |
>
> • 품목당 할인을 적용한 금액의 합이 3만 원을 초과할 경우, 전체 금액의 10% 할인이 추가로 적용된다.
> • 전체 금액의 10% 할인 적용 전 금액이 5만 원 초과 시 배송료는 무료이다.
> • 전체 금액의 10% 할인 적용 전 금액이 5만 원 이하 시 배송료 5,000원이 별도로 적용된다.

① 51,500원　　　　　　　　　　② 51,350원

③ 46,350원　　　　　　　　　　④ 45,090원

⑤ 42,370원

25 S사는 개발 상품 매출 순이익에 기여한 직원에게 성과급을 지급하고자 한다. 기여도에 따른 성과급 지급 기준과 〈보기〉를 참고하여 성과급을 차등지급할 때, 가장 많은 성과급을 지급받는 직원은? (단, 팀장에게 지급하는 성과급은 기준 금액의 1.2배이다)

〈기여도에 따른 성과급 지급 기준〉

매출 순이익	개발 기여도			
	1% 이상 5% 미만	5% 이상 10% 미만	10% 이상 20% 미만	20% 이상
1천만 원 미만	–	–	매출 순이익의 1%	매출 순이익의 2%
1천만 원 이상 3천만 원 미만	5만 원	매출 순이익의 1%	매출 순이익의 2%	매출 순이익의 5%
3천만 원 이상 5천만 원 미만	매출 순이익의 1%	매출 순이익의 2%	매출 순이익의 3%	매출 순이익의 5%
5천만 원 이상 1억 원 미만	매출 순이익의 1%	매출 순이익의 3%	매출 순이익의 5%	매출 순이익의 7.5%
1억 원 이상	매출 순이익의 1%	매출 순이익의 3%	매출 순이익의 5%	매출 순이익의 10%

보기

직원	직책	매출 순이익	개발 기여도
A	팀장	4,000만 원	25%
B	팀장	2,500만 원	12%
C	팀원	1억 2,500만 원	3%
D	팀원	7,500만 원	7%
E	팀원	800만 원	6%

① A
③ C
⑤ E
② B
④ D

26 다음은 S시의 학교폭력 상담 및 신고 건수에 대한 자료이다. 이에 대한 설명으로 옳지 않은 것은?

〈학교폭력 상담 및 신고 건수〉

(단위 : 건)

구분	2022년 7월	2022년 8월	2022년 9월	2022년 10월	2022년 11월	2022년 12월
상담	977	805	3,009	2,526	1,007	871
상담 누계	977	1,782	4,791	7,317	8,324	9,195
신고	486	443	1,501	804	506	496
신고 누계	486	929	2,430	3,234	3,740	4,236
구분	2023년 1월	2023년 2월	2023년 3월	2023년 4월	2023년 5월	2023년 6월
상담	( )	( )	4,370	3,620	1,004	905
상담 누계	9,652	10,109	14,479	18,099	19,103	20,008
신고	305	208	2,781	1,183	557	601
신고 누계	4,541	4,749	7,530	( )	( )	( )

① 2023년 1월과 2023년 2월의 학교폭력 상담 건수는 같다.

② 학교폭력 상담 건수와 신고 건수 모두 2023년 3월에 가장 많다.

③ 전월 대비 학교폭력 상담 건수가 가장 크게 감소한 월과 학교폭력 신고 건수가 가장 크게 감소한 월은 다르다.

④ 전월 대비 학교폭력 상담 건수가 증가한 월은 학교폭력 신고 건수도 같이 증가하였다.

⑤ 2023년 6월까지의 학교폭력 신고 누계 건수는 10,000건 이상이다.

27 다음은 5년 동안 발전원별 발전량 추이에 대한 자료이다. 이에 대한 설명으로 옳지 않은 것은?

〈2018 ~ 2022년 발전원별 발전량 추이〉

(단위 : GWh)

자원	2018년	2019년	2020년	2021년	2022년
원자력	127,004	138,795	140,806	155,360	179,216
석탄	247,670	226,571	221,730	200,165	198,367
가스	135,072	126,789	138,387	144,976	160,787
신재생	36,905	38,774	44,031	47,831	50,356
유류·양수	6,605	6,371	5,872	5,568	5,232
합계	553,256	537,300	550,826	553,900	593,958

① 매년 원자력 자원 발전량과 신재생 자원 발전량의 증감 추이는 같다.

② 석탄 자원 발전량의 전년 대비 감소폭이 가장 큰 해는 2021년이다.

③ 신재생 자원 발전량 대비 가스 자원 발전량이 가장 큰 해는 2018년이다.

④ 매년 유류·양수 자원 발전량은 전체 발전량의 1% 이상을 차지한다.

⑤ 전체 발전량의 전년 대비 증가폭이 가장 큰 해는 2022년이다.

28 다음 중 〈보기〉에 해당하는 문제해결방법이 바르게 연결된 것은?

> **보기**
>
> ⊙ 중립적인 위치에서 그룹이 나아갈 방향과 주제에 대한 공감을 이룰 수 있도록 도와주어 깊이 있
> 는 커뮤니케이션을 통해 문제점을 이해하고 창조적으로 해결하도록 지원하는 방법이다.
> ⓒ 상이한 문화적 토양을 가진 구성원이 사실과 원칙에 근거한 토론을 바탕으로 서로의 생각을 직
> 설적으로 주장하고 논쟁이나 협상을 통해 의견을 조정하는 방법이다.
> ⓒ 구성원이 같은 문화적 토양을 가지고 서로를 이해하는 상황에서 권위나 공감에 의지하여 의견을
> 중재하고, 타협과 조정을 통해 해결을 도모하는 방법이다.

	⊙	ⓒ	ⓒ
①	하드 어프로치	퍼실리테이션	소프트 어프로치
②	퍼실리테이션	하드 어프로치	소프트 어프로치
③	소프트 어프로치	하드 어프로치	퍼실리테이션
④	퍼실리테이션	소프트 어프로치	하드 어프로치
⑤	하드 어프로치	소프트 어프로치	퍼실리테이션

29 A ~ G 7명은 주말 여행지를 고르기 위해 투표를 진행하였다. 다음 〈조건〉과 같이 투표를 진행하였
을 때, 투표를 하지 않은 사람을 모두 고르면?

> **조건**
>
> • D나 G 중 적어도 한 명이 투표하지 않으면, F는 투표한다.
> • F가 투표하면, E는 투표하지 않는다.
> • B나 E 중 적어도 한 명이 투표하지 않으면, A는 투표하지 않는다.
> • A를 포함하여 투표한 사람은 모두 5명이다.

① B, E
② B, F
③ C, D
④ C, F
⑤ F, G

30 다음과 같이 G마트에서 파는 물건을 상품코드와 크기에 따라 엑셀 프로그램으로 정리하였다. 상품 코드가 S3310897이고, 크기가 '중'인 물건의 가격을 구하는 함수로 옳은 것은?

◢	A	B	C	D	E	F
1						
2		상품코드	소	중	대	
3		S3001287	18,000	20,000	25,000	
4		S3001289	15,000	18,000	20,000	
5		S3001320	20,000	22,000	25,000	
6		S3310887	12,000	16,000	20,000	
7		S3310897	20,000	23,000	25,000	
8		S3311097	10,000	15,000	20,000	
9						

① = HLOOKUP(S3310897,$B$2:$E$8,6,0)

② = HLOOKUP("S3310897",$B$2:$E$8,6,0)

③ = VLOOKUP("S3310897",$B$2:$E$8,2,0)

④ = VLOOKUP("S3310897",$B$2:$E$8,6,0)

⑤ = VLOOKUP("S3310897",$B$2:$E$8,3,0)

31 다음 중 Windows Game Bar 녹화 기능에 대한 설명으로 옳지 않은 것은?

① 〈Windows 로고 키〉+〈Alt〉+〈G〉를 통해 백그라운드 녹화 기능을 사용할 수 있다.

② 백그라운드 녹화 시간은 변경할 수 있다.

③ 녹화한 영상의 저장 위치는 변경할 수 없다.

④ 각 메뉴의 단축키는 본인이 원하는 키 조합에 맞추어 변경할 수 있다.

⑤ 게임 성능에 영향을 줄 수 있다.

N공사가 밝힌 에너지 공급비중을 살펴보면 2022년 우리나라의 발전비중 중 가장 높은 것은 석탄(32.51%)이고, 두 번째는 액화천연가스(27.52%) 즉 LNG 발전이다. LNG는 석탄에 비해 탄소 배출량이 적어 화석연료와 신재생에너지의 전환단계인 교량 에너지로서, 최근 크게 비중이 늘었지만 여전히 많은 양의 탄소를 배출한다는 문제점이 있다. 지구 온난화 완화를 위해 어떻게든 탄소 배출량을 줄여야 하는 상황에서 이에 대한 현실적인 대안으로 수소혼소 발전이 주목받고 있다. _____ (가) _____

수소혼소 발전이란 기존의 화석연료인 LNG와 친환경에너지인 수소를 혼합 연소하여 발전하는 방식이다. 수소는 지구에서 9번째로 풍부하여 고갈될 염려가 없고, 연소 시 탄소를 배출하지 않는 친환경에너지이다. 발열량 또한 1kg당 142MJ로, 다른 에너지원에 비해 월등히 높아 같은 양으로 훨씬 많은 에너지를 생산할 수 있다. _____ (나) _____

그러나 수소를 발전 연료로서 그대로 사용하기에는 여러 가지 문제점이 있다. 수소는 LNG에 비해 7~8배 빠르게 연소되므로 제어에 실패하면 가스 터빈에서 급격하게 발생한 화염이 역화하여 폭발할 가능성이 있다. 또한 높은 온도로 연소되므로 그만큼 공기 중의 질소와 반응하여 많은 질소산화물(NOx)을 발생시키는데, 이는 미세먼지와 함께 대기오염의 주요 원인이 된다. 마지막으로 연료로 사용할 만큼 정제된 수소를 얻기 위해서는 물을 전기분해해야 하는데, 여기에는 많은 전력이 들어가므로 수소 생산 단가가 높아진다는 단점이 있다. _____ (다) _____

이러한 수소의 문제점을 해결하기 위한 대안이 바로 수소혼소 발전이다. 인프라적인 측면에서 기존의 LNG 발전설비를 활용할 수 있기 때문에 수소혼소 발전은 친환경에너지로 전환하는 사회적·경제적 충격을 완화할 수 있다. 또한 수소를 혼입하는 비율이 많아질수록 그만큼 LNG를 대체하게 되므로 기술발전으로 인해 혼입하는 수소의 비중이 높아질수록 발전으로 인한 탄소의 발생을 줄일 수 있다. 아직 많은 기술적·경제적 문제점이 남아있지만, 세계의 많은 나라들은 탄소 배출량 저감을 위해 수소혼소 발전 기술에 적극적으로 뛰어들고 있다. 우리나라 또한 2024년 세종시에 수소혼소 발전이 가능한 열병합발전소가 들어설 예정이며, 한화, 포스코 등 많은 기업들이 수소혼소 발전 실현을 위해 사업을 추진하고 있다. _____ (라) _____

▎한국남동발전 / 의사소통능력

32 다음 중 윗글의 내용으로 적절하지 않은 것은?

① 수소혼소 발전은 기존 LNG 발전설비를 활용할 수 있다.
② 수소를 연소할 때에도 공해물질은 발생한다.
③ 수소혼소 발전은 탄소를 배출하지 않는 발전 기술이다.
④ 수소혼소 발전에서 수소를 더 많이 혼입할수록 탄소 배출량은 줄어든다.

▎한국남동발전 / 의사소통능력

33 다음 중 〈보기〉의 문장이 들어갈 위치로 가장 적절한 곳은?

> **보기**
>
> 따라서 수소는 우리나라의 2050 탄소중립을 실현하기 위한 최적의 에너지원이라 할 수 있다.

① (가)　　　　　　　　　　　② (나)
③ (다)　　　　　　　　　　　④ (라)

우리나라에서 500MW 규모 이상의 발전설비를 보유한 발전사업자(공급의무자)는 신재생에너지 공급의무화 제도(RPS; Renewable Portfolio Standard)에 의해 의무적으로 일정 비율 이상을 기존의 화석연료를 변환시켜 이용하거나 햇빛·물·지열·강수·생물유기체 등 재생 가능한 에너지를 변환시켜 이용하는 에너지인 신재생에너지로 발전해야 한다. 이에 따라 공급의무자는 매년 정해진 의무공급비율에 따라 신재생에너지를 사용하여 전기를 공급해야 하는데 의무공급비율은 매년 확대되고 있으므로 여기에 맞춰 태양광, 풍력 등 신재생에너지 발전설비를 추가로 건설하기에는 여러 가지 한계점이 있다. ____㉠____ 공급의무자는 의무공급비율을 외부 조달을 통해 충당하게 되는데 이를 인증하는 것이 신재생에너지 공급인증서(REC; Renewable Energy Certificates)이다. 공급의무자는 신재생에너지 발전사에서 판매하는 REC를 구매하는 것으로 의무공급비율을 달성하게 되며, 이를 이행하지 못할 경우 미이행 의무량만큼 해당 연도 평균 REC 거래가격의 1.5배 이내에서 과징금이 부과된다.

신재생에너지 공급자가 공급의무자에게 REC를 판매하기 위해서는 먼저 「신에너지 및 재생에너지 개발·이용·보급 촉진법(신재생에너지법)」 제12조의7에 따라 공급인증기관(에너지관리공단 신재생에너지센터, 한국전력거래소 등)으로부터 공급 사실을 증명하는 공급인증서를 신청해야 한다. 인증 신청을 받은 공급인증기관은 신재생에너지 공급자, 신재생에너지 종류별 공급량 및 공급기간, 인증서 유효기간을 명시한 공급인증서를 발급해 주는데, 이때 공급인증서의 유효기간은 발급받은 날로부터 3년이며, 공급량은 발전방식에 따라 실제 공급량에 가중치를 곱해 표기한다. 이렇게 발급받은 REC는 공급인증기관이 개설한 거래시장인 한국전력거래소에서 거래할 수 있으며, 거래시장에서 공급의무자가 구매하여 의무공급량에 충당한 공급인증서는 효력을 상실하여 폐기하게 된다.

RPS 제도를 통한 REC 거래는 최근 더욱 확대되고 있다. 시행 초기에는 전력거래소에서 신재생에너지 공급자와 공급의무자 간 REC를 거래하였으나, 2021년 8월 이후 에너지관리공단에서 운영하는 REC 거래시장을 통해 한국형 RE100에 동참하는 일반기업들도 신재생에너지 공급자로부터 REC를 구매할 수 있게 되었고 여기서 구매한 REC는 기업의 온실가스 감축실적으로 인정되어 인센티브 등 다양한 혜택을 받을 수 있게 된다.

| 한국남동발전 / 의사소통능력

34 다음 중 윗글의 내용으로 적절하지 않은 것은?

① 공급의무자는 의무공급비율 달성을 위해 반드시 신재생에너지 발전설비를 건설해야 한다.

② REC 거래를 위해서는 먼저 공급인증기관으로부터 인증서를 받아야 한다.

③ 일반기업도 REC 구매를 통해 온실가스 감축실적을 인정받을 수 있다.

④ REC에 명시된 공급량은 실제 공급량과 다를 수 있다.

35 다음 중 빈칸 ㉠에 들어갈 접속부사로 가장 적절한 것은?

① 한편   ② 그러나

③ 그러므로   ④ 예컨대

36 다음 자료를 토대로 신재생에너지법상 바르게 거래된 것은?

<REC 거래내역>

(거래일 : 2023년 10월 12일)

설비명	에너지원	인증서 발급일	판매처	거래시장 운영소
A발전소	풍력	2020.10.06	E기업	에너지관리공단
B발전소	천연가스	2022.10.12	F발전	한국전력거래소
C발전소	태양광	2020.10.24	G발전	한국전력거래소
D발전소	수력	2021.04.20	H기업	한국전력거래소

① A발전소   ② B발전소

③ C발전소   ④ D발전소

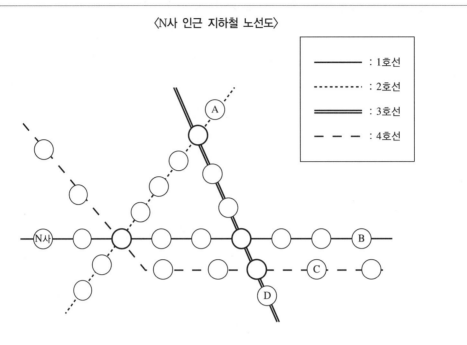

〈N사 인근 지하철 노선도〉

—————	: 1호선
··············	: 2호선
═══════	: 3호선
— — —	: 4호선

〈N사 인근 지하철 관련 정보〉

• 역간 거리 및 부과요금은 다음과 같다.

열차	역간 거리	기본요금	거리비례 추가요금
1호선	900m	1,200원	5km 초과 시 500m마다 50원 추가
2호선	950m	1,500원	5km 초과 시 1km마다 100원 추가
3호선	1,000m	1,800원	5km 초과 시 500m마다 100원 추가
4호선	1,300m	2,000원	5km 초과 시 1.5km마다 150원 추가

• 모든 노선에서 다음 역으로 이동하는 데 걸리는 시간은 2분이다.
• 모든 노선에서 환승하는 데 걸리는 시간은 3분이다.
• 기본요금이 더 비싼 열차로 환승할 때에는 부족한 기본요금을 추가로 부과하며, 기본요금이 더 저렴한 열차로 환승할 때에는 요금을 추가로 부과하거나 공제하지 않는다.
• 1회 이상 환승할 때의 거리비례 추가요금은 이용한 열차 중 기본요금이 가장 비싼 열차를 기준으로 적용한다.
  예 1호선으로 3,600m 이동 후 3호선으로 환승하여 3,000m 더 이동했다면, 기본요금 및 거리비례 추가요금은 3호선 기준이 적용되어 1,800+300=2,100원이다.

37 다음 중 N사와 A지점을 왕복하는 데 걸리는 최소 이동시간은?

① 28분 ② 34분

③ 40분 ④ 46분

38 다음 중 N사로부터 이동거리가 가장 짧은 지점은?

① A지점 ② B지점

③ C지점 ④ D지점

39 다음 중 N사에서 이동하는 데 드는 비용이 가장 적은 지점은?

① A지점 ② B지점

③ C지점 ④ D지점

SF 영화나 드라마에서만 나오던 3D 푸드 프린터를 통해 음식을 인쇄하여 소비하는 모습은 더 이상 먼 미래의 모습이 아니게 되었다. 2023년 3월 21일 미국의 컬럼비아 대학교에서는 3D 푸드 프린터와 땅콩버터, 누텔라, 딸기잼 등 7가지의 반죽형 식용 카트리지로 7겹 치즈케이크를 만들었다고 국제학술지 'NPJ 식품과학'에 소개하였다. (가) 특히 이 치즈케이크는 베이킹 기능이 있는 레이저와 식물성 원료를 사용한 비건식 식용 카트리지를 통해 만들어졌다. ㉠ 그래서 이번 발표는 대체육과 같은 다른 관련 산업에서도 많은 주목을 받게 되었다.

3D 푸드 프린터는 산업 현장에서 사용되는 일반적인 3D 프린터가 사용자가 원하는 대로 3차원의 물체를 만드는 것처럼 사람이 섭취할 수 있는 페이스트, 반죽, 분말 등을 카트리지로 사용하여 사용자가 원하는 디자인으로 압출·성형하여 음식을 만들어 내는 것이다. (나) 현재 3D 푸드 프린터는 산업용 3D 프린터처럼 페이스트를 층층이 쌓아서 만드는 FDM(Fused Deposition Modeling) 방식, 분말형태로 된 재료를 접착제로 굳혀 찍어내는 PBF(Powder Bed Fusion), 레이저로 굳혀 찍어내는 SLS(Selective Laser Sintering) 방식이 주로 사용된다.

(다) 3D 푸드 프린터는 아직 대중화되지 않았지만, 많은 장점을 가지고 있어 미래에 활용 가치가 아주 높을 것으로 예상되고 있다. ㉡ 예를 들어 증가하는 노령인구에 맞춰 쉽고 삼키는 것이 어려운 사람을 위해 질감과 맛을 조정하거나, 개인별로 필요한 영양소를 첨가하는 등 사용자의 건강관리를 수월하게 해 준다. ㉢ 또한 우주와 같이 음식을 조리하기 어려운 곳에서 평소 먹던 음식을 섭취할 수 있게 하는 등 활용도가 무궁무진하다. 특히 대체육 부분에서 주목받고 있는데, 3D 푸트 프린터로 육류를 제작하게 된다면 동물을 키우고 도살하여 고기를 얻는 것보다 환경오염을 줄일 수 있다. (라) 대체육은 식물성 원료를 소재로 하는 것이므로 일반적인 고기보다는 맛은 떨어지게 된다. 실제로 대체육 전문 기업인 리디파인 미트(Redefine Meat)에서는 대체육이 축산업에서 발생하는 일반 고기보다 환경오염을 95% 줄일 수 있다고 밝히고 있다.

㉣ 따라서 3D 푸드 프린터는 개발 초기 단계이므로 아직 개선해야 할 점이 많다. 가장 중요한 것은 맛이다. 3D 푸드 프린터에 들어가는 식용 카트리지의 주원료는 식물성 재료이므로 실제 음식의 맛을 내기까지는 아직 많은 노력이 필요하다. (마) 디자인의 영역도 간과할 수 없는데, 길쭉한 필라멘트(3D 프린터에 사용되는 플라스틱 줄) 모양으로 성형된 음식이 '인쇄'라는 인식과 함께 음식을 섭취하는 데 심리적인 거부감을 주는 것도 해결해야 하는 문제이다. ㉤ 게다가 현재 주로 사용하는 방식은 페이스트, 분말을 레이저나 압출로 성형하는 것이므로 만들 수 있는 요리의 종류가 매우 제한적이며, 전력 소모 또한 많다는 것도 해결해야 하는 문제이다.

40 다음 중 윗글의 내용에 대한 추론으로 적절하지 않은 것은?

① 설탕 케이크 장식 제작은 SLS 방식의 3D 푸드 프린터가 적절하다.

② 3D 푸드 프린터는 식감 등으로 발생하는 편식을 줄일 수 있다.

③ 3D 푸드 프린터는 사용자 맞춤 식단을 제공할 수 있다.

④ 현재 3D 푸드 프린터로 제작된 음식은 거부감을 일으킬 수 있다.

⑤ 컬럼비아 대학교에서 만들어 낸 치즈케이크는 PBF 방식으로 제작되었다.

41 윗글의 (가) ~ (마) 중 삭제해야 할 문장으로 가장 적절한 것은?

① (가)　　　　　　　　　　　② (나)

③ (다)　　　　　　　　　　　④ (라)

⑤ (마)

42 윗글의 접속부사 ㉠ ~ ㉤ 중 문맥상 적절하지 않은 것은?

① ㉠　　　　　　　　　　　② ㉡

③ ㉢　　　　　　　　　　　④ ㉣

⑤ ㉤

(가) 경영학 측면에서도 메기 효과는 한국, 중국 등 고도 경쟁사회인 동아시아 지역에서만 제한적으로 사용되며 영미권에서는 거의 사용되지 않는다. 기획재정부의 조사에 따르면 메기에 해당하는 해외 대형 가구업체인 이케아(IKEA)가 국내에 들어오면서 청어에 해당하는 중소 가구업체의 입지가 더욱 좁아졌다고 한다. 이처럼 경영학 측면에서도 메기 효과는 제한적으로 파악될 뿐 과학적으로는 검증되지 않은 가설이다.

(나) 결국 과학적으로 증명되진 않았지만 메기 효과는 '경쟁'의 양면성을 보여 주는 가설이다. 기업의 경영에서 위협이 발생하였을 때, 위기감에 의한 성장 동력을 발현시킬 수는 있을 것이다. 그러나 무한 경쟁사회에서 규제 등의 방법으로 적정 수준을 유지하지 못한다면 거미의 등장으로 인해 폐사한 메뚜기와 토양처럼, 거대한 위협이 기업과 사회를 항상 좋은 방향으로 이끌어 나가지는 않을 것이다.

(다) 그러나 메기 효과가 전혀 시사점이 없는 것은 아니다. 이케아가 국내에 들어오면서 도산할 것으로 예상되었던 일부 국내 가구 업체들이 오히려 성장하는 현상 또한 관찰되고 있다. 강자의 등장으로 약자의 성장 동력이 어느 정도는 발현되었다는 것을 보여 주는 사례라고 할 수 있다.

(라) 그러나 최근에는 메기 효과가 과학적으로 검증되지 않았고 과장되어 사용되고 있으며 심지어 거짓이라고 주장하는 사람들이 있다. 먼저 메기 효과의 기원부터 의문점이 있다. 메기는 민물고기로 바닷물고기인 청어는 메기와 관련이 없으며, 실제로 북유럽의 어부들이 수조에 메기를 넣었을 때 청어에게 효과가 있었는지 검증되지 않았다. 이와 비슷한 사례인 메뚜기와 거미의 경우는 과학적으로 검증된 바 있다. 2012년 『사이언스』에서 제한된 공간에 메뚜기와 거미를 두었을 때 메뚜기들은 포식자인 거미로 인해 스트레스의 수치가 증가하고 체내 질소 함량이 줄어들었으며, 죽은 메뚜기에 포함된 질소 함량이 줄어들면서 토양 미생물도 줄어들고 토양은 황폐화되었다.

(마) 우리나라에서 '경쟁'과 관련된 이론 중 가장 유명한 것은 영국의 역사가 아놀드 토인비가 주장했다고 하는 '메기 효과(Catfish Effect)'이다. 메기 효과란 냉장시설이 없었던 과거에 북유럽의 어부들이 잡은 청어를 싱싱하게 운반하기 위하여 수조 속에 천적인 메기를 넣어 끊임없이 움직이게 했다는 것이다. 이 가설은 경영학계에서 비유적으로 사용된다. 다시 말해 기업의 경쟁력을 키우기 위해서는 적절한 위협과 자극이 필요하다는 것이다.

| K-water 한국수자원공사 / 의사소통능력

43 윗글의 문단을 논리적 순서대로 바르게 나열한 것은?

① (가) – (라) – (나) – (다) – (마) ② (다) – (마) – (가) – (나) – (라)
③ (마) – (가) – (라) – (다) – (나) ④ (마) – (라) – (가) – (다) – (나)

| K-water 한국수자원공사 / 의사소통능력

44 다음 중 윗글을 이해한 내용으로 적절하지 않은 것은?

① 거대 기업의 출현은 해당 시장의 생태계를 파괴할 수도 있다.
② 메기 효과는 과학적으로 검증되지 않았으므로 낭설에 불과하다.
③ 발전을 위해서는 기업 간 경쟁을 적정 수준으로 유지해야 한다.
④ 메기 효과는 경쟁을 장려하는 사회에서 널리 사용되고 있다.

45 철호는 50만 원으로 K가구점에서 식탁 1개와 의자 2개를 사고, 남은 돈은 모두 장미꽃을 구매하는 데 쓰려고 한다. 판매하는 가구의 가격이 다음과 같을 때, 구매할 수 있는 장미꽃의 수는?(단, 장미꽃은 한 송이당 6,500원이다)

〈K가구점 가격표〉

종류	책상	식탁	침대	의자	옷장
가격	25만 원	20만 원	30만 원	10만 원	40만 원

※ 30만 원 이상 구매 시 10% 할인

① 20송이
③ 22송이
② 21송이
④ 23송이

46 어느 회사에 입사하는 사원 수를 조사하니 올해 남자 사원 수는 작년에 비하여 8% 증가하고 여자 사원 수는 10% 감소했다. 작년의 전체 사원 수는 820명이고, 올해는 작년에 비하여 10명이 감소하였다고 할 때, 올해 여자 사원 수는?

① 378명
③ 380명
② 379명
④ 381명

47 K하수처리장은 오수 탱크 한 개를 정수로 정화하는 데 A ~ E 5가지 공정을 거친다고 한다. 공정당 소요 시간이 다음과 같을 때 탱크 30개 분량의 오수를 정화하는 데 걸리는 최소 시간은?(단, 공정별 소요 시간에는 정비시간이 포함되어 있다)

〈K하수처리장 공정별 소요 시간〉

공정	A	B	C	D	E
소요 시간	4시간	6시간	5시간	4시간	6시간

① 181시간
③ 193시간
② 187시간
④ 199시간

〈시리얼 넘버 부여 방식〉

시리얼 넘버는 [제품 분류] − [배터리 형태][배터리 용량][최대 출력] − [고속충전 규격] − [생산날짜] 순서로 부여한다.

〈시리얼 넘버 세부사항〉

제품 분류	배터리 형태	배터리 용량	최대 출력
NBP : 일반형 보조배터리 CBP : 케이스 보조배터리 PBP : 설치형 보조배터리	LC : 유선 분리형 LO : 유선 일체형 DK : 도킹형 WL : 무선형 LW : 유선+무선	4 : 40,000mAH 이상 3 : 30,000mAH 이상 2 : 20,000mAH 이상 1 : 10,000mAH 이상	A : 100W 이상 B : 60W 이상 C : 30W 이상 D : 20W 이상 E : 10W 이상

고속충전 규격	생산날짜		
P31 : USB − PD3.1 P30 : USB − PD3.0 P20 : USB − PD2.0	B3 : 2023년 B2 : 2022년 … A1 : 2011년	1 : 1월 2 : 2월 … 0 : 10월 A : 11월 B : 12월	01 : 1일 02 : 2일 … 30 : 30일 31 : 31일

| K-water 한국수자원공사 / 문제해결능력

48 다음 〈보기〉 중 시리얼 넘버가 잘못 부여된 제품은 모두 몇 개인가?

보기

- NBP − LC4A − P20 − B2102
- CBP − WK4A − P31 − B0803
- NBP − LC3B − P31 − B3230
- CNP − LW4E − P20 − A7A29
- PBP − WL3D − P31 − B0515
- CBP − LO3E − P30 − A9002
- PBP − DK1E − P21 − A8B12
- PBP − DK2D − P30 − B0331
- NBP − LO3B − P31 − B2203
- CBP − LC4A − P31 − B3104

① 2개
③ 4개
② 3개
④ 5개

49 K사 고객지원팀에 재직 중인 S주임은 보조배터리를 구매한 고객으로부터 다음과 같은 전화를 받았다. 해당 제품을 회사 데이터베이스에서 검색하기 위해 시리얼 넘버를 입력할 때, 고객이 보유 중인 제품의 시리얼 넘버로 가장 적절한 것은?

> S주임 : 안녕하세요. K사 고객지원팀 S입니다. 무엇을 도와드릴까요?
> 고객 : 안녕하세요. 지난번에 구매한 보조배터리가 작동을 하지 않아서요.
> S주임 : 네, 고객님. 해당 제품 확인을 위해 시리얼 넘버를 알려 주시기 바랍니다.
> 고객 : 제품을 들고 다니면서 시리얼 넘버가 적혀 있는 부분이 지워졌네요. 어떻게 하면 되죠?
> S주임 : 고객님 혹시 구매하셨을때 동봉된 제품설명서를 가지고 계실까요?
> 고객 : 네, 가지고 있어요.
> S주임 : 제품설명서 맨 뒤에 제품 정보가 적혀 있는데요. 순서대로 불러 주시기 바랍니다.
> 고객 : 설치형 보조배터리에 70W, 24,000mAH의 도킹형 배터리이고, 규격은 USB − PD3.0이고, 생산날짜는 2022년 10월 12일이네요.
> S주임 : 확인 감사합니다. 고객님 잠시만 기다려 주세요.

① PBP − DK2B − P30 − B1012
② PBP − DK2B − P30 − B2012
③ PBP − DK3B − P30 − B1012
④ PBP − DK3B − P30 − B2012

50 다음 〈보기〉의 전제 1에서 항상 참인 결론을 이끌어 내기 위한 전제 2로 옳은 것은?

> **보기**
> • 전제 1 : 흰색 공을 가지고 있는 사람은 모두 검은색 공을 가지고 있지 않다.
> • 전제 2 : _____
> • 결론 : 흰색 공을 가지고 있는 사람은 모두 파란색 공을 가지고 있다.

① 검은색 공을 가지고 있는 사람은 모두 파란색 공을 가지고 있다.
② 파란색 공을 가지고 있지 않은 사람은 모두 검은색 공도 가지고 있지 않다.
③ 파란색 공을 가지고 있지 않은 사람은 모두 검은색 공을 가지고 있다.
④ 파란색 공을 가지고 있는 사람은 모두 검은색 공을 가지고 있다.

02 | 2023년 주요 공기업 전공 기출복원문제

정답 및 해설 p.016

01 경영

| 코레일 한국철도공사

01 다음 중 고전적 경영이론에 대한 설명으로 옳지 않은 것은?

① 고전적 경영이론은 인간의 행동이 합리적이고 경제적인 동기에 의해 이루어진다고 가정한다.

② 차별 성과급제, 기능식 직장제도는 테일러의 과학적 관리법을 기본이론으로 한다.

③ 포드의 컨베이어 벨트 시스템은 표준화를 통한 대량생산방식을 설명한다.

④ 베버는 조직을 합리적이고 법적인 권한으로 운영하는 관료제 조직이 가장 합리적이라고 주장한다.

⑤ 페이욜은 기업활동을 기술활동, 영업활동, 재무활동, 회계활동 4가지 분야로 구분하였다.

| 코레일 한국철도공사

02 다음 중 광고의 소구 방법에 대한 설명으로 옳지 않은 것은?

① 감성적 소구는 브랜드에 대한 긍정적 느낌 등 이미지 향상을 목표로 하는 방법이다.

② 감성적 소구는 논리적인 자료 제시를 통해 높은 제품 이해도를 이끌어 낼 수 있다.

③ 유머 소구, 공포 소구 등이 감성적 소구 방법에 해당한다.

④ 이성적 소구는 정보제공형 광고에 사용하는 방법이다.

⑤ 이성적 소구는 구매 시 위험이 따르는 내구재나 신제품 등에 많이 활용된다.

03 다음 〈보기〉 중 JIT시스템의 장점으로 옳지 않은 것을 모두 고르면?

> **보기**
> ㉠ 현장 낭비 제거를 통한 생산성 향상
> ㉡ 다기능공 활용을 통한 작업자 노동부담 경감
> ㉢ 소 LOT 생산을 통한 재고율 감소
> ㉣ 단일 생산을 통한 설비 이용률 향상

① ㉠, ㉡   ② ㉠, ㉢
③ ㉡, ㉢   ④ ㉡, ㉣
⑤ ㉢, ㉣

04 다음 중 마이클 포터의 가치사슬에 대한 설명으로 옳지 않은 것은?

① 가치사슬은 거시경제학을 기반으로 하는 분석 도구이다.
② 기업의 수행활동을 제품설계, 생산, 마케팅, 유통 등 개별적 활동으로 나눈다.
③ 구매, 제조, 물류, 판매, 서비스 등을 기업의 본원적 활동으로 정의한다.
④ 기술개발, 조달활동 등을 기업의 지원적 활동으로 정의한다.
⑤ 가치사슬에서 말하는 이윤은 수입에서 가치창출을 위해 발생한 모든 비용을 제외한 값이다.

05 다음 중 주식회사의 특징으로 옳지 않은 것은?

① 구성원인 주주와 별개의 법인격이 부여된다.
② 주주는 회사에 대한 주식의 인수가액을 한도로 출자의무를 부담한다.
③ 주주는 자신이 보유한 지분을 자유롭게 양도할 수 있다.
④ 설립 시 발기인은 최소 2인 이상을 필요로 한다.
⑤ 소유와 경영을 분리하여 이사회로 경영권을 위임한다.

06 다음 중 정가가 10,000원인 제품을 9,900원으로 판매하는 가격전략은 무엇인가?

① 명성가격   ② 준거가격
③ 단수가격   ④ 관습가격
⑤ 유인가격

07 다음 중 주식 관련 상품에 대한 설명으로 옳지 않은 것은?

① ELS : 주가지수 또는 종목의 주가 움직임에 따라 수익률이 결정되며, 만기가 없는 증권이다.
② ELB : 채권, 양도성 예금증서 등 안전자산에 주로 투자하며, 원리금이 보장된다.
③ ELD : 수익률이 코스피200지수에 연동되는 예금으로, 주로 정기예금 형태로 판매한다.
④ ELT : ELS를 특정금전신탁 계좌에 편입하는 신탁상품으로, 투자자의 의사에 따라 운영한다.
⑤ ELF : ELS와 ELD의 중간 형태로, ELS를 기초 자산으로 하는 펀드를 말한다.

08 다음 〈보기〉에 해당하는 재고유형은 무엇인가?

> **보기**
> • 불확실한 수요 변화에 대처하기 위한 재고로, 완충재고라고도 한다.
> • 생산의 불확실성, 재료확보의 불확실성에 대비하여 보유하는 재고이다.
> • 품절 또는 재고부족 상황에 대비함으로써 납기일을 준수하여 고객 신뢰도를 높일 수 있다.

① 파이프라인재고   ② 이동재고
③ 주기재고   ④ 예비재고
⑤ 안전재고

09 다음 중 인사와 관련된 이론에 대한 설명으로 옳지 않은 것은?

① 허즈버그는 욕구를 동기요인과 위생요인으로 나누었으며, 동기요인에는 인정감, 성취, 성장 가능성, 승진, 책임감, 직무 자체가 해당되고, 위생요인에는 보수, 대인관계, 감독, 직무안정성, 근무환경, 회사의 정책 및 관리가 해당된다.

② 블룸은 동기 부여에 대해 기대이론을 적용하여 기대감, 적합성, 신뢰성을 통해 구성원의 직무에 대한 동기 부여를 결정한다고 주장하였다.

③ 매슬로는 욕구의 위계를 생리적 욕구, 안전의 욕구, 애정과 공감의 욕구, 존경의 욕구, 자아실현의 욕구로 나누어 단계별로 욕구가 작용한다고 설명하였다.

④ 맥그리거는 인간의 본성에 대해 부정적인 관점인 X이론과 긍정적인 관점인 Y이론이 있으며, 경영자는 조직목표 달성을 위해 근로자의 본성(X, Y)을 파악해야 한다고 주장하였다.

⑤ 로크는 인간이 합리적으로 행동한다는 가정하에 개인이 의식적으로 얻으려고 설정한 목표가 동기와 행동에 영향을 미친다고 주장하였다.

10 다음 〈보기〉에 해당하는 마케팅 STP 단계는 무엇인가?

> **보기**
> • 서로 다른 욕구를 가지고 있는 다양한 고객들을 하나의 동질적인 고객집단으로 나눈다.
> • 인구, 지역, 사회, 심리 등을 기준으로 활용한다.
> • 전체시장을 동질적인 몇 개의 하위시장으로 구분하여 시장별로 차별화된 마케팅을 실행한다.

① 시장세분화　　　　　　　　　② 시장매력도 평가

③ 표적시장 선정　　　　　　　　④ 포지셔닝

⑤ 재포지셔닝

11 다음 K기업 재무회계 자료를 참고할 때, 기초부채를 계산하면 얼마인가?

> • 기초자산 : 100억 원
> • 기말자본 : 65억 원
> • 총수익 : 35억 원
> • 총비용 : 20억 원

① 35억 원　　　　　　　　　② 40억 원
③ 50억 원　　　　　　　　　④ 60억 원

12 다음 중 ERG 이론에 대한 설명으로 옳지 않은 것은?

① 매슬로의 욕구 5단계설을 발전시켜 주장한 이론이다.
② 인간의 욕구를 중요도 순으로 계층화하여 정의하였다.
③ 인간의 욕구를 존재욕구, 관계욕구, 성장욕구의 3단계로 나누었다.
④ 상위에 있는 욕구를 충족시키지 못하면 하위에 있는 욕구는 더욱 크게 감소한다.

13 다음 중 기업이 사업 다각화를 추진하는 목적으로 볼 수 없는 것은?

① 기업의 지속적인 성장 추구
② 사업위험 분산
③ 유휴자원의 활용
④ 기업의 수익성 강화

14 다음 중 직무관리의 절차를 순서대로 바르게 나열한 것은?

① 직무설계 → 직무분석 → 직무기술서 / 직무명세서 → 직무평가
② 직무설계 → 직무기술서 / 직무명세서 → 직무분석 → 직무평가
③ 직무분석 → 직무기술서 / 직무명세서 → 직무평가 → 직무설계
④ 직무분석 → 직무평가 → 직무기술서 / 직무명세서 → 직무설계

15 다음 중 종단분석과 횡단분석의 비교가 옳지 않은 것은?

구분	종단분석	횡단분석
방법	시간적	공간적
목표	특성이나 현상의 변화	집단의 특성 또는 차이
표본 규모	큼	작음
횟수	반복	1회

① 방법   ② 목표

③ 표본 규모   ④ 횟수

16 다음 중 향후 채권이자율이 시장이자율보다 높아질 것으로 예상될 때 나타날 수 있는 현상으로 옳은 것은?

① 별도의 이자 지급 없이 채권발행 시 이자금액을 공제하는 방식을 선호하게 된다.

② 1년 만기 은행채, 장기신용채 등의 발행이 늘어난다.

③ 만기에 가까워질수록 채권가격 상승에 따른 이익을 얻을 수 있다.

④ 채권가격이 액면가보다 높은 가격에 거래되는 할증채 발행이 증가한다.

17 다음 중 BCG 매트릭스에 대한 설명으로 옳은 것은?

① 스타(Star) 사업 : 높은 시장점유율로 현금창출은 양호하나, 성장 가능성은 낮은 사업이다.

② 현금젖소(Cash Cow) 사업 : 성장 가능성과 시장점유율이 모두 낮아 철수가 필요한 사업이다.

③ 개(Dog) 사업 : 성장 가능성과 시장점유율이 모두 높아서 계속 투자가 필요한 유망 사업이다.

④ 물음표(Question Mark) 사업 : 신규 사업 또는 현재 시장점유율은 낮으나, 향후 성장 가능성이 높은 사업이다.

18 다음 중 인지부조화에 따른 행동 사례로 볼 수 없는 것은?

① A는 흡연자지만 동료가 담배를 필 때마다 담배를 끊을 것을 권유한다.

② B는 다이어트를 결심하고 저녁을 먹지 않을 것이라 말했지만 저녁 대신 빵을 먹었다.

③ C는 E정당의 정책방향을 지지하지만 선거에서는 F정당의 후보에게 투표하였다.

④ D는 중간고사 시험을 망쳤지만 시험 난이도가 너무 어려워 당연한 결과라고 생각하였다.

19 다음 중 기업이 해외에 진출하려고 할 때, 계약에 의한 진출 방식으로 볼 수 없는 것은?

① 프랜차이즈 ② 라이센스

③ M&A ④ 턴키

20 다음 중 테일러의 과학적 관리법의 특징에 대한 설명으로 옳지 않은 것은?

① 작업능률을 최대로 높이기 위하여 노동의 표준량을 정한다.

② 작업에 사용하는 도구 등을 개별 용도에 따라 다양하게 제작하여 성과를 높인다.

③ 작업량에 따라 임금을 차등하여 지급한다.

④ 관리에 대한 전문화를 통해 노동자의 태업을 사전에 방지한다.

┃ 서울교통공사

01 다음 중 수요의 가격탄력성에 대한 설명으로 옳지 않은 것은?

① 수요의 가격탄력성은 가격의 변화에 따른 수요의 변화를 의미한다.
② 분모는 상품 가격의 변화량을 상품 가격으로 나눈 값이다.
③ 대체재가 많을수록 수요의 가격탄력성은 탄력적이다.
④ 가격이 1% 상승할 때 수요가 2% 감소하였으면 수요의 가격탄력성은 2이다.
⑤ 가격탄력성이 0보다 크면 탄력적이라고 할 수 있다.

┃ 서울교통공사

02 다음 중 대표적인 물가지수인 GDP 디플레이터를 구하는 계산식으로 옳은 것은?

① (실질 GDP) ÷ (명목 GDP) × 100
② (명목 GDP) ÷ (실질 GDP) × 100
③ (실질 GDP) + (명목 GDP) ÷ 2
④ (명목 GDP) − (실질 GDP) ÷ 2
⑤ (실질 GDP) ÷ (명목 GDP) × 2

┃ 서울교통공사

03 다음 〈조건〉을 참고할 때, 한계소비성향(MPC) 변화에 따른 현재 소비자들의 소비 변화폭은?

> **조건**
> • 기존 소비자들의 연간 소득은 3,000만 원이며, 한계소비성향은 0.6을 나타내었다.
> • 현재 소비자들의 연간 소득은 4,000만 원이며, 한계소비성향은 0.7을 나타내었다.

① 700
② 1,100
③ 1,800
④ 2,500
⑤ 3,700

04 다음 〈보기〉의 빈칸에 들어갈 단어가 바르게 나열된 것은?

> 보기
> • 환율이 ___ㄱ___ 하면 순수출이 증가한다.
> • 국내이자율이 높아지면 환율은 ___ㄴ___ 한다.
> • 국내물가가 오르면 환율은 ___ㄷ___ 한다.

	ㄱ	ㄴ	ㄷ
①	하락	상승	하락
②	하락	상승	상승
③	하락	하락	하락
④	상승	하락	상승
⑤	상승	하락	하락

05 다음 중 독점적 경쟁시장에 대한 설명으로 옳지 않은 것은?

① 독점적 경쟁시장은 완전경쟁시장과 독점시장의 중간 형태이다.
② 대체성이 높은 제품의 공급자가 시장에 다수 존재한다.
③ 시장진입과 퇴출이 자유롭다.
④ 독점적 경쟁기업의 수요곡선은 우하향하는 형태를 나타낸다.
⑤ 가격경쟁이 비가격경쟁보다 활발히 진행된다.

06 다음 중 고전학파와 케인스학파에 대한 설명으로 옳지 않은 것은?

① 케인스학파는 경기가 침체할 경우, 정부의 적극적 개입이 바람직하지 않다고 주장하였다.
② 고전학파는 임금이 매우 신축적이어서 노동시장이 항상 균형상태에 이르게 된다고 주장하였다.
③ 케인스학파는 저축과 투자가 국민총생산의 변화를 통해 같아지게 된다고 주장하였다.
④ 고전학파는 실물경제와 화폐를 분리하여 설명한다.
⑤ 케인스학파는 단기적으로 화폐의 중립성이 성립하지 않는다고 주장하였다.

07 다음 중 〈보기〉의 사례에서 나타나는 현상으로 옳은 것은?

> **보기**
> • 물은 사용 가치가 크지만 교환 가치가 작은 반면, 다이아몬드는 사용 가치가 작지만 교환 가치는 크게 나타난다.
> • 한계효용이 작을수록 교환 가치가 작으며, 한계효용이 클수록 교환 가치가 크다.

① 매몰비용의 오류 　　　　　　　② 감각적 소비
③ 보이지 않는 손 　　　　　　　④ 가치의 역설
⑤ 희소성

08 다음 〈조건〉을 따를 때, 실업률은 얼마인가?

> **조건**
> • 생산가능인구 : 50,000명
> • 취업자 : 20,000명
> • 실업자 : 5,000명

① 10% 　　　　　　　　　　　② 15%
③ 20% 　　　　　　　　　　　④ 25%
⑤ 30%

09 J기업이 다음 〈조건〉과 같이 생산량을 늘린다고 할 때, 한계비용은 얼마인가?

> **조건**
> • J기업의 제품 1단위당 노동가격은 4, 자본가격은 6이다.
> • J기업은 제품 생산량을 50개에서 100개로 늘리려고 한다.
> • 평균비용 $P=2L+K+\dfrac{100}{Q}$ (L : 노동가격, K : 자본가격, Q : 생산량)

① 10 　　　　　　　　　　　　② 12
③ 14 　　　　　　　　　　　　④ 16

10 다음은 A국과 B국이 노트북 1대와 TV 1대를 생산하는 데 필요한 작업 시간을 나타낸 자료이다. A국과 B국의 비교우위에 대한 설명으로 옳은 것은?

구분	노트북	TV
A국	6시간	8시간
B국	10시간	8시간

① A국이 노트북, TV 생산 모두 비교우위에 있다.
② B국이 노트북, TV 생산 모두 비교우위에 있다.
③ A국은 노트북 생산, B국은 TV 생산에 비교우위가 있다.
④ A국은 TV 생산, B국은 노트북 생산에 비교우위가 있다.

11 다음 중 다이내믹 프라이싱에 대한 설명으로 옳지 않은 것은?

① 동일한 제품과 서비스에 대한 가격을 시장 상황에 따라 변화시켜 적용하는 전략이다.
② 호텔, 항공 등의 가격을 성수기 때 인상하고, 비수기 때 인하하는 것이 대표적인 예이다.
③ 기업은 소비자별 맞춤형 가격을 통해 수익을 극대화할 수 있다.
④ 소비자 후생이 증가해 소비자의 만족도가 높아진다.

12 다음 중 빅맥 지수에 대한 설명으로 옳은 것을 〈보기〉에서 모두 고르면?

> **보기**
> ㉠ 빅맥 지수를 최초로 고안한 나라는 미국이다.
> ㉡ 각 나라의 물가수준을 비교하기 위해 고안된 지수로, 구매력 평가설을 근거로 한다.
> ㉢ 맥도날드 빅맥 가격을 기준으로 한 이유는 전 세계에서 가장 동질적으로 판매되고 있는 상품이기 때문이다.
> ㉣ 빅맥 지수를 구할 때 빅맥 가격은 제품 가격과 서비스 가격의 합으로 계산한다.

① ㉠, ㉡
② ㉠, ㉢
③ ㉡, ㉢
④ ㉡, ㉣

13 다음 중 확장적 통화정책의 영향으로 옳은 것은?

① 건강보험료가 인상되어 정부의 세금 수입이 늘어난다.

② 이자율이 하락하고, 소비 및 투자가 감소한다.

③ 이자율이 상승하고, 환율이 하락한다.

④ 은행이 채무불이행 위험을 줄이기 위해 더 높은 이자율과 담보 비율을 요구한다.

14 다음 중 노동의 수요공급곡선에 대한 설명으로 옳지 않은 것은?

① 노동 수요는 파생수요라는 점에서 재화시장의 수요와 차이가 있다.

② 상품 가격이 상승하면 노동 수요곡선은 오른쪽으로 이동한다.

③ 토지, 설비 등이 부족하면 노동 수요곡선은 오른쪽으로 이동한다.

④ 노동에 대한 인식이 긍정적으로 변화하면 노동 공급곡선은 오른쪽으로 이동한다.

15 다음 〈조건〉에 따라 S씨가 할 수 있는 최선의 선택은?

> **조건**
> • S씨는 퇴근 후 운동을 할 계획으로 헬스, 수영, 자전거, 달리기 중 하나를 고르려고 한다.
> • 각 운동이 주는 만족도(이득)는 헬스 5만 원, 수영 7만 원, 자전거 8만 원, 달리기 4만 원이다.
> • 각 운동에 소요되는 비용은 헬스 3만 원, 수영 2만 원, 자전거 5만 원, 달리기 3만 원이다.

① 헬스   ② 수영

③ 자전거   ④ 달리기

| 한국서부발전

01 다음 중 기업의 재무상태를 평가하는 재무비율 산식으로 옳지 않은 것은?

① (유동비율)＝(유동자산)÷(유동부채)

② (부채비율)＝(부채)÷(자기자본)

③ (매출액순이익률)＝(영업이익)÷(매출액)

④ (총자산회전율)＝(매출액)÷(평균총자산)

| 한국서부발전

02 다음 〈보기〉의 내용을 참고하여 S제품의 당기 제조원가를 계산하면 얼마인가?

> **보기**
>
> • 재료비 : 50,000원 　　　　　• 기초 재공품 재고액 : 40,000원
> • 노무비 : 60,000원 　　　　　• 기말 재공품 재고액 : 20,000원
> • 제조비 : 30,000원 　　　　　• 당기 원재료 매입액 : 20,000원

① 140,000원 　　　　　② 160,000원

③ 180,000원 　　　　　④ 200,000원

| 한국서부발전

03 다음 중 유동비율에 대한 설명으로 옳지 않은 것은?

① 유동비율은 유동자산을 유동부채로 나눈 값이다.

② 유동자산은 보통 1년 이내 현금으로 전환할 수 있는 자산을 의미한다.

③ 유동자산에는 매출채권, 재고자산이 포함된다.

④ 유동비율이 높을수록 해당 기업은 투자를 활발히 한다고 볼 수 있다.

04 다음 〈보기〉의 내용을 참고하여 법인세 차감 전 이익을 계산하면 얼마인가?

> **보기**
> - 매출액 : 100,000,000원
> - 매출원가 : 60,000,000원
> - 판관비 : 10,000,000원
> - 영업외이익 : 5,000,000원
> - 영업외비용 : 10,000,000원
> - 법인세비용 : 4,000,000원

① 19,000,000원
② 21,000,000원
③ 25,000,000원
④ 29,000,000원

05 다음 중 이동평균법과 총평균법의 차이점으로 옳지 않은 것은?

① 이동평균법은 재고자산 매입시점마다 가중평균단가를 계산하는 반면, 총평균법은 일정기간 동안의 재고자산원가를 평균하여 단가를 계산한다.
② 이동평균법은 기록을 계속하기 때문에 거래가 복잡하면 작성이 어려운 반면, 총평균법은 기말에 한 번만 계산하므로 거래가 복잡해도 작성이 용이하다.
③ 이동평균법은 당기 판매된 재고자산을 모두 동일한 단가라고 가정하는 반면, 총평균법은 판매시점에 따라 재고자산의 단가를 각각 다르게 계산한다.
④ 이동평균법은 매출 시점에 매출에 따른 손익을 즉시 파악할 수 있으나, 총평균법은 매출에 따른 손익을 결산시점에 확인할 수 있다.

06 다음 중 비교우위론에 대한 설명으로 옳지 않은 것은?

① 생산비가 상대국에 비해 낮은 상품의 생산을 각각 특화하여 교역할 경우, 양국 모두에게 이익이 발생한다.
② 비현실적인 노동가치설을 바탕으로 하며, 국가 간 생산요소 이동은 없다고 가정한다.
③ 비교우위에 있는 상품을 특화하여 교역함으로써 자유무역의 기본이론이 되었다.
④ A제품에 대해서 B의 기회비용이 C보다 작을 경우, A제품에 대해서 B국이 비교우위에 있다.

07 다음 〈보기〉의 내용을 참고하여 S기업의 주당이익을 계산하면 얼마인가?

> **보기**
>
> • S기업 주식 : 보통주 10,000,000주, 우선주 200,000주
> • S기업 당기순이익 : 2,000,000,000원
> • S기업 우선주 주주 배당금 : 200,000,000원

① 150원   ② 160원

③ 180원   ④ 200원

08 다음 중 외상매출금에 대한 설명으로 옳은 것은?

① 외상매출금은 당좌자산에 속한다.

② 외상매출금이 증가하면 대변에, 감소하면 차변에 기록한다.

③ 기업이 보유자산을 판매하고 받지 못한 대금은 외상매출금에 해당한다.

④ 외상매출금은 장부상 채권으로 회수 시 이자를 계산하여 수취한다.

09 다음 중 유형자산 취득원가 계산 시 포함되지 않는 원가는 무엇인가?

① 종업원 급여   ② 광고 및 판촉활동비

③ 유형자산 설치 운송비   ④ 유형자산 제거 추정비

10 다음 〈보기〉의 내용을 참고하여 기말 재고자산 금액을 구하면?

> **보기**
>
> • 기초 재고자산 금액 : 200,000,000원
> • 매출원가 : 80,000,000원
> • 판매가능금액 : 300,000,000원

① 120,000,000원   ② 180,000,000원

③ 220,000,000원   ④ 280,000,000원

04 | 기계

| 코레일 한국철도공사

01 다음 중 저탄소 저유황 강제품에 규소를 확산침투하는 방법으로 내마멸성, 내열성이 우수하여 펌프축, 실린더 내벽, 밸브 등에 이용하는 표면처리 방법은?

① 세라다이징

② 실리코나이징

③ 칼로라이징

④ 브로나이징

⑤ 크로마이징

| 코레일 한국철도공사

02 다음 중 기계재료의 정적시험 방법이 아닌 것을 〈보기〉에서 모두 고르면?

> **보기**
> ㄱ. 인장시험
> ㄴ. 피로시험
> ㄷ. 비틀림시험
> ㄹ. 충격시험
> ㅁ. 마멸시험

① ㄱ, ㄷ, ㄹ

② ㄱ, ㄷ, ㅁ

③ ㄴ, ㄷ, ㄹ

④ ㄴ, ㄹ, ㅁ

⑤ ㄷ, ㄹ, ㅁ

| 코레일 한국철도공사

03 다음 중 Tr 20×4 나사에 대한 설명으로 옳지 않은 것은?

① 미터계가 30도인 사다리꼴 나사이다.

② 피치는 4mm이다.

③ 바깥지름은 20mm이다.

④ 안지름은 12mm이다.

⑤ 접촉높이는 2mm이다.

04 다음 그림과 같은 외팔보에 2개의 집중하중이 작용하며 평형 상태에 있다. 외팔보에서 굽힘 모멘트의 값이 가장 큰 지점은 A로부터 몇 m 떨어진 곳이며 그 크기는 얼마인가?(단, 보의 무게는 고려하지 않는다)

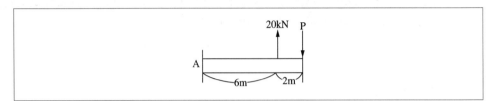

	A로부터 떨어진 거리	최대 굽힘 모멘트
①	6m	30N·m
②	6m	45N·m
③	6m	60N·m
④	8m	30N·m
⑤	8m	60N·m

05 다음 중 구름 베어링과 미끄럼 베어링을 비교한 내용으로 옳지 않은 것은?

① 구름 베어링은 미끄럼 베어링과는 달리 호환성이 높다.
② 구름 베어링은 미끄럼 베어링에 비해 가격이 비싸다.
③ 구름 베어링은 미끄럼 베어링과 마찬가지로 윤활 장치가 필요하다.
④ 구름 베어링은 미끄럼 베어링과는 달리 소음이 발생할 수 있다.
⑤ 구름 베어링은 미끄럼 베어링에 비해 마찰이 적다.

06 어떤 탱크에 물이 3,000kg 저장되어 있다. 탱크 안 물의 온도를 10℃ 올리기 위해 필요한 열량은 몇 kJ인가?(단, 탱크 내부 기압은 대기압과 같다)

① 126,000kJ ② 136,000kJ
③ 146,000kJ ④ 156,000kJ
⑤ 166,000kJ

07 다음 중 동력을 직접 전달하는 기계요소를 〈보기〉에서 모두 고르면?

> **보기**
> ㄱ. 체인
> ㄴ. 레크와 피니언
> ㄷ. V홈 마찰차
> ㄹ. 벨트와 풀리

① ㄱ, ㄴ   ② ㄱ, ㄷ
③ ㄴ, ㄷ   ④ ㄴ, ㄹ
⑤ ㄷ, ㄹ

08 다음 중 열량의 단위로 옳지 않은 것은?

① kcal   ② BTU
③ CHU   ④ kJ
⑤ slug

09 안지름이 5cm인 어떤 관에 동점성계수가 $0.804 \times 10^{-4} \, \text{cm}^2/\text{s}$인 유체가 0.03L/s의 유량으로 흐르고 있다. 이 유체의 레이놀즈 수는 약 얼마인가?

① 91,600   ② 93,400
③ 95,000   ④ 97,600
⑤ 95,500

10 반지름이 3mm이고 길이가 5m인 강봉에 하중이 30kN이 작용할 때, 이 강봉의 변형률은 약 얼마인가?(단, 강봉의 탄성계수는 350GPa이다)

① 약 0.009   ② 약 0.012

③ 약 0.015   ④ 약 0.018

⑤ 약 0.021

11 다음 중 단면 1차 모멘트에 대한 설명으로 옳지 않은 것은?

① 단면 1차 모멘트의 차원은 L^3이다.

② 임의 형상에 대한 단면 1차 모멘트는 미소면적에 대한 단면 1차 모멘트를 전체 면적에 대해 적분하여 구한다.

③ 중공형 단면의 1차 모멘트는 전체 형상의 단면 1차 모멘트에서 뚫린 형상의 단면 1차 모멘트를 제하여 구한다.

④ 단면 1차 모멘트의 값은 항상 양수이다.

12 다음 중 알루미늄 호일을 뭉치면 물에 가라앉지만 같은 양의 호일로 배 형상을 만들면 물에 뜨는 이유로 옳은 것은?

① 부력은 물체의 밀도와 관련이 있다.

② 부력은 유체에 잠기는 영역의 부피와 관련이 있다.

③ 부력은 중력과 관련이 있다.

④ 부력은 유체와 물체 간 마찰력과 관련이 있다.

┃ 한국중부발전

13 다음 중 백주철을 열처리한 것으로서 강도, 인성, 내식성 등이 우수하여 유니버설 조인트 등에 사용되는 주철은?

① 회주철
② 가단주철
③ 칠드주철
④ 구상흑연주철

┃ 한국중부발전

14 다음 화학식을 참고할 때, 탄소 6kg 연소 시 필요한 공기의 양은?(단, 공기 내 산소는 20%이다)

$$C + O_2 = CO_2$$

① 30kg
② 45kg
③ 60kg
④ 80kg

┃ 한국중부발전

15 다음 중 하중의 종류와 그 하중이 적용하는 방식에 대한 설명으로 옳지 않은 것은?

① 압축하중의 하중 방향은 축 방향과 평행으로 작용한다.
② 인장하중의 하중 방향은 축 방향과 평행으로 작용한다.
③ 전단하중의 하중 방향은 축 방향과 수직으로 작용한다.
④ 교번하중은 일정한 크기와 일정한 방향을 가진 하중이 반복적으로 작용하는 하중이다.

┃ 한국서부발전

16 단면이 원이고 탄성계수가 250,000Mpa인 철강 3m가 있다. 이 철강에 100kN의 인장하중이 작용하여 1.5mm가 늘어났다면 이 철강의 직경은 얼마인가?

① 약 2.3cm
② 약 3.2cm
③ 약 4.5cm
④ 약 4.8cm

17 단면이 직사각형인 단순보에 다음과 같은 등분포하중이 작용할 때 최대 처짐량은 얼마인가?(단, E= 240Gpa이다)

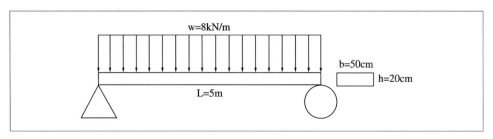

① 약 0.13mm

② 약 0.32mm

③ 약 0.65mm

④ 약 0.81mm

18 외팔보에 다음과 같은 등분포하중이 작용할 때 처짐각은?(단, $EI= 10,000$kN · m^2 이다)

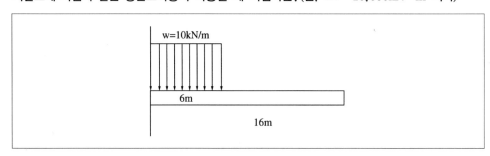

① 0.9×10^{-2}rad

② 1.8×10^{-2}rad

③ 2.7×10^{-2}rad

④ 3.6×10^{-2}rad

19 다음 중 프루드(Fr)수에 대한 정의로 옳은 것은?

① 관성력과 점성력의 비를 나타낸다.

② 관성력과 탄성력의 비를 나타낸다.

③ 중력과 점성력의 비를 나타낸다.

④ 관성력과 중력의 비를 나타낸다.

20 다음 〈보기〉의 원소들을 체심입방격자와 면심입방격자로 바르게 구분한 것은?

> **보기**
>
> ㄱ. Al   ㄴ. Cr
>
> ㄷ. Mo   ㄹ. Cu
>
> ㅁ. V   ㅂ. Ag

	체심입방격자	면심입방격자
①	ㄱ, ㄷ, ㄹ	ㄴ, ㅁ, ㅂ
②	ㄱ, ㄹ, ㅂ	ㄴ, ㄷ, ㅁ
③	ㄴ, ㄷ, ㄹ	ㄱ, ㅁ, ㅂ
④	ㄴ, ㄷ, ㅁ	ㄱ, ㄹ, ㅂ

21 $G = 80 \times 10^3 \text{N/mm}^2$ 이고 유효권수가 100인 스프링에 300N의 외력을 가하였더니 길이가 30cm 변하였다. 이 스프링의 평균 반지름의 길이는?(단, 스프링지수는 10이다)

① 80mm   ② 90mm

③ 100mm   ④ 110mm

22 다음은 어떤 냉동사이클의 $T-S$ 선도이다. 이 냉동사이클의 성능계수는?

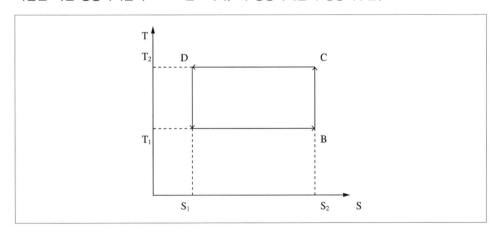

① $\dfrac{T_2 - T_1}{T_1}$ ② $\dfrac{T_1}{T_2 - T_1}$

③ $\dfrac{S_2 - S_1}{S_1}$ ④ $\dfrac{S_1}{S_2 - S_1}$

23 다음 중 열 교환기의 사용 목적으로 옳지 않은 것은?

① 유체 가열　　　　　　　　② 증기 응축
③ 유체 증발　　　　　　　　④ 유체 응고

24 다음 중 주철과 강재를 비교한 내용으로 옳지 않은 것은?

① 주철은 강재에 비해 융점이 낮다.
② 주철은 강재에 내부식성이 강하다.
③ 주철은 강재에 비해 단단하고 잘 부서지지 않는다.
④ 주철은 강재에 비해 연신율이 떨어진다.

25 다음 중 소성가공에 대한 설명으로 옳은 것은?

① 제품에 손상이 가지 않도록 탄성한도보다 작은 외력을 가해야 한다.
② 소성가공 완류 후 잔류응력은 자연스럽게 제거된다.
③ 주물에 비해 치수가 부정확하다.
④ 절삭가공에 비해 낭비되는 재료가 적다.

| 코레일 한국철도공사

01 다음 중 단상 유도 전동기에서 기동토크가 가장 큰 것과 작은 것을 순서대로 바르게 나열한 것은?

① 반발 유도형, 콘덴서 기동형

② 반발 기동형, 셰이딩 코일형

③ 셰이딩 코일형, 콘덴서 기동형

④ 분상 기동형, 반발 기동형

⑤ 콘덴서 기동형, 셰이딩 코일형

| 코레일 한국철도공사

02 역률이 0.8, 출력이 300kW인 3상 평형유도부하가 3상 배전선로에 접속되어 있다. 부하단의 수전 전압이 6,000V, 배전선 1조의 저항 및 리엑턴스가 각각 5Ω, 4Ω이라고 하면 송전단 전압은 몇 V인가?

① 6,100V ② 6,200V

③ 6,300V ④ 6,400V

⑤ 6,500V

| 코레일 한국철도공사

03 1,000회의 코일을 감은 환상 철심 솔레노이드의 단면적이 4cm^2, 평균 길이가 $4\pi\,\text{cm}$, 철심의 비투 자율이 600일 때, 자기 인덕턴스의 크기는 얼마인가?

① 12H ② 1.2H

③ 0.24H ④ 2.4H

⑤ 24H

04 길이가 30cm, 단면적의 반지름이 10cm인 원통이 길이 방향으로 균일하게 자화되어 자화의 세기가 $300Wb/m^2$인 경우 원통 양단에서의 전자극의 세기는 몇 Wb인가?

① πWb　　　　　　　　　　② $2\pi Wb$

③ $3\pi Wb$　　　　　　　　　　④ $4\pi Wb$

⑤ $5\pi Wb$

05 3Ω 저항과 4Ω 유도 리액턴스가 직렬로 연결된 회로에 50V인 전압을 가했을 때 전류의 세기는 얼마인가?

① 8A　　　　　　　　　　② 10A

③ 11A　　　　　　　　　　④ 13A

⑤ 15A

06 3Ω 저항과 4Ω 유도 리액턴스가 직렬로 연결된 회로에 $v=10\sqrt{2}\sin wt V$인 전압을 가했을 때 무효전력은 얼마인가?

① 13Var　　　　　　　　　　② 14Var

③ 15Var　　　　　　　　　　④ 16Var

⑤ 17Var

07 다음은 연가에 대한 설명이다. 빈칸에 들어갈 말을 바르게 나열한 것은?

> 연가란 전선로 각 상의 ___㉠___ 이/가 되도록 선로 전체의 길이를 ___㉡___ 등분하여 각 상의 위치를 개폐소나 연가철탑을 통하여 바꾸어주는 것이다. 3상 3선식 송전선을 연가할 경우 일반적으로 ___㉡___ 배수의 구간으로 등분하여 연가한다.

① ㉠ : 선로정수를 평형, ㉡ : 3
② ㉠ : 선로정수를 평형, ㉡ : 4
③ ㉠ : 선로정수를 평형, ㉡ : 6
④ ㉠ : 대지정전용량의 감소, ㉡ : 3
⑤ ㉠ : 대지정전용량의 감소, ㉡ : 6

08 어떤 변압기의 단락시험에서 %저항강하 3.8%와 %리액턴스강하 4.9%를 얻었다. 부하역률이 80%일 때, 뒤진 경우의 전압변동률은?

① 5.98%
② 6.12%
③ 7.09%
④ −5.98%
⑤ −6.12%

09 다음 중 같은 함수를 〈보기〉에서 모두 고르면?

> **보기**
> ㄱ. 임펄스함수
> ㄴ. 단위계단함수
> ㄷ. 단위포물선응답
> ㄹ. 하중함수

① ㄱ, ㄴ
② ㄴ, ㄷ
③ ㄱ, ㄹ
④ ㄴ, ㄹ
⑤ ㄷ, ㄹ

10 다음 중 전압을 가했을 때 축적되는 전하량의 비율은?

① 어드미턴스
② 인덕턴스
③ 임피던스
④ 커패시턴스

11 다음 중 이상적인 연산증폭기 모델에 대한 설명으로 옳지 않은 것은?

① 개루프 전압이득은 무한대(∞)이다.
② 입력 임피던스는 0이다.
③ 출력 전압 범위는 무한대(∞)이다.
④ 주파수 범위 폭의 제한이 없다.

12 다음 중 엔진 내부를 진공상태로 만들어 공기의 유입을 통해 터빈을 작동시켜 전기를 생산하는 발전기는?

① 공기식 발전기
② 풍력 발전기
③ 조력 발전기
④ 수소 발전기

13 다음 중 발전기의 형식 중 하나인 회전계자형에 대한 설명으로 옳지 않은 것은?

① 자석이 회전하여 전기에너지를 생산하는 방식이다.

② 회전전기자형에 비해 절연에 유리하다.

③ 브러시 사용량이 감소한다.

④ 권선의 배열 및 결선이 불리하다.

14 다음 중 발전기에서 생산된 교류 전원을 직류 전원으로 바꿔주는 것은?

① 슬립링   ② 브러시

③ 전기자   ④ 정류자

15 자극당 유효자속이 0.8Wb인 4극 중권 직류 전동기가 1,800rpm의 속도로 회전할 때, 전기자 도체 1개에 유도되는 기전력의 크기는 얼마인가?

① 24V

② 48V

③ 240V

④ 480V

아이들이 답이 있는 질문을 하기 시작하면 그들이 성장하고 있음을 알 수 있다.

– 존 J. 플롬프 –

PART **1**

합격의 공식 SD에듀 www.sdedu.co.kr

직업기초능력평가

의사소통능력

합격 Cheat Key

의사소통능력은 평가하지 않는 공사·공단이 없을 만큼 필기시험에서 중요도가 높은 영역으로, 세부 유형은 문서 이해, 문서 작성, 의사 표현, 경청, 기초 외국어로 나눌 수 있다. 문서 이해·문서 작성과 같은 지문에 대한 주제 찾기, 내용 일치 문제의 출제 비중이 높으며, 문서의 특성을 파악하는 문제도 출제되고 있다.

1 문제에서 요구하는 바를 먼저 파악하라!

의사소통능력에서 가장 중요한 것은 제한된 시간 안에 빠르고 정확하게 답을 찾아내는 것이다. 의사소통능력에서는 지문이 아니라 문제가 주인공이므로 지문을 보기 전에 문제를 먼저 파악해야 하며, 문제에 따라 전략적으로 빠르게 풀어내는 연습을 해야 한다.

2 잠재되어 있는 언어 능력을 발휘하라!

세상에 글은 많고 우리가 학습할 수 있는 시간은 한정적이다. 이를 극복할 수 있는 방법은 다양한 글을 접하는 것이다. 실제 시험장에서 어떤 내용의 지문이 나올지 아무도 예측할 수 없으므로 평소에 신문, 소설, 보고서 등 여러 글을 접하는 것이 필요하다.

3   상황을 가정하라!

업무 수행에 있어 상황에 따른 언어 표현은 중요하다. 같은 말이라도 상황에 따라 다르게 해석될 수 있기 때문이다. 그런 의미에서 자신의 의견을 효과적으로 전달할 수 있는 능력을 평가하는 것이다. 업무를 수행하면서 발생할 수 있는 여러 상황을 가정하고 그에 따른 올바른 언어표현을 정리하는 것이 필요하다.

4   말하는 이의 입장에서 생각하라!

잘 듣는 것 또한 하나의 능력이다. 상대방의 이야기에 귀 기울이고 공감하는 태도는 업무를 수행하는 관계 속에서 필요한 요소이다. 그런 의미에서 다양한 상황에서 듣는 능력을 평가하는 것이다. 말하는 이가 요구하는 듣는 이의 태도를 파악하고, 이에 따른 판단을 할 수 있도록 언제나 말하는 사람의 입장이 되는 연습이 필요하다.

01 | 문서 내용 이해

| 유형분석 |

- 주어진 지문을 읽고 선택지를 고르는 전형적인 독해 문제이다.
- 지문은 주로 신문기사(보도자료 등)나 업무 보고서, 시사 등이 제시된다.
- 공사공단에 따라 자사와 관련된 내용의 기사나 법조문, 보고서 등이 출제되기도 한다.

다음 중 스마트그리드를 사용할 때 얻을 수 있는 효과에 대한 설명으로 적절하지 않은 것은?

스마트그리드란 기존의 전력망에 정보통신(IT) 기술을 접목해 에너지 네트워크와 통신 네트워크가 합쳐진 지능형 전력망으로, 전력 공급자와 소비자가 실시간으로 전기 사용 관련 정보를 주고받음으로써 에너지 사용을 최적화할 수 있는 차세대 전력망 사업이다. 전력망을 디지털화함으로써 소비자는 스마트미터라는 개별 전력 관리 장치를 통해 전력의 수요·공급 상황에 따라 변동하는 가격 등의 관련 정보를 확인하고 실시간으로 에너지원을 선택할 수 있게 된다. 현재의 전력 시스템은 최대 수요량에 맞춰 예비율을 두고 일반적으로 예상 수요보다 15% 정도 많이 생산하도록 설계돼 있다. 전기를 생산하기 위해 연료를 확보하고 각종 발전 설비가 추가적으로 필요하게 되며 버리는 전기량이 많아 에너지 효율도 떨어진다. 또한 석탄, 석유 가스 등을 태우는 과정에서 이산화탄소 배출도 늘어난다. 스마트그리드는 에너지 효율 향상에 의해 에너지 낭비를 절감하고, 신재생에너지에 바탕을 둔 분산 전원의 활성화를 통해 에너지 해외 의존도를 감소시키며 기존의 발전 설비에 들어가는 화석연료 사용 절감을 통한 온실가스 감소 효과로 지구 온난화도 막을 수 있다.

① 화석연료의 사용이 늘 것이다.
② 추가 자본이 줄 것이다.
③ 에너지 효율이 높아질 것이다.
④ 전기 예비율을 미리 알 수 있을 것이다.
⑤ 온실가스 감소 효과를 볼 수 있다.

정답 ①

스마트그리드를 사용하면 신재생에너지에 바탕을 둔 분산 전원의 활성화를 통해 기존의 발전 설비에 들어가는 화석 연료의 사용 절감 효과를 얻을 수 있다.

풀이 전략!

주어진 선택지에서 키워드를 체크한 후, 지문의 내용과 비교해가면서 내용의 일치 유무를 빠르게 판단한다.

01 다음 중 에코팜 사업에 대한 기사문의 내용으로 적절한 것은?

> 한국중부발전은 중부발전 관계자, 보령시 관내 기관장 10여 명이 참석한 가운데 에코팜(Eco-farm) 사업으로 처음 수확한 애플망고 시식행사를 보령발전본부에서 개최하였다.
>
> 에코팜 사업은 국책 연구과제로 한국중부발전, 전자부품연구원 등 14개 기관이 참여하였으며 34개월간 총연구비 82억 원을 투자하여 발전소의 온배수와 이산화탄소를 활용한 스마트 시스템 온실을 개발하는 사업이다. 2014년 12월 착수하여 2015년 4월 300평 규모의 비닐하우스를 설치하고, 2015년 7월 애플망고 100주를 식재하여 2017년 7월 첫 수확을 하였다.
>
> 한국중부발전에서는 애플망고를 수확하기 위해 발전소 부산물인 온배수, 이산화탄소, 석탄재를 에코팜에 활용하였다. 온배수의 열을 이용하여 에너지를 86%까지 절감하였고 발전소 CCS설비에서 포집한 이산화탄소를 온실에 주입하여 작물의 광합성 촉진 및 생장속도를 가속화하였다. 또한, 발전소 석탄재(Bottom Ash)는 비닐하우스 부지정리에 사용해 이산화탄소 배출 절감과 폐기물의 유용한 자원화에 기여하고, 농가의 고수익 창출을 이루어 내고 있다. 덧붙여, 비닐하우스에는 4차 산업혁명의 필수인 사물인터넷(IoT) 융합 스마트 생육관리 시스템을 구축하여 애플망고, 파프리카 등 고부가가치 작물의 안정적 재배가 가능하도록 하였다.
>
> 한국중부발전은 "온배수를 비롯한 발전소 부산물을 신재생에너지원이자 새로운 산업 자원으로 재탄생시키기 위해 지속적인 추가 사업 발굴・확대를 추진할 것이며 새로운 부가가치를 창출하는 에너지 신산업 모델을 구현하고자 지속 노력할 것"이라고 전했다.
>
> 한편, 한국중부발전은 발전부산물이자 폐자원인 온배수열을 다양한 산업분야에 활용하고 있다. 2015년부터 온배수를 활용한 수산종묘배양장을 운영 중으로 2016년 5월에는 광어, 점농어 80만 미, 2017년 7월에는 대하 치어 23만 미를 방류하여 지역사회 수산자원 증대와 어민의 소득 향상에 기여하고 있으며, 발전소 인근 LNG 인수기지에 LNG 기화・공급을 위한 열원으로 온배수를 활용하여 기화효율을 높이고 냉・온배수를 상호 절감함으로써 해양 환경영향을 최소화하는 친환경사업도 추진 중이다.

① 에코팜 사업은 발전소의 냉각수와 이산화탄소를 활용한 스마트 시스템 온실을 개발하는 사업이다.

② 발전소에서 생산한 온배수, 석탄재, 이산화탄소를 에코팜에서 활용하여 애플망고를 식재하였고 첫 수확을 맺었다.

③ 온배수의 열을 이용하여 비닐하우스 부지정리에 활용함으로써 폐기물의 자원화에 기여하였다.

④ 발전소 CCS설비에서 포집한 이산화탄소를 온실에 활용함으로써 이산화탄소의 배출 절감에 기여하였다.

⑤ 온배수는 수산종묘배양장, 발전소 인근 LPG 인수기지에 LPG 기화・공급을 위한 열원 등으로 활용되고 있다.

02 A씨는 해외 청년일자리에 대해서 알아보다가 한국동서발전의 해외사업연계 청년채용 지원 사업 업무 협약식에 관련된 기사를 보았다. 기사를 읽은 A씨의 말로 적절하지 않은 것은?

한국산업인력공단 해외 청년일자리 위해 '맞손'

한국동서발전은 11일 본사(울산 중구 소재)에서 한국산업인력공단과 「K-Move스쿨(연수과정) 개설 및 동서발전 해외사업연계 청년채용 지원 사업 업무 협약식」을 개최하였다고 밝혔다.

본 협약은 국내 유수의 청년 인재를 선발하여 K-Move 스쿨 개설 및 맞춤 연수를 시행 후 한국동서발전이 투자 및 운영자로 참여하고 있는 해외법인(인도네시아, 자메이카 등)에 취업을 지원하는 「청년일자리 창출을 위한 해외사업연계 취업 지원 사업」의 첫걸음이다.

이를 위해 동서발전은 K-Move 스쿨 연수생 선발·맞춤연수 시행·해외 법인과의 협의를 통한 취업연계와 같은 지원을, 산업인력공단은 연수비용 일부 및 취업 장려금을 지원하게 된다.

K-Move 스쿨 맞춤형 연수과정의 첫 취업처는 한국동서발전이 투자하여 건설 중인 회사(TPI)이며 최종적으로 10명이 선발되어 한국발전교육원 및 당진 발전기술 EDU센터에서 3개월의 교육을 받고 취업하게 된다.

이날 협약식에 참석한 한국동서발전 관계자는 "이번 협약을 계기로 실질적인 국내 청년 인재의 해외취업이 이루어져 공기업이 추진 중인 '국내 청년 해외일자리 창출'의 모범사례가 될 수 있기를 바란다. 앞으로도 한국동서발전은 국내외 청년일자리 창출을 위해 최선의 노력을 다하겠다."라고 말했다.

한국동서발전은 청년인재들이 한국동서발전의 해외사업장에 취업하는 것뿐 아니라 해당 국가의 고급 기술 인력으로 거듭날 수 있도록 지속적인 지원을 아끼지 않을 예정이다.

※ 인도네시아 칼셀 석탄화력 발전사업 프로젝트 회사(TPI; Tanjung Power Indonesia) 취업을 목표로 연수생 선발 모집공고를 8월 중 시행할 예정

---

① 첫 취업처는 인도네시아 석탄화력 발전사업 회사네. 지금이 9월 초니까 모집이 끝났는지 확인해 봐야겠어. .

② 해외사업연계 청년채용과 K-Move 스쿨은 시행처가 다르니 잘 보고 지원해야겠어.

③ K-Move 최종 합격 후에는 한국발전교육원과 당진 발전기술 EDU센터에서 교육을 받게 되는구나.

④ 한국산업인력공단에서 연수비용 일부와 취업 장려금을 지원해주니 부담이 없겠어.

⑤ 취업연계 지원대상 기업은 한국동서발전이 투자 및 운영자로 참여하고 있는 해외 법인이니 믿을 만해.

※ 다음은 한국남동발전의 KOEN 환경서포터즈에 대한 글이다. 이어지는 질문에 답하시오. [3~4]

한국남동발전은 지난 14일 인천시 옹진군 영흥발전본부에서 대학생 15명으로 구성된 'KOEN 환경서포터즈' 발대식을 가졌다고 밝혔다.

환경서포터즈는 한국남동발전이 이행 중인 환경정책에 대해 외부의 다양한 의견을 수렴해 정책에 반영하고, 미세먼지 저감을 위해 노력하는 등 발전소 친환경 활동에 대한 홍보 역할을 강화하기 위하여 출범했다. 이에 환경서포터즈는 7월부터 12월까지 6개월간 한국남동발전 환경정책에 대해 제언하고, 이를 정책에 반영할 수 있는 기회를 제공받는다. 나아가 한국남동발전의 환경정책, 환경 R&D 성과, 친환경 활동 등에 대한 온·오프라인 홍보의 역할을 수행할 예정이다.

이보다 앞서 한국남동발전은 지난해까지 1개 부서였던 환경담당부서를 지난해 연말 한 단계 격상된 1실로 개편했고, 지난달 30일에는 정부의 미세먼지 감축 기조에 발맞추어 미세먼지 대응 전담부서를 신설해 환경담당 조직을 1실 2부로 확대했다.

확대된 조직은 중장기 환경설비 개선계획을 수립하고 미세먼지 배출량 관리, 설비개선, 친환경 연료수급 등 한국남동발전의 미세먼지 감축을 위한 컨트롤타워 역할을 수행해 나가게 된다.

또 한국남동발전은 미세먼지뿐만 아니라 초미세먼지 저감을 위한 습식 전기집진기 연구과제와 오염물질 최적 저감기술 적용방안 연구 등의 R&D를 통해 미세먼지 저감 관련 기술개발 과제를 수행함으로써 미세먼지 감축 기술개발에도 적극 나서고 있다.

한국남동발전 관계자는 "이번 환경서포터즈와 미세먼지 전담부서 신설 등을 통하여 환경설비 개선활동에 더욱 박차를 가해, 친환경 석탄화력발전소의 롤모델을 구현하고 이를 통해 정부의 미세먼지 감축대책에 적극 동참하겠다."라고 말했다.

03 다음 중 윗글을 읽고 이해한 내용으로 적절하지 않은 것은?

① 환경서포터즈는 미세먼지 저감 노력과 발전소 친환경 활동에 대한 홍보 역할을 강화한다.

② 한국남동발전은 미세먼지 대응 전담부서를 신설하였다.

③ 미세먼지 대응 전담부서는 새 정부의 미세먼지 감축 기조에 발맞춘 결과이다.

④ 한국남동발전은 미세먼지 대응 전담부서를 신설하였지만 초미세먼지에 대한 대책은 준비 중에 있다.

⑤ 환경서포터즈는 6개월간 활동하며 환경정책에 대해 제언하고 이를 정책에 반영할 수 있는 기회를 얻는다.

04 다음 중 미세먼지 대응 전담부서가 하는 일로 적절하지 않은 것은?

① 중장기 환경설비 개선계획 수립

② 미세먼지 배출량 관리

③ 친환경 연료수급

④ 설비 개선

⑤ 친환경 활동 온·오프라인 홍보

02 | 주제·제목 찾기

| 유형분석 |

- 주어진 지문을 파악하여 전달하고자 하는 핵심 주제를 고르는 문제이다.
- 정보를 종합하고 중요한 내용을 구별하는 능력이 필요하다.
- 설명문부터 주장, 반박문까지 다양한 성격의 지문이 제시되므로 글의 성격별 특징을 알아두는 것이 좋다.

다음 글의 주제로 가장 적절한 것은?

> 표준화된 언어는 의사소통을 효과적으로 하기 위하여 의도적으로 선택해야 할 공용어로서의 가치가 있다.
> 반면에 방언은 지역이나 계층의 언어와 문화를 보존하고 드러냄으로써 국가 전체의 언어와 문화를 다양하게
> 발전시키는 토대로서의 가치가 있다. 이러한 의미에서 표준화된 언어와 방언은 상호 보완적인 관계에 있다.
> 표준화된 언어가 있기에 정확한 의사소통이 가능하며, 방언이 있기에 개인의 언어생활에서나 언어 예술 활
> 동에서 자유롭고 창의적인 표현이 가능하다. 결국 우리는 표준화된 언어와 방언 둘 다의 가치를 인정해야
> 하며, 발화(發話) 상황(狀況)을 잘 고려해서 표준화된 언어와 방언을 잘 가려서 사용할 줄 아는 능력을 길러
> 야 한다.

① 창의적인 예술 활동에서는 방언의 기능이 중요하다.
② 표준화된 언어와 방언에는 각각 독자적인 가치와 역할이 있다.
③ 정확한 의사소통을 위해서는 표준화된 언어가 꼭 필요하다.
④ 표준화된 언어와 방언을 구분할 줄 아는 능력을 길러야 한다.
⑤ 표준화된 언어는 방언보다 효용가치가 있다.

정답 ②
마지막 문장의 '표준화된 언어와 방언 둘 다의 가치를 인정'하고, '잘 가려서 사용할 줄 아는 능력을 길러야 한다.'는 내용을 바탕으로
②와 같은 주제를 이끌어낼 수 있다.

풀이 전략!

'결국', '즉', '그런데', '그러나', '그러므로' 등의 접속어 뒤에 주제가 드러나는 경우가 많다는 것에 주의하면서 지문을 읽는다.

01 다음 글의 제목으로 가장 적절한 것은?

> 제4차 산업혁명은 인공지능이 기존의 자동화 시스템과 연결되어 효율이 극대화되는 산업 환경의 변화를 의미한다. 2016년 세계경제포럼에서 언급되어, 이후 유행처럼 번지는 용어가 되었다. 학자에 따라 바라보는 견해는 다르지만 대체로 기계학습과 인공지능의 발달이 그 수단으로 꼽힌다.
>
> 2010년대 중반부터 드러나기 시작한 제4차 산업혁명은 현재진행형이며, 그 여파는 사회 곳곳에서 드러나고 있다. 현재도 많은 분야에서 기계와 인공지능이 사람을 대체하고 있으며, 훗날 일자리의 80 ~ 99%까지 대체될 것이라고 보는 견해도 있다.
>
> 만약 우리가 현재의 경제 구조를 유지한 채로 이와 같은 극단적인 노동 수요 감소를 맞게 된다면, 전후 미국의 대공황 등과는 차원이 다른 끔찍한 대공황이 발생할 것이다. 계속해서 일자리가 줄어들수록 중·하위 계층은 사회에서 밀려날 수밖에 없는데, 반면 자본주의 사회의 특성상 많은 비용을 수반하는 과학기술의 연구는 자본에 종속될 수밖에 없기 때문이다. 물론 지금도 이러한 현상이 없는 것은 아니지만, 아직까지는 단순노동이 필요하기 때문에 노동력을 제공하는 중·하위층들도 불합리한 부분들에 파업과 같은 실력행사를 할 수 있었다. 그러나 앞으로 자동화가 더욱 진행되어 노동의 필요성이 사라진다면 그들을 배려해야 할 당위성은 법과 제도가 아닌 도덕이나 인권과 같은 윤리적인 영역에만 남게 되는 것이다.
>
> 반면에, 이를 긍정적으로 생각한다면 이처럼 일자리가 없어졌을 때 극소수에 해당하는 경우를 제외한 나머지 사람들은 노동에서 완전히 해방되어, 인공지능이 제공하는 무제한적인 자원을 마음껏 향유할 수도 있을 것이다. 하지만 이러한 미래는 지금의 자본주의보다는 사회주의 경제 체제에 가깝다. 이 때문에 많은 경제학자와 미래학자들은 제4차 산업혁명 이후의 미래를 장밋빛으로 바꿔나가기 위해, 기본소득제 도입 등의 시도와 같은 고민들을 이어가고 있다.

① 제4차 산업혁명의 의의 ② 제4차 산업혁명의 빛과 그늘

③ 제4차 산업혁명의 위험성 ④ 제4차 산업혁명에 대한 준비

⑤ 제4차 산업혁명의 시작

검무는 칼을 들고 춘다고 해서 '칼춤'이라고 부르기도 하며, '황창랑무(黃倡郎舞)'라고도 한다. 검무의 역사적 기록은 『동경잡기(東京雜記)』의 「풍속조(風俗條)」에 나타난다. 신라의 소년 황창랑은 나라를 위하여 백제 왕궁에 들어가 왕 앞에서 칼춤을 추다 왕을 죽이고 자신도 잡혀서 죽는다. 신라 사람들이 이러한 그의 충절을 추모하여, 그의 모습을 본뜬 가면을 만들어 쓰고 그가 추던 춤을 따라 춘 것에서 검무가 시작되었다고 한다. 이처럼 민간에서 시작된 검무는 고려 시대를 거쳐 조선 시대로 이어지며, 궁중으로까지 전해진다. 이때 가면이 사라지는 형식적 변화가 함께 일어난다.

조선 시대 민간의 검무는 기생을 중심으로 전승되었으며, 재인들과 광대들의 판놀이로까지 이어졌다. 조선 후기에는 각 지방까지 전파되었는데, 진주검무와 통영검무가 그 대표적인 예이다. 한편 궁중의 검무는 주로 궁중의 연회 때에 추는 춤으로 전해졌으며, 후기에 정착된 순조 때의 형식이 중요 무형문화재로 지정되어 현재까지 보존되고 있다.

궁중에서 추어지던 검무의 구성은 다음과 같다. 전립을 쓰고 전복을 입은 4명의 무희가 쌍을 이루어, 바닥에 놓여진 단검(短劍)을 어르는 동작부터 시작한다. 그 후 칼을 주우면서 춤이 이어지고, 화려한 춤사위로 검을 빠르게 돌리는 연풍대(筵風擡)로 마무리한다.

검무의 절정인 연풍대는 조선 시대 풍속화가 신윤복의 「쌍검대무(雙劍對舞)」에서 잘 드러난다. 그림 속의 두 무용수를 통해 춤의 회전 동작을 예상할 수 있다. 즉, 이 장면에는 오른쪽에 선 무희의 자세에서 시작해 왼쪽 무희의 자세로 회전하는 동작이 나타나 있다. 이렇게 무희들이 쌍을 이루어 좌우로 이동하면서 원을 그리며 팽이처럼 빙빙 도는 동작을 연풍대라 한다. 이 명칭은 대자리를 걸어 내는 바람처럼 날렵하게 움직이는 모습에서 비롯한 것이다.

오늘날의 검무는 검술의 정밀한 무예 동작보다 부드러운 곡선을 그리는 춤 형태로만 남아 있다. 칼을 쓰는 살벌함은 사라졌지만, 민첩하면서도 유연한 동작으로 그 아름다움을 표출하고 있는 것이다. 검무는 신라 시대부터 면면히 이어지는 고유한 문화이자 예술미가 살아 있는 몇 안 되는 소중한 우리의 전통 유산이다.

① 신라 황창랑의 의기와 춤 – 검무의 유래와 발생을 중심으로
② 역사 속에 흐르는 검빛·춤빛 – 검무의 변천 과정과 구성을 중심으로
③ 무예 동작과 아름다움의 조화 – 연풍대의 의미를 중심으로
④ 무희의 칼끝에서 펼쳐지는 바람 – 검무의 예술적 가치를 중심으로
⑤ 검과 춤의 혼합, 우리의 문화 유산 – 쌍검대무의 감상을 중심으로

03 다음 글의 중심 내용으로 적절한 것은?

사피어 – 워프 가설은 어떤 언어를 사용하느냐에 따라 사고의 방식이 정해진다는 이론이다. 이에 따르면 언어는 인간의 사고나 사유를 반영함은 물론이고, 그 언어를 쓰는 사람들의 사고방식에까지 영향을 미친다.

공동체의 언어 습관이 특정한 해석을 선택하도록 하기 때문에 우리는 일반적으로 우리가 행한 대로 보고 듣고 경험한다고 한 사피어의 관점에 영향을 받아, 워프는 언어가 경험을 조직한다고 주장했다. 한 문화의 구성원으로서, 특정한 언어를 사용하는 화자로서, 우리는 언어를 통해 암묵적 분류를 배우고 이 분류가 세계의 정확한 표현이라고 간주한다. 그리고 그 분류는 사회마다 다르므로, 각 문화는 서로 다른 의견을 가질 수 있는 개인들로 구성됨에도 불구하고 독특한 합의를 보여 준다. 가령, 에스키모어에는 눈에 관한 낱말이 많은데 영어로는 한 단어인 '눈(Snow)'을 네 가지 다른 단어, 즉 땅 위의 눈(Aput), 내리는 눈(Quana), 바람에 날리는 눈(Piqsirpoq), 바람에 날려 쌓이는 눈(Quiumqsuq) 등으로 표현한다는 것이다. 북아프리카 사막의 유목민들은 낙타에 대한 10개 이상의 단어를 가지고 있으며, 우리도 마찬가지다. 영어의 'rice'에 해당하는 우리말은 '모', '벼', '쌀', '밥' 등이 있다.

그렇다면 언어와 사고, 언어와 문화의 관계는 어떻게 볼 수 있을까? 일단 우리는 언어와 정신 활동이 상호 의존성을 갖는다고 말할 수 있을 것이다. 하지만 그들 간의 관계 중 어떤 것이 우월한 것인지를 잘 식별할 수 없는 정도로 인식이 되고 나면, 우리의 생각은 언어 우위 쪽으로 기울기 쉽다. 왜냐하면 언어의 사용에 따라 사고가 달라지는 것이라고 규정하는 것이 사고를 통해 언어가 만들어진다는 것보다 훨씬 더 쉽게 이해되기 때문이다. 이러한 면에서 사피어 – 워프 가설은 언어 우위론적 입장을 보인다고 할 수 있다.

그러나 사피어 – 워프 가설이 언어 우위론의 근거로만 설명되는 것은 아니다. 앞의 에스키모어의 예를 보면, 사람들이 눈을 인지하는 방법이 달라진 것(사고의 변화)으로 인해 언어도 달라지게 되었는지, 반대로 언어 체계가 달라진 것으로 인해 눈을 인지하는 방법이 달라졌는지를 명확하게 설명할 수 없기 때문이다.

① 사피어 – 워프 가설은 언어 우위론으로 입증할 수 있다.
② 사피어 – 워프 가설의 예로 에스키모어가 있다.
③ 사피어 – 워프 가설은 우리의 언어 생활과 밀접한 이론이다.
④ 언어와 사고의 관계에 대한 사피어 – 워프 가설을 증명하기는 쉽지 않다.
⑤ 사피어 – 워프 가설은 학계에서 대체로 인정하는 추세이다.

03 | 문단 나열

| 유형분석 |

- 각 문단의 내용을 파악하고 논리적 순서에 맞게 배열하는 복합적인 문제이다.
- 전체적인 글의 흐름을 이해하는 것이 중요하며, 각 문장의 지시어나 접속어에 주의한다.

다음 문단을 논리적 순서대로 바르게 나열한 것은?

(가) 또한 '대한민국 혁신대상' 2년 연속 수상을 비롯해, 재난안전관리 평가 최고등급 달성, 대한민국 녹색기후상 수상, 한국에서 가장 존경받는 기업 선정, 한국아이디어 대상 3년 연속 수상 등 국내 최고 권위의 시상식에서도 그 활약상을 엿볼 수 있다.

(나) 이러한 배경에는 끊임없는 경영혁신을 통한 한국서부발전의 DNA가 자리한다. 한국서부발전은 2003년 전력그룹사 최초로 6시그마 경영혁신기법을 도입한 이래, 2007년 공공기관 혁신 진단 최고 등급인 6단계를 달성하고, 2017년까지 1,380여 개가 넘는 프로젝트를 추진해 제안활동 누적 건수 13만여 건, 약 2조 2,000억 원의 재무성과를 달성하는 등 다양한 유형의 성과를 거두고 있다.

(다) 한국서부발전은 '일상에서부터 혁신'이라는 조직 문화를 정착시킴으로써 지속적인 성장을 이뤄내고 있다. 국내 총 발전 용량의 약 10%에 해당하는 10,725MW의 설비를 보유하고 있으며, 세계 최고 수준의 발전소 운영기술을 바탕으로 국민부담 완화를 위한 발전원가를 7.27원/kWh으로 절감했다.

① (가) – (나) – (다)　　　　　　　② (가) – (다) – (나)
③ (나) – (다) – (가)　　　　　　　④ (다) – (가) – (나)
⑤ (다) – (나) – (가)

정답 ④

'일상에서부터의 혁신'이라는 조직 문화를 바탕으로 지속적인 성장을 이뤄내고 있으며 실질적인 절감 효과를 이야기하는 (다), '또한 ~'으로 시작하며 대외적으로 인정받은 수상 경력에 대해 말하는 (가), 앞서 말한 결과를 낼 수 있었던 이유에 대해서 설명하는 (나)의 순서가 적절하다.

풀이 전략!

상대적으로 시간이 부족하다고 느낄 때는 선택지를 참고하여 문장의 순서를 생각해 본다.

※ 다음 문단을 논리적 순서대로 바르게 나열하시오. [1~2]

01

(가) 이러한 과정에서 문제는 압축 정도가 제한된다는 것이다. 만일 기화된 가솔린에 너무 큰 압력을 가하면 멋대로 점화되어 버리는데 이것이 엔진의 노킹 현상이다.

(나) 이전에 오토가 발명한 가솔린 엔진의 효율은 당시에 무척 떨어졌으며, 널리 사용된 증기 기관의 효율 역시 10%에 불과했고 가동 비용도 많이 드는 단점이 있었다.

(다) 이처럼 디젤 기관은 연료의 품질에 민감하지 않고, 연료의 소비 면에서도 경제성이 뛰어나 오늘날 자동차 엔진용으로 확고한 자리를 잡았다.

(라) 환경론자들이 걱정하는 디젤 엔진의 분진 배출 역시 필터 기술이 발전하면서 점차 극복되고 있다.

(마) 이와 달리 디젤 엔진의 기본 원리는 실린더 안으로 공기만을 흡입하여 피스톤으로 강하게 압축시킨 다음 그 압축 공기에 연료를 분사시켜 저절로 점화되도록 하는 것이다.

(바) 독일의 발명가 루돌프 디젤이 새로운 엔진에 대한 아이디어를 내고 특허를 얻은 것은 1892년의 일이었다.

(사) 또 디젤 엔진은 압축 과정에서 연료가 혼합되지 않았기 때문에 가솔린 엔진보다 훨씬 더 높은 25 : 1 정도의 압축 비율을 사용할 수 있다. 압축 비율이 높다는 것은 그만큼 효율이 높다는 것을 의미한다.

(아) 보통의 가솔린 엔진은 기화기에서 공기와 연료를 먼저 혼합하고, 그 혼합 기체를 실린더 속으로 흡입하여 압축한 후, 점화 플러그로 스파크를 일으켜 동력을 얻는다.

① (나) – (라) – (다) – (아) – (가) – (사) – (마) – (바)
② (나) – (라) – (아) – (가) – (마) – (다) – (바) – (사)
③ (라) – (다) – (아) – (나) – (가) – (바) – (마) – (사)
④ (바) – (아) – (가) – (나) – (다) – (사) – (마) – (라)
⑤ (바) – (나) – (아) – (가) – (마) – (사) – (다) – (라)

02

(가) 참가 팀은 각각 책의 개요(배경)와 주제, 시사점과 회사 적용 방안에 대한 아이디어를 제시했으며, 독창성 등 9개 항목에 대한 심사위원 평가와 참관 직원들의 현장 호응도를 반영해 심사했다. 심사 결과, 『세상을 바꾼 음식 이야기』로 출전하여 음식에 담긴 파란만장한 역사와 문화를 재미나고 심도 있는 접근방식으로 풀어내 많은 호응을 얻은 신인천발전본부의 '다섯수레' 팀이 영예의 대상을 차지했다.

(나) 한국남부발전은 6월 15일 부산국제금융센터 본사 4층 강당에서 임직원 200여 명이 참석한 가운데 '전사 독서경진대회'를 개최했다. 전사 독서경진대회는 책을 통한 임직원 간 소통으로 개인역량 강화 및 新성장동력 아이디어를 창출하고, 전 직원의 창의적・미래지향적 사고 함양에 도움을 주고자 마련한 행사이다. 이날 대회에는 본사(본부별) 및 사업소에서 실시한 자체 경진대회에서 선발된 최정예(총 12개팀) 직원들이 참여해 소속팀의 명예를 걸고 명승부를 겨루었다.

(다) 한국남부발전은 다양한 분야를 자율적으로 학습하고 창의적인 아이디어를 공유하고자 지난해 '리딩 트리(Reading Tree)'라는 독서경영 시스템을 구축하고, 도서마일리지 제도를 운영해 직원들이 책을 읽도록 장려하고 있다. 또 지식공유를 통해 아이디어가 확대, 재생산될 수 있도록 직원들에게 주제와 형식에 제한을 두지 않고 매년 2편 이상의 글을 직접 쓰도록 하고 있으며, 윤종근 사장도 직접 8편의 글을 등록해 인적역량 강화에 강한 의지를 보였다. 그리고 매년 등록된 글 중 우수 작품을 모아 한 권의 책으로 엮어 전 직원이 공유하도록 하고, 포상은 물론 승진심사에도 활용하고 있다.

(라) 한국남부발전 사장은 "다양한 주제의 독서와 글쓰기, 발표를 생활화하여 기업의 창의력과 생산성 향상에 크게 기여할 것"이라며 "독서를 통한 배움과 임직원 간의 소통을 이루어 기업의 지속성장 KOSPO 가치를 확대해나갈 것"이라고 말했다.

(마) 심사를 맡은 『가시고시』의 저자 조창인 작가는 "책속의 아이디어를 다양한 방식으로 회사에 적용하여 풀어내는 역량들이 뛰어나다."면서, "직원들의 열정과 창의적 아이디어가 발현된 독창적이고 참신한 대회였다."라고 평했다. 이날 경진대회는 발표 작품에 대한 직원 참여 및 현장 투표를 실시해 상호 소통하는 한편, 추첨 행사와 문화공연(어쿠스틱) 등 다채로운 볼거리를 제공하여 노사가 하나 된 '대화합의 장'을 이루었다.

① (가) – (다) – (나) – (라) – (마) 　　② (나) – (가) – (마) – (다) – (라)
③ (나) – (가) – (라) – (마) – (다) 　　④ (다) – (마) – (가) – (라) – (나)
⑤ (다) – (가) – (나) – (마) – (라)

03 다음 중 제시된 문단 뒤에 이어질 내용을 순서대로 바르게 나열한 것은?

한국동서발전의 동반성장 노력이 인도와 중국 전력시장에서 가시화되고 있다. 한국동서발전은 지난 5월 27일 협력중소기업 해강알로이를 방문해 협력중소기업의 첫 인도 수출을 기념하기 위한 출하식을 열었다고 밝혔다. 한국동서발전은 협력중소기업의 해외진출을 위해 지난 3년간 해외바이어 국내 초청 수출상담회를 10여 차례 개최했다.

(가) 조비전공업구는 중국 당산시에 위치한 공업지구로, 지난해 중국 지역경제발전 중점사업인 '징진지 광역권 프로젝트'의 주요 경쟁 무대로 주목받고 있는 곳이다. 비엔에프는 자체개발품인 '먼지제거용 세정제 BTS ~ 77'을 2013년 9월 한국동서발전의 발전소인 당진화력본부에서 현장실증에 성공했다. 이를 토대로 한국동서발전 동반성장 프로그램인 '한 · 중 화력발전 파트너링 플라자'에 참가해 중국시장 진출을 위한 노력에 역량을 집중한 결과, 중국 조비전공업구 시장에 수출마케팅 지원을 약속하는 수출촉진 MOU를 체결했다.

(나) 특히 지난 3월에는 중소기업들과 함께 인도를 직접 방문해 현지 바이어들로부터 다수의 계약을 성사시킨 바 있다. 해강알로이가 이번에 인도 발전기 부품 제작업체인 '인디아 서멀 파워 플랜트(India Thermal Power Plant)'에 수출하게 될 품목은 발전기 코일과 웨지 부품이다.

(다) 한편 한국동서발전의 협력중소기업 중 하나인 비엔에프도 중국 당산시 조비전공업구 관리위원회와 수출촉진 MOU를 체결해 조비전공업구역 내 발전소, 철강회사 등 산업 전반에 걸쳐 약 500만 달러 가량의 '전자부품 먼지제거용 세정제'를 수출할 수 있는 발판을 마련했다.

(라) 이 품목들은 1차로 11t 출하를 시작으로 총 50t 물량을 수출할 예정이며, 수출금액은 총 50만 달러 수준이다. 이날 행사에 참석한 한국동서발전 전략경영본부장은 "중소기업의 해외진출이 너무나 어려운 요즘 발전기자재 수출 불모지나 다름없던 인도 전력시장을 개척한 것은 한국동서발전이 그동안 추진해 온 동반성장 노력의 최대 결실"이라며 "한국동서발전은 앞으로도 협력중소기업의 해외 판로개척의 든든한 동반자가 될 것"이라고 말했다.

(마) 비엔에프 대표는 "이번 성과는 한국동서발전에서 제공한 중소기업 자체개발품의 현장 성능평가를 위한 테스트베드 지원 사업 덕분"이라며 "MOU를 통해 조비전공업구의 직접적인 마케팅 지원을 받게 되어, 이전보다 높은 수출성과를 낼 수 있을 것으로 기대된다."고 말했다. 한국동서발전 관계자는 "향후에도 타겟 시장별 해외수출협의체를 확대 운영해 미개척 해외시장 확보에 최선을 다하겠다."라고 말했다.

① (나) - (다) - (마) - (라) - (가)
② (나) - (라) - (다) - (가) - (마)
③ (다) - (가) - (마) - (라) - (나)
④ (다) - (마) - (라) - (나) - (가)
⑤ (라) - (마) - (나) - (가) - (다)

04 | 추론하기

| 유형분석 |

- 주어진 지문을 바탕으로 도출할 수 있는 내용을 찾는 문제이다.
- 선택지의 내용을 정확하게 확인하고 지문의 정보와 비교하여 추론하는 능력이 필요하다.

다음 중 옵트인 방식을 도입하자는 주장에 대한 근거로 사용하기에 적절하지 않은 것은?

스팸 메일 규제와 관련한 논의는 스팸 메일 발송자의 표현의 자유와 수신자의 인격권 중 어느 것을 우위에 둘 것인가를 중심으로 전개되어 왔다. 스팸 메일의 규제 방식은 옵트인(Opt-in) 방식과 옵트아웃(Opt-out) 방식으로 구분된다. 전자는 광고성 메일을 금지하지는 않되 수신자의 동의를 받아야만 발송할 수 있게 하는 방식으로, 영국 등 EU 국가들에서 시행하고 있다. 그러나 이 방식은 수신 동의 과정에서 발송자와 수신자 양자에게 모두 비용이 발생하며, 시행 이후에도 스팸 메일이 줄지 않았다는 조사 결과도 나오고 있어 규제 효과가 크지 않을 수 있다.

반면 옵트아웃 방식은 일단 스팸 메일을 발송할 수 있게 하되 수신자가 이를 거부하면 이후에는 메일을 재발송할 수 없도록 하는 방식으로, 미국에서 시행되고 있다. 그런데 이러한 방식은 스팸 메일과 일반적 광고 메일의 선별이 어렵고, 수신자가 수신 거부를 하는 데 따르는 불편과 비용을 초래하며 불법적으로 재발송되는 메일을 통제하기 힘들다. 또한 육체적·정신적으로 취약한 청소년들이 스팸 메일에 무차별적으로 노출되어 피해를 입을 수 있다.

① 옵트아웃 방식을 사용한다면 수신자가 수신 거부를 하는 것이 더 불편해질 것이다.

② 옵트인 방식은 수신에 동의하는데 따르는 수신자의 경제적 손실을 막을 수 있다.

③ 옵트아웃 방식을 사용한다면 재발송 방지가 효과적으로 이루어지지 않을 것이다.

④ 옵트인 방식은 수신자 인격권 보호에 효과적이다.

⑤ 날로 수법이 교묘해져가는 스팸 메일을 규제하기 위해서는 수신자 사전 동의를 받아야 하는 옵트인 방식을 채택하는 것이 효과적이다.

정답 ②

제시문에서 옵트인 방식은 수신 동의 과정에서 발송자와 수신자 양자에게 모두 비용이 발생한다고 했으므로 수신자의 경제적 손실을 막을 수 있다는 ②의 내용은 적절하지 않다.

풀이 전략!

주어진 지문이 어떠한 내용을 다루고 있는지 파악한 후 선택지의 키워드를 확실하게 체크하고, 지문의 정보에서 도출할 수 있는 내용을 찾는다.

01 다음 글의 합리주의적인 이론에서 추론할 수 없는 것은?

> 어린이의 언어 습득을 설명하려는 이론으로는 두 가지가 있다. 하나는 경험주의적인 혹은 행동주의적인 이론이요, 다른 하나는 합리주의적인 이론이다.
> 경험주의 이론에 의하면 어린이가 언어를 습득하는 것은 어떤 선천적인 능력에 의한 것이 아니라 경험적인 훈련에 의해서 오로지 후천적으로만 이루어진다.
> 한편, 합리주의적인 언어 습득의 이론에서 어린이가 언어를 습득하는 것은 거의 전적으로 타고난 특수한 언어 학습 능력과, 일반 언어 구조에 대한 추상적인 선험적 지식에 의한 것이다.

① 어린이는 완전히 백지상태에서 출발하여 반복 연습과 시행착오, 그리고 교정에 의해서 언어라는 습관을 형성한다.
② 일정한 나이가 되면 모든 어린이가 예외 없이 언어를 통달하게 된다.
③ 많은 현실적 악조건에도 불구하고 어린이가 완전한 언어 능력을 갖출 수 있게 된다.
④ 인간은 언어 습득 능력을 가지고 태어난다.
⑤ 언어가 극도로 추상적이고 고도로 복잡한데도 불구하고 어린이들이 짧은 시일 안에 언어를 습득한다.

02 다음 글을 읽고 추론한 내용으로 가장 적절한 것은?

> 노모포비아는 '휴대 전화가 없을 때(No mobile) 느끼는 불안과 공포증(Phobia)'이라는 의미의 신조어이다. 영국의 인터넷 보안업체 시큐어엔보이는 2022년 3월 영국인 1,000명을 대상으로 설문 조사한 결과 응답자의 66%가 노모포비아, 즉 휴대 전화를 소지하지 않았을 때 공포를 느낀다고 발표했다. 노모포비아는 특히 스마트폰을 많이 쓰는 젊은 나이일수록 그 증상이 심하다. 18 ~ 24세 응답자의 경우 노모포비아 응답률이 77%나 됐다. 전문가들은 이 증상이 불안감, 자기회의감 증가, 책임전가와 같은 정신적인 스트레스를 넘어 육체적 고통도 상당한 수준이라고 이야기한다. 휴대 전화에 집중하느라 계단에서 구르거나 난간에서 떨어지는 경미한 사고부터 심각한 교통사고까지 그 피해는 광범위하다.

① 노모포비아는 젊은 나이의 휴대 전화 보유자에게서 나타난다.
② 노모포비아는 스마트폰을 사용하는 경우에 무조건 나타난다.
③ 정신적인 스트레스만 발생시킨다.
④ 휴대 전화를 사용하지 않는 사람에게서는 노모포비아 증상이 나타나지 않는다.
⑤ 모든 젊은이들에게서 노모포비아 증상이 나타난다.

03 다음 밑줄 친 사람들의 주장으로 적절한 것은?

최근 여러 나라들은 화석연료 사용으로 인한 기후 변화를 억제하기 위해, 화석연료의 사용을 줄이고 목재연료의 사용을 늘리고 있다. 다수의 과학자와 경제학자는 목재를 '탄소 중립적 연료'라고 생각하고 있다. 나무를 태우면 이산화탄소가 발생하지만, 새로 심은 나무가 자라면서 다시 이산화탄소를 흡수하는 원리대로 나무를 베어낸 만큼 다시 심으면 전체 탄소배출량은 '0'이 된다는 것이다. 대표적으로 유럽연합이 화석연료를 목재로 대체하려고 하는데, 2020년까지 탄소 중립적 연료로 전체 전력의 20%를 생산할 계획을 가지고 있다. 영국, 벨기에, 덴마크 네덜란드 등의 국가에서는 나무 화력발전소를 건설하거나 기존의 화력발전소에서 나무를 사용할 수 있도록 전환하는 등의 설비를 갖추고 있다. 우리나라 역시 재생에너지원을 중요시하면서 나무 펠릿 수요가 증가하고 있다.

하지만 <u>일부 과학자들</u>은 목재가 친환경 연료가 아니라고 주장한다. 이들 주장의 핵심은 지금 심은 나무가 자라는 데에는 수십에서 수백 년이 걸린다는 것이다. 즉, 지금 나무를 태워 나온 이산화탄소는 나무를 심는다고 해서 줄어드는 것이 아니라 수백 년에 걸쳐서 천천히 흡수된다는 것이다. 또 화석연료에 비해 발전 효율이 낮기 때문에 같은 전력을 생산하는 데 발생하는 이산화탄소의 양은 더 많아질 것이라고 강조한다. 눈앞의 배출량만 줄이는 것은 마치 지금 당장 지갑에서 현금이 나가지 않는다고 해서 신용카드를 무분별하게 사용하는 것처럼 위험할 수 있다는 생각이다. 이들은 기후 변화 방지에 있어서, 배출량을 줄이는 것이 아니라 배출하지 않는 방법을 택하는 것이 더 낫다고 강조한다.

① 나무의 발전 효율을 높이는 연구가 선행되어야 한다.
② 목재연료를 통한 이산화탄소 절감은 전 세계가 동참해야만 가능하다.
③ 목재연료의 사용보다는 화석연료의 사용을 줄이는 것이 중요하다.
④ 목재연료의 사용보다는 태양광과 풍력 등의 발전효율을 높이는 것이 효과적이다.
⑤ 목재연료의 사용은 현재의 상황에서 가장 합리적인 대책이다.

04 다음 글을 읽고 추론한 내용으로 적절하지 않은 것은?

20세기로 들어서기 전에 이미 영화는 두 가지 주요한 방향으로 발전하기 시작했는데, 그것은 곧 사실주의와 형식주의이다. 1890년대 중반 프랑스의 뤼미에르 형제는 「열차의 도착」이라는 영화를 통해 관객들을 매혹시켰는데, 그 이유는 영화에 그들의 실생활을 거의 비슷하게 옮겨 놓은 것처럼 보였기 때문이다. 거의 같은 시기에 조르주 멜리에스는 순수한 상상의 사건인 기발한 이야기와 트릭 촬영을 혼합시켜 「달세계 여행」이라는 판타지 영화를 만들었다. 이들은 각각 사실주의와 형식주의 영화의 전통적 창시자라 할 수 있다.

① 「열차의 도착」은 사실주의를 나타낸 영화이다.
② 영화는 사실주의와 형식주의의 방향으로 발전했다.
③ 「달세계 여행」이라는 영화는 형식주의를 나타낸 영화이다.
④ 조르주 멜리에스는 형식주의 영화를 만들고자 했다.
⑤ 사실주의 영화에서 기발한 이야기와 트릭 촬영은 중요한 요소이다.

05 다음 글을 통해 확인할 수 있는 내용으로 적절하지 않은 것은?

> 영화 촬영 시 카메라가 찍기 시작하면서 멈출 때까지의 연속된 촬영을 '쇼트(Shot)'라 하고, 이러한 쇼트의 결합으로 이루어져 연극의 '장(場)'과 같은 역할을 수행하는 것을 '씬(Scene)'이라고 한다. 그리고 여러 개의 씬이 연결되어 영화의 전체 흐름 속에서 비교적 독립적인 의미를 지니는 것을 '시퀀스(Sequence)'라 일컫는다.
>
> 시퀀스는 씬을 제시하는 방법에 따라 '에피소드 시퀀스'와 '병행 시퀀스'로 구분할 수 있다. 먼저 에피소드 시퀀스는 짧은 장면을 연결하여 긴 시간의 흐름을 간단하게 보여주는 것을 말한다. 예를 들어 특정 인물의 삶을 다룬 영화의 경우, 주인공의 생애를 있는 그대로 재현하는 것은 불가능하므로 특징적인 짧은 장면을 연결하여 인물의 삶을 요약적으로 제시하는 것이 여기에 해당한다.
>
> 이와 달리 병행 시퀀스는 같은 시간, 다른 공간에서 일어나는 둘 이상의 별개 사건이 교대로 전개되는 것을 말한다. 범인을 추격하는 영화의 경우, 서로 다른 공간에서 쫓고 쫓기는 형사와 범인의 영상을 교차로 제시하는 방식이 좋은 예이다. 이 방법은 극적 긴장감을 조성할 수 있으며, 시간을 나타내는 특별한 표지가 없더라도 두 개의 사건에 동시성을 부여하여 시각적으로 통일된 단위로 묶을 수 있다.
>
> 시퀀스 연결 방법은 크게 두 가지로 나눌 수 있는데, 자연스럽게 연결하는 경우와 그렇지 않은 경우이다. 원래 이미지가 점점 희미해지면서 다른 이미지로 연결되는 디졸브 등의 기법을 사용하면 관객들은 하나의 시퀀스가 끝나고 다음 시퀀스가 시작된다는 것을 자연스럽게 알게 된다. 이러한 자연스러운 시퀀스 연결은 관객들이 사건의 전개 과정을 쉽게 파악하고, 다음에 이어질 장면을 예상하는 데 도움을 준다. 이와 달리 시퀀스의 마지막 부분에 시공간이 완전히 다른 이미지를 연결하여 급작스럽게 시퀀스를 전환하기도 하는데, 이러한 부자연스러운 시퀀스 연결은 관객들에게 낯선 느낌을 주고 의아함을 불러일으켜 시퀀스 연결 속에 숨은 의도나 구조를 생각하게 한다.
>
> 일반적으로 각 시퀀스의 길이가 길어 시퀀스의 수가 적은 영화들은 느린 템포로 사건이 진행되기 때문에 서사적 이야기 구조를 안정되게 제시하는 데 적합하다. 반면 길이가 매우 짧은 시퀀스를 사용한 영화는 빠른 템포로 사건이 전개되므로 극적 긴장감을 조성할 수 있으며, 특정 이미지를 강조하거나 인물의 심리 상태 등도 효과적으로 제시할 수 있다.
>
> 이밖에도 서사의 줄거리를 분명하고 세밀하게 전달하기 위해 각 시퀀스에서 의미를 완결지어 관객으로 하여금 작은 단위의 카타르시스를 경험하게 하는 경우도 있고, 시퀀스 전체의 연결 관계를 통해서 영화의 서사 구조를 파악하게 하는 경우도 있다. 따라서 영화에 사용된 시퀀스의 특징을 분석하는 것은 영화의 서사 구조와 감독의 개성을 효과적으로 파악할 수 있는 좋은 방법이다.

① 시퀀스의 연결 방법과 효과
② 시퀀스의 길이에 따른 특징
③ 영화의 시퀀스를 구성하는 요소와 개념
④ 영화의 발전 과정과 시퀀스의 상관관계
⑤ 씬을 제시하는 방법에 따른 시퀀스의 종류

05 │ 문서 작성 및 수정

| 유형분석 |

- 기본적인 어휘력과 어법에 대한 지식을 필요로 하는 문제이다.
- 글의 내용을 파악하고 문맥을 읽을 줄 알아야 한다.

다음 글에서 ㉠~㉤의 수정 방안으로 적절하지 않은 것은?

학부모들을 상대로 설문조사를 한 결과, 사교육비 절감에 가장 큰 도움을 준 제도는 바로 교과교실제(영어, 수학 교실 등 과목전용교실 운영)였다. 사교육비 중에서도 가장 ㉠ 많은 비용이 차지하는 과목이 영어와 수학이라는 점을 고려해보면 공교육에서 영어, 수학을 집중적으로 가르쳐주는 것이 사교육비 절감에 큰 도움이 되었다는 점을 이해할 수 있다. 한때 사교육비 절감을 기대하며 도입했던 '방과 후 학교'는 사교육비를 절감하지 못했는데, 이는 학생들을 학교에 묶어놓는 것만으로는 사교육을 막을 수 없다는 점을 시사한다. 학생과 학부모가 적지 않은 비용을 지불하면서도 사교육을 찾게 되는 이유는 ㉡ 입시에 도움이 된다. 공교육에서는 정해진 교과 과정에 맞추어 수업을 해야 하고 실력 차이가 나는 학생들을 ㉢ 개별적으로 가르쳐야 하기 때문에 입시에 초점을 맞추기가 쉽지 않다. 따라서 공교육만으로는 입시에 뒤처진다고 생각하는 사람들이 많은 것이다. ㉣ 그래서 교과교실제에 이어 사교육비 절감에 도움이 되었다고 생각하는 요인이 '다양하고 좋은 학교의 확산'이라는 점을 보면 공교육에도 희망이 있다고 할 수 있다. 인문계, 예체능계, 실업계, 특목고 정도로만 학교가 나눠졌던 과거에 비해 지금은 학생의 특기와 적성에 맞는 다양하고 좋은 학교가 많이 생겨났다. 좋은 대학에 입학하려는 이유가 대학의 서열화와 그에 따른 취업경쟁 때문이라는 것을 생각해보면 고등학교 때부터 ㉤ 미래를 위해 공부할 수 있는 학교는 사교육비 절감과 더불어 공교육의 강화, 과도한 입시 경쟁 완화에 도움이 될 것이다.

① ㉠ : 조사가 잘못 쓰였으므로 '많은 비용을 차지하는'으로 수정한다.
② ㉡ : 호응 관계를 고려하여 '입시에 도움이 되기 때문이다.'로 수정한다.
③ ㉢ : 문맥을 고려하여 '집중적으로'로 수정한다.
④ ㉣ : 앞 내용과 상반된 내용이 이어지므로 '하지만'으로 수정한다.
⑤ ㉤ : 앞 내용을 고려하여 '미래를 위해 공부할 수 있는 학교의 확산은'으로 수정한다.

정답 ③
제시문의 내용에 따르면 공교육에서는 학생들의 실력 차이를 모두 고려할 수가 없다. 따라서 '한꺼번에'로 수정하는 것이 적절하다.

풀이 전략!
문장에서 주어와 서술어의 호응 관계가 적절한지 주어와 서술어를 찾아 확인해 보는 연습을 하며, 문서작성의 원칙과 주의사항은 미리 알아두는 것이 좋다.

01 다음 글에서 ㉠ ~ ㉤의 수정 방안으로 적절하지 않은 것은?

> 심리학자들은 학습 이후 망각이 생기는 심리적 이유를 다음과 같이 설명하고 있다. 앞서 배운 내용
> 이 나중에 공부한 내용을 밀어내는 순행 억제, 뒤에 배운 내용이 앞에서 배운 내용을 기억의 저편으
> 로 밀어내는 역행 억제, 또한 공부한 두 내용이 서로 비슷해 간섭이 일어나는 유사 억제 등이 작용해
> 기억을 방해했기 때문이라는 것이다. 이러한 망각을 뇌 속에서 어떤 기억을 잃어버린 것으로 이해해
> 서는 ㉠ <u>안된다</u>. 기억을 담고 있는 세포들은 내용물을 흘려버리지 않는다. 기억들은 여전히 ㉡ <u>머리</u>
> <u>속에</u> 있는 것이다. 우리가 뭔가 기억해 내려고 애쓰는데도 찾지 못하는 것은 기억들이 ㉢ <u>혼재해</u>
> 있기 때문이다. ㉣ <u>그리고</u> 학습한 내용을 일정한 원리에 따라 ㉤ <u>짜임새 있게 체계적으로</u> 잘 정리한
> 다면 학습한 내용을 어렵지 않게 기억해 낼 수 있다.

① ㉠ – 띄어쓰기가 올바르지 않으므로 '안 된다'로 고친다.

② ㉡ – 맞춤법에 어긋나므로 '머릿속에'로 고친다.

③ ㉢ – 문맥에 어울리지 않으므로 '잠재'로 수정한다.

④ ㉣ – 앞 문장과의 관계를 고려하여 '그러므로'로 고친다.

⑤ ㉤ – 의미가 중복되므로 '체계적으로'를 삭제한다.

02 자동차 부품회사에 근무하는 J사원은 상사인 M사장으로부터 거래처인 서울자동차에 보낼 문서 두 건에 대한 지시를 받았다. 그 내용은 '만찬 초대에 대한 감사장'과 '부품 가격 인상 건'에 대한 공문이었다. 다음 중 문서 작성 및 처리 방법으로 적절한 것은?

① 두 건의 문서를 별도로 작성하고 따로 발송하였다.

② 문서 두 건은 같은 회사로 보낼 것이므로 "가격인상에 대한 고지 및 초대에 대한 감사"라는 제목으
로 사외문서 한 장으로 작성하였다.

③ 하나의 문서에 두 개의 제목(제목 : 부품가격 인상 건 / 제목 : 초대에 대한 감사)을 쓰고 문서
내용은 1, 2로 작성하였다.

④ 두 건의 문서를 별도로 작성하고 같은 봉투에 두 장의 문서를 함께 발송하였다.

⑤ 두 건의 문서를 별도로 작성하고 한 개의 클립으로 집어서 발송하였다.

03

사회복지와 근로 의욕과의 관계에 대한 조사를 보면 '사회복지와 근로 의욕이 관계가 있다.'는 응답과 '그렇지 않다.'는 응답의 비율이 비슷하게 나타난다. 하지만 기타 의견에 ㉠ 따라 과도한 사회복지는 근로 의욕을 떨어뜨릴 수 있다는 응답이 많았던 것으로 조사되었다. 예를 들어 정부 지원금을 받으나 아르바이트를 하나 비슷한 돈이 나온다면 ㉡ 더군다나 일하지 않고 정부 지원금으로만 먹고 사는 사람들이 많이 있다는 것이다. 여기서 주목해야 할 점은 과도한 복지 때문이 아닌 정책상의 문제라는 의견도 있다는 사실이다. 현실적으로 일을 할 수 있는 능력이 있는 사람에게는 ㉢ 최대한의 생계 비용 이외의 수입을 인정하고, 빈곤층에서 벗어날 수 있게 지원해주는 것이 개인에게도, 국가에도 바람직한 방식이라는 것이다.

이 설문 조사 결과에서 주목해야 할 또 다른 측면은 사회복지 체제가 잘 되어 있을수록 근로 의욕이 떨어진다고 응답한 사람의 ㉣ 과반수 이상이 중산층 이상의 경제력을 가지고 있었다는 점이다. 재산이 많은 사람에게는 약간의 세금 확대도 ㉤ 영향이 적을 수 있기 때문에 경제 발전을 위한 세금 확대는 찬성하더라도 복지 정책을 위한 세금 확대는 반대하는 것이다. 이러한 점을 고려해보면 소득 격차 축소를 원하는 국민보다 복지 정책을 위한 세금 확대에 반대하는 국민이 많은 다소 모순된 설문 결과에 대한 설명이 가능하다.

① ㉠ : 호응 관계를 고려하여 '따르면'으로 수정한다.
② ㉡ : 앞뒤 내용의 관계를 고려하여 '차라리'로 수정한다.
③ ㉢ : 전반적인 내용의 흐름을 고려하여 '최소한의'로 수정한다.
④ ㉣ : '과반수'의 뜻을 고려하여 '절반 이상이' 또는 '과반수가'로 수정한다.
⑤ ㉤ : 일반적인 사실을 말하는 것이므로 '영향이 적기 때문에'로 수정한다.

04

동양의 산수화에는 자연의 다양한 모습을 대하는 화가의 개성 혹은 태도가 ㉠ 드러나 있는데, 이를 표현하는 기법 중의 하나가 준법이다. 준법(皴法)이란 점과 선의 특성을 활용하여 산, 바위, 토파(土坡) 등의 입체감, 양감, 질감, 명암 등을 나타내는 기법으로 산수화 중 특히 수묵화에서 발달하였다. 수묵화는 선의 예술이다. 수묵화에서는 먹(墨)만을 사용하기 때문에 대상의 다양한 모습이나 질감을 ㉡ 표현하는데 한계가 있다. ㉢ 거친 선, 부드러운 선, 곧은 선, 꺾은 선 등 다양한 선을 활용하여 대상에 대한 느낌, 분위기를 표현한다. 이 과정에서 선들이 지닌 특성과 효과 등이 점차 유형화되어 발전된 것이 준법이다.

준법 가운데 보편적으로 쓰이는 것에는 피마준, 수직준, 절대준, 미점준 등이 있다. 일정한 방향과 간격으로 선을 여러 개 그어 산의 등선을 표현하여 부드럽고 차분한 느낌을 주는 것이 피마준이다. 반면 수직준은 선을 위에서 아래로 죽죽 내려 그어 강하고 힘찬 느낌을 주어 뾰족한 바위산을 표현할 때 주로 사용한다. 절대준은 수평으로 선을 긋다가 수직으로 꺾어 내리는 것을 반복하여 마치 'ㄱ'자 모양이 겹쳐진 듯 표현한 것이다. 이는 주로 모나고 거친 느낌을 주는 지층이나 바위산을 표현할 때 쓰인다. 미점준은 쌀알 같은 타원형의 작은 점을 연속적으로 ㉣ 찍혀 주로 비 온 뒤의 습한 느낌이나 수풀을 표현할 때 사용한다.

㉤ 준법은 화가가 자연에 대해 인식하고 표현하는 수단이다. 화가는 준법을 통해 단순히 대상의 외양뿐만 아니라 대상에 대한 자신의 느낌, 인식의 깊이까지 화폭에 그려내는 것이다.

① ㉠ : 문맥의 흐름을 고려하여 '들어나'로 고친다.
② ㉡ : 띄어쓰기가 올바르지 않으므로 '표현하는 데'로 고친다.
③ ㉢ : 문장을 자연스럽게 연결하기 위해 문장 앞에 '그래서'를 추가한다.
④ ㉣ : 목적어와 서술어의 호응 관계를 고려하여 '찍어'로 고친다.
⑤ ㉤ : 필요한 문장 성분이 생략되었으므로 '표현하는' 앞에 '인식의 결과를'을 추가한다.

06 | 맞춤법 및 어휘

| 유형분석 |

- 맞춤법에 맞는 단어를 찾거나 주어진 지문의 내용에 어울리는 단어를 찾는 문제가 주로 출제된다.
- 자주 출제되는 단어나 헷갈리는 단어에 대한 학습을 꾸준히 하는 것이 좋다.

다음 중 밑줄 친 부분의 표기가 옳은 것은?

① 나의 <u>바램대로</u> 내일은 흰 눈이 왔으면 좋겠다.

② 엿가락을 고무줄처럼 <u>늘였다</u>.

③ 학생 신분에 <u>알맞는</u> 옷차림을 해야 한다.

④ 계곡물에 손을 <u>담구니</u> 시원하다.

⑤ <u>지리한</u> 장마가 끝나고 불볕더위가 시작되었다.

정답 ②

'본디보다 더 길어지게 하다.'라는 의미로 쓰였으므로 '늘이다(늘였다)'로 쓰는 것이 옳다.

오답분석

① 바램 → 바람

③ 알맞는 → 알맞은

④ 담구니 → 담그니

⑤ 지리한 → 지루한

풀이 전략!

문제에서 물어보는 단어를 정확히 확인해야 하고, 어휘문제의 경우 주어진 지문의 전체적인 흐름에 어울리는 단어를 생각해본다.

01 다음 글을 수정하려고 할 때, 밑줄 친 ㉠~㉤ 중 어법상 옳지 않은 것은?

> 여행의 재미 가운데 ㉠ <u>빼놓을 수 없는</u> 것이 자신이 다녀온 곳에 대한 기억을 평생의 추억으로 바꿔
> 주는 사진 찍기라고 할 수 있다. 사진을 찍을 때 가장 중요한 것은 어떤 카메라로 찍느냐보다는 ㉡
> <u>어떻게 찍느냐</u> 하는 것이다. 으리으리한 카메라 장비를 ㉢ <u>둘러메고</u> 다니며 사진을 찍는 사람을 보
> 면서 기가 죽을 필요는 없다. 아무리 ㉣ <u>변변찮은</u> 카메라도 약간의 방법만 익히면 무엇을 ㉤ <u>찍던지</u>
> 생각 이상으로 멋진 작품을 만들 수 있다.

① ㉠　　　　　　　　　　　　　　　② ㉡

③ ㉢　　　　　　　　　　　　　　　④ ㉣

⑤ ㉤

02 다음 중 빈칸에 들어갈 말을 순서대로 바르게 나열한 것은?

> ㉠ 매년 10만여 명의 (뇌졸중 / 뇌졸증) 환자가 발생하고 있다.
> ㉡ 그의 변명이 조금 (꺼림직 / 꺼림칙 / 꺼림칫)했으나, 한번 믿어보기로 했다.

	㉠	㉡
①	뇌졸중	꺼림칙
②	뇌졸중	꺼림직
③	뇌졸증	꺼림칫
④	뇌졸증	꺼림칫
⑤	뇌졸증	꺼림직

CHAPTER 02

수리능력

합격 Cheat Key

수리능력은 사칙 연산·통계·확률의 의미를 정확하게 이해하고 이를 업무에 적용하는 능력으로, 기초 연산과 기초 통계, 도표 분석 및 작성의 문제 유형으로 출제된다. 수리능력 역시 채택하지 않는 공사·공단이 거의 없을 만큼 필기시험에서 중요도가 높은 영역이다.

특히, 난이도가 높은 공사·공단의 시험에서는 도표 분석, 즉 자료 해석 유형의 문제가 많이 출제되고 있고, 응용 수리 역시 꾸준히 출제하는 공사·공단이 많기 때문에 기초 연산과 기초 통계에 대한 공식의 암기와 자료 해석 능력을 기를 수 있는 꾸준한 연습이 필요하다.

1 응용 수리능력의 공식은 반드시 암기하라!

응용 수리는 공사·공단마다 출제되는 문제는 다르지만, 사용되는 공식은 비슷한 경우가 많으므로 자주 출제되는 공식을 반드시 암기하여야 한다. 문제에서 묻는 것을 정확하게 파악하여 그에 맞는 공식을 적절하게 적용하는 꾸준한 노력과 공식을 암기하는 연습이 필요하다.

2　자료의 해석은 자료에서 즉시 확인할 수 있는 지문부터 확인하라!

수리능력 중 도표 분석, 즉 자료 해석 능력은 많은 시간을 필요로 하는 문제가 출제되므로, 증가·감소 추이와 같이 눈으로 확인이 가능한 지문을 먼저 확인한 후 복잡한 계산이 필요한 지문을 확인하는 방법으로 문제를 풀이한다면 시간을 조금이라도 아낄 수 있다. 또한, 여러 가지 보기가 주어진 문제 역시 지문을 잘 확인하고 문제를 풀이한다면 불필요한 계산을 생략할 수 있으므로 항상 지문부터 확인하는 습관을 들여야 한다.

3　도표 작성에서 지문에 작성된 도표의 제목을 반드시 확인하라!

도표 작성은 하나의 자료 혹은 보고서와 같은 수치가 표현된 자료를 도표로 작성하는 형식으로 출제되는데, 대체로 표보다는 그래프를 작성하는 형태로 많이 출제된다. 지문을 살펴보면 각 지문에서 주어진 도표에도 소제목이 있는 경우가 대부분이다. 이때, 자료의 수치와 도표의 제목이 일치하지 않는 경우 함정이 존재하는 문제일 가능성이 높으므로 도표의 제목을 반드시 확인하는 것이 중요하다.

01 | 응용 수리

| 유형분석 |

- 문제에서 제공하는 정보를 파악한 뒤, 사칙연산을 활용하여 계산하는 전형적인 수리문제이다.
- 문제를 풀기 위한 정보가 산재되어 있는 경우가 많으므로 주어진 조건 등을 꼼꼼히 확인해야 한다.

대학 서적을 도서관에서 빌리면 10일간 무료이고, 그 이상은 하루에 100원의 연체료가 부과되며 한 달 단위로 연체료는 두 배로 늘어난다. 1학기 동안 대학 서적을 도서관에서 빌려 사용하는 데 얼마의 비용이 드는가?(단, 1학기의 기간은 15주이고, 한 달은 30일로 정한다)

① 18,000원
② 20,000원
③ 23,000원
④ 25,000원
⑤ 28,000원

정답 ④

- 1학기의 기간 : 15×7=105일
- 연체료가 부과되는 기간 : 105−10=95일
- 연체료가 부과되는 시점에서부터 한 달 동안의 연체료 : 30×100=3,000원
- 첫 번째 달부터 두 번째 달까지의 연체료 : 30×100×2=6,000원
- 두 번째 달부터 세 번째 달까지의 연체료 : 30×100×2×2=12,000원
- 95일(3개월 5일) 연체료 : 3,000+6,000+12,000+5×(100×2×2×2)=25,000원

따라서 1학기 동안 대학 서적을 도서관에서 빌려 사용한다면 25,000원의 비용이 든다.

풀이 전략!

문제에서 묻는 바를 정확하게 확인한 후, 필요한 조건 또는 정보를 구분하여 신속하게 풀어 나간다. 단, 계산에 착오가 생기지 않도록 유의한다.

01 용산에서 출발하여 춘천에 도착하는 ITX-청춘열차가 있다. 이 열차가 용산에서 청량리로 가는 길에는 240m 길이의 다리가, 가평에서 춘천으로 가는 길에는 840m 길이의 터널이 있다. 열차가 다리와 터널을 완전히 통과하는 데 각각 16초, 40초가 걸렸다. 이때 열차의 길이는 몇 m인가?(단, 열차의 속력은 일정하다)

① 140m

② 150m

③ 160m

④ 170m

⑤ 180m

02 축구팀에서 A ~ H 8명의 후보 선수 중 4명을 뽑을 때, A, B, C를 포함하여 뽑을 확률은?

① $\dfrac{1}{14}$

② $\dfrac{1}{5}$

③ $\dfrac{3}{8}$

④ $\dfrac{1}{2}$

⑤ $\dfrac{3}{5}$

03 경언이는 고향인 진주에서 서울로 올라오려고 한다. 오전 8시에 출발하여 우등버스를 타고 340km를 달려 서울 고속터미널에 도착하였는데, 원래 도착 예정시간보다 2시간이 늦어졌다. 도착 예정시간은 평균 100km/h로 달리고 휴게소에서 30분 쉬는 것으로 계산되었으나 실제로 휴게소에서 36분을 쉬었다고 한다. 이때, 진주에서 서울로 이동하는 동안 경언이가 탄 버스의 평균 속도는 약 얼마인가?

① 49km/h

② 53km/h

③ 57km/h

④ 64km/h

⑤ 76km/h

02 | 도표 계산

| 유형분석 |

- 문제에 주어진 도표를 분석하여 각 선택지의 정답 유무를 판단하는 문제이다.
- 주로 그래프와 표로 제시되며, 경영·경제·산업 등과 관련된 최신 이슈를 많이 다룬다.
- 자료 간의 증감률·비율·추세 등을 자주 묻는다.

다음 자료를 근거로 할 때, 하루 동안 고용할 수 있는 최대 인원은?

총예산	본예산	500,000원
	예비비	100,000원
인건비	1인당 수당	50,000원
	산재보험료	(수당)×0.504%
	고용보험료	(수당)×1.3%

① 10명   ② 11명

③ 12명   ④ 13명

⑤ 15명

정답 ②

- (1인당 하루 인건비)=(1인당 수당)+(산재보험료)+(고용보험료)

  =50,000+50,000×0.504%+50,000×1.3%

  =50,000+252+650=50,902원
- (하루에 고용할 수 있는 인원수)=[(본예산)+(예비비)]÷(하루 1인당 인건비)

  =600,000÷50,902≒11.8

따라서 하루 동안 고용할 수 있는 최대 인원은 11명이다.

풀이 전략!

선택지를 먼저 읽고 필요한 정보를 도표에서 확인하도록 하며, 계산이 필요한 경우에는 실제 수치를 사용하여 복잡한 계산을 하는 대신, 대소 관계의 비교나 선택지의 옳고 그름만을 판단할 수 있을 정도로 간소화하여 계산해 풀이시간을 단축할 수 있도록 한다.

01 다음은 2023년 7월 2일에 측정한 발전소별 수문 자료이다. 이날 온도가 27℃를 초과한 발전소의 수력발전을 이용해 변환된 전기에너지의 총출력량은 15,206.08kW였다. 이때 춘천의 분당 유량은?(단, 결과 값은 소수점 첫째 자리에서 반올림한다)

발전소명	저수위(ELm)	유량(m³/sec)	온도(℃)	강우량(mm)
안흥	375.9	0.0	26.0	7.0
춘천	102.0		27.5	4.0
의암	70.0	282.2	26.0	2.0
화천	176.5	479.9	24.0	6.0
청평	49.5	447.8	27.0	5.0
섬진강	178.6	6.9	29.5	0.0
보성강	126.6	1.1	30.0	0.0
팔당	25.0	1,394.1	25.0	0.5
괴산	132.1	74.2	27.2	90.5

※ $P[kW] = 9.8 \times Q[m^3/sec] \times H[m] \times \zeta$ [P : 출력량, Q : 유량, H : 유효낙차, ζ : 종합효율(수차효율×발전기효율)]

※ 모든 발전소의 유효낙차는 20m, 종합효율은 90%이다.

① $4m^3/min$　　　　　② $56m^3/min$

③ $240m^3/min$　　　　④ $488m^3/min$

⑤ $987m^3/min$

02 국토교통부는 자동차의 공회전 발생률과 공회전 시 연료소모량이 적은 운전자에게 현금처럼 쓸 수 있는 탄소포인트를 제공하는 정책을 구상하고 있다. 국토교통부는 동일 차량 운전자 A ~ E를 대상으로 이 정책을 시범 시행하였다. 다음 자료를 근거로 할 때, 공회전 발생률과 공회전 시 연료소모량에 따라 A ~ E운전자가 받을 수 있는 탄소포인트의 총합이 큰 순서대로 나열된 것은?(단, 주어진 자료 이외의 다른 조건은 고려하지 않는다)

〈차량 시범 시행 결과〉

구분	A	B	C	D	E
주행시간(분)	200	30	50	25	50
총공회전시간(분)	20	15	10	5	25

〈공회전 발생률에 대한 탄소포인트〉

구분	19% 이하	20 ~ 39%	40 ~ 59%	60 ~ 79%	80% 이상
탄소포인트(P)	100	80	50	20	10

〈공회전 시 연료소모량에 대한 구간별 탄소포인트〉

구분	99cc 이하	100 ~ 199cc	200 ~ 299cc	300 ~ 399cc	400cc 이상
탄소포인트(P)	100	75	50	25	0

※ [공회전 발생률(%)] $= \dfrac{(총공회전시간)}{(주행시간)} \times 100$

※ [공회전 시 연료소모량(cc)] $=$ (총공회전시간)$\times 20$

① D > C > A > B > E
② D > C > A > E > B
③ D > A > C > B > E
④ A > D > B > E > C
⑤ A > B > E > C > D

03 다음은 A발전회사의 연도별 발전량 및 신재생에너지 공급 현황에 대한 자료이다. 이에 대한 설명으로 옳은 것을 〈보기〉에서 모두 고르면?

〈A발전회사의 연도별 발전량 및 신재생에너지 공급 현황〉

구분	연도	2021년	2022년	2023년
발전량(GWh)		55,000	51,000	52,000
신재생 에너지	공급의무율(%)	1.4	2.0	3.0
	자체공급량(GWh)	75	380	690
	인증서구입량(GWh)	15	70	160

※ 1) [공급의무율(%)]$=\dfrac{(공급의무량)}{(발전량)}\times100$

2) [이행량(GWh)]=(자체공급량)+(인증서구입량)

보기

ㄱ. 공급의무량은 매년 증가한다.

ㄴ. 2023년 자체공급량의 2021년 대비 증가율은 2023년 인증서구입량의 2021년 대비 증가율보다 작다.

ㄷ. 공급의무량과 이행량의 차이는 매년 증가한다.

ㄹ. 이행량에서 자체공급량이 차지하는 비중은 매년 감소한다.

① ㄱ, ㄴ
② ㄱ, ㄷ
③ ㄷ, ㄹ
④ ㄱ, ㄴ, ㄹ
⑤ ㄴ, ㄷ, ㄹ

03 | 자료 이해

| 유형분석 |

- 제시된 자료를 분석하여 선택지의 정답 유무를 판단하는 문제이다.
- 표의 수치 등을 통해 변화량이나 증감률, 비중 등을 비교하여 판단하는 문제가 자주 출제된다.
- 지원하고자 하는 기업이나 산업과 관련된 자료 등이 문제의 자료로 많이 다뤄진다.

다음은 도시폐기물량 상위 10개국의 도시폐기물량지수와 한국의 도시폐기물량을 나타낸 자료이다. 이에 대한 설명으로 옳은 것을 〈보기〉에서 모두 고르면?

〈도시폐기물량 상위 10개국의 도시폐기물량지수〉

순위	2020년		2021년		2022년		2023년	
	국가	지수	국가	지수	국가	지수	국가	지수
1	미국	12.05	미국	11.94	미국	12.72	미국	12.73
2	러시아	3.40	러시아	3.60	러시아	3.87	러시아	4.51
3	독일	2.54	브라질	2.85	브라질	2.97	브라질	3.24
4	일본	2.53	독일	2.61	독일	2.81	독일	2.78
5	멕시코	1.98	일본	2.49	일본	2.54	일본	2.53
6	프랑스	1.83	멕시코	2.06	멕시코	2.30	멕시코	2.35
7	영국	1.76	프랑스	1.86	프랑스	1.96	프랑스	1.91
8	이탈리아	1.71	영국	1.75	이탈리아	1.76	터키	1.72
9	터키	1.50	이탈리아	1.73	영국	1.74	영국	1.70
10	스페인	1.33	터키	1.63	터키	1.73	이탈리아	1.40

※ (도시폐기물량지수)= $\dfrac{(\text{해당 연도 해당 국가의 도시폐기물량})}{(\text{해당 연도 한국의 도시폐기물량})}$

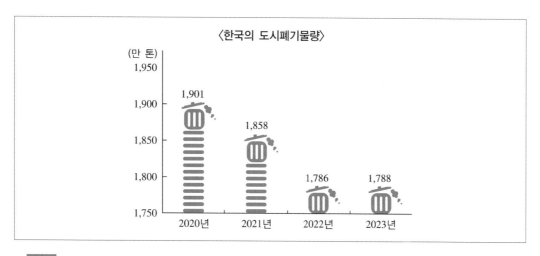

〈한국의 도시폐기물량〉

㉠ 2023년 도시폐기물량은 미국이 일본의 4배 이상이다.
㉡ 2022년 러시아의 도시폐기물량은 8,000만 톤 이상이다.
㉢ 2023년 스페인의 도시폐기물량은 2020년에 비해 감소하였다.
㉣ 영국의 도시폐기물량은 터키의 도시폐기물량보다 매년 많다.

① ㉠, ㉢   ② ㉠, ㉣
③ ㉡, ㉢   ④ ㉢, ㉣
⑤ ㉠, ㉢, ㉣

정답 ①

㉠ 제시된 자료의 각주에 의해 같은 해의 각국의 도시폐기물량지수는 그 해 한국의 도시폐기물량을 기준해 도출된다. 즉, 같은 해의 여러 국가의 도시폐기물량을 비교할 때 도시폐기물량지수로도 비교가 가능하다. 2023년 미국과 일본의 도시폐기물량지수는 각각 12.73, 2.53이다. 2.53×4=10.12<12.73이므로 옳은 설명이다.

㉢ 2020년 한국의 도시폐기물량은 1,901만 톤이므로 2020년 스페인의 도시폐기물량은 1,901×1.33=2,528.33만 톤이다. 도시폐기물량 상위 10개국의 도시폐기물량지수 자료를 보면 2023년 스페인의 도시폐기물량지수는 상위 10개국에 포함되지 않았음을 확인할 수 있다. 즉, 스페인의 도시폐기물량은 도시폐기물량지수 10위인 이탈리아의 도시폐기물량보다 적다. 2023년 한국의 도시폐기물량은 1,788만 톤이므로 이탈리아의 도시폐기물량은 1,788×1.40=2,503.2만 톤이다. 즉, 2023년 이탈리아의 도시폐기물량은 2020년 스페인의 도시폐기물량보다 적다. 따라서 2023년 스페인의 도시폐기물량은 2020년에 비해 감소했다.

오답분석

㉡ 2022년 한국의 도시폐기물량은 1,786만 톤이므로 2022년 러시아의 도시폐기물량은 1,786×3.87=6,911.82만 톤이다.

㉣ 2023년의 경우 터키의 도시폐기물량지수는 영국보다 높다. 따라서 2023년 영국의 도시폐기물량은 터키의 도시폐기물량보다 적다.

풀이 전략!

평소 변화량이나 증감률, 비중 등을 구하는 공식을 알아두고 있어야 하며, 지원하는 공사공단과 관련된 자료나 관련 산업에 대한 자료 등을 확인하여 비교하는 연습 등을 하는 것이 좋다.

01 다음은 2023년 말 미국·중국·일본의 각 기업이 A씨에게 제시한 2024 ~ 2026년 연봉과 2024 ~ 2026년 예상 환율을 나타낸 자료이다. 이에 대한 설명으로 옳지 않은 것은?

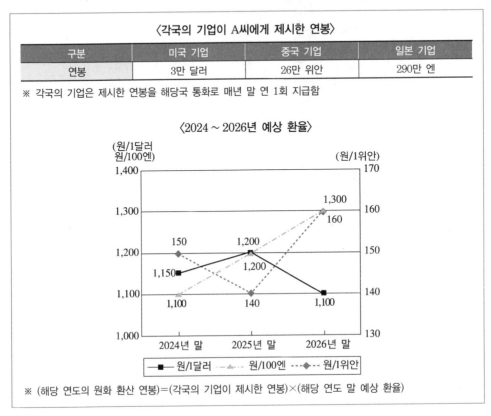

〈각국의 기업이 A씨에게 제시한 연봉〉

구분	미국 기업	중국 기업	일본 기업
연봉	3만 달러	26만 위안	290만 엔

※ 각국의 기업은 제시한 연봉을 해당국 통화로 매년 말 연 1회 지급함

〈2024 ~ 2026년 예상 환율〉

※ (해당 연도의 원화 환산 연봉)=(각국의 기업이 제시한 연봉)×(해당 연도 말 예상 환율)

① 2024년 원화 환산 연봉은 중국 기업이 가장 많다.

② 2025년 원화 환산 연봉은 일본 기업이 가장 적다.

③ 2026년 원화 환산 연봉은 일본 기업이 미국기업보다 많다.

④ 2026년 중국 기업의 2025년 대비 원화 환산 연봉의 증가율은 2026년 일본 기업의 2024년 대비 원화 환산 연봉의 증가율보다 크다.

⑤ 2026년 미국 기업의 2025년 대비 원화 환산 연봉의 감소율은 2025년 중국 기업의 2024년 대비 원화 환산 연봉의 감소율보다 크다.

02 다음은 A ~ D음료의 8개 항목에 대한 소비자 평가 결과를 나타낸 자료이다. 이에 대한 설명으로 옳은 것은?

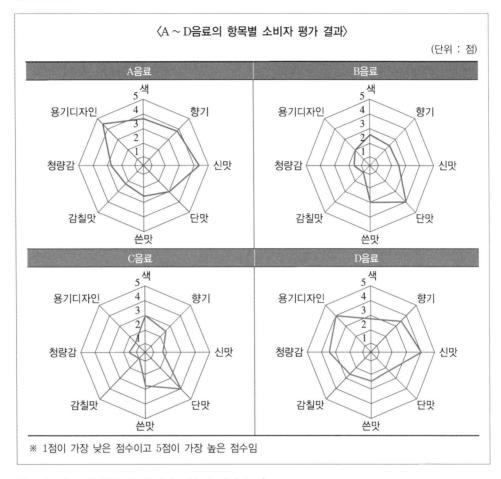

① C음료는 8개 항목 중 쓴맛의 점수가 가장 높다.

② 용기디자인의 점수는 A음료가 가장 높고, C음료가 가장 낮다.

③ A음료는 B음료보다 7개 항목에서 각각 높은 점수를 받았다.

④ 소비자 평가 결과의 항목별 점수의 합은 B음료가 D음료보다 크다.

⑤ A ~ D음료 간 색의 점수를 비교할 때 점수가 가장 높은 음료는 단맛의 점수를 비교할 때에도 점수가 가장 높다.

03 다음 자료를 해석한 내용으로 적절하지 않은 것은?

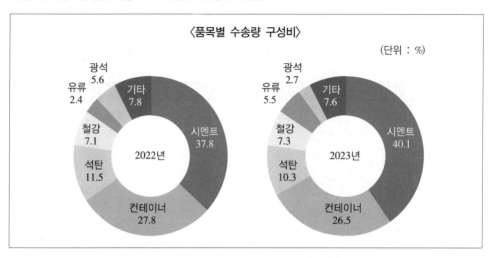

① 2022년 대비 2023년에 구성비가 증가한 품목은 3개이다.
② 컨테이너 수송량은 2022년에 비해 2023년에 감소하였다.
③ 구성비가 가장 크게 변화한 품목은 유류이다.
④ 2022년과 2023년에 가장 큰 비율을 차지하는 품목은 같다.
⑤ 2022년엔 유류가, 2023년엔 광석이 단일 품목 중 가장 작은 비율을 차지한다.

04 다음은 일본의 주택용 태양광 발전시스템 도입량 예측에 관한 자료이다. 〈보기〉 중 옳은 것을 모두 고르면?

〈일본의 주택용 태양광 발전시스템 도입량 예측〉

(단위 : 천 건, MW)

구분		2019년		2024년			
				현재 성장을 유지할 경우		도입을 촉진할 경우	
		건수	도입량	건수	도입량	건수	도입량
기존주택	10kW 미만	94.1	454	145.4	778	165	884
	10kW 이상	23.3	245	4.6	47	5	51
신축주택	10kW 미만	86.1	407	165.3	1,057	185.2	1,281
	10kW 이상	9.2	98	4.7	48	4.2	49
합계		212.7	1,204	320	1,930	359.4	2,265

보기

가. 2024년에 10kW 이상의 설비를 사용하는 신축주택은 도입을 촉진할 경우 유지할 경우보다 건수당 도입량이 커질 것이다.

나. 2019년 기존주택의 건수당 도입량은 10kW 이상이 10kW 미만보다 더 적다.

다. 2024년에 태양광 설비 도입을 촉진했을 때, 신축주택에서의 도입건수 중 10kW 이상의 비중은 유지했을 경우보다 0.5%p 이상 하락한다.

라. 2024년에 태양광 설비 도입을 촉진하게 되면 10kW 미만 기존주택의 도입 건수는 현재 성장을 유지할 경우보다 15% 이상 높다.

① 가
② 가, 나
③ 가, 다
④ 나, 다
⑤ 다, 라

04 │ 자료 변환

| 유형분석 |

- 문제에 주어진 자료를 도표로 변환하는 문제이다.
- 주로 자료에 있는 수치와 그래프 또는 표에 있는 수치가 서로 일치하는지 여부를 판단한다.

다음은 연도별 제주도 감귤 생산량 및 면적을 나타낸 자료이다. 〈보기〉에서 이를 올바르게 나타낸 그래프를 모두 고르면?(단, 그래프의 면적 단위가 만 ha일 때는 백의 자리에서 반올림한다)

〈연도별 제주도 감귤 생산량 및 면적〉

(단위 : 톤, ha)

구분	생산량	면적	구분	생산량	면적
2013년	19,725	536,668	2019년	17,921	480,556
2014년	19,806	600,511	2020년	17,626	500,106
2015년	19,035	568,920	2021년	17,389	558,942
2016년	18,535	677,770	2022년	17,165	554,007
2017년	18,457	520,350	2023년	16,941	573,442
2018년	18,279	655,046	–	–	–

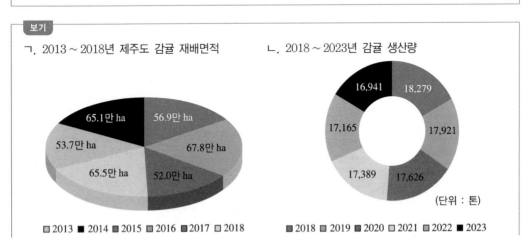

보기

ㄱ. 2013 ~ 2018년 제주도 감귤 재배면적

65.1만 ha 56.9만 ha 53.7만 ha 65.5만 ha 52.0만 ha 67.8만 ha

■2013 ■2014 ■2015 ■2016 ■2017 □2018

ㄴ. 2018 ~ 2023년 감귤 생산량

16,941 18,279 17,165 17,921 17,389 17,626

(단위 : 톤)

■2018 ■2019 ■2020 □2021 ■2022 ■2023

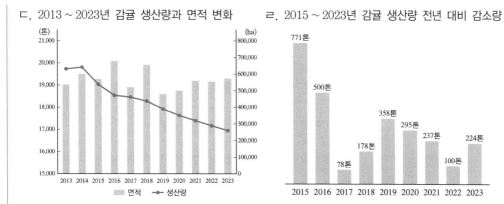

ㄷ. 2013 ~ 2023년 감귤 생산량과 면적 변화

ㄹ. 2015 ~ 2023년 감귤 생산량 전년 대비 감소량

① ㄱ, ㄴ   ② ㄱ, ㄷ

③ ㄴ, ㄷ   ④ ㄴ, ㄹ

⑤ ㄷ, ㄹ

정답 ③

오답분석

ㄱ. 재배면적 수치가 제시된 표와 다르다.

ㄹ. 2022년 전년 대비 감소량은 2023년 전년 대비 감소량인 224톤과 같다.

풀이 전략!

각 선택지에 있는 도표의 제목을 먼저 확인한다. 그다음 제목에서 어떠한 정보가 필요한지 확인한 후, 문제에서 주어진 자료를 빠르게 확인하여 일치 여부를 판단한다.

01 다음은 A국 국회의원의 SNS(소셜네트워크서비스) 이용자 수 현황에 대한 자료이다. 이를 이용하여 작성한 그래프로 옳지 않은 것은?(단, 소수점 둘째 자리에서 반올림한다)

〈A국 국회의원의 SNS 이용자 수 현황〉

(단위 : 명)

구분	정당	당선 횟수별				당선 유형별		성별	
		초선	2선	3선	4선 이상	지역구	비례대표	남자	여자
여당	A	82	29	22	12	126	19	123	22
야당	B	29	25	13	6	59	14	59	14
	C	7	3	1	1	7	5	10	2
합계		118	57	36	19	192	38	192	38

① 국회의원의 여야별 SNS 이용자 수

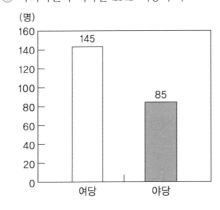

② 남녀 국회의원의 여야별 SNS 이용자 구성비

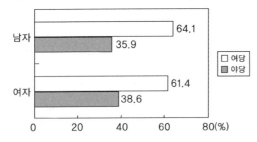

③ 야당 국회의원의 당선 횟수별 SNS 이용자 구성비

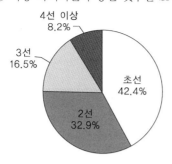

④ 2선 이상 국회의원의 정당별 SNS 이용자 수

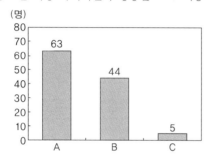

⑤ 여당 국회의원의 당선 유형별 SNS 이용자 구성비

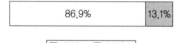

□ 지역구   ■ 비례대표

02 다음은 2023년도 신재생에너지 산업통계 자료이다. 이를 이용하여 작성한 그래프로 적절하지 않은 것은?

〈신재생에너지원별 산업 현황〉

(단위 : 억 원)

구분	기업체 수(개)	고용인원(명)	매출액	내수	수출액	해외공장 매출	투자액
태양광	127	8,698	75,637	22,975	33,892	18,770	5,324
태양열	21	228	290	290	0	0	1
풍력	37	2,369	14,571	5,123	5,639	3,809	583
연료전지	15	802	2,837	2,143	693	0	47
지열	26	541	1,430	1,430	0	0	251
수열	3	46	29	29	0	0	0
수력	4	83	129	116	13	0	0
바이오	128	1,511	12,390	11,884	506	0	221
폐기물	132	1,899	5,763	5,763	0	0	1,539
합계	493	16,177	113,076	49,753	40,743	22,579	7,966

① 신재생에너지원별 기업체 수(단위 : 개)

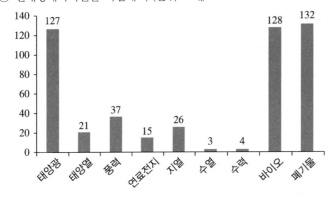

② 신재생에너지원별 고용인원(단위 : 명)

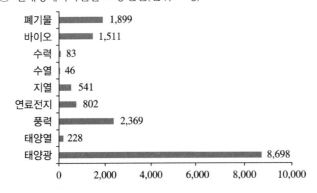

③ 신재생에너지원별 고용인원 비율

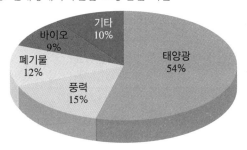

④ 신재생에너지원별 내수 현황(단위 : 억 원)

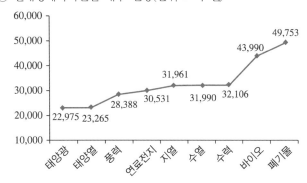

⑤ 신재생에너지원별 해외공장매출 비율

03 다음 표는 2013년과 2023년에 시행된 수도권 전체(서울, 인천, 경기) 주민들에 대한 통행특성 조사의 응답자 특성 및 조사 결과이다. 이를 그래프로 나타낸 것으로 옳지 않은 것은?

〈표 1〉 수도권 주민 통행특성 조사의 응답자 특성

(단위 : 명, 대)

연도	구분		지역			수도권 전체
			서울	인천	경기	
2013년	응답자 수		236,898	74,528	250,503	561,929
	운전면허 보유 여부	보유	110,092	30,404	104,285	244,781
		비보유	126,806	44,124	146,218	317,148
	응답자 중 취업자 수		99,065	29,026	95,945	224,036
	가구당 평균 차량 대수		0.72	0.74	0.83	0.77
2023년	응답자 수		317,148	73,503	318,681	709,332
	운전면허 보유 여부	보유	157,005	33,303	155,245	345,553
		비보유	160,143	40,200	163,436	363,779
	응답자 중 취업자 수		141,881	28,970	135,893	306,744
	가구당 평균 차량 대수		0.75	0.83	0.85	0.80

〈표 2〉 응답자 통행특성 조사 결과

구분	일일 평균 통행시간(분)		일일 평균 통행거리(km)		일일 평균 통행횟수(회)	
	2013년	2023년	2013년	2023년	2013년	2023년
서울	83.41	83.48	21.13	20.40	2.64	2.59
인천	75.79	75.65	19.41	19.16	2.62	2.60
경기	76.29	78.52	22.45	24.54	2.57	2.58
수도권 전체	79.23	80.44	21.49	22.13	2.61	2.59

① 응답자의 지역별 구성비(2013년)

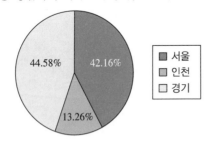

② 지역별 응답자의 운전면허 보유율

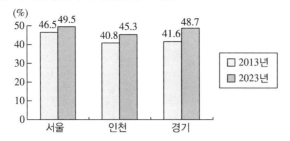

③ 응답자 중 취업자의 지역별 구성비

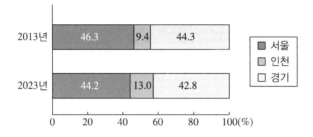

④ 지역별 응답자의 가구당 평균 차량 대수

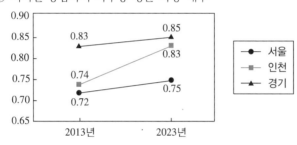

⑤ 지역별 응답자의 일일 평균 통행거리

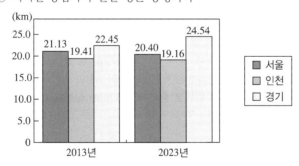

CHAPTER 03

문제해결능력

합격 Cheat Key

문제해결능력은 업무를 수행하면서 여러 가지 문제 상황이 발생하였을 때, 창의적이고 논리적인 사고를 통하여 이를 올바르게 인식하고 적절히 해결하는 능력으로, 하위 능력에는 사고력과 문제처리능력이 있다.

문제해결능력은 NCS 기반 채용을 진행하는 대다수의 공사·공단에서 채택하고 있으며, 다양한 자료와 함께 출제되는 경우가 많아 어렵게 느껴질 수 있다. 특히, 난이도가 높은 문제로 자주 출제되기 때문에 다른 영역보다 더 많은 노력이 필요할 수는 있지만 그렇기에 차별화를 할 수 있는 득점 영역이므로 포기하지 말고 꾸준하게 노력해야 한다.

1 질문의 의도를 정확하게 파악하라!

문제해결능력은 문제에서 무엇을 묻고 있는지 정확하게 파악하여 먼저 풀이 방향을 설정하는 것이 가장 효율적인 방법이다. 특히, 조건이 주어지고 답을 찾는 창의적·분석적인 문제가 주로 출제되고 있기 때문에 처음에 정확한 풀이 방향이 설정되지 않는다면 문제를 제대로 풀지 못하게 되므로 첫 번째로 출제 의도 파악에 집중해야 한다.

2 중요한 정보는 반드시 표시하라!

출제 의도를 정확히 파악하기 위해서는 문제의 중요한 정보를 반드시 표시하거나 메모하여 하나의 조건, 단서도 잊고 넘어가는 일이 없도록 해야 한다. 실제 시험에서는 시간의 압박과 긴장감으로 정보를 잘못 적용하거나 잊어버리는 실수가 많이 발생하므로 사전에 충분한 연습이 필요하다.

3 반복 풀이를 통해 취약 유형을 파악하라!

문제해결능력은 특히 시간관리가 중요한 영역이다. 따라서 정해진 시간 안에 고득점을 할 수 있는 효율적인 문제 풀이 방법을 찾아야 한다. 이때, 반복적인 문제 풀이를 통해 자신이 취약한 유형을 파악하는 것이 중요하다. 정확하게 풀 수 있는 문제부터 빠르게 풀고 취약한 유형은 나중에 푸는 효율적인 문제 풀이를 통해 최대한 고득점을 맞는 것이 중요하다.

01 | 명제

| 유형분석 |

- 주어진 조건을 토대로 논리적으로 추론하여 참 또는 거짓을 구분하는 문제이다.
- 대체로 연역추론을 활용한 명제 문제가 출제된다.
- 자료를 제시하고 새로운 결과나 자료에 주어지지 않은 내용을 추론해 가는 형식의 문제가 출제된다.

어느 도시에 있는 병원의 공휴일 진료 현황은 다음과 같다. 공휴일에 진료하는 병원의 수는?

- B병원이 진료를 하지 않으면, A병원은 진료를 한다.
- B병원이 진료를 하면, D병원은 진료를 하지 않는다.
- A병원이 진료를 하면, C병원은 진료를 하지 않는다.
- C병원이 진료를 하지 않으면, E병원이 진료를 한다.
- E병원은 공휴일에 진료를 하지 않는다.

① 1곳
② 2곳
③ 3곳
④ 4곳
⑤ 5곳

정답 ②

제시된 진료 현황을 각각의 명제로 보고 이들을 수식으로 설명하면 다음과 같다(단, 명제가 참일 경우 그 대우도 참이다).
- B병원이 진료를 하지 않으면 A병원이 진료한다(~B → A / ~A → B).
- B병원이 진료를 하면 D병원은 진료를 하지 않는다(B → ~D / D → ~B).
- A병원이 진료를 하면 C병원은 진료를 하지 않는다(A → ~C / C → ~A).
- C병원이 진료를 하지 않으면 E병원이 진료한다(~C → E / ~E → C).
이를 하나로 연결하면, D병원이 진료를 하면 B병원이 진료를 하지 않고, B병원이 진료를 하지 않으면 A병원은 진료를 한다. A병원이 진료를 하면 C병원은 진료를 하지 않고, C병원이 진료를 하지 않으면 E병원은 진료를 한다(D → ~B → A → ~C → E). 명제가 참일 경우 그 대우도 참이므로 ~E → C → ~A → B → ~D가 된다. E병원은 공휴일에 진료를 하지 않으므로 위의 명제를 참고하면 C와 B병원만이 진료를 하는 경우가 된다. 따라서 공휴일에 진료를 하는 병원은 2곳이다.

풀이 전략!

명제와 관련한 기본적인 논법에 대해서는 미리 학습해 두며, 이를 바탕으로 각 문장에 있는 핵심단어 또는 문구를 기호화하여 정리한 후, 선택지와 비교하여 참 또는 거짓을 판단한다.

01 K사의 사내 식당에서는 이번 주 식단표를 짤 때, 쌀밥, 콩밥, 보리밥, 조밥, 수수밥의 5가지 종류의 밥을 지난주에 제공된 요일과 겹치지 않게 하려고 한다. 다음 〈조건〉을 참고할 때 반드시 참인 것은?

> **조건**
> • 월요일부터 금요일까지, 5가지의 밥은 겹치지 않게 제공된다.
> • 쌀밥과 콩밥은 지난 주 월요일과 목요일에 제공된 적이 있다.
> • 보리밥과 수수밥은 화요일과 금요일에 제공된 적이 있다.
> • 조밥은 이번 주 수요일에 제공된다.
> • 콩밥은 이번 주 화요일에 제공된다.

① 월요일에 먹을 수 있는 것은 보리밥 또는 수수밥이다.
② 금요일에 먹을 수 있는 것은 보리밥 또는 쌀밥이다.
③ 쌀밥은 지난 주 화요일에 제공된 적이 있다.
④ 콩밥은 지난 주 수요일에 제공된 적이 있다.
⑤ 수수밥은 지난 주 목요일에 제공된 적이 있다.

02 이웃해 있는 10개의 건물에 초밥가게, 옷가게, 신발가게, 편의점, 약국, 카페가 있다. 카페는 3번째 건물에 있고 다음 〈조건〉을 근거로 판단한다고 할 때, 항상 옳은 것은?(단, 한 건물에 한 가지 업종만 들어갈 수 있다)

> **조건**
> • 초밥가게는 카페보다 앞에 있다.
> • 초밥가게와 신발가게 사이에 건물이 6개 있다.
> • 옷가게와 편의점은 인접할 수 없으며, 옷가게와 신발가게는 인접해 있다.
> • 신발가게 뒤에 아무것도 없는 건물이 2개 있다.
> • 2번째와 4번째 건물은 아무것도 없는 건물이다.
> • 편의점과 약국은 인접해 있다.

① 카페와 옷가게는 인접해 있다.
② 초밥가게와 약국 사이에 2개의 건물이 있다.
③ 편의점은 6번째 건물에 있다.
④ 신발가게는 8번째 건물에 있다.
⑤ 카페는 9번째 건물에 있다.

03 다음 〈조건〉을 근거로 판단할 때, 초록 모자를 쓰고 있는 사람과 A의 입장에서 왼편에 앉은 사람으로 바르게 짝지어진 것은?

> **조건**
> - A, B, C, D 네 명이 정사각형 테이블의 각 면에 한 명씩 둘러앉아 있다.
> - 빨강, 파랑, 노랑, 초록 색깔의 모자 4개가 있다. A, B, C, D는 이 중 서로 다른 색깔의 모자 하나씩을 쓰고 있다.
> - A와 B는 여자이고 C와 D는 남자이다.
> - A 입장에서 왼편에 앉은 사람은 파란 모자를 쓰고 있다.
> - B 입장에서 왼편에 앉은 사람은 초록 모자를 쓰고 있지 않다.
> - C 맞은편에 앉은 사람은 빨간 모자를 쓰고 있다.
> - D 맞은편에 앉은 사람은 노란 모자를 쓰고 있지 않다.
> - 노란 모자를 쓴 사람과 초록 모자를 쓴 사람 중 한 명은 남자이고 한 명은 여자이다.

	초록 모자를 쓰고 있는 사람	A 입장에서 왼편에 앉은 사람
①	A	B
②	A	D
③	B	C
④	B	D
⑤	C	B

04 한 프랜차이즈 식당의 매니저들(A ~ D)은 이번에 서울, 인천, 과천, 세종의 4개의 다른 지점에서 근무하게 되었다. 다음 〈조건〉을 참고할 때, 반드시 참인 것은?

> **조건**
> - 한 번 근무했던 지점에서는 다시 근무하지 않는다.
> - A와 C는 서울 지점에서 근무했었다.
> - B와 D는 세종 지점에서 근무했었다.
> - B는 이번에 과천 지점에서 일하게 되었다.

① A는 과천 지점에서 일한 적이 있다.
② C는 과천 지점에서 일한 적이 있다.
③ D는 인천 지점에서 일한 적이 있다.
④ A가 가게 되는 곳은 세종일 수도 있다.
⑤ D는 인천 지점에서 일할 것이다.

05 다음 글과 S시의 도로명 현황을 근거로 판단할 때, S시에서 발견될 수 있는 도로명은?

> 도로명의 구조는 일반적으로 두 개의 부분으로 나누어지는데 앞부분을 전부 요소, 뒷부분을 후부 요소라고 한다. 전부 요소는 대상물의 특성을 반영하여 이름 붙인 것이며 다른 곳과 구분하기 위해 명명된 부분이다. 즉, 명명의 배경이 반영되어 성립된 요소로 다양한 어휘가 사용된다. 후부 요소로는 '로, 길, 골목'이 많이 쓰인다. 그런데 도로명은 전부 요소와 후부 요소만 결합한 기본형이 있고, 후부 요소에 다른 요소가 첨가된 확장형이 있다. 확장형은 후부 요소에 '1, 2, 3, 4…' 등이 첨가된 일련번호형과 '동, 서, 남, 북, 좌, 우, 윗, 아래, 앞, 뒷, 사이, 안, 중앙' 등의 어휘들이 첨가된 방위형이 있다.

> **〈S시의 도로명 현황〉**
>
> S시의 도로명을 모두 분류한 결과, 도로명의 전부 요소로는 한글고유어보다 한자어가 더 많이 발견되었고, 기본형보다 확장형이 많이 발견되었다. 확장형의 후부 요소로는 일련번호형이 많이 발견되었고, 일련번호는 '로'와만 결합되었다. 그리고 방위형은 '골목'과만 결합되었으며 사용된 어휘는 '동, 서, 남, 북'으로만 한정되었다.

① 행복1가
② 대학2로
③ 국민3길
④ 덕수궁뒷길
⑤ 꽃동네중앙골목

02 | 규칙 적용

| 유형분석 |

- 주어진 상황과 규칙을 종합적으로 활용하여 풀어가는 문제이다.
- 일정, 비용, 순서 등 다양한 내용을 다루고 있어 유형을 한 가지로 단일화하기 어렵다.

갑은 다음 규칙을 참고하여 알파벳 단어를 숫자로 변환하고자 한다. 규칙을 적용한 〈보기〉의 ㉠ ~ ㉣ 단어에서 알파벳 Z에 해당하는 자연수들을 모두 더한 값은?

〈규칙〉

① 알파벳 'A'부터 'Z'까지 순서대로 자연수를 부여한다.

　[예] A=2라고 하면 B=3, C=4, D=5이다.

② 단어의 음절에 같은 알파벳이 연속되는 경우 ①에서 부여한 숫자를 알파벳이 연속되는 횟수만큼 거듭제곱한다.

　[예] A=2이고 단어가 'AABB'이면 AA는 '2^2'이고, BB는 '3^2'이므로 '49'로 적는다.

보기

㉠ AAABBCC는 100000010200110404로 변환된다.

㉡ CDFE는 3465로 변환된다.

㉢ PJJYZZ는 1712126729로 변환된다.

㉣ QQTSR은 625282726으로 변환된다.

① 154　　　　　　　　　　② 176

③ 199　　　　　　　　　　④ 212

⑤ 234

정답 ④

㉠ A=100, B=101, C=102이다. 따라서 Z=125이다.

㉡ C=3, D=4, E=5, F=6이다. 따라서 Z=26이다.

㉢ P가 17임을 볼 때, J=11, Y=26, Z=27이다.

㉣ Q=25, R=26, S=27, T=28이다. 따라서 Z=34이다.

따라서 해당하는 Z값을 모두 더하면 125+26+27+34=212이다.

풀이 전략!

문제에 제시된 조건이나 규칙을 정확히 파악한 후, 선택지나 상황에 적용하여 문제를 풀어나간다.

01 I사는 신제품의 품번을 다음과 같은 규칙에 따라 정한다고 한다. 제품에 설정된 임의의 영단어가 'INTELLECTUAL'이라면, 이 제품의 품번으로 옳은 것은?

> 〈규칙〉
> • 1단계 : 알파벳 A ~ Z를 숫자 1, 2, 3, …으로 변환하여 계산한다.
> • 2단계 : 제품에 설정된 임의의 영단어를 숫자로 변환한 값의 합을 구한다.
> • 3단계 : 임의의 영단어 속 자음의 합에서 모음의 합을 뺀 값의 절댓값을 구한다.
> • 4단계 : 2단계와 3단계의 값을 더한 다음 4로 나누어 2단계의 값에 더한다.
> • 5단계 : 4단계의 값이 정수가 아닐 경우에는 소수점 첫째 자리에서 버림한다.

① 120   ② 140

③ 160   ④ 180

⑤ 200

02 A팀과 B팀은 보안등급 상에 해당하는 문서를 나누어 보관하고 있다. 이때 두 팀은 보안을 위해 아래와 같은 규칙에 따라 각 팀의 비밀번호를 지정하였다. 다음 중 A팀 또는 B팀에 들어갈 수 있는 암호배열은?

> 〈규칙〉
> • 1 ~ 9까지의 숫자로 (한 자리 수)×(두 자리 수)=(세 자리 수)=(두 자리 수)×(한 자리 수) 형식의 비밀번호로 구성한다.
> • 가운데에 들어갈 세 자리 수의 숫자는 156이며 숫자는 중복 사용할 수 없다. 즉, 각 팀의 비밀번호에 1, 5, 6이란 숫자가 들어가지 않는다.

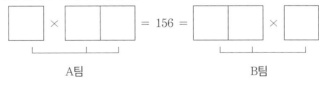

① 23   ② 27

③ 29   ④ 37

⑤ 39

03 | SWOT 분석

| 유형분석 |

- 상황에 대한 환경 분석 결과를 통해 주요 과제를 도출하는 문제이다.
- 주로 3C 분석 또는 SWOT 분석을 활용한 문제들이 출제되고 있으므로 해당 분석도구에 대한 사전 학습이 요구된다.

다음 설명을 참고하였을 때 기사를 읽고 B자동차가 취할 수 있는 전략으로 옳은 것은?

'SWOT'는 Strength(강점), Weakness(약점), Opportunity(기회), Threat(위협)의 머리글자를 따서 만든 단어로, 경영 전략을 세우는 방법론이다. SWOT로 도출된 조직의 내·외부 환경을 분석하고, 이 결과를 통해 대응전략을 구상할 수 있다. 'SO전략'은 기회를 활용하기 위해 강점을 사용하는 전략이고, 'WO전략'은 약점을 보완 또는 극복하여 시장의 기회를 활용하는 전략이다. 'ST전략'은 위협을 피하기 위해 강점을 활용하는 방법이며, 'WT전략'은 위협요인을 피하기 위해 약점을 보완하는 전략이다.

〈기사〉

- 새로운 정권의 탄생으로 자동차 업계 내 새로운 바람이 불 것으로 예상된다. A당선인이 이번 선거에서 친환경차 보급 확대를 주요 공약으로 내세웠고, 공약에 따라 공공기관용 친환경차 비율을 70%로 상향시키기로 하고, 친환경차 보조금 확대 등을 통해 친환경차 보급률을 높이겠다는 계획을 세웠다. 또한 최근 환경을 생각하는 국민 의식의 향상과 친환경차의 연비 절감 부분이 친환경차 구매 욕구 상승에 기여하고 있다.
- B자동차는 기존에 전기자동차 모델들을 꾸준히 출시하여 성장세가 두드러지고 있는데다 고객들의 다양한 구매 욕구를 충족시킬 만한 전기자동차 상품의 다양성을 확보하였다. 또한, B자동차의 전기자동차 미국 수출이 증가하고 있는 만큼 앞으로의 전망도 밝을 것으로 예상된다.

① SO전략
② WO전략
③ ST전략
④ WT전략

정답 ①

- Strength(강점) : B자동차는 전기자동차 모델들을 꾸준히 출시하여 성장세가 두드러지고 있는데다 고객들의 다양한 구매 욕구를 충족시킬 만한 전기자동차 상품의 다양성을 확보하였다.
- Opportunity(기회) : 새로운 정권에서 친환경차 보급 확대에 적극 나설 것으로 보인다는 점과 환경을 생각하는 국민 의식의 향상과 친환경차의 연비 절감 부분이 친환경차 구매 욕구 상승에 기여하고 있으며 B자동차의 미국 수출이 증가하고 있다.

따라서 해당 기사를 분석하면 SO전략이 적절하다.

풀이 전략!

문제에 제시된 분석도구를 확인한 후, 분석 결과를 종합적으로 판단하여 각 선택지의 전략 과제와 일치 여부를 판단한다.

01 다음은 국내 화장품 제조 회사에 대한 SWOT 분석 자료이다. 〈보기〉 중 분석에 따른 대응 전략으로 적절한 것을 모두 고르면?

〈국내 화장품 제조 회사 SWOT 분석 결과〉

강점(Strength)	약점(Weakness)
• 신속한 제품 개발 시스템 • 차별화된 제조 기술 보유	• 신규 생산 설비 투자 미흡 • 낮은 브랜드 인지도
기회(Opportunity)	위협(Threat)
• 해외시장에서의 한국 제품 선호 증가 • 새로운 해외시장의 출현	• 해외 저가 제품의 공격적 마케팅 • 저임금의 개발도상국과 경쟁 심화

보기

ㄱ. 새로운 해외시장의 소비자 기호를 반영한 제품을 개발하여 출시한다.
ㄴ. 국내에 화장품 생산 공장을 추가로 건설하여 제품 생산량을 획기적으로 증가시킨다.
ㄷ. 차별화된 제조 기술을 통해 품질 향상과 고급화 전략을 추구한다.
ㄹ. 브랜드 인지도가 낮으므로 해외 현지 기업과의 인수·합병을 통해 해당 회사의 브랜드로 제품을 출시한다.

① ㄱ, ㄴ
② ㄱ, ㄷ
③ ㄴ, ㄷ
④ ㄴ, ㄹ
⑤ ㄷ, ㄹ

02 다음은 국내 K항공사에 대한 SWOT 분석 자료이다. 〈보기〉 중 빈칸 ⓐ, ⓑ에 들어갈 내용을 순서대로 바르게 나열한 것은?

<K항공사 SWOT 분석 결과>

강점(Strength)	• 국내 1위 LCC(저비용항공사) • 차별화된 기내 특화 서비스
약점(Weakness)	• 기반 지역과의 갈등 • _____ⓐ_____
기회(Opportunity)	• 항공사의 호텔 사업 진출 허가 • _____ⓑ_____
위협(Threat)	• LCC 시장의 경쟁 심화 • 대형 항공사의 가격 인하 전략

보기

ㄱ. 소비자의 낮은 신뢰도
ㄴ. IOSA(안전 품질 기준) 인증 획득
ㄷ. 해외 여행객의 증가
ㄹ. 항공사에 대한 소비자의 기대치 상승

	ⓐ	ⓑ
①	ㄱ	ㄴ
②	ㄱ	ㄷ
③	ㄴ	ㄷ
④	ㄴ	ㄹ
⑤	ㄹ	ㄱ

03 K전자회사의 기획팀에 근무 중인 A사원은 자사에 대한 마케팅 전략 보고서를 작성하려고 한다. A사원이 SWOT 분석을 한 결과가 다음과 같을 때, 분석 결과에 대응하는 전략과 그 내용에 대한 설명으로 적절하지 않은 것은?

<K전자회사 SWOT 분석 결과>

강점(Strength)	약점(Weakness)
• 세계 판매량 1위의 높은 시장 점유율 • 제품의 뛰어난 내구성 • 다수의 특허 확보	• 보수적 기업 이미지 • 타사 제품에 비해 높은 가격 • 경쟁업체 제품과의 차별성 약화
기회(Opportunity)	위협(Threat)
• 경쟁업체 제품의 결함 발생 • 해외 신규시장의 등장 • 인공지능, 사물인터넷 등 새로운 기술 등장	• 중국 업체의 성장으로 가격 경쟁 심화 • 미·중 무역전쟁 등 시장의 불확실성 증가에 따른 소비 위축

① SO전략 – 뛰어난 내구성을 강조한 마케팅 전략 수립

② SO전략 – 확보한 특허 기술을 바탕으로 사물인터넷 기반의 신사업 추진

③ WO전략 – 안정적 기업 이미지를 활용한 홍보 전략으로 해외 신규시장 진출

④ ST전략 – 해외 공장 설립으로 원가 절감을 통한 가격 경쟁력 확보

⑤ WT전략 – 경쟁업체와 차별화된 브랜드 고급화 전략 수립

04 | 자료 해석

| 유형분석 |

- 주어진 자료를 해석하고 활용하여 풀어가는 문제이다.
- 꼼꼼하고 분석적인 접근이 필요한 다양한 자료들이 출제된다.

K공장에서 제조하는 볼트의 일련번호는 다음과 같이 구성된다. 일련번호는 형태 − 허용압력 − 직경 − 재질 − 용도 순으로 표시할 때, 다음 중 직경이 14mm이고, 자동차에 쓰이는 스테인리스 볼트의 일련번호로 가장 적절한 것은?

형태	나사형	육각	팔각	별
	SC	HX	OT	ST
허용압력(kg/cm^2)	10 ~ 20	21 ~ 40	41~60	61 이상
	L	M	H	P
직경(mm)	8	10	12	14
	008	010	012	014
재질	플라스틱	크롬 도금	스테인리스	티타늄
	P	CP	SS	Ti
용도	항공기	선박	자동차	일반
	A001	S010	M110	E100

① SCP014TiE100
② OTH014SSS010
③ STM012CPM110
④ HXL014SSM110
⑤ SCM012TiM110

정답 ④

오답분석
① 재질이 티타늄, 용도가 일반이므로 적절하지 않다.
② 용도가 선박이므로 적절하지 않다.
③ 재질이 크롬 도금, 직경이 12mm이므로 적절하지 않다.
⑤ 재질이 티타늄, 직경이 12mm이므로 적절하지 않다.

풀이 전략!

문제 해결을 위해 필요한 정보가 무엇인지 먼저 파악한 후, 제시된 자료를 분석적으로 읽고 해석한다.

01 다음 자료를 근거로 판단할 때, 연구모임 A ~ E 중 두 번째로 많은 지원금을 받는 모임은?

PART 1

〈지원계획〉

- 지원을 받기 위해서는 모임당 6명 이상 9명 미만으로 구성되어야 한다.
- 기본지원금은 모임당 1,500천 원이다. 단, 상품개발을 위한 모임의 경우는 2,000천 원을 지원한다.
- 추가지원금

등급	상	중	하
추가지원금(천 원/명)	120	100	70

※ 추가지원금은 연구 계획 사전평가결과에 따라 달라진다.

- 협업 장려를 위해 협업이 인정되는 모임에는 위의 두 지원금을 합한 금액의 30%를 별도로 지원한다.

〈연구모임 현황 및 평가 결과〉

모임	상품개발 여부	구성원 수	연구 계획 사전평가 결과	협업 인정 여부
A	○	5	상	○
B	×	6	중	×
C	×	8	상	○
D	○	7	중	×
E	×	9	하	×

① A모임
② B모임
③ C모임
④ D모임
⑤ E모임

02 A씨와 B씨는 카셰어링 업체인 I카를 이용하여 각각 일정을 소화하였다. I카의 이용요금표와 일정이 다음과 같을 때, A씨와 B씨가 지불해야 하는 요금이 바르게 연결된 것은?

〈I카 이용요금표〉

구분	기준요금 (10분)	누진 할인요금				주행요금
		대여요금(주중)		대여요금(주말)		
		1시간	1일	1시간	1일	
모닝	880원	3,540원	35,420원	4,920원	49,240원	160원/km
레이		3,900원	39,020원	5,100원	50,970원	170원/km
아반떼	1,310원	5,520원	55,150원	6,660원	65,950원	
K3						

※ 주중 / 주말 기준
  – 주중 : 일요일 20:00 ~ 금요일 12:00
  – 주말 : 금요일 12:00 ~ 일요일 20:00(공휴일 및 당사 지정 성수기 포함)
※ 최소 예약은 30분이며 10분 단위로 연장할 수 있습니다(1시간 이하는 10분 단위로 환산하여 과금합니다).
※ 예약시간이 4시간을 초과하는 경우에는 누진 할인요금이 적용됩니다(24시간 한도).
※ 연장요금은 기준요금으로 부과합니다.
※ 이용시간 미연장에 따른 반납지연 패널티 요금은 초과한 시간에 대한 기준요금의 2배가 됩니다.

〈일정〉

• A씨
  – 차종 : 아반떼
  – 예약시간 : 3시간(토요일, 11:00 ~ 14:00)
  – 주행거리 : 92km
  – A씨는 저번 주 토요일, 친구 결혼식에 참석하기 위해 인천에 다녀왔다. 인천으로 가는 길은 순탄하였으나 돌아오는 길에는 고속도로에서 큰 사고가 있었던 모양인지 예상했던 시간보다 1시간 30분이 더 걸렸다. A씨는 이용시간을 연장해야 한다는 사실을 몰라 하지 못했다.
• B씨
  – 차종 : 레이
  – 예약시간 : 목요일, 금요일 00:00 ~ 08:00
  – 주행거리 : 243km
  – B씨는 납품지연에 따른 상황을 파악하기 위해 강원도 원주에 있는 거래처에 들러 이틀에 걸쳐 일을 마무리한 후 예정된 일정에 맞추어 다시 서울로 돌아왔다.

	A씨	B씨
①	61,920원	120,140원
②	62,800원	122,570원
③	62,800원	130,070원
④	63,750원	130,070원
⑤	63,750원	130,200원

03 K공사 홍보실에 근무하는 A사원은 12일부터 15일까지 워크숍을 가게 되었다. 워크숍을 떠나기 직전 A사원은 스마트폰의 날씨예보 어플을 통해 워크숍 장소인 춘천의 날씨를 확인해 보았다. 다음 중 A사원이 확인한 날씨예보의 내용으로 가장 적절한 것은?

① 워크숍 기간 중 오늘이 일교차가 가장 크므로 감기에 유의해야 한다.
② 내일 춘천 지역의 미세먼지가 심하므로 주의해야 한다.
③ 워크숍 기간 중 비를 동반한 낙뢰가 예보된 날이 있다.
④ 내일모레 춘천 지역의 최고·최저기온이 모두 영하이므로 야외활동 시 옷을 잘 챙겨 입어야 한다.
⑤ 글피엔 비가 내리지 않지만 최저기온이 영하이다.

※ B씨는 다음 자료를 참고하여 휴가를 다녀오려고 한다. 이어지는 질문에 답하시오. **[4~5]**

〈여행경로 선정 조건〉

- 항공편 왕복 예산은 80만 원이다.
- 휴가지 후보는 태국, 싱가포르, 베트남이다.
- 중국을 경유하면 총비행금액의 20%가 할인된다.
- 제시된 항공편만 이용가능하다.

〈항공편 정보〉

비행편		출발 시각	도착 시각	금액(원)
갈 때	인천 – 베트남	09:10	14:30	341,000
	인천 – 싱가포르	10:20	15:10	580,000
	인천 – 중국	10:30	14:10	210,000
	중국 – 베트남	13:40	16:40	310,000
	인천 – 태국	10:20	15:20	298,000
	중국 – 싱가포르	14:10	17:50	405,000
올 때	태국 – 인천	18:10	21:20	203,000
	중국 – 인천	18:50	22:10	222,000
	베트남 – 인천	19:00	21:50	195,000
	싱가포르 – 인천	19:30	22:30	304,000
	베트남 – 중국	19:10	21:40	211,000
	싱가포르 – 중국	20:10	23:20	174,000

※ 항공편은 한국 시간 기준이다.

04 다음 〈보기〉에서 옳은 것을 모두 고르면?

보기

ㄱ. 인천에서 중국을 경유해서 베트남으로 갈 경우 싱가포르로 직항해서 가는 것보다 편도 비용이 15만 원 이상 저렴하다.
ㄴ. 직항 항공편만을 선택할 때, 왕복 항공편 비용이 가장 적게 드는 여행지로 여행을 간다면 베트남으로 여행을 갈 것이다.
ㄷ. 베트남으로 여행을 다녀오는 경우 왕복 항공편 최소 비용은 60만 원 미만이다.

① ㄱ
② ㄱ, ㄴ
③ ㄱ, ㄷ
④ ㄴ, ㄷ
⑤ ㄱ, ㄴ, ㄷ

05 B씨는 여행지 선정 기준을 바꾸어 태국, 싱가포르, 베트남 중 왕복 소요 시간이 가장 짧은 곳을 여행지로 선정하고자 한다. 다음 중 B씨가 여행지로 선정할 국가와 그 국가에 대한 왕복 소요 시간이 바르게 연결된 것은?

	여행지	왕복 소요 시간
①	태국	8시간 20분
②	싱가포르	7시간 50분
③	싱가포르	8시간 10분
④	베트남	7시간 50분
⑤	베트남	9시간 40분

06 올해 리모델링하는 K호텔에서 근무하는 귀하는 호텔 비품 구매를 담당하게 되었다. 제조사별 소파 특징을 알아본 귀하는 이탈리아제의 천, 쿠션재에 패더를 사용한 소파를 구매하기로 하였다. 쿠션재는 패더와 우레탄뿐이며 이 소파는 침대 겸용은 아니지만 리클라이닝이 가능하고 '조립'이라고 표시되어 있었으며, 커버는 교환할 수 없다. 귀하가 구매하려는 소파의 제조사는?

〈제조사별 소파 특징〉

구분	특징
A사	• 쿠션재에 스프링을 사용하지 않는 경우에는 이탈리아제의 천을 사용하지 않는다. • 국내산 천을 사용하는 경우에는 커버를 교환 가능하게 하지 않는다.
B사	• 쿠션재에 우레탄을 사용하는 경우에는 국내산 천을 사용한다. • 리클라이닝이 가능하지 않으면 이탈리아제 천을 사용하지 않는다.
C사	• 쿠션재에 패더를 사용하지 않는 경우에는 국내산 천을 사용한다. • 침대 겸용 소파의 경우에는 쿠션재에 패더를 사용하지 않는다.
D사	• 쿠션재에 패더를 사용하는 경우에는 이탈리아제의 천을 사용한다. • 조립이라고 표시된 소파의 경우에는 쿠션재에 우레탄을 사용한다.

① A사 또는 B사 ② A사 또는 C사

③ B사 또는 C사 ④ B사 또는 D사

⑤ C사 또는 D사

CHAPTER 04

자원관리능력

합격 Cheat Key

자원관리능력은 현재 NCS 기반 채용을 진행하는 많은 공사·공단에서 핵심영역으로 자리 잡아, 일부를 제외한 대부분의 시험에서 출제되고 있다.

세부 유형은 비용 계산, 해외파견 지원금 계산, 주문 제작 단가 계산, 일정 조율, 일정 선정, 행사 대여 장소 선정, 최단거리 구하기, 시차 계산, 소요시간 구하기, 해외파견 근무 기준에 부합하는 또는 부합하지 않는 직원 고르기 등으로 나눌 수 있다.

1 시차를 먼저 계산하라!

시간 자원 관리의 대표유형 중 시차를 계산하여 일정에 맞는 항공권을 구입하거나 회의시간을 구하는 문제에서는 각각의 나라 시간을 한국 시간으로 전부 바꾸어 계산하는 것이 편리하다. 조건에 맞는 나라들의 시간을 전부 한국 시간으로 바꾸고 한국 시간과의 시차만 더하거나 빼면 시간을 단축하여 풀 수 있다.

2 선택지를 잘 활용하라!

계산을 해서 값을 요구하는 문제 유형에서는 선택지를 먼저 본 후 자리 수가 몇 단위로 끝나는지 확인해야 한다. 예를 들어 412,300원, 426,700원, 434,100원인 선택지가 있다고 할 때, 제시된 조건에서 100원 단위로 나올 수 있는 항목을 찾아 그 항목만 계산하는 방법이 있다. 또한, 일일이 계산하는 문제가 많다. 예를 들어 640,000원, 720,000원, 810,000원 등의 수를 이용해 푸는 문제가 있다고 할 때, 만 원 단위를 절사하고 계산하여 64, 72, 81처럼 요약하는 방법이 있다.

3 최적의 값을 구하는 문제인지 파악하라!

물적 자원 관리의 대표유형에서는 제한된 자원 내에서 최대의 만족 또는 이익을 얻을 수 있는 방법을 강구하는 문제가 출제된다. 이때, 구하고자 하는 값을 x, y로 정하고 연립방정식을 이용해 x, y 값을 구한다. 최소 비용으로 목표생산량을 달성하기 위한 업무 및 인력 할당, 정해진 시간 내에 최대 이윤을 낼 수 있는 업체 선정, 정해진 인력으로 효율적 업무 배치 등을 구하는 문제에서 사용되는 방법이다.

4 각 평가항목을 비교하라!

인적 자원 관리의 대표유형에서는 각 평가항목을 비교하여 기준에 적합한 인물을 고르거나, 저렴한 업체를 선정하거나, 총점이 높은 업체를 선정하는 문제가 출제된다. 이런 유형은 평가항목에서 가격이나 점수 차이에 영향을 많이 미치는 항목을 찾아 1 ~ 2개의 선택지를 삭제하고, 남은 3 ~ 4개의 선택지만 계산하여 시간을 단축할 수 있다.

01 │ 시간 계획

| 유형분석 |

- 시간 자원과 관련된 다양한 정보를 활용하여 풀어가는 문제이다.
- 대체로 교통편 정보나 국가별 시차 정보가 제공되며, 이를 근거로 '현지 도착시간 또는 약속된 시간 내에 도착하기 위한 방안'을 고르는 문제가 출제된다.

한국은 뉴욕보다 16시간 빠르고, 런던은 한국보다 8시간 느리다. 다음 비행기가 현지에 도착할 때의 시간 (㉠, ㉡)으로 옳은 것은?

구분	출발 일자	출발 시간	비행 시간	도착 시간
뉴욕행 비행기	6월 6일	22:20	13시간 40분	㉠
런던행 비행기	6월 13일	18:15	12시간 15분	㉡

	㉠	㉡
①	6월 6일 09시	6월 13일 09시 30분
②	6월 6일 20시	6월 13일 22시 30분
③	6월 7일 09시	6월 14일 09시 30분
④	6월 7일 13시	6월 14일 15시 30분
⑤	6월 7일 20시	6월 14일 20시 30분

정답 ②

㉠ 뉴욕행 비행기는 한국에서 6월 6일 22시 20분에 출발하고, 13시간 40분 동안 비행하기 때문에 6월 7일 12시에 도착한다. 한국 시간은 뉴욕보다 16시간 빠르므로 현지에 도착하는 시간은 6월 6일 20시가 된다.

㉡ 런던행 비행기는 한국에서 6월 13일 18시 15분에 출발하고, 12시간 15분 동안 비행하기 때문에 현지에 6월 14일 6시 30분에 도착한다. 한국 시간은 런던보다 8시간이 빠르므로 현지에 도착하는 시간은 6월 13일 22시 30분이 된다.

풀이 전략!

문제에서 묻는 것을 정확히 파악한다. 특히 제한사항에 대해서는 빠짐없이 확인해 두어야 한다. 이후 제시된 정보(시차 등)에서 필요한 것을 선별하여 문제를 풀어간다.

01 K사원의 팀은 출장근무를 마치고 서울로 복귀하고자 한다. 다음 자료를 참고할 때, 서울에 가장 일찍 도착할 수 있는 예정시각은 언제인가?

〈상황〉

- K사원이 소속된 팀원은 총 4명이다.
- 대전에서 출장을 마치고 서울로 돌아가려고 한다.
- 고속버스터미널에는 은행, 편의점, 화장실, 패스트푸드점 등이 있다.
※ 시설별 소요 시간 : 은행 30분, 편의점 10분, 화장실 20분, 패스트푸드점 25분

〈대화 내용〉

A과장 : 긴장이 풀려서 그런가? 배가 출출하네. 햄버거라도 사서 먹어야겠어.
B대리 : 저도 출출하긴 한데 그것보다 화장실이 더 급하네요. 금방 다녀오겠습니다.
C주임 : 그럼 그사이에 버스표를 사야 하니 은행에 들러 현금을 찾아오겠습니다.
K사원 : 저는 그동안 편의점에 가서 버스 안에서 먹을 과자를 사 오겠습니다.
A과장 : 지금이 16시 50분이니까 다들 각자 볼일 보고 빨리 돌아와. 다 같이 타고 가야 하니까.

〈시외버스 배차정보〉

대전 출발	서울 도착	잔여 좌석수
17:00	19:00	6
17:15	19:15	8
17:30	19:30	3
17:45	19:45	4
18:00	20:00	8
18:15	20:15	5
18:30	20:30	6
18:45	20:45	10
19:00	21:00	16

① 17:45   ② 19:15

③ 19:45   ④ 20:15

⑤ 20:45

02 K공사의 청원경찰은 6층 회사건물을 층마다 모두 순찰한 후에 퇴근한다. 다음 〈조건〉에 따라 1층에서 출발하여 순찰을 완료하고 1층으로 돌아오기까지 소요되는 최소 시간은?(단, 〈조건〉 외의 다른 요인은 고려하지 않는다)

> **조건**
> • 층간 이동은 엘리베이터로만 해야 하며 엘리베이터가 한 개 층을 이동하는 데는 1분이 소요된다.
> • 엘리베이터는 한 번에 최대 세 개 층(예 1층 → 4층)을 이동할 수 있다.
> • 엘리베이터는 한 번 위로 올라갔으면, 그 다음에는 아래 방향으로 내려오고, 그 다음에는 다시 위 방향으로 올라가야 한다.
> • 하나의 층을 순찰하는 데는 10분이 소요된다.

① 1시간
② 1시간 10분
③ 1시간 16분
④ 1시간 22분
⑤ 1시간 28분

03 자동차 부품을 생산하는 K기업은 반자동과 자동 생산라인을 하나씩 보유하고 있다. 최근 일본의 자동차 회사와 수출계약을 체결하여 자동차 부품 34,500개를 납품하였다. 다음 K기업의 생산조건을 고려할 때, 일본에 납품할 부품을 생산하는 데 소요된 시간은 얼마인가?

> **〈자동차 부품 생산조건〉**
> • 반자동라인은 4시간에 300개의 부품을 생산하며, 그중 20%는 불량품이다.
> • 자동라인은 3시간에 400개의 부품을 생산하며, 그중 10%는 불량품이다.
> • 반자동라인은 8시간마다 2시간씩 생산을 중단한다.
> • 자동라인은 9시간마다 3시간씩 생산을 중단한다.
> • 불량 부품은 생산 후 폐기하고 정상인 부품만 납품한다.

① 230시간
② 240시간
③ 250시간
④ 260시간
⑤ 280시간

04 다음은 K제품의 생산계획을 나타낸 자료이다. 〈조건〉에 따라 공정이 진행될 때, 첫 번째 완제품이 생산되기 위해서는 최소 몇 시간이 소요되는가?

〈K제품 생산계획〉

공정	선행공정	소요시간
A	없음	3
B	A	1
C	B, E	3
D	없음	2
E	D	1
F	C	2

조건

- 공정별로 1명의 작업 담당자가 공정을 수행한다.
- A공정과 D공정의 작업 시점은 같다.
- 공정 간 제품의 이동 시간은 무시한다.

① 6시간   ② 7시간
③ 8시간   ④ 9시간
⑤ 10시간

02 | 비용 계산

| 유형분석 |

- 예산 자원과 관련된 다양한 정보를 활용하여 풀어가는 문제이다.
- 대체로 한정된 예산 내에서 수행할 수 있는 업무 및 예산 가격을 묻는 문제가 출제된다.

A사원은 이번 출장을 위해 KTX표를 미리 40% 할인된 가격에 구매하였으나, 출장 일정이 바뀌는 바람에 하루 전날 표를 취소하였다. 다음 환불 규정에 따라 16,800원을 돌려받았을 때, 할인되지 않은 KTX표의 가격은 얼마인가?

〈KTX 환불 규정〉		
출발 2일 전	출발 1일 전 ~ 열차 출발 전	열차 출발 후
100%	70%	50%

① 40,000원

② 48,000원

③ 56,000원

④ 67,200원

⑤ 70,000원

정답 ①

할인되지 않은 KTX표의 가격을 x원이라 하면, 표를 40% 할인된 가격으로 구매하였으므로 구매 가격은 $(1-0.4)x=0.6x$원이다.
환불 규정에 따르면 하루 전에 표를 취소하는 경우 70%의 금액을 돌려받을 수 있으며, 식으로 정리하면 다음과 같다.
$0.6x \times 0.7 = 16,800 \rightarrow 0.42x = 16,800$
$\therefore x = 40,000$
따라서 할인되지 않은 KTX표의 가격은 40,000원이다.

풀이 전략!

제한사항인 예산을 고려하여 문제에서 묻는 것을 정확히 파악한 후, 제시된 정보에서 필요한 것을 선별하여 문제를 풀어간다.

01   A씨는 H마트에서 온라인으로 주문을 하려고 한다. 다음과 같이 장바구니에 담아놓은 상품 중 선택한 상품을 구매하려고 할 때, 할인쿠폰을 적용한 최소 주문 금액은 얼마인가?

■ 장바구니

선택	상품	수량	단가
☑	완도 김	⊟ 2 ⊞	2,300원
☑	냉동 블루베리	⊟ 1 ⊞	6,900원
☐	김치	⊟ 3 ⊞	2,500원
☑	느타리버섯	⊟ 1 ⊞	5,000원
☐	냉동 만두	⊟ 2 ⊞	7,000원
☑	토마토	⊟ 2 ⊞	8,500원

■ 할인쿠폰

적용	쿠폰	중복 할인
☐	상품 총액의 10% 할인 쿠폰	불가
☐	배송비 무료 쿠폰	가능
☐	H카드 사용 시 2% 할인 쿠폰	가능

■ 결제 방법

선택
- ☐   H페이
- ☑   신용카드
  - ↳   선택
    - ☐   K카드
    - ☑   I카드
    - ☐   L카드

■ 총주문금액

(주문 상품 금액)+3,000(배송비)

---

① 31,830원   ② 32,830원

③ 33,150원   ④ 34,150원

⑤ 35,830원

다음은 이번 달 K사원의 초과 근무 기록이다. K사원의 연봉은 3,600만 원이고, 시급 산정 시 월평균 근무시간은 200시간이다. 이때 K사원이 받는 야근·특근 근무 수당은 얼마인가?(단, 소득세는 고려하지 않는다)

〈이번 달 초과 근무 기록〉

일요일	월요일	화요일	수요일	목요일	금요일	토요일
			1	2 18:00 ~ 19:00	3	4
5 09:00 ~ 11:00	6	7 19:00 ~ 21:00	8	9	10	11
12	13	14	15 18:00 ~ 22:00	16	17	18 13:00 ~ 16:00
19	20 19:00 ~ 20:00	21	22	23	24	25
26	27	28	29 19:00 ~ 23:00	30 18:00 ~ 21:00	31	

〈초과 근무 수당 규정〉

• 평일 야근 수당은 시급의 1.2배이다.
• 주말 특근 수당은 시급의 1.5배이다.
• 식대는 10,000원을 지급하며(야근·특근 수당에 포함되지 않는다), 평일 야근 시 20시 이상 근무할 경우에 지급한다(주말 특근에는 지급하지 않는다).
• 야근시간은 오후 7 ~ 10시이다(초과시간 수당 미지급).

① 265,500원
② 285,500원
③ 300,000원
④ 310,500원
⑤ 315,000원

03 흥민이는 베트남 여행을 위해 K국제공항에서 환전하기로 하였다. 다음은 L환전소의 당일 환율 및 수수료를 나타낸 자료이다. 흥민이가 한국 돈으로 베트남 현금 1,670만 동을 환전한다고 할 때, 수수료까지 포함하여 필요한 돈은 얼마인가?(단, 모든 계산과정에서 구한 값은 일의 자리에서 버림한다)

> 〈L환전소 환율 및 수수료〉
>
> • 베트남 환율 : 483원/만 동
> • 수수료 : 0.5%
> • 우대사항 : 50만 원 이상 환전 시 70만 원까지 수수료 0.4%로 인하 적용
>   100만 원 이상 환전 시 총금액 수수료 0.4%로 인하 적용

① 808,840원   ② 808,940원
③ 809,840원   ④ 809,940원
⑤ 810,040원

04 K씨는 개인사유로 인해 5년간 재직했던 회사를 그만두게 되었다. K씨에게 지급된 퇴직금이 1,900만 원일 때, K씨의 평균 연봉은 얼마인가?[단, 평균 연봉은 (1일 평균임금)×365이고, 천의 자리에서 올림한다]

> 〈퇴직금 산정 방법〉
>
> ▶ 고용주는 퇴직하는 근로자에게 계속근로기간 1년에 대해 30일분 이상의 평균임금을 퇴직금으로 지급해야 합니다.
>   – "평균임금"이란 이를 산정해야 할 사유가 발생한 날 이전 3개월 동안에 해당 근로자에게 지급된 임금의 총액을 그 기간의 총일수로 나눈 금액을 말합니다.
>   – 평균임금이 근로자의 통상임금보다 적으면 그 통상임금을 평균임금으로 합니다.
> ▶ 퇴직금 산정공식
>   (퇴직금)=[(1일 평균임금)×30일×(총계속근로기간)]÷365

① 4,110만 원   ② 4,452만 원
③ 4,650만 원   ④ 4,745만 원
⑤ 4,800만 원

03 | 품목 확정

| 유형분석 |

- 물적 자원과 관련된 다양한 정보를 활용하여 풀어가는 문제이다.
- 주로 공정도·제품·시설 등에 대한 가격·특징·시간 정보가 제시되며, 이를 종합적으로 고려하는 문제가 출제된다.

K공사는 신축 본사에 비치할 사무실 명패를 제작하기 위해 다음과 같은 팸플릿을 참고하고 있다. 신축 본사에 비치할 사무실 명패는 사무실마다 국문과 영문을 함께 주문했고, 주문 비용이 총 80만 원이라면 사무실에 최대 몇 개의 국문과 영문 명패를 함께 비치할 수 있는가?(단, 추가 구입 가격은 1SET를 구입할 때 한 번씩만 적용된다)

〈명패 제작 가격〉

- 국문 명패 : 1SET(10개)에 10,000원, 5개 추가 시 2,000원
- 영문 명패 : 1SET(5개)에 8,000원, 3개 추가 시 3,000원

---

① 345개   ② 350개
③ 355개   ④ 360개
⑤ 365개

정답 ④

국문 명패 최저가는 15개에 12,000원이고, 영문 명패 최저가는 8개에 11,000원이다. 각 명패를 최저가에 구입하는 개수의 최소공배수를 구하면 120개이다. 이때의 비용은 $(12,000 \times 8)+(11,000 \times 15)=96,000+165,000=261,000$원이다. 따라서 한 사무실에 국문과 영문 명패를 함께 비치한다면 120개의 사무실에 명패를 비치하는 비용은 261,000원이다. 360개의 사무실에 명패를 비치한다면 783,000원이 필요하고, 남은 17,000원으로 국문 명패와 영문 명패를 동시에 구입할 수는 없다. 따라서 80만 원으로 최대 360개의 국문 명패와 영문 명패를 동시에 비치할 수 있다.

풀이 전략!

문제에서 묻고자 하는 바를 정확히 파악하는 것이 중요하다. 문제에서 제시한 물적 자원의 정보를 문제의 의도에 맞게 선별하면서 풀어간다.

01 K공사는 유럽의 P회사와 체결한 수출계약 건으로 물품을 20ft 컨테이너의 내부에 가득 채워 보내려고 한다. 물품은 A와 B로 구성되어 있어 개별로 포장되며, A물품 2박스와 B물품 1박스가 결합했을 때 완제품이 되는데, 이를 정확히 파악하기 위해서 컨테이너에는 한 세트를 이루도록 넣고자 한다. 20ft 컨테이너 내부 규격과 물품 A와 B의 포장규격이 다음과 같다면, 총 몇 박스의 제품이 실리겠는가?

- 20ft 컨테이너 내부 규격 : (L)6,000mm×(W)2,400mm×(H)2,400mm
- A물품의 포장규격 : (L)200mm×(W)200mm×(H)400mm
- B물품의 포장규격 : (L)400mm×(W)200mm×(H)400mm

① 1,440박스   ② 1,470박스
③ 1,530박스   ④ 1,580박스
⑤ 1,620박스

02 K공사는 직원용 컴퓨터를 교체하려고 한다. 다음 〈조건〉을 만족하는 컴퓨터로 옳은 것은?

〈컴퓨터별 가격 현황〉

구분	A컴퓨터	B컴퓨터	C컴퓨터	D컴퓨터	E컴퓨터
모니터	20만 원	23만 원	20만 원	19만 원	18만 원
본체	70만 원	64만 원	60만 원	54만 원	52만 원
(모니터+본체) 세트	80만 원	75만 원	70만 원	66만 원	65만 원
성능평가	중	상	중	중	하
할인혜택	–	세트로 15대 이상 구매 시 총금액에서 100만 원 할인	모니터 10대 초과 구매 시 초과 대수 15% 할인	–	–

조건
- 예산은 1,000만 원이다.
- 교체할 직원용 컴퓨터는 모니터와 본체 각각 15대이다.
- 성능평가에서 '중' 이상을 받은 컴퓨터로 교체한다.
- 컴퓨터 구매는 세트 또는 모니터와 본체 따로 구매할 수 있다.

① A컴퓨터   ② B컴퓨터
③ C컴퓨터   ④ D컴퓨터
⑤ E컴퓨터

03 K회사 마케팅 팀장은 팀원 50명에게 연말 선물을 하기 위해 물품을 구매하려고 한다. 다음은 업체별 품목 가격과 팀원들의 품목 선호도를 나타낸 자료이다. 〈조건〉에 따라 팀장이 구매할 물품과 업체를 순서대로 바르게 나열한 것은?

〈업체별 품목 가격〉

구분		한 벌당 가격(원)
A업체	티셔츠	6,000
	카라 티셔츠	8,000
B업체	티셔츠	7,000
	후드 집업	10,000
	맨투맨	9,000

〈팀원 품목 선호도〉

순위	품목
1	카라 티셔츠
2	티셔츠
3	후드 집업
4	맨투맨

조건

• 팀원의 선호도를 우선으로 품목을 선택한다.
• 총구매금액이 30만 원 이상이면 총금액에서 5%를 할인해 준다.
• 차순위 품목이 1순위 품목보다 총금액이 20% 이상 저렴하면 차순위를 선택한다.

① 티셔츠, A업체　　　　　　② 카라 티셔츠, A업체
③ 티셔츠, B업체　　　　　　④ 후드 집업, B업체
⑤ 맨투맨, B업체

04 K사진관은 올해 찍은 사진을 모두 모아서 한 개의 USB에 저장하려고 한다. 사진의 용량 및 찍은 사진 수가 자료와 같고 USB 한 개에 모든 사진을 저장하려 한다. 다음 중 최소 몇 GB의 USB가 필요한가?(단, 1MB=1,000KB, 1GB=1,000MB이며, USB 용량은 소수점 자리는 버림한다)

〈올해 찍은 사진 자료〉

구분	크기(cm)	용량	개수
반명함	3×4	150KB	8,000개
신분증	3.5×4.5	180KB	6,000개
여권	5×5	200KB	7,500개
단체사진	10×10	250KB	5,000개

① 3GB
② 4GB
③ 5GB
④ 6GB
⑤ 7GB

05 신입사원 J씨는 A ~ E과제 중 어떤 과제를 먼저 수행하여야 하는지를 결정하기 위해 평가표를 작성하였다. 다음 자료를 근거로 할 때 가장 먼저 수행할 과제는?(단, 평가 항목 최종 합산 점수가 가장 높은 과제부터 수행한다)

〈과제별 평가표〉

(단위 : 점)

구분	A	B	C	D	E
중요도	84	82	95	90	94
긴급도	92	90	85	83	92
적용도	96	90	91	95	83

※ 과제당 다음과 같은 가중치를 별도 부여하여 계산한다.
   [(중요도)×0.3]+[(긴급도)×0.2]+[(적용도)×0.1]
※ 항목당 최하위 점수에 해당하는 과제는 선정하지 않는다.

① A
② B
③ C
④ D
⑤ E

04 | 인원 선발

| 유형분석 |

- 인적 자원과 관련된 다양한 정보를 활용하여 풀어가는 문제이다.
- 주로 근무명단, 휴무일, 업무할당 등의 주제로 다양한 정보를 활용하여 종합적으로 풀어가는 문제가 출제된다.

K제약회사는 상반기 신입사원 공개채용을 시행했다. 1차 서류전형과 인적성, 면접전형이 모두 끝나고 최종 면접자들의 점수를 확인하여 합격 점수 산출법에 따라 합격자를 선정하려고 한다. 총점이 80점 이상인 지원자가 합격한다고 할 때, 다음 중 합격자끼리 바르게 짝지어진 것은?

〈최종 면접 점수〉

구분	A	B	C	D	E
직업기초능력	75	65	60	68	90
의사소통능력	52	70	55	45	80
문제해결능력	44	55	50	50	49

〈합격 점수 산출법〉

- (직업기초능력)×0.6   • (의사소통능력)×0.3   • (문제해결능력)×0.4   • 총점 : 80점 이상
※ 과락 점수(미만) : 직업기초능력 60점, 의사소통능력 50점, 문제해결능력 45점

① A, C
② A, D
③ B, E
④ C, E
⑤ D, E

정답 ③

A와 D는 각각 문제해결능력과 의사소통능력에서 과락이므로 제외한다.
합격 점수 산출법에 따라 계산하면
• B : 39＋21＋22＝82점
• C : 36＋16.5＋20＝72.5점
• E : 54＋24＋19.6＝97.6점
따라서 B와 E가 합격자이다.

풀이 전략!

문제에서 신입사원 채용이나 인력배치 등의 주제가 출제될 경우에는 주어진 규정 혹은 규칙을 꼼꼼히 확인하여야 한다. 이를 근거로 각 선택지가 어긋나지 않는지 검토하여 문제를 풀어간다.

01 K공사에서는 약 2개월 동안 근무할 인턴사원을 선발하고자 다음과 같은 공고를 게시하였다. 지원한 A~E 중에서 K공사의 인턴사원으로 가장 적합한 지원자는?

〈인턴 모집 공고〉

- 근무기간 : 약 2개월(6~8월)
- 자격 요건
  - 1개월 이상 경력자
  - 포토샵 가능자
  - 근무 시간(9~18시) 이후에도 근무가 가능한 자
- 기타사항
  - 경우에 따라서 인턴 기간이 연장될 수 있음

A지원자	• 경력사항 : 출판사 3개월 근무 • 컴퓨터 활용 능력 中(포토샵, 워드 프로세서) • 대학 휴학 중(9월 복학 예정)
B지원자	• 경력 사항 : 없음 • 포토샵 능력 우수 • 전문대학 졸업
C지원자	• 경력 사항 : 마케팅 회사 1개월 근무 • 컴퓨터 활용 능력 上(포토샵, 워드 프로세서, 파워포인트) • 4년제 대학 졸업
D지원자	• 경력 사항 : 제약 회사 3개월 근무 • 포토샵 가능 • 저녁 근무 불가
E지원자	• 경력 사항 : 마케팅 회사 1개월 근무 • 컴퓨터 활용 능력 中(워드 프로세서, 파워포인트) • 대학 졸업

① A지원자　　　　　　　　　② B지원자
③ C지원자　　　　　　　　　④ D지원자
⑤ E지원자

02 K회사에서는 신입사원 2명을 채용하기 위하여 서류와 필기 전형을 통과한 갑 ~ 정 4명의 최종 면접을 실시하려고 한다. 네 개 부서의 팀장이 각각 4명을 모두 면접하여 채용 우선순위를 결정하였다. 다음 〈보기〉 중 옳은 것을 모두 고르면?

〈면접 결과〉

면접관 \ 순위	인사팀장	경영관리팀장	영업팀장	회계팀장
1순위	을	갑	을	병
2순위	정	을	병	정
3순위	갑	정	정	갑
4순위	병	병	갑	을

※ 우선순위가 높은 사람 순으로 2명을 채용한다.
※ 동점자는 인사, 경영관리, 영업, 회계팀장 순서의 고순위자로 결정한다.
※ 각 팀장이 매긴 순위에 대한 가중치는 모두 동일하다.

보기
㉠ 을 또는 정 중 한 명이 입사를 포기하면 갑이 채용된다.
㉡ 인사팀장이 을과 정의 순위를 바꿨다면 갑이 채용된다.
㉢ 경영관리팀장이 갑과 병의 순위를 바꿨다면 정은 채용되지 못한다.

① ㉠
② ㉠, ㉡
③ ㉠, ㉢
④ ㉡, ㉢
⑤ ㉠, ㉡, ㉢

03 다음은 K학교의 성과급 기준표이다. 이를 적용해 K학교 교사들의 성과급 배점을 계산하고자 할 때, 〈보기〉의 A ~ E교사 중 가장 높은 배점을 받을 교사는?

〈성과급 기준표〉

구분	평가사항	배점기준	
수업 지도	주당 수업시간	24시간 이하	14점
		25시간	16점
		26시간	18점
		27시간 이상	20점
	수업 공개 유무	교사 수업 공개	10점
		학부모 수업 공개	5점
생활 지도	담임 유무	담임교사	10점
		비담임교사	5점
담당 업무	업무 곤란도	보직교사	30점
		비보직교사	20점
경력	호봉	10호봉 이하	5점
		11 ~ 15호봉	10점
		16 ~ 20호봉	15점
		21 ~ 25호봉	20점
		26 ~ 30호봉	25점
		31호봉 이상	30점

※ 수업지도 항목에서 교사 수업 공개, 학부모 수업 공개를 모두 진행했을 경우 10점으로 배점하며, 수업 공개를 하지 않았을 경우 배점은 없다.

보기

구분	주당 수업시간	수업 공개 유무	담임 유무	업무 곤란도	호봉
A교사	20시간	–	담임교사	비보직교사	32호봉
B교사	29시간	–	비담임교사	비보직교사	35호봉
C교사	26시간	학부모 수업 공개	비담임교사	보직교사	22호봉
D교사	22시간	교사 수업 공개	담임교사	보직교사	17호봉
E교사	25시간	교사 수업 공개, 학부모 수업 공개	비담임교사	비보직교사	30호봉

① A교사
② B교사
③ C교사
④ D교사
⑤ E교사

정보능력

합격 Cheat Key

정보능력은 업무를 수행함에 있어 기본적인 컴퓨터를 활용하여 필요한 정보를 수집·분석·활용하는 능력으로, 업무와 관련된 정보를 수집하고, 이를 분석하여 의미 있는 정보를 얻는 능력을 의미한다. 세부 유형은 컴퓨터 활용, 정보 처리로 나눌 수 있다.

1 평소에 컴퓨터 활용 스킬을 틈틈이 익혀라!

윈도우(OS)에서 어떠한 설정을 할 수 있는지, 응용프로그램(엑셀 등)에서 어떠한 기능을 활용할 수 있는지를 평소에 직접 사용해 본다면 문제를 보다 수월하게 해결할 수 있다. 여건이 된다면 컴퓨터 활용 능력에 관련된 자격증 공부를 하는 것도 이론과 실무를 익히는 데 도움이 될 것이다.

2 문제의 규칙을 찾는 연습을 하라!

일반적으로 코드체계나 시스템 논리체계를 제공하고 이를 분석하여 문제를 해결하는 유형이 출제된다. 이러한 문제는 문제해결능력과 같은 맥락으로 규칙을 파악하여 접근하는 방식으로 연습이 필요하다.

3 현재 보고 있는 그 문제에 집중하라!

정보능력의 모든 것을 공부하려고 한다면 양이 너무나 방대하다. 그렇기 때문에 수험서에서 본인이 현재 보고 있는 문제들을 집중적으로 공부하고 기억하려고 해야 한다. 그러나 엑셀의 함수 수식, 연산자 등 암기를 필요로 하는 부분들은 필수적으로 암기를 해서 출제가 되었을 때 오답률을 낮출 수 있도록 한다.

4 사진·그림을 기억하라!

컴퓨터 활용 능력을 파악하는 영역이다 보니 컴퓨터 속 옵션, 기능, 설정 등의 사진·그림이 문제에 같이 나오는 경우들이 있다. 그런 부분들은 직접 컴퓨터를 통해서 하나하나 확인을 하면서 공부한다면 더 기억에 잘 남게 된다. 조금 귀찮더라도 한 번씩 클릭하면서 확인해 보도록 한다.

01 | 정보 이해

| 유형분석 |

- 정보능력 전반에 대한 이해를 확인하는 문제이다.
- 정보능력 이론이나 새로운 정보 기술에 대한 문제가 자주 출제된다.

다음 중 정보처리 절차에 대한 설명으로 옳지 않은 것은?

① 정보의 기획은 정보의 입수대상, 주제, 목적 등을 고려하여 전략적으로 이루어져야 한다.

② 정보처리는 기획 – 수집 – 활용 – 관리의 순서로 이루어진다.

③ 다양한 정보원으로부터 목적에 적합한 정보를 수집해야 한다.

④ 정보 관리 시에 고려하여야 할 3요소는 목적성, 용이성, 유용성이다.

⑤ 정보 활용 시에는 합목적성 외에도 합법성이 고려되어야 한다.

정답 ②

정보처리는 기획 – 수집 – 관리 – 활용 순서로 이루어진다.

풀이 전략!

자주 출제되는 정보능력 이론을 확인하고, 확실하게 암기해야 한다. 특히 새로운 정보 기술이나 컴퓨터 전반에 대해 관심을 가지는 것이 좋다.

01 다음 글을 읽고 정보관리의 3원칙 중 ㉠~㉢에 해당하는 내용을 바르게 나열한 것은?

> '구슬이 서말이라도 꿰어야 보배'라는 속담처럼 여러 가지 채널과 갖은 노력 끝에 입수한 정보가 우리가 필요한 시점에 즉시 활용되기 위해서는 모든 정보가 차곡차곡 정리되어 있어야 한다. 이처럼 정보의 관리란 수집된 다양한 형태의 정보를 어떤 문제해결이나 결론도출에 사용하기 쉬운 형태로 바꾸는 일이다. 정보를 관리할 때에는 특히 ㉠ 정보에 대한 사용목표가 명확해야 하며, ㉡ 정보를 쉽게 작업할 수 있어야 하고, ㉢ 즉시 사용할 수 있어야 한다.

	㉠	㉡	㉢		㉠	㉡	㉢
①	목적성,	용이성,	유용성	②	다양성,	용이성,	통일성
③	용이성,	통일성,	다양성	④	통일성,	목적성,	유용성
⑤	통일성,	목적성,	용이성				

02 다음은 데이터베이스에 대한 설명이다. 데이터베이스의 특징으로 적절하지 않은 것은?

> 데이터베이스란 대량의 자료를 관리하고 내용을 구조화하여 검색이나 자료 관리 작업을 효과적으로 실행하는 프로그램으로, 삽입, 삭제, 수정, 갱신 등을 통하여 항상 최신의 데이터를 유동적으로 유지할 수 있으며, 이와 같은 대량의 데이터는 사용자의 질의에 대한 신속한 응답 처리를 가능하게 한다. 또한 이러한 데이터를 여러 명의 사용자가 동시에 공유할 수 있고, 각 데이터를 참조할 때는 사용자가 요구하는 내용에 따라 참조가 가능함은 물론 응용프로그램과 데이터베이스를 독립시킴으로써 데이터를 변경시키더라도 응용프로그램은 변경되지 않는다.

① 실시간 접근성
② 계속적인 진화
③ 동시 공유
④ 내용에 의한 참조
⑤ 데이터의 논리적 의존성

03 귀하는 거래처의 컴퓨터를 빌려서 쓰게 되었는데, 해당 컴퓨터를 부팅하고 바탕화면에 저장된 엑셀 파일을 열자 어디에 사용될지 모르는 고객의 상세한 신상정보가 담겨 있었다. 다음 중 귀하가 취해야 할 태도로 가장 적절한 것은?

① 고객 신상 정보를 즉시 지우고 빌린 컴퓨터를 사용한다.
② 고객 신상 정보의 훼손을 방지하고자 자신의 USB에 백업해두고 보관해준다.
③ 고객 신상 정보를 저장장치에 복사해서 빌린 거래처 담당자에게 되돌려준다.
④ 거래처에 고객 신상 정보 삭제를 요청한다.
⑤ 고객 신상 정보에 나와 있는 고객에게 연락하여 알려준다.

02 | 엑셀 함수

| 유형분석 |

- 컴퓨터 활용과 관련된 상황에서 문제를 해결하기 위한 행동이 무엇인지 묻는 문제이다.
- 주로 업무수행 중에 많이 활용되는 대표적인 엑셀 함수(COUNTIF, ROUND, MAX, SUM, COUNT, AVERAGE, …) 가 출제된다.
- 종종 엑셀시트를 제시하여 각 셀에 들어갈 함수식이 무엇인지 고르는 문제가 출제되기도 한다.

다음 중 엑셀에 제시된 함수식의 결괏값으로 옳지 않은 것은?

◢	A	B	C	D	E	F
1						
2		120	200	20	60	
3		10	60	40	80	
4		50	60	70	100	
5						
6		함수식			결괏값	
7		=MAX(B2:E4)			㉠	
8		=MODE(B2:E4)			㉡	
9		=LARGE(B2:E4,3)			㉢	
10		=COUNTIF(B2:E4,E4)			㉣	
11		=ROUND(B2,−1)			㉤	
12						

① ㉠=200
② ㉡=60
③ ㉢=100
④ ㉣=1
⑤ ㉤=100

정답 ⑤

ROUND 함수는 지정한 자릿수를 반올림하는 함수이다. 함수식에서 '−1'은 일의 자리를 뜻하며, '−2'는 십의 자리를 뜻한다. 여기서 '−' 기호를 빼면 소수점 자리로 인식한다. 따라서 일의 자리를 반올림하기 때문에 결괏값은 120이다.

풀이 전략!

제시된 상황에서 사용할 엑셀 함수가 무엇인지 파악한 후, 선택지에서 적절한 함수식을 골라 식을 만들어야 한다. 평소 대표적으로 문제에 자주 출제되는 몇몇 엑셀 함수를 익혀두면 풀이시간을 단축할 수 있다.

01 다음은 K공사의 인사부에서 정리한 사원 목록이다. 이에 대한 설명으로 옳은 것을 〈보기〉에서 모두 고르면?

	A	B	C	D
1	사원번호	성명	직위	부서
2	869872	조재영	부장	고객관리처
3	890531	정대현	대리	고객관리처
4	854678	윤나리	사원	고객관리처
5	812365	이민지	차장	기획처
6	877775	송윤희	대리	기획처
7	800123	김가을	사원	기획처
8	856123	박슬기	부장	사업개발처
9	827695	오종민	차장	사업개발처
10	835987	나진원	사원	사업개발처
11	854623	최윤희	부장	인사처
12	847825	이경서	사원	인사처
13	813456	박소미	대리	재무실
14	856123	최영수	사원	재무실

보기

ㄱ 부서를 기준으로 내림차순으로 정렬되었다.
ㄴ 부서를 우선 기준으로, 직위를 다음 기준으로 정렬하였다.
ㄷ 성명을 기준으로 내림차순으로 정렬되었다.

① ㄱ
② ㄴ
③ ㄱ, ㄴ
④ ㄱ, ㄷ
⑤ ㄴ, ㄷ

02 다음은 K주식회사의 공장별 9월 생산량 현황이다. 각 셀에 들어간 함수의 결괏값으로 옳지 않은 것은?

	A	B	C	D	E	F
1			〈K주식회사 공장 9월 생산량 현황〉			
2	구분	생산량	단가	금액	순위	
3					생산량 기준	금액 기준
4	안양공장	123,000	10	1,230,000		
5	청주공장	90,000	15	1,350,000		
6	제주공장	50,000	15	750,000		
7	강원공장	110,000	11	1,210,000		
8	진주공장	99,000	12	1,188,000		
9	합계	472,000		5,728,000		

① F4 ： ＝RANK(D4,D4:D8,1) → 4

② E4 ： ＝RANK(B4,B4:B8,0) → 1

③ E6 ： ＝RANK(B6,B4:B8,0) → 5

④ F8 ： ＝RANK(D8,D4:D8,0) → 2

⑤ E8 ： ＝RANK(B8,B4:B8,0) → 3

03 다음 시트와 같이 월 ～ 금요일까지는 '업무'로, 토요일과 일요일에는 '휴무'로 표시하고자 할 때 [B2] 셀에 입력해야 할 함수식으로 옳지 않은 것은?

	A	B
1	일자	휴무, 업무
2	2024-01-07	휴무
3	2024-01-08	휴무
4	2024-01-09	업무
5	2024-01-10	업무
6	2024-01-11	업무
7	2024-01-12	업무
8	2024-01-13	업무

① ＝IF(OR(WEEKDAY(A2,0)＝0,WEEKDAY(A2,0)＝6),"휴무","업무")

② ＝IF(OR(WEEKDAY(A2,1)＝1,WEEKDAY(A2,1)＝7),"휴무","업무")

③ ＝IF(OR(WEEKDAY(A2,2)＝6, WEEKDAY(A2,2)＝7),"휴무","업무")

④ ＝IF(WEEKDAY(A2,2)＞＝6,"휴무","업무")

⑤ ＝IF(WEEKDAY(A2,3)＞＝5,"휴무","업무")

※ A씨는 지점별 매출 및 매입 현황을 정리하고 있다. 이어지는 질문에 답하시오. **[4~5]**

	A	B	C	D	E	F
1	지점명	매출	매입			
2	주안점	2,500,000	1,700,000			
3	동암점	3,500,000	2,500,000		최대 매출액	
4	간석점	7,500,000	5,700,000		최소 매출액	
5	구로점	3,000,000	1,900,000			
6	강남점	4,700,000	3,100,000			
7	압구정점	3,000,000	1,500,000			
8	선학점	2,500,000	1,200,000			
9	선릉점	2,700,000	2,100,000			
10	교대점	5,000,000	3,900,000			
11	서초점	3,000,000	1,900,000			
12	합계					

04 다음 중 매출과 매입의 합계를 구할 때 사용해야 하는 함수로 옳은 것은?

① REPT ② CHOOSE

③ SUM ④ AVERAGE

⑤ DSUM

05 다음 중 [F3] 셀을 구하는 함수식으로 옳은 것은?

① =MIN(B2:B11) ② =MAX(B2:C11)

③ =MIN(C2:C11) ④ =MAX(C2:C11)

⑤ =MAX(B2:B11)

03 | 프로그램 언어(코딩)

| 유형분석 |

- 프로그램의 실행 결과를 코딩을 통해 파악하여 이를 풀이하는 문제이다.
- 대체로 문제에서 규칙을 제공하고 있으며, 해당 규칙을 적용하여 새로운 코드번호를 만들거나 혹은 만들어진 코드번호를 해석하는 등의 문제가 출제된다.

다음 프로그램의 실행 결과로 옳은 것은?

```
#include <stdio.h>

int main(){
        int i = 4;
        int k = 2;
        switch(i) {
                case 0:
                case 1:
                case 2:
                case 3: k = 0;
                case 4: k += 5;
                case 5: k -= 20;
                default: k++;
        }
        printf("%d", k);
}
```

① 12   ② -12

③ 10   ④ -10

정답 ②

i가 4기 때문에 case 4부터 시작한다. K는 2이고, k+=5를 하면 7이 된다. Case 5에서 k-=20을 하면 -13이 되고, default에서 1이 증가하여 결과값은 -12가 된다.

풀이 전략!

문제에서 실행 프로그램 내용이 주어지면 핵심 키워드를 확인한다. 코딩 프로그램을 통해 요구되는 내용을 알아맞혀 정답 유무를 판단한다.

※ 다음 프로그램의 실행 결과로 옳은 것을 고르시오. [1~2]

01

```
#include <stdio.h>
int main()
{
    int sum = 0;
    int x;
    for(x = 1;x < = 100;x+ +)
        sum+ = x;
    printf("1 + 2 + … + 100 = %d\n", sum);
        return 0;
}
```

① 5010

② 5020

③ 5040

④ 5050

⑤ 6000

02

```
#include <stdio.h>
void main() {
  int i, tot = 0;
  int a[10] = {10, 37, 23, 4, 8, 71, 23, 9, 52, 41};
  for(i = 0; i < 10; I++) {
    tot+ = a[i];
    if (tot> = 100) {
        break;
    }
  }
  printf("%d\n", tot);
}
```

① 82

② 100

③ 143

④ 153

⑤ 176

CHAPTER 06

기술능력

합격 Cheat Key

기술능력은 업무를 수행함에 있어 도구, 장치 등을 포함하여 필요한 기술에 어떠한 것들이 있는지 이해하고, 실제 업무를 수행함에 있어 적절한 기술을 선택하여 적용하는 능력이다.

세부 유형은 기술 이해·기술 선택·기술 적용으로 나눌 수 있다. 제품설명서나 상황별 매뉴얼을 제시하는 문제 또는 명령어를 제시하고 규칙을 대입할 수 있는지 묻는 문제가 출제되기 때문에 이런 유형들을 공략할 수 있는 전략을 세워야 한다.

1 긴 지문이 출제될 때는 보기의 내용을 미리 보라!

기술능력에서 자주 출제되는 제품설명서나 상황별 매뉴얼을 제시하는 문제에서는 기술을 이해하고, 상황에 알맞은 원인 및 해결방안을 고르는 문제가 출제된다. 실제 시험장에서 문제를 풀 때는 시간적 여유가 없기 때문에 보기를 먼저 읽고, 그 다음 긴 지문을 보면서 동시에 보기와 일치하는 내용이 나오면 확인해 가면서 푸는 것이 좋다.

2 모듈형에도 대비하라!

모듈형 문제의 비중이 늘어나는 추세이므로 공기업을 준비하는 취업준비생이라면 모듈형 문제에 대비해야 한다. 기술능력의 모듈형 이론 부분을 학습하고 모듈형 문제를 풀어보고 여러 번 읽으며 이론을 확실히 익혀두면 실제 시험장에서 이론을 묻는 문제가 나왔을 때 단번에 답을 고를 수 있다.

3 전공 이론도 익혀 두어라!

지원하는 직렬의 전공 이론이 기술능력으로 출제되는 경우가 많기 때문에 전공 이론을 익혀두는 것이 좋다. 깊이 있는 지식을 묻는 문제가 아니더라도 출제되는 문제의 소재가 전공과 관련된 내용일 가능성이 크기 때문에 최소한 지원하는 직렬의 전공 용어는 확실히 익혀 두어야 한다.

4 쉽게 포기하지 말라!

직업기초능력에서 주요 영역이 아니면 소홀한 경우가 많다. 시험장에서 기술능력을 읽어 보지도 않고 포기하는 경우가 많은데 차근차근 읽어보면 지문만 잘 읽어도 풀 수 있는 문제들이 출제되는 경우가 있다. 이론을 모르더라도 풀 수 있는 문제인지 파악해보자.

01 | 기술 이해

| 유형분석 |

- 업무수행에 필요한 기술의 개념 및 원리, 관련 용어에 대한 문제가 자주 출제된다.
- 기술 시스템의 개념과 발전 단계에 대한 문제가 출제되므로 각 단계의 순서와 그에 따른 특징을 숙지하여야 하며, 단계별로 요구되는 핵심 역할이 다름에 유의한다.

다음 〈보기〉 중 기술선택에 대한 설명으로 옳지 않은 것을 모두 고르면?

보기

ㄱ. 상향식 기술선택은 기술경영진과 기술기획자들의 분석을 통해 기업이 필요한 기술 및 기술수준을 결정하는 방식이다.

ㄴ. 하향식 기술선택은 전적으로 기술자들의 흥미 위주로 기술을 선택하여 고객의 요구사항과는 거리가 먼 제품이 개발될 수 있다.

ㄷ. 수요자 및 경쟁자의 변화와 기술 변화 등을 분석해야 한다.

ㄹ. 기술능력과 생산능력, 재무능력 등의 내부 역량을 고려하여 기술을 선택한다.

ㅁ. 기술선택 시 최신 기술로 진부화될 가능성이 적은 기술을 최우선순위로 결정한다.

① ㄱ, ㄴ, ㄹ
② ㄱ, ㄴ, ㅁ
③ ㄴ, ㄷ, ㄹ
④ ㄴ, ㄹ, ㅁ
⑤ ㄷ, ㄹ, ㅁ

정답 ②

ㄱ. 하향식 기술선택에 대한 설명이다.

ㄴ. 상향식 기술선택에 대한 설명이다.

ㅁ. 기술선택을 위한 우선순위는 다음과 같다.
　① 제품의 성능이나 원가에 미치는 영향력이 큰 기술
　② 기술을 활용한 제품의 매출과 이익 창출 잠재력이 큰 기술
　③ 쉽게 구할 수 없는 기술
　④ 기업 간 모방이 어려운 기술
　⑤ 기업이 생산하는 제품 및 서비스에 보다 광범위하게 활용할 수 있는 기술
　⑥ 최신 기술로 진부화될 가능성이 적은 기술

풀이 전략!

문제에 제시된 내용만으로는 풀이가 어려울 수 있으므로, 사전에 관련 기술 이론을 숙지하고 있어야 한다. 자주 출제되는 개념을 확실하게 암기하여 빠르게 문제를 풀 수 있도록 하는 것이 좋다.

01 다음 글에서 설명하고 있는 것은?

> 농부는 농기계와 화학비료를 써서 밀을 재배하고 수확한다. 이렇게 생산된 밀은 보관업자, 운송업자, 제분회사, 제빵 공장을 거쳐 시장으로 판매된다. 보다 높은 생산성을 위해 화학비료를 연구하고, 공장을 가동하기 위해 공작기계와 전기를 생산한다. 보다 빠른 운송을 위해서 트럭이나 기차, 배가 개발되었고, 보다 효과적인 운송수단과 농기계를 운용하기 위해 증기기관에서 석유에너지로 발전하였다. 이렇듯 우리의 식탁에 올라오는 빵은 여러 기술이 네트워크로 결합하여 시너지를 내고 있다.

① 기술시스템　　　　　　　　　② 기술혁신
③ 기술경영　　　　　　　　　　④ 기술이전
⑤ 기술경쟁

02 다음 중 노하우(Knowhow)와 노와이(Know – Why)에 대한 설명으로 옳은 것은?

① 노와이는 과학자, 엔지니어 등이 가지고 있는 체화된 기술이다.
② 노하우는 이론적인 지식으로서 과학적인 탐구에 의해 얻어진다.
③ 노하우는 Technique 혹은 Art라고도 부른다.
④ 기술은 원래 노와이의 개념이 강했으나, 시간이 지나면서 노와이와 노하우가 결합하게 되었다.
⑤ 노와이는 기술을 설계하고, 생산하고, 사용하기 위해 필요한 정보, 기술, 절차 등을 갖는 데 필요하다.

03 다음 중 상향식 기술선택과 하향식 기술선택에 대한 설명으로 옳지 않은 것은?

① 상향식 기술선택은 연구자나 엔지니어들이 자율적으로 기술을 선택한다.
② 상향식 기술선택은 기술 개발자들의 창의적인 아이디어를 활용할 수 있다.
③ 상향식 기술선택은 기업 간 경쟁에서 승리할 수 없는 기술이 선택될 수 있다.
④ 하향식 기술선택은 단기적인 목표를 설정하고 달성하기 위해 노력한다.
⑤ 하향식 기술선택은 기업이 획득해야 하는 대상 기술과 목표 기술 수준을 결정한다.

02 | 기술 적용

| 유형분석 |

- 주어진 자료를 해석하고 기술을 적용하여 풀어가는 문제이다.
- 자료 등을 읽고 제시된 문제 상황에 적절한 해결 방법을 찾는 문제가 자주 출제된다.
- 지문의 길이가 길고 복잡하므로, 문제에서 요구하는 정보를 놓치지 않도록 주의해야 한다.

B사원은 다음 제품 설명서의 내용을 토대로 직원들을 위해 '사용 전 꼭 읽어야 할 사항'을 만들려고 한다. 이때, 작성할 내용으로 적절하지 않은 것은?

[사용 전 알아두어야 할 사항]
1. 물통 또는 제품 내부에 절대 의류 외에 다른 물건을 넣지 마십시오.
2. 제품을 작동시키기 전 문이 제대로 닫혔는지 확인하십시오.
3. 필터는 제품 사용 전후로 반드시 청소해 주십시오.
4. 제품의 성능유지를 위해서 물통을 자주 비워 주십시오.
5. 겨울철이거나 건조기가 설치된 곳의 기온이 낮을 경우 건조시간이 길어질 수 있습니다.
6. 과도한 건조물을 넣고 기계를 작동시키면 완벽하게 건조되지 않거나 의류에 구김이 생길 수 있습니다. 최대용량 5kg 이내로 의류를 넣어 주십시오.
7. 가죽, 슬립, 전기담요, 마이크로 화이바 소재 의류, 이불, 동·식물성 충전재 사용 제품은 사용을 피해 주십시오.

[동결 시 조치방법]
1. 온도가 낮아지게 되면 물통이나 호스가 얼 수 있습니다.
2. 동결 시 작동 화면에 'ER' 표시가 나타납니다. 이 경우 일시정지 버튼을 눌러 작동을 멈춰 주세요.
3. 물통이 얼었다면, 물통을 꺼내 따뜻한 물에 20분 이상 담가 주세요.
4. 호스가 얼었다면, 호스 안의 이물질을 모두 꺼내고, 호스를 따뜻한 물 또는 따뜻한 수건으로 20분 이상 녹여 주세요.

① 사용 전후로 필터는 꼭 청소해 주세요.
② 건조기에 넣은 의류는 5kg 이내로 해 주세요.
③ 사용이 불가한 의류 제품 목록을 꼭 확인해 주세요.
④ 화면에 ER 표시가 떴을 때는 전원을 끄고 작동을 멈춰 주세요.
⑤ 호스가 얼었다면, 호스를 따뜻한 물 또는 따뜻한 수건으로 20분 이상 녹여 주세요.

정답 ④

제시문의 동결 시 조치방법에서는 화면에 'ER' 표시가 나타나면 전원 버튼이 아닌 일시정지 버튼을 눌러 작동을 멈추라고 설명하고 있다.

오답분석

① 필터는 제품 사용 전후로 반드시 청소해 주라고 설명하고 있다.

② 과도한 건조물을 넣고 기계를 작동시키면 완벽하게 건조되지 않거나 의류에 구김이 생길 수 있으니 최대용량 5kg 이내로 의류를 넣어 주라고 설명하고 있다.

③ 건조기 사용이 불가한 제품 목록이 설명되어 있다.

⑤ 호스가 얼었다면, 호스 안의 이물질을 모두 꺼내고, 호스를 따뜻한 물 또는 따뜻한 수건으로 20분 이상 녹여 주라고 설명하고 있다.

풀이 전략!

> 문제에 제시된 자료 중 필요한 정보를 빠르게 파악하는 것이 중요하다. 질문을 먼저 읽고 문제 상황을 파악한 뒤 제시된 선택지를 하나씩 소거하며 문제를 푸는 것이 좋다.

※ 귀하는 사무실에서 사용 중인 기존 공유기에 새로운 공유기를 추가하여 무선 네트워크 환경을 개선하려고 한다. 다음 자료를 보고 이어지는 질문에 답하시오. **[1~2]**

〈공유기를 AP / 스위치(허브)로 변경하는 방법〉

[안내]

공유기 2대를 연결하기 위해서는 각각의 공유기가 다른 내부 IP를 사용하여야 하며, 이를 위해 스위치(허브)로 변경하고자 하는 공유기에 내부 IP 주소를 변경하고 DHCP 서버 기능을 중단해야 합니다.

[절차요약]

– 스위치(허브)로 변경하고자 하는 공유기의 내부 IP 주소 변경
– 스위치(허브)로 변경하고자 하는 공유기의 DHCP 서버 기능 중지
– 인터넷에 연결된 공유기에 스위치(허브)로 변경한 공유기를 연결

[세부절차 설명]

(1) 공유기의 내부 IP 주소 변경
  • 공유기의 웹 설정화면에 접속하여 [관리도구] – [고급설정] – [네트워크관리] – [내부 네트워크 설정]을 클릭합니다.
  • 내부 IP 주소의 끝자리를 임의적으로 변경한 후 [적용 후 시스템 다시 시작] 버튼을 클릭합니다.

(2) 공유기의 DHCP 서버 기능 중지
  • 변경된 내부 IP 주소로 재접속 후 [관리도구] – [고급설정] – [네트워크관리] – [내부 네트워크 설정]을 클릭합니다.
  • 하단의 [DHCP 서버 설정]을 [중지]로 체크한 후 [적용]을 클릭합니다.

(3) 스위치(허브)로 변경된 공유기의 연결

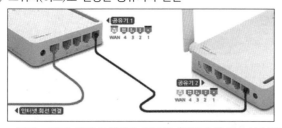

  • 위의 그림과 같이 스위치로 변경된 〈공유기 2〉의 LAN 포트 1 ~ 4 중 하나를 원래 인터넷에 연결되어 있던 〈공유기 1〉의 LAN 포트 1 ~ 4 중 하나에 연결합니다.
  • 〈공유기 2〉는 스위치로 동작하게 되므로 〈공유기 2〉의 WAN 포트에는 아무것도 연결하지 않습니다.

[최종점검]

이제 스위치(허브)로 변경된 공유기를 기존 공유기에 연결하는 모든 과정이 완료되었습니다. 설정이 완료된 상태에서 정상적으로 인터넷 연결이 되지 않는다면 상단 네트워크 〈공유기 1〉에서 IP 할당이 정상적으로 이루어지지 않는 경우입니다. 이와 같은 경우 PC에서 IP 갱신을 해야 하며 PC를 재부팅하거나 공유기를 재시작하시기 바랍니다.

[참고]

(1) Alpha3 / Alpha4의 경우는 간편설정이 가능하므로 (1) ~ (2) 과정을 쉽게 할 수 있습니다.

(2) 스위치(허브)로 변경되어 연결된 공유기가 무선 공유기로, 필요에 따라 무선 연결 설정이 필요한 경우 〈공유기 1〉 또는 〈공유기 2〉에 연결된 PC 어디에서나 〈공유기 2〉의 변경된 IP 주소를 인터넷 탐색기의 주소란에 입력하면 공유기 관리도구에 쉽게 접속할 수 있으며, 필요한 무선 설정을 진행할 수 있습니다.

[경고]

(1) 상단 공유기에도 "내부 네트워크에서 DHCP 서버 발견 시 공유기의 DHCP 서버 기능 중단" 설정이 되어 있을 경우 문제가 발생할 수 있으므로 상단 공유기의 설정을 해제하시기 바랍니다.

(2) 일부 환경에서 공유기를 스위치(허브)로 변경한 후, UPNP 포트포워딩 기능이 실행 중이라면 네트워크 장애를 유발할 수 있으므로 해당 기능을 중단해 주시기 바랍니다.

01 귀하는 새로운 공유기를 추가로 설치하기 전 판매업체에 문의하여 위와 같은 설명서를 전달받았다. 다음 중 설명서를 이해한 내용으로 적절하지 않은 것은?

① 새로 구매한 공유기가 Alpha3 또는 Alpha4인지 먼저 확인한다.

② 기존 공유기와 새로운 공유기를 연결할 때, 새로운 공유기의 LAN 포트에 연결한다.

③ 기존에 있는 공유기의 내부 IP 주소와 새로운 공유기의 내부 IP 주소를 서로 다르게 설정한다.

④ 네트워크를 접속할 때 IP를 동적으로 할당받을 수 있도록 하는 DHCP 서버 기능을 활성화한다.

⑤ 설명서와 동일하게 설정한 뒤에도 인터넷이 정상적으로 작동하지 않을 경우에는 PC를 재부팅하거나 공유기를 재시작한다.

02 귀하는 설명서 내용을 토대로 새로운 공유기를 기존 공유기와 연결하고 설정을 마무리하였는데 제대로 작동하지 않았다. 귀하의 동료 중 IT기술 관련 능력이 뛰어난 A주임에게 문의를 한 결과 다음과 같은 답변을 받았을 때, 적절하지 않은 것은?

① 기존 공유기와 새로운 공유기를 연결하는 LAN선이 제대로 연결되어 있지 않네요.

② PC에서 IP 갱신이 제대로 되지 않은 것 같습니다. 공유기와 PC 모두 재시작해보는 게 좋을 것 같습니다.

③ 새로운 공유기를 설정할 때, UPNP 포트포워딩 기능이 중단되어 있지 않아서 오작동을 일으킨 것 같아요. 중단되도록 설정하면 될 것 같습니다.

④ 기존 공유기에서 DHCP 서버가 발견될 경우 DHCP 서버 기능을 중단하도록 설정되어 있어서 오작동한 것 같아요. 해당 설정을 해제하면 될 것 같습니다.

⑤ 기존 공유기로부터 연결된 LAN선이 새로운 공유기에 LAN 포트에 연결되어 있네요. 이를 WAN 포트에 연결하면 될 것 같습니다.

03 K정보통신회사에 입사한 A씨는 시스템 모니터링 및 관리 업무를 담당하게 되었다. 다음 자료를 참고할 때, 〈보기〉의 빈칸에 들어갈 코드로 옳은 것은?

다음 모니터에 나타나는 정보를 이해하고 시스템 상태를 판독하여 적절한 코드를 입력하는 방식을 파악하시오.

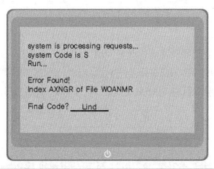

항목	세부사항
Index ◇◇◇ of File ◇◇◇	• 오류 문자 : Index 뒤에 나타나는 문자 • 오류 발생 위치 : File 뒤에 나타나는 문자
Error Value	• 오류 문자와 오류 발생 위치를 의미하는 문자에 사용된 알파벳을 비교하여 일치하는 알파벳의 개수를 확인
Final Code	• Error Value를 통하여 시스템 상태 판단

판단 기준	Final Code
일치하는 알파벳의 개수=0	Svem
0<일치하는 알파벳의 개수≤1	Atur
1<일치하는 알파벳의 개수≤3	Lind
3<일치하는 알파벳의 개수≤5	Nugre
일치하는 알파벳의 개수>5	Qutom

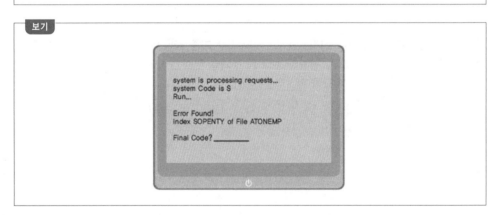

① Svem
② Atur
③ Lind
④ Nugre
⑤ Qutom

04 기술개발팀에서 근무하는 S씨는 차세대 로봇에 사용할 주행 알고리즘을 개발하고 있다. 다음 주행 알고리즘과 예시를 참고하였을 때, 로봇의 이동 경로로 옳은 것은?

〈주행 알고리즘〉

회전과 전진만이 가능한 로봇이 미로에서 목적지까지 길을 찾아가도록 구성하였다. 미로는 (4단위)×(4단위)의 정방형 단위구역(Cell) 16개로 구성되며 미로 중앙부에는 1단위구역 크기의 도착지점이 있다. 도착지점에 이르기 전 로봇은 각 단위구역과 단위구역 사이를 이동할 때 벽의 유무를 탐지하여 벽이 없음이 감지되는 방향으로 주행한다. 로봇은 주명령을 수행하고, 이에 따라 주행할 수 없을 때만 보조명령을 따른다.

- 주명령 : 현재 단위구역(Cell)에서 로봇은 왼쪽, 앞쪽, 오른쪽 순서로 벽의 유무를 탐지하여 벽이 없음이 감지되는 방향의 단위구역을 과거에 주행한 기록이 없다면 해당 방향으로 한 단위구역만큼 주행한다.
- 보조명령 : 현재 단위구역에서 로봇이 왼쪽, 앞쪽, 오른쪽, 뒤쪽 순서로 벽의 유무를 탐지하여 벽이 없음이 감지되는 방향의 단위구역에 벽이 없음이 감지되는 방향과 반대 방향의 주행기록이 있을 때만, 로봇은 그 방향으로 한 단위구역만큼 주행한다.

〈예시〉

로봇이 A → B → C → B → A로 이동한다고 가정할 때, A에서 C로의 이동은 주명령에 의한 것이고 C에서 A로의 이동은 보조명령에 의한 것이다.

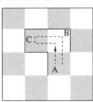

---

①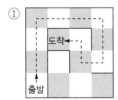

②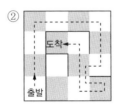

③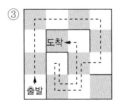

④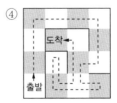

⑤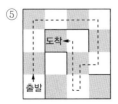

※ K사 총무팀에 재직 중인 L사원은 직원들의 요청에 따라 비데를 구매하여 설치하고자 한다. 다음은 비데 제품 설명서의 일부이다. 이어지는 질문에 답하시오. [5~6]

〈설치방법〉

1) 비데 본체의 변좌와 변기의 앞면이 일치되도록 전후로 고정하십시오.
2) 비데용 급수호스를 정수필터와 비데 본체에 연결한 후 급수밸브를 열어 주십시오.
3) 전원을 연결하십시오(반드시 전용 콘센트를 사용하십시오).
4) 비데가 작동하는 소리가 들린다면 설치가 완료된 것입니다.

〈주의사항〉

• 전원은 반드시 AC220V에 연결하십시오(반드시 전용 콘센트를 사용하십시오).
• 변좌에 걸터앉지 말고 항상 중앙에 앉고, 변좌 위에 어떠한 것도 놓지 마십시오(착좌센서가 동작하지 않을 수도 있습니다).
• 정기적으로 수도필터와 정수필터를 청소 또는 교환해 주십시오.
• 급수밸브를 꼭 열어 주십시오.

〈A/S 신청 전 확인 사항〉

현상	원인	조치방법
물이 나오지 않을 경우	급수밸브가 잠김	매뉴얼을 참고하여 급수밸브를 열어 주세요.
	정수필터가 막힘	매뉴얼을 참고하여 정수필터를 교체해 주세요(A/S상담실로 문의하세요).
	본체 급수호스 등이 동결	더운물에 적신 천으로 급수호스 등의 동결부위를 녹여 주세요.
기능 작동이 되지 않을 경우	수도필터가 막힘	흐르는 물에 수도필터를 닦아 주세요.
	착좌센서 오류	착좌센서에서 의류, 물방울, 이물질 등을 치워 주세요.
수압이 약할 경우	수도필터에 이물질이 낌	흐르는 물에 수도필터를 닦아 주세요.
	본체의 호스가 꺾임	호스의 꺾인 부분을 펴 주세요.
노즐이 나오지 않을 경우	착좌센서 오류	착좌센서에서 의류, 물방울, 이물질을 치워 주세요.
본체가 흔들릴 경우	고정 볼트가 느슨해짐	고정 볼트를 다시 조여 주세요.
비데가 작동하지 않을 경우	급수밸브가 잠김	매뉴얼을 참고하여 급수밸브를 열어 주세요.
	급수호스의 연결문제	급수호스의 연결상태를 확인해 주세요. 계속 작동하지 않는다면 A/S상담실로 문의하세요.
변기의 물이 샐 경우	급수호스가 느슨해짐	급수호스 연결부분을 조여 주세요. 계속 샐 경우 급수밸브를 잠근 후 A/S상담실로 문의하세요.

05 L사원이 비데를 설치한 지 일주일이 지난 뒤, 동료 K사원으로부터 기능 작동이 되지 않는다는 사실을 접수하였다. 다음 중 귀하가 해당 문제점에 대한 원인을 파악하기 위해 확인해야 할 사항으로 가장 적절한 것은?

① 급수밸브의 잠김 여부
② 수도필터의 청결 상태
③ 정수필터의 청결 상태
④ 급수밸브의 연결 상태
⑤ 비데의 고정 여부

PART 1

06 05번 문제에서 확인한 사항이 추가로 다른 문제를 일으킬 수 있는지 미리 점검하고자 할 때, 다음 중 가장 적절한 행동은?

① 수압이 약해졌는지 확인한다.
② 물이 나오지 않는지 확인한다.
③ 본체가 흔들리는지 확인한다.
④ 노즐이 나오지 않는지 확인한다.
⑤ 변기의 물이 새는지 확인한다.

조직이해능력

합격 Cheat Key

조직이해능력은 업무를 원활하게 수행하기 위해 조직의 체제와 경영을 이해하고 국제적인 추세를 이해하는 능력이다. 현재 많은 공사·공단에서 출제 비중을 높이고 있는 영역이기 때문에 미리 대비하는 것이 중요하다. 실제 업무 능력에서 조직이해능력을 요구하기 때문에 중요도는 점점 높아질 것이다.

세부 유형은 조직 체제 이해, 경영 이해, 업무 이해, 국제 감각으로 나눌 수 있다. 조직도를 제시하는 문제가 출제되거나 조직의 체계를 파악해 경영의 방향성을 예측하고, 업무의 우선순위를 파악하는 문제가 출제된다.

1 문제 속에 정답이 있다!

경력이 없는 경우 조직에 대한 이해가 낮을 수밖에 없다. 그러나 문제 자체가 실무적인 내용을 담고 있어도 문제 안에는 해결의 단서가 주어진다. 부담을 갖지 않고 접근하는 것이 중요하다.

2 경영·경제학원론 정도의 수준은 갖추도록 하라!

지원한 직군마다 차이는 있을 수 있으나, 경영·경제이론을 접목시킨 문제가 꾸준히 출제되고 있다. 따라서 기본적인 경영·경제이론은 익혀 둘 필요가 있다.

3 지원하는 공사 · 공단의 조직도를 파악하라!

출제되는 문제는 각 공사 · 공단의 세부내용일 경우가 많기 때문에 지원하는 공사 · 공단의 조직도를 파악해 두어야 한다. 조직이 운영되는 방법과 전략을 이해하고, 조직을 구성하는 체제를 파악하고 간다면 조직이해능력에서 조직도가 나올 때 단기간에 문제를 풀수 있을 것이다.

4 실제 업무에서도 요구되므로 이론을 익혀라!

각 공사 · 공단의 직무 특성상 일부 영역에 중요도가 가중되는 경우가 있어서 많은 취업준비생들이 일부 영역에만 집중하지만, 실제 업무 능력에서 직업기초능력 10개 영역이 골고루 요구되는 경우가 많고, 현재는 필기시험에서도 조직이해능력을 출제하는 기관의 비중이 늘어나고 있기 때문에 미리 이론을 익혀 둔다면 모듈형 문제에서 고득점을 노릴수 있다.

01 | 경영 전략

| 유형분석 |

- 경영 전략에서 대표적으로 출제되는 문제는 마이클 포터(Michael Porter)의 본원적 경쟁전략이다.
- 경쟁전략의 기본적인 이해와 구조를 물어보는 문제가 자주 출제되므로 전략별 특징 및 개념에 대한 이론 학습이 요구된다.

다음 중 마이클 포터(Michael E. Porter)의 본원적 경쟁전략에 대한 설명으로 가장 적절한 것은?

① 해당 사업에서 경쟁우위를 확보하기 위한 전략이다.

② 집중화 전략에서는 대량생산을 통해 단위 원가를 낮추거나 새로운 생산기술을 개발할 필요가 있다고 본다.

③ 원가우위 전략에서는 연구개발이나 광고를 통하여 기술, 품질, 서비스 등을 개선할 필요가 있다고 본다.

④ 차별화 전략은 특정 산업을 대상으로 한다.

정답 ①

마이클 포터(Michael E. Porter)의 본원적 경쟁전략

- **원가우위 전략** : 원가절감을 통해 해당 산업에서 우위를 점하는 전략으로, 이를 위해서는 대량생산을 통해 단위 원가를 낮추거나 새로운 생산기술을 개발할 필요가 있다. 1970년대 우리나라의 섬유업체나 신발업체, 가발업체 등이 미국시장에 진출할 때 취한 전략이 여기에 해당한다.
- **차별화 전략** : 조직이 생산품이나 서비스를 차별화하여 고객에게 가치가 있고 독특하게 인식되도록 하는 전략이다. 이를 위해서는 연구개발이나 광고를 통하여 기술, 품질, 서비스, 브랜드 이미지를 개선할 필요가 있다.
- **집중화 전략** : 특정 시장이나 고객에게 한정된 전략으로, 원가우위나 차별화 전략이 산업 전체를 대상으로 하는 데 비해 집중화 전략은 특정 산업을 대상으로 한다. 즉, 경쟁조직들이 소홀히 하고 있는 한정된 시장을 원가우위나 차별화 전략을 써서 집중적으로 공략하는 방법이다.

풀이 전략!

대부분의 기업들은 마이클 포터의 본원적 경쟁전략을 사용하고 있다. 각 전략에 해당하는 대표적인 기업을 연결하고, 그들의 경영 전략을 상기하며 문제를 풀어보도록 한다.

01 경영이 어떻게 이루어지냐에 따라 조직의 생사가 결정된다고 할 만큼 경영은 조직에 있어서 핵심이다. 다음 중 경영전략을 추진하는 과정에 대한 설명으로 적절하지 않은 것은?

① 경영전략이 실행됨으로써 세웠던 목표에 대한 결과가 나오는데, 그것에 대한 평가 및 피드백 과정도 생략되어서는 안 된다.

② 환경분석을 할 때는 조직의 내부환경뿐만 아니라 외부환경에 대한 분석도 필수이다.

③ 전략목표는 비전과 미션으로 구분되는데, 둘 다 있어야 한다.

④ 경영전략은 조직전략, 사업전략, 부문전략으로 분류된다.

⑤ '환경분석 → 전략목표 설정 → 경영전략 도출 → 경영전략 실행 → 평가 및 피드백'의 과정을 거쳐 이루어진다.

02 S씨는 취업스터디에서 마이클 포터의 본원적 경쟁전략을 토대로 기업의 경영전략을 정리하고자 한다. 다음 중 〈보기〉의 내용이 바르게 분류된 것은?

> • 차별화 전략 : 가격 이상의 가치로 브랜드 충성심을 이끌어 내는 전략이다.
> • 원가우위 전략 : 업계에서 가장 낮은 원가로 우위를 확보하는 전략이다.
> • 집중화 전략 : 특정 세분시장만 집중공략하는 전략이다.

보기

> ㉠ I기업은 S/W에 집중하기 위해 H/W의 한글전용 PC분야를 한국계기업과 전략적으로 제휴하고 회사를 설립해 조직체에 위양하였으며 이후 고유분야였던 S/W에 자원을 집중하였다.
> ㉡ B마트는 재고 네트워크를 전산화하여 원가를 절감하고 양질의 제품을 최저가격에 판매하고 있다.
> ㉢ A호텔은 5성급 호텔로 하루 숙박비용이 상당히 비싸지만, 환상적인 풍경과 더불어 친절한 서비스를 제공하고 객실 내 제품이 모두 최고급으로 비치되어 있어 이용객들에게 높은 만족도를 준다.

	차별화 전략	원가우위 전략	집중화 전략
①	㉠	㉡	㉢
②	㉠	㉢	㉡
③	㉡	㉠	㉢
④	㉢	㉡	㉠
⑤	㉢	㉠	㉡

02 | 조직 구조

| 유형분석 |

- 조직 구조 유형에 대한 특징을 물어보는 문제가 자주 출제된다.
- 기계적 조직과 유기적 조직의 차이점과 사례 등을 숙지하고 있어야 한다.
- 조직 구조 형태에 따라 기능적 조직, 사업별 조직으로 구분하여 출제되기도 한다.

다음 〈보기〉 중 기계적 조직의 특징으로 옳은 것을 모두 고르면?

보기
㉠ 변화에 맞춰 쉽게 변할 수 있다.
㉡ 상하 간 의사소통이 공식적인 경로를 통해 이루어진다.
㉢ 대표적으로 사내 벤처팀, 프로젝트팀이 있다.
㉣ 구성원의 업무가 분명하게 규정되어 있다.
㉤ 다양한 규칙과 규제가 있다.

① ㉠, ㉡, ㉢
② ㉠, ㉣, ㉤
③ ㉡, ㉢, ㉣
④ ㉡, ㉣, ㉤
⑤ ㉢, ㉣, ㉤

정답 ④

오답분석
㉠·㉢ 유기적 조직에 대한 설명이다.
- 기계적 조직
  - 구성원의 업무가 분명하게 규정되어 있고, 많은 규칙과 규제가 있다.
  - 상하 간 의사소통이 공식적인 경로를 통해 이루어진다.
  - 대표적으로 군대, 정부, 공공기관 등이 있다.
- 유기적 조직
  - 업무가 고정되지 않아 업무 공유가 가능하다.
  - 규제나 통제의 정도가 낮아 변화에 맞춰 쉽게 변할 수 있다.
  - 대표적으로 권한위임을 받아 독자적으로 활동하는 사내 벤처팀, 특정한 과제 수행을 위해 조직된 프로젝트팀이 있다.

풀이 전략!

조직 구조는 유형에 따라 기계적 조직과 유기적 조직으로 나눌 수 있다. 기계적 조직과 유기적 조직은 서로 상반된 특징을 가지고 있으며, 기계적 조직이 관료제의 특징과 비슷함을 파악하고 있다면, 이와 상반된 유기적 조직의 특징도 수월하게 파악할 수 있다.

01 다음 글에 해당하는 조직체계 구성요소는 무엇인가?

> 조직의 목표나 전략에 따라 수립되며, 조직구성원들의 활동범위를 제약하고 일관성을 부여하는 기능을 한다.

① 조직목표   ② 경영자
③ 조직문화   ④ 조직구조
⑤ 규칙 및 규정

02 다음 중 조직문화의 특징으로 적절하지 않은 것은?

① 구성 요소에는 리더십 스타일, 제도 및 절차, 구성원, 구조 등이 있다.
② 조직구성원들에게 일체감과 정체성을 준다.
③ 조직의 안정성을 유지하는 데 기여한다.
④ 조직 몰입도를 향상시킨다.
⑤ 구성원들 개개인의 다양성을 강화해준다.

03 다음 중 조직목표의 기능에 대한 설명으로 적절하지 않은 것은?

① 조직이 나아갈 방향을 제시해 주는 기능을 한다.
② 조직구성원의 의사결정 기준의 기능을 한다.
③ 조직구성원의 행동에 동기를 유발시키는 기능을 한다.
④ 조직을 운영하는 데 융통성을 제공하는 기능을 한다.
⑤ 조직구조나 운영과정과 같이 조직체제를 구체화할 수 있는 기준이 된다.

04 다음 중 조직변화의 과정을 순서대로 바르게 나열한 것은?

ㄱ. 환경변화 인지	ㄴ. 변화결과 평가
ㄷ. 조직변화 방향 수립	ㄹ. 조직변화 실행

① ㄱ - ㄷ - ㄹ - ㄴ   ② ㄱ - ㄹ - ㄷ - ㄴ

③ ㄴ - ㄷ - ㄹ - ㄱ   ④ ㄹ - ㄱ - ㄷ - ㄴ

⑤ ㄹ - ㄷ - ㄱ - ㄴ

05 다음 중 조직구조의 결정요인에 대한 설명으로 적절하지 않은 것은?

① 급변하는 환경에서는 유기적 조직보다 원칙이 확립된 기계적 조직이 더 적합하다.

② 대규모 조직은 소규모 조직에 비해 업무의 전문화 정도가 높다.

③ 일반적으로 소량생산기술을 가진 조직은 유기적 조직구조를, 대량생산기술을 가진 조직은 기계적 조직구조를 가진다.

④ 조직 활동의 결과에 대한 만족은 조직의 문화적 특성에 따라 상이하다.

⑤ 조직구조의 주요 결정요인은 4가지로 전략, 규모, 기술, 환경이다.

06 다음 〈보기〉 중 조직도에 대해 바르게 설명한 사람을 모두 고르면?

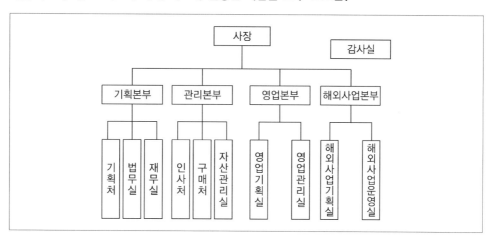

보기

A : 조직도를 보면 4개 본부, 3개의 처, 8개의 실로 구성되어 있어.

B : 사장 직속으로 4개의 본부가 있고, 그중 한 본부에서는 인사업무만을 전담하고 있네.

C : 감사실은 사장 직속이지만 별도로 분리되어 있구나.

D : 해외사업기획실과 해외사업운영실은 둘 다 해외사업과 관련이 있으니까 해외사업본부에 소속되어 있는 것이 맞아.

① A, B

② A, C

③ A, D

④ B, C

⑤ B, D

03 | 업무 종류

| 유형분석 |

- 부서별 주요 업무에 대해 묻는 문제이다.
- 부서별 특징과 담당 업무에 대한 이해가 필요하다.

다음 상황에서 팀장의 지시를 적절히 수행하기 위하여 오대리가 거쳐야 할 부서명을 순서대로 바르게 나열한 것은?

> 오대리, 내가 내일 출장 준비 때문에 무척 바빠서 그러는데 자네가 좀 도와줘야 할 것 같군. 우선 박비서한테 가서 오후 사장님 회의 자료를 좀 가져다 주게나. 오는 길에 지난주 기자단 간담회 자료 정리가 되었는지 확인해 보고 완료됐으면 한 부 챙겨 오고. 다음 주에 승진자 발표가 있을 것 같은데 우리 팀 승진 대상자 서류가 잘 전달되었는지 그것도 확인 좀 해 줘야겠어. 참, 오후에 바이어가 내방하기로 되어 있는데 공항 픽업 준비는 잘 해 두었지? 배차 예약 상황도 다시 한 번 점검해 봐야 할 거야. 그럼 수고 좀 해 주게.

① 기획팀 – 홍보팀 – 총무팀 – 경영관리팀
② 비서실 – 홍보팀 – 인사팀 – 총무팀
③ 인사팀 – 법무팀 – 총무팀 – 기획팀
④ 경영관리팀 – 법무팀 – 총무팀 – 인사팀
⑤ 회계팀 – 경영관리팀 – 인사팀 – 총무팀

정답 ②

우선 박비서에게 회의 자료를 받아 와야 하므로 비서실을 들러야 한다. 다음으로 기자단 간담회는 대회 홍보 및 기자단 상대 업무를 맡은 홍보팀에서 자료를 정리할 것이므로 홍보팀을 거쳐야 한다. 또한, 승진자 인사 발표 소관 업무는 인사팀이 담당한다고 볼 수 있으며, 회사의 차량 배차에 대한 업무는 총무팀과 같은 지원부서의 업무로 보는 것이 적절하다.

풀이 전략!

조직은 목적의 달성을 위해 업무를 효과적으로 분배하고 처리할 수 있는 구조를 확립해야 한다. 조직의 목적이나 규모에 따라 업무의 종류는 다양하지만, 대부분의 조직에서는 총무, 인사, 기획, 회계, 영업으로 부서를 나누어 업무를 담당하고 있다. 따라서 5가지 업무 종류에 대해서는 미리 숙지해야 한다.

01 김부장과 박대리는 K공사의 고객지원실에서 근무하고 있다. 다음 상황에서 김부장이 박대리에게 지시할 사항으로 가장 적절한 것은?

> • 부서별 업무분장
>   - 인사혁신실 : 신규 채용, 부서 / 직무별 교육계획 수립 / 시행, 인사고과 등
>   - 기획조정실 : 조직문화 개선, 예산사용계획 수립 / 시행, 대외협력, 법률지원 등
>   - 총무지원실 : 사무실, 사무기기, 차량 등 업무지원 등
>
> 〈상황〉
>
> 박대리 : 고객지원실에서 사용하는 A4 용지와 볼펜이 부족해서 비품을 신청해야 할 것 같습니다. 그리고 지난번에 말씀하셨던 고객 상담 관련 사내 교육 일정이 이번에 확정되었다고 합니다. 고객지원실 직원들에게 관련 사항을 전달하려면 교육 일정 확인이 필요할 것 같습니다.

① 박대리, 인사혁신실에 전화해서 비품 신청하고, 전화한 김에 교육 일정도 확인해서 나한테 알려줘요.
② 박대리, 총무지원실에 가서 교육 일정 확인하고, 간 김에 비품 신청도 하고 오세요.
③ 박대리, 기획조정실에 가서 교육 일정 확인하고, 인사혁신실에 가서 비품 신청하고 오도록 해요.
④ 박대리, 총무지원실에 전화해서 비품 신청하고, 기획조정실에 가서 교육 일정 확인하고 나한테 알려줘요.
⑤ 박대리, 총무지원실에 전화해서 비품 신청하고, 인사혁신실에 가서 교육 일정 확인하고 나한테 알려줘요.

02 다음 지시사항에 대한 설명으로 적절하지 않은 것은?

> 은경씨, 금요일 오후 2시부터 인·적성검사 합격자 10명의 1차 면접이 진행될 예정입니다. 5층 회의실 사용 예약을 지금 미팅이 끝난 직후 해 주시고, 2명씩 다섯 조로 구성하여 10분씩 면접을 진행하니 지금 드리는 지원 서류를 참고하여 수요일 오전까지 다섯 조를 구성한 보고서를 저에게 주십시오. 그리고 2명의 면접위원님께 목요일 오전에 면접진행에 대해 말씀드려 미리 일정 조정을 완료해 주시기 바랍니다.

① 면접은 10분씩 진행된다.
② 은경씨는 수요일 오전까지 보고서를 제출해야 한다.
③ 면접은 금요일 오후에 10명을 대상으로 실시된다.
④ 인·적성검사 합격자는 본인이 몇 조인지 알 수 있다.
⑤ 은경씨는 면접위원님께 면접진행에 대해 말씀드려야 한다.

※ 다음은 K공사 조직도의 일부이다. 이어지는 질문에 답하시오. [3~4]

03   다음 중 K공사의 각 부서와 업무가 바르게 연결되지 않은 것은?

① ㉠ : 수입·지출 예산 편성 및 배정 관리

② ㉡ : 공단사업 관련 연구과제 개발 및 추진

③ ㉢ : 복무관리 및 보건·복리 후생

④ ㉣ : 임직원 인사, 상훈, 징계

⑤ ㉤ : 예산집행 조정, 통제 및 결산 총괄

04   다음 중 정보보안전담반의 업무로 적절하지 않은 것은?

① 정보보안기본지침 및 개인정보보호지침 제·개정 관리

② 직원 개인정보보호 의식 향상 교육

③ 개인정보종합관리시스템 구축·운영

④ 정보보안 및 개인정보보호 계획 수립

⑤ 전문자격 시험 출제정보시스템 구축·운영

※ 다음은 K공사 연구소의 주요 사업별 연락처이다. 이어지는 질문에 답하시오. [5~6]

〈주요 사업별 연락처〉

주요 사업	담당부서	연락처
고객지원	고객지원팀	0××-410-7001
감사, 부패방지 및 지도점검	감사실	0××-410-7011
국제협력, 경영평가, 예산기획, 규정, 이사회	전략기획팀	0××-410-7023
인재개발, 성과평가, 교육, 인사, ODA사업	인재개발팀	0××-410-7031
복무노무, 회계관리, 계약 및 시설	경영지원팀	0××-410-7048
품질평가관리, 품질평가 관련 민원	평가관리팀	0××-410-7062
가공품 유통 전반(실태조사, 유통정보), 컨설팅	유통정보팀	0××-410-7072
대국민 교육, 기관 마케팅, 홍보관리, CS, 브랜드인증	고객홍보팀	0××-410-7082
이력관리, 역학조사지원	이력관리팀	0××-410-7102
유전자분석, 동일성검사	유전자분석팀	0××-410-7111
연구사업 관리, 기준개발 및 보완, 시장조사	연구개발팀	0××-410-7133
정부3.0, 홈페이지 운영, 대외자료제공, 정보보호	정보사업팀	0××-410-7000

05 다음 중 K공사 연구소의 주요 사업별 연락처를 본 채용 지원자의 반응으로 적절하지 않은 것은?

① K공사 연구소는 1개 실과 11개 팀으로 이루어져 있구나.
② 예산기획과 경영평가는 같은 팀에서 종합적으로 관리하겠구나.
③ 평가업무라 하더라도 평가 특성에 따라 담당하는 팀이 달라지겠구나.
④ 홈페이지 운영은 고객홍보팀에서 마케팅과 함께 하겠구나.
⑤ 부패방지를 위해 부서를 따로 두었구나.

06 다음 민원인의 요청을 듣고 난 후 민원을 해결하기 위해 연결할 부서로 가장 적절한 것은?

> 민원인 : 얼마 전 신제품 관련 등급 신청을 했습니다. 신제품 품질에 대한 등급에 대해 이의가
> 있습니다. 관련 건으로 담당자분과 통화하고 싶습니다.
> 상담직원 : 불편을 드려서 죄송합니다. _____ 연결해 드리겠습니다. 잠
> 시만 기다려 주십시오.

① 지도점검 업무를 담당하고 있는 감사실로
② 연구사업을 관리하고 있는 연구개발팀으로
③ 기관의 홈페이지 운영을 전담하고 있는 정보사업팀으로
④ 이력관리 업무를 담당하고 있는 이력관리팀으로
⑤ 품질평가를 관리하는 평가관리팀으로

직업윤리

합격 Cheat Key

직업윤리는 업무를 수행함에 있어 원만한 직업생활을 위해 필요한 태도, 매너, 올바른 직업관이다. 직업윤리는 필기시험뿐만 아니라 서류를 제출하면서 자기소개서를 작성할 때와 면접을 시행할 때도 포함되는 항목으로 들어가지 않는 공사·공단이 없을 정도로 필수 능력으로 꼽힌다.

직업윤리의 세부 능력은 근로 윤리·공동체 윤리로 나눌 수 있다. 구체적인 문제 상황을 제시하여 해결하기 위해 어떤 대안을 선택해야 할지에 관한 문제들이 출제된다.

1 오답을 통해 대비하라!

이론을 따로 정리하는 것보다는 문제에서 본인이 생각하는 모범답안을 선택하고 틀렸을 경우 그 이유를 정리하는 방식으로 학습하는 것이 효율적이다. 암기하기보다는 이해에 중점을 두고 자신의 상식으로 문제를 푸는 것이 아니라 해당 문제가 어느 영역 어떤 하위 능력의 문제인지 파악하는 훈련을 한다면 답이 보일 것이다.

2 직업윤리와 일반윤리를 구분하라!

일반윤리와 구분되는 직업윤리의 특징을 이해해야 한다. 통념상 비윤리적이라고 일컬어지는 행동도 특정한 직업에서는 허용되는 경우가 있다. 그러므로 문제에서 주어진 상황을 판단할 때는 우선 직업의 특성을 고려해야 한다.

3 직업윤리의 하위능력을 파악해 두어라!

직업윤리의 경우 직장생활 경험이 없는 수험생들은 조직에서 일어날 수 있는 구체적인 직업윤리와 관련된 내용에 흥미가 없고 이를 이해하는 데 어려움이 있을 수 있다. 그러나 문제에서는 구체적인 상황·사례를 제시하는 문제가 나오기 때문에 직장에서의 예절을 정리하고 문제 상황에서 적절한 대처를 선택하는 연습을 하는 것이 중요하다.

4 면접에서도 유리하다!

많은 공사·공단에서 면접 시 직업윤리에 관련된 질문을 하는 경우가 많다. 직업윤리 이론 학습을 미리 해 두면 본인의 가치관을 세우는 데 도움이 되고 이는 곧 기업의 인재상과도 연결되기 때문에 미리 준비해 두면 필기시험에서 합격하고 면접을 준비할 때도 수월할 것이다.

01 | 윤리 · 근면

| 유형분석 |

- 보통 주어진 제시문 속의 비윤리적인 상황에 대하여 원인이나 대처법을 고르는 문제가 자주 출제된다.
- 근면한 자세의 사례를 고르는 문제 또한 종종 출제된다.

다음 중 A ~ C의 비윤리적 행위에 대한 원인을 순서대로 바르게 나열한 것은?

- A는 영화관 내 촬영이 금지된 것을 모르고 영화 관람 중 스크린을 동영상으로 촬영하였고, 이를 인터넷에 올렸다가 저작권 위반으로 벌금이 부과되었다.
- B는 얼마 전 친구에게 인터넷 도박 사이트를 함께 운영하자는 제안을 받았고, 그러한 행위가 불법인 줄 알았음에도 불구하고 많은 돈을 벌 수 있다는 친구의 말에 제안을 바로 수락했다.
- 평소에 화를 잘 내지 않는 C는 만취한 상태로 편의점에 들어가 물건을 구매하는 과정에서 직원과 말다툼을 하다가 화를 주체하지 못하고 주먹을 휘둘렀다.

	A	B	C			A	B	C
①	무절제	무지	무관심		②	무관심	무지	무절제
③	무관심	무절제	무지		④	무지	무관심	무절제
⑤	무지	무절제	무관심					

정답 ④

- A : 영화관 내 촬영이 불법인 줄 모르고 영상을 촬영하였으므로 무지로 인한 비윤리적 행위를 저질렀다.
- B : 불법 도박 사이트 운영이 불법임을 알고 있었지만, 이를 중요하게 여기지 않는 무관심으로 인한 비윤리적 행위를 저질렀다.
- C : 만취한 상태에서 자신을 스스로 통제하지 못하고 폭력을 행사하였으므로 무절제로 인한 비윤리적 행위를 저질렀다.

비윤리적 행위의 원인
- 무지 : 사람들은 무엇이 옳고, 무엇이 그른지 모르기 때문에 비윤리적 행위를 저지른다.
- 무관심 : 자신의 행위가 비윤리적이라는 것을 알고 있지만, 윤리적인 기준에 따라 행동해야 한다는 것을 중요하게 여기지 않는다.
- 무절제 : 자신의 행위가 잘못이라는 것을 알고 그러한 행위를 하지 않으려고 함에도 불구하고 자신의 통제를 벗어나는 어떤 요인으로 인하여 비윤리적 행위를 저지른다.

풀이 전략!

근로윤리는 우리 사회가 요구하는 도덕상에 기초하고 있다는 점을 유념하고, 다양한 사례를 익혀 문제에 적용한다.

01 다음 중 기업 간 거래 관계에서 요구되는 윤리적 기초에 대한 설명으로 적절하지 않은 것은?

① 의무의 도덕성이란 불가조항을 일일이 열거하는 것을 말한다.

② 이해할 만한 거래상대방의 설명 등 쌍방 간 의사소통이 원활하면 분배 공정성이 달성된다.

③ 약속의 성실한 이행은 거래를 지속시키며, 갈등을 해소하는 토대가 된다.

④ 배려의 도덕성은 의무이행을 위해 보상과 격려, 관용과 존경을 강조한다.

⑤ 힘이 강한 소매상이 힘이 약한 납품업체에 구매가격 인하를 요구하는 것은 거래의 평등성을 위배하는 행위이다.

02 S대리는 B사원 때문에 스트레스를 받고 있다. 빠르게 처리해야 할 업무에 대해 B사원은 항상 꼼꼼하게 검토하고 S대리에게 늦게 보고하기 때문이다. S대리가 B사원의 업무방식에 불만을 표현하자 B사원은 자신의 소심한 성격 때문이라고 대답했다. 이때 S대리에게 가장 필요한 역량은 무엇인가?

① 통제적 리더십   ② 감사한 마음
③ 상호 인정   ④ 헌신의 자세
⑤ 책임감

03 다음 중 (가)의 입장에서 (나)의 문제점을 해결하기 위해 제시할 수 있는 자세를 〈보기〉에서 모두 고르면?

> (가) 모든 사회구성원이 공정하게 대우받는 정의로운 공동체를 만들기 위해서는 부패 행위를 방지해야 한다. 우리 조상들은 전통적으로 청렴 의식을 중요하게 여겨, 청렴 의식을 강조하는 전통 윤리를 지켜왔다.
>
> (나) 부패 인식 지수는 공무원과 정치인이 얼마나 부패해 있는지에 대한 정도를 비교하여 국가별로 순위를 매긴 것이다. 100점 만점을 기준으로 점수가 높을수록 청렴하다. 2022년 조사한 결과 우리나라의 부패 인식 지수는 100점 만점에 63점으로, 조사대상국 180개국 중 31위를 기록했다.

> **보기**
> ㉠ 공동체와 국가의 공사(公事)를 넘어서 개인의 일을 우선하는 정신을 기른다.
> ㉡ 공직자들은 개인적 이익과 출세만을 추구하지 않고 바른 마음과 정성을 가진다.
> ㉢ 부당한 방법으로 공익을 추구하려 하지 않고 개인의 이익을 가장 중요하게 여긴다.
> ㉣ 공직자들은 청빈한 생활 태도를 유지하면서 국가의 일에 충심을 다하려는 정신을 지닌다.

① ㉠, ㉡   ② ㉠, ㉢
③ ㉡, ㉢   ④ ㉡, ㉣
⑤ ㉢, ㉣

02 | 봉사와 책임의식

| 유형분석 |

- 개인이 가져야 하는 책임의식과 기업의 사회적 책임으로 양분되는 문제이다.
- 봉사의 의미를 묻는 문제가 종종 출제된다.

다음 중 〈보기〉는 봉사에 대한 글이다. 영문 철자에서 봉사가 함유한 의미로 옳지 않은 것은?

보기

봉사란 나라나 사회 혹은 타인을 위하여 자신의 이해를 돌보지 아니하고 몸과 마음을 다하여 일하는 것을 가리키며, 영문으로는 'Service'에 해당된다. 'Service'의 각 철자에서 봉사가 함유한 7가지 의미를 도출해 볼 수 있다.

① S : Smile&Speed   ② E : Emotion
③ R : Repeat   ④ V : Value
⑤ C : Courtesy

정답 ③

'R'은 반복하여 제공한다는 'Repeat'이 아니라 'Respect'로서 고객을 존중하는 것을 가리킨다.

오답분석

① 미소와 함께 신속한 도움을 제공하는 의미이다.
② 고객에게 감동을 주는 의미이다.
④ 고객에게 가치를 제공하는 의미이다.
⑤ 고객에게 예의를 갖추고 정중하게 대하는 의미한다.

풀이 전략!

직업인으로서 요구되는 봉사정신과 책임의식에 관해 숙지하도록 한다.

01 다음은 K공사 사보에 올라온 영국 처칠 수상의 일화이다. 이에 대한 직장생활의 교훈으로 가장 적절한 것은?

> 어느 날 영국의 처칠 수상은 급한 업무 때문에 그의 운전기사에게 차를 빠르게 몰 것을 지시하였다. 그때 교통 경찰관은 속도를 위반한 처칠 수상의 차량을 발견하고 차를 멈춰 세웠다. 처칠 수상은 경찰관에게 말했다. "이봐. 내가 누군지 알아?" 그러자 경찰관이 대답했다. "얼굴은 우리 수상 각하와 비슷하지만, 법을 지키지 않는 것을 보니 수상 각하가 아닌 것 같습니다." 경찰관의 답변에 부끄러움을 느낀 처칠은 결국 벌금을 지불했고, 교통 경찰관의 근무 자세에 감명을 받았다고 한다.

① 무엇보다 고객의 가치를 최우선으로 생각해야 한다.
② 업무에 대해서는 스스로 자진해서 성실하게 임해야 한다.
③ 모든 결과는 나의 선택으로 일어난 것으로 여긴다.
④ 조직의 운영을 위해서는 지켜야 하는 의무가 있다.
⑤ 직장동료와 신뢰를 형성하고 유지해야 한다.

02 다음 중 직장에서 책임 있는 생활을 하고 있지 않은 사람은?

① A사원은 몸이 아파도 맡은 임무는 다하려고 한다.
② B대리는 자신의 업무뿐만 아니라 자신이 속한 부서의 일은 자신의 일이라고 생각하고 다른 사원들을 적극적으로 돕는다.
③ C대리는 자신과 상황을 최대한 객관적으로 판단한 뒤 책임질 수 있는 범위의 일을 맡는다.
④ D과장은 자신이 맡은 일이라면 개인적인 일을 포기하고 그 일을 먼저 한다.
⑤ E부장은 나쁜 상황이 일어났을 때 왜 그런 일이 일어났는지만 끊임없이 분석한다.

03 다음 중 직업윤리에 따른 직업인의 기본자세로 옳지 않은 것은?

① 대체 불가능한 희소성을 갖추어야 한다.
② 봉사 정신과 협동 정신이 있어야 한다.
③ 소명 의식과 천직 의식을 가져야 한다.
④ 공평무사한 자세가 필요하다.
⑤ 책임 의식과 전문 의식이 있어야 한다.

우리 인생의 가장 큰 영광은
절대 넘어지지 않는 데 있는 것이 아니라
넘어질 때마다 일어서는 데 있다.

– 넬슨 만델라 –

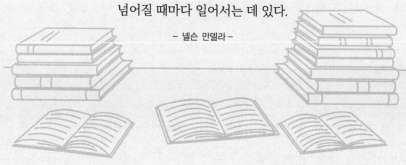

PART 2

전공

적중예상문제

정답 및 해설 p.064

01 법

01 다음 중 행정기관에 의하여 기본권이 침해된 경우의 구제수단으로서 부적절한 것은?

① 행정소송
② 형사재판청구권
③ 국가배상청구권
④ 이의신청과 행정심판청구
⑤ 손실보상청구권

02 다음 중 기본권존중주의에 대한 설명으로 옳지 않은 것은?

① 자유와 권리의 본질적 내용은 결코 침해되어서는 아니 된다.
② 법률의 형식에 의하기만 한다면 얼마든지 기본권을 제한할 수 있다.
③ 표현의 자유에 대한 사전 검열제는 금지되어야 한다.
④ 사회적 국가원리도 기본권존중주의의 기초가 된다.
⑤ 우리나라는 헌법 제10조에서 기본권존중주의를 규정하고 있다.

03 다음 중 생명 · 자유 · 재산에 대한 권리와 행복 · 안전을 추구하는 권리가 최초로 선언된 것은?

① 1776년 6월 버지니아 권리장전
② 1776년 7월 미국의 독립선언
③ 1789년 프랑스 인권선언
④ 1779년 미연방헌법
⑤ 1838년 차티스트 운동

04 다음 중 소멸시효기간의 기산점에 대한 설명으로 옳은 것은?

① 불확정기한부 권리는 채권자가 기한 도래 사실을 안 때부터 소멸시효가 진행한다.

② 동시이행항변권이 붙은 채권은 이행기가 도래하더라도 소멸시효가 진행하지 않는다.

③ 이행불능으로 인한 손해배상청구권은 이행불능이 된 때로부터 소멸시효가 진행한다.

④ 선택채권은 선택권을 행사한 때로부터 소멸시효가 진행한다.

⑤ 부작위를 목적으로 하는 채권은 성립시부터 소멸시효가 진행한다.

05 행위자가 범행을 위하여 미리 술을 마시고 취한 상태에서 계획한 범죄를 실행한 경우에 적용되는 것은?

① 추정적 승낙   ② 구성요건적 착오

③ 원인에 있어서 자유로운 행위   ④ 과잉방위

⑤ 정당방위

06 다음 중 법의 효력에 대한 규정으로 옳지 않은 것은?

① 법률은 특별한 규정이 없는 한 공포한 날로부터 20일을 경과함으로써 효력을 발생한다.

② 모든 국민은 소급입법에 의하여 참정권의 제한을 받거나 재산권을 박탈당하지 않는다.

③ 대통령은 내란 또는 외환의 죄를 범한 경우를 제외하고는 재직 중 형사상의 소추를 받지 아니한다.

④ 범죄의 성립과 처벌은 재판 시의 법률에 의한다.

⑤ 헌법에 의하여 체결·공포된 조약과 일반적으로 승인된 국제법규는 국내법과 같은 효력을 가진다.

07 다음 중 국제사회에서 법의 대인적 효력에 대한 입장으로 옳은 것은?

① 속지주의를 원칙적으로 채택하고 속인주의를 보충적으로 적용한다.

② 속인주의를 원칙적으로 채택하고 속지주의를 보충적으로 적용한다.

③ 보호주의를 원칙적으로 채택하고 피해자주의를 보충적으로 적용한다.

④ 피해자주의를 원칙적으로 채택하고 보호주의를 보충적으로 적용한다.

⑤ 보호주의를 원칙적으로 채택하고 기국주의를 보충적으로 적용한다.

08 다음 중 비례대표제에 대한 설명으로 옳지 않은 것은?

① 사표를 방지하여 소수자의 대표를 보장한다.
② 군소정당의 난립이 방지되어 정국의 안정을 가져온다.
③ 득표수와 정당별 당선의원의 비례관계를 합리화시킨다.
④ 그 국가의 정당 사정을 고려하여 채택하여야 한다.
⑤ 명부의 형태에 따라 고정명부식, 가변명부식, 자유명부식으로 구분할 수 있다.

09 다음 중 법에 대한 설명으로 옳지 않은 것은?

① 국가의사의 최종 결정 권력이 국민에게 있다는 원리를 국민주권의 원리라 한다.
② 우리 헌법상 국민주권의 원리를 구현하기 위한 제도로는 대표민주제, 복수정당제, 국민투표제 등이 있다.
③ 모든 폭력적인 지배와 자의적인 지배를 배제하고, 그때그때 다수의 의사와 자유 및 평등에 의거한 국민의 자기결정을 토대로 하는 법치국가적 통치 질서를 자유민주적 기본 질서라 한다.
④ 자유민주적 기본 질서의 내용으로는 기본적 인권의 존중, 권력분립주의, 법치주의, 사법권의 독립, 계엄선포 및 긴급명령권, 양대정당제 등이 있다.
⑤ 주권을 가진 국민이 스스로 나라를 다스려야 한다는 원리를 국민 자치의 원리라 한다.

10 다음 중 법률행위의 취소에 대한 설명으로 옳지 않은 것은?

① 취소의 효과는 선의의 제3자에게 대항할 수 없는 것이 원칙이다.
② 취소할 수 있는 법률행위는 취소의 원인이 종료되기 전에 추인을 할 수 있는 것이 원칙이다.
③ 취소된 법률행위는 처음부터 무효인 것으로 보는 것이 원칙이다.
④ 취소할 수 있는 의사표시를 한 자의 대리인도 그 행위를 취소할 수 있다.
⑤ 취소할 수 있는 법률행위의 상대방이 확정한 경우, 그 취소는 그 상대방에 대한 의사표시로 한다.

11 다음 중 법의 적용 및 해석에 대한 내용으로 옳은 것은?

① 문리해석은 유권해석의 한 유형이다.

② 법률용어로 사용되는 선의·악의는 일정한 사항에 대해 아는 것과 모르는 것을 의미한다.

③ 유사한 두 가지 사항 중 하나에 대해 규정이 있으면 명문 규정이 없는 다른 쪽에 대해서도 같은 취지의 규정이 있는 것으로 해석하는 것을 준용이라 한다.

④ 간주란 법이 사실의 존재·부존재를 법 정책적으로 확정하되, 반대 사실의 입증이 있으면 번복되는 것이다.

⑤ 추정이란 나중에 반증이 나타나도 이미 발생된 효과를 뒤집을 수 없는 것을 말한다.

12 다음 중 구속적부심사의 청구권자가 아닌 것은?

① 구속된 피의자   ② 변호인

③ 피의자의 친구   ④ 피의자의 직계친족

⑤ 피의자의 고용주

13 다음 〈보기〉에서 형사소송법상 임의수사에 해당하는 경우를 모두 고르면?

```
보기
ㄱ. 검증                    ㄴ. 피의자신문
ㄷ. 사실조회                 ㄹ. 수색
```

① ㄱ, ㄴ   ② ㄱ, ㄷ

③ ㄴ, ㄷ   ④ ㄴ, ㄹ

⑤ ㄷ, ㄹ

14 다음 중 타인이 일정한 행위를 하는 것을 참고 받아들여야 할 의무는?

① 작위의무 ② 수인의무
③ 간접의무 ④ 권리반사
⑤ 평화의무

15 다음 중 상업사용인의 의무에 대한 설명으로 옳지 않은 것은?

① 상업사용인은 영업주의 허락 없이 본인이 아닌 제3자의 계산으로라도 영업주의 영업부류에 속한 거래를 할 수 없다.
② 상업사용인은 영업주의 허락 없이 다른 상인의 사용인이 되지 못한다.
③ 의무를 위반한 상업사용인은 영업주에 대하여 손해를 배상할 책임이 있다.
④ 의무를 위반하여 한 거래 행위는 원칙적으로 무효이다.
⑤ 의무의 위반은 사용인에 대한 계약의 해지 또는 손해배상의 청구에 영향을 미치지 않는다.

16 다음 〈보기〉 중 산업재해보상보험법령상 업무상의 재해에 해당하는 것을 모두 고르면?(단, 다툼이 있으면 판례에 따른다)

> **보기**
> ㄱ. 휴게시간 중 사업주의 지배관리하에 있다고 볼 수 있는 행위로 발생한 사고
> ㄴ. 사업주의 지시에 따라 참여한 행사 중에 발생한 사고
> ㄷ. 업무와 관련하여 정신적 충격을 유발할 수 있는 사건에 의해 발생한 외상후 스트레스장애
> ㄹ. 사업주가 제공한 교통수단을 이용하는 등 사업주의 지배관리하에서 출퇴근하는 중 발생한 사고

① ㄱ, ㄷ ② ㄴ, ㄹ
③ ㄱ, ㄴ, ㄹ ④ ㄴ, ㄷ, ㄹ
⑤ ㄱ, ㄴ, ㄷ, ㄹ

17 다음 〈보기〉 중 고용보험법상 용어에 대한 정의로 옳은 것을 모두 고르면?

> **보기**
>
> ㄱ. 실업 : 근로의 의사와 능력이 있음에도 불구하고 취업하지 못한 상태에 있는 것
> ㄴ. 일용근로자 : 1일 단위로 근로계약이 체결되는 근로자
> ㄷ. 이직(離職) : 피보험자가 사업주와의 고용관계를 종료한 후, 신규사업주와 근로계약을 체결하는 것

① ㄱ   ② ㄱ, ㄴ

③ ㄱ, ㄷ   ④ ㄴ, ㄷ

⑤ ㄱ, ㄴ, ㄷ

18 관할행정청 甲이 乙의 경비업 허가신청에 대해 거부처분을 한 경우, 이에 불복하는 乙이 제기할 수 있는 행정심판은 무엇인가?

① 당사자심판   ② 부작위위법확인심판

③ 거부처분부당확인심판   ④ 의무이행심판

⑤ 특허심판

19 다음 중 행정기관에 대한 설명으로 옳은 것은?

① 다수 구성원으로 이루어진 합의제 행정청이 대표적인 행정청의 형태이며, 지방자치단체의 경우 지방의회가 행정청이다.

② 감사기관은 다른 행정기관의 사무나 회계처리를 검사하고 그 적부에 관해 감사하는 기관이다.

③ 자문기관은 행정청의 내부 실·국의 기관으로 행정청의 권한 행사를 보좌한다.

④ 의결기관은 행정청의 의사결정에 참여하는 권한을 가진 기관이지만 행정청의 의사를 법적으로 구속하지는 못한다.

⑤ 집행기관은 채권자의 신청에 의하여 강제집행을 실시할 직무를 갖지 못한다.

20 다음 중 지방자치단체의 조직에 대한 설명으로 옳지 않은 것은?

① 지방자치단체에 주민의 대의기관인 의회를 둔다.
② 지방자치단체의 장은 주민이 보통·평등·직접·비밀선거에 따라 선출한다.
③ 지방자치단체의 장은 법령의 범위 안에서 자치에 대한 조례를 제정할 수 있다.
④ 지방자치단체의 종류는 법률로 정한다.
⑤ 지방의회의원의 임기는 4년으로 한다.

21 다음 중 사용자책임에 대한 설명으로 옳지 않은 것은?(단, 다툼이 있으면 판례에 따른다)

① 사용자책임이 성립하려면 사용자가 피용자를 실질적으로 지휘·감독하는 관계에 있어야 한다.
② 특별한 사정이 없다면 퇴직 이후 피용자의 행위에 대하여 종전의 사용자에게 사용자책임을 물을 수 없다.
③ 도급인이 수급인에 대하여 특정한 행위를 지휘한 경우 도급인에게는 사용자로서의 배상책임이 없다.
④ 피용자의 불법행위가 외형상 객관적으로 사용자의 사무집행행위로 보일 경우 행위자의 주관적 사정을 고려함이 없이 이를 사무집행에 관하여 한 행위로 본다.
⑤ 사용자책임의 경우에도 피해자에게 과실이 있으면 과실상계할 수 있다.

22 다음 중 민법상 법인에 대한 설명으로 옳지 않은 것은?

① 이사는 선량한 관리자의 주의로 그 직무를 행하여야 한다.
② 이사는 정관 또는 총회의 결의로 금지하지 아니한 사항에 한하여 타인으로 하여금 특정한 행위를 대리하게 할 수 있다.
③ 법인은 정관 또는 총회의 결의로 감사를 둘 수 있다.
④ 해산한 법인은 청산의 목적범위 내에서만 권리가 있고 의무를 부담한다.
⑤ 이사가 없거나 결원이 있는 경우에 이로 인하여 손해가 생길 염려 있는 때에는 법원은 이해관계인이나 검사의 청구에 의하여 특별대리인을 선임하여야 한다.

23 다음 중 민법이 규정하는 재단법인과 사단법인과의 차이에 대한 설명으로 옳지 않은 것은?

① 사단법인에는 사원총회가 있으나 재단법인에는 없다.
② 양자는 모두 공익법인이다.
③ 재단법인의 기부행위는 반드시 서면으로 작성할 것을 요하지 않으나 사단법인의 정관은 반드시 서면으로 작성하지 않으면 안 된다.
④ 양자는 모두 설립에 있어서 주무관청의 허가를 필요로 한다.
⑤ 사단법인은 2인 이상의 사원으로 구성되며, 재단법인은 일정한 목적에 바쳐진 재산에 의해 구성된다.

24 다음 중 자연인의 권리능력에 대한 설명으로 옳지 않은 것은?

① 자연인의 권리능력은 사망에 의해서만 소멸된다.
② 피성년후견인의 권리능력은 제한능력자에게도 차등이 없다.
③ 실종선고를 받으면 권리능력을 잃는다.
④ 우리 민법은 태아에 대해 개별적 보호주의를 취하고 있다.
⑤ 자연인은 출생과 동시에 권리능력을 가진다.

25 다음 중 상법상 주식회사 설립 시 정관의 절대적 기재사항으로 옳지 않은 것은?

① 목적
② 상호
③ 청산인
④ 본점의 소재지
⑤ 회사가 발행할 주식의 총수

01 다음 중 매트릭스 조직에 대한 설명으로 옳지 않은 것은?

① 명령통일의 원리가 배제되고 이중의 명령 및 보고체제가 허용되어야 한다.

② 부서장들 간의 갈등해소를 위해 공개적이고 빈번한 대면기회가 필요하다.

③ 기능부서의 장들과 사업부서의 장들이 자원배분에 관한 권력을 공유할 수 있어야 한다.

④ 조직의 환경 영역이 단순하고 확실한 경우 효과적이다.

⑤ 조직의 성과를 저해하는 권력투쟁을 유발하기 쉽다.

02 다음 중 〈보기〉의 ㉠에 대한 설명으로 옳은 것은?

> **보기**
>
> ㅤ㉠ㅤ이란 상대적으로 많이 가진 계층 또는 집단으로부터 적게 가진 계층 또는 집단으로 재산·소득·권리 등의 일부를 이전시키는 정책을 말한다. 이를테면 누진세 제도의 실시, 생활보호 대상자에 대한 의료보호, 영세민에 대한 취로사업, 무주택자에 대한 아파트 우선적 분양, 저소득 근로자들에게 적용시키는 근로소득보전세제 등의 정책이 이에 속한다.

① 정책 과정에서 이해당사자들 상호 간 이익이 되는 방향으로 협력하는 로그롤링(Log Rolling) 현상이 나타난다.

② 계층 간 갈등이 심하고 저항이 발생할 수 있어 국민적 공감대를 형성할 때 정책의 변화를 가져오게 된다.

③ 체제 내부를 정비하는 정책으로 대외적 가치배분에는 큰 영향이 없으나 대내적으로는 게임의 법칙이 발생한다.

④ 대체로 국민 다수에게 돌아가지만 사회간접시설과 같이 특정지역에 보다 직접적인 편익이 돌아가는 경우도 많다.

⑤ 법령에서 제시하는 광범위한 기준을 근거로 국민들에게 강제적으로 특정한 부담을 지우는 것이다.

03 다음 중 베버(Weber)가 제시한 이념형 관료제에 대한 설명으로 옳지 않은 것은?

① 관료의 충원 및 승진은 전문적인 자격과 능력을 기준으로 이루어진다.

② 조직 내의 모든 결정행위나 작동은 공식적으로 확립된 법규체제에 따른다.

③ 하급자는 상급자의 지시나 명령에 복종하는 계층제의 원리에 따라 조직이 운영된다.

④ 민원인의 만족 극대화를 위해 업무처리 시 관료와 민원인과의 긴밀한 감정교류가 중시된다.

⑤ 조직 내의 모든 업무는 문서로 처리하는 것이 원칙이다.

04 교통체증 완화를 위한 차량 10부제 운행은 윌슨(Wilson)이 제시한 규제정치이론의 네 가지 유형 중 어디에 해당하는가?

① 대중정치　　　　　　　　　　　② 기업가정치

③ 이익집단정치　　　　　　　　　　④ 고객정치

⑤ 소비자정치

05 다음 중 지방자치법상 지방의회의 의결사항에 해당하지 않는 것은?

① 조례의 제정·개정 및 폐지

② 재의요구권

③ 기금의 설치·운용

④ 대통령령으로 정하는 중요 재산의 취득·처분

⑤ 청원의 수리와 처리

06 다음 중 피터스(Peters)가 제시한 뉴거버넌스 정부개혁 모형별 문제의 진단 기준과 해결 방안으로 옳지 않은 것은?

① 전통적 정부모형의 문제 진단 기준은 전근대적인 권위에 있으며, 구조 개혁 방안으로 계층제를 제안한다.

② 탈내부규제 정부모형의 문제 진단 기준은 내부규제에 있으며, 관리 개혁 방안으로 관리 재량권 확대를 제안한다.

③ 시장적 정부모형의 문제 진단 기준은 공공서비스에 대한 정부의 독점적 공급에 있으며, 구조 개혁 방안으로 분권화를 제안한다.

④ 참여적 정부모형의 문제 진단 기준은 관료적 계층제에 있으며, 구조 개혁 방안으로 가상조직을 제안한다.

⑤ 신축적 정부모형의 문제 진단 기준은 영속성에 있으며, 관리 개혁 방안으로 가변적 인사관리를 제안한다.

07 다음 중 코터(J.P. Kotter)의 변화관리 모형 8단계를 순서대로 바르게 나열한 것은?

① 위기감 조성 → 변화추진팀 구성 → 비전 개발 → 비전 전달 → 임파워먼트 → 단기성과 달성 → 지속적 도전 → 변화의 제도화

② 위기감 조성 → 비전 개발 → 비전 전달 → 임파워먼트 → 단기성과 달성 → 변화의 제도화 → 변화추진팀 구성 → 지속적 도전

③ 단기성과 달성 → 위기감 조성 → 변화추진팀 구성 → 비전 개발 → 비전 전달 → 임파워먼트 → 지속적 도전 → 변화의 제도화

④ 변화추진팀 구성 → 비전 개발 → 비전 전달 → 임파워먼트 → 단기성과 달성 → 지속적 도전 → 위기감 조성 → 변화의 제도화

⑤ 위기감 조성 → 변화추진팀 구성 → 단기성과 달성 → 비전 개발 → 비전 전달 → 임파워먼트 → 지속적 도전 → 변화의 제도화

08 다음 중 관료제의 병리와 역기능에 대한 설명으로 옳지 않은 것은?

① 셀즈닉(P. Selznik)에 따르면 최고관리자의 관료에 대한 지나친 통제가 조직의 경직성을 초래하여 관료제의 병리현상이 나타난다.

② 관료들은 상관의 권위에 무조건적으로 의존하는 경향이 있다.

③ 관료들은 보수적이며 변화와 혁신에 저항하는 경향이 있다.

④ 파킨슨의 법칙은 업무량과는 상관없이 기구와 인력을 팽창시키려는 역기능을 의미한다.

⑤ 굴드너(W. Gouldner)는 관료들의 무사안일주의적 병리현상을 지적한다.

09 다음 중 우리나라 책임운영기관에 대한 설명으로 옳지 않은 것은?

① 행정안전부장관은 5년 단위로 책임운영기관의 관리 및 운영 전반에 대한 기본계획을 수립하여야 한다.

② 책임운영기관은 기관의 지위에 따라 소속책임운영기관과 중앙책임운영기관으로 구분된다.

③ 중앙책임운영기관의 장의 임기는 2년으로 하되, 한 차례만 연임할 수 있다.

④ 소속책임운영기관의 장의 채용기간은 2년의 범위에서 소속중앙행정기관의 장이 정한다.

⑤ 책임운영기관운영위원회는 위원장 및 부위원장 각 1명을 포함한 15명 이내의 위원으로 구성한다.

10 다음 중 드로(Y. Dror)의 최적모형에 대한 설명으로 옳지 않은 것은?

① 합리적 정책결정모형이론이 과도하게 계량적 분석에 의존해 현실 적합성이 떨어지는 한계를 보완하기 위해 제시되었다.

② 정책결정자의 직관적 판단도 중요한 요소로 간주한다.

③ 경제적 합리성의 추구를 기본 원리로 삼는다.

④ 느슨하게 연결되어 있는 조직의 결정을 다룬다.

⑤ 양적 분석과 함께 질적 분석결과도 중요한 고려 요인으로 인정한다.

11 다음 중 대표관료제에 대한 설명으로 옳지 않은 것은?

① 대표관료제는 정부관료제가 그 사회의 인적 구성을 반영하도록 구성함으로써 관료제 내에 민주적 가치를 반영시키려는 의도에서 발달하였다.

② 크랜츠(Kranz)는 대표관료제의 개념을 비례대표로까지 확대하여 관료제 내의 출신 집단별 구성 비율이 총인구 구성 비율과 일치해야 할 뿐만 아니라 나아가 관료제 내의 모든 직무 분야와 계급의 구성 비율까지도 총인구 비율에 상응하게 분포되어 있어야 한다고 주장한다.

③ 대표관료제의 장점은 사회의 인구 구성적 특징을 반영하는 소극적 측면의 확보를 통해서 관료들이 출신 집단의 이익을 위해 적극적으로 행동하는 적극적인 측면을 자동적으로 확보하는 데 있다.

④ 대표관료제는 할당제를 강요하는 결과를 초래해 현대 인사행정의 기본 원칙인 실적주의를 훼손하고 행정능률을 저해할 수 있다는 비판을 받는다.

⑤ 우리나라의 양성평등채용목표제나 지역인재추천채용제는 관료제의 대표성을 제고하기 위해 도입된 제도로 볼 수 있다.

12 다음 중 공공선택론에 대한 설명으로 옳지 않은 것은?

① 정부를 공공재의 생산자로 규정하며, 시민들을 공공재의 소비자로 규정한다.

② 자유시장의 논리를 공공부문에 도입함으로써 시장실패라는 한계를 안고 있다.

③ 시민 개개인의 선호와 선택을 존중하며 경쟁을 통해 서비스를 생산하고 공급함으로써 행정의 대응성이 높아진다.

④ 뷰캐넌(J. Buchanan)이 창시하고 오스트롬(V. Ostrom)이 발전시킨 이론으로, 정치학적인 분석 도구를 중시한다.

⑤ 개인의 기득권을 계속 유지하려는 보수적인 접근이라는 비판이 있다.

13 다음 중 우리나라의 지방자치제도에 대한 설명으로 옳지 않은 것은?

① 지방의회는 매년 1회 그 지방자치단체의 사무에 대하여 시·도에서는 14일의 범위에서, 시·군 및 자치구에서는 9일의 범위에서 감사를 실시한다.

② 지방의회 의장 또는 부의장에 대한 불신임의결은 재적의원 3분의 1 이상의 발의와 재적의원 과반수의 찬성으로 행한다.

③ 지방자치단체장은 주민투표의 전부 또는 일부 무효의 판결이 확정된 때에는 그 날부터 20일 이내에 무효로 된 투표구의 재투표를 실시하여야 한다.

④ 주민투표의 투표일은 주민투표 발의일로부터 23일 이후 첫 번째 수요일로 한다.

⑤ 지방자치단체장은 확정된 조례를 지체 없이 공포해야 한다.

14 다음 중 정책평가에서 인과관계의 타당성을 저해하는 여러 가지 요인들에 대한 설명으로 옳지 않은 것은?

① 성숙효과 : 정책으로 인하여 그 결과가 나타난 것이 아니라 그냥 가만히 두어도 시간이 지나면서 자연스럽게 변화가 일어나는 경우

② 회귀인공 요소 : 정책대상의 상태가 정책의 영향력과는 관계없이 자연스럽게 평균값으로 되돌아가는 경향

③ 호손 효과 : 정책 효과가 나타날 가능성이 높은 집단을 의도적으로 실험집단으로 선정함으로써 정책의 영향력이 실제보다 과대평가되는 경우

④ 혼란 변수 : 정책 이외에 제3의 변수도 결과에 영향을 미치는 경우 정책의 영향력을 정확히 평가하기 어렵게 만드는 변수

⑤ 허위 변수 : 정책과 결과 사이에 아무런 인과관계가 없으나 마치 정책과 결과 사이에 인과관계가 존재하는 것처럼 착각하게 만드는 변수

15 다음 글의 빈칸 ㉠에 들어갈 용어로 옳은 것은?

> 각 중앙관서의 장은 중기사업계획서를 매년 1월 31일까지 기획재정부 장관에게 제출하여야 하며, 기획재정부 장관은 국무회의 심의를 거쳐 대통령 승인을 얻은 다음 연도의 ____㉠____ 을/를 매년 3월 31일까지 각 중앙관서의 장에게 통보하여야 한다.

① 국가재정 운용계획　　　　　　② 예산 및 기금운용계획 집행지침
③ 예산안편성지침　　　　　　　④ 총사업비 관리지침
⑤ 예산요구서

16 다음 중 사회적 자본(Social Capital)에 대한 설명으로 옳지 않은 것은?

① 사회적 자본은 사회 내 신뢰 강화를 통해 거래비용을 감소시킨다.
② 사회적 자본은 경제적 자본에 비해 형성 과정이 불투명하고 불확실하다.
③ 사회적 자본은 사회적 규범 또는 효과적인 사회적 제재력을 제공한다.
④ 사회적 자본은 동조성을 요구하면서 개인의 행동이나 사적 선택을 적극적으로 촉진시킨다.
⑤ 사회적 자본은 집단 결속력으로 인해 다른 집단과의 관계에 있어서 부정적 효과를 나타낼 수도 있다.

17 다음 중 정책대상 집단에 대한 순응확보 전략을 〈보기〉에서 유형에 따라 순서대로 바르게 나열한 것은?

> **보기**
> ㄱ. 황무지를 초지로 개간하여 조사료(Bulky Food)를 재배하는 축산농가에 대해서는 개간한 초지 면적당 일정액의 보조금을 지급할 예정입니다.
> ㄴ. 작업장에서의 안전장비 착용에 대한 중요성을 홍보하는 TV광고를 발주하도록 하겠습니다.
> ㄷ. 일반용 쓰레기봉투에 재활용품을 담아서 배출하는 경우 해당 쓰레기봉투는 수거하지 않도록 하겠습니다.
> ㄹ. 이번에 추진하는 신규 사업에 보다 많은 주민들이 지원할 수 있도록 선발기준을 명료하게 명시한 안내문을 발송하고 필요 시 직원들이 직접 찾아가서 관련 서류를 구비하는 것을 지원하도록 하겠습니다.

	설득전략	촉진전략	유인전략	규제전략
①	ㄴ	ㄱ	ㄹ	ㄷ
②	ㄴ	ㄷ	ㄱ	ㄹ
③	ㄴ	ㄹ	ㄱ	ㄷ
④	ㄹ	ㄱ	ㄴ	ㄷ
⑤	ㄹ	ㄷ	ㄱ	ㄴ

18 다음 중 우리나라 지방자치단체의 자치권에 대한 설명으로 옳지 않은 것은?

① 지방자치단체는 자치재정권이 인정되어 조례를 통해서 독립적인 지방 세목을 설치할 수 있다.

② 행정기구의 설치는 대통령령이 정하는 범위 안에서 지방자치단체의 조례로 정한다.

③ 자치사법권이 부여되어 있지 않다.

④ 중앙정부가 분권화시킨 결과가 지방정부의 자치권 확보라고 할 수 있다.

⑤ 중앙과 지방의 기능배분에 있어서 포괄적 예시형 방식을 적용한다.

19 다음 중 행정학의 접근방법에 대한 설명으로 옳지 않은 것은?

① 행태론적 접근방법은 현상에서 가치 문제가 많이 개입되어 있을수록 이론의 적합성이 떨어지기 때문에 의도적으로 이러한 문제를 연구 대상이나 범위에서 제외시킬 수 있다.

② 체제론적 접근방법은 자율적으로 목표를 설정하고 그 방향으로 체제를 적극적으로 변화시켜 나가려는 측면보다 환경 변화에 잘 적응하려는 측면을 강조한다.

③ 신제도주의는 행위 주체의 의도적이고 전략적인 행동이 제도에 영향을 미칠 수 있다는 점을 부정하고, 제도설계와 변화보다는 제도의 안정성 차원에 관심을 보이고 있다.

④ 논변적 접근방법의 진정한 가치는 각자 자신들의 주장에 대한 논리성을 점검하고 상호 타협과 합의를 도출하는 민주적 절차에 있다.

⑤ 법적·제도적 접근방법은 연구가 지나치게 기술적(Descriptive) 수준에 머물고 정태적이라는 비판에 부딪혔다.

20 다음 〈보기〉 중 예산제도에 대한 설명으로 옳은 것을 모두 고르면?

보기

ㄱ. 품목별 예산제도(LIBS) – 지출의 세부적인 사항에만 중점을 두므로 정부활동의 전체적인 상황을 알 수 없다.

ㄴ. 성과주의 예산제도(PBS) – 예산배정 과정에서 필요사업량이 제시되지 않아서 사업계획과 예산을 연계할 수 없다.

ㄷ. 기획예산제도(PPBS) – 모든 사업이 목표달성을 위해 유기적으로 연계되어 있어 부처 간의 경계를 뛰어넘는 자원배분의 합리화를 가져올 수 있다.

ㄹ. 영기준예산제도(ZBB) – 모든 사업이나 대안을 총체적으로 분석하므로 시간이 많이 걸리고 노력이 과중할 뿐만 아니라 과도한 문서자료가 요구된다.

ㅁ. 목표관리제도(MBO) – 예산결정 과정에 관리자의 참여가 어렵다는 점에서 집권적인 경향이 있다.

---

① ㄱ, ㄷ, ㄹ

② ㄱ, ㄷ, ㅁ

③ ㄴ, ㄷ, ㄹ

④ ㄱ, ㄴ, ㄹ, ㅁ

⑤ ㄴ, ㄷ, ㄹ, ㅁ

21 다음 〈보기〉 중 행정가치에 대한 설명으로 옳은 것은 모두 몇 개인가?

> **보기**
>
> ㄱ. 실체설은 공익을 사익의 총합이라고 파악하며, 사익을 초월한 별도의 공익이란 존재하지 않는 다고 본다.
> ㄴ. 롤스(Rawls)의 사회정의의 원리에 의하면 정의의 제1원리는 기본적 자유의 평등 원리이며, 제 2원리는 차등조정의 원리이다. 제2원리 내에서 충돌이 생길 때에는 '차등원리'가 '기회균등의 원리'에 우선되어야 한다.
> ㄷ. 과정설은 공익을 사익을 초월한 실체적, 규범적, 도덕적 개념으로 파악하며, 공익과 사익과 의 갈등이란 있을 수 없다고 본다.
> ㄹ. 베를린(Berlin)은 자유의 의미를 두 가지로 구분하면서, 간섭과 제약이 없는 상태를 적극적 자 유라고 하고, 무엇을 할 수 있는 자유를 소극적 자유라고 하였다.

① 없음
② 1개
③ 2개
④ 3개
⑤ 4개

22 다음 중 행정통제에 대한 설명으로 옳지 않은 것은?

① 사전적 통제는 어떤 행동이 통제기준에서 이탈되는 결과를 발생시킬 때까지 기다리지 않고 그러 한 결과의 발생을 유발할 수 있는 행동이 나타날 때마다 교정해 나간다.
② 통제주체에 의한 통제 분류의 대표적인 예는 외부적 통제와 내부적 통제이다.
③ 외부적 통제의 대표적인 예는 국회, 법원, 국민 등에 의한 통제이다.
④ 사후적 통제는 목표수행 행동의 결과가 목표 기준에 부합되는가를 평가하여 필요한 시정조치를 취하는 통제이다.
⑤ 부정적 환류통제는 실적이 목표에서 이탈된 것을 발견하고 후속되는 행동이 전철을 밟지 않도록 시정하는 통제이다.

23 다음 〈보기〉는 각종 지역사업을 나열한 것이다. 이 중 현행 지방공기업법에 규정된 지방공기업 대상사업(당연적용사업)이 아닌 것을 모두 고르면?

> **보기**
>
> ㄱ. 수도사업(마을상수도사업은 제외)　　ㄴ. 주민복지사업
> ㄷ. 공업용수도사업　　　　　　　　　　ㄹ. 공원묘지사업
> ㅁ. 주택사업　　　　　　　　　　　　　ㅂ. 토지개발사업

① ㄱ, ㄷ　　　　　　　　　　　　② ㄴ, ㄹ
③ ㄷ, ㅁ　　　　　　　　　　　　④ ㄹ, ㅂ
⑤ ㅁ, ㅂ

24 다음 〈보기〉 중 조직이론에 대한 설명으로 옳은 것을 모두 고르면?

> **보기**
>
> ㄱ. 베버(M. Weber)의 관료제론에 따르면, 규칙에 의한 규제는 조직에 계속성과 안정성을 제공한다.
> ㄴ. 행정관리론에서는 효율적 조직관리를 위한 원리들을 강조한다.
> ㄷ. 호손(Hawthorne)실험을 통하여 조직 내 비공식집단의 중요성이 부각되었다.
> ㄹ. 조직군 생태이론(Population Ecology Theory)에서는 조직과 환경의 관계를 분석함에 있어 조직의 주도적·능동적 선택과 행동을 강조한다.

① ㄱ, ㄴ　　　　　　　　　　　　② ㄱ, ㄴ, ㄷ
③ ㄱ, ㄴ, ㄹ　　　　　　　　　　④ ㄱ, ㄷ, ㄹ
⑤ ㄴ, ㄷ, ㄹ

25 다음 중 예산개혁의 경향이 시대에 따라 변화해 온 시기를 순서대로 바르게 나열한 것은?

① 통제 지향 – 관리 지향 – 기획 지향 – 감축 지향 – 참여 지향
② 통제 지향 – 감축 지향 – 기획 지향 – 관리 지향 – 참여 지향
③ 관리 지향 – 감축 지향 – 통제 지향 – 기획 지향 – 참여 지향
④ 관리 지향 – 기획 지향 – 통제 지향 – 감축 지향 – 참여 지향
⑤ 기획 지향 – 감축 지향 – 통제 지향 – 관리 지향 – 참여 지향

02 | 사무상경(경영 · 경제 · 회계)
적중예상문제

정답 및 해설 p.071

PART 2

01 경영

01 BCG연구에서 성장률이 낮고 시장점유율이 높은 상태의 사업을 지칭하는 것은?

① 수익주종사업　　　　　　　　② 문제사업

③ 사양사업　　　　　　　　　　④ 개발사업

⑤ 유치사업

02 다음 중 페이욜(Fayol)이 주장한 경영활동에 대해 바르게 연결한 것은?

① 기술활동 – 생산, 제조, 가공

② 상업활동 – 계획, 조직, 지휘, 조정, 통제

③ 회계활동 – 구매, 판매, 교환

④ 관리활동 – 재화 및 종업원 보호

⑤ 재무활동 – 원가관리, 예산통제

03 다음 중 호손실험(Hawthorne experiment)의 순서를 바르게 나열한 것은?

| ㄱ. 면접실험 | ㄴ. 조명실험 |
| ㄷ. 배전기 전선작업실 관찰 | ㄹ. 계전기 조립실험 |

① ㄱ → ㄴ → ㄷ → ㄹ
② ㄱ → ㄹ → ㄷ → ㄴ
③ ㄴ → ㄹ → ㄱ → ㄷ
④ ㄴ → ㄹ → ㄷ → ㄱ
⑤ ㄹ → ㄱ → ㄷ → ㄴ

04 다음에서 설명하는 조직이론은?

- 조직의 환경요인들은 상호의존적인 관계를 형성하여야 한다.
- 조직 생존의 핵심적인 요인은 자원을 획득하고 유지할 수 있는 능력이다.
- 조직은 자율성과 독립성을 유지하기 위하여 환경에 대한 영향력을 행사해야 한다.

① 제도화 이론
② 자원의존 이론
③ 조직군 생태학 이론
④ 거래비용 이론
⑤ 학습조직 이론

05 다음 중 경영이론의 주창자와 그 내용이 옳지 않은 것은?

① 테일러(Taylor) : 차별적 성과급제
② 메이요(Mayo) : 비공식 조직의 중시
③ 페이욜(Fayol) : 권한과 책임의 원칙
④ 포드(Ford) : 고임금 고가격의 원칙
⑤ 베버(Weber) : 규칙과 절차의 중시

06 다음 중 리볼빙에 대한 설명으로 옳지 않은 것은?

① 매달 수입이 일정한 사람보다는 매달 수입이 불규칙적인 사람에게 유리한 서비스이다.

② 리볼빙을 잘 활용하면 연체에 따른 신용점수 하락을 막을 수 있는 장점이 있다.

③ 리볼빙을 장기적으로 사용하면 신용점수에 긍정적인 효과를 미친다.

④ 리볼빙 이자율은 평균적인 시중은행 신용대출 이자율보다 높은 편이다.

⑤ 카드 값이 50만 원 나왔을 때 리볼빙 비율을 10%로 지정하면 결제할 일부 금액은 5만 원이다.

07 다음 〈보기〉 중 기업의 이윤 극대화에 대한 설명으로 옳은 것을 모두 고르면?

> **보기**
>
> ㄱ. 한계수입(MR)과 한계비용(MC)이 같을 때 이윤 극대화의 1차 조건이 달성된다.
> ㄴ. 한계비용(MC)곡선이 한계수입(MR)곡선을 아래에서 위로 교차하는 영역에서 이윤 극대화의 2차 조건이 달성된다.
> ㄷ. 평균비용(AC)곡선과 평균수입(AR)곡선이 교차할 때의 생산수준에서 이윤 극대화가 달성된다.

① ㄱ
② ㄷ
③ ㄱ, ㄴ
④ ㄴ, ㄷ
⑤ ㄱ, ㄴ, ㄷ

08 생산품의 결함발생률을 백만 개 중 3 ~ 4개 수준으로 낮추려는 데서 시작된 경영혁신 운동으로 '측정 – 분석 – 개선 – 관리(MAIC)'의 과정을 통하여 문제를 찾아 개선해가는 과정은?

① 식스 시그마(6 – Sigma)

② 학습조직(Learning Organization)

③ 리엔지니어링(Reengineering)

④ ERP(Enterprise Resource Planning)

⑤ CRM(Customer Relationship Management)

09 다음 중 페스팅거(Festinger)의 인지 부조화 이론에 대한 설명으로 옳지 않은 것은?

① 구매 후 부조화란 제품을 구매, 소비, 처분한 후에 그러한 의사결정이 올바른 것이었는가에 대하여서 확신하지 못하는 경험을 의미한다.

② 제품을 반품할 수 없을 경우 구매 후 부조화는 더욱 커지게 된다.

③ 가격이 높은 제품일수록 구매 후 부조화는 더욱 작아지게 된다.

④ 구매 후 부조화를 줄이기 위해 긍정적인 정보는 더욱 검색하고 부정적인 정보는 차단한다.

⑤ 안내 책자를 제공하거나 피드백을 통한 구매자의 선택이 훌륭하였음을 확인시키는 활동의 경우 등은 구매 후 부조화를 감소시키기 위한 것이다.

10 다음에서 설명하는 마케팅 분석방법은?

> 소비자가 제품을 구매할 때 중요시하는 제품 속성과 속성 수준에 부여하는 가치를 산출해냄으로써 최적 신제품의 개발을 지원해주는 분석방법

① SWOT 분석

② 시계열 분석(Time Series Analysis)

③ 컨조인트 분석(Conjoint Analysis)

④ 상관관계 분석(Correlation Analysis)

⑤ 다차원척도 분석(Multidimensional Analysis)

11 다른 기업에게 수수료를 받는 대신 자사의 기술이나 상품 사양을 제공하고 그 결과로 생산과 판매를 허용하는 것은?

① 아웃소싱(Outsourcing)   ② 합작투자(Joint Venture)

③ 라이선싱(Licensing)   ④ 턴키프로젝트(Turn Key Project)

⑤ 그린필드투자(Green Field Investment)

12 다음 중 재무비율을 분석하는 방법 중 안정성 비율, 수익성 비율, 성장성 비율을 순서대로 나열한 것은?

① 당좌비율 – 매출액증가율 – 매출액순이익률
② 부채비율 – 매출액영업이익률 – 총자산증가율
③ 고정비율 – 순이익증가율 – 총자산이익률
④ 주당순이익 – 이자보상비율 – 배당성향
⑤ 자기자본비율 – 유보율 – 자기자본순이익률

13 다음 중 수요곡선을 이동시키는 변수에 해당하지 않는 것은?

① 소비자 수
② 소비자의 취향
③ 대체재, 보완재의 가격
④ 해당 재화의 가격
⑤ 소비자의 소득

14 다음 중 빈칸 ㉠ ~ ㉢에 들어갈 단어로 옳지 않은 것은?

> • 기준금리를 인하하면 가계소비와 기업 투자를 촉진하고 자산가격의 ___㉠___ 을 유도하여 경제를 활성화시키는 효과가 있다.
> • 천연가스 가격이 오르면 대체재인 원유의 공급곡선은 ___㉡___ 으로 이동한다.
> • ___㉢___ 이란 시장가격이 균형가격보다 높아 공급이 수요를 초과하는 상태를 말한다.
> • 대출 금리는 ___㉣___ 등 시장금리에 연동시켜 결정한다.
> • 한국은행 금융통화위원회는 물가동향, 국내외 경제상황 등을 종합적으로 고려하여 연 8회 ___㉤___ 를 결정한다.

① ㉠ : 하락
② ㉡ : 오른쪽
③ ㉢ : 초과공급
④ ㉣ : CD금리
⑤ ㉤ : 기준금리

15 다음은 유통경로의 설계전략에 대한 내용이다. 빈칸 (ㄱ) ~ (ㄷ)에 들어갈 내용을 순서대로 바르게 나열한 것은?

> - _____(ㄱ)_____ 유통은 가능한 많은 중간상들에게 자사의 제품을 취급하도록 하는 것으로 과자, 저가 소비재 등과 같이 소비자들이 구매의 편의성을 중시하는 품목에서 채택하는 방식
> - _____(ㄴ)_____ 유통은 제품의 이미지를 유지하고 중간상들의 협조를 얻기 위해 일정 지역 내에서의 독점 판매권을 중간상에게 부여하는 방식
> - _____(ㄷ)_____ 유통은 앞의 두 유통 대안의 중간 형태로 지역별로 복수의 중간상에게 자사의 제품을 취급할 수 있도록 하는 방식

	(ㄱ)	(ㄴ)	(ㄷ)
①	전속적	집약적	선택적
②	집약적	전속적	선택적
③	선택적	집약적	전속적
④	전속적	선택적	집약적
⑤	집약적	선택적	전속적

16 다음 중 마케팅 믹스에 대한 설명으로 옳지 않은 것은?

① 전문품은 상점에 나가기 전에 그 제품이나 내용 등에 대하여 잘 알고 있으며 구매과정에서 상당한 노력을 한다.
② 마케팅리더는 비공식 마케팅 경로에서 중요한 역할을 한다.
③ 수명주기는 도입기, 성장기, 성숙기, 쇠퇴기의 과정을 거치게 되는데 성장·성숙기는 특히 매출액이 증가하는 시기이다.
④ 제품믹스란 유사용도나 특성을 갖는 제품군을 말한다.
⑤ 마케팅 믹스를 통해 이익·매출·이미지·사회적 명성·ROI(사용자본이익률)와 같은 기업목표를 달성할 수 있게 된다.

17 A국가와 B국가의 재화 1단위 생산 당 투하 노동량이 다음과 같다고 할 때, 컴퓨터 생산에 비교우위가 있는 나라와 컴퓨터 1대 생산에 따른 기회비용이 바르게 짝지어진 것은?

구분	컴퓨터 1대 생산에 소요되는 노동량	TV 1대 생산에 소요되는 노동량
A국가	20	8
B국가	10	2

① A국가, 2.5

② A국가, 0.6

③ A국가, 0.4

④ B국가, 5

⑤ B국가, 0.5

18 다음 중 직무현장훈련(OJT)에 대한 설명으로 옳지 않은 것은?

① 실습장 훈련, 인턴사원, 경영 게임법 등이 이에 속한다.

② 실제 현장에서 실제로 직무를 수행하면서 이루어지는 현직훈련이다.

③ 훈련 내용의 전이정도가 높고 실제 업무와 직결되어 경제적인 장점을 가진다.

④ 훈련 방식의 역사가 오래되며, 생산직에서 보편화된 교육방식이라 할 수 있다.

⑤ 지도자의 높은 자질이 요구되고, 교육훈련 내용의 체계화가 어렵다.

19 다음 중 사업부 조직(Divisional Structure)에 대한 설명으로 옳지 않은 것은?

① 사업부제 조직의 각 사업부는 제품의 생산과 판매에 대한 결정이 맡겨져 있으므로 이익센터가 된다.

② 제품별 사업부 조직은 사업부내의 기능간 조정이 용이하며, 시장특성에 따라 대응함으로써 소비자의 만족을 증대시킬 수 있다.

③ 사업부 간 연구개발, 회계, 판매, 구매 등의 활동이 조정되어 관리비가 줄어든다.

④ 사업부제는 기업의 조직을 제품별·지역별·시장별 등 포괄성 있는 사업별 기준에 따라 제1차적으로 편성하고, 각 부분조직을 사업부로 하여 대폭적인 자유재량권을 부여하는 분권적 조직이다.

⑤ 사업부간의 중복으로 예산낭비, 사업부간 이기주의의 초래 등 문제점이 발생할 수 있다.

20 다음 〈보기〉 중 코픽스(COPIX) 금리에 대한 설명으로 옳은 것을 모두 고르면?

> **보기**
> ㉠ 코픽스 금리는 국내 8개 은행이 자금을 구할 때 소요되는 평균비용을 산출한 금리이다.
> ㉡ 코픽스 금리는 해당 은행이 자체적으로 계산하여 평균값을 산출한다.
> ㉢ 코픽스 금리는 신규취급액기준, 잔액기준, 신 잔액기준, 단기로 각각 구분하여 공시한다.
> ㉣ 코픽스 금리 산출대상 수신상품은 총 7개이다.

① ㉠, ㉡
② ㉠, ㉢
③ ㉡, ㉢
④ ㉡, ㉣
⑤ ㉢, ㉣

21 경영혁신 방법론 중 하나인 비즈니스 프로세스 리엔지니어링(BPR)의 특징으로 옳지 않은 것은?

① 마이클 해머가 주창한 이론으로 작업공정을 검토 후 필요 없는 부분을 제거한다.
② 현재의 업무절차를 근본적으로 다시 생각하고 완전히 새롭게 설계한다.
③ 부서내 업무보다는 부서간 업무의 합리화에 초점을 맞춘다.
④ 품질, 비용, 속도, 서비스와 같은 업무성과의 점진적인 개선을 목표로 한다.
⑤ 반복적이고 불필요한 과정들을 제거하기 위해 업무 상의 여러 단계들을 통합한다.

22 다음 〈보기〉 중 이자율 결정이론에 대한 설명으로 옳은 것을 모두 고르면?

> **보기**
> ㉠ 고전학파는 실질이자율이 저축과 투자를 일치시키는 가격으로서의 역할을 수행한다고 주장하였다.
> ㉡ 케인스는 통화량의 변동이 장기적으로 물가수준의 변동만을 가져온다고 주장하였다.
> ㉢ 케인스는 화폐적 요인이 이자율 결정에 중요한 영향을 미친다고 주장하였다.
> ㉣ 오린과 로버트슨은 대부자금설을 통해 대부자금의 공급을 결정하는 요인으로 실물부문 수요와 화폐공급의 증감분을 주장하였다.

① ㉠, ㉡
② ㉠, ㉢
③ ㉡, ㉢
④ ㉡, ㉣
⑤ ㉢, ㉣

23 K기업은 완전경쟁시장에서 노동만을 이용하여 구두를 생산하여 판매한다고 한다. 이 시장에서 구두 한 켤레의 가격과 임금은 각각 1만 원과 65만 원으로 결정되었다고 한다. 노동자의 수와 생산량이 아래와 같을 때, 기업이 이윤을 극대화하기 위해서 고용하게 될 노동자 수는?

노동자 수(명)	구두 생산량(켤레)	노동자 수(명)	구두 생산량(켤레)
1	150	4	390
2	240	5	450
3	320	6	500

① 2명

③ 4명

⑤ 6명

② 3명

④ 5명

24 다음 중 거래처리 시스템에 대한 설명으로 옳지 않은 것은?

① 기업활동의 가장 기본적인 역할을 지원하는 시스템이다.

② 온라인 처리 방식 또는 일괄처리 방식에 의한 거래데이터의 처리방식이다.

③ 시스템이 잘 구축되었을 경우에는 상위 경영활동에 속하는 관리통제, 운영통제 및 전략계획 등을 지원하는 타 시스템도 제대로 구축·운영이 될 수 있다.

④ 거래처리 시스템은 주로 중간관리층의 의사결정을 지원한다.

⑤ 경영 활동의 처리 속도를 빠르게 하고 사무 노동비용을 크게 절감할 수 있게 한다.

25 다음 〈보기〉 중 이자율 기간구조에 대한 설명으로 옳지 않은 것을 모두 고르면?

> **보기**
> ㉠ 이자율 기간구조란 채권 만기와 현물이자율의 관계를 설명한다.
> ㉡ 일반적으로 채권은 만기가 길수록 금리가 높아져 수익률곡선이 우하향의 모양을 보인다.
> ㉢ 금리가 상승할 가능성이 높을 경우, 채권 가격은 상승한다.
> ㉣ 회사채와 국고채 사이의 금리 차이를 신용스프레드라고 한다.

① ㉠, ㉡

③ ㉡, ㉢

⑤ ㉢, ㉣

② ㉠, ㉢

④ ㉡, ㉣

01   1950년대 이후 선진국 간의 무역이 크게 증가하였다. 이러한 선진국 간의 무역 증가를 가장 잘 설명한 것은?

① 리카도의 비교우위론   ② 헥셔-올린 정리

③ 요소가격균등화 정리   ④ 티에프의 역설

⑤ 규모의 경제

02   다음 경제이론과 관련이 있는 것은?

> 1980년대 말 버블경제의 붕괴 이후 지난 10여 년간 일본은 장기침체를 벗어나지 못하고 있다. 이에 대한 대책의 하나로 일본 정부는 극단적으로 이자율을 낮추고 사실상 제로금리정책을 시행하고 있으나, 투자 및 소비의 활성화 등 의도했던 수요확대 효과가 전혀 나타나지 않고 있다.

① 화폐 환상   ② 유동성 함정

③ 구축 효과   ④ J커브 효과

⑤ 피셔 방정식

03   다음은 후생경제학에 관한 내용이다. 빈칸 안에 알맞은 용어를 바르게 나열한 것은?

> •   ㉮   이론에 따르면 일부의 파레토효율성 조건이 추가로 충족된다고 해서 사회후생이 증가한다는 보장은 없다.
> • 파레토효율성을 통해   ㉯   을 평가하고, 사회후생함수(사회무차별곡선)를 통해   ㉰   을 평가한다.
> • 후생경제학 제1정리에 따르면 모든 경제주체가 합리적이고 시장실패 요인이 없으면   ㉱   에서 자원배분은 파레토효율적이다.

	㉮	㉯	㉰	㉱
①	차선	효율성	공평성	완전경쟁시장
②	코즈	효율성	공평성	완전경쟁시장
③	차선	효율성	공평성	독점적경쟁시장
④	코즈	공평성	효율성	독점적경쟁시장
⑤	차선	공평성	효율성	완전경쟁시장

04 세금은 거둬들이는 주체에 따라 국세와 지방세로 나뉜다. 우리나라 세금 항목 중 지방세로만 짝지어진 것은?

① 취득세, 교육세, 등록세
② 취득세, 재산세, 도시계획세
③ 법인세, 주민세, 부가가치세
④ 등록세, 주세, 농어촌특별세
⑤ 교육세, 자동차세, 상속세

05 경기안정화 정책과 관련된 다음 설명 중 옳지 않은 것은?

① 자동안정화 장치는 주로 재정정책과 관련된 제도적 장치이다.
② 자동안정화 장치는 정책의 내부시차와 외부시차 중에서 외부시차를 줄이기 위해 만들어진 장치이다.
③ 루카스 비판은 과거의 자료를 이용하여 추정된 계량모형을 가지고 새로운 정책의 효과를 예측하면 오류가 발생한다는 것이다.
④ 경기예측력이 제고된다면 재량적 정책의 정당성이 강화된다.
⑤ 동태적 비일관성(Time Inconsistency)의 문제가 존재한다면 재량적 정책보다는 준칙이 효과적인 방법이다.

06 다음과 같은 상황에서 실질이자율을 계산하면 얼마인가?

> • A는 2년 만기 복리 상품에 연이자율 5%로 은행에 100만 원을 예금하였다.
> • A가 사려고 한 제품의 가격이 2년 동안 50만 원에서 53만 원으로 인상되었다.

① 4.25% ② 5.50%
③ 6.35% ④ 8.50%
⑤ 10.00%

07 다음과 같은 상황에서 카드 연체를 피하기 위해 A가 납부해야 하는 금액은 얼마인가?

> • A의 이번 달 카드 청구대금 : 일시불 100만 원, 할부 20만 원, 현금서비스 10만 원
> • 약정결제비율 : 30%
> • 최소결제비율 : 20%

① 20만 원   ② 30만 원

③ 40만 원   ④ 50만 원

⑤ 60만 원

08 다음 중 케인스가 주장한 절약의 역설에 대한 설명으로 옳은 것은?

① 케인스의 거시모형에서 소비는 미덕이므로 저축할 필요가 없고, 따라서 예금은행의 설립을 불허해야 하는 상황

② 모든 개인이 저축을 줄이는 경우 늘어난 소비로 국민소득이 감소하고, 결국은 개인의 저축을 더 늘릴 수 없는 상황

③ 모든 개인이 저축을 늘리는 경우 총수요의 감소로 국민소득이 줄어들고, 결국은 개인의 저축을 더 늘릴 수 없는 상황

④ 모든 개인이 저축을 늘리는 경우 늘어난 저축이 투자로 이어져 국민소득이 증가하고, 결국은 개인의 저축을 더 늘릴 수 있는 상황

⑤ 모든 개인이 저축을 늘리는 경우 총수요의 증가로 소비와 국민소득이 증가하고, 결국은 개인의 저축을 더 늘릴 수 있는 상황

09 GDP는 특정 기간 동안 국가 내에서 생산된 최종재의 총합을 의미한다. 다음 〈보기〉 중 GDP 측정 시 포함되지 않는 것을 모두 고르면?

> **보기**
>
> ㄱ. 예금 지급에 따른 이자
> ㄴ. 법률자문 서비스를 받으면서 지불한 금액
> ㄷ. 요리를 위해 분식점에 판매된 고추장
> ㄹ. 콘서트 티켓을 구입하기 위해 지불한 금액
> ㅁ. 도로 신설에 따라 주변 토지의 가격이 상승하여 나타나는 자본이득

① ㄱ, ㄷ
② ㄴ, ㄹ
③ ㄴ, ㅁ
④ ㄷ, ㄹ
⑤ ㄷ, ㅁ

10 다음 중 빈칸 (가) ~ (라)에 들어갈 용어를 순서대로 바르게 나열한 것은?

> • _____(가)_____ : 구직활동 과정에서 일시적으로 실업 상태에 놓이는 것을 의미한다.
> • _____(나)_____ : 실업률과 GDP 갭(국민생산손실)은 정(+)의 관계이다.
> • _____(다)_____ : 실업이 높은 수준으로 올라가고 나면 경기 확장정책을 실시하더라도 다시 실업률이 감소하지 않는 경향을 의미한다.
> • _____(라)_____ : 경기 침체로 인한 총수요의 부족으로 발생하는 실업이다.

	(가)	(나)	(다)	(라)
①	마찰적 실업	오쿤의 법칙	이력 현상	경기적 실업
②	마찰적 실업	경기적 실업	오쿤의 법칙	구조적 실업
③	구조적 실업	이력 현상	경기적 실업	마찰적 실업
④	구조적 실업	이력 현상	오쿤의 법칙	경기적 실업
⑤	경기적 실업	오쿤의 법칙	이력 현상	구조적 실업

11 다음 중 직접금융시장이 아닌 것은?

① 양도성예금증서시장
② 주식 및 채권시장
③ 집합투자시장
④ 외환시장
⑤ 신용파생상품시장

12 담배 가격은 4,500원이고, 담배 수요의 가격탄력성은 단위탄력적이다. 정부가 담배소비량을 10% 줄이고자 할 때, 담배가격의 인상분은 얼마인가?

① 45원
② 150원
③ 225원
④ 450원
⑤ 900원

13 주어진 예산으로 효용극대화를 추구하는 어떤 사람이 일정 기간에 두 재화 X와 Y만 소비한다고 하자. X의 가격은 200원이고, 그가 얻는 한계효용이 600이 되는 수량까지 X를 소비한다. 아래 표는 Y의 가격이 300원일 때, 그가 소비하는 Y의 수량과 한계효용 사이의 관계를 보여준다. 효용이 극대화되는 Y의 소비량은?

Y의 수량	1개	2개	3개	4개	5개
한계효용	2,600	1,900	1,300	900	800

① 1개
② 2개
③ 3개
④ 4개
⑤ 5개

14 다음과 같이 소득이 감소하여 A제품의 수요곡선이 왼쪽으로 이동할 경우, 균형가격과 균형거래량은 각각 얼마인가?

- A제품의 수요함수 : $Q=600-P$
- A제품의 공급함수 : $Q=4P$
- 소득 감소에 따라 변동된 A제품의 수요함수 : $Q=400-P$

	균형가격	균형거래량
①	40	240
②	60	240
③	80	320
④	100	320
⑤	120	480

15 다음 중 경기변동에 대한 설명으로 옳지 않은 것은?

① 투자는 소비에 비해 GDP 대비 변동성이 크므로 경기변동의 주요 원인이 된다.

② 기간 간 고른 소비가 어려운 저소득계층이 늘어나면, 이전에 비해 경기변동이 심해진다.

③ 실물적 경기변동은 경기변동을 자연실업률 자체가 변화하여 일어난다고 생각한다.

④ 총공급 – 총수요 모형에서 총수요의 변동이 경기변동의 요인이라고 본다면 물가는 경기와 반대로 움직인다.

⑤ 실질임금과 고용량은 단기적으로 양의 상관관계를 가지나 장기적으로는 서로 관계가 없다.

PART 2

16 다음 그림이 X재에 대한 수요곡선일 때, 이에 대한 설명으로 옳은 것은?(단, X재는 정상재이다)

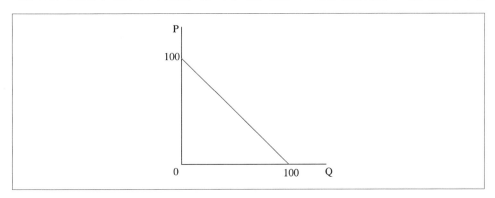

① 가격이 100원이면 X재의 수요량은 100이다.

② 가격에 상관없이 가격탄력성의 크기는 일정하다.

③ 소득이 증가하는 경우 수요곡선은 왼쪽으로 이동한다.

④ X재와 대체관계에 있는 Y재의 가격이 오르면 X재의 수요곡선은 왼쪽으로 이동한다.

⑤ X재 시장이 독점시장이라면 독점기업이 이윤 극대화를 할 때 설정하는 가격은 50원 이상이다.

17 다음 중 금리의 주요 기능에 대한 설명으로 옳지 않은 것은?

① 현재 및 장래 소비의 배분 역할을 한다.

② 경기 동향에 따른 자금 수급을 조정한다.

③ 금리가 상승하면 자금배분이 비효율적으로 되는 부작용이 발생할 수 있다.

④ 실물경제에 대한 파급효과를 통해 경기를 부양하거나 진정시킨다.

⑤ 금리상승을 통해 저축증가, 소비감소, 투자 감소 효과를 이끌어 낼 수 있다.

18 다음 〈보기〉 중 시장실패에 대한 설명으로 옳은 것을 모두 고르면?

> **보기**
>
> 가. 사회적 편익이 사적 편익을 초과하는 외부성이 발생하면 시장의 균형생산량은 사회적으로 바람직한 수준보다 작다.
> 나. 코즈의 정리에 따르면 시장실패는 시장에서 해결될 수 없다.
> 다. 공공재의 공급을 사기업이 수행하게 되면 과잉공급이 이루어진다.
> 라. 공공재는 비배제성과 비경합성으로 인하여 시장실패의 원인이 될 수 있다.
> 마. 시장실패는 외부효과가 존재하는 경우나 소유권이 명확하게 규정되지 않은 경우에 발생할 수 있다.

① 가, 다, 라   ② 가, 라, 마
③ 나, 다, 마   ④ 가, 나, 라, 마
⑤ 나, 다, 라, 마

19 다음 중 기관과 개인 간의 거래에서 사용하는 금리에 해당하지 않는 것은?

① 여신금리   ② 수신금리
③ 우대금리   ④ 가산금리
⑤ CD금리

20 다음 〈보기〉 중 계정식 손익계산서 작성방법에 대한 설명으로 옳지 않은 것을 모두 고르면?

> **보기**
>
> ㉠ 당기순이익을 차변에 당기순손실을 대변에 기록한다.
> ㉡ 기업회계기준에서는 손익계산서를 계정식으로 작성하는 것을 원칙으로 한다.
> ㉢ 손익계산서를 계정의 형식에 따라 T자형으로 좌우로 나누어 작성한다.
> ㉣ 반드시 전년도와 비교하는 형식을 갖추도록 규정하고 있다.

① ㉠, ㉡   ② ㉠, ㉢
③ ㉡, ㉢   ④ ㉡, ㉣
⑤ ㉢, ㉣

21 다음 중 공공재와 외부성에 대한 설명으로 옳지 않은 것은?

① 인류가 환경 파괴적 행동을 계속하게 된다면 궁극적으로 지구의 파멸을 초래할 수 있다는 것은 공유지 비극의 한 예이다.

② 코즈의 정리에 따르면 외부성으로 인해 영향을 받는 모든 이해 당사자들이 자유로운 협상에 의해 상호간의 이해를 조정할 수 있다면 정부가 적극적으로 개입하지 않아도 시장에서 스스로 외부성 문제를 해결할 수 있다.

③ 한 소비자가 특정 재화를 소비함으로써 얻는 혜택이 그 재화를 소비하는 다른 소비자들의 수요에 의해 영향을 받는 경우 네트워크 외부성이 존재한다고 한다.

④ 환경오염과 같은 부의 외부성이 존재하는 경우 사적 비용이 사회적 비용보다 작기 때문에 사회적으로 바람직한 수준보다 더 많은 환경오염이 초래된다.

⑤ 양의 외부성으로 인한 과대생산 문제는 세금을 통해 내부화시킴으로써 해결할 수 있다.

22 다음 중 은행이 가산금리를 정할 때, 고려하는 요소가 아닌 것은?

① 업무원가 ② 리스크비용
③ 물가상승률 ④ 법적비용
⑤ 목표이익률

23 정부는 부동산 정책 3가지(A안, B안, C안) 중 하나를 선택해야 한다. 각 구성원의 만족도(효용)가 소득에 비례한다고 할 때, 사회후생차원에서 공리주의와 롤스의 견해를 옳게 설명한 것은?

구분	A안	B안	C안
구성원 1	10억 원	2억 원	3억 원
구성원 2	0원	5억 원	4억 원
구성원 3	3억 원	1억 원	5억 원

① 공리주의를 따르면 B안이 가장 바람직하다.
② 공리주의를 따르면 C안이 가장 바람직하다.
③ 롤스에 따르면 A안이 가장 바람직하다.
④ 롤스에 따르면 C안이 가장 바람직하다.
⑤ 롤스에 따르면 가장 바람직한 방안을 알 수 없다.

24 다음 〈보기〉 중 현금영수증 발급의무에 대한 설명으로 옳지 않은 것을 모두 고르면?

> **보기**
>
> ㉠ 최종 소비자에게는 현금(소득공제), 사업자에게는 현금(지출증빙)을 표기하여 발급한다.
> ㉡ 의무발행업종이 현금영수증을 발급하지 않은 경우 미발급금액의 5%의 가산세를 부과한다.
> ㉢ 의무발행업종 사업자는 현금영수증가맹점에 가입하지 않아도 거래 액수에 상관없이 현금영수증을 미발급할 경우 과태료 또는 가산세를 부과한다.
> ㉣ 현금영수증 자진발급 기한은 현금을 받은 날부터 7일 이내이다.

① ㉠, ㉡   ② ㉠, ㉢

③ ㉡, ㉢   ④ ㉡, ㉣

⑤ ㉢, ㉣

25 다음 중 불완전경쟁 시장구조에 대한 설명으로 옳지 않은 것은?

① 독점적 경쟁시장은 장기적으로 기업의 진입과 퇴출이 자유롭다.

② 시장수요곡선이 우하향하는 독점시장에서 독점가격은 한계수입보다 크다.

③ 꾸르노(Cournot) 모형에서 각 기업은 경쟁기업이 현 산출량을 그대로 유지할 것이라는 전제하에 행동한다.

④ 베르뜨랑(Bertrand) 모형에서 각 기업은 경쟁기업이 현 가격을 그대로 유지할 것이라는 전제하에 행동한다.

⑤ 슈타켈버그(Stackelberg) 모형에서 두 기업 중 하나 또는 둘 모두가 가격에 관해 추종자가 아닌 선도자의 역할을 한다.

01 (주)한국은 20×3년 초에 기계장치(내용연수 5년, 잔존가치 0원)를 200,000원에 취득하여 정액법으로 감가상각하고 있다. 20×3년 말에 동 기계장치에 손상이 발생하였다. 20×3년 말 기계장치의 순공정가치와 사용가치가 다음과 같을 때 기계장치의 손상차손은?(단, 동 기계장치에 대해 원가모형을 적용하고 있다.)

순공정가치	사용가치
110,000원	90,000원

① 35,000원   ② 40,000원
③ 50,000원   ④ 70,000원
⑤ 90,000원

02 (주)한국은 본사 사옥을 신축하기 위해 창고가 세워져 있는 토지를 2,500,000원에 구입하여, 즉시 창고를 철거하고 본사 사옥을 건설하였다. 토지 구입부터 본사 사옥 완성까지 다음과 같은 거래가 있었다. 토지와 건물(본사 사옥)의 취득원가는 각각 얼마인가?

토지 등기수수료	30,000원
토지 취득세	50,000
창고 철거비	4,000
창고 철거시 발생한 폐자재 처분 수입	1,000
본사 사옥 설계비	23,000
본사 사옥 공사대금	1,700,000

	토지	건물
①	2,580,000원	1,700,000원
②	2,583,000원	1,723,000원
③	2,583,000원	1,780,000원
④	2,584,000원	1,723,000원
⑤	2,584,000원	1,780,000원

03 다음 자료를 이용하여 계산된 (주)한국의 20×3년 기말재고자산은?

- 20×3년 말 (주)한국의 창고에 보관 중인 기말재고자산 실사액은 10,000원이다.
- 20×3년 12월 1일 위탁한 적송품 중 기말까지 판매되지 않은 상품의 판매가는 1,000원(매출총이익은 판매가의 20%)이다.
- 20×3년 12월 11일 발송한 시송품(원가 2,000원) 중 기말 현재 80%에 대하여 고객의 매입 의사표시가 있었다.
- 20×3년 말 현재 (주)한국이 FOB 도착지인도조건으로 매입하여 운송 중인 상품의 원가는 3,000원이다.
- 20×3년 말 현재 (주)한국이 FOB 선적지인도조건으로 매출하여 운송 중인 상품의 원가는 4,000원이다.

① 11,200원 ② 11,400원
③ 14,200원 ④ 15,200원
⑤ 18,200원

04 다음 중 유형자산의 측정, 평가 및 손상에 관한 설명으로 옳지 않은 것은?

① 현물출자 받은 유형자산의 취득원가는 공정가치를 기준으로 결정한다.
② 최초 재평가로 인한 평가손익은 기타포괄손익에 반영한다.
③ 유형자산의 취득 이후 발생한 지출로 인해 동 자산의 미래 경제적 효익이 증가한다면, 해당 원가는 자산의 장부금액에 포함한다.
④ 유형자산의 장부금액이 순공정가치보다 크지만 사용가치보다 작은 경우 손상차손은 계상되지 않는다.
⑤ 과거기간에 인식한 손상차손은 직전 손상차손의 인식시점 이후 회수가능액을 결정하는 데 사용된 추정치에 변화가 있는 경우에만 환입한다.

05 다음 중 실제 회계처리를 할 경우가 아닌 것은?

① 현금 잔액과 실제 현금 잔액이 맞지 않는 경우
② 법인 명의로 리스차량을 운용 시 차량을 감가상각하는 경우
③ 미수수익이 발생한 경우
④ 미지급비용을 처리하는 경우
⑤ 기업이 무상증자를 시행하는 경우

06 다음 중 장단기 금리차 역전현상에 대한 설명으로 옳지 않은 것은?

① 평상시에는 장기채의 금리가 단기채보다 높다고 할 수 있다.

② 장기채는 낮은 환금성으로 그만큼 유동성 프리미엄이 붙는다.

③ 경기 상황을 반영하는 금리는 장기채 금리이다.

④ 장기채 금리가 하락할 경우 경기가 상승국면에 있다고 판단할 수 있다.

⑤ 장단기 금리차가 역전되면 향후 경기 침체의 전조현상으로 해석될 수 있다.

07 다음 중 유동부채에 대한 설명으로 옳지 않은 것은?

① 일반적으로 정상영업주기 내 또는 보고기간 후 12개월 이내에 결제하기로 되어 있는 부채이다.

② 미지급비용, 선수금, 수선충당부채, 퇴직급여부채 등은 유동부채에 포함된다.

③ 매입채무는 일반적 상거래에서 발생하는 부채로 유동부채에 속한다.

④ 유동부채는 보고기간 후 12개월 이상 부채의 결제를 연기할 수 있는 무조건의 권리를 가지고 있지 않다.

⑤ 종업원 및 영업원가에 대한 미지급비용 항목은 보고기간 후 12개월 후에 결제일이 도래한다 하더라도 유동부채로 분류한다.

08 다음 중 무형자산에 대한 설명으로 옳지 않은 것은?

① 내용연수가 비한정인 무형자산은 상각하지 아니한다.

② 무형자산은 미래에 경제적 효익이 기업에 유입될 가능성이 높고 원가를 신뢰성 있게 측정가능할 때 인식한다.

③ 무형자산의 손상차손은 장부금액이 회수가능액을 초과하는 경우 인식하며, 회수가능액은 순공정가치와 사용가치 중 큰 금액으로 한다.

④ 내부적으로 창출된 영업권은 무형자산으로 인식하지 아니한다.

⑤ 무형자산의 내용연수는 경제적 내용연수와 법적 내용연수 중 긴 기간으로 한다.

09 다음 중 유형자산에 대한 설명으로 옳은 것은?

① 유형자산의 공정가치가 장부금액을 초과하면 감가상각액을 인식하지 아니한다.

② 유형자산이 손상된 경우 장부금액과 회수가능액의 차액은 기타포괄손익으로 처리하고, 유형자산에서 직접 차감한다.

③ 건물을 재평가모형으로 평가하는 경우 감가상각을 하지 않고, 보고기간 말의 공정가치를 재무상태표에 보고한다.

④ 토지에 재평가모형을 최초 적용하는 경우 재평가손익이 발생하면 당기손익으로 인식한다.

⑤ 유형자산의 감가상각대상금액을 내용연수 동안 체계적으로 배부하기 위해 다양한 감가상각방법을 사용할 수 있다.

10 다음 중 재고자산에 대한 설명으로 옳지 않은 것은?

① 재고자산이란 정상적인 영업활동 과정에서 판매를 목적으로 소유하고 있거나 판매할 자산을 제조하는 과정에 있거나 제조과정에 사용될 자산을 말한다.

② 재고자산의 취득원가는 매입원가, 전환원가 및 재고자산을 현재의 장소에 현재의 상태로 이르게 하는데 발생한 기타 원가 모두를 포함한다.

③ 재고자산의 매입원가는 매입가격에 수입관세와 매입운임, 하역료, 매입할인, 리베이트 등을 가산한 금액이다.

④ 표준원가법이나 소매재고법 등의 원가측정 방법은 그러한 방법으로 평가한 결과가 실제원가와 유사한 경우에 사용할 수 있다.

⑤ 후입선출법은 재고자산의 원가 결정 방법으로 허용되지 않는다.

11 다음 중 예대금리 차이에 대한 설명으로 옳지 않은 것은?

① 예금금리와 대출금리의 차이를 말한다.

② 시중에 유동성이 풍부하면 은행이 예금금리를 낮춰 예대금리 차이를 높일 수 있다.

③ 은행은 예대금리 차이가 크면 클수록 이익이다.

④ 잔액기준 예대금리차는 한국은행의 금융기관 가중평균금리와 동일하게 산정된다.

⑤ 예대금리차는 각 은행에서 개별적으로 공시한다.

12 다음 중 재무제표 표시에 대한 설명으로 옳지 않은 것은?

① 재무제표의 목적은 광범위한 정보이용자의 경제적 의사결정에 유용한 기업의 재무상태, 재무성과와 재무상태변동에 대한 정보를 제공하는 것이다.

② 당기손익과 기타포괄손익은 단일의 포괄손익계산서에 두 부분으로 나누어 표시할 수 있다.

③ 기업은 재무상태, 경영성과, 현금흐름 정보를 발생기준 회계에 따라 재무제표를 작성한다.

④ 경영진은 재무제표를 작성할 때 계속기업으로서의 존속가능성을 평가해야 한다.

⑤ 부적절한 회계정책은 이에 대하여 공시나 주석 또는 보충 자료를 통해 설명하더라도 정당화될 수 없다.

13 다음 중 차기로 이월되는 계정(영구계정)에 해당하지 않는 것은?

① 단기대여금 ② 장기차입금
③ 산업재산권 ④ 자본금
⑤ 이자비용

14 다음 중 자산, 부채 및 자본에 대한 설명으로 옳지 않은 것은?

① 자산은 과거 사건의 결과로 기업이 통제하고 있고 미래경제적 효익이 기업에 유입될 것으로 기대되는 자원이다.

② 부채는 과거 사건에 의하여 발생하였으며, 경제적 효익을 갖는 자원이 기업으로부터 유출됨으로써 이행될 것으로 기대되는 과거의무이다.

③ 자본은 기업의 자산에서 부채를 차감한 후의 잔여지분이다.

④ 자본은 주식회사의 경우 소유주가 출연한 자본, 이익잉여금, 이익잉여금 처분에 의한 적립금, 자본유지조정을 나타내는 적립금 등으로 구분하여 표시할 수 있다.

⑤ 자산이 갖는 미래경제적 효익이란 직접으로 또는 간접으로 미래 현금 및 현금성 자산의 기업에의 유입에 기여하게 될 잠재력을 말한다.

15 다음 중 무형자산 회계처리에 대한 설명으로 옳지 않은 것은?

① 내용연수가 비한정인 무형자산은 상각하지 아니한다.

② 제조과정에서 사용된 무형자산의 상각액은 재고자산의 장부금액에 포함한다.

③ 내용연수가 유한한 경우 상각은 자산을 사용할 수 있는 때부터 시작한다.

④ 내용연수가 유한한 무형자산의 상각기간과 상각방법은 적어도 매 회계연도 말에 검토한다.

⑤ 내용연수가 비한정인 무형자산의 내용연수를 유한 내용연수로 변경하는 것은 회계정책의 변경에
해당한다.

16 다음 중 현금흐름표상 영업활동 현금흐름에 대한 설명으로 옳은 것은?

① 영업활동 현금흐름은 직접법 또는 간접법 중 하나의 방법으로 보고할 수 있으나, 한국채택국제회
계기준에서는 직접법을 사용할 것을 권장하고 있다.

② 단기매매목적으로 보유하는 유가증권의 판매에 따른 현금은 영업활동으로부터의 현금유입에 포
함되지 않는다.

③ 일반적으로 법인세로 납부한 현금은 영업활동으로 인한 현금유출에 포함되지 않는다.

④ 직접법은 당기순이익의 조정을 통해 영업활동 현금흐름을 계산한다.

⑤ 간접법은 영업을 통해 획득한 현금에서 영업을 위해 지출한 현금을 차감하는 방식으로 영업활동
현금흐름을 계산한다.

17 다음 중 일반기업 회계기준상 유가증권을 분류할 때, 평가방법이 다른 것은 무엇인가?

① 단기매매 지분증권   ② 매도가능 지분증권

③ 만기보유 채무증권   ④ 단기매매 채무증권

⑤ 매도가능 채무증권

18 다음 중 재무제표 표시에 대한 설명으로 옳지 않은 것은?

① 재고자산의 판매 또는 매출채권의 회수시점이 보고기간 후 12개월을 초과한다면 유동자산으로 분류하지 못한다.

② 재무상태표의 자산과 부채는 유동과 비유동으로 구분하여 표시하거나 유동성 순서에 따라 표시할 수 있다.

③ 수익과 비용의 어느 항목도 당기손익과 기타 포괄손익을 표시하는 보고서에 특별손익 항목으로 표시할 수 없다.

④ 당기손익의 계산에 포함된 비용항목에 대해 성격별 또는 기능별 분류 방법 중에서 신뢰성 있고 더욱 목적적합한 정보를 제공할 수 있는 방법을 적용하여 표시한다.

⑤ 포괄손익계산서는 단일 포괄손익계산서로 작성되거나 두 개의 보고서(당기손익 부분을 표시하는 별개의 손익계산서와 포괄손익을 표시하는 보고서)로 작성될 수 있다.

19 다음 중 손익계산서 작성기준에 대한 설명으로 옳지 않은 것은?

① 구분계산의 원칙 : 손익계산서를 편리하게 읽을 수 있도록 비용과 수익의 발생을 구분하여 표시하여야 한다.

② 발생주의 원칙 : 실제 현금이 들어오거나 나가지 않았다면 거래가 발생했다 하더라도 비용과 수익을 인식해서는 안 된다.

③ 실현주의 원칙 : 수익을 계상할 경우 실제 수익이 실현될 것이라는 확정적이고 객관적인 증거를 확보한 시점에서 계상하여야 한다.

④ 수익, 비용 대응의 원칙 : 비용은 해당 비용으로 인한 수익이 기록되는 기간과 동일한 기간으로 기록하여야 한다.

⑤ 총액 표시의 원칙 : 자산과 부채 및 자본은 서로 상계하여 그 전부 또는 일부를 제외하고 표시해서는 안 된다.

20 다음 중 유용한 재무정보의 질적 특성에 대한 설명으로 옳지 않은 것은?

① 명확하고 간결하게 분류되고 특징지어져 표시된 정보는 이해가능성이 높다.

② 어떤 재무정보가 예측가치나 확인가치 또는 이 둘 모두를 갖는다면 그 재무정보는 이용자의 의사결정에 차이가 나게 할 수 있다.

③ 검증가능성은 정보가 나타내고자 하는 경제적 현상을 충실히 표현하는지를 정보이용자가 확인하는 데 도움을 주는 근본적 질적 특성이다.

④ 적시성은 정보이용자가 의사결정을 내릴 때 사용되어 그 결정에 영향을 줄 수 있도록 제때에 이용가능함을 의미한다.

⑤ 어떤 정보의 누락이나 오기로 인해 정보이용자의 의사결정이 바뀔 수 있다면 그 정보는 중요한 정보이다.

21 다음 중 회계상 거래가 아닌 것은?

① 거래처의 부도로 인하여 매출채권 회수가 불가능하게 되었다.

② 임대수익이 발생하였으나 현금으로 수취하지는 못하였다.

③ 기초에 매입한 단기매매금융자산의 공정가치가 기말에 상승하였다.

④ 재고자산 실사결과 기말재고 수량이 장부상 수량보다 부족한 것을 확인하였다.

⑤ 기존 차입금에 대하여 금융기관의 요구로 부동산을 담보로 제공하였다.

22 다음 중 기업어음과 회사채를 비교한 설명으로 옳은 것은?

① 기업어음은 자본시장법의 적용을 받고, 회사채는 어음법의 적용을 받는다.

② 기업어음은 발행을 위해서 이사회의 결의가 필요하나, 회사채는 이사회의 결의가 필요 없다.

③ 기업어음은 수요예측을 필수적으로 해야 하나, 회사채는 수요예측이 필요 없다.

④ 기업어음의 변제순위는 회사채 변제순위보다 높다.

⑤ 기업어음의 지급금리는 회사채 지급금리보다 높다.

23 다음 중 자본이 증가하는 거래는?(단, 각 거래는 상호독립적이고, 자기주식의 취득은 상법상 정당한 것으로 가정한다)

① 중간배당(현금배당) ₩100,000을 실시하였다.

② 액면금액이 주당 ₩5,000인 주식 25주를 ₩4,000에 할인 발행하였다.

③ 자기주식(액면금액 주당 ₩5,000) 25주를 주당 ₩4,000에 취득하였다.

④ 당기순손실 ₩100,000이 발생하였다.

⑤ 당기 중 ₩2,100,000에 취득한 매도가능금융자산의 보고기간 말 현재 공정가액은 ₩2,000,000이다.

24 다음 중 당기순이익을 감소시키는 거래가 아닌 것은?

① 거래처 직원 접대 후 즉시 현금 지출

② 영업용 건물에 대한 감가상각비 인식

③ 판매사원용 피복 구입 후 즉시 배분

④ 영업부 직원에 대한 급여 미지급

⑤ 토지(유형자산)에 대한 취득세 지출

25 다음 중 충당부채와 우발부채에 대한 설명으로 옳지 않은 것은?

① 충당부채는 재무상태표에 표시되는 부채이나 우발부채는 재무상태표에 표시될 수 없고 주석으로 만 기재될 수 있다.

② 충당부채를 현재가치로 평가하기 위한 할인율은 부채의 특유한 위험과 화폐의 시간가치에 대한 현행 시장의 평가를 반영한 세후 이율이다.

③ 충당부채로 인식하는 금액은 현재의무를 보고기간 말에 이행하기 위하여 필요한 지출에 대한 최선의 추정치이어야 한다.

④ 우발부채는 처음에 예상하지 못한 상황에 따라 변할 수 있으므로, 경제적 효익이 있는 자원의 유출 가능성이 높아졌는지를 판단하기 위하여 우발부채를 지속적으로 평가한다.

⑤ 예상되는 자산 처분이 충당부채를 생기게 한 사건과 밀접하게 관련되었더라도 예상되는 자산 처분이익은 충당부채를 측정하는 데 고려하지 아니한다.

03 | 기계
적중예상문제

정답 및 해설 p.080

01 다음 설명에 해당하는 작업은?

> 튜브 형상의 소재를 금형에 넣고 유체압력을 이용하여 소재를 변형시켜 가공하는 작업으로 자동차 산업 등에서 많이 활용하는 기술이다.

① 아이어닝   ② 하이드로포밍

③ 엠보싱   ④ 스피닝

⑤ 딥드로잉

02 다음 〈보기〉 중 디젤 기관의 연료 장치와 관계있는 것을 모두 고르면?

> **보기**
> ㄱ. 노즐
> ㄴ. 기화기
> ㄷ. 점화 플러그
> ㄹ. 연료 분사 펌프

① ㄱ, ㄴ   ② ㄱ, ㄹ

③ ㄴ, ㄷ   ④ ㄷ, ㄹ

⑤ ㄴ, ㄹ

03 다음 중 센터리스 연삭의 장점으로 옳지 않은 것은?

① 센터 구멍을 뚫을 필요가 없다.

② 속이 빈 원통의 내면연삭도 가능하다.

③ 연속가공이 가능하여 생산속도가 높다.

④ 지름이 크거나 무거운 공작물의 연삭에 적합하다.

⑤ 연삭작업에 숙련을 요구하지 않는다.

04 다음 중 펌프(Pump)에 대한 설명으로 옳지 않은 것은?

① 송출량 및 송출압력이 주기적으로 변화하는 현상을 수격현상(Water Hammering)이라 한다.
② 왕복펌프는 회전수에 제한을 받지 않아 고양정에 적합하다.
③ 원심펌프는 회전차가 케이싱 내에서 회전할 때 발생하는 원심력을 이용한다.
④ 축류 펌프는 유량이 크고 저양정인 경우에 적합하다.
⑤ 공동현상이 계속 발생하면 펌프의 효율이 저하된다.

05 지름이 50mm인 황동봉을 주축의 회전수 2,000rpm인 조건으로 원통 선삭할 때 최소절삭동력kW 은?(단, 주절삭분력은 60N이다)

① 0.1π ② 0.2π
③ π ④ 2π
⑤ 4π

06 다음 〈보기〉 중 주철에 대한 설명으로 옳은 것을 모두 고르면?

> **보기**
> ㄱ. 주철은 탄소강보다 용융점이 높고 유동성이 커 복잡한 형상의 부품을 제작하기 쉽다.
> ㄴ. 탄소강에 비하여 충격에 약하고 고온에서도 소성가공이 되지 않는다.
> ㄷ. 회주철은 진동을 잘 흡수하므로 진동을 많이 받는 기계 몸체 등의 재료로 많이 쓰인다.
> ㄹ. 가단주철은 보통주철의 쇳물을 금형에 넣고 표면만 급랭시켜 단단하게 만든 주철이다.
> ㅁ. 많이 사용되는 주철의 탄소 함유량은 보통 2.5 ~ 4.5% 정도이다.

① ㄱ, ㄴ, ㄷ   ② ㄴ, ㄷ, ㅁ
③ ㄱ, ㄴ, ㄹ   ④ ㄴ, ㄹ, ㅁ
⑤ ㄷ, ㄹ, ㅁ

07 다음 중 체심입방격자 구조, 면심입방격자 구조의 모형의 명칭과 금속을 바르게 짝지은 것은?

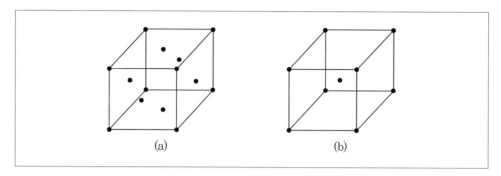

(a) (b)

① (a) – 면심입방격자 / 금속 – Cr, W, V
② (a) – 체심입방격자 / 금속 – Cr, W, V
③ (b) – 면심입방격자 / 금속 – Al, Ni, Cu
④ (b) – 체심입방격자 / 금속 – Al, Ni, Cu
⑤ (b) – 체심입방격자 / 금속 – Cr, W, V

08 다음 중 금속의 인장시험의 기계적 성질에 대한 설명으로 옳지 않은 것은?

① 응력이 증가함에 따라 탄성 영역에 있던 재료가 항복을 시작하는 위치에 도달하게 된다.
② 탄력(Resilience)은 탄성 범위 내에서 에너지를 흡수하거나 방출할 수 있는 재료의 능력을 나타낸다.
③ 연성은 파괴가 일어날 때까지의 소성변형의 정도이고 단면감소율로 나타낼 수 있다.
④ 인성(Toughness)은 인장강도 전까지 에너지를 흡수할 수 있는 재료의 능력을 나타낸다.
⑤ 연성은 부드러운 금속 재료일수록, 고온으로 갈수록 크게 된다.

09 다음 중 Fe-C 평형상태도에 표시된 S, C, J점에 대한 설명으로 옳은 것은?

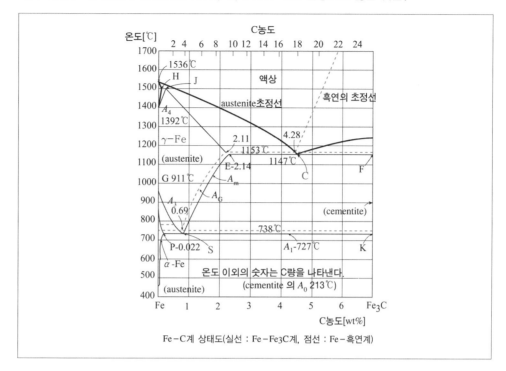

	S	C	J		S	C	J
①	포정점	공정점	공석점	②	공정점	공석점	포정점
③	공석점	공정점	포정점	④	공정점	포정점	공석점
⑤	공석점	포정점	공정점				

10 다음 중 블리드 오프 회로 내에서 필요에 따라 작동 유체의 일부 혹은 전체를 분기시키는 것은?

① 어큐뮬레이터   ② 릴리프 밸브

③ 체크 밸브   ④ 서보 밸브

⑤ 바이패스 관로

11 다음 중 내연기관에서 도시 열효율, 이론 열효율, 제동(순) 열효율 간 효율의 순서대로 바르게 나열한 것은?

① 이론 열효율＜도시 열효율＜제동(순) 열효율
② 제동(순) 열효율＜이론 열효율＜도시 열효율
③ 제동(순) 열효율＜도시 열효율＜이론 열효율
④ 도시 열효율＜이론 열효율＜제동(순) 열효율
⑤ 도시 열효율＜제동(순) 열효율＜이론 열효율

12 다음 중 불활성가스 아크용접법에 대한 설명으로 옳지 않은 것은?

① 아르곤, 헬륨 등과 같이 고온에서도 금속과 반응하지 않는 불활성가스를 차폐가스로 하여 대기로부터 아크와 용융금속을 보호하며 행하는 아크용접이다.
② 비소모성 텅스텐봉을 전극으로 사용하고 별도의 용가재를 사용하는 MIG용접(불활성가스 금속 아크용접)이 대표적이다.
③ 불활성가스는 용접봉 지지기 내를 통과시켜 용접물에 분출시키며 보통의 아크용접법보다 생산비가 고가이다.
④ 용접부가 불활성가스로 보호되어 용가재합금 성분의 용착효율은 거의 100%에 가깝다.
⑤ 대기 중에서 용접 불가능한 티탄, 질코늄 등의 용접도 가능하다.

13 다음 그림과 같이 접시 머리 나사를 이용하여 공작물을 체결하고자 할 때, 나사머리가 들어갈 수 있게 가공하는 가공법은?

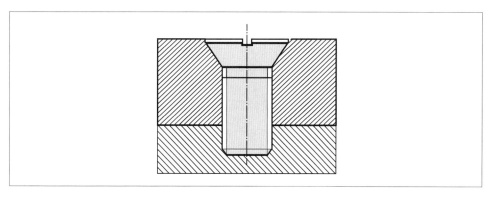

① 태핑
② 스폿 페이싱
③ 카운터 보링
④ 카운터 싱킹
⑤ 리밍

14 다음 〈보기〉 중 절삭 시 발생하는 칩에 대한 설명으로 옳은 것을 모두 고르면?

> 보기
> ㄱ. 칩이 공구의 날 끝에 붙어 원활하게 흘러가지 못하면 균열형 칩이 생성된다.
> ㄴ. 메짐성이 큰 재료를 저속으로 절삭하면 열단형 칩이 생성된다.
> ㄷ. 공구의 진행 방향 위쪽으로 압축되면서 불연속적인 미끄럼이 생기면 전단형 칩이 생성된다.
> ㄹ. 연성재료에서 절삭조건이 맞고 절삭저항 변동이 작으면 유동형 칩이 생성된다.

① ㄱ, ㄴ
② ㄱ, ㄷ
③ ㄴ, ㄷ
④ ㄴ, ㄹ
⑤ ㄷ, ㄹ

15 CAD에 의한 형상 모델링 방법 중 솔리드 모델링에 대한 설명으로 옳지 않은 것은?

① 숨은선 제거가 가능하다.
② 정확한 형상을 파악하기 쉽다.
③ 복잡한 형상의 표현이 가능하다.
④ 부피, 무게 등을 계산할 수 없다.
⑤ 단면도의 작성이 가능하다.

16 어떤 밸브의 기호가 다음과 같을 때 이 밸브를 포트 수, 위치 수, 방향 수로 바르게 나타낸 것은?

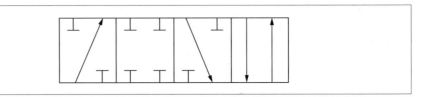

① 4포트 2위치 4방향 밸브
② 4포트 4위치 4방향 밸브
③ 4포트 8위치 4방향 밸브
④ 8포트 1위치 4방향 밸브
⑤ 8포트 3위치 4방향 밸브

17 다음 중 냉간가공과 열간가공에 대한 설명으로 옳지 않은 것은?

① 냉간가공을 하면 가공면이 깨끗하고 정확한 치수가공이 가능하다.
② 재결정온도 이상에서의 가공을 열간가공이라 한다.
③ 열간가공은 소재의 변형저항이 적어 소성가공이 용이하다.
④ 냉간가공은 열간가공보다 표면산화물의 발생이 많다.
⑤ 열간가공은 불순물이나 편석이 없어지고 재질이 균일하게 된다.

18 다음 〈보기〉 중 초기 재료의 형태가 분말인 신속조형기술을 모두 고르면?

> **보기**
>
> ㄱ. 융착모델링(FDM)   ㄴ. 선택적 레이저소결(SLS)
> ㄷ. 박판적층법(LOM)   ㄹ. 3차원 인쇄(3DP)

① ㄱ, ㄷ   ② ㄴ, ㄹ
③ ㄱ, ㄴ, ㄹ   ④ ㄴ, ㄷ, ㄹ
⑤ ㄱ, ㄷ, ㄹ

19 다음 〈보기〉 중 평벨트 전동 장치와 비교할 때, V벨트 전동 장치의 특징을 모두 고르면?

> **보기**
>
> ㄱ. 운전이 조용하다.
> ㄴ. 엇걸기를 할 수 있다.
> ㄷ. 미끄럼이 적고 속도비를 크게 할 수 있다.
> ㄹ. 접촉면이 커서 큰 동력을 전달할 수 있다.

① ㄱ, ㄴ ② ㄷ, ㄹ

③ ㄱ, ㄷ, ㄹ ④ ㄴ, ㄷ, ㄹ

⑤ ㄱ, ㄴ, ㄷ, ㄹ

20 탁상스탠드의 구조를 단순화하여 다음과 같은 평면기구를 얻었다. 이 기구의 자유도는?(단, 그림에서 ○는 핀절점이다)

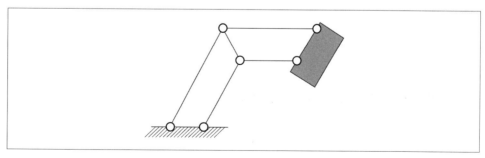

① 0개 ② 1개

③ 2개 ④ 3개

⑤ 4개

21 다음 중 유압 작동유에 수분이 혼입되었을 때, 발생할 수 있는 현상으로 옳지 않은 것은?

① 캐비테이션 현상 발생
② 윤활작용 과다
③ 방청성 저하
④ 유압기기의 마모 촉진
⑤ 유압기기의 녹 생성

22 다음 중 증기압축식 냉동기에서 냉매가 움직이는 경로를 순서대로 바르게 나열한 것은?

① 압축기 → 응축기 → 팽창밸브 → 증발기 → 압축기
② 압축기 → 팽창밸브 → 증발기 → 응축기 → 압축기
③ 압축기 → 증발기 → 팽창밸브 → 응축기 → 압축기
④ 압축기 → 응축기 → 증발기 → 팽창밸브 → 압축기
⑤ 압축기 → 증발기 → 응축기 → 팽창밸브 → 압축기

23 다음 중 철(Fe)에 탄소(C)를 함유한 탄소강에 대한 설명으로 옳지 않은 것은?

① 탄소함유량이 높을수록 비중이 증가한다.
② 탄소함유량이 높을수록 비열과 전기저항이 증가한다.
③ 탄소함유량이 높을수록 연성이 감소한다.
④ 탄소함유량이 0.2% 이하인 탄소강은 산에 대한 내식성이 있다.
⑤ 탄소강은 탄소함유량에 따라 강의 종류를 구분한다.

24 기준 치수에 대한 공차가 $\phi 150^{+0.04}_{0}$ mm인 구멍에, $\phi 150^{+0.03}_{-0.08}$ mm인 축을 조립할 때 해당되는 끼워맞춤의 종류는?

① 억지 끼워맞춤
② 아주 억지 끼워맞춤
③ 중간 끼워맞춤
④ 헐거운 끼워맞춤
⑤ 아주 헐거운 끼워맞춤

25 다음 중 오토 사이클의 $P - V$ 선도에서 단열과정에 해당하는 과정을 모두 고르면?

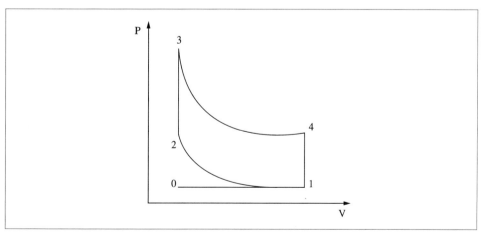

① $0 \rightarrow 1,\ 1 \rightarrow 0$
② $2 \rightarrow 3,\ 4 \rightarrow 1$
③ $1 \rightarrow 2,\ 2 \rightarrow 3$
④ $3 \rightarrow 4,\ 4 \rightarrow 1$
⑤ $1 \rightarrow 2,\ 3 \rightarrow 4$

04 | 전기 적중예상문제

정답 및 해설 p.087

01 다음 중 직류 발전기의 전기자 반작용을 없애는 방법으로 옳지 않은 것은?

① 보상권선 설치

② 보극 설치

③ 브러시 위치를 전기적 중성점으로 이동

④ 균압환 설치

⑤ 계자 기전력 강화

02 15F의 정전용량을 가진 커패시터에 270J의 전기에너지를 저장할 때, 커패시터 전압은?

① 3V

② 6V

③ 9V

④ 12V

⑤ 15V

03 공장의 어떤 부하가 단상 220V/60Hz 전력선으로부터 0.5의 지상 역률로 22kW를 소비하고 있다. 이때 공장으로 유입되는 전류의 실횻값은?

① 50A

② 100A

③ 150A

④ 200A

⑤ 250A

04 어떤 회로에 $V = 200\sin\omega t$의 전압을 가했더니 $I = 50\sin\left(\omega t + \dfrac{\pi}{2}\right)$ 전류가 흘렀다. 다음 중 이 회로는?

① 저항회로
② 유도성회로
③ 용량성회로
④ 임피던스회로
⑤ 부성저항회로

05 그림과 같이 자기인덕턴스가 $L_1 = 8H$, $L_2 = 4H$, 상호인덕턴스가 $M = 4H$인 코일에 5A의 전류를 흘릴 때, 전체 코일에 축적되는 자기에너지는?(단, 두 인덕턴스의 방향은 서로 다르다.)

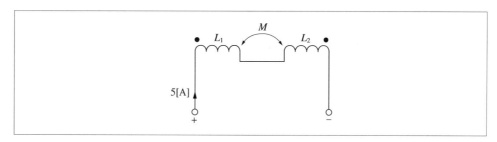

① 10J
② 25J
③ 50J
④ 75J
⑤ 100J

06 다음 중 쿨롱의 법칙에 대한 설명으로 옳지 않은 것은?

① 힘의 크기는 두 전하량의 곱에 비례한다.
② 작용하는 힘의 방향은 두 전하를 연결하는 직선과 일치한다.
③ 작용하는 힘은 반발력과 흡인력이 있다.
④ 힘의 크기는 두 전하 사이의 거리에 반비례한다.
⑤ 정지해 있는 두 개의 점전하 사이에 작용하는 힘을 기술하는 물리법칙이다.

07 다음 중 3상 유도 전압 조정기의 동작 원리는?

① 회전 자계에 의한 유도 작용을 이용하여 2차 전압의 위상 전압의 조정에 따라 변화한다.

② 교번 자계의 전자 유도 작용을 이용하여 2차 전압의 위상 전압의 조정에 따라 변화한다.

③ 충전된 두 물체 사이에 작용하는 힘을 이용한다.

④ 두 전류 사이에 작용하는 힘을 이용한다.

⑤ 누설 자계의 전자 유도 작용을 이용한다.

08 다음 중 비사인파 교류회로의 전력에 대한 설명으로 옳은 것은?

① 전압의 제3고조파와 전류의 제3고조파 성분 사이에서 소비전력이 발생한다.

② 전압의 제2고조파와 전류의 제3고조파 성분 사이에서 소비전력이 발생한다.

③ 전압의 제3고조파와 전류의 제5고조파 성분 사이에서 소비전력이 발생한다.

④ 전압의 제5고조파와 전류의 제7고조파 성분 사이에서 소비전력이 발생한다.

⑤ 전압의 제5고조파와 전류의 제3고조파 성분 사이에서 소비전력이 발생한다.

09 다음 〈보기〉 중 전기력선의 성질에 대한 설명으로 옳은 것을 모두 고르면?

> **보기**
>
> ㄱ. 전기력선은 양(+)전하에서 시작하여 음(−)전하에서 끝난다.
> ㄴ. 전기장 내에 도체를 넣으면 도체 내부의 전기장이 외부의 전기장을 상쇄하나 도체 내부에 전기력선은 존재한다.
> ㄷ. 전기장 내 임의의 점에서 전기력선의 접선 방향은 그 점에서의 전기장의 방향을 나타낸다.
> ㄹ. 전기장 내 임의의 점에서 전기력선의 밀도는 그 점에서의 전기장의 세기와 비례하지 않는다.

① ㄱ, ㄴ   ② ㄱ, ㄷ

③ ㄱ, ㄹ   ④ ㄴ, ㄹ

⑤ ㄷ, ㄹ

10 평행판 콘덴서에 전하량 Q가 충전되어 있다. 이 콘덴서의 내부 유전체의 유전율이 두 배로 변할 때, 콘덴서 내부의 전속밀도는?

① 변화 없다.
② 2배가 된다.
③ 4배가 된다.
④ 6배가 된다.
⑤ 절반으로 감소한다.

11 구리전선과 전기 기계 기구 단지를 접속하는 경우에 진동 등으로 인하여 헐거워질 염려가 있는 곳에는 어떤 것을 사용하여 접속하여야 하는가?

① 정 슬리브를 끼운다.
② 평 와셔 2개를 끼운다.
③ 코드 패스너를 끼운다.
④ 스프링 와셔를 끼운다.
⑤ 로크볼트를 끼운다.

12 자체 인덕턴스 L1, L2, 상호 인덕턴스 M인 두 코일의 결합 계수가 1이면 어떤 관계가 되겠는가?

① $L_1 L_2 = M$
② $\sqrt{L_1 L_2} = M$
③ $\sqrt{L_1 L_2} > M$
④ $L_1 L_2 < M$
⑤ $L_1 L_2 > M$

13 100V의 교류 전원에 1.5kW의 전동기를 접속 후 가동하였더니 20A의 전류가 흘렀다면 이때의 선풍기의 역률은?

① 0.8　　　　　　　　　　　　　② 0.77
③ 0.75　　　　　　　　　　　　　④ 0.71
⑤ 0.68

14 8극 900rpm 동기 발전기로 병렬 운전하는 극수 6인 교류 발전기의 회전수는?

① 1,400rpm　　　　　　　　　　② 1,200rpm
③ 1,000rpm　　　　　　　　　　④ 900rpm
⑤ 800rpm

15 동일한 용량의 콘덴서 5개를 병렬로 접속하였을 때의 합성 용량을 C_P라고 하고, 5개를 직렬로 접속하였을 때의 합성 용량을 C_S라 할 때, C_P와 C_S의 관계는?

① $C_P = 5C_S$　　　　　　　　　② $C_P = 10C_S$
③ $C_P = 25C_S$　　　　　　　　　④ $C_P = 50C_S$
⑤ $C_P = 60C_S$

16 다음 중 합성수지 전선관공사에서 관 상호 간 접속에 필요한 부속품은?

① 커플링　　　　　　　　　　　② 커넥터
③ 리머　　　　　　　　　　　　④ 노멀 밴드
⑤ 샤프 밴드

17 전기적 접속 방법의 고려해야 할 사항에 속하지 않은 것은?

① 도체와 절연재료

② 도체를 구성하는 소선의 가닥수와 형상

③ 도체의 허용전류

④ 도체의 단면적

⑤ 함께 접속되는 도체의 수

18 다음 그림과 같은 동기 발전기의 동기 리액턴스는 10Ω이고, 무부하 시의 선간 전압은 220V이다. 그림과 같이 3상 단락되었을 때, 단락 전류는?

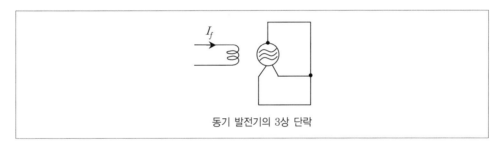

동기 발전기의 3상 단락

① 약 8.2A   ② 약 12.7A

③ 약 25.4A   ④ 약 38.1A

⑤ 약 50.8A

19 다음 중 전하의 특징에 대한 설명으로 옳지 않은 것은?

① 같은 종류의 전하는 끌어당기고 다른 종류의 전하끼리는 반발한다.

② 대전체에 들어있는 전하를 없애려면 접지시킨다.

③ 대전체의 영향으로 비대전체에 전기가 유도된다.

④ 전하는 가장 안정한 상태를 유지하려는 성질이 있다.

⑤ 인접한 전하의 극성에 따라 인력 또는 척력이 작용한다.

20 다음 중 부식성 가스 등이 있는 장소에 전기 설비를 시설하는 방법으로 옳지 않은 것은?

① 애자 사용 배선 시 부식성 가스의 종류에 따라 절연전선인 DV전선을 사용한다.
② 애자 사용 배선에 의한 경우에는 사람이 쉽게 접촉될 우려가 없는 노출장소에 한 한다.
③ 애자 사용 배선 시 습기가 많은 장소에는 전선과 조영재와의 거리를 4.5cm 이상으로 한다.
④ 애자 사용 배선 시 전선의 절연물이 상해를 받는 장소는 나전선을 사용할 수 있으며, 이 경우는 바닥 위 2.5m 이상 높이에 시설한다.
⑤ 애자 사용 배선의 전선은 애자로 지지하고, 조영재 등에 접촉될 우려가 있는 개소는 전선을 애관 또는 합성수지관에 넣어 시설한다.

21 다음 중 옥내 배선에서 전선 접속에 대한 사항으로 옳지 않은 것은?

① 접속 부위의 전기 저항을 증가시킨다.
② 전선의 강도를 20% 이상 감소시키지 않는다.
③ 접속 슬리브를 사용하여 접속한다.
④ 전선 접속기를 사용하여 접속한다.
⑤ 접속 부분의 온도상승값이 접속부 이외의 온도상승값을 넘지 않도록 한다.

22 다음 그림과 같이 3Ω, 7Ω, 10Ω의 세 개의 저항을 직렬로 접속하여 이 양단에 100V 직류 전압을 가했을 때, 세 개의 저항에 흐르는 전류는 얼마인가?

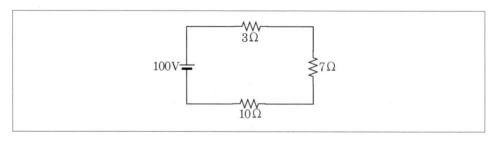

① 1A
② 5A
③ 8A
④ 15A
⑤ 18A

23 다음 중 전류에 의한 자기장 현상에 대한 설명으로 옳지 않은 것은?

① 렌츠(Lenz)의 법칙으로 유도기 전력의 방향을 알 수 있다.

② 직선도체에 흐르는 전류 주위에는 원형의 자기력선이 발생한다.

③ 직선도체에 전류가 흐를 때 자기력선의 방향은 앙페르(Ampère)의 오른나사 법칙을 따른다.

④ 플레밍(Fleming)의 오른손 법칙으로 직선도체에 흐르는 전류의 방향과 자기장의 방향이 수직인 경우, 직선도체가 자기장에서 받는 힘의 방향을 알 수 있다.

⑤ 플레밍(Fleming)의 왼손 법칙은 자기장의 방향과 도선에 흐르는 전류의 방향으로 도선이 받는 힘의 방향을 결정하는 규칙이다.

24 다음 중 전기력선의 성질에 대한 설명으로 옳지 않은 것은?

① 전기력선 방향은 전기장 방향과 같으며, 전기력선의 밀도는 전기장의 크기와 같다.

② 전기력선은 도체 내부에 존재한다.

③ 전기력선은 등전위면에 수직으로 출입한다.

④ 전기력선은 양전하에서 음전하로 이동한다.

⑤ 양전하의 전기력선은 무한원점에서 시작되고 음전하의 무한원점에서 끝난다.

25 다음 중 자성체의 성질에 대한 설명으로 옳지 않은 것은?

① 강자성체의 온도가 높아져서 상자성체와 같은 동작을 하게 되는 온도를 큐리 온도라 한다.

② 강자성체에 외부자계가 인가되면 자성체 내부의 자속 밀도는 증가한다.

③ 발전기, 모터, 변압기 등에 사용되는 강자성체는 매우 작은 인가자계에도 큰 자화를 가져야 한다.

④ 페라이트는 매우 높은 도전율을 가지므로 고주파수 응용 분야에 널리 사용된다.

⑤ 자기를 띠는 원인은 물질을 이루고 있는 기본 구성 입자들의 자기모멘트들이 한 방향으로 정렬하고 있기 때문이다.

05 | 화학 적중예상문제

정답 및 해설 p.090

01 다음 화학 방정식 중 황산 제조와 관계없는 것은?

① $S + O_2 \rightarrow SO_2$

② $4FeS_2 + 11O_2 \rightarrow 2Fe_2O_3 + 8SO_2$

③ $N_2 + 3H_2 \rightarrow 2NH_3$

④ $SO_2 + NO_2 + H_2O \rightarrow H_2SO_4 \cdot NO$

⑤ $2SO_2 + O_2 \rightarrow 2SO_3$

02 다음 중 증산을 위하여 중질유를 열분해하여 얻는 가솔린은?

① 직류 가솔린   ② 분해 가솔린

③ 개질 가솔린   ④ 알킬화 가솔린

⑤ 공업 가솔린

03 다음 중 원유의 감압증류로 얻는 유분은 어느 것인가?

① 파라핀가스   ② 중유

③ 경유   ④ 윤활유

⑤ 아스팔트

04 다음 중 무기제조 화학공업의 공정 중에서 소다공업 및 염산공업과 관계가 깊은 것은?

① 솔베이법
② 르블랑법
③ 하버법
④ Nitrosyl법
⑤ 보슈법

05 다음 중 인산이 가장 많이 사용되는 것은 어느 것인가?

① 금속표면처리제
② 인산염 제조원료
③ 비료
④ 가정용 세제
⑤ 의약품

06 암모니아 산화법에서 암모니아와 공기 또는 산소의 혼합가스의 반응은 폭발성을 가지므로 위험하다. 조업 중 위험 방지를 위해 혼입하는 물질은?

① 비활성 가스
② 수증기
③ 암모니아를 과잉 혼입
④ 공기를 과잉 혼입
⑤ 과산화수소 과잉 혼입

07 다음 중 수용성기로서 $-SO_3H$ 혹은 $-COOH$기를 가지고 있으며 셀룰로오스에 염착하는 염료는?

① 나프톨 염료
② 오늄 염료
③ 황화 염료
④ 직접 염료
⑤ 냉염 염료

08 다음 중 슬러리(Slurry)의 건조 장치에 적합하지 않은 것은 어느 것인가?

① 드럼 건조기   ② 교반 건조기

③ 분무 건조기   ④ 터널 건조기

⑤ 스프레이 건조기

09 다음 중 격막식 수산화나트륨 전해조에서의 양극(+) 재료로 흑연을 사용하는 이유는?

① 염소 과전압이 낮다.

② 구하기가 쉽다.

④ 전기 저항이 크다.

④ 알칼리에 대한 내식성이 크다.

⑤ 부도체로 안전하다.

10 다음 중 용매에 비휘발성 물질을 녹일 경우, 용액의 증기압이 용매의 증기압보다 낮아지는 현상은?

① 잠열   ② 과열도

③ 비점 상승   ④ 증기압

⑤ 비열

11 다음 중 향족 화합물의 술폰화에 대한 설명으로 옳지 않은 것은?

① 나프탈렌의 술폰화는 반응 온도의 영향이 크다.

② 술폰화로 물에 대한 용해성이 커진다.

③ SO_3H가 반응하는 방향핵에 대한 친전자적 치환 반응이다.

④ $-OSO_3H$를 도입하는 공정이다.

⑤ 벤젠의 술폰화는 수소원자가 다른 작용기로 치환된다.

12 다음 중 인산 제조에 있어서 건식법의 특징에 해당되지 않는 것은?

① Slag는 시멘트의 원료가 된다.
② 인의 기화와 산화를 별도로 행할 수 있다.
③ 품질이 좋은 인광석을 사용해야 한다.
④ 순도가 좋은 농인산을 얻을 수 있다.
⑤ 황산이 필요하지 않다.

13 다음 중 미생물 제품이나 과즙과 같이 열에 대해 일반적으로 불안정한 물질을 건조하는 데 사용하는 건조기는?

① 동결 건조기   ② 분무 건조기
③ 고주파 가열 건조기   ④ 상자형 건조기
⑤ 기류 건조기

14 다음 중 황안 비료의 제조 방법에 해당되지 않는 것은?

① 중화법   ② 아황산법
③ 석회법   ④ 석고법
⑤ C − A − S법

15 다음 중 습한 기체를 탈습하는 방법으로 옳지 않은 것은?

① 기체의 압축에 의한 방법
② 기체의 간접 냉각에 의한 방법
③ 기체와 냉각액의 직접 접촉에 의한 방법
④ 기체 중에 고습도의 기체를 혼입시키는 방법
⑤ 액체 흡수제에 의해 수증기를 흡수 분리하는 방법

16 습윤목재 10kg에 수분이 4kg 함유되어 있다. 이 목재를 습량기준으로 10%의 수분을 함유하도록 하려면, 몇 kg의 수분을 제거하여야 하는가?

① 0.67kg
② 1.76kg
③ 2.24kg
④ 3.33kg
⑤ 4.74kg

17 다음 중 층류에 대한 설명으로 옳지 않은 것은?

① 유체 입자가 관벽에 평행한 직선으로 흐르는 흐름이다.
② Reynolds수가 4,000 이상인 유체의 흐름이다.
③ 관 내에서의 속도 분포가 정상 포물선을 이룬다.
④ 평균 유속은 최대 유속의 약 1/2이다.
⑤ 경계층 안에서 고체 표면에 가까운 부분이다.

18 다음 중 고액 추출 장치가 아닌 것은?

① 침출조
② Bollmann 추출기
③ Mixer Settler형 추출기
④ Dorr 교반기
⑤ Rotocel 추출기

19 다음 중 열전도도에 대한 설명으로 옳지 않은 것은?

① 전도에 의한 열전달 속도는 전열 면적과 온도 구배에 비례하며, 이 비례 상수를 열전도도라 한다.
② 열전도도는 온도의 함수이다.
③ 열전도도는 물질 특유의 상수이다.
④ 열전도도의 차원은 $Q/\theta \cdot L \cdot T$(Q : 열량, θ : 시간, T : 온도, L : 길이)이다.
⑤ 열전도도의 단위는 W/m·℃이다.

20 유체가 흐를 때 경계층이 완전히 결정되면 일정한 국부 속도(Local Velocity)를 유지하면서 흐르는 흐름을 무엇이라 하는가?

① 플러그 흐름(Plug Flow)
② 완전 발달된 흐름(Fully Developed Flow)
③ 층류(Laminar Flow)
④ 난류(Turbulent Flow)
⑤ 향류(Counter Flow)

21 다음 중 열역학 제1법칙에 대한 설명으로 옳지 않은 것은?

① 열은 본질적으로 에너지의 일종이며 열과 일은 서로 변환시킬 수 있다.
② 계의 에너지 변화량과 외계의 에너지 변화량의 차이는 0이다.
③ 제1종 영구기관은 만들 수 없다.
④ 자연계에서 일어나는 자발적인 과정의 엔트로피는 증가한다.
⑤ 외부로부터 흡수한 열량은 Q이며 (＋)로 나타낸다.

22 다음 중 완전 흑체에서 복사 에너지에 대한 설명으로 옳은 것은?

① 복사 면적에 비례하고 절대 온도에 반비례한다.
② 복사 면적에 비례하고 절대 온도의 네제곱에 비례한다.
③ 복사 면적에 비례하고 절대 온도의 네제곱에 반비례한다.
④ 복사 면적에 반비례하고 절대 온도에 비례한다.
⑤ 복사 면적에 반비례하고 절대 온도의 제곱에 비례한다.

23 다음 중 최고 공비 혼합물에 대한 설명으로 옳지 않은 것은?

① 증기압 곡선은 최저치를 표시한다.

② 비점 곡선은 최대치를 표시한다.

③ 같은 비점에서는 증기의 조성과 액의 조성이 동일하다.

④ 최고 공비 혼합물은 다른 분자 사이의 친화력이 동일 분자 사이의 친화력보다 작은 경우이다.

⑤ 공비점에서 보통 증류법으로 고순도 물질을 얻을 수 없다.

24 다음 중 극성물질 또는 불포화화합물에 대해 강한 선택적 흡착을 보이는 흡착제는?

① 활성탄   ② 활성 알루미나

③ 실리카겔   ④ 골탄

⑤ 활성 아미노산

25 다음 중 이슬점(Dew Point)에 대한 설명으로 옳지 않은 것은?

① 이슬이 맺기 시작하는 온도이다.

② 대기 중의 수증기의 분압이 그 온도에서 포화 증기압과 같아지는 온도이다.

③ 건구 온도보다 습구 온도가 낮은 상태이다.

④ 상대 습도가 100%가 되는 온도이다.

⑤ 불포화 상태의 공기가 냉각될 때 수증기가 응결되는 온도이다.

PART 3

한국사

01 | 기출복원문제

정답 및 해설 p.094

01 한국남동발전

01 다음은 신분제도에 대한 사료이다. 밑줄 친 신분에 대한 설명으로 옳지 않은 것은?

> 설계두도 신라 귀족 가문의 자손이다. 일찍이 가까운 친구 4명과 함께 모여 술을 마시면서 각자 자신의 뜻을 말하였다. 설계두가 이르기를, "신라에서는 사람을 등용하는데 골품을 따진다. 그러므로 진실로 그 족속이 아니면 비록 큰 재주와 뛰어난 공이 있더라도 넘을 수가 없다. 나는 원컨대, 서쪽 중국으로 가서 세상에서 보기 드문 지략을 떨쳐서 특별한 공을 세워 스스로 영광스러운 관직에 올라 고관대작의 옷을 갖추어 입고 칼을 차고서 천자의 곁에 출입하면 만족하겠다."라고 하였다.

① 사치 금지령의 대상이 되었다.

② 당시 왕족들의 신분이었다.

③ 불교를 적극적으로 후원하였다.

④ 과거시험을 통해 관직을 얻었다.

02 다음 중 고려시대 향리의 역할로 옳은 것은?

① 주로 상업에 종사하였다.

② 지방행정 실무를 담당하였다.

③ 수령을 감독하였다.

④ 유향소를 통제하였다.

03 다음 사료와 관련이 없는 것은?

> 우리는 오늘 조선이 독립국이라는 것과, 조선인이 자주민이라는 것을 선언한다. 이를 세계만방에 알려 인류의 평등이라는 대의(大義)를 명백케 하는 동시에, 자손만대에 알려 민족자존(民族自存)의 권리를 영원토록 누리게 하겠다.
>
> … 중략 …
>
> 구시대의 유물인 침략주의, 강권주의에 희생되어 유사 이래 누천년에 처음으로 이민족 억압의 고통을 맛본 지 10년이 지났다. 우리 생존권의 박탈이 그 얼마며, 정신적 발전에 장애를 받는 것이 얼마나 되며, 민족적 존영이 훼손되는 것이 얼마나 되며, 신예(新銳)와 독창으로써 세계 문화의 대조류에 기여할 기회를 놓친 것이 그 얼마나 되었는가?
>
> … 생략 …

① 독립 선언서 낭독
② 제암리 학살 사건
③ 광주 학생 항일 운동
④ 유관순 순국

PART 3

04 다음 사료의 사건에 대한 설명으로 옳지 않은 것은?

> 평서대원수는 급히 격문을 띄우노니 우리 관서의 부로자제와 공사천민은 모두 이 격문을 들으시라. 무릇 관서는 기자의 옛 터요, 단군 시조의 옛 근거지로 훌륭한 인물이 넘치고 문물이 번창한 곳이다. … 중략 … 그러나 조정에서는 서토를 버림이 썩은 흙이나 다름없다. 심지어 권세 있는 집의 노비들도 서로의 인사를 보면 반드시 평안도놈이라 일컫는다. 서토에 있는 자가 어찌 억울하고 원통치 않은 자 있겠는가. … 중략 … 이제 격문을 띄워 먼저 열부군후(列府君侯)에게 알리노니 절대로 동요치 말고 성문을 활짝 열어 우리 군대를 맞으라. 만약 어리석게도 항거하는 자가 있으면 기마병의 발굽으로 밟아 무찔러 남기지 않으리니 마땅히 명령을 따라서 거행함이 좋으리라.

① 평안도인은 고위관직 진출이 제한되었다.
② 노비, 광산 노동자, 농민 등이 참여하였다.
③ 청천강 이북을 점령하기도 하였다.
④ 시간이 지나면서 전국으로 확대되었다.

05 다음은 사천 매향비에 기록된 내용의 일부이다. 이 비석을 세운 조직의 대한 설명으로 옳은 것은?

> 이에 빈도와 여러 사람들은 한마음으로 발원하여 향나무를 묻고 …… 나라가 태평하고 백성이 평안하기를 기원합니다.

① 유교신앙을 토대로 조직되었다.
② 고조선 시대에 조직되었다.
③ 상호 부조를 위한 공동체로 발전하였다.
④ 수도에만 조직되었다.

06 다음 지도가 제작된 시기의 왕과 그 업적이 옳은 것은?

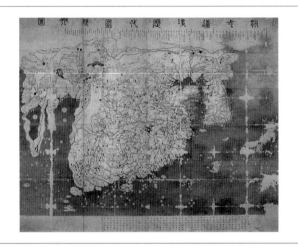

① 태조 – 조선 건국   ② 세조 – 호패법 시행
③ 성종 – 동국통감 편찬   ④ 태종 – 6조 직계제

07 역사적 사건을 시대순으로 나열할 때, (가) 시기에 있었던 사건으로 옳은 것은?

유엔 총회의 결의	단독 선거 결의	(가)	5 · 10 총선거

① 민주 공화국 체제의 헌법이 제정되었다.
② 남 · 북 사이에 6 · 25 전쟁이 발발하였다.
③ 모스크바 3국 외상 회의가 개최되었다.
④ 김구 등이 방북하여 남북협상을 개최하였다.

08 다음 중 중석기 시대의 특징으로 옳은 것은?

① 공주 석장리, 청원 홍수굴 등의 유적이 대표적이다.

② 조, 피, 수수 등 농경이 시작되었다.

③ 빗살무늬 토기가 대표적인 토기이다.

④ 활, 작살 등의 잔석기의 이음 도구를 제작하였다.

09 다음 중 고구려의 불교를 공인한 왕은 누구인가?

① 장수왕   ② 소수림왕

③ 태조왕   ④ 미천왕

10 다음과 같은 물건이 제작·사용되었을 때, 주거 생활 모습으로 옳은 것은?

> 동물의 뼈나 뿔로 된 뼈도구와 뗀석기를 제작 사용하였고, 공주 석장리와 단양 수양개에서 고래와
> 물고기 등을 새긴 조각품이 발견되었다.

① 동굴이나 바위 그늘에서 살거나 강가에 막집을 짓고 살았다.

② 중앙에 화덕 자리가 있는 움집을 짓고 살았다.

③ 움집 내부의 화덕이 한쪽 벽면으로 옮겨졌다.

④ 배산임수의 지형을 찾아 부락을 이루고 살았다는 고래와 물고기 등을 새긴 조각품이 발견되었다.

11 다음 중 신민회의 설명으로 옳지 않은 것은?

① 국내의 요인 암살, 식민통치기관 파괴활동을 전개하였다.
② 자기회사·태극서관을 설립하여 민족 산업 육성에 노력하였다.
③ 대성 학교와 오산 학교를 세워 민족 교육을 실시하였다.
④ 이회영 형제의 헌신으로 남만주에 독립 운동 기지를 건설하였다.

12 다음 국왕의 업적으로 옳은 것은?

> • 원년 8월에 반란을 진압하고 교서를 내려 말하였다. "역적의 우두머리들은 재능이 아니라 혜택을 받아 그 벼슬에 올랐으면서도 포악한 마음을 가져 반란을 일으키려 하였다. 다행히 미리 알아내어 우두머리들과 잔당까지 모두 소탕할 수 있었다."
> • 2년 4월에 위화부의 영(令) 2인을 두었다.
> • 5년 봄에 완산주와 청주를 설치하니 비로소 9주가 갖추어졌다.
> • 9년 관리의 녹읍을 혁파하고 매년 조(租)를 내리되 차등이 있게 하였다.

① 지방 행정 조직을 9주 5소경으로 정비하였다.
② 독서삼품과를 실시하여 관리를 채용하려 하였다.
③ 시장 감독관청인 동시전을 설치하였다.
④ 상대등을 설치하여 화백회의를 주관하게 하였다.

13 다음 중 밑줄 친 ㉠ 사건 이후 설치된 군사기구는?

> 아아! 임진년의 화는 참혹하였도다. 수십일 동안에 삼도(三都)를 지키지 못하였고 팔방이 산산이 무너져 ㉠ 임금께서 수도를 떠나 피란하였는데, 그럼에도 우리나라가 오늘날이 있게 된 것은 하늘이 도운 까닭이다. 그리고 선대 여러 임금의 어질고 두터운 은덕이 백성들을 굳게 결합시켜 백성들의 나라를 생각하는 마음이 그치지 않았기 때문이며, 임금께서 중국을 섬기는 정성이 명나라 황제를 감동시켜 우리나라를 구원하기 위해 명나라 군대가 여러 차례 출동하였기 때문이다. 이러한 일들이 없었다면 우리나라는 위태하였을 것이다.
>
> － 『징비록』

① 별무반   ② 장용영
③ 훈련도감   ④ 군무아문

14 다음은 조선 시대 토지에 관련된 여러 제도에 대한 설명이다. 제도가 실시된 시기 순으로 바르게 나열한 것은?

> ㉠ 풍흉에 관계없이 토지의 비옥도에 따라 9등급으로 구분하여 일정하게 세액을 결정한 제도
> ㉡ 균역법 실시 이후 세입 감소를 메우기 위해 역의 일부를 전세(田稅)화 하여 시행한 제도
> ㉢ 토지의 질에 따라 6등급으로 구분하여 수세의 단위로 편성한 제도
> ㉣ 현직 관료들에게만 토지 수조권을 지급하는 제도

① ㉠ － ㉡ － ㉢ － ㉣

② ㉡ － ㉠ － ㉢ － ㉣

③ ㉢ － ㉠ － ㉡ － ㉣

④ ㉢ － ㉣ － ㉠ － ㉡

15 다음은 1919년 3·1운동이 계기가 되어 설립된 조직이다. 이 조직 휘하의 독립군의 이름으로 옳은 것은?

> 우리나라의 건국 정신은 삼균제도(三均制度)의 역사적 근거를 두었으니 옛 현인이 분명히 명령하여 「머리와 꼬리가 고르고 평평하게 자리하여야 나라가 흥하고 태평함을 보전할 수 있다(首尾均平位 興邦保太平).」라고 함. 이는 사회 각 계급·계층이 지력과 권력과 부력의 향유를 균평하게 하여 국가를 진흥하며 태평을 유지하라고 한 것이니, 홍익인간(널리 인간을 이롭게 한다)과 이화세계(이치로 세상을 다스린다)하자는, 우리 민족의 지켜야 할 최고의 공리(公理)임

① 조선의용대
② 한국광복군
③ 대한독립군
④ 한국독립군

16 다음 중 고려 광종의 업적으로 옳은 것은?

① 신돈을 등용하여 권문세족을 몰아내는 등 개혁정치를 실행하였다.
② 최승로의 시무 28조를 받아들여 유교를 받아들이는 등 다방면의 개혁을 실시하였다.
③ 원의 내정간섭기구인 정동행성이문소를 혁파하였다.
④ 노비안검법을 실시하여 호족의 세력을 약화시키고 국가에 세금을 내는 양인을 늘렸다.

17 다음 중 제시된 성명 이후에 발생한 사건으로 옳은 것은?

> 쌍방은 다음과 같은 조국통일원칙들에 합의를 보았다.
> 첫째, 통일은 외세에 의존하거나 외세의 간섭을 받음이 없이 자주적으로 해결하여야 한다.
> 둘째, 통일은 서로 상대방을 반대하는 무력행사에 의거하지 않고 평화적 방법으로 실현하여야 한다.
> 셋째, 사상과 이념, 제도의 차이를 초월하여 우선 하나의 민족으로서 민족적 대단결을 도모하여야 한다.
>
> － 7·4 남북공동성명

① 남북연석회의가 개최되어 남북의 정치지도자들이 통일정부 수립을 목표로 회담을 가졌다.
② 대통령의 임기가 4년이 되었고, 초대 대통령에 한해 1회 중임 제한이 면제되었다.
③ 3·15 부정선거에 항거하여 시민 혁명이 발생하였다.
④ 대통령 직선제가 폐지되고 통일주체국민회의를 통한 간접선거가 되었다.

18 다음 중 제시된 사건을 일어난 순서대로 바르게 나열한 것은?

> ㄱ. 김일손은 김종직의 조의제문을 사초에 수록하려 하였다.
> ㄴ. 조광조가 현량과를 시행하여 사림 세력을 등용하려 하였다.
> ㄷ. 명종을 해치려 했다는 이유로 윤임 일파가 몰락하였다.
> ㄹ. 연산군은 생모 윤씨의 폐비 사건에 관여한 사림을 몰아냈다.

① ㄱ - ㄴ - ㄷ - ㄹ   ② ㄱ - ㄹ - ㄴ - ㄷ
③ ㄴ - ㄷ - ㄹ - ㄱ   ④ ㄷ - ㄴ - ㄱ - ㄹ

19 다음 중 동학 농민 운동에 대한 설명으로 옳지 않은 것은?

① 고부읍을 점령하고 백산에서 농민군을 정비하였다.
② 동학 농민군은 농민을 위한 토지 개혁의 단행을 요구하였다.
③ 조선 정부는 농민들의 요구에 대응하여 삼정이정청을 설치하였다.
④ 척양척왜를 주장하며 공주 우금치 전투를 전개하였다.

20 다음 중 5 · 10 총선거에 대한 설명으로 옳지 않은 것은?

① 당선된 국회의원의 임기는 2년으로 한정되었다.
② 김구와 김규식 등 남북 협상파는 참여하지 않았다.
③ 만 19세 이상의 등록 유권자에게 선거권이 부여되었다.
④ 제주도에서는 4 · 3 사건의 여파로 선거에 차질이 빚어졌다.

21 다음 중 신라와 발해에 대한 설명으로 옳은 것은?

① 신라는 백제와 고구려 옛 지배층에게 관등을 주어 포용하였다.

② 신라는 9세기에 들어서 비로소 발해와 상설 교통로를 개설하였다.

③ 발해의 주민 중 다수는 말갈인이었는데 이들은 관리가 될 수 없었다.

④ 발해는 지방 세력을 통제하기 위하여 상수리 제도를 실시하였다.

22 다음 중 밑줄 친 '왕'이 실시한 정책으로 옳은 것은?

> 왕이 명하여 성균관을 다시 짓고 그를 판개성부사 겸 성균관 대사성으로 임명하였으며, 경술(經術)이 뛰어난 선비들을 택하여 교관으로 삼았다. 이에 그는 다시 학칙을 정하여 매일 명륜당에 앉아 경전을 공부하고, 강의를 마치면 서로 토론하게 하였다. 이로 말미암아 학자들이 많이 모여 함께 눈으로 보고 마음으로 느끼는 가운데 성리학이 비로소 일어나게 되었다.

① 이인임 일파를 몰아내고 왕권을 회복하였다.

② 내정을 간섭하던 정동행성 이문소를 폐지하였다.

③ 화약 무기 사용법을 정리한 총통등록을 편찬하였다.

④ 삼강행실도를 편찬하여 유교적 질서를 확립하고자 하였다.

23 다음 중 고인돌에 대한 설명으로 옳지 않은 것은?

① 청동기 시대의 유물이다.

② 한반도는 전 세계에서 가장 많은 고인돌을 보유하고 있다.

③ 당시 사회가 계급의 구분이 없는 평등한 사회였음을 알 수 있다.

④ 다량의 부장품이 함께 발굴되었다.

24 다음 중 삼국시대의 왕과 그 업적이 바르게 나열되지 않은 것은?

① 장수왕 : 백제의 수도 한성을 함락시켰다.

② 법흥왕 : 김흠돌의 반란을 제압하고 왕권 전제화의 계기를 마련하였다.

③ 근초고왕 : 역사서 서기가 편찬되었다.

④ 진흥왕 : 대가야를 공격하여 신라의 영역으로 편제하였다.

25 다음 중 독립협회에 대한 설명으로 옳지 않은 것은?

① 순한글 신문인 독립신문을 간행하였다.

② 국정 개혁안을 결의하기 위해 관민공동회를 개최하였다.

③ 국정 개혁 원칙 6개항을 결의하였다.

④ 헌법을 바탕으로 한 공화정체 수립을 목적으로 활동하였다.

26 다음 중 발해에 대한 설명으로 옳지 않은 것은?

① 통일신라와 적대하여 교류하지 않았다.

② 중앙교육기관으로 주자감이 있었다.

③ 중앙 관제는 3성 6부제였다.

④ 독자적인 연호를 사용하였다.

27 다음 중 빈칸 (가)의 시기에 일어났던 일로 옳은 것은?

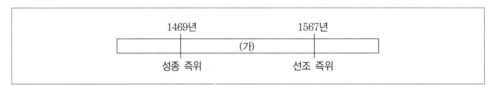

① 의관 허준이 『동의보감』을 저술하였다.

② 기존의 공납제도를 대신하여 대동법이 처음 실시되었다.

③ 국왕 호위를 전담하는 장용영을 설치하였다.

④ 홍문관이 학술 연구 및 국왕 자문의 기능을 도맡게 되었다.

28 다음 중 흥선대원군의 업적이 아닌 것은?

① 호포제를 실시하였다.

② 삼정의 폐단을 바로잡기 위해 삼정이정청을 설치하였다.

③ 경복궁 중건을 위한 당백전을 발행하였다.

④ 비변사를 혁파하였다.

29 다음 중 〈보기〉가 설명하는 조약으로 옳은 것은?

> **보기**
> • 불평등한 조약 체제이다.
> • 임오군란 직후 체결되었다.
> • 청나라 상인의 조선 내지 무역이 가능해졌다.
> • 상무위원을 서울에 두어 내정간섭을 하였다.

① 톈진 조약　　　　　　　　　② 조청상민수륙무역장정
③ 제물포 조약　　　　　　　　④ 한성 조약

30 다음 중 〈보기〉에서 설명하는 세력은?

> **보기**
> • 무신정변 이후 지방의 향리들이 과거를 통해 중앙 관리로 진출하여 형성되었다.
> • 공민왕 대 개혁 정치를 통해 정치 세력으로 성장하였다.
> • 급진적 개혁을 추구한 일부는 위화도 회군 이후 정치권력을 장악하고 조선을 건국하였다.

① 호족　　　　　　　　　　　② 권문세족
③ 문벌귀족　　　　　　　　　④ 신진사대부

31   다음에서 설명하고 있는 부여의 제천 행사로 옳은 것은?

> • 정월 보름에 하늘에 제사를 지내며, 먹고 마시고 춤춘다.
> • 감옥을 열고 죄인을 풀어 준다.

① 영고   ② 동맹
③ 무천   ④ 계절제

32   다음 빈칸에 들어갈 수 있는 내용으로 옳지 않은 것은?

> 〈법흥왕의 업적〉
>
> • 병부 설치   • 연호 사용
> • 불교 공인   • 골품 제도 정비
> • _____

① 율령 반포   ② 영토 확장
③ 공복 제성   ④ 순장 금지

33 다음 빈칸에 들어갈 인물의 업적으로 옳은 것은?

> _____은/는 상주 사람으로 본래 성은 이씨이다. …… 서쪽으로 공략하여 완상에 이르자 말하기를 '내가 삼국의 시원을 따져보니 마한이 먼저 일어났다. 그리고 백제가 개국하여 6백 년을 전하였다가 신라에게 멸망되었으니 내가 의자왕의 묵은 원한을 설욕하고자 한다.'라고 하였다. 마침내 완산에 도읍을 정하고 후백제를 건국했다.

① 신라의 항복을 받아 신라를 흡수하였다.
② 고려를 정복하고 삼국을 통일하였다.
③ 경애왕을 죽이고 경순왕을 즉위시켰다.
④ 양길의 수하로 들어가 강원도 지역을 공격하였다.

34 다음 빈칸 (가)의 시기에 있었던 일로 옳은 것은?

…	고려 건국	귀주대첩	무신의 난	강화 천도	(가) 개경 환도	…

① 이자겸의 난
② 처인성 전투
③ 만적의 난
④ 삼별초 항쟁

35 다음 중 조선 왕과 그에 따른 업적을 바르게 나열한 것은?

① 태종 : 『조선경국전』 편찬
② 세종 : 사간원 독립
③ 세조 : 집현전 설치, 경연 강화
④ 성종 : 『경국대전』 완성

36 다음 전쟁이 일어난 시기의 사회상을 〈보기〉에서 모두 고르면?

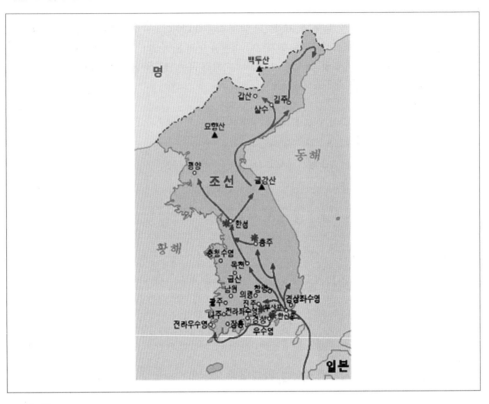

> **보기**
>
> ㄱ. 붕당정치 붕괴   ㄴ. 비변사 강화
> ㄷ. 세도정치의 성행   ㄹ. 신분제의 동요

① ㄱ, ㄴ   ② ㄴ, ㄷ
③ ㄷ, ㄹ   ④ ㄴ, ㄹ

37 조선 중기 이후 학문 연구와 선현제향을 위하여 사림이 설립한 교육기관으로 그 지역의 자치운영기구 역할도 했던 것은?

① 서원   ② 향교
③ 성균관   ④ 서당

38 다음 정책이 시행된 배경으로 옳은 것은?

일본에서는 한반도 남부지방에는 목화와 누에고치를, 북부지방에는 양을 기르게 하여 한반도를 일제의 공업원료 공급지로 활용할 정책을 시행하였다.

① 대공황이 발생했다.
② 윌슨이 민족 자결주의를 주창하였다.
③ 3·1운동이 전개되었다.
④ 봉오동·청산리 전투가 발발하였다.

39 다음 중 강화도 조약에 대한 내용으로 옳지 않은 것은?

① 정식 명칭은 조일수호조규이며, 병자수호조약이라고도 한다.
② 일본 상인에 대한 최혜국 대우 체결
③ 무관세 무역 체결
④ 부산, 원산, 인천 항구를 20개월 안에 개항

40 다음 세 개헌의 공통점으로 옳은 것은?

- 발췌개헌(1952)
- 사사오입개헌(1954)
- 3선개헌(1969)

① 장기집권의 획득
② 대통령 간선제 체택
③ 대통령 직선제 체택
④ 의원 내각제 체택

41 다음 시대의 생활상에 대한 설명으로 옳은 것은?

> 강원도 고성군 죽왕면 문암리에서는 서기전 3600년 ~ 서기전 3000년의 동아시아 최초의 밭 유적이 발견되었는데, 움집, 짧은 빗살무늬토기, 돌화살촉 등이 함께 출토되었다.

① 식량 채집경제 생활이 시작되었으며, 토기가 제작되었다.

② 움집은 주로 원형이나 모둥근 방형으로, 중앙에 화덕을 설치하고 남쪽에 출입문을 내었다.

③ 원시적 평등 사회로 지배 – 피지배의 계급은 나뉘지 않고, 원시 신앙도 발생하지 않았다.

④ 돌보습, 굴지구와 더불어 반달돌칼, 홈자귀 등 간석기가 사용되었고, 원시적 수공업이 이루어졌다.

42 다음 중 밑줄 친 '이 섬'에 대한 일본 측 주장을 반박하기 위한 탐구 활동으로 옳지 않은 것은?

> 다른 나라가 이 무인도를 점유했다고 인정할 만한 증거가 없다. 기록에 따르면 1903년 이래 나카이란 자가 이 섬에 이주하여 어업에 종사한 바, 국제법상 점령한 사실이 있는 것으로 인정되므로 이 섬을 본국 소속으로 하고 시마네현에서 관할하도록 한다.
>
> – 일본 내각회의 결정, 1905

① 일본이 만주의 이권 확보를 위해 청과 체결한 협약 내용을 검토한다.

② 일본의 무주지 선점 주장의 국제법상 문제점을 살펴본다.

③ 일본의 침탈에 대응한 대한제국 정부의 활동을 조사해 본다.

④ 우리 영토임을 확인해 주는 1905년 이전의 일본 문서를 찾아본다.

43 다음 중 삼한에 대한 설명으로 옳지 않은 것은?

① 저수지가 축조되고 벼농사가 발달하였다.

② 제정 분리의 사회였다.

③ 삼한은 후에 백제, 신라, 가야로 발전하게 되었다.

④ 마한은 철이 풍부하게 생산되어 철을 화폐처럼 이용하였다.

44 다음 제시된 사건 직후에 전개한 개혁으로 옳은 것을 〈보기〉에서 모두 고르면?

- 삼국간섭
- 친러내각인 제3차 김홍집 내각의 성립
- 을미사변

> **보기**
> ㄱ. 건양이라는 연호를 제정하였다.
> ㄴ. 조일무역규칙을 개정하였다.
> ㄷ. 서울에 친위대를, 지방에 진위대를 두었다.
> ㄹ. 은 본위 화폐 제도를 실시하였다.

① ㄱ, ㄴ   ② ㄱ, ㄷ
③ ㄴ, ㄹ   ④ ㄷ, ㄹ

45 다음 빈칸의 제도에 대한 설명으로 옳은 것을 〈보기〉에서 모두 고르면?

> 경기는 사방의 근본이니 마땅히 _____을/를 설치하여 사대부를 우대한다. 무릇 수조권자가 죽은 후, 자식이 있는 아내가 수신하면 남편이 받은 토지를 모두 물려 받고, 자식이 없으면 그 절반을 물려 받으며, 수신하지 않는 경우는 물려 받지 못한다. 부모가 사망하고 자식들이 어리면 휼양하여야 하니 그 토지를 모두 물려 받는다.

> **보기**
> ㄱ. 전·현직 관리에게 전지와 시지를 지급하였다.
> ㄴ. 수조권을 받은 자가 농민에게 직접 조세를 거두었다.
> ㄷ. 조의 부과는 사전의 전주가 매년 농사의 작황을 실제로 답사해 정하는 답험손실법(踏驗損實法)이었다.
> ㄹ. 토지를 지급받은 관리는 조세를 징수하고 노동력을 징발할 수 있었다.

① ㄱ, ㄴ   ② ㄱ, ㄷ
③ ㄴ, ㄷ   ④ ㄴ, ㄹ

02 | 적중예상문제

정답 및 해설 p.100

01 다음은 통일신라시대의 관리 선발 방식이다. 이 제도를 실시한 왕대에 일어난 사건으로 옳지 않은 것을 〈보기〉에서 모두 고르면?

> 국학의 기능을 강화하기 위하여 경전의 이해 정도에 따라 상품(上品), 중품(中品), 하품(下品)으로 등급을 나누어 관리를 선발하였다.

보기
㉠ 발해를 외교적 대상 국가로 인식하여 사신을 보냈다.
㉡ 원종·애노의 난이 발생하였다.
㉢ 청해진의 반란을 제압하였다.
㉣ 처음으로 승관(僧官)을 두었다.

① ㉠, ㉡　　　　　　　　　　　② ㉠, ㉢
③ ㉡, ㉢　　　　　　　　　　　④ ㉢, ㉣
⑤ ㉠, ㉡, ㉢

02 다음 중 밑줄 친 '태왕'에 대한 설명으로 옳은 것은?

> 태왕의 유일한 목적은 북방의 강성한 선비를 정벌하여 지금의 봉천, 직예 등의 땅을 차지하는 것이었다. …… 중국 역사상 일대 효웅(梟雄)들이 모두 그 기세가 꺾이어 할 수 없이 수천 리의 토지를 고구려에 넘겨줌으로써, 태왕이 그 시호와 같이 토지를 광개(廣開)함에 이르렀다.

① 태학을 설립하여 인재를 양성하였다.
② 영락이라는 독자적인 연호를 사용하였다.
③ 전진의 순도를 통해 불교를 수용하였다.
④ 당의 침입에 대비하여 천리장성을 쌓았다.
⑤ 평양으로 천도하여 남진 정책을 본격화하였다.

03 다음 중 (가), (나) 사이에 있었던 사실로 옳은 것은?

> (가) 고구려 왕 거련이 몸소 군사를 거느리고 백제를 공격하였다. 백제 왕 경이 아들 문주를 보내 구원을 요청하였다. 왕이 군사를 내어 구해주려 했으나 미처 도착하기도 전에 백제가 이미 무너졌고 경 또한 피살되었다.
>
> (나) 금관국의 왕인 김구해가 왕비와 세 명의 아들, 즉 큰아들인 노종, 둘째 아들인 무덕, 막내 아들인 무력과 함께 나라의 창고에 있던 보물을 가지고 와서 항복하였다.

① 백제가 웅진으로 천도하였다.

② 신라가 대가야를 멸망시켰다.

③ 고구려가 낙랑군을 축출하였다.

④ 신라가 매소성에서 당을 물리쳤다.

⑤ 신라가 함경도 지역까지 진출하였다.

04 다음 중 밑줄 친 '이들'에 대한 설명으로 옳은 것은?

> **부여풍을 왕으로 추대하다**
> 승려 도침 등이 주류성을 근거지로 부흥의 기치를 내걸자 주변 지역의 200여 성이 호응하였다. <u>이들</u>은 부여풍을 왕으로 받들고 국가체제를 갖추었다. 향후 귀추가 주목된다.

① 완산주를 도읍으로 정하였다.

② 안동 도호부를 요동으로 몰아냈다.

③ 백강에서 왜군과 함께 당군에 맞서 싸웠다.

④ 중국의 오월과 후당에 외교 사절을 보냈다.

⑤ 신라의 금성을 습격하여 경애왕을 살해하였다.

05 다음 중 빈칸 (가) 단체에 대한 설명으로 옳은 것은?

(가)

국선도, 풍월도라고도 한다. 명산 대천을 돌아다니며 도의를 연마하였고, 무예를 수련하여 유사시 전투에 참여하였다. 원광이 제시한 '세속 5계'를 행동 규범으로 삼았으며, 신라가 삼국을 통일하는 데 크게 기여하였다.

---

① 경당에서 글과 활쏘기를 배웠다.
② 진흥왕 때 국가적인 조직으로 정비되었다.
③ 박사와 조교를 두어 유교 경전을 가르쳤다.
④ 정사암에 모여 국가의 중대사를 결정하였다.
⑤ 귀족들로 구성되어 만장일치제로 운영되었다.

06 다음 중 밑줄 친 '왕'의 업적으로 옳은 것은?

왕이 말하기를, "짐이 정무를 새로이 하게 되어 혹시 잘못된 정치가 있을까 두렵다. 중앙의 5품 이상 관리들은 각자 상서를 올려 정치의 옳고 그름을 논하도록 하라."라고 하였다. 이에 최승로가 왕의 뜻을 받들어 시무 28조를 올렸다.

---

① 관학의 재정 기반을 마련하고자 양현고를 두었다.
② 빈민을 구제하기 위하여 흑창을 처음 설치하였다.
③ 쌍기의 건의를 받아들여 과거 제도를 실시하였다.
④ 전국의 주요 지역에 12목을 설치하고 지방관을 파견하였다.
⑤ 전민변정도감을 두어 권문세족의 경제 기반을 약화시키고자 하였다.

07 다음 중 빈칸 (가) ~ (마)에 들어갈 내용으로 옳은 것은?

〈무신 집권기 주요 기구〉

명칭	성격
중방	(가)
도방	(나)
교정도감	(다)
정방	(라)
서방	(마)

① (가) : 국정 자문을 위한 문신들의 숙위(宿衛) 기구
② (나) : 최우의 집에 설치된 인사 행정 담당 기구
③ (다) : 최씨 무신 정권에서 국정을 총괄한 최고 권력 기구
④ (라) : 치안 유지 및 전투의 임무를 수행한 군사 기구
⑤ (마) : 재신과 추신으로 구성되어 법제와 격식을 논의한 회의 기구

08 다음 중 빈칸 (가)의 침입에 대한 고려의 대응으로 옳은 것은?

> _____(가)_____의 군사들이 곽주로 침입하였다. …… 성이 결국 함락되었다. 적은 군사 6천 명을 남겨 지키게 하였다. 양규가 흥화진으로부터 군사 7백여 명을 이끌고 통주까지 와 군사 1천여 명을 수습하였다. 밤중에 곽주로 들어가서 지키고 있던 적들을 급습하여 모조리 죽인 후 성 안에 있던 남녀 7천여 명을 통주로 옮겼다.

① 별무반을 편성하고 동북 9성을 축조하였다.
② 김윤후의 활약으로 처인성에서 승리하였다.
③ 화포를 이용하여 진포에서 대승을 거두었다.
④ 초조대장경을 만들어 적을 물리치기를 기원하였다.
⑤ 쌍성총관부를 공격하여 철령 이북의 땅을 수복하였다.

09 다음 중 빈칸 (가) 지역에서 있었던 사실로 옳은 것은?

_____(가)_____의 역사

- 통일신라 : 혈구진 설치
- 고려 : 대몽 항쟁기 임시 수도
- 조선 : 정족산 사고(史庫) 설치

---

① 육영 공원이 설립되었다.
② 최초의 근대적 조약이 체결되었다.
③ 조선 형평사 중앙 총본부가 있었다.
④ 물산 장려 운동이 처음 시작되었다.
⑤ 영국군에 의해 불법으로 점령되었다.

10 다음 중 밑줄 친 '이 역사서'에 대한 설명으로 옳은 것은?

이 역사서는 1145년에 김부식 등이 고려 인종의 명을 받아 편찬한 책으로 본기 28권(고구려 10권, 백제 6권, 신라·통일 신라 12권), 지(志) 9권, 표(表) 3권, 열전 10권으로 이루어져 있다.

---

① 유교 사관에 기초하여 기전체 형식으로 서술하였다.
② 자주적 입장에서 단군의 건국 이야기를 수록하였다.
③ 사초, 시정기 등을 바탕으로 실록청에서 편찬하였다.
④ 불교사를 중심으로 고대의 민간 설화 등을 수록하였다.
⑤ 고구려 건국 시조의 일대기를 서사시 형태로 서술하였다.

11 다음 중 (가) ~ (라) 제도를 시행된 순서대로 바르게 나열한 것은?

(가) 왕 1년 11월, 처음으로 직관(職官)·산관(散官) 각 품의 전시과를 제정하였다.

(나) 왕 16년 3월, 중앙과 지방의 여러 관리들에게 매달 주던 녹봉을 없애고 다시 녹읍을 주었다.

(다) 왕 1년 4월, (대왕대비가) 전지하기를, "직전(職田)의 세는 소재지의 관리로 하여금 감독하여 거두어 주도록 하라." 하였다.

(라) 왕 3년 5월, 도평의사사에서 왕에게 글을 올려 과전법을 제정할 것을 요청하니 왕이 이 제의를 따랐다.

---

① (가) – (나) – (다) – (라)　　　② (가) – (나) – (라) – (다)

③ (나) – (가) – (다) – (라)　　　④ (나) – (가) – (라) – (다)

⑤ (다) – (나) – (가) – (라)

PART 3

12 다음 중 빈칸 (가) 화폐에 대한 설명으로 옳은 것은?

조서를 내려 이르기를, "금과 은은 국가의 보물인데, 근래에 간악한 백성들이 구리를 섞어 몰래 주조하고 있다. 지금부터 _____(가)_____ 에 모두 표식을 새겨 이로써 영구한 법식으로 삼도록 하라. 어기는 자는 엄중히 논죄하겠다."라고 하였다. 이것은 은 1근으로 만들어졌는데, 모양은 우리나라의 지형을 본뜨도록 하였다.

---

① 청과의 교역에 사용되었다.

② 조선 시대에 전국적으로 유통되었다.

③ 우리나라에서 최초로 발행된 화폐였다.

④ 입구가 넓어 활구라고 불리기도 하였다.

⑤ 경복궁 중건의 재원을 마련하고자 발행되었다.

13 다음 중 빈칸 (가)의 인물에 대한 설명으로 옳은 것은?

> 조선 건국의 주역, _____(가)_____
>
> 고려 말에서 조선 초까지 활동했던 문신 겸 학자로 호는 삼봉이다. 이성계를 도와 조선 건국을 주도하였으며, 도성의 축조 계획을 세우는 등 국가의 기틀을 다지는 데 핵심적인 역할을 하였다. 왕자의 난 때 이방원에게 죽임을 당하였다.

① 불교 이론을 비판한 불씨잡변을 저술하였다.
② 만권당에서 원의 성리학자들과 교유하였다.
③ 공납의 부담을 줄이고자 수미법을 주장하였다.
④ 세계 지도인 혼일강리역대국도지도를 만들었다.
⑤ 군사력 강화를 위해 훈련도감 설치를 건의하였다.

14 다음 글을 쓴 인물에 대한 설명으로 옳은 것은?

> 중국이 사치로 망한다고 할 것 같으면 우리나라는 반드시 검소함 탓에 쇠퇴할 것이다. …… 비유하건대, 재물은 대체로 우물과 같다. 퍼내면 차고, 버려두면 말라 버린다. 그러므로 비단옷을 입지 않아서 나라에 비단 짜는 사람이 없게 되면 여자들의 길쌈이 쇠퇴하고, 쭈그러진 그릇을 싫어하지 않고 기교를 숭상하지 않아서 공장(工匠)이 숙련되지 못하면 기예가 망하게 된다.

① 북한산비가 진흥왕 순수비임을 밝혔다.
② 서얼 출신으로 규장각 검서관에 기용되었다.
③ 양반전에서 양반의 위선과 무능을 비판하였다.
④ 현지 답사를 바탕으로 지리서인 택리지를 저술하였다.
⑤ 산줄기, 물줄기, 도로 등을 표시한 대동여지도를 완성하였다.

15 다음 중 빈칸 (가)의 종교에 대한 설명으로 옳은 것은?

> 죽은 사람 앞에 술과 음식을 차려 놓는 것은 _____(가)_____ 에서 금하는 바입니다. 살아 있을 동안에도 영혼이 술과 밥을 받아먹을 수 없거늘, 하물며 죽은 뒤의 영혼은 어떻게 하겠습니까? …… 사람의 자식이 되어 어찌 허위와 가식의 예로써 돌아가신 부모님을 섬기겠습니까?

① 하늘에 제사 지내는 초제를 거행하였다.
② 왕조 교체를 예언하며 백성의 호응을 얻었다.
③ 인내천 사상을 내세워 인간 평등을 주장하였다.
④ 청을 다녀온 사신들에 의하여 서학으로 소개되었다.
⑤ 유·불·선을 바탕으로 민간 신앙의 요소까지 포함하였다.

16 다음 자료가 저술된 시기에 있었던 사실로 옳은 것은?

> 오랫동안 체납된 환곡을 탕감하는 것, 대동미의 징수를 정지하거나 연기하는 것, 재해 입은 농지의 조세 징수를 면제하는 것, 이 세 가지는 나라에서는 손실이 있으나 백성에게는 이득이 되지 않는다. …… 오랫동안 체납된 환곡을 징수하는 것을 정지 또는 연기하라는 윤음(綸音)이 내려지는 것을 여러 번 보았으나, 조금의 혜택도 촌민에게는 미치지 않았다.

① 외척 간의 대립으로 을사사화가 발생하였다.
② 왕권을 강화하기 위하여 6조 직계제가 실시되었다.
③ 공신과 왕족의 사병이 혁파되고 군사권이 강화되었다.
④ 비변사를 중심으로 소수의 가문이 권력을 행사하였다.
⑤ 이조 전랑 임명을 둘러싸고 사림이 동인과 서인으로 나뉘었다.

17 다음 중 (가), (나) 조약에 대한 설명으로 옳은 것은?

> (가) 대조선국 군주가 어떠한 은혜로운 정치와 법률과 이익을 다른 나라 혹은 그 상인에게 베풀 경우, 항해나 통상 무역, 상호 왕래 등의 일에서 미국 관리와 국민이 똑같이 혜택을 입도록 한다.
>
> (나) 프랑스국 국민으로서 조선국에 와서 언어·문자를 배우거나 가르치며 법률과 기술을 연구하는 사람이 있으면 모두 보호하고 도와줌으로써 양국의 우의를 돈독하게 한다.

① (가) : 양곡의 무제한 유출과 무관세 조항을 담았다.

② (가) : 외국 상인의 내지 통상권을 최초로 규정하였다.

③ (나) : 공사관 경비 명목의 군대 주둔 조항을 두었다.

④ (나) : 프랑스가 천주교 포교 자유를 인정받는 계기가 되었다.

⑤ (가)·(나) : 조약 체결 이후 사절단으로 보빙사가 파견되었다.

18 다음 중 (가), (나) 시기의 사이에 있었던 사실로 옳은 것은?

> (가) 11월 15일 고종은 비로소 머리를 깎고 내외 신민에게 명하여 모두 깎도록 하였다. …… 궁성 주위에 대포를 설치한 후 머리를 깎지 않는 자는 죽이겠다고 선언하니 고종이 긴 한숨을 내쉬며 정병하를 돌아보고 말하기를 "경이 짐의 머리를 깎는 게 좋겠소."라고 하였다.
>
> (나) 지금 너희 대사와 공사가 병력을 이끌고 와 대궐을 포위하여 참정 대신을 감금하고 외부 대신을 협박해서, 법도와 절차도 갖추지 않고 강제로 조인하게 하여 억지로 우리의 외교권을 빼앗았으니, 이것은 공법을 어기어 약속을 지키려 하지 않는 것이다.

① 고종의 밀지를 받아 독립 의군부가 조직되었다.

② 13도 창의군이 결성되어 서울 진공 작전을 전개하였다.

③ 헤이그에서 열린 만국 평화 회의에 특사가 파견되었다.

④ 유생 출신 유인석이 이끄는 부대가 충주성을 점령하였다.

⑤ 해산된 진위대 군인들이 합류하여 의병의 전투력이 강화되었다.

19 다음 중 밑줄 친 '이 사업'에 대한 설명으로 옳은 것을 〈보기〉에서 모두 고르면?

오늘부터 신화폐로 교환해야

정부는 지난 6월 발표한 탁지부령 제1호에 근거하여 구 백동화를 일본의 제일 은행권으로 교환하는 작업을 오늘부터 실시한다고 발표했다. 이 사업을 주도한 인물은 일본 정부가 추천한 재정 고문 메가타로 알려져 추진 배경에 의구심이 증폭된다.

> **보기**
> ㄱ. 화폐 주조를 위해 전환국이 설립되었다.
> ㄴ. 통화량이 줄어들어 국내 상인들이 타격을 입었다.
> ㄷ. 황국 중앙 총상회가 중심이 되어 반대 운동을 전개하였다.
> ㄹ. 일본에서 차관이 도입되어 정부의 재정 예속화를 심화시켰다.

① ㄱ, ㄴ   ② ㄱ, ㄷ
③ ㄴ, ㄷ   ④ ㄴ, ㄹ
⑤ ㄷ, ㄹ

PART 3

20 다음 사료의 전투에 참여한 독립군 부대에 대한 설명으로 옳은 것은?

대전자령의 공격은 이천만 대한 인민을 위하여 원수를 갚는 것이다. 총알 한 개 한 개가 우리 조상 수천 수만의 영혼이 보우하여 주는 피의 사자이니 제군은 단군의 아들로 굳세게 용감히 모든 것을 희생하고 만대 자손을 위하여 최후까지 싸우라.

---

① 대한민국 임시 정부의 직할 부대로 창설되었다.
② 중국 관내에서 결성된 최초의 한인 무장 부대였다.
③ 조선 혁명 간부 학교를 세워 군사력을 강화하였다.
④ 중국 호로군과 연합 작전을 통해 항일 전쟁을 전개하였다.
⑤ 러시아에 의해 무장 해제를 당하여 세력이 크게 약화되었다.

21 다음 법령이 제정된 이후 일제의 정책으로 옳은 것은?

> **제1조**
> 국체를 변혁하는 것을 목적으로 하는 결사를 조직한 자 또는 결사의 임원, 기타 지도자의 임무에 종사한 자는 사형이나 무기 또는 5년 이상의 징역 또는 금고에 처한다. …… 사유 재산 제도를 부인하는 것을 목적으로 결사를 조직한 자, 결사에 가입한 자 또는 결사의 목적 수행을 위해 행위를 한 자는 10년 이하의 징역 또는 금고에 처한다.

① 한국인에 한하여 적용하는 조선 태형령이 시행되었다.
② 한국인의 기업 활동을 억제하기 위해 회사령이 발표되었다.
③ 식민지 교육 방침을 규정한 제1차 조선 교육령이 시행되었다.
④ 식민 통치의 재정 기반을 확대하고자 토지 조사 사업이 실시되었다.
⑤ 독립운동을 탄압하기 위한 조선 사상범 보호 관찰령이 공포되었다.

22 다음 사료가 발표된 이후에 볼 수 있는 모습으로 옳은 것은?

> 첫째는 제국의 대륙 병참 기지로서 조선의 사명을 명확히 파악해야 하겠다. 이번 전쟁에서 조선은 대 중국 작전군에게 식량, 잡화 등 상당량의 군수 물자를 공출하여 어느 정도의 효과를 올렸다. 그러나 이 정도로는 아직 불충분하다. …… 대륙의 일본군에게 일본 내지로부터 해상 수송이 차단 당하는 경우가 있더라도 조선의 힘만으로 이것을 보충할 수 있을 정도로 조선 산업 분야를 다각화해야 한다. 특히 군수 공업 육성에 역점을 두어 모든 준비를 해야 할 필요가 있다.

① 헌병 경찰에게 벌금형을 부과받는 농민
② 신간회 창립 대회를 취재하고 있는 기자
③ 국채 보상 운동의 모금에 참여하고 있는 상인
④ 조선 민립 대학 기성 준비회 발족에 참석하는 교사
⑤ 국민 징용령에 의해 강제 노동에 끌려가는 청년

23 다음 글에서 설명하는 인물의 활동으로 옳은 것은?

> 1900년 서울 출생, 호는 철기
> 1919년 신흥 무관 학교 교관
> 1920년 청산리 대첩에서 북로 군정서 지휘관으로 활약
> 1934년 뤄양 군관 학교 한적 군관 대장
> 1946년 조선 민족 청년단 결성
> 1948년 대한민국 초대 국무총리 및 국방부 장관 겸임
> 1972년 서울에서 별세

① 동양 척식 주식회사에 폭탄을 투척하였다.
② 국권 피탈에 앞장섰던 이완용을 저격하였다.
③ 의열단을 결성하여 무장 투쟁을 전개하였다.
④ 한국 광복군 지휘관으로 국내 진공 작전을 준비하였다.
⑤ 민중의 직접 혁명을 주장하는 조선 혁명 선언을 집필하였다.

24 다음 헌법이 시행된 시기의 사실로 옳지 않은 것은?

> 제1조 대한민국은 민주공화국이다.
> …
> 제53조 대통령과 부통령은 국회에서 무기명투표로써 각각 선거한다.
> …
> 제55조 대통령과 부통령의 임기는 4년으로 한다. 단 재선에 의하여 1차 중임할 수 있다.

① 반국가 활동 규제를 위한 국가보안법이 만들어졌다.
② 유상 매수, 유상 분배를 규정한 농지개혁법이 제정되었다.
③ 일제가 남긴 재산 처리를 위한 귀속재산처리법이 제정되었다.
④ 친일파 청산을 위한 반민족 행위 특별 조사 위원회가 활동하였다.
⑤ 자립 경제 구축을 위한 제1차 경제 개발 5개년 계획이 추진되었다.

25 다음 선언문이 발표된 민주화 운동에 대한 설명으로 옳은 것은?

> 민주주의와 민중의 공복이며 중립적 권력체인 관료와 경찰은 민주를 위장한 가부장적 전제 권력의 하수인으로 발 벗었다. 민주주의 이념의 최저의 공리인 선거권마저 권력의 마수 앞에 농단되었다. …… 나이 어린 학생 김주열의 참시를 보라! 그것은 가식 없는 전제주의 전횡의 발가벗은 나상밖에 아무것도 아니다.

① 허정 과도 정부 성립의 배경이 되었다.
② 신군부의 비상 계엄 확대에 반대하여 일어났다.
③ 4 · 13 호헌 조치에 국민들이 저항하며 시작되었다.
④ 관련 기록물이 유네스코 세계 유산으로 등재되었다.
⑤ 직선제 개헌을 약속한 6 · 29 민주화 선언을 이끌어냈다.

26 다음 중 (가) ~ (라) 사건을 일어난 순서대로 바르게 나열한 것은?

> (가) 조선 주재 일본 공사인 미우라 고로가 일본 군대와 낭인들을 건청궁에 난입시켜 왕비를 시해하였다.
> (나) 시모노세키 조약 체결 직후, 러시아 · 프랑스 · 독일의 주일 공사가 외무성을 방문하여 하야시 타다스 외무 차관에게 랴오둥 반도를 청에 돌려줄 것을 요구하였다.
> (다) 심순택 등이 왕을 알현하여 여러 차례 황제로 즉위할 것을 진언하였고, 성균관 유생들의 상소도 이어지면서, 왕은 아홉 번의 사양 끝에 이를 수용하였다.
> (라) 러시아 장교 4명과 수병(水兵) 100여 명이 공사관 보호를 명목으로 한성에 들어왔고, 왕과 왕태자는 다음 날 이른 아침 궁녀의 가마를 타고 위장하여 러시아 공사관으로 처소를 옮겼다.

① (가) – (나) – (다) – (라)
② (가) – (나) – (라) – (다)
③ (나) – (가) – (다) – (라)
④ (나) – (가) – (라) – (다)
⑤ (다) – (라) – (가) – (나)

27 다음 중 빈칸 (가) 사건에 대한 설명으로 옳은 것은?

> 전에는 개화당을 꾸짖는 자도 많이 있었으나, 오히려 개화가 이롭다는 것을 말하면 듣는 사람들도 감히 크게 꺾으려 들지는 않았다. 그런데 김옥균 등이 주도한 _____ (가) _____을/를 겪은 뒤부터 조야(朝野)에서 모두 말하기를, "이른바 개화당이라고 하는 자들은 충의를 모르고 외국인과 연결하여 나라를 팔고 종사(宗社)를 배반하였다."라고 하고 있다.

① 한성 조약이 체결되는 계기가 되었다.
② 구본신참을 개혁의 원칙으로 표방하였다.
③ 흥선 대원군이 청에 납치되는 원인이 되었다.
④ 부산, 원산, 인천이 개항되는 결과를 가져왔다.
⑤ 김윤식을 청에 영선사로 파견하는 배경이 되었다.

PART 3

28 다음 중 밑줄 친 '그들'에 대한 설명으로 옳은 것은?

> 그들의 통문에는 대개 "벌레같은 왜적들이 날뛰어 수도를 침범하고, 임금의 위태로움이 눈앞에 이르렀으니, …… 어찌 한심스럽지 않겠습니까? 그러므로 각 접(接)들은 힘을 합하여 왜적을 쳐야겠습니다."라고 적혀 있습니다. 그리고 녹두라고 불리는 자가 전라도 병력 수십만 명을 이끌고 공주 삼리에 이르러 진을 치고 보은의 병력과 서로 호응하고 있으므로 그 기세가 갑자기 확대되었습니다.

① 탁지부에서 국가 재정을 전담할 것을 주장하였다.
② 유계춘을 중심으로 봉기하여 진주성을 점령하였다.
③ 일본의 황무지 개간권 요구 반대 운동을 전개하였다.
④ 홍경래의 주도로 난을 일으켜 선천, 정주 등을 장악하였다.
⑤ 보국안민을 내세우며 우금치에서 관군 및 일본군에 맞서 싸웠다.

29 다음 중 빈칸 (가) 인물에 대한 설명으로 옳은 것은?

> 일본 미야기 현에 위치한 다이린 사(大林寺)에는 하얼빈 의거로 뤼순 감옥에 수감되었던 ___(가)___ 의 유묵비가 세워져 있다. 이 비석에 새겨진 글인 '위국헌신군인본분(爲國獻身軍人本分)'은 '나라를 위하여 몸을 바치는 것은 군인의 본분이다.'라는 뜻으로 그가 사형장으로 향하기 직전, 헌병 간수였던 지바 도시치의 간청으로 써 준 것이라고 한다. 지바 도시치는 고향으로 돌아와 세상을 떠날 때까지 그의 위패를 사찰에 모셔 두고 넋을 기렸다. 이는 그를 가까이에서 지켜보았던 한 일본인의 존경심이 어느 정도였는지 잘 보여준다.

① 일본 국왕이 탄 마차 행렬에 폭탄을 던졌다.
② 한국 침략의 원흉인 이토 히로부미를 사살하였다.
③ 대한제국의 외교 고문이었던 스티븐스를 저격하였다.
④ 명동 성당 앞에서 이완용을 습격하여 중상을 입혔다.
⑤ 홍커우 공원에서 일본군 장성과 고관들을 처단하였다.

30 다음 중 밑줄 친 '이 단체'에 대한 설명으로 옳은 것은?

> 이 단체는 1927년 2월 '민족 유일당 민족 협동 전선'이라는 기치 아래 비타협적 민족주의 진영과 사회주의 진영이 제휴하여 창립한 단체이다. 창립 총회에서 이상재를 회장으로 선출하였고, 창립 10개월 만에 지회가 100개를 돌파할 정도로 성장하였다.

① 우리말 큰사전 편찬 사업을 추진하였다.
② 구미 위원부를 설치하여 외교 활동을 전개하였다.
③ 조소앙의 삼균주의를 기초로 기본 강령을 발표하였다.
④ 토지 개혁 실시를 포함한 좌·우 합작 7원칙을 제시하였다.
⑤ 광주 학생 항일 운동의 진상 보고를 위한 민중 대회를 계획하였다.

PART 4

최종점검 모의고사

제1회 공통영역
최종점검 모의고사

※ 최종점검 모의고사는 최근 발전회사 채용공고를 기준으로 구성한 것으로, 실제 시험과 다를
수 있습니다.

■ 취약영역 분석

번호	O/×	영역	번호	O/×	영역	번호	O/×	영역
1		의사소통능력	21		수리능력	41		의사소통능력
2			22			42		
3			23		문제해결능력	43		문제해결능력
4		수리능력	24			44		
5			25		수리능력	45		
6			26		문제해결능력	46		
7			27			47		수리능력
8			28			48		
9			29		수리능력	49		의사소통능력
10			30			50		
11		문제해결능력	31		문제해결능력			
12			32		의사소통능력			
13		의사소통능력	33					
14			34		수리능력			
15		문제해결능력	35					
16			36		문제해결능력			
17			37					
18		수리능력	38		수리능력			
19		의사소통능력	39					
20		수리능력	40					

평가문항	50문항	평가시간	60분
시작시간	:	종료시간	:
취약영역			

01 다음 글의 내용으로 적절한 것은?

연료전지, 그 가능성에 도전하다

매년 급증하는 신재생에너지 공급의무화제도(RPS) 의무량 목표 달성이 화제이다. 신재생에너지원 중에서 상대적으로 대용량 신재생에너지 공급 인증서(REC) 확보가 용이한 것은 바로 연료전지 사업이다. 이에 ○○공사는 연료전지 사업에 박차를 가하고 있으며, 첫 주자로 신인천발전본부에서 연료전지 건설 사업을 추진하고 있다.

연료전지는 수소와 산소가 화학에너지를 전기에너지로 변환하는 고효율, 친환경 미래 에너지 시스템이다. 수소와 산소를 결합하면 물이 만들어지는데, 이때 발생하는 에너지를 전기 형태로 바꾸는 방식이다. 반응할 때 생기는 수소와 산소의 전기화학 반응으로 전기와 열을 생산하기 때문에 고효율의 신재생에너지를 기대할 수 있다. 정부가 이미 연료전지를 신에너지원으로 분류하고 RPS 이행수단으로 인정한 만큼 ○○공사는 경제적인 RPS 이행을 위해 신인천발전본부 내에 연료전지 건설 사업을 추진하고, 이를 시작으로 신재생에너지 확대에 본격적으로 나서 현재 3%에 불과한 신재생에너지 비중을 2030년에는 20%까지 올릴 계획이다.

연료전지는 설치 장소에 제약이 적다는 장점이 있다. 규모와 관계없이 일정한 효율을 낼 수 있어 소형 발전소부터 MW급 발전소까지 다양하게 활용될 수 있다. 또한 중간에 발전기와 같은 장치를 사용하지 않고, 수소와 산소의 반응으로 전기를 직접 생산하기 때문에 발전효율이 높다. 무엇보다 소음, 유해가스 배출이 거의 없어 부지 확보가 어려운 도심에도 설치할 수 있다. 연료전지의 이 같은 특징에 부합하고 장점을 살릴 수 있는 곳이 신인천발전본부라 ○○공사가 연료전지 사업을 이곳에서 시작하는 이유기도 하다.

신인천발전본부 연료전지 사업은 ○○공사가 최초로 도입하는 발전 사업으로, 신인천발전본부의 유휴부지를 활용해 설비용량 20MW 연료전지 발전설비를 건설하게 된다. 총사업비 1,100억 원이 투입되는 이 사업은 2018년 8월 상업운전을 목표로 하고 있다. 대규모 사업비가 투입되는 대형 사업인 만큼 지난해 4월 정부 예비타당성조사에 착수, 약 10개월 동안 한국개발연구원 예비타당성조사를 완료했고, 올 3월 이사회에서 연료전지 건설 기본계획을 의결했다. 이후 6월 연료전지 건설 관련 계약 체결이 완료되면서 1단계 연료전지 사업을 15개월 동안 진행할 예정이며, 연이어 2단계 사업 진행을 검토하고 있다.

○○공사는 연료전지 사업에 다소 늦게 뛰어든 후발주자라 할 수 있다. 하지만 나중에 솟은 돌이 더 우뚝 서는 법. 복합화력의 비중이 높은 점을 내세워 향후 연료전지를 확대할 수 있는 저변이 마련돼 있다는 점에서 선제 우위를 점할 수 있다. 20MW 신인천발전본부 연료전지 사업이 완료되면 ○○공사는 2018년 예상 RPS 의무량의 약 12%를 충당할 수 있으며, 신인천발전본부 또한 연간 매출을 430억 원 이상 증대해 복합발전소 수익구조 개선에 기여할 것으로 기대된다.

---

① 연료전지는 전기에너지를 화학에너지로 변환하는 친환경 미래에너지 시스템이다.

② 아직 연료전지를 신에너지원으로 분류하고 있지 않지만 곧 지정될 예정이다.

③ 연료전지는 규모에 영향을 많이 받기 때문에 일정한 효율을 원한다면 적절한 설치 장소가 필요하다.

④ 연료전지는 소음과 유해가스 배출이 거의 없어 도심에 설치하기에 적절하다.

⑤ 연료전지 건설 사업을 통해 신재생에너지 비중을 2030년에 10%까지 올릴 계획이다.

02 다음 글에서 ⊙ ~ ⑩의 수정 방안으로 적절하지 않은 것은?

> 요즘은 안심하고 야외 활동을 즐기기가 어려워졌다. 초미세먼지로 인한 우리나라의 대기 오염이 부쩍 ⊙ 심각해졌다. 공기의 질은 우리 삶의 질과 직결되어 있다. 그렇기 때문에 초미세먼지가 어떤 것이며 얼마나 위험한지를 알아야 한다. 또한 초미세먼지에 대응하는 방안을 알고 생활 속에서 그 방안을 실천할 수 있어야 한다.
>
> 초미세먼지란 입자의 크기가 매우 작은 먼지를 말한다. 입자가 큰 일반적인 먼지는 코나 기관지에서 걸러지지만, 초미세먼지는 걸러지지 않는다. 그래서 초미세먼지가 인체에 미치는 유해성이 매우 크다. ⓛ 초미세먼지는 호흡기의 가장 깊은 곳까지 침투해 혈관으로 들어간다.
>
> 우리나라의 초미세먼지는 중국에서 ⓒ 날라온 것들도 있지만 국내에서 발생한 것들도 많다. 화석 연료를 사용해 배출된 공장 매연이 초미세먼지의 주요한 국내 발생원이다. 현재 정부에서는 매연을 통한 오염 물질의 배출 총량을 규제하고 대체 에너지원 개발을 장려하는 등 초미세먼지를 줄이기 위한 노력을 하고 있다. 초미세먼지를 줄이기 위해서는 우리의 노력도 필요하다. 과도한 난방을 자제하고, ② 주·정차시 불필요하게 자동차 시동을 걸어 놓는 공회전을 줄이기 위한 캠페인 활동에 참여하는 것 등이 우리가 할 수 있는 일이다.
>
> 생활 속에서 초미세먼지에 적절히 대응하기 위해서는 매일 알려 주는 초미세먼지에 대한 기상 예보를 확인하는 것을 습관화해야 한다. 특히 초미세먼지가 나쁨 단계 이상일 때는 외출을 삼가고 부득이 외출할 때는 특수 마스크를 착용해야 한다. ⑩ 그리고 초미세먼지로부터 우리 몸을 보호하기 위해 물을 충분히 마시고, 항산화 식품을 자주 섭취하는 것이 좋다. 항산화 식품으로는 과일과 채소가 대표적이다. 자신의 건강도 지키고 깨끗한 공기도 만들기 위한 실천을 시작해 보자.

① ⊙ – 호응 관계를 고려하여 '심각해졌기 때문이다.'로 고친다.

② ⓛ – 문장의 연결 관계를 고려하여 앞의 문장과 위치를 바꾼다.

③ ⓒ – 맞춤법에 어긋나므로 '날아온'으로 고친다.

④ ② – 띄어쓰기가 올바르지 않으므로 '주·정차 시'로 고친다.

⑤ ⑩ – 앞 문장과의 관계를 고려하여 '그러므로'로 고친다.

03 다음 중 조력발전소에 대한 설명으로 적절하지 않은 것은?

조력발전이 다시 주목받고 있다. 민주당 의원은 2021년 10월 18일 환경부 산하기관 대상 국정감사에서 시화호 사례를 들어 새만금 조력발전 필요성을 제기했다. 수질 악화로 몸살을 앓고 있는 새만금호에 조력발전소를 설치해 해수 유통을 실시하여 전기를 생산한다면 환경도 살리고 깨끗한 에너지도 얻을 수 있다는 논리이다. 6월 4일 환경부 장관은 시화호에서 열린 환경의 날 기념식에서 "중기 계획 중 하나로 조력발전을 확대하는 것에 대한 예비타당성조사가 계획된 상태"라며, "타당성 조사 등을 검토한 후에 진행해 나갈 것"이라고 말했다.

하지만 조력발전이 해양생태계를 파괴한다는 상반된 주장도 제기된 바 있다. 2010년 시화호에 조력발전소를 설치할 당시 환경단체들은 "조력발전소가 갯벌을 죽이고 해양생태계를 파괴한다."고 주장한 바 있다. 어업으로 생활을 영위하는 주민들도 설립 초기에 생태계 파괴 우려로 반대의 목소리가 높았다.

1994년, 6년 7개월간의 공사 끝에 방조제 끝막이 공사가 완료되고 시화호는 바다로부터 분리됐다. 그로부터 2년 후 인근 공단 지역에서 흘러든 오염물질로 인해 시화호는 죽음의 호수로 전락했다. 착공 전부터 수질오염에 대한 우려가 끊임없이 제기됐지만 개발 위주의 정책을 바꾸기엔 역부족이었다. 착공 당시 중동 건설경기 침체로 인해 갈 곳을 잃은 건설근로자와 장비들을 놀리지 않고, 국내 경기를 활성화하며 대규모 산업단지가 들어설 '새 땅'을 확보하겠다는 목표를 세웠기 때문에 환경피해에 대한 고려는 우선순위에 들어가지 않았다.

정부는 부랴부랴 담수 방류를 결정하고 하수처리장 신·증설 등 수질개선 대책을 내놨지만 눈에 띄는 성과가 나타나지 않았다. 2000년에는 담수화 계획을 전면 포기했고, 이듬해 해수 상시 유통을 결정했다. 2002년 12월 시화호 방조제에 조력발전소를 건설하기로 확정하고 2004년부터 착공에 들어갔다. 2011년 준공된 시화호 조력발전소는 시설용량 254MW의 세계최대 조력발전소로 기록됐다. 조력발전소의 발전은 밀물이 들어오는 힘으로 수차 발전기를 돌려 전기를 생산하는 방식이다. 썰물 때는 수차가 작동하지 않고 배수만 진행되며, 지난해 12월까지 44억kWh의 전기를 생산했다. 이 발전소에서 연간 생산되는 전력량은 인구 40만 ~ 50만 명의 도시 소비량과 맞먹는다.

제방을 터 바다로 물을 흘려보내고 밀물이 들어오게 하면서 수질은 개선됐다. 상류 주거지역과 공단 지역의 하수처리 시설을 확충하면서 오염물질 유입량이 줄어든 것도 수질 개선을 도왔다.

현재 시화호 지역은 눈에 띄게 환경이 개선됐다. 1997년에 17.4mg/L에 이르던 연도별 평균 COD는 해수 유통 이후 낮아졌고, 2020년엔 2.31mg/L를 기록했다. 수질평가지(WQI)에 의한 수질 등급은 정점 및 시기별로 변화가 있지만 2020년의 연평균 수질은 II등급으로 개선됐다. 수질이 개선되면서 시화호 지역의 생태계도 살아나고 있다.

조력발전이 생태계를 살려냈다고 하기보다는 담수화 포기, 해수유통의 영향이라고 보는 것이 타당하다. 조력발전은 해수유통을 결정한 이후 배수 갑문으로 흘러 나가는 물의 흐름을 이용해 전기를 생산하는 것으로 해수유통의 부차적 결과물이기 때문이다.

① 조력발전소에서는 밀물을 통해 전기를 생산하고 있으며, 최근 주목받고 있는 발전소이다.

② 시화호 발전소의 1년 전기 생산량으로 인구 40만의 도시에 전기 공급이 가능하다.

③ 조력발전소가 설치된 이후 시화호의 수질이 악화되었으나, 해수유통을 통해 다시 수질을 회복할 수 있었다.

④ 우리나라에 세계 최대 규모의 조력발전소가 있다.

⑤ 조력발전소를 반대하는 사람들은 조력발전소가 갯벌을 파괴할 것이라고 생각한다.

04 같은 회사에 다니는 A사원과 B사원이 건물 맨 꼭대기 층인 10층에서 엘리베이터를 함께 타고 내려 갔다. 두 사원이 서로 다른 층에 내릴 확률은?(단, 두 사원 모두 지하에서는 내리지 않는다)

① $\dfrac{5}{27}$

② $\dfrac{8}{27}$

③ $\dfrac{2}{3}$

④ $\dfrac{8}{9}$

⑤ $\dfrac{77}{81}$

05 총무팀은 다과회를 위해 인터넷으로 사과와 배, 귤을 한 개당 사과는 120원, 배는 260원, 귤은 40원으로 구입하였다. 예산은 총 20,000원이며, 예산을 모두 사용하여 각각 20개 이상씩 구입할 때 배를 가장 많이 구입하였다면 구입한 배의 최소 개수는?

① 47개

② 48개

③ 49개

④ 50개

⑤ 56개

06 귀하는 각 생산부서의 사업평가 자료를 취합하였는데 커피를 흘려 일부 자료가 훼손되었다. 다음 중 (가) ~ (라)에 들어갈 수치로 옳은 것은?(단, 인건비와 재료비 이외의 투입요소는 없다)

〈사업평가 자료〉

구분	목표량	인건비	재료비	산출량	효과성 순위	효율성 순위
A부서	(가)	200	50	500	3	2
B부서	1,000	(나)	200	1,500	2	1
C부서	1,500	1,200	(다)	3,000	1	3
D부서	1,000	300	500	(라)	4	4

※ (효과성)$=\dfrac{(산출)}{(목표)}$

※ (효율성)$=\dfrac{(산출)}{(투입)}$

	(가)	(나)	(다)	(라)			(가)	(나)	(다)	(라)
①	300	500	800	800		②	500	800	300	800
③	800	500	300	300		④	500	300	800	800
⑤	800	800	300	500						

07 다음은 A시의 가구주의 연령 및 가구유형별 가구 추계를 나타낸 자료이다. 이를 토대로 2035년 가구 추계를 예측할 때, 가장 타당한 값을 고르면?(단, 가구 수는 소수점에서, 증가율은 소수점 둘째 자리에서 반올림한다)

〈A시의 가구 추계〉

(단위 : 가구)

구분	2005년			2015년			2025년		
	계	1인 가구	2인 가구	계	1인 가구	2인 가구	계	1인 가구	2인 가구
19세 이하	794	498	223	649	596	45	588	563	22
20~29세	13,550	6,962	3,935	12,962	8,915	2,410	13,761	10,401	2,200
30~39세	36,925	6,480	5,451	32,975	9,581	6,528	26,921	9,886	6,466
40~49세	44,368	4,814	5,083	45,559	8,505	7,149	38,467	9,327	7,378
50~59세	30,065	3,692	6,841	45,539	8,673	11,752	47,191	11,046	13,409
60~69세	21,024	4,278	8,171	27,943	6,606	11,485	44,445	11,185	18,909
70~79세	11,097	3,931	4,623	18,000	5,879	7,889	24,874	8,564	10,633
80세 이상	2,566	1,201	909	6,501	3,041	2,281	13,889	6,032	5,048
계	160,389	31,856	35,236	190,128	51,796	49,539	210,136	67,004	64,065

〈2035년 A시의 가구 추계 예측〉

• 전체 가구 수의 증가율(%)은 2015년 대비 2025년 전체 가구 수 증가율(%)의 $\frac{2}{3}$이다.

• 2025년 대비 1인 가구 수 증가량은 2005년 대비 2015년과 2015년 대비 2025년의 1인 가구 수 증가량의 평균과 같다.

• 3인 이상 가구 수는 2005년 3인 이상 가구 수의 80%로 감소한다.

• 2025년 이후부터는 가구주 연령이 70세 이상인 가구의 전입이나 전출은 없을 것이며, 2025년을 기준으로 가구주 연령이 80세 이상이었던 가구 중 40%, 70~79세였던 가구 중 30%가 2035년 이전에 사망할 것이다.

	1인 가구	2인 가구	가구주가 80세 이상인 가구
①	79,210	64,243	25,745
②	84,578	69,289	23,597
③	84,578	65,630	25,745
④	79,210	65,630	23,597
⑤	84,578	69,289	25,745

08 다음은 우리나라 8개 중앙부처의 예산규모와 인적자원을 나타낸 자료이다. 〈보기〉에서 설명하는 A ~ F부처를 그림에서 찾을 때 두 번 이상 해당되는 부처는?

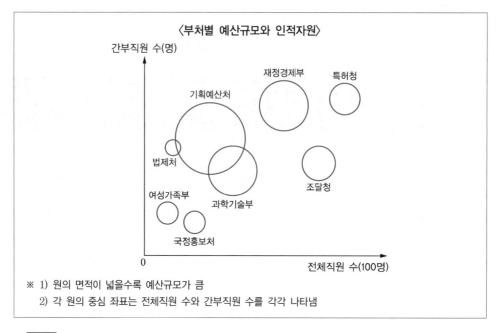

〈부처별 예산규모와 인적자원〉

※ 1) 원의 면적이 넓을수록 예산규모가 큼
　 2) 각 원의 중심 좌표는 전체직원 수와 간부직원 수를 각각 나타냄

보기
• 전체직원이 가장 많은 부처와 가장 적은 부처는 각각 A와 B이다.
• 예산규모가 가장 큰 부처와 가장 작은 부처는 각각 C와 D이다.
• 전체직원 수 대비 간부직원 수의 비율이 가장 높은 부처와 가장 낮은 부처는 각각 E와 F이다.

① 특허청
② 기획예산처
③ 법제처
④ 여성가족부
⑤ 조달청

09 다음은 임차인 A ~ E 다섯 명의 전·월세 전환 현황에 대한 자료이다. 이에 대한 〈보기〉 중 옳은 것을 모두 고르면?

〈임차인 A ~ E의 전·월세 전환 현황〉

(단위 : 만 원)

임차인	전세금	월세보증금	월세
A	( )	25,000	50
B	42,000	30,000	60
C	60,000	( )	70
D	38,000	30,000	80
E	58,000	53,000	( )

※ [전·월세 전환율(%)] $= \dfrac{(월세) \times 12}{(전세금) - (월세보증금)} \times 100$

보기

ㄱ. A의 전·월세 전환율이 6%라면, 전세금은 3억 5천만 원이다.
ㄴ. B의 전·월세 전환율은 10%이다.
ㄷ. C의 전·월세 전환율이 3%라면, 월세 보증금은 3억 6천만 원이다.
ㄹ. E의 전·월세 전환율이 12%라면, 월세는 50만 원이다.

① ㄱ, ㄴ　　　　　　　　② ㄱ, ㄷ
③ ㄱ, ㄹ　　　　　　　　④ ㄴ, ㄹ
⑤ ㄷ, ㄹ

10 다음은 특정 분야의 기술에 대한 정보검색 건수를 연도별로 나타낸 자료이다. 이에 대한 〈보기〉 중 옳은 것을 모두 고르면?

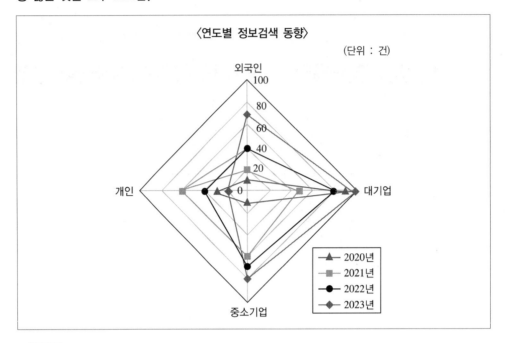

<보기>

ㄱ. 전체 검색 건수는 2021년에 가장 적었다.

ㄴ. 중소기업의 검색 건수는 2020년부터 2023년까지 계속 증가하고 있다.

ㄷ. 2020년부터 2023년까지 검색 건수 총합은 대기업이 가장 많았다.

ㄹ. 2022년에는 외국인과 개인의 검색 건수가 가장 적었고, 중소기업의 검색 건수가 가장 많았다.

① ㄱ, ㄴ   ② ㄴ, ㄷ

③ ㄷ, ㄹ   ④ ㄱ, ㄴ, ㄷ

⑤ ㄴ, ㄷ, ㄹ

11 8명이 앉을 수 있는 원탁에 각 지역본부 대표가 참여하여 회의하고 있다. 다음 〈조건〉을 바탕으로 경인 지역본부 대표의 맞은편에 앉은 사람은?

> **조건**
> • 서울, 부산, 대구, 광주, 대전, 경인, 춘천, 속초 대표가 참여하였다.
> • 서울 대표는 12시 방향에 앉아 있다.
> • 서울 대표의 오른쪽 두 번째는 대전 대표이다.
> • 부산 대표는 경인 대표의 왼쪽에 앉는다.
> • 대전 대표와 부산 대표 사이에는 광주 대표가 있다.
> • 광주 대표와 대구 대표는 마주 보고 있다.
> • 서울 대표와 대전 대표 사이에는 속초 대표가 있다.

① 대전 대표
② 부산 대표
③ 대구 대표
④ 속초 대표
⑤ 서울 대표

12 안전본부 사고분석 개선처에 근무하는 B대리는 혁신우수 연구대회에 출전하며 첨단 장비를 활용한 차종별 보행자 사고 모형 개발을 발표했다. 그리고 SWOT 분석을 통해 추진방향을 도출하기 위해 다음의 표를 작성했다. 주어진 분석 결과에 대응하는 전략과 그 내용이 옳지 않게 짝지어진 것은?

〈차종별 보행자 사고 모형 SWOT 분석 결과〉

강점(Strength)	약점(Weakness)
10년 이상 지속적인 교육과 연구로 신기술 개발을 위한 인적 인프라 구축	보행자 사고 모형 개발을 위한 예산 및 실차 실험을 위한 연구소 부재
기회(Opportunity)	**위협(Threat)**
첨단 과학장비(3D스캐너, MADYMO) 도입으로 정밀 시뮬레이션 분석 가능	교통사고에 대한 국민의 관심과 분석수준 향상으로 공단의 사고분석 질적 제고 필요

① SO전략(강점 – 기회 전략) : 과학장비를 통한 정밀 시뮬레이션 분석을 토대로 국내 차량의 전면부 형상을 취득하고 보행자사고를 분석해 신기술 개발에 도움
② WO전략(약점 – 기회 전략) : 실차 실험 대신 과학장비를 통한 시뮬레이션 연구로 모형개발
③ ST전략(강점 – 위협 전략) : 지속적 교육과 연구로 쌓아온 데이터를 바탕으로 사고분석 프로그램 신기술 개발을 통해 사고분석 질적 향상에 기여
④ WT전략(약점 – 위협 전략) : 신기술 개발을 위한 연구대회를 개최해 인프라를 더욱 탄탄히 구축
⑤ OT전략(기회 – 위협 전략) : 첨단 과학장비를 통해 사고분석 질적 향상을 도모함

제1회 공통영역 최종점검 모의고사 • 241

국내 최초 해상풍력발전사업인 탐라해상풍력발전이 발전개시에 돌입하며, 대한민국 해상풍력발전시대의 막을 열었다.

(가) 이뿐만 아니라 탐라해상풍력발전은 이날 30억 원의 지역발전기금을 출연해 제주도의 'Carbon Free JEJU Island' 구현에 박차를 가할 것으로 내다보고 있다. 또한, 이 사업이 성공적으로 추진됨으로써 제주도의 아름다운 해안 경관과 어우러진 해상풍력발전단지로 지역 관광명소로써 지역경제 활성화에 기여하고 향후 국내 해상풍력발전사업의 보급 확산을 위한 발판이 될 것으로 기대를 모으고 있다.

(나) 이날 행사는 탐라해상풍력 최초 발전개시와 국내 해상풍력시대의 개막을 기념하기 위해 개최되었으며, 이번 사업이 성공적인 신재생에너지사업으로 자리 잡아 제주도에서 추진 중인 'Carbon Free JEJU Island' 구현에 도움이 될 수 있도록 지역발전기금 출연 협약도 체결했다.

(다) 탐라해상풍력발전은 29일 제주도 한경면 해상 인근에 풍력발전기 설치를 완료하고, 본격적인 전기 생산에 돌입했다고 밝혔다. 국내 최대용량이자 최초의 해상풍력발전으로 잘 알려져 있는 이 사업은 한국남동발전과 두산중공업이 공동출자해 진행 중인 대형 신재생에너지사업이다. 제주도의 우수한 해상풍력자원을 바탕으로 지난 2006년부터 추진됐으며, 제주시 한경면 두모리에서 금등리까지의 공유수면에 국산 유일의 두산중공업 해상풍력발전기(WinDS3000) 10기를 설치하는 30MW 규모의 대형 해상풍력사업이다.

(라) 한편, 탐라해상풍력은 29일 제주시 한경면 두모리 일대에서 제주도청, 제주에너지공사, 제주테크노파크 등 제주지역 주요기관과 한국남동발전 임직원 및 지역 주민 등 200여 명이 참석한 가운데, 탐라해상풍력 발전개시 및 발전기금 출연협약 체결 행사를 가졌다.

(마) 지난해 4월 두산중공업에서 직접 생산한 국산해상풍력발전기를 활용해 착공에 들어갔으며, 한국남동발전은 사업·설계·시공관리 및 품질검사, 준공검사 등에 대한 확인 및 입회 업무를 통해 착공 1년 6개월 만에 발전개시를 알렸다. 탐라해상풍력단지는 이날 상업운전을 시작으로 제주도민 약 2만 4,000여 가구에서 사용 가능한 8만 5,000MWh의 친환경 에너지를 연중 생산·공급하게 된다.

13 제시된 첫 문장의 다음에 올 문단을 논리적 순서대로 바르게 나열한 것은?

① (다) – (마) – (가) – (라) – (나)
② (다) – (마) – (나) – (가) – (라)
③ (가) – (다) – (마) – (라) – (나)
④ (나) – (마) – (라) – (다) – (가)
⑤ (라) – (가) – (마) – (다) – (나)

14 다음 중 윗글의 제목으로 가장 적절한 것은?

① 'Carbon Free JEJU Island' 마침내 이룩
② 한국남동발전, 두산중공업과 손잡다.
③ 국내 해상풍력 발전사업의 보급, 길인가 흉인가?
④ 탐라해상풍력발전, 30억 원의 지역발전기금 출연
⑤ 제주 탐라해상풍력발전, 국내 최초 해상풍력발전시대 개막

15 다음 제시된 커피의 종류, 은희의 취향 및 오늘 아침의 상황으로 판단할 때, 오늘 아침에 은희가 주문할 커피는?

〈커피의 종류〉

에스프레소	아메리카노
• 에스프레소	• 에스프레소 • 따뜻한 물
카페라테	**카푸치노**
• 에스프레소 • 데운 우유	• 에스프레소 • 데운 우유 • 우유거품
비엔나 커피	**카페모카**
• 에스프레소 • 따뜻한 물 • 휘핑크림	• 에스프레소 • 초코시럽 • 데운 우유 • 휘핑크림

〈은희의 취향〉

• 배가 고플 때에는 데운 우유가 들어간 커피를 마신다.
• 다른 음식과 함께 커피를 마실 때에는 데운 우유를 넣지 않는다.
• 스트레스를 받으면 휘핑크림이나 우유거품을 추가한다.
• 피곤하면 휘핑크림이 들어간 경우에 한하여 초코시럽을 추가한다.

〈오늘 아침의 상황〉

출근을 하기 위해 지하철을 탄 은희는 꽉 들어찬 사람들 사이에서 스트레스를 받으며 내리기만을 기다리고 있었다. 목적지에 도착한 은희는 커피를 마시며 기분을 달래기 위해 커피전문점에 들렀다. 아침식사를 하지 못해 배가 고프고 고된 출근길에 피곤하지만, 시간 여유가 없어 오늘 아침은 커피만 마실 생각이다. 그런데 은희는 요즘 체중관리를 위해 휘핑크림은 넣지 않기로 하였다.

① 카페라테
② 아메리카노
③ 카푸치노
④ 카페모카
⑤ 비엔나 커피

16 다음은 중국에 진출한 프랜차이즈 커피전문점에 대해 SWOT 분석을 한 것이다. (가) ~ (라)에 들어 갈 전략을 순서대로 바르게 나열한 것은?

〈중국 진출 프랜차이즈 커피전문점 SWOT 분석 결과〉

S(Strength)	W(Weakness)
• 풍부한 원두커피의 맛 • 독특한 인테리어 • 브랜드 파워 • 높은 고객 충성도	• 낮은 중국 내 인지도 • 높은 시설비 • 비싼 임대료
O(Opportunity)	T(Threat)
• 중국 경제 급성장 • 서구문화에 대한 관심 • 외국인 집중 • 경쟁업체 진출 미비	• 중국의 차 문화 • 유명 상표 위조 • 커피 구매 인구의 감소

(가)	(나)
• 브랜드가 가진 미국 고유문화 고수 • 독특하고 차별화된 인테리어 유지 • 공격적 점포 확장	• 외국인 많은 곳에 점포 개설 • 본사 직영 인테리어로 시설비 절감
(다)	(라)
고품질 커피로 상위 소수고객에 집중	• 녹차 향 커피 개발로 인지도 상승 • 개발 상표 도용 감시

	(가)	(나)	(다)	(라)
①	SO전략	ST전략	WO전략	WT전략
②	WT전략	ST전략	WO전략	SO전략
③	SO전략	WO전략	ST전략	WT전략
④	ST전략	WO전략	SO전략	WT전략
⑤	WT전략	WO전략	SO전략	ST전략

17 다음은 음식점 선택의 5개 속성별 중요도 및 이들 속성에 대한 A와 B음식점의 성과도에 대한 자료이다. 이에 대한 〈보기〉 중 옳은 것을 모두 고르면?

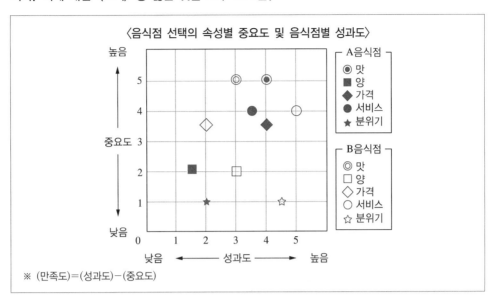

〈음식점 선택의 속성별 중요도 및 음식점별 성과도〉

※ (만족도)=(성과도)-(중요도)

ㄱ. A음식점은 3개 속성에서 B음식점보다 성과도가 높다.
ㄴ. 만족도가 가장 높은 속성은 B음식점의 분위기 속성이다.
ㄷ. A음식점과 B음식점 사이의 성과도 차이가 가장 큰 속성은 가격이다.
ㄹ. 중요도가 가장 높은 속성에서 A음식점이 B음식점보다 성과도가 높다.

① ㄱ, ㄴ   ② ㄱ, ㄹ
③ ㄴ, ㄷ   ④ ㄴ, ㄹ
⑤ ㄷ, ㄹ

18 다음은 2023년 어느 회사 사원 A ~ C의 매출에 대한 자료이다. 2023년 4사분기의 매출액이 큰 사원부터 나열한 내용으로 옳은 것은?

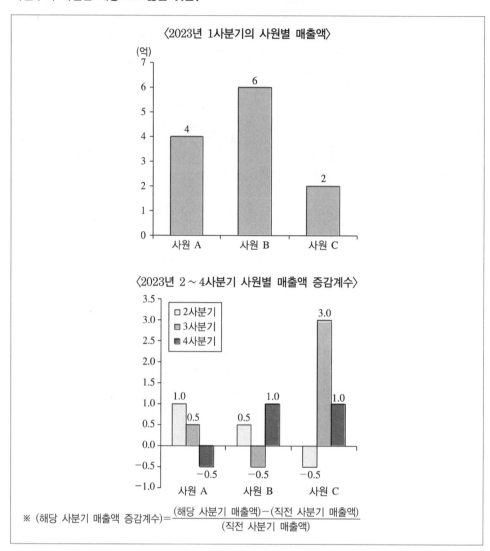

〈2023년 1사분기의 사원별 매출액〉

〈2023년 2 ~ 4사분기 사원별 매출액 증감계수〉

※ (해당 사분기 매출액 증감계수)=$\dfrac{\text{(해당 사분기 매출액)}-\text{(직전 사분기 매출액)}}{\text{(직전 사분기 매출액)}}$

① A－B－C   ② A－C－B

③ B－A－C   ④ B－C－A

⑤ C－A－B

19 다음은 한국남동발전 사보의 기사 초고이다. 사보 제작자가 수정할 내용으로 적절하지 않은 것은?

한국남동발전은 23일 서울 엘타워에서 열린 '2016년 공공부문 인재개발우수기관(Best HRD) 인증 수여식'에서 한국전력공사, 한국전력거래소 등 51개 기관과 함께 공공부문 우수기관으로 인증을 받았으며, 재인증 기관 중 최우수기관에 선정되는 ⊙ 명예를 안았다고 밝혔다. 최우수기관 선정은 지난 2013년에 이어 2회 연속으로 달성한 성과라는 점에서 더 큰 의미를 부여할 수 있다. 한국남동발전은 "이번 수상은 그동안 체계적이고 계획적인 인력개발은 물론 성과와 능력중심의 인적자원개발에 앞장서온 노력의 결실"이라며 의미를 부여했다. 이 회사는 우수한 인적자원개발을 위해 금년 회사 경영전략과 연계하여 인재양성 ⓛ 마스터플랜을 수립해 운영하고 있으며, 이 중 인력양성과 기술개발의 ⓒ 두 마리 토끼를 잡기 위한 10대 중점기술 그룹 운영, 능력과 성과 중심의 인사관리체계 구축, 능력중심 인재채용을 위한 NCS 기반 채용제도 정착, 채용제도의 다변화 노력을 통한 인력 구성의 다양성 확보 등에서 높은 점수를 획득했다. 허엽 한국남동발전 사장은 "이번 공공부문 Best HRD 인증제 참여는 전문가 진단을 통해 인적자원개발 수준을 객관적이고 심층적으로 평가받아 더 높이 도약할 수 있는 좋은 계기가 되었다."면서 "오늘 선정에 만족하지 않고 중장기 인재양성마스터 플랜을 통해 'Clean & Smart Energy Leader'의 비전을 실현하고, 미래를 창조하는 글로벌 에너지 기업으로 도약하기 위해 노력하겠다."고 밝혔다. ⓔ 그러나 인적자원개발 우수기관(Best HRD) 인증제는 교육부와 고용노동부가 인적자원개발이 우수한 기업 및 단체, 공공기관을 대상으로 심사를 통해 정부가 인증마크를 부여함으로서 공공기관의 인적자원개발 인식 제고 및 투자 촉진을 도모하기 위해 지난 2006년부터 추진해 오고 있는 제도이다.

① ⊙은 뒤에 오는 '안다'라는 동사를 고려했을 때 '영예'로 고치는 것이 좋겠어.
② ⓛ은 우리말로 '종합계획' 혹은 '기본 설계' 등으로 순화하는 게 좋겠어.
③ ⓒ은 관계없는 표현이므로 삭제하는 것이 좋겠어.
④ ⓔ은 앞 뒤 문장과 어색한 부사이므로 '또한'으로 고치는 것이 좋겠어.
⑤ 기사의 제목은 '한국남동발전, 2016년 공공부문 인적자원개발 우수기관 재인증 및 최우수기관 선정'이 좋겠어.

20 K사에서 파견 근무를 나갈 10명을 새로 뽑아 팀을 구성하려 한다. 새로운 팀 내에서 팀장 한 명과 회계 담당 2명을 뽑으려고 하는데, 이 인원을 뽑는 경우는 몇 가지인가?

① 300가지   ② 320가지
③ 348가지   ④ 360가지
⑤ 396가지

21 K여행사에 근무 중인 사원은 의무적으로 1월부터 12월까지 총 60시간의 안전 교육을 이수해야 한다. 안전 교육은 1시간 단위로 진행이 되며 한 달에 최소 3시간은 이수를 해야만 한다. 5월이 지날 때까지 35시간을 이수했을 때, 남은 기간 동안 안전 교육을 이수받는 방법은 몇 가지가 있는가?

① 180가지
② 196가지
③ 200가지
④ 210가지
⑤ 225가지

22 다음과 같은 〈조건〉에서 귀하가 판단할 수 있는 내용으로 옳지 않은 것은?

조건

- 프로젝트는 A부터 E까지의 작업으로 구성되며, 모든 작업은 동일 작업장 내에서 행해진다.
- 각 작업의 필요 인원과 기간은 다음과 같다.

프로젝트	A작업	B작업	C작업	D작업	E작업
필요 인원(명)	5	3	5	2	4
기간(일)	10	18	50	18	16

  – B작업은 A작업이 완료된 이후에 시작할 수 있음
  – E작업은 D작업이 완료된 이후에 시작할 수 있음
- 각 인력은 A부터 E까지 모든 작업에 동원될 수 있으며, 각 작업에 투입된 인력의 생산성은 동일하다.
- 프로젝트에 소요되는 비용은 1인당 1일 10만 원의 인건비와 1일 50만 원의 작업장 사용료로 구성된다.
- 각 작업의 필요 인원은 증원 또는 감원될 수 없다.

① 프로젝트를 완료하기 위해 필요한 최소 인력은 5명이다.
② 프로젝트를 완료하기 위해 소요되는 최단기간은 50일이다.
③ 프로젝트를 완료하는 데 들어가는 최소비용은 6천만 원 이하이다.
④ 프로젝트를 최단기간에 완료하는 데 투입되는 최소 인력은 10명이다.
⑤ 프로젝트를 최소 인력으로 완료하는 데 소요되는 최단기간은 94일이다.

23 A ~ F 여섯 사람으로 구성된 부서에서 주말 당직을 정하는데 다음의 〈조건〉을 모두 지켜야 한다. 당직을 맡을 수 있는 사람을 바르게 나열한 것은?

> **조건**
> • A와 B가 당직을 하면 C도 당직을 한다.
> • C와 D 중 한 명이라도 당직을 하면 E도 당직을 한다.
> • E가 당직을 하면 A와 F도 당직을 한다.
> • F가 당직을 하면 E는 당직을 하지 않는다.
> • A가 당직을 하면 E도 당직을 한다.

① A, B
② A, E
③ B, F
④ C, E
⑤ D, F

24 K공사는 2024년 신입사원 채용을 진행하고 있다. 최종 관문인 면접평가는 다대다 전형으로, A ~ E면접자를 포함한 총 8명이 입장하여 〈조건〉에 따라 의자에 앉았다. D면접자가 2번 의자에 앉았다면, 다음 중 항상 옳은 것은?(단, 면접실 의자는 순서대로 1번부터 8번까지 번호가 매겨져 있다)

> **조건**
> • C면접자와 D면접자는 이웃해 앉지 않고, D면접자와 E면접자는 이웃해 앉는다.
> • A면접자와 C면접자 사이에는 2명이 앉는다.
> • A면접자는 양 끝(1번, 8번)에 앉지 않는다.
> • B면접자는 6번 또는 7번 의자에 앉고, E면접자는 3번 의자에 앉는다.

① A면접자는 4번에 앉는다.
② C면접자는 1번에 앉는다.
③ A면접자와 B면접자가 서로 이웃해 앉는다면 C면접자는 4번 또는 8번에 앉는다.
④ B면접자가 7번에 앉으면, A면접자와 B면접자 사이에 2명이 앉는다.
⑤ C면접자가 8번에 앉으면, B면접자는 6번에 앉는다.

25 다음은 K국의 대(對) 중국 수출 동향에 대한 자료이다. 이에 대한 설명으로 옳지 않은 것은?

〈K국의 대(對) 중국 수출 동향〉

(단위 : 억 달러, %)

구분		2020년			2021년			2022년			2023년		
		금액	비중	증감	금액	비중	증감	금액	비중	증감	금액	비중	증감
1차 상품		11	0.7	47.7	10	0.6	−11.9	9	0.5	−9.5	8	0.4	−6.6
중간재		1,222	75.6	17.1	1,290	77.4	5.6	1,430	78.1	10.8	1,503	79.1	5.2
최종재	소비재	62	3.8	57.4	60	3.6	−3.9	66	3.6	10.3	70	3.7	6.1
	기타	322	19.9	11.4	307	18.4	−4.4	326	17.8	5.7	319	16.8	−2.1
합계		1,617	100.0	17.2	1,667	100.0	3.1	1,831	100.0	9.7	1,900	100.0	3.9

※ '기타'는 산업용 운송장비, 운송장비를 제외한 자본재를 지칭함

〈주요 국가의 대(對) 중국 수출 동향(2023)〉

(단위 : 억 달러)

① 2020년 대비 2021년 중국 수출 규모의 증가율은 17.5%이다.
② K국의 대(對) 중국 수출의 증가세는 중간재 수출의 영향이 크다.
③ 최근 수출 동향에 따르면 K국의 대(對) 중국 수출은 중간재가 전체의 약 80%에 육박하고 있다.
④ 전체 수출구조를 고려하였을 때, 미국과 일본은 균형적 배분 구조를 보이는 반면, 독일과 K국은 불균형적 배분 구조를 보이고 있다.
⑤ K국은 불균형적인 수출구조임에도 불구하고 중간재 수출에 힘입어 주요 국가에 비해 중국 내수시장으로의 수출규모(2023년 기준)가 가장 크다.

※ 다음 기사를 읽고 이어지는 질문에 답하시오. [26~27]

한국남동발전, '지역희망박람회' 참여
⊙

한국남동발전은 고양 킨텍스에서 열린 '지역희망박람회'에서 공공기관 지방이전 후 지역 발전에 기여한 모범 사례로 선정되어 국무총리 표창을 수상했다. 이날 행사는 허남식 지역발전위원장이 참석한 가운데 진행됐다. (가) '활력 있는 지역경제, 행복한 주민'이라는 주제로 진행된 이번 행사는 지역발전위원회 및 17개 관련 부처가 주최하고, 한국 산업기술진흥원에서 주관하며 매년 개최해 오고 있다. 경남혁신도시 이전기관 대표로 참여하였으며, 유일하게 국무총리 표창을 수상한 한국남동발전은 지역희망박람회 우수사례 발표 이후에 이어진 시상식에서 많은 호응과 박수를 받았다. (나) 이날 지역산업진흥 유공 주민행복분야 모범사례로 선정된 한국남동발전은 이전 지역인재 채용할당제(10%) 시행, 이전지역 내 물품구매・용역・공사 집행, 지역 문화행사 지원 등 지역경제 활성화를 위해 지원하고 있다. 또한 경남 혁신도시 이전기관 협업을 통한 지역경제 활성화 및 상생분위기 조성을 위한 「남가람 에코 파워토피아 프로젝트」를 수립하고 중・장기적 지역경제 활성화 토대를 구축하여 총괄 운영하고 있다. (다) 이와 같은 노력으로 본사이전 이후 35명을 지역인재로 채용하고, 2014년 이전지역 내 물품구매실적이 412억 원에서 2015년도에는 717억 원 규모로 지속적인 증가 추세를 보이고 있다. 그 외에도 동반성장을 위한 경남 진주시 – 남동발전 사회공헌사업 업무협약 체결을 통해 한국남동발전 고유 사회공헌프로젝트인 'Sunny Project'를 확대 운영하고 있다. (라) 이를 통해 전통시장 에너지 환경 개선사업, 기독육아원 환경개선 사업 등 사회공헌 활동에도 앞서고 있다. (마) 또한 지역과의 상생교류를 위해 지역주민 초대 무료 최신영화 상영회 시행, 무료 오페라 공연 시행 등 지역주민 문화적 욕구 충족 및 취약계층 문화공연 초대를 통해 지역공동체 역할 홍보 및 소통을 장을 마련하고 있다. 이날 수상자로 참석한 손광식 기획관리본부장은 "한국남동발전은 공기업으로서 공익성과 수익성 양 날의 검을 쥔 어려운 현실 속에서 지역 발전을 위한 적극적인 활동을 지속적으로 추진하여 건전한 기업 생태계 조성에 앞장서겠다."고 포부를 밝혔다.

---

26 다음 중 〈보기〉의 문장이 들어갈 위치로 가장 적절한 곳은?

> **보기**
>
> 이 프로젝트는 「산학연 융복합 연구 사업단」, 「New Biz 사업단」, 「SME 창업육성사업단」, 「교육・문화 추진사업단」 등 4개의 사업단을 구성하여, 이전기관 및 각 관련 기관들이 참여하여 실무협의회를 구성, 실질적인 경남지역 경제 활성화를 위해 적극적으로 시행하고 있다.

① (가) ② (나)
③ (다) ④ (라)
⑤ (마)

27 다음 중 빈칸 ⊙에 들어갈 기사의 소제목으로 가장 적절한 것은?

① 활력 있는 지역경제, 행복한 주민
② 한국 산업기술진흥원 이례적 참여
③ 'Sunny Project' 확대 운영
④ 지역발전 기여 모범사례 선정, 국무총리 표창 수상
⑤ 공익성과 수익성 양 날의 검

28 다음은 어느 도시의 버스노선 변동사항에 대한 자료이다. 〈조건〉을 참고하여 A ~ D에 들어갈 노선을 순서대로 바르게 나열한 것은?

〈버스노선 변동사항〉

구분	기존 요금	변동 요금	노선 변동사항
A	1,800원	2,100원	–
B	2,400원	2,400원	–
C	1,600원	1,800원	연장운행
D	2,100원	2,600원	–

조건

• 노선 A, B, C, D는 6, 42, 2000, 3100번 중 하나이다.
• 변동 후 요금이 가장 비싼 노선은 2000번이다.
• 요금 변동이 없는 노선은 42번이다.
• 연장운행을 하기로 결정한 노선은 6번이다.

	A	B	C	D
①	6	42	2000	3100
②	6	42	3100	200
③	3100	6	42	2000
④	3100	42	2000	6
⑤	3100	42	6	2000

※ 다음은 H씨가 8월까지 사용한 지출 내역이다. 이어지는 질문에 답하시오. **[29~30]**

<8월 지출 내역>

종류	내역
신용카드	2,500,000원
체크카드	3,500,000원
현금영수증	-

※ 연봉의 25%를 초과한 금액에 한해 신용카드 15% 및 현금영수증·체크카드 30% 공제
※ 공제는 초과한 금액에 대해 공제율이 높은 종류를 우선 적용

29 H씨의 예상 연봉이 35,000,000원일 때, 연말정산에 대비하기 위한 전략 또는 위 표에 대한 설명으로 적절하지 않은 것은?

① 신용카드와 체크카드 사용금액이 연봉의 25%를 넘어야 공제가 가능하다.

② 2,750,000원을 더 사용해야 소득공제가 가능하다.

③ 만약 체크카드를 5,000,000원 더 사용한다면, 2,250,000원이 소득공제 금액에 포함되고 공제액은 675,000원이다.

④ 만약 신용카드를 5,750,000원 더 사용한다면, 3,000,000원이 소득공제 금액에 포함되고 공제액은 900,000원이다.

⑤ 신용카드 사용금액이 더 적기 때문에 체크카드보다 신용카드를 많이 사용하는 것이 공제에 유리하다.

30 H씨는 8월 이후로 신용카드를 4,000,000원 더 사용했고, 현금영수증 금액을 확인해 보니 5,000,000원이었다. 또한 연봉이 40,000,000원으로 상승하였다. 다음 세율 표를 적용했을 때 신용카드, 현금영수증 등 소득공제 금액에 대한 세금은?

과표	세율
1,200만 원 이하	6%
4,600만 원 이하	15%
8,800만 원 이하	24%
15,000만 원 이하	35%
15,000만 원 초과	38%

① 90,000원 ② 225,000원

③ 247,500원 ④ 450,000원

⑤ 1,500,000원

31 다음은 10월 달력이다. 〈조건〉에 맞게 근무를 배정했을 때, 대체근무가 필요한 횟수는?

10 | October

일 SUN	월 MON	화 TUE	수 WED	목 THU	금 FRI	토 SAT
						1
2	3 개천절	4	5	6	7	8
9 한글날	10	11	12	13	14	15
16	17	18	19	20	21	22
32	24	25	26	27	28	29
30	31					

조건
- 3조 2교대이며 근무 패턴은 주간 – 주간 – 야간 – 야간 – 비번 – 휴무이다.
- 1조는 팀장 1명, 주임 1명, 2조는 팀장 1명, 주임 1명, 3조는 팀장 1명, 주임 2명이다.
- 각 팀장과 주임은 한 달에 한 번 지정휴무 1일을 사용할 수 있다.
- 근무마다 최소 팀장 1명, 주임 1명이 유지되어야 한다.
- 10월 1일 1조는 야간이었고, 2조는 비번, 3조는 주간이었다.
- 1조 팀장은 27일부터 31일까지 여행을 떠난다(근무일에 연차 사용).
- 대체근무의 횟수는 최소화한다.
- 공휴일도 정상 근무일에 포함한다.

① 2번

② 4번

③ 6번

④ 8번

⑤ 10번

※ 다음 기사를 읽고 이어지는 질문에 답하시오. [32~33]

〈에너지파크 관람 안내〉

영흥 에너지파크는 전기 및 에너지에 대한 올바른 이해와 국내 전력산업에 대한 정보를 직접 체험할 수 있는 견학의 장으로, 다양한 컨텐츠를 통해 에너지와 자연의 소중함, 그리고 최첨단 친환경 화력발전소의 선진 시스템을 소개하는 전력 홍보관입니다. 또한 지역사회와의 연대 강화 및 지역의 문화 혜택 활성화를 위해 다양한 문화예술 공연과 지역 행사들을 개최하고 있는 300석 규모의 하모니 홀과 문화교실, 갤러리, 야외 공연장 등을 갖추고 있어 지역 주민뿐만 아니라 수도권 지역의 학생들과 많은 방문객이 찾아오는 문화휴식 공간으로서도 각광받고 있습니다. 앞으로도 쉼 없는 변화와 혁신을 통해 지역과 국민 여러분에게 친근하게 다가가는 열린 공간으로서의 에너지파크로 자리매김 하겠습니다.

전시관	야외체험
• 1층 : 다양한 체험을 통해 배우는 에듀테인먼트 전시관으로서 보일러, 터빈 등 화력발전소의 주요 설비 모형과 전기자동차, 양수 발전, 풍력, 태양광 발전 등 친환경 신재생에너지 발전소의 주요 설비 모형들을 통해 전기가 만들어지고 가정에서 활용되는 과정과 자연 친화적인 화력발전소의 선진된 시스템을 다양한 체험으로 학습할 수 있는 온가족 놀이문화 공간입니다. • 2층 : 우리나라 전기의 역사, 국내 전력계통도, 원자력 발전의 원리, 화력발전계통도, 영흥화력 중앙제어실, 지역 친화적 기업 한국남동발전, 스마트 그리드의 미래상 등 다양한 전시 코너를 통해 국내 전력 산업 전반에 대한 이해와 영흥본부의 설비 시스템 및 지역 기여도 등을 한눈에 확인할 수 있습니다.	• 테마파크 : 대지면적 $62,800m^2(18,997평)$에 화력 광장, 원자력 광장, 바람 광장, 미래에너지 광장 등 각종 에너지를 테마로 구성한 야외 에너지체험학습장과 생태연못, 화석 광장, 소금쟁이 댐, 어린이 놀이마당, 야외 공연장, 전망대 등으로 구성된 자연체험테마파크입니다. • 하모니 홀 : 지역문화예술을 주도하는 복합문화공간으로서, 최신영화, 뮤지컬, 음악회, 연극 등 다양한 문화공연으로 문화소외지역에 있는 주민들의 정서함양과 삶의 질 향상에 기여하는 문화 나눔 공간입니다.

PART 4

---

32 다음 중 기사의 내용으로 적절하지 않은 것은?

① 지역의 문화 혜택 활성화를 위해 다양한 문화 예술 공연과 지역 행사들을 개최하고 있다.

② 지역 주민뿐만 아니라 수도권 지역의 학생들과 방문객이 찾아오는 문화휴식공간이다.

③ 영흥 에너지파크의 전시관 2층은 원자력발전 원리에 대한 강의를 위해 마련되었다.

④ 화력 광장, 원자력 광장, 바람 광장, 미래에너지 광장 등 각종 에너지를 테마로 구성한 야외 에너지체험학습장이 마련되어 있다.

⑤ 문화소외지역에 있는 주민들의 정서함양과 삶의 질 향상에 기여하는 문화 나눔 공간의 역할을 수행한다.

---

33 방학을 맞이하여 '직업 체험'의 일환으로 영흥 에너지파크 관람을 계획하는 학생들의 대화 중 적절하지 않은 것은?

① 학생 A : 보일러, 터빈 등 화력발전소의 주요 설비 모형을 보려면 전시관 1층으로 가야겠어.

② 학생 B : 전기가 만들어지고 가정에서 활용되는 과정을 체험할 수 있구나!

③ 학생 C : 화석 광장, 소금쟁이 댐을 구경하려면 전시관 2층부터 가야겠어.

④ 학생 D : 원자력 발전의 원리가 궁금했는데 알아볼 수 있겠어.

⑤ 학생 E : 에너지 관련뿐만 아니라 뮤지컬, 음악회, 연극 등도 관람할 수 있네.

※ K업체에서 근무 중인 A사원은 시기별로 집계된 자사 상품의 판매량을 검토 중이다. 상품 판매량은 매일 기록되며 매달 판매량은 1일부터 마지막 일까지 판매량을 더한 값이다. 또한 평균 판매량은 한 달을 30일로 가정하여 하루에 판매되는 평균 판매량을 말한다. 이어지는 질문에 답하시오. [34~35]

34 3월 판매량과 동년 2월 판매량은 각각 108,600개, 102,300개이다. 두 달의 평균 판매량의 차이는?

① 210개
② 220개
③ 230개
④ 240개
⑤ 250개

35 위의 경우에서 실제 하루 평균 판매량은 대략 얼마나 차이가 나는가?(단, 윤달은 고려하지 않는다)

① 약 130개
② 약 150개
③ 약 170개
④ 약 190개
⑤ 약 210개

36 K기업에서는 4월 1일 월요일부터 한 달 동안 임직원을 대상으로 금연교육 4회, 금주교육 3회, 성교육 2회를 실시하려고 한다. 다음 〈조건〉을 근거로 판단할 때, 옳은 것은?

> **조건**
> • 금연교육은 정해진 같은 요일에만 주 1회 실시하고, 화·수·목요일 중에 해야 한다.
> • 금주교육은 월요일과 금요일을 제외한 다른 요일에 시행하며, 주 2회 이상은 실시하지 않는다.
> • 성교육은 4월 10일 이전, 같은 주에 이틀 연속으로 실시한다.
> • 4월 22일부터 26일까지 워크숍 기간이고, 이 기간에는 어떠한 교육도 실시할 수 없다.
> • 교육은 하루에 하나만 실시할 수 있고, 토요일과 일요일에는 교육을 실시할 수 없다.
> • 계획한 모든 교육을 반드시 4월에 완료하여야 한다.

① 금연교육이 가능한 요일은 화요일과 수요일이다.
② 금주교육은 같은 요일에 실시되어야 한다.
③ 금주교육은 4월 마지막 주에도 실시된다.
④ 4월 30일에도 교육이 있다.
⑤ 성교육이 가능한 일정 조합은 두 가지 이상이다.

37 K회사에 근무하는 귀하는 부하직원 A~E 다섯 명을 대상으로 마케팅 전략에 대한 의견을 물었다. 이에 대해 직원 5명은 찬성과 반대 둘 중 하나의 의견을 제시했다. 다음 〈조건〉이 모두 참일 때, 다음 중 옳은 것은?

> **조건**
> • A 또는 D 둘 중 적어도 하나가 반대하면, C는 찬성하고 E는 반대한다.
> • B가 반대하면, A는 찬성하고 D는 반대한다.
> • D가 반대하면 C도 반대한다.
> • E가 반대하면 B도 반대한다.
> • 적어도 한 사람은 반대한다.

① A는 찬성하고 B는 반대한다.   ② A는 찬성하고 E는 반대한다.

③ B와 D는 반대한다.   ④ C는 반대하고 D는 찬성한다.

⑤ C와 E는 찬성한다.

38 다음은 3개 기관 유형별 연구개발비 비중을 나타낸 자료이다. 이에 대한 〈보기〉 중 옳은 것을 모두 고르면?

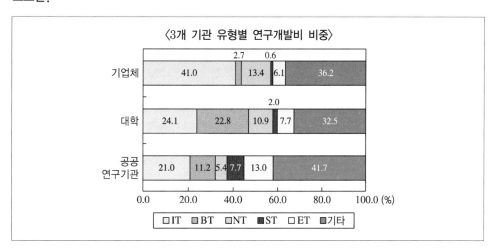

> **보기**
> ㄱ. 공공연구기관의 연구개발비는 BT분야가 NT분야의 2배 이상이다.
> ㄴ. 기업체의 IT, NT분야 연구개발비 합은 기업체 전체 연구개발비의 50% 이상이다.
> ㄷ. 3개 기관 유형 중 ET분야 연구개발비는 공공연구기관이 가장 많다.
> ㄹ. 공공연구기관의 ST분야 연구개발비는 기업체와 대학의 ST분야 연구개발비 합보다 크다.
> ㅁ. 기타를 제외하고 연구개발비 비중이 가장 작은 분야는 3개 기관 유형에서 모두 동일하다.

① ㄱ, ㄴ   ② ㄴ, ㄹ

③ ㄱ, ㄴ, ㄷ   ④ ㄱ, ㄴ, ㄹ

⑤ ㄷ, ㄹ, ㅁ

39 다음은 팀장과 사원의 대화 내용이다. 사원이 팀장에게 보고할 내용과 근거자료로 옳지 않은 것은?

> 팀장 : 이번에 신제품을 출시할 예정인데, 효과적으로 홍보할 수 있는 방안이 무엇이 있을까?
> 사원 : 네, 요즘 대부분의 사람들이 스마트폰을 가지고 있으니까 모바일 광고를 활용해 보는 것이 어떨까요?
> 팀장 : 괜찮은 아이디어인 것 같군. 모바일 광고에 대해서 조사하고 보고하게나.
> 사원 : 네, 팀장님. 조사한 후 보고하겠습니다.

① 스마트폰을 이용하면서 가장 많이 본 모바일 광고는 모바일 웹배너 광고라고 합니다. 그리고 해당 광고를 클릭한 경험도 약 60% 이상인 점을 참고하였을 때, 다수를 대상으로 신제품을 홍보하는 데 효과적일 것으로 보입니다.

〈모바일 광고 유형별 노출 경험과 클릭 경험 비교〉

(단위 : %)

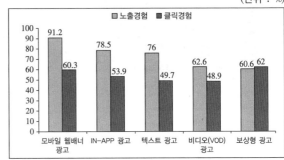

② 그러나 모바일 웹배너 광고를 클릭한 이유 중에서 의도치 않게 클릭하는 경우가 절반에 가깝기 때문에 실질적인 광고효과에 대해 신중히 검토하여야 할 것 같습니다.

〈모바일 웹배너 광고 클릭 이유〉

(단위 : %)

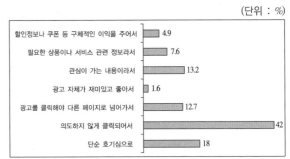

③ 또한 모바일 웹배너 광고를 보고 난 후 거부감이 생긴 경험이 약 4분의 3 정도인데, 이는 다른 모바일 광고들과 비교했을 때 큰 차이가 있는 것은 아니지만 상당히 높은 수치로 이를 개선할 필요가 있습니다.

〈모바일 광고 유형별 거부감 경험 여부〉

(단위 : %)

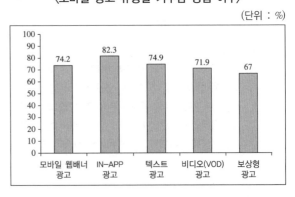

④ 모바일 웹배너 광고에 대해 거부감을 느낀 이유로는 광고가 콘텐츠를 보는데 방해가 되는 경우와 화면터치에 방해가 된다는 점이 약 69%를 차지하므로 광고로 인하여 불편함을 느끼지 않도록 방안을 마련하는 것도 병행해야 합니다.

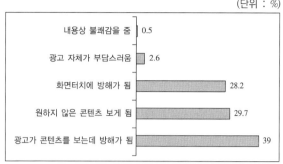

〈모바일 웹배너 광고 클릭 후 거부감이 생긴 이유〉
(단위 : %)

⑤ 다른 대안으로는 스마트폰 리워드 광고앱이 있습니다. 해당 앱은 성별로는 남성보다 여성이, 연령대로는 40대가 이용률이 높습니다. 신제품의 주 소비자층이 40대 여성인 점을 고려했을 때 리워드 광고앱도 적절한 마케팅 방안으로 보입니다.

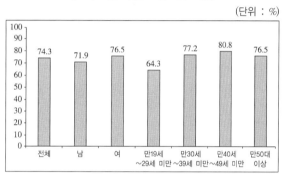

〈스마트폰 리워드 광고앱 이용〉
(단위 : %)

40 어떤 고등학생이 13살 동생, 40대 부모님, 65세 할머니와 함께 박물관에 가려고 한다. 주말에 입장할 때와 주중에 입장할 때의 요금 차이는?

〈박물관 입장료〉		
구분	주말	주중
어른	20,000원	18,000원
중·고등학생	15,000원	13,000원
어린이	11,000원	10,000원

※ 어린이 : 3살 이상 ~ 13살 이하
※ 경로 : 65세 이상은 50% 할인

① 8,000원
② 9,000원
③ 10,000원
④ 11,000원
⑤ 12,000원

〈한국남부발전 삼척 그린파워, 취약계층 전기시설 점검〉
(A)

한국남부발전 삼척 그린파워 건설 본부가 협력사와 함께 어려운 이웃의 주거개선활동에 나서 모범이 되고 있다. ㉠ 한국남부발전의 말에 의하면 삼척 그린파워 건설 본부 임직원은 20일 협력사, 지역기업 등과 함께 지역 내 에너지 취약 가구를 ㉡ 목적으로 노후된 전기시설 점검과 보수를 시행했다. 에너지공기업 특성에 맞춰 추진된 이번 주거개선활동은 거동이 불편한 어르신들과 가정형편이 어려운 가구들을 대상으로 시행되었으며, 대상 가구는 삼척시 원덕읍으로부터 추천받았다. 안관식 삼척 그린파워 건설 본부장, 원덕읍장, 삼척시 지역기업 ㈜행복한원덕 대표는 활동에 앞서 해당 가구를 직접 방문하여 노후하거나 사고 위험이 있는 전기 설비가 있는지 등을 면밀히 점검 후 전기전문기술을 가지고 있는 6개 협력사 직원들과 함께 설비보수를 실시했다. 협력사 및 ㈜행복한원덕과 함께한 이번 봉사활동은 기업 간 상호 협력은 물론, 소외된 이웃에 따뜻한 정을 나누고 지역과 상생방안을 ㉢ 모색한 점에서 좋은 평가를 받았다. 한국남부발전 본부장은 "전기는 생활의 가장 기본이 되는 자원으로 안전과도 ㉣ 간접적으로 연관되는 요인"이라면서 "생활고로 전기 사용이 불편한 가정이 없도록 한국남부발전은 앞으로도 봉사활동을 지속 시행할 계획"이라고 밝혔다.

---

41 제시된 기사는 한국남부발전 사보의 기사 초고이다. 사보 제작자가 수정할 내용으로 적절하지 않은 것은?

① (A)에는 소제목으로 '협력사, 지역기업 ㈜행복한원덕과 함께 노후설비 개선 봉사활동 시행'을 넣는 것이 좋겠군.

② ㉠은 기사의 문장으로는 적절하지 않으니 '한국남부발전에 따르면'으로 수정해야겠어.

③ ㉡은 목적이라는 단어는 문장 흐름상 맞지 않으니 '대상'으로 수정해야겠어.

④ ㉢은 '관철시킨'으로도 대체할 수 있겠군.

⑤ ㉣은 간접적이 아닌 직접적인 연관성이 있으므로 '직결되는'으로 수정해야겠어.

42 다음 중 기사의 내용으로 적절하지 않은 것은?

① 그린파워 건설 본부는 지역 내 가정형편이 어려운 가구에 노후된 전기시설 점검에 한해 무상 서비스를 제공했다.

② 이번 주거개선활동은 에너지공기업 특성에 맞게 에너지 취약 가구를 대상으로 추진되었다.

③ 삼척 그린파워 건설 본부장이 해당 가구를 직접 방문하였다.

④ 설비보수는 협력사 직원들과 함께 실시되었다.

⑤ 한국남부발전은 앞으로도 봉사활동을 지속 시행할 계획이다.

43 A씨는 M브랜드 화장품을 판매하는 대리점을 운영하고 있다. 곧 신상품이 입고될 예정이어서 재고 정리를 하려고 하는데 화장품의 사용가능기한이 지난 것부터 처분하려고 한다. 다음의 화장품 제조번호 표기방식 및 사용가능기한을 참고할 때, 보유하고 있던 화장품 중 처분대상이 되는 것은 몇 개인가?(단, 2024년 8월 1일을 기준으로 하며, 2024년은 윤달이 있는 해이다)

■ 화장품 제조번호 표기방식

       ┌ 제조일자(35번째 날)

   M 2 3 0 3 5 2 0

      └ 제조년도(2023년)   └ 생산라인 번호(20번)

[해석] 2023년 2월 4일 20번 생산라인에서 제조된 화장품

■ 화장품 사용가능기한

제품유형	사용가능기한	
	개봉 전(제조일로부터)	개봉 후(개봉일로부터)
스킨	3년	6개월
에센스	3년	6개월
로션	3년	6개월
아이크림	3년	1년
클렌저	3년	1년
립스틱	5년	1년

※ 두 가지 사용가능기한 중 어느 한 기한이 만료되면 사용가능기한이 지난 것으로 본다.

〈매장 내 보유중인 화장품 현황〉

- M2325030이라고 쓰여 있고 개봉된 립스틱
- M2120030이라고 쓰여 있고 개봉되지 않은 클렌저
- M2223010이라고 쓰여 있고 개봉되지 않은 에센스
- M2112040이라고 쓰여 있고 개봉된 날짜를 알 수 없는 아이크림
- M2316030이라고 쓰여 있고 2024년 10번째 되는 날에 개봉된 로션
- M2330050이라고 쓰여 있고 2024년 50번째 되는 날에 개봉된 스킨

① 1개   ② 2개

③ 3개   ④ 4개

⑤ 5개

44 다음 글을 근거로 판단할 때, B전시관 앞을 지나가거나 관람한 총인원은?

- 전시관은 A → B → C → D 순서로 배정되어 있다. 행사장 출입구는 아래 그림과 같이 두 곳이며 다른 곳으로는 출입이 불가능하다.
- 관람객은 행사장 출입구 두 곳 중 한 곳으로 들어와서 시계 반대 방향으로 돌며, 모든 관람객은 4개의 전시관 중 2개의 전시관만을 골라 관람한다.
- 자신이 원하는 2개의 전시관을 모두 관람하면 그 다음 만나게 되는 첫 번째 행사장 출입구를 통해 나가기 때문에, 관람객 중 일부는 반 바퀴를, 일부는 한 바퀴를 돌게 되지만 한 바퀴를 초과해서 도는 관람객은 없다.
- 행사장 출입구 두 곳을 통해 행사장에 입장한 관람객 수의 합은 400명이며, 이 중 한 바퀴를 돈 관람객은 200명이고 D전시관 앞을 지나가거나 관람한 인원은 350명이다.

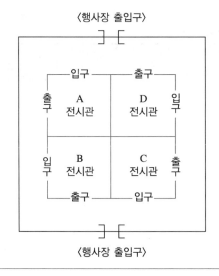

① 50명
② 100명
③ 200명
④ 250명
⑤ 350명

45 새롭게 비품관리를 담당하게 된 A사원은 기존에 거래하던 A문구와 다른 업체들과의 가격 비교를 위해 B문구와 C문구에 견적서를 요청한 뒤 세 곳을 비교하려고 한다. 비품의 성능 차이는 다르지 않으므로 비교 후 가격이 저렴한 곳과 거래할 예정이다. 다음 세 업체의 견적서를 통해 최종적으로 거래할 업체와 그 업체의 견적금액을 바르게 짝지은 것은?(단, 배송료는 총주문금액 계산 이후 더하며, 백 원 미만은 절사한다)

A문구			
품명	수량	단가	공급가액
MLT−D209S[호환]	1	32,000원	32,000원
A4 복사용지 80G(2박스 묶음)	1	31,900원	31,900원
친환경 진행 문서 파일	1	2,500원	2,500원

※ 총주문금액에서 20% 할인 쿠폰 사용 가능
※ 배송료 : 4,000원(10만 원 이상 구매 시 무료 배송)

B문구			
품명	수량	단가	공급가액
PGI−909−PINK[호환]	1	25,000원	25,000원
더블비 A4 복사용지 80G(2박스 묶음)	1	22,800원	22,800원
친환경 진행 문서 파일	1	1,800원	1,800원

※ 기업 구매 시 판매가의 7% 할인
※ 배송료 : 2,500원(7만 원 이상 구매 시 무료 배송)

C문구			
품명	수량	단가	공급가액
MST−D128S	1	24,100원	24,100원
A4 복사용지 75G(2박스 묶음)	1	28,000원	28,000원
문서 파일	1	3,600원	3,600원

※ 첫 구매 적립금 4,000 포인트 사용 가능
※ 50,000원 이상 구매 시 문서 파일 1개 무료 증정
※ 배송료 : 4,500원(6만 원 이상 구매 시 무료 배송)

① A문구 − 49,000원
② A문구 − 46,100원
③ B문구 − 48,200원
④ B문구 − 48,600원
⑤ C문구 − 51,700원

※ A역 부근에 거주하는 귀하는 B역 부근에 위치한 지사로 발령을 받아 출퇴근하고 있다. 지하철 노선도와 다음 〈조건〉을 보고 이어지는 질문에 답하시오. **[46~47]**

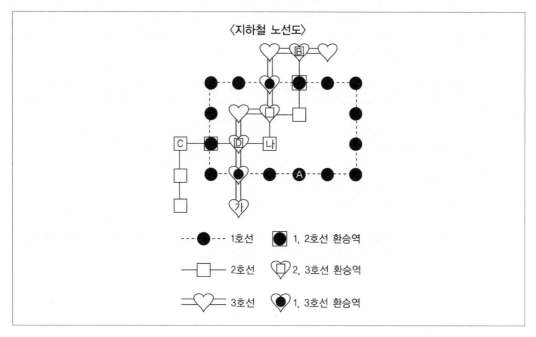

〈지하철 노선도〉

- - - ● - - - 1호선 　　　◉ 1, 2호선 환승역

▭ 2호선 　　　♡ 2, 3호선 환승역

♥ 3호선 　　　♥ 1, 3호선 환승역

조건

- A역 부근의 주민이 지하철을 타기 위해 집에서 A역까지 이동하는 시간은 고려하지 않는다.
- 지하철은 대기시간 없이 바로 탈 수 있다.
- 역과 역 사이의 운행 소요시간은 1호선 6분, 2호선 4분, 3호선 2분이다(정차시간은 고려하지 않음).
- 지하철 노선 간 환승 시에는 3분이 소요된다.

46 귀하는 오늘 출근하기 전에 C역에서 거래처 사람을 만난 후, 회사로 돌아가 차장님께 30분간 보고를 해야 한다. 보고가 끝나면, D역에 위치한 또 다른 거래처를 방문해야 한다고 할 때, 다음 중 귀하의 일정에 대한 설명으로 옳지 않은 것은?

① A역에서 C역까지 최소 소요시간으로 가는 방법은 2번 환승을 하는 것이다.

② A역에서 C역까지 5개의 역을 거치는 방법은 두 가지가 있다.

③ C역에서 거래처 사람을 만난 후, 회사로 돌아갈 때 최소 소요시간은 21분이다.

④ D역에서 현지퇴근을 하게 되면, 회사에서 퇴근하는 것보다 13분이 덜 걸린다.

⑤ 회사에서 D역까지 환승하지 않고 한 번에 갈 수 있다.

47 D역에 위치한 거래처 방문을 마치고 회사에 돌아왔을 때, 귀하는 거래처에 중요한 자료를 주지 않고 온 것이 생각났다. 최대한 빨리 D역으로 가려고 지하철을 탔으나, 지하철 고장으로 지하철이 잠시 정차할 것이라는 방송이 나왔다. 귀하가 다른 지하철을 통해 D역으로 갔다면, 원래 타려던 지하철은 B역에서 최소 몇 분간 정차하였겠는가?(단, 환승은 하지 않는다)

① 11분   ② 12분

③ 13분   ④ 14분

⑤ 15분

48 다음 정보를 토대로 추론할 수 없는 것은?

> - 혈당이 낮아지면 혈중 L의 양이 줄어들고, 혈당이 높아지면 그 양이 늘어난다.
> - 혈중 L의 양이 늘어나면 시상하부 알파 부분에서 호르몬 A가 분비되고, 혈중 L의 양이 줄어들면 시상하부 알파 부분에서 호르몬 B가 분비된다.
> - 시상하부 알파 부분에서 호르몬 A가 분비되면, 시상하부 베타 부분에서 호르몬 C가 분비되고 시상하부 감마 부분의 호르몬 D의 분비가 억제된다.
> - 시상하부 알파 부분에서 호르몬 B가 분비되면, 시상하부 감마 부분에서 호르몬 D가 분비되고 시상하부 베타 부분의 호르몬 C의 분비가 억제된다.
> - 시상하부 베타 부분에서 분비되는 호르몬 C는 물질대사를 증가시키고, 이 호르몬의 분비가 억제될 경우 물질대사가 감소한다.
> - 시상하부 감마 부분에서 분비되는 호르몬 D는 식욕을 증가시키고, 이 호르몬의 분비가 억제될 경우 식욕이 감소한다.

① 혈당이 낮아지면, 식욕이 증가한다.

② 혈당이 높아지면, 식욕이 감소한다.

③ 혈당이 높아지면, 물질대사가 증가한다.

④ 혈당이 낮아지면, 시상하부 감마 부분에서 호르몬의 분비가 억제된다.

⑤ 혈당이 높아지면, 시상하부 알파 부분과 베타 부분에서 각각 분비되는 호르몬이 있다.

(가) 한국동서발전은 25 ~ 26일 이틀간 성과연봉제 도입에 대한 찬반투표 결과, 조합원 과반 이상 찬성으로 성과연봉제 도입을 확정했다고 27일 발표했다. 한국동서발전은 조합원 1,000명 이상 공기업으로는 한전에 이어 두 번째, 발전 6개사 중에는 유일하게 노사 간 단체협상을 거쳐 성과연봉제를 도입하는 데 성공했다. (나) 회사 측은 이번 찬반투표에서 가결된 성과연봉제 도입(안)은 성과연봉제 대상 일반 직원의 비율이 94%에 이르며, 성과연봉액의 비중이 20%를 넘고 차등폭도 기존 1.3배에서 2배로 확대하는 등 정부 권고안을 넘어서는 수준이라고 설명했다. 회사는 지난 1월 취임한 새로운 사장을 중심으로 노사공동TF사업소 설명회 노사합동토론회, 실무교섭 및 대표교섭을 통해 노사합의를 통한 성과연봉제 도입을 위해 본격 나섰다. (다) 정부의 권고안 발표 직후 노사공동 TF를 구성하여 임금체계 제도 개선을 위한 컨설팅 용역을 전문노무법인을 통해 발주, 최적의 성과연봉제 설계안을 마련하는 등 발 빠르게 움직였다. (라) 당초 노조는 성과연봉제 도입에 부정적이었으나, 한국동서발전 사장이 본사를 포함한 6개 사업소(당진, 울산, 동해, 호남, 일산, 신당진)를 순회하며 경영설명회를 개최하고 직원들 설득에 직접 나서면서 제도 도입의 취지와 필요성에 대한 공감대가 형성됐다. (마) 한국동서발전 사장은 "경영에 관한 정보를 투명하게 공개하고 주요현안에 대해 노사가 함께 머리를 맞대고 긴밀히 협조해 나가겠다."고 말했다.

49 윗글의 (가) ~ (마) 중 〈보기〉의 문단이 들어갈 위치로 가장 적절한 곳은?

> [보기]
>
> 노사는 지난 4월 18일 '한국동서발전 미래와 조직문화 혁신을 위한 노사공동선언'을 통해 회사의 중장기 발전과제 검토 및 조직문화 제고를 위한 '미래위원회' 및 '직원권익보호위원회'를 설치키로 했다. 또 성과연봉제의 성공적인 안착을 위해 6월까지 노 사 동수의 '성과평가 제도개선 TF' 운영을 통해 성과급 확대 및 차등에 따른 합리적이고 공정한 보상체계를 공동으로 구축하기로 합의했다.

① (가) ② (나)
③ (다) ④ (라)
⑤ (마)

50 다음 중 기사의 내용으로 적절하지 않은 것은?

① 성과연봉제 도입에 대한 찬반투표 결과, 조합원 과반수가 찬성했다.
② 한국동서발전은 발전 6개사 중에는 유일하게 노사 간 협상 과정을 생략하고 성과연봉제를 도입하는 데 성공했다.
③ 한국동서발전의 성과연봉액은 정부 권고안을 넘어서는 수준이다.
④ 노조는 성과연봉제 도입에 부정적 입장이었다.
⑤ 한국동서발전의 사장이 성과연봉제 도입을 위해 직원들 설득에 직접 나섰다.

행운이란 100%의 노력 뒤에 남는 것이다.

-랭스턴 콜먼-

제2회 전체영역
최종점검 모의고사

※ 최종점검 모의고사는 최근 발전회사 채용공고를 기준으로 구성한 것으로 실제 시험과 다를
  수 있습니다.

■ 취약영역 분석

번호	O/×	영역	번호	O/×	영역	번호	O/×	영역
1		의사소통능력	21		조직이해능력	41		조직이해능력
2			22			42		수리능력
3		수리능력	23		정보능력	43		조직이해능력
4			24			44		문제해결능력
5		문제해결능력	25		의사소통능력	45		의사소통능력
6			26		수리능력	46		정보능력
7		의사소통능력	27			47		조직이해능력
8		수리능력	28		자원관리능력	48		기술능력
9		문제해결능력	29			49		
10		의사소통능력	30			50		직업윤리
11			31		수리능력			
12		자원관리능력	32					
13			33		의사소통능력			
14		기술능력	34					
15		수리능력	35		문제해결능력			
16		자원관리능력	36					
17		기술능력	37		의사소통능력			
18		문제해결능력	38		정보능력			
19		정보능력	39					
20			40		조직이해능력			

평가문항	50문항	평가시간	60분
시작시간	:	종료시간	:
취약영역			

전체영역 최종점검 모의고사

🕐 응시시간 : 60분　📋 문항 수 : 50문항　　　정답 및 해설 p.120

01 다음 기사를 읽고 이해한 내용으로 적절하지 않은 것은?

> 환경부가 최근 공개한 '2030 국가 온실가스 감축 기본 로드맵 수정안'에 따르면, 2030년 감축 목표치 3억 1,500만 톤 중 해외 감축량(9,600만 톤)을 1,600만 톤으로 줄이는 대신 국내 감축량을 2억 1,880만 톤에서 2억 9,860만 톤으로 늘릴 계획이다. 환경부 입장은 비용 부담 등 때문에 9,600만 톤에 대한 이행 방안이 불확실하다는 것이다. 그 반면, 온실가스 배출량이 많은 정유・화학 및 철강 업계 등에서는 강대국의 슈퍼 보호무역주의와 국제유가 상승으로 인한 대내외 경영 환경이 악화하는 가운데 온실가스 감축량 증가는 큰 부담이 되고 있다.
>
> 우리 정부는 물론 기업도 2015년 12월 맺은 파리기후협정에 따른 국제사회와의 약속을 존중하고 이를 실행하기 위해 온실가스 감축을 이행해야 한다. 이를 이행하는 과정에서 정부로서도 어려움이 있겠지만, 각국 정부의 우려처럼 기업의 글로벌 경쟁력 관점도 충분히 고려해야 한다. 2016년에 국가 온실가스 감축량에 대한 역할 분담 때에도 기업은 버거운 수준의 감축량이 할당됐다고 어려움을 토로했다. 그런데 이번 수정안을 보면 추가 감축량의 절반 이상이 산업부문에 추가 부담돼 설상가상으로 불확실한 경영 환경에서 우리 기업이 향후 글로벌 경쟁력을 잃게 될 수도 있는 것이다.
>
> 최근 우리 경제의 고용・소비・투자 부문에서도 적신호가 켜지고 있다. 그나마 반도체를 비롯한 정유・화학 및 철강 산업은 아직 괜찮아 보이지만, 중국 기업들이 무섭게 추격하고 있고 이 같은 산업에 대한 중국 정부의 지원은 엄청나다. 이제부터 우리 정유・화학 및 철강 기업은 신성장을 위한 투자를 해야만 공급 과잉으로 치닫고 있는 글로벌 시장에서 중국 기업과의 경쟁에 살아남을 수 있다. 따라서 그동안 산업 효율성 제고를 위한 지속적인 투자를 해 온 기업에 또다시 온실가스 감축을 위한 추가 부담을 주게 된다면 예상치 못한 성장통을 겪을 수 있다.
>
> 이처럼 온실가스 감축에 대한 기업의 추가 부담은 기업의 글로벌 경쟁력 저하는 물론 원가 부담이 가격 인상으로 이어질 수 있다. 특히, 발전 산업의 경우 온실가스 감축 목표를 달성하기 위해 탄소배출권을 추가 구입하게 되고, 이는 전기 요금 상승 요인으로 작용해 기업과 국민이 이를 부담해야 한다. 더구나 탈원전 정책으로 인한 전기 요금의 인상이 예견되는 상황에서 온실가스 감축으로 인한 전기 요금의 추가 인상은 우리 사회에 더 큰 부담이 될 것이다.
>
> 결국, 온실가스 감축은 더 나은 사회를 만들기 위해 우리 모두가 안고 가야 할 문제다. 따라서 정부는 정부대로, 기업은 기업 자체적으로 가장 효과적인 온실가스 부담에 대한 최적의 조합을 다시 고민해 봐야 한다. 정부는 국가경쟁력 제고의 큰 틀 속에서 정부가 끌고 나가야 할 최대 역할을, 그리고 기업은 산업경쟁력 창출을 위한 산업별 역할을 고려해 2030년까지 기간별로 구체적인 시나리오를 작성할 필요가 있다.
>
> 2030년에 전개될 글로벌 아시아 시대를 대비해 중국 및 인도 기업과 같은 후발 기업으로부터 우리 기업이 글로벌 경쟁력을 발휘할 수 있도록 기업 우선 정책을 우리 정부가 펼치지 못하면 우리 경제는 점점 더 어려워질 수밖에 없다. 따라서 온실가스 감축 문제도 이런 관점에서 우리 정부가 접근해야 할 것이며, 기업 역시 자체 경쟁력 제고를 위한 노력을 병행해야 할 것이다.

① 온실가스 감축은 글로벌 경쟁력을 잃게 되는 원인으로 작용할 수 있다.

② 우리의 정유·화학·철강 산업은 중국 기업과 경쟁 상태이다.

③ 정부는 경제를 위해 기업 우선 정책을 펼쳐야 한다.

④ 탄소배출권의 구매는 전기 요금 상승으로 이어지게 된다.

⑤ 온실가스 감축으로 인한 경쟁력 저하는 제품의 가격 인하로 이어질 수 있다.

02 다음 글의 빈칸에 들어갈 내용으로 가장 적절한 것은?

상품을 만들어 파는 사람이 그 수고의 대가를 받고 이익을 누리는 것은 당연하다. 하지만 그 이익이 다른 사람의 고통을 무시하고 얻어진 경우에는 정당하지 않을 수 있다. 제3세계에 사는 많은 환자가 신약 가격을 개발국인 선진국의 수준으로 유지하는 거대 제약회사의 정책 때문에 고통 속에서 죽어 가고 있다. 그 약값을 감당할 수 있는 선진국이 보기에도 이는 이익이란 명분 아래 발생하는 끔찍한 사례이다. 이러한 비난의 목소리가 높아지자 제약회사의 대규모 투자자 중 일부는 자신들의 행동이 윤리적인지 고민하기 시작했다. 사람들이 약값 때문에 약을 구할 수 없다는 것은 분명히 잘못된 일이다. 하지만 그렇다고 해서 국가가 제약회사들에게 손해를 감수하라는 요구를 할 수는 없다는 데 사태의 복잡성이 있다.

신약을 개발하는 일에는 막대한 비용과 시간이 들며, 그 안전성 검사가 법으로 정해져 있어서 추가 비용이 발생한다. 이를 상쇄하기 위해 제약회사들은 시장에서 최대한 이익을 뽑아내려 한다. 얼마나 많은 환자가 신약을 통해 고통에서 벗어나는가에 대한 관심을 이들에게 기대하긴 어렵다. 그러나 만약 제약회사들이 존재하지 않는다면 신약개발도 없을 것이다.

그렇다면 상업적 고려와 인간의 건강 사이에 존재하는 긴장을 어떻게 해소해야 할까? 제3세계의 환자를 치료하는 일은 응급사항이며, 제약회사들이 자선하리라고 기대하는 것은 비현실적이다. 그렇다면 그 대안은 명백하다. _____ 물론 여기에도 문제는 있다. 이 대안이 왜 실현되기 어려운 걸까? 그 이유가 무엇인지는 우리가 자신의 주머니에 손을 넣어 거기에 필요한 돈을 꺼내는 순간 분명해질 것이다.

① 제3세계에 제공되는 신약 가격을 선진국과 같게 해야 한다.

② 제3세계 국민에게 필요한 신약을 선진국 국민이 구매하여 전달해야 한다.

③ 선진국들은 자국의 제약회사가 제3세계에 신약을 저렴하게 공급하도록 강제해야 한다.

④ 각국 정부는 거대 제약회사의 신약 가격 결정에 자율권을 주어 개발 비용을 보상받을 수 있게 해야 한다.

⑤ 거대 제약회사들이 제3세계 국민을 위한 신약 개발에 주력하도록 선진국 국민이 압력을 행사해야 한다.

03 제시된 표는 2004년과 2024년 한국, 중국, 일본의 재화 수출액 및 수입액 자료이고, 용어 정의는 무역수지와 무역특화지수에 대한 설명이다. 이에 대한 〈보기〉 중 옳은 것을 모두 고르면?

〈한국, 중국, 일본의 재화 수출액 및 수입액〉

(단위 : 억 달러)

연도	재화	한국 수출액	한국 수입액	중국 수출액	중국 수입액	일본 수출액	일본 수입액
2004년	원자재	578	832	741	1,122	905	1,707
	소비재	117	104	796	138	305	847
	자본재	1,028	668	955	991	3,583	1,243
2024년	원자재	2,015	3,232	5,954	9,172	2,089	4,760
	소비재	138	375	4,083	2,119	521	1,362
	자본재	3,444	1,549	12,054	8,209	4,541	2,209

〈용어 정의〉

- (무역수지)＝(수출액)－(수입액)
  - 무역수지 값이 양(＋)이면 흑자, 음(－)이면 적자이다.
- $(무역특화지수)＝\dfrac{(수출액)－(수입액)}{(수출액)＋(수입액)}$
  - 무역특화지수의 값이 클수록 수출경쟁력이 높다.

보기

ㄱ. 2024년 한국, 중국, 일본 각각에서 원자재 무역수지는 적자이다.
ㄴ. 2024년 한국의 원자재, 소비재, 자본재 수출액은 2004년에 비해 각각 50% 이상 증가하였다.
ㄷ. 2024년 자본재 수출경쟁력은 일본이 한국보다 높다.

① ㄱ

② ㄴ

③ ㄱ, ㄴ

④ ㄱ, ㄷ

⑤ ㄴ, ㄷ

04 K공사의 사우회에서는 참석자들에게 과자를 1인당 8개씩 나누어 주려고 한다. 10개씩 들어 있는 과자 17상자를 준비하였더니 과자가 남았고, 남은 과자를 1인당 1개씩 더 나누어 주려고 하니 부족했다. 만일 지금보다 9명이 더 참석한다면 과자 6상자를 추가해야 참석자 모두에게 1인당 8개 이상씩 나누어 줄 수 있다. 처음 사우회에 참석한 사람의 수는?

① 18명   ② 19명

③ 20명   ④ 21명

⑤ 22명

05 A ~ G 일곱 팀이 토너먼트로 시합을 하려고 한다. 한 팀만 부전승으로 올라가 경기를 진행한다고 할 때, 대진표를 작성하는 모든 경우의 수는?

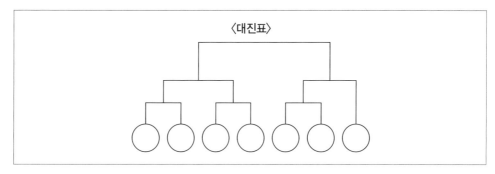

〈대진표〉

① 300가지   ② 315가지

③ 340가지   ④ 380가지

⑤ 400가지

06 6명의 학생이 아침, 점심, 저녁을 먹는데, 메뉴는 김치찌개와 된장찌개뿐이다. 〈조건〉이 모두 참일 때, 다음 중 항상 옳지 않은 것은?

> **조건**
> • 아침과 저녁은 다른 메뉴를 먹는다.
> • 점심과 저녁에 같은 메뉴를 먹은 사람은 4명이다.
> • 아침에 된장찌개를 먹은 사람은 3명이다.
> • 하루에 된장찌개를 한 번만 먹은 사람은 3명이다.

① 아침에 된장찌개를 먹은 사람은 모두 저녁에 김치찌개를 먹었다.

② 된장찌개는 총 9그릇이 필요하다.

③ 저녁에 된장찌개를 먹은 사람들은 모두 아침에 김치찌개를 먹었다.

④ 점심에 된장찌개를 먹은 사람은 아침이나 저녁 중 한 번은 된장찌개를 먹었다.

⑤ 김치찌개는 총 10그릇이 필요하다.

07 다음 문단 (가) ~ (마)의 핵심 화제로 적절하지 않은 것은?

> (가) 한 아이가 길을 가다가 골목에서 갑자기 튀어나온 큰 개에게 발목을 물렸다. 아이는 이 일을 겪은 뒤 개에 대한 극심한 불안에 시달렸다. 멀리 있는 강아지만 봐도 몸이 경직되고 호흡 곤란을 느꼈으며 심할 경우 응급실을 찾기도 하였다. 이것은 한 번의 부정적인 경험이 공포증으로 이어진 경우라고 할 수 있다.
>
> (나) '공포증'이란 위의 경우에서 보듯이 특정 대상에 대한 과도한 두려움으로 그 대상을 계속해서 피하게 되는 증세를 말한다. 특정한 동물, 높은 곳, 비행기나 엘리베이터 등이 공포증을 유발하는 대상이 될 수 있다. 물론 일반적인 사람들도 이런 대상을 접하여 부정적인 경험을 할 수 있지만 공포증으로까지 이어지는 경우는 드물다.
>
> (다) 심리학자 와이너는 부정적인 경험을 한 상황을 어떻게 해석하느냐에 따라 이러한 공포증이 생길 수도 있고 그렇지 않을 수도 있으며, 공포증이 지속될 수도 있고 극복될 수도 있다고 했다. 그는 상황을 해석하는 방식을 설명하기 위해 상황의 원인을 어디에서 찾느냐, 상황의 변화 가능성에 대해 어떻게 인식하느냐의 두 가지 기준을 제시했다. 상황의 원인을 자신에게서 찾으면 '내부적'으로 해석한 것이고, 자신이 아닌 다른 것에서 찾으면 '외부적'으로 해석한 것이다. 또 상황이 바뀔 가능성이 전혀 없다고 생각하면 '고정적'으로 인식한 것이고, 상황이 충분히 바뀔 수 있다고 생각하면 '가변적'으로 인식한 것이다.
>
> (라) 와이너에 의하면, 큰 개에게 물렸지만 공포증에 시달리지 않는 사람들은 개에게 물린 상황에 대해 '내 대처 방식이 잘못되었어.'라며 내부적이고 가변적으로 해석한다. 이것은 나의 대처 방식에 따라 상황이 충분히 바뀔 수 있다고 생각하는 것이므로 이들은 개와 마주치는 상황을 굳이 피하지 않는다. 그 후 개에게 물리지 않는 상황이 반복되면 '나도 어떤 경우라도 개를 감당할 수 있어.'라며 내부적이고 고정적으로 해석하는 단계로 나아가게 된다.
>
> (마) 반면에 공포증을 겪는 사람들은 개에 물린 상황에 대해 '나는 약해서 개를 감당하지 못해.'라며 내부적이고 고정적으로 해석하거나 '개는 위험한 동물이야.'라며 외부적이고 고정적으로 해석한다. 자신의 힘이 개보다 약하다고 생각하거나 개를 맹수로 여기는 것이므로 이들은 자신이 개에게 물린 것을 당연한 일로 받아들인다. 하지만 공포증에 시달리지 않는 사람들처럼 상황을 해석하고 개를 피하지 않는 노력을 기울이면 공포증에서 벗어날 수 있다.

① (가) : 공포증이 생긴 구체적 상황
② (나) : 공포증의 개념과 공포증을 유발하는 대상
③ (다) : 와이너가 제시한 상황 해석의 기준
④ (라) : 공포증을 겪지 않는 사람들의 상황 해석 방식
⑤ (마) : 공포증을 겪는 사람들의 행동 유형

08 다음은 2023년과 2024년 어느 학원의 강사 A ~ E 다섯 명의 시급과 수강생 만족도에 대한 자료이다. 이에 대한 설명으로 옳은 것은?

〈강사의 시급 및 수강생 만족도〉

(단위 : 원, 점)

구분	2023년		2024년	
	시급	수강생 만족도	시급	수강생 만족도
강사 A	50,000	4.6	55,000	4.1
강사 B	45,000	3.5	45,000	4.2
강사 C	52,000	( )	54,600	4.8
강사 D	54,000	4.9	59,400	4.4
강사 E	48,000	3.2	( )	3.5

〈수강생 만족도 점수별 시급 인상률〉

수강생 만족도	인상률
4.5점 이상	10% 인상
4.0점 이상 4.5점 미만	5% 인상
3.0점 이상 4.0점 미만	동결
3.0점 미만	5% 인하

※ 당해 연도 시급 대비 다음 연도 시급의 인상률은 당해 연도 수강생 만족도에 따라 결정된다.
※ 강사가 받을 수 있는 시급은 최대 60,000원이다.

① 강사 E의 2024년 시급은 45,600원이다.
② 2025년 시급은 강사 D가 강사 C보다 높다.
③ 2024년과 2025년 시급 차이가 가장 큰 강사는 C이다.
④ 강사 C의 2023년 수강생 만족도 점수는 4.5점 이상이다.
⑤ 2025년 강사 A와 강사 B의 시급 차이는 10,000원이다.

09 다음 〈조건〉과 12월 날씨를 근거로 판단할 때, 12월 8일과 16일의 실제 날씨로 가능한 것을 바르게 짝지은 것은?

조건

• 날씨 예측 점수는 매일 다음과 같이 부여한다.

실제＼예측	맑음	흐림	눈·비
맑음	10점	6점	0점
흐림	4점	10점	6점
눈·비	0점	2점	10점

• 한 주의 주중(월~금) 날씨 예측 점수의 평균은 매주 5점 이상이다.
• 12월 1일부터 19일까지 요일별 날씨 예측 점수의 평균은 다음과 같다.

구분	월	화	수	목	금
날씨 예측 점수 평균	7점 이하	5점 이상	7점 이하	5점 이상	7점 이하

〈12월 날씨〉

구분	월	화	수	목	금	토	일
날짜	–	–	1	2	3	4	5
예측	–	–	맑음	흐림	맑음	눈·비	흐림
실제	–	–	맑음	맑음	흐림	흐림	맑음
날짜	6	7	8	9	10	11	12
예측	맑음	흐림	맑음	맑음	맑음	흐림	흐림
실제	흐림	흐림	?	맑음	흐림	눈·비	흐림
날짜	13	14	15	16	17	18	19
예측	눈·비	눈·비	맑음	눈·비	눈·비	흐림	흐림
실제	맑음	맑음	맑음	?	눈·비	흐림	눈·비

※ 달력의 같은 줄을 한 주로 한다.

	12월 8일	12월 16일		12월 8일	12월 16일
①	맑음	흐림	②	맑음	눈·비
③	눈·비	흐림	④	눈·비	맑음
⑤	흐림	흐림			

10 다음 중 '굴뚝 원격감시 체계'에 대한 설명으로 가장 적절한 것은?

> 대기오염 중 27%는 공업단지와 같은 산업시설에서 발생하는 굴뚝 매연이다. 따라서 굴뚝 매연을 효과적으로 관리한다면 대기오염을 상당 부분 줄일 수 있다. 굴뚝 매연을 감시하려는 노력은 계속해서 이어져 왔다. 그러나 종전에는 사람이 매번 사업장을 방문해 검사해야 하는 등 여러 불편이 따랐다. 1988년 도입된 Clean SYS(굴뚝 원격감시 체계)는 사업장 굴뚝에 자동측정 기기를 설치해 배출되는 대기 오염물질 농도를 24시간 원격으로 감시할 수 있는 시스템이다. 측정 기기를 통해 먼지, 암모니아, 염화수소 등의 오염물질을 5분, 30분 단위로 측정해서 자료를 수집한다. K공단은 수집된 자료를 통해 사업장의 대기 오염물질 배출현황을 상시 감독하며, 자료를 분석하여 관련 기관에 제공한다. 환경부, 지자체 등 관련 기관은 이를 토대로 오염물질 배출 부과금 도입, 대기오염 정책 개선 등에 나서고 있다. 2015년 자료에 따르면 578개 사업장의 1,531개 굴뚝에 시스템이 운영되고 있으며 앞으로도 계속해서 설치 지역 및 사업장은 늘어날 예정이다. Clean SYS는 사업장이 오염물질 배출 허용기준을 초과할 것으로 우려될 경우 자동으로 통보하는 '예·경보 시스템'을 갖추고 있다. 또한, 원격제어 시스템을 통해 측정기기에 표준가스를 주입함으로써 사업장에 방문하지 않아도 측정기의 정상작동 여부를 확인할 수 있다. 첨단 기술을 도입한 덕분에 더욱 효과적으로 굴뚝의 오염물질 배출 여부를 파악하고 대기오염을 예방하고 있다.

① 굴뚝에 자동측정 기기를 설치해 배출되는 대기 오염물질 농도를 12시간 주기로 감시하는 것이다.
② K공단은 수집된 자료를 분석하여 대기오염 정책 개선에 노력한다.
③ 측정 기기를 통해 오염물질을 1시간 단위로 측정해서 자료를 수집한다.
④ 예·경보 시스템을 통해 측정 기기에 표준가스를 주입함으로써, 측정기의 정상작동 여부를 알 수 있다.
⑤ 사업장이 오염 물질 배출 허용기준을 초과할 것으로 우려될 경우 예·경보 시스템이 작동한다.

11 다음 중 빈칸에 들어갈 내용으로 가장 적절한 것은?

> 발전은 항상 변화를 내포하고 있다. 그러나 모든 형태의 변화가 전부 발전에 해당하는 것은 아니다. 이를테면 교통신호등이 빨강에서 파랑으로, 파랑에서 빨강으로 바뀌는 변화를 발전으로 생각할 수는 없다. 즉, _____ 좀 더 구체적으로 말해, 사태의 진전 과정에서 나중에 나타나는 것은 적어도 그 이전 단계에 내재적으로나마 존재했던 것의 전개에 해당한다는 것이다. 이렇게 볼 때, 발전은 선적(線的)인 특성이 있다. 순전한 반복의 과정으로 보이는 것을 발전이라고 규정하지 않는 이유는 그 때문이다. 반복과정에서는 최후에 명백히 나타나는 것이 처음에 존재했던 것과 거의 다르지 않다. 그러나 또 한편으로 우리는 비록 반복의 경우라도 때때로 그 과정 중의 특정 단계를 따로 떼어서 그것을 발견이라고 생각하기도 한다. 즉, 전체 과정에서 어떤 종류의 질이 그 시기에 특정의 수준까지 진전한 경우를 말한다.

① 발전은 어떤 특정한 방향으로 일어나는 변화라는 의미를 내포하고 있다.
② 변화는 특정한 방향으로 발전하는 것을 의미한다.
③ 발전은 불특정 방향으로 일어나는 변모라는 의미이다.
④ 발전은 어떤 특정한 반복으로 일어나는 변화라는 의미로 사용된다.
⑤ 변화는 어떤 특정한 방향으로 일어나는 발전이라는 의미로 사용된다.

※ 다음은 2024년 K공사 상반기 신입사원 채용공고이다. 이어지는 질문에 답하시오. [12~13]

〈2024년 상반기 K공사 신입사원 채용공고〉

• 채용인원 및 선발분야 : 총 000명(기술직 000명, 행정직 000명)
• 지원 자격

구분	주요내용
학력	− 기술직 : 해당 분야 전공자 또는 관련 자격 소지자 − 행정직 : 학력 및 전공 제한 없음
자격	− 기술직의 경우 관련 자격증 소지 여부 확인 − 외국어 능력 성적 보유자에 한해 성적표 제출
연령	− 만 18세 이상(채용공고일 2024. 01. 23. 기준)
병역	− 병역법에 명시한 병역기피 사실이 없는 자 　(단, 현재 군복무 중인 경우 채용예정일 이전 전역 예정자 지원 가능)
기타	− 2024년 상반기 신입사원 채용부터 지역별 지원 제한 폐지

• 채용전형 순서 : 서류전형 − 필기전형 − 면접전형 − 건강검진 − 최종합격
• 채용예정일 : 2024년 2월 15일

---

12 K공사 채용 Q&A 게시판에 다음과 같은 질문이 올라왔다. 이에 대한 답변으로 옳은 것은?

> 안녕하세요.
> 이번 K공사 채용공고를 보고 지원하려고 하는데, 지원 자격 관련하여 여쭤보려고 합니다. 대학을 졸업하고 현재 군인 신분인 제가 이번 채용에서 행정직에 지원할 수 있는지 확인하고 싶어서요. 답변 부탁드립니다.

① 죄송하지만 이번 채용에서는 대학 졸업예정자만을 대상으로 하고 있습니다.
② 채용예정일 이전 전역 예정자라면 지원 가능합니다.
③ 기술직의 경우 필요한 자격증을 보유하고 있다면 군복무 여부에 관계없이 지원 가능합니다.
④ 지역별로 지원 제한이 있으므로 확인하시고 지원하시기 바랍니다.
⑤ 외국어 능력 성적을 보유하셔야 지원 가능합니다.

13 다음 중 K공사에 지원할 수 없는 사람은 누구인가?

① 최종학력이 고등학교 졸업인 A
② 관련 학과를 전공하고 기술직에 지원한 B
③ 2024년 2월 10일 기준으로 만 18세가 된 C
④ 현재 군복무 중으로 2024년 2월 5일 전역 예정인 D
⑤ 외국어 능력 성적표를 제출하지 않은 E

14 다음 글을 읽고 추론할 수 있는 기술혁신의 특성으로 옳은 것은?

> 인간의 개별적인 지능과 창의성, 상호학습을 통해 발생하는 새로운 지식과 경험은 빠른 속도로 축적
> 되고 학습되지만, 이러한 지식은 문서화되기 어렵기 때문에 다른 사람들에게 쉽게 전파될 수 없다.
> 따라서 연구개발에 참가한 연구원과 엔지니어들이 그 기업을 떠나는 경우 기술과 지식의 손실이 크
> 게 발생하여 기술 개발을 지속할 수 없는 경우가 종종 발생한다.

① 기술혁신은 그 과정 자체가 매우 불확실하다.
② 기술혁신은 장기간의 시간을 필요로 한다.
③ 기술혁신은 조직의 경계를 넘나든다.
④ 기술혁신 과정의 불확실성과 모호함은 기업 내에서 많은 갈등을 유발할 수 있다.
⑤ 기술혁신은 지식 집약적인 활동이다.

15 다음은 세계 주요 터널 화재 사고 A ~ F에 대한 통계자료이다. 이에 대한 설명으로 옳은 것은?

〈세계 주요 터널 화재 사고 통계〉

사고	터널길이(km)	화재규모(MW)	복구비용(억 원)	복구기간(개월)	사망자(명)
A	50.5	350	4,200	6	1
B	11.6	40	3,276	36	39
C	6.4	120	72	3	12
D	16.9	150	312	2	11
E	0.2	100	570	10	192
F	1.0	20	18	8	0

※ (사고비용)=(복구비용)+[(사망자 수)×5억 원]

① 터널길이가 길수록 사망자가 많다.
② 화재규모가 클수록 복구기간이 길다.
③ 사고 A를 제외하면 복구기간이 길수록 복구비용이 크다.
④ 사망자가 가장 많은 사고 E는 사고비용도 가장 크다.
⑤ 사망자가 30명 이상인 사고를 제외하면 화재규모가 클수록 복구비용이 크다.

16 A과장은 월요일에 사천연수원에서 진행될 세미나에 참석해야 한다. 세미나는 월요일 오후 12시부터 시작이며, 수요일 오후 6시까지 진행된다. 갈 때는 세미나에 늦지 않게만 도착하면 되지만, 올 때는 목요일 회의 준비를 위해 최대한 일찍 서울로 올라와야 한다. 가능한 적은 비용으로 세미나 참석을 원할 때, 교통비는 얼마가 들겠는가?

〈KTX〉

구분	월요일		수요일		가격
서울 – 사천	08:00 ~ 11:00	09:00 ~ 12:00	08:00 ~ 11:00	09:00 ~ 12:00	65,200원
사천 – 서울	16:00 ~ 19:00	20:00 ~ 23:00	16:00 ~ 19:00	20:00 ~ 23:00	66,200원 (10% 할인 가능)

※ 사천역에서 사천연수원까지 택시비는 22,200원이며, 30분이 걸린다.

〈비행기〉

구분	월요일		수요일		가격
서울 – 사천	08:00 ~ 09:00	09:00 ~ 10:00	08:00 ~ 09:00	09:00 ~ 10:00	105,200원
사천 – 서울	19:00 ~ 20:00	20:00 ~ 21:00	19:00 ~ 20:00	20:00 ~ 21:00	93,200원 (10% 할인 가능)

※ 사천공항에서 사천연수원까지 택시비는 21,500원이며, 30분이 걸린다.

① 168,280원
② 178,580원
③ 192,780원
④ 215,380원
⑤ 232,080원

---

17 귀하가 근무하는 K공사는 출근할 때 카드 또는 비밀번호를 입력하여야 한다. 오늘 귀하는 카드를 집에 두고 출근하여 비밀번호로 근무지에 출입하려고 하였으나, 비밀번호가 잘 기억이 나지 않아 현재 매우 당혹스럽다. 네 자리 숫자로 구성된 비밀번호에 대하여 다음 〈조건〉을 토대로 귀하가 추론할 수 있는 내용으로 옳지 않은 것은?

> **조건**
> • 비밀번호를 구성하고 있는 각 숫자는 소수가 아니다.
> • 6과 8 중에서 단 하나만이 비밀번호에 들어간다.
> • 비밀번호는 짝수로 시작한다.
> • 비밀번호의 각 숫자는 큰 수부터 차례로 나열되어 있다.
> • 같은 숫자는 두 번 이상 들어가지 않는다.

① 비밀번호는 짝수이다.
② 비밀번호의 앞에서 두 번째 숫자는 4이다.
③ 비밀번호는 1을 포함하지만, 9는 포함하지 않는다.
④ 주어진 정보를 모두 만족하는 비밀번호는 모두 세 개이다.
⑤ 주어진 정보를 모두 만족하는 비밀번호 중 가장 작은 수는 6410이다.

18 다음 글을 통해 추론한 내용으로 적절하지 않은 것은?

> 제약 연구원이란 제약 회사에서 약을 만드는 과정에 참여하는 사람을 말한다. 제약 연구원은 이러한 모든 단계에 참여하지만, 특히 신약 개발 단계와 임상 시험 단계에서 가장 중점적인 역할을 한다. 일반적으로 약을 만드는 과정은 새로운 약품을 개발하는 신약 개발 단계, 임상 시험을 통해 개발된 신약의 약효를 확인하는 임상 시험 단계, 식약처에 신약이 판매될 수 있도록 허가를 요청하는 약품 허가 요청 단계, 마지막으로 의료진과 환자를 대상으로 신약에 대해 홍보하는 영업 및 마케팅의 단계로 나눈다.
>
> 제약 연구원이 되기 위해서는 일반적으로 약학을 전공해야 한다고 생각하기 쉽지만, 약학 전공자 이외에도 생명 공학, 화학 공학, 유전 공학 전공자들이 제약 연구원으로 활발하게 참여하고 있다. 만일 신약 개발의 전문가가 되고 싶다면 해당 분야에서 오랫동안 연구한 경험이 필요하기 때문에 대학원에서 석사나 박사 학위를 취득하는 것이 유리하다.
>
> 제약 연구원이 되기 위해서는 전문적인 지식도 중요하지만, 사람의 생명과 관련된 일인 만큼, 무엇보다도 꼼꼼함과 신중함, 책임 의식이 필요하다. 또한 제약 회사라는 공동체 안에서 일을 하는 것이므로 원만한 일의 진행을 위해서 의사소통 능력도 필수적으로 요구된다. 오늘날 제약 분야가 빠르게 성장하고 있다는 점을 고려할 때, 일에 대한 도전 의식, 호기심과 탐구심 등도 제약 연구원에게 필요한 능력으로 꼽을 수 있다.

① 제약 연구원은 약품 허가 요청 단계에 참여한다.

② 오늘날 제약 연구원에게 요구되는 능력이 많아졌다.

③ 생명이나 유전 공학 전공자도 제약 연구원으로 일할 수 있다.

④ 신약 개발 전문가가 되려면 반드시 석사나 박사를 취득해야 한다.

⑤ 제약 연구원과 관련된 정보가 부족하다면 약학을 전공해야만 제약 연구원이 될 수 있다고 생각할 수 있다.

19 다음 시트에서 [E2:E7] 영역처럼 표시하려고 할 때, [E2] 셀에 입력할 수식으로 옳은 것은?

	A	B	C	D	E
1	순번	이름	주민등록번호	생년월일	백넘버
2	1	박민석 11	831121-1092823	831121	11
3	2	최성영 20	890213-1928432	890213	20
4	3	이형범 21	911219-1223457	911219	21
5	4	임정호 26	870211-1098432	870211	26
6	5	박준영 28	850923-1212121	850923	28
7	6	김민욱 44	880429-1984323	880429	44

① =MID(B2,5,2) 　　　　　② =LEFT(B2,2)

③ =RIGHT(B2,5,2) 　　　　④ =MID(B2,5)

⑤ =LEFT(B2,5,2)

20 다음 〈보기〉 중 정보화 사회의 정보통신 기술 활용 사례와 그 내용이 바르게 연결된 것을 모두 고르면?

> **보기**
>
> ㄱ. 유비쿼터스 기술(Ubiquitous Technology) : 장소에 제한받지 않고 네트워크에 접속된 컴퓨터를 자신의 컴퓨터와 동일하게 활용하는 기술
> ㄴ. 임베디드 컴퓨팅(Embedded Computing) : 네트워크의 이동성을 극대화하여 특정장소가 아닌 어디서든 컴퓨터를 사용할 수 있게 하는 기술
> ㄷ. 감지 컴퓨팅(Sentient Computing) : 센서를 통해 사용자의 상황을 인식하여 사용자가 필요한 정보를 적시에 제공해주는 기술
> ㄹ. 사일런트 컴퓨팅(Silent Computing) : 장소, 사물, 동식물 등에 심어진 컴퓨터들이 사용자가 의식하지 않은 상태에서 사용자의 요구에 의해 일을 수행하는 기술
> ㅁ. 노매딕 컴퓨팅(Nomadic Computing) : 제품에서 특정 작업을 수행할 수 있도록 탑재되는 솔루션이나 시스템

① ㄱ, ㄴ ② ㄱ, ㄷ
③ ㄴ, ㅁ ④ ㄱ, ㄷ, ㄹ
⑤ ㄷ, ㄹ, ㅁ

21 다음 중 경영전략 추진 단계에 따른 사례가 잘못 연결된 것은?

	경영전략 추진 단계	사례
①	전략목표 설정	A기업은 수도권의 새 수주를 확보하기 위해 경쟁력을 확보하고자 한다.
②	환경분석	B기업은 중동 분쟁으로 인한 유가상승이 생산비 증가에 미치는 영향을 분석하였다.
③	환경분석	C기업은 원자재 가격이 더 낮은 곳으로 공급처를 변경하기로 하였다.
④	경영전략 도출	D기업은 단기간 내 직원들의 생산성 증대를 위해 분기 인센티브를 추가로 지급하기로 하였다.
⑤	경영전략 도출	E기업은 코로나로 인해 수출이 급감한 만큼, 수출부문 인력을 내수부문으로 일시적으로 이동시키기로 하였다.

22 다음 대화 내용을 볼 때, 조직목표의 기능에 대해 옳은 설명을 한 사람은?

> 이주임 : 조직의 공식적 목표와 실제적 목표는 일치하지 않을 수 있어.
> 김대리 : 조직의 운영목표는 조직 존재의 정당성과 합법성의 토대가 돼.
> 최사원 : 운용목표는 조직이 실제적 활동을 통해 달성하고자 하는 것으로서, 조직의 사명에 비해 장기적인 목표야.
> 박대리 : 한 조직의 운용목표는 조직 체계 형성의 기준이 되기도 해.

① 이주임, 최사원
② 김대리, 최사원
③ 이주임, 박대리
④ 최사원, 박대리
⑤ 김대리, 박대리

23 다음 시트에서 판매수량과 추가판매의 합계를 구하기 위해서 [B6] 셀에 들어갈 수식으로 옳은 것은?

	A	B	C
1	일자	판매수량	추가판매
2	06월19일	30	8
3	06월20일	48	
4	06월21일	44	
5	06월22일	42	12
6	합계	164	

① =SUM(B2,C2,C5)
② =LEN(B2:B5, 3)
③ =COUNTIF(B2:B5, "> =12")
④ =SUM(B2:B5)
⑤ =SUM(B2:B5,C2,C5)

24 D공사는 출근 시스템 단말기에 직원들이 카드로 출근 체크를 하면 엑셀 워크시트에 실제 출근시간 (B4:B10) 데이터가 자동으로 전송되어 입력된다. 총무부에서 근무하는 귀하는 데이터에 따라 직원들의 근태상황을 체크하려고 할 때, [C8] 셀에 입력할 함수는?(단, 9시까지는 출근으로 인정한다)

〈출근시간 워크시트〉

	A	B	C	D
1			날짜	2023.06.12
2		〈직원별 출근 현황〉		
3	이름	체크시간	근태상황	비고
4	이청용	7:55		
5	이하이	8:15		
6	구자철	8:38		
7	박지민	8:59		
8	손흥민	9:00		
9	박지성	9:01		
10	홍정호	9:07		

① =IF(B8>=TIME(9,1,0), "지각", "출근")

② =IF(B8>=TIME(9,1,0), "출근", "지각")

③ =IF(HOUR(B8)>=9, "지각", "출근")

④ =IF(HOUR(B8)>=9, "출근", "지각")

⑤ =IF(B8>=TIME(9,0,0), "지각", "출근")

25 다음 글에서 밑줄 친 ㉠~㉤의 수정 방안으로 적절하지 않은 것은?

> 지구의 하루는 왜 길어지는 것일까? 그것은 바로 지구의 자전이 느려지기 때문이다. 지구의 자전은 달과 밀접한 관련을 맺고 있다. 지구가 달을 끌어당기는 힘이 있듯이 달 또한 지구를 끌어당기는 힘이 있다. 달은 태양보다 크기는 작지만 지구와의 거리는 태양보다 훨씬 가깝기 때문에 지구의 자전에 미치는 영향은 ㉠ 더 크다. 달의 인력은 지구의 표면을 부풀어 오르게 한다. 그리고 이 힘은 지구와 달 사이의 거리에 따라 다르게 작용하여 달과 가까운 쪽에는 크게, 그 반대쪽에는 작게 영향을 미치게 된다. 결국 지구 표면은 달의 인력과 지구 – 달의 원운동에 의한 원심력의 영향을 받아 양쪽이 부풀어 오르게 된다.
>
> 이때 달과 가까운 쪽 지구의 '부풀어 오른 면'은 지구와 달을 잇는 직선에서 벗어나 지구 자전 방향으로 앞서게 되는데, 그 이유는 지구가 ㉡ 하루 만에 자전을 마치는데 비해 달은 한 달 동안 공전 궤도를 ㉢ 돌리기 때문이다. 달의 인력은 이렇게 지구 자전 방향으로 앞서가는 부풀어 오른 면을 반대 방향으로 다시 당기고, 그로 인해 지구의 자전은 방해를 받아 속도가 느려진다. 한편 지구보다 작고 가벼운 달의 경우에는 지구보다 더 큰 방해를 받아 자전 속도가 더 빨리 줄게 된다.
>
> 이렇게 지구와 달은 서로의 인력 때문에 자전 속도가 줄게 되는데, 이 자전 속도와 관련된 운동량은 '지구 – 달 계' 내에서 달의 공전 궤도가 늘어나는 것으로 보존된다. 왜냐하면 일반적으로 외부에서 작용하는 힘이 없다면 운동량은 ㉣ 보존된다. 이렇게 하여 결국 달의 공전 궤도는 점점 늘어나고, 달은 지구로부터 점점 멀어지는 것이다.
>
> 실제로 지구의 자전 주기는 매년 100만 분의 17초 정도 느려지고 달은 매년 38mm씩 지구에서 멀어지고 있다. 이처럼 지구의 자전 주기가 점점 느려지기 때문에 지구의 1년의 날수는 점차 줄어들 수밖에 없다. ㉤ 그러므로 이렇게 느려지더라도 하루가 25시간이 되려면 2억 년은 넘게 시간이 흘러야 한다.

① ㉠ : 의미를 명확하게 하기 위해 앞에 '달이'를 추가한다.

② ㉡ : 띄어쓰기가 올바르지 않으므로 '하루만에'로 고친다.

③ ㉢ : 주어와 서술어의 호응 관계를 고려하여 '돌기'로 고친다.

④ ㉣ : 호응관계를 고려하여 '보존되기 때문이다.'로 고친다.

⑤ ㉤ : 앞 문장과의 내용을 고려하여 '그러나'로 고친다.

26 다음은 S시의 가정용 수도요금 기준과 계산 방법에 대한 자료이다. S시의 주민 K씨는 다음의 자료를 이용하여 K씨 건물의 수도요금을 계산해 보고자 한다. 4세대가 거주하는 K씨 건물의 2개월 수도 사용량이 400m^3, 계량기 구경이 20mm인 경우 요금 총계는 얼마인가?

〈사용요금 요율표(1개월 기준)〉

구분	사용 구분(m³)	m³당 단가(원)	구분	사용 구분(m³)	m³당 단가(원)
상수도	30 이하	360	하수도	30 이하	360
	30 초과 50 이하	550		30 초과 50 이하	850
	50 초과	790		50 초과	1,290
물이용 부담금	1m³당	170		유출지하수 1m³당 360원	

〈계량기 구경별 기본요금(1개월 기준)〉

구경(mm)	요금(원)	구경(mm)	요금(원)	구경(mm)	요금(원)	구경(mm)	요금(원)
15	1,080	40	16,000	100	89,000	250	375,000
20	3,000	50	25,000	125	143,000	300	465,000
25	5,200	65	38,900	150	195,000	350	565,000
32	9,400	75	52,300	200	277,000	400	615,000

〈요금 총계 계산방법〉

1) 상수도 요금 : ①+②원(원 단위 절사)	① (사용요금)=(1세대 1개월 요금)×(세대수)×(개월수) ② (기본요금)=(계량기 구경별 기본요금)×(개월수)
2) 하수도 요금 : 원(원 단위 절사)	(하수도 요금)=(1세대 1개월 요금)×(세대수)×(개월수)
3) 물이용 부담금 : 원(원 단위 절사)	(물이용 부담금)=(1세대 1개월 요금)×(세대수)×(개월수)
요금 총계	(상수도 요금)+(하수도 요금)+(물이용 부담금)

※ [세대당 월평균사용량(m³)]=[사용량(m³)]÷(개월수)÷(세대수) (단, 소수점 둘째 자리는 절사한다)
※ (1세대 1개월 요금)=(세대당 월평균사용량)×(요율)
※ 상수도 및 하수도 요율 적용은 사용 구분별로 해당 구간의 요율을 적용한다.
　예 세대당 월평균사용량이 60m^3인 경우에 가정용 상수도 요금
　　→ $(30\text{m}^3×360원)+(20\text{m}^3×550원)+(10\text{m}^3×790원)$
※ 물이용 부담금 요율 적용은 사용 구분 없이 1m³당 170원을 적용한다.

① 470,800원
② 474,600원
③ 484,800원
④ 524,800원
⑤ 534,600원

27 다음은 국가별 성인 평균 섭취량에 관련된 자료이다. 이에 대한 〈보기〉 중 옳은 것을 모두 고르면?

〈국가별 성인 평균 섭취량〉

(단위 : g)

국가	탄수화물	단백질			지방		
		합계	동물성	식물성	합계	동물성	식물성
한국	380	60	38	22	55	30	25
미국	295	67	34	33	59	41	18
브라질	410	56	28	28	60	32	28
인도	450	74	21	53	49	21	28
러시아	330	68	44	24	60	38	22
프랑스	320	71	27	44	60	31	29
멕시코	425	79	58	21	66	55	11
스페인	355	60	32	28	54	28	26
영국	284	64	42	22	55	32	23
중국	385	76	41	35	65	35	30

〈성인기준 하루 권장 섭취량〉

구분	탄수화물	단백질	지방
섭취량	300 ~ 400g	56 ~ 70g	51g

보기

㉠ 탄수화물 섭취량이 '성인기준 하루 권장 섭취량'을 초과한 국가 수와 미만인 국가 수는 동일하다.
㉡ 단백질 섭취량이 '성인기준 하루 권장 섭취량'을 초과하는 국가는 동물성 단백질 섭취량이 식물성 단백질 섭취량보다 많다.
㉢ 지방 섭취량이 '성인기준 하루 권장 섭취량'과의 차이가 가장 작은 국가의 지방 섭취량 중 동물성 지방 섭취량이 차지하는 비율은 40% 이하이다.
㉣ 성인 평균 탄수화물 섭취량이 가장 작은 나라의 단백질과 지방 섭취량 중 동물성이 차지하는 비율은 식물성이 차지하는 비율보다 크다.

① ㉠
② ㉢
③ ㉣
④ ㉡, ㉢
⑤ ㉠, ㉣

※ K공사 직원인 정민, 혜정, 진선, 기영, 보람, 민영, 선호 일곱 사람은 오후 2시에 시작될 회의에 참석하기 위해 대중교통을 이용하여 거래처 내 회의장에 가고자 한다. 다음 〈조건〉을 참고하여 이어지는 질문에 답하시오. [28~30]

> **조건**
>
> • 이용가능한 대중교통은 버스, 지하철, 택시만 있다.
> • 이용가능한 모든 대중교통의 K공사에서부터 거래처까지의 노선은 A, B, C, D지점을 거치는 직선노선이다.
> • K공사에서 대중교통을 기다리는 시간은 고려하지 않는다.
> • 택시의 기본요금은 2,000원이다.
> • 택시는 2km마다 100원씩 추가요금이 발생하며, 2km를 1분에 간다.
> • 버스는 2km를 3분에 가고, 지하철은 2km를 2분에 간다.
> • 버스와 지하철은 K공사, A, B, C, D 각 지점, 그리고 거래처에 있는 버스정류장 및 지하철역을 경유한다.
> • 버스 요금은 500원, 지하철 요금은 700원이며, 추가요금은 없다.
> • 버스와 지하철 간에는 무료 환승이 가능하다.
> • 환승할 경우 소요시간은 2분이다.
> • 환승할 때 느끼는 번거로움 등을 비용으로 환산하면 1분당 400원이다.
> • 거래처에 도착하여 회의장까지 가는 데에는 2분이 소요된다.
> • 회의가 시작되기 전에 먼저 회의장에 도착하여 대기하는 동안의 긴장감 등을 비용으로 환산하면 1분당 200원이다.
> • 회의에 지각할 경우 회사로부터 당하는 불이익 등을 비용으로 환산하면 1분당 10,000원이다.
>
>
>
> ※ 각 구간의 거리는 모두 2km이다.

28 거래처에 도착한 이후의 비용을 고려하지 않을 때, K공사에서부터 거래처까지 최단시간으로 가는 방법과 최소비용으로 가는 방법 간의 비용 차는 얼마인가?

① 1,900원
② 2,000원
③ 2,100원
④ 2,200원
⑤ 2,300원

29 정민이는 K공사에서부터 B지점까지 버스를 탄 후, 택시로 환승하여 거래처의 회의장에 도착하고자 한다. 어느 시각에 출발하는 것이 비용을 최소화할 수 있는가?

① 오후 1시 42분
② 오후 1시 45분
③ 오후 1시 47분
④ 오후 1시 50분
⑤ 오후 1시 52분

30 혜정이는 1시 36분에 K공사에서 출발하여 B지점까지 버스를 탄 후, 지하철로 환승하여 거래처에 도착했다. 그리고 진선이는 혜정이가 출발하고 8분 뒤에 K공사에서 출발하여 C지점까지 택시를 탄 후, 거래처까지의 나머지 거리는 버스를 이용했다. 혜정이와 진선이의 비용 차는 얼마인가?

① 1,200원
② 1,300원
③ 1,400원
④ 1,500원
⑤ 1,600원

31 K공사의 작년 신입사원 모집 지원자 수는 1,000명이었다. 올해는 작년에 비하여 남성의 지원율이 2% 증가하고 여성의 지원율은 3% 증가하여 전체 지원자 수는 24명이 증가하였다. 올해의 남성 지원자 수는?

① 604명
② 610명
③ 612명
④ 508명
⑤ 512명

32 KTX와 새마을호가 서로 마주보며 오고 있다. 속도는 7 : 5의 비로 운행하고 있으며 현재 두 열차 사이의 거리는 6km이다. 두 열차가 서로 만났을 때, 새마을호가 이동한 거리는?

① 2km
② 2.5km
③ 3km
④ 3.5km
⑤ 4km

33 다음은 직원들이 K공사 사보를 읽고 나눈 대화 내용이다. 바르게 이해하지 못한 사람은?

1석 5조의 효과, 홍천 친환경 에너지타운

이제는 친환경 에너지타운으로 거듭난 소매곡리. 이곳은 한때 심각한 악취 문제와 고령화로 인해 마을 공동체가 와해될 위기에 놓였다. 1980년대만 해도 107가구가 마을에 터를 잡고 있었지만 2014년에는 57가구만이 남았다. 하지만 친환경 에너지타운 시범사업지로 선정된 이후 변화가 시작됐다. 사람들이 마을로 돌아오기 시작하여 70가구로 늘어났고 인구도 139명까지 증가했다. 변화가 찾아오자 주민들도 능동적으로 움직였다. 위기에 놓였던 마을 공동체가 더욱 튼튼히 다져진 것이다. 홍천 친환경 에너지타운 성공의 가장 큰 원동력은 바로 주민주도형 발전에 있다. 친환경 에너지타운은 마을을 새롭게 조성하는 사업인 만큼 지역 주민의 참여도가 중요하다. 이에 소매곡리의 주민들은 사업 규약을 만들어 사업의 모든 과정에 적극적으로 참여했다. 특히 악취가 진동하던 마을을 바꾸기 위해 주민들은 외양간에 냄새 차단벽을 설치하고, 이를 소 먹이주기 체험장으로 이용하는 등 자발적인 노력을 거듭했다. 성공의 두 번째 원동력은 바로 친환경 에너지타운의 선순환 구조이다. 홍천 소매곡리에는 환경기초시설이 밀집해 있는데 이를 기반으로 이곳에 에너지 재생시설을 설치했다. 먼저 바이오 가스화 시설이 가축 분뇨와 음식물쓰레기를 에너지로 바꾸고 남은 부산물은 퇴·액비 시설을 거쳐 마을 주민들이 사용할 수 있는 비료로 만들어진다. 또한, 하수처리장이 있는 부지를 활용해 태양력·소수력 발전 시설을 설치했으며 이를 통해 전기를 만들어 인근 지역에 판매하고 있다.
친환경 에너지타운을 조성함으로써 마을 주민의 생산력은 크게 높아졌으며 연간 2억 3천만 원의 높은 수익을 창출하게 됐다. 더불어 마을의 미관도 아름답게 변했으니 1석 5조의 효과를 거둔 것이다.

---

① 이사원 : 악취가 심했던 마을이 친환경 에너지타운 시범사업지가 되면서, 주민주도형으로 발전에 성공했군요.

② 김대리 : 맞아요. 주민들이 적극적으로 외양간에 냄새 차단벽을 설치하고, 소 먹이주기 체험장으로 이용하는 등 엄청난 노력을 했대요.

③ 박사원 : 그리고 에너지재생시설을 설치했는데, 이를 통해 가축 분뇨와 음식물 쓰레기 등을 에너지로 바꾸고, 퇴·액비 시설을 거쳐 비료로 만들어 재사용할 수 있대요.

④ 한사원 : 우와. 친환경 에너지타운을 설치함으로써 폐기물처리도 하고, 마을도 되살리는 등 매우 긍정적인 효과가 나타나고 있네요.

⑤ 홍대리 : 과연 그렇기만 할까요? 아직도 마을 주민들은 폐기물처리시설 설치를 반대하고 있다고요.

34 다음 글의 서술 방식의 특징으로 가장 적절한 것은?

현대의 도시에서는 정말 다양한 형태를 가진 건축물들을 볼 수 있다. 형태뿐만 아니라 건물 외벽에 주로 사용된 소재 또한 유리나 콘크리트 등 다양하다. 이렇듯 현대에는 몇 가지로 규정하는 것이 아예 불가능할 만큼 다양한 건축양식이 존재한다. 그러나 다양하고 복잡한 현대의 건축양식에 비해 고대의 건축양식은 매우 제한적이었다.

그리스 시기에는 주주식, 주열식, 원형식 신전을 중심으로 몇 가지의 공통된 건축양식을 보인다. 이러한 신전 중심의 그리스 건축양식은 시기가 지나면서 다른 건축물에 영향을 주었다. 신전에만 쓰이던 건축양식이 점차 다른 건물들의 건축에도 사용이 되며 확대되었던 것이다. 대표적으로 그리스 연못은 신전에 쓰이던 기둥의 양식들을 바탕으로 회랑을 구성하기도 하였다.

헬레니즘 시기를 맞이하면서 건축양식을 포함하여 예술 분야가 더욱 발전하며 고대 그리스 시기에 비해 다양한 건축양식이 생겨났다. 뿐만 아니라 건축 기술이 발달하면서 조금 더 다양한 형태의 건축이 가능해졌다. 다층구조나 창문이 있는 벽을 포함한 건축양식 등 필요에 따라서 실용적이고 실측적인 건축양식이 나오기 시작한 것이다. 또한 연극의 유행으로 극장이나 무대 등의 건축양식도 등장하기 시작하였다.

로마 시대에 이르러서는 원형 경기장이나 온천, 목욕탕 등 특수한 목적을 가진 건축물들에도 아름다운 건축양식이 적용되었다. 현재에도 많은 사람들이 관광지로서 찾을 만큼, 로마시민들의 위락시설들에는 다양하고 아름다운 건축양식들이 적용되었다.

① 역사적 순서대로 주제의 변천에 대해서 서술하고 있다.
② 전문가의 말을 인용하여 신뢰도를 높이고 있다.
③ 비유적인 표현 방법을 사용하여 문학적인 느낌을 주고 있다.
④ 현대에서 찾을 수 있는 건축물의 예시를 들어 독자의 이해를 돕고 있다.
⑤ 각 시대별 건축양식의 장단점을 분석하고 있다.

35 5명의 취업준비생 갑 ~ 무가 S그룹에 지원하여 그중 1명이 합격하였다. 취업준비생들은 〈보기〉와 같이 이야기하였고, 그중 1명이 거짓말을 하였을 때, 합격한 학생은?

> **보기**
>
> 갑 : 을은 합격하지 않았다.
> 을 : 합격한 사람은 정이다.
> 병 : 내가 합격하였다.
> 정 : 을의 말은 거짓말이다.
> 무 : 나는 합격하지 않았다.

① 갑   ② 을
③ 병   ④ 정
⑤ 무

36 A ~ E 다섯 명이 5층 건물에 한 층당 한 명씩 살고 있다. 〈조건〉에 근거하여 바르게 추론한 것은?

> **조건**
> • C와 D는 서로 인접한 층에 산다.
> • A는 2층에 산다.
> • B는 A보다 높은 층에 산다.

① D는 가장 높은 층에 산다.　　　　② A는 E보다 높은 층에 산다.
③ C는 3층에 산다.　　　　　　　　④ E는 D보다 높은 층에 산다.
⑤ B는 3층에 살 수 없다.

37 다음 중 글의 내용으로 적절하지 않은 것은?

> '갑'이라는 사람이 있다고 하자. 이때 사회가 갑에게 강제적 힘을 행사하는 것이 정당화되는 근거는 무엇일까? 그것은 갑이 다른 사람에게 미치는 해악을 방지하려는 데에 있다. 특정 행위가 갑에게 도움이 될 것이라든가, 이 행위가 갑을 더욱 행복하게 할 것이라든가 또는 이 행위가 현명하다든가 혹은 옳은 것이라든가 하는 이유를 들면서 갑에게 이 행위를 강제하는 것은 정당하지 않다. 이러한 이유는 갑에게 권고하거나 이치를 이해시키거나 무엇인가를 간청하거나 하는 데는 충분한 이유가 된다. 그러나 갑에게 강제를 가하는 이유 혹은 어떤 처벌을 가할 이유는 되지 않는다. 이와 같은 사회적 간섭이 정당화되기 위해서는 갑이 행하려는 행위가 다른 어떤 이에게 해악을 끼칠 것이라는 점이 충분히 예측되어야 한다. 한 사람이 행하고자 하는 행위 중에서 그가 사회에 대해서 책임을 져야 할 유일한 부분은 다른 사람에게 관계되는 부분이다.

① 개인에 대한 사회의 간섭은 어떤 조건이 필요하다.
② 행위 수행 혹은 행위 금지의 도덕적 이유와 법적 이유는 구분된다.
③ 한 사람의 행위는 타인에 대한 행위와 자신에 대한 행위로 구분된다.
④ 사회는 개인의 해악에 관해서는 관심이 있지만, 그 해악을 방지할 강제성의 근거는 가지고 있지 않다.
⑤ 타인과 관계되는 행위는 사회적 책임이 따른다.

38 다음 대화를 읽고 K사원이 안내해야 하는 빈칸에 들어갈 엑셀 함수로 옳은 것은?

> P과장 : K씨, 제품 일련번호가 짝수인 것과 홀수인 것을 구분하고 싶은데, 일일이 찾아 분류하자
> 니 데이터가 너무 많아 번거로울 것 같아. 엑셀로 분류할 수 있는 방법이 없을까?
> K사원 : 네, 과장님. _____ 함수를 사용하면 편하게 분류할 수 있습니다. 이 함수는 지정한 숫자
> 를 특정 숫자로 나눈 나머지를 알려줍니다. 만약 제품 일련번호를 2로 나누면 나머지가
> 0 또는 1이 나오는데, 여기서 나머지가 0이 나오는 것은 짝수이고 나머지가 1이 나오는
> 것은 홀수이기 때문에 분류가 빠르고 쉽게 됩니다. 분류하실 때는 필터 기능을 함께 사용
> 하면 더욱 간단해집니다.
> P과장 : 그렇게 하면 간단히 처리할 수 있겠어. 정말 큰 도움이 되었네.

① SUMIF
② MOD
③ INT
④ NOW
⑤ VLOOKUP

39 다음 스프레드시트를 참조하여 작성한 수식 「=VLOOKUP(SMALL(A2:A10,3), A2:E10,4,0)」 의 결과로 옳은 것은?

◢	A	B	C	D	E
1	번호	억양	발표	시간	자료준비
2	1	80	84	91	90
3	2	89	92	86	74
4	3	72	88	82	100
5	4	81	74	89	93
6	5	84	95	90	88
7	6	83	87	72	85
8	7	76	86	83	87
9	8	87	85	97	94
10	9	98	78	96	81

① 82
② 83
③ 86
④ 87
⑤ 88

40 다음 〈보기〉 중 업무의 일반적 특성에 대한 설명으로 옳지 않은 것을 모두 고르면?

> **보기**
> ㄱ. 한 조직의 다양한 업무들은 공통된 조직의 목적을 지향한다.
> ㄴ. 한 조직의 각 업무에 요구되는 지식, 기술, 도구 등은 유사한 편이다.
> ㄷ. 한 조직 내의 모든 업무들은 상호 유기적이다.
> ㄹ. 한 조직 내의 업무들은 각각 부여된 재량 및 자율의 정도가 상이할 수 있다.

① ㄱ, ㄴ   ② ㄱ, ㄷ
③ ㄴ, ㄷ   ④ ㄴ, ㄹ
⑤ ㄷ, ㄹ

41 다음은 각 정당 A ~ E의 지지율과 응답자에 대한 자료이다. 이에 대한 설명으로 옳지 않은 것은?

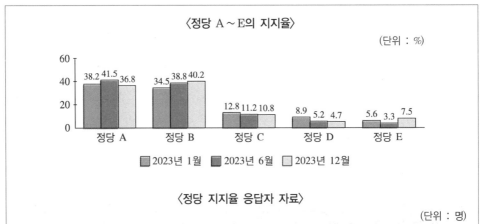

〈정당 A ~ E의 지지율〉

(단위 : %)

정당	2023년 1월	2023년 6월	2023년 12월
정당 A	38.2	41.5	36.8
정당 B	34.5	38.8	40.2
정당 C	12.8	11.2	10.8
정당 D	8.9	5.2	4.7
정당 E	5.6	3.3	7.5

〈정당 지지율 응답자 자료〉

(단위 : 명)

연령 \ 성별	남성	여성	전체
20대 ~ 30대	295	305	600
40대 ~ 50대	370	335	705
60대 ~ 70대	330	365	695
전체	995	1005	( )

* 조사 응답자 중 20대 미만 및 80대 이상은 없으며 응답자 전원 A ~ E 당 중에서 한 곳만 지지했다.
* 2023년 1월, 6월, 12월 응답자는 모두 동일하다.

① 동일한 지지율 증감 추이를 보이는 정당은 C와 D뿐이다.
② 응답기간 중 정당 A와 B의 지지율의 합은 항상 70% 이상이다.
③ 지지율이 가장 낮은 두 정당의 지지율의 합은 항상 정당 C의 지지율보다 낮다.
④ 2023년 6월 조사에서 정당 A와 정당 B의 지지자 수 차이는 54명이다.
⑤ 2023년 1월 조사에서 20대부터 50대까지 응답자가 모두 정당 A, B, C 중 한 곳을 지지했다면, 정당 B의 지지자 수는 최소 285명이다.

42 다음 〈보기〉 중 문화충격에 대한 옳은 것을 모두 고르면?

> **보기**
> ㄱ. 문화충격은 한 문화권에 속한 사람이 해당 문화 내에서 경험하는 문화적 충격을 의미한다.
> ㄴ. 문화충격은 한 개인이 체화되지 않은 문화를 접하며 이질감을 경험하게 되어 겪는 심리적 부적응 상태를 의미한다.
> ㄷ. 문화충격에 대비하기 위해서는 타 문화와 자신이 속한 문화의 차이점을 명확히 인지하고 보수적 태도를 견지하고 있는 것이 좋다.

① ㄴ

② ㄷ

③ ㄱ, ㄴ

④ ㄱ, ㄷ

⑤ ㄴ, ㄷ

PART 4

43 다음 〈조건〉에 따라 각각 다른 심폐기능 등급을 받은 A ~ E 5명 중 등급이 가장 낮은 2명의 환자에게 건강관리 안내문을 발송하려 한다. 발송 대상자를 모두 고르면?

> **조건**
> • E보다 심폐기능이 좋은 환자는 2명 이상이다.
> • E는 C보다 한 등급 높다.
> • B는 D보다 한 등급 높다.
> • A보다 심폐기능이 나쁜 환자는 2명이다.

① B, C

② B, D

③ B, E

④ C, D

⑤ C, E

44 다음 글을 통해 알 수 있는 내용으로 가장 적절한 것은?

상업 광고는 기업은 물론이고 소비자에게도 요긴하다. 기업은 마케팅 활동의 주요한 수단으로 광고를 적극적으로 이용하여 기업과 상품의 인지도를 높이려 한다. 소비자는 소비 생활에 필요한 상품의 성능, 가격, 판매 조건 등의 정보를 광고에서 얻으려 한다. 광고를 통해 기업과 소비자가 모두 이익을 얻는다면 이를 규제할 필요는 없을 것이다. 그러나 광고에서 기업과 소비자의 이익이 상충하는 경우도 있고 광고가 사회 전체에 폐해를 낳는 경우도 있어, 다양한 규제 방식이 모색되었다.

이때 문제가 된 것은 과연 광고로 인한 피해를 책임질 당사자로서 누구를 상정할 것인가였다. 초기에는 '소비자 책임 부담 원칙'에 따라 광고 정보를 활용한 소비자의 구매 행위에 대해 소비자가 책임을 져야 한다고 보았다. 여기에는 광고 정보가 정직한 것인지와는 상관없이 소비자는 이성적으로 이를 판단하여 구매할 수 있어야 한다는 전제가 있었다. 그래서 기업은 광고에 의존하여 물건을 구매한 소비자가 입은 피해에 대하여 책임을 지지 않았고, 광고의 기만성에 대한 입증 책임도 소비자에게 있었다.

책임 주체로 기업을 상정하여 '기업 책임 부담 원칙'이 부상하게 된 배경은 복합적이다. 시장의 독과점 상황이 광범위해지면서 소비자의 자유로운 선택이 어려워졌고, 상품에 응용된 과학 기술이 복잡해지고 첨단화되면서 상품 정보에 대한 소비자의 정확한 이해도 기대하기 어려워졌다. 또한 다른 상품 광고와의 차별화를 위해 통념에 어긋나는 표현이나 장면도 자주 활용되었다. 그리하여 경제적, 사회·문화적 측면에서 광고로부터 소비자를 보호해야 한다는 당위를 바탕으로 기업이 광고에 대해 책임을 져야 한다는 공감대가 확산되었다.

오늘날 행해지고 있는 여러 광고 규제는 이런 공감대에서 나온 것인데, 이는 크게 보아 법적 규제와 자율 규제로 나눌 수 있다. 구체적인 법 조항을 통해 광고를 규제하는 법적 규제는 광고 또한 사회적 활동의 일환이라는 점에 근거한다. 특히 자본주의 사회에서는 기업이 시장 점유율을 높여 다른 기업과의 경쟁에서 승리하기 위하여 사실에 반하는 광고나 소비자를 현혹하는 광고를 할 가능성이 높다. 법적 규제는 허위 광고나 기만 광고 등을 불공정 경쟁의 수단으로 간주하여 정부 기관이 규제를 가하는 것이다.

자율 규제는 법적 규제에 대한 기업의 대응책으로 등장했다. 법적 규제가 광고의 역기능에 따른 피해를 막기 위한 강제적 조치라면, 자율 규제는 광고의 순기능을 극대화하기 위한 자율적 조치이다. 광고에 대한 기업의 책임감에서 비롯된 자율 규제는 법적 규제를 보완하는 효과가 있다.

---

① 광고 주체의 자율 규제가 잘 작동될수록 광고에 대한 법적 규제의 역할도 커진다.

② 기업의 이익과 소비자의 이익이 상충하는 정도가 클수록 법적 규제와 자율 규제의 필요성이 약화된다.

③ 시장 독과점 상황이 심각해지면서 기업 책임 부담 원칙이 약화되고 소비자 책임부담 원칙이 부각되었다.

④ 첨단 기술을 강조한 상품의 광고일수록 소비자가 광고 내용을 정확히 이해하지 못한 채 상품을 구매할 가능성이 커진다.

⑤ 광고의 기만성을 입증할 책임을 소비자에게 돌리는 경우, 그 이유는 소비자에게 이성적 판단 능력이 있다는 전제를 받아들이지 않기 때문이다.

45 다음 중 각 검색엔진의 유형에 따른 특징을 잘못 나열한 것은?

	검색엔진 유형	특징
①	키워드 검색 방식	키워드가 불명확하게 입력되는 경우 비효율적이다.
②	키워드 검색 방식	검색이 편리하다는 장점이 있다.
③	주제별 검색 방식	상위 주제부터 하위 주제까지 분류된 정보들을 선택하는 방식이다.
④	통합형 검색 방식	통합형 검색 방식은 주제별 검색 방식보다는 키워드 검색 방식과 유사하다.
⑤	통합형 검색 방식	자신만의 인덱스 데이터베이스를 소유하여 사용자가 입력하는 검색어를 데이터베이스에서 찾아 검색 결과들을 사용자에게 보여 주는 방식이다.

46 다음 〈보기〉 중 집단의사결정에 대해 옳은 설명을 한 직원을 모두 고르면?

> **보기**
>
> 김대리 : 집단의사결정은 개인의사결정보다 효과적인 편이야.
> 최주임 : 하지만 의사결정이 특정 소수에게 치우칠 위험이 있어요.
> 유주임 : 그래도 시간이 적게 소모된다는 장점이 있잖아.
> 박사원 : 브레인스토밍을 통한 집단의사결정의 핵심은 다른 사람이 제시한 아이디어에 대해 적극적으로 비판을 해서 교정하는 일입니다.

① 김대리, 최주임
② 김대리, 유주임
③ 최주임, 유주임
④ 최주임, 박사원
⑤ 유주임, 박사원

47 다음 중 조직구조의 결정요인에 대한 설명으로 옳지 않은 것은?

① 급변하는 환경하에서는 유기적 조직보다 원칙이 확립된 기계적 조직이 더 적합하다.
② 대규모 조직은 소규모 조직에 비해 업무의 전문화 정도가 높다.
③ 일반적으로 소량생산기술을 가진 조직은 유기적 조직구조를, 대량생산기술을 가진 조직은 기계적 조직구조를 가진다.
④ 조직 활동의 결과에 대한 만족은 조직의 문화적 특성에 따라 상이하다.
⑤ 조직규모의 주요 결정요인 4가지로 전략, 규모, 기술, 환경이다.

※ K호텔에서는 편의시설로 코인세탁실을 설치하고자 한다. 다음 코인세탁기 설명서를 보고 이어지는 질문에 답하시오. [48~49]

<코인세탁기 설명서>

■ 설치 시 주의사항

- 전원은 교류 220V / 60Hz 콘센트를 제품 단독으로 사용하세요.
- 전원코드를 임의로 연장하지 마세요.
- 열에 약한 물건 근처나 습기, 기름, 직사광선 및 물이 닿는 곳이나 가스가 샐 가능성이 있는 곳에 설치하지 마세요.
- 안전을 위해서 반드시 접지하도록 하며 가스관, 플라스틱 수도관, 전화선 등에는 접지하지 마세요.
- 제품을 설치할 때는 전원코드를 빼기 쉬운 곳에 설치하세요.
- 바닥이 튼튼하고 수평인 곳에 설치하세요.
- 세탁기와 벽면과는 10cm 이상 거리를 두어 설치하세요.
- 물이 새는 곳이 있으면 설치하지 마세요.
- 온수 단독으로 연결하지 마세요.
- 냉수와 온수 호스의 연결이 바뀌지 않도록 주의하세요.

■ 문제해결방법

증상	확인	해결
동작이 되지 않아요.	세탁기의 전원이 꺼져 있는 것은 아닌가요?	세탁기의 전원버튼을 눌러 주세요.
	문이 열려있는 건 아닌가요?	문을 닫고 〈동작〉 버튼을 눌러 주세요.
	물을 받고 있는 중은 아닌가요?	물이 설정된 높이까지 채워질 때까지 기다려 주세요.
	수도꼭지가 잠겨 있는 것은 아닌가요?	수도꼭지를 열어 주세요.
세탁 중 멈추고 급수를 해요.	옷감의 종류에 따라 물을 흡수하는 세탁물이 있어 물의 양을 보충하기 위해 급수하는 것입니다.	이상이 없으니 별도의 조치가 필요 없어요.
	거품이 많이 발생하는 세제를 권장량보다 과다 투입 시 거품 제거를 위해 배수 후 재급수하는 것입니다.	이상이 없으니 별도의 조치가 필요 없어요.
세제 넣는 곳 앞으로 물이 흘러 넘쳐요.	세제를 너무 많이 사용한 것은 아닌가요?	적정량의 세제를 넣어 주세요.
	물이 지나치게 뜨거운 것은 아닌가요?	50℃ 이상의 온수를 단독으로 사용하면 세제 투입 시 거품이 발생하여 넘칠 수 있습니다.
	세제 넣는 곳이 더럽거나 열려 있는 것은 아닌가요?	세제 넣는 곳을 청소해 주세요.
겨울에 진동이 심해요.	세탁기가 언 것은 아닌가요?	세제 넣는 곳이나 세탁조에 60℃ 정도의 뜨거운 물 10L 정도 넣어 세탁기를 녹여 주세요.
급수가 안 돼요.	거름망에 이물질이 끼어 있는 것은 아닌가요?	급수호수 연결부에 있는 거름망을 청소해 주세요.
탈수 시 세탁기가 흔들리거나 움직여요.	세탁기를 앞뒤 또는 옆으로 흔들었을 때 흔들리나요?	세탁기 또는 받침대를 다시 설치해 주세요.
	세탁기를 나무나 고무판 위에 설치하셨나요?	바닥이 평평한 곳에 설치하세요.

문이 열리지 않아요.	세탁기 내부온도가 높나요?	세탁기 내부온도가 70℃ 이상이거나 물 온도가 50℃ 이상인 경우 문이 열리지 않습니다. 내부온도가 내려갈 때까지 잠시 기다리세요.
	세탁조에 물이 남아 있나요?	탈수를 선택하여 물을 배수하세요.

48. 세탁기가 배송되어 적절한 장소에 설치하고자 한다. 다음 중 장소 선정 시 고려해야 할 사항으로 적절하지 않은 것은?

① 바닥이 튼튼하고 수평인지 확인한다.

② 220V / 60Hz 콘센트인지 확인한다.

③ 물이 새는 곳이 있는지 확인한다.

④ 세탁기와 수도꼭지와의 거리를 확인한다.

⑤ 세탁기와 벽면 사이의 여유 공간을 확인한다.

49. 호텔 투숙객이 세탁기 이용 도중 세탁기 문이 열리지 않는다며 불편사항을 접수하였다. 다음 중 투숙객의 불편사항에 대한 해결방법으로 가장 적절한 것은?

① 세탁조에 물이 남아있는 것을 확인하고 급수를 선택하여 물을 급수하도록 안내한다.

② 세탁기 내부온도가 높으므로 세탁조에 차가운 물을 넣도록 안내한다.

③ 세탁기의 받침대를 다시 설치하여 세탁기의 흔들림을 최소화시켜야 한다.

④ 세탁조에 물이 남아있는 것을 확인하고 세탁기의 전원을 껐다 켜도록 안내한다.

⑤ 세탁기 내부온도가 높으므로 내부온도가 내려갈 때까지 기다려 달라고 안내한다.

50 다음은 K공사의 신입사원 윤리경영 교육내용이다. 이를 통해 추론할 수 없는 것은?

주제 : 정보취득에 있어 윤리적 / 합법적 방법이란 무엇인가?

〈윤리적 / 합법적〉

1. 공개된 출판물, 재판기록, 특허기록
2. 경쟁사 종업원의 공개 증언
3. 시장조사 보고서
4. 공표된 재무기록, 증권사보고서
5. 전시회, 경쟁사의 안내문, 제품설명서
6. 경쟁사 퇴직직원을 합법적으로 면접, 증언 청취

〈비윤리적 / 합법적〉

1. 세미나 등에서 경쟁사 직원에게 신분을 속이고 질문
2. 사설탐정을 고용하는 등 경쟁사 직원을 비밀로 관찰
3. 채용계획이 없으면서 채용공고를 하여 경쟁사 직원을 면접하거나 실제 스카우트

〈비윤리적 / 비합법적〉

1. 설계도면 훔치기 등 경쟁사에 잠입하여 정보 수집
2. 경쟁사 직원이나 납품업자에게 금품 등 제공
3. 경쟁사에 위장 취업
4. 경쟁사의 활동을 도청
5. 공갈, 협박

---

① 경쟁사 직원에게 신분을 속이고 질문하는 행위는 윤리적으로 문제가 없다.

② 시장조사 보고서를 통해 정보획득을 한다면 법적인 문제가 발생하지 않을 것이다.

③ 경쟁사 종업원의 공개 증언을 활용하는 것은 적절한 정보획득 행위이다.

④ 정보획득을 위해 경쟁사 직원을 협박하는 행위는 비윤리적인 행위이다.

⑤ 경쟁사에 잠입하여 정보를 수집하는 것은 윤리적이지 못하다.

PART 5

채용 가이드

01 | 블라인드 채용 소개

1. 블라인드 채용이란?

채용 과정에서 편견이 개입되어 불합리한 차별을 야기할 수 있는 출신지, 가족관계, 학력, 외모 등의 편견요인은 제외하고, 직무능력만을 평가하여 인재를 채용하는 방식입니다.

2. 블라인드 채용의 필요성

- 채용의 공정성에 대한 사회적 요구
  - 누구에게나 직무능력만으로 경쟁할 수 있는 균등한 고용기회를 제공해야 하나, 아직도 채용의 공정성에 대한 불신이 존재
  - 채용상 차별금지에 대한 법적 요건이 권고적 성격에서 처벌을 동반한 의무적 성격으로 강화되는 추세
  - 시민의식과 지원자의 권리의식 성숙으로 차별에 대한 법적 대응 가능성 증가
- 우수인재 채용을 통한 기업의 경쟁력 강화 필요
  - 직무능력과 무관한 학벌, 외모 위주의 선발로 우수인재 선발기회 상실 및 기업경쟁력 약화
  - 채용 과정에서 차별 없이 직무능력중심으로 선발한 우수인재 확보 필요
- 공정한 채용을 통한 사회적 비용 감소 필요
  - 편견에 의한 차별적 채용은 우수인재 선발을 저해하고 외모 · 학벌 지상주의 등의 심화로 불필요한 사회적 비용 증가
  - 채용에서의 공정성을 높여 사회의 신뢰수준 제고

3. 블라인드 채용의 특징

편견요인을 요구하지 않는 대신 직무능력을 평가합니다.

※ 직무능력중심 채용이란?
기업의 역량기반 채용, NCS기반 능력중심 채용과 같이 직무수행에 필요한 능력과 역량을 평가하여 선발하는 채용방식을 통칭합니다.

4. 블라인드 채용의 평가요소

직무수행에 필요한 지식, 기술, 태도 등을 과학적인 선발기법을 통해 평가합니다.

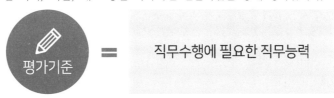

평가기준 = 직무수행에 필요한 직무능력

※ 과학적 선발기법이란?
직무분석을 통해 도출된 평가요소를 서류, 필기, 면접 등을 통해 체계적으로 평가하는 방법으로 입사지원서, 자기소개서, 직무수행능력평가, 구조화 면접 등이 해당됩니다.

5. 블라인드 채용 주요 도입 내용

- 입사지원서에 인적사항 요구 금지
  - 인적사항에는 출신지역, 가족관계, 결혼여부, 재산, 취미 및 특기, 종교, 생년월일(연령), 성별, 신장 및 체중, 사진, 전공, 학교명, 학점, 외국어 점수, 추천인 등이 해당
  - 채용 직무를 수행하는 데 있어 반드시 필요하다고 인정될 경우는 제외
    예 특수경비직 채용 시 : 시력, 건강한 신체 요구
    　　연구직 채용 시 : 논문, 학위 요구 등
- 블라인드 면접 실시
  - 면접관에게 응시자의 출신지역, 가족관계, 학교명 등 인적사항 정보 제공 금지
  - 면접관은 응시자의 인적사항에 대한 질문 금지

6. 블라인드 채용 도입의 효과성

- 구성원의 다양성과 창의성이 높아져 기업 경쟁력 강화
  - 편견을 없애고 직무능력 중심으로 선발하므로 다양한 직원 구성 가능
  - 다양한 생각과 의견을 통하여 기업의 창의성이 높아져 기업경쟁력 강화
- 직무에 적합한 인재선발을 통한 이직률 감소 및 만족도 제고
  - 사전에 지원자들에게 구체적이고 상세한 직무요건을 제시함으로써 허수 지원이 낮아지고, 직무에 적합한 지원자 모집 가능
  - 직무에 적합한 인재가 선발되어 직무이해도가 높아져 업무효율 증대 및 만족도 제고
- 채용의 공정성과 기업이미지 제고
  - 블라인드 채용은 사회적 편견을 줄인 선발 방법으로 기업에 대한 사회적 인식 제고
  - 채용과정에서 불합리한 차별을 받지 않고 실력에 의해 공정하게 평가를 받을 것이라는 믿음을 제공하고, 지원자들은 평등한 기회와 공정한 선발과정 경험

02 | 서류전형 가이드

01 채용공고문

1. 채용공고문의 변화

기존 채용공고문	변화된 채용공고문
• 취업준비생에게 불충분하고 불친절한 측면 존재 • 모집분야에 대한 명확한 직무관련 정보 및 평가기준 부재 • 해당분야에 지원하기 위한 취업준비생의 무분별한 스펙 쌓기 현상 발생	• NCS 직무분석에 기반한 채용공고를 토대로 채용전형 진행 • 지원자가 입사 후 수행하게 될 업무에 대한 자세한 정보 공지 • 직무수행내용, 직무수행 시 필요한 능력, 관련된 자격, 직업기초능력 제시 • 지원자가 해당 직무에 필요한 스펙만을 준비할 수 있도록 안내
• 모집부문 및 응시자격 • 지원서 접수 • 전형절차 • 채용조건 및 처우 • 기타사항	• 채용절차 • 채용유형별 선발분야 및 예정인원 • 전형방법 • 선발분야별 직무기술서 • 우대사항

2. 지원 유의사항 및 지원요건 확인

채용 직무에 따른 세부사항을 공고문에 명시하여 지원자에게 적격한 지원 기회를 부여함과 동시에 채용과정에서의 공정성과 신뢰성을 확보합니다.

구성	내용	확인사항
모집분야 및 규모	고용형태(인턴 계약직 등), 모집분야, 인원, 근무지역 등	채용직무가 여러 개일 경우 본인이 해당되는 직무의 채용규모 확인
응시자격	기본 자격사항, 지원조건	지원을 위한 최소자격요건을 확인하여 불필요한 지원을 예방
우대조건	법정·특별·자격증 가점	본인의 가점 여부를 검토하여 가점 획득을 위한 사항을 사실대로 기재
근무조건 및 보수	고용형태 및 고용기간, 보수, 근무지	본인이 생각하는 기대수준에 부합하는지 확인하여 불필요한 지원을 예방
시험방법	서류·필기·면접전형 등의 활용방안	전형방법 및 세부 평가기법 등을 확인하여 지원전략 준비
전형일정	접수기간, 각 전형 단계별 심사 및 합격자 발표일 등	본인의 지원 스케줄을 검토하여 차질이 없도록 준비
제출서류	입사지원서(경력·경험기술서 등), 각종 증명서 및 자격증 사본 등	지원요건 부합 여부 및 자격 증빙서류 사전에 준비
유의사항	임용취소 등의 규정	임용취소 관련 법적 또는 기관 내부 규정을 검토하여 해당여부 확인

직무기술서란 직무수행의 내용과 필요한 능력, 관련 자격, 직업기초능력 등을 상세히 기재한 것으로 입사 후 수행하게 될 업무에 대한 정보가 수록되어 있는 자료입니다.

1. 채용분야

설명

NCS 직무분류 체계에 따라 직무에 대한「대분류 – 중분류 – 소분류 – 세분류」체계를 확인할 수 있습니다. 채용 직무에 대한 모든 직무기술서를 첨부하게 되며 실제 수행 업무를 기준으로 세부적인 분류정보를 제공합니다.

채용분야	분류체계			
사무행정	대분류	중분류	소분류	세분류
분류코드	02. 경영·회계·사무	03. 재무·회계	01. 재무	01. 예산
				02. 자금
			02. 회계	01. 회계감사
				02. 세무

2. 능력단위

설명

직무분류 체계의 세분류 하위능력단위 중 실질적으로 수행할 업무의 능력만 구체적으로 파악할 수 있습니다.

능력단위	(예산)	03. 연간종합예산수립 05. 확정예산 운영	04. 추정재무제표 작성 06. 예산실적 관리
	(자금)	04. 자금운용	
	(회계감사)	02. 자금관리 05. 회계정보시스템 운용 07. 회계감사	04. 결산관리 06. 재무분석
	(세무)	02. 결산관리 07. 법인세 신고	05. 부가가치세 신고

3. 직무수행내용

설명

세분류 영역의 기본정의를 통해 직무수행내용을 확인할 수 있습니다. 입사 후 수행할 직무내용을 구체적으로 확인할 수 있으며, 이를 통해 입사서류 작성부터 면접까지 직무에 대한 명확한 이해를 바탕으로 자신의 희망직무인지 아닌지, 해당 직무가 자신이 알고 있던 직무가 맞는지 확인할 수 있습니다.

직무수행내용	(예산) 일정기간 예상되는 수익과 비용을 편성, 집행하며 통제하는 일
	(자금) 자금의 계획 수립, 조달, 운용을 하고 발생 가능한 위험 관리 및 성과평가
	(회계감사) 기업 및 조직 내·외부에 있는 의사결정자들이 효율적인 의사결정을 할 수 있도록 유용한 정보를 제공, 제공된 회계정보의 적정성을 파악하는 일
	(세무) 세무는 기업의 활동을 위하여 주어진 세법범위 내에서 조세부담을 최소화시키는 조세전략을 포함하고 정확한 과세소득과 과세표준 및 세액을 산출하여 과세당국에 신고·납부하는 일

4. 직무기술서 예시

태도	(예산) 정확성, 분석적 태도, 논리적 태도, 타 부서와의 협조적 태도, 설득력
	(자금) 분석적 사고력
	(회계 감사) 합리적 태도, 전략적 사고, 정확성, 적극적 협업 태도, 법률준수 태도, 분석적 태도, 신속성, 책임감, 정확한 판단력
	(세무) 규정 준수 의지, 수리적 정확성, 주의 깊은 태도
우대 자격증	공인회계사, 세무사, 컴퓨터활용능력, 변호사, 워드프로세서, 전산회계운용사, 사회조사분석사, 재경관리사, 회계관리 등
직업기초능력	의사소통능력, 문제해결능력, 자원관리능력, 대인관계능력, 정보능력, 조직이해능력

5. 직무기술서 내용별 확인사항

항목	확인사항
모집부문	해당 채용에서 선발하는 부문(분야)명 확인 예 사무행정, 전산, 전기
분류체계	지원하려는 분야의 세부직무군 확인
주요기능 및 역할	지원하려는 기업의 전사적인 기능과 역할, 산업군 확인
능력단위	지원분야의 직무수행에 관련되는 세부업무사항 확인
직무수행내용	지원분야의 직무군에 대한 상세사항 확인
전형방법	지원하려는 기업의 신입사원 선발전형 절차 확인
일반요건	교육사항을 제외한 지원 요건 확인(자격요건, 특수한 경우 연령)
교육요건	교육사항에 대한 지원요건 확인(대졸 / 초대졸 / 고졸 / 전공 요건)
필요지식	지원분야의 업무수행을 위해 요구되는 지식 관련 세부항목 확인
필요기술	지원분야의 업무수행을 위해 요구되는 기술 관련 세부항목 확인
직무수행태도	지원분야의 업무수행을 위해 요구되는 태도 관련 세부항목 확인
직업기초능력	지원분야 또는 지원기업의 조직원으로서 근무하기 위해 필요한 일반적인 능력사항 확인

1. 입사지원서의 변화

기존지원서		능력중심 채용 입사지원서	
직무와 관련 없는 학점, 개인신상, 어학점수, 자격, 수상경력 등을 나열하도록 구성	VS	해당 직무수행에 꼭 필요한 정보들을 제시할 수 있도록 구성	

직무기술서		**인적사항**	성명, 연락처, 지원분야 등 작성 (평가 미반영)
직무수행내용		**교육사항**	직무지식과 관련된 학교교육 및 직업교육 작성
요구지식 / 기술	➡	**자격사항**	직무관련 국가공인 또는 민간자격 작성
관련 자격증		**경력 및 경험사항**	조직에 소속되어 일정한 임금을 받거나(경력) 임금 없이(경험) 직무와 관련된 활동 내용 작성
사전직무경험			

2. 교육사항

• 지원분야 직무와 관련된 학교 교육이나 직업교육 혹은 기타교육 등 직무에 대한 지원자의 학습 여부를 평가하기 위한 항목입니다.

• 지원하고자 하는 직무의 학교 전공교육 이외에 직업교육, 기타교육 등을 기입할 수 있기 때문에 전공 제한 없이 직업교육과 기타교육을 이수하여 지원이 가능하도록 기회를 제공합니다.

(기타교육 : 학교 이외의 기관에서 개인이 이수한 교육과정 중 지원직무와 관련이 있다고 생각되는 교육내용)

구분	교육과정(과목)명	교육내용	과업(능력단위)

PART 5

3. 자격사항

- 채용공고 및 직무기술서에 제시되어 있는 자격 현황을 토대로 지원자가 해당 직무를 수행하는 데 필요한 능력을 가지고 있는지를 평가하기 위한 항목입니다.
- 채용공고 및 직무기술서에 기재된 직무관련 필수 또는 우대자격 항목을 확인하여 본인이 보유하고 있는 자격사항을 기재합니다.

자격유형	자격증명	발급기관	취득일자	자격증번호

4. 경력 및 경험사항

- 직무와 관련된 경력이나 경험 여부를 표현하도록 하여 직무와 관련한 능력을 갖추었는지를 평가하기 위한 항목입니다.
- 해당 기업에서 직무를 수행함에 있어 필요한 사항만을 기록하게 되어 있기 때문에 직무와 무관한 스펙을 갖추지 않아도 됩니다.
- 경력 : 금전적 보수를 받고 일정기간 동안 일했던 경우
- 경험 : 금전적 보수를 받지 않고 수행한 활동

※ 기업에 따라 경력 / 경험 관련 증빙자료 요구 가능

구분	조직명	직위 / 역할	활동기간(년 / 월)	주요과업 / 활동내용

> **Tip**
>
> 입사지원서 작성 방법
> ○ 경력 및 경험사항 작성
> - 직무기술서에 제시된 지식, 기술, 태도와 지원자의 교육사항, 경력(경험)사항, 자격사항과 연계하여 개인의 직무역량에 대해 스스로 판단 가능
> ○ 인적사항 최소화
> - 개인의 인적사항, 학교명, 가족관계 등을 노출하지 않도록 유의
>
> ---
>
> 부적절한 입사지원서 작성 사례
> - 학교 이메일을 기입하여 학교명 노출
> - 거주지 주소에 학교 기숙사 주소를 기입하여 학교명 노출
> - 자기소개서에 부모님이 재직 중인 기업명, 직위, 직업을 기입하여 가족관계 노출
> - 자기소개서에 석·박사 과정에 대한 이야기를 언급하여 학력 노출
> - 동아리 활동에 대한 내용을 학교명과 더불어 언급하여 학교명 노출

1. 자기소개서의 변화

- 기존의 자기소개서는 지원자의 일대기나 관심 분야, 성격의 장·단점 등 개괄적인 사항을 묻는 질문으로 구성되어 지원자가 자신의 직무능력을 제대로 표출하지 못합니다.
- 능력중심 채용의 자기소개서는 직무기술서에 제시된 직업기초능력(또는 직무수행능력)에 대한 지원자의 과거 경험을 기술하게 함으로써 평가 타당도의 확보가 가능합니다.

1. 우리 회사와 해당 지원 직무분야에 지원한 동기에 대해 기술해 주세요.
2. 자신이 경험한 다양한 사회활동에 대해 기술해 주세요.
3. 지원 직무에 대한 전문성을 키우기 위해 받은 교육과 경험 및 경력사항에 대해 기술해 주세요.
4. 인사업무 또는 팀 과제 수행 중 발생한 갈등을 원만하게 해결해 본 경험이 있습니까? 당시 상황에 대한 설명과 갈등의 대상이 되었던 상대방을 설득한 과정 및 방법을 기술해 주세요.
5. 과거에 있었던 일 중 가장 어려웠던(힘들었던) 상황을 고르고, 어떤 방법으로 그 상황을 해결했는지를 기술해 주세요.

PART 5

자기소개서 작성 방법

① 자기소개서 문항이 묻고 있는 평가 역량 추측하기

예시

• 팀 활동을 하면서 갈등 상황 시 상대방의 니즈나 의도를 명확히 파악하고 해결하여 목표 달성에 기여했던 경험에 대해서 작성해 주시기 바랍니다.
• 다른 사람이 생각해내지 못했던 문제점을 찾고 이를 해결한 경험에 대해 작성해 주시기 바랍니다.

② 해당 역량을 보여줄 수 있는 소재 찾기(시간×역량 매트릭스)

예시

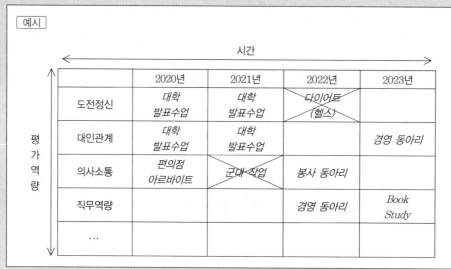

		2020년	2021년	2022년	2023년
평가역량	도전정신	대학 발표수업	대학 발표수업	~~다이어트 (헬스)~~	
	대인관계	대학 발표수업	대학 발표수업		경영 동아리
	의사소통	편의점 아르바이트	~~군대 생활~~	봉사 동아리	
	직무역량			경영 동아리	Book Study
	…				

③ 자기소개서 작성 Skill 익히기
• 두괄식으로 작성하기
• 구체적 사례를 사용하기
• '나'를 중심으로 작성하기
• 직무역량 강조하기
• 경험 사례의 차별성 강조하기

03 | 인성검사 소개 및 모의테스트

01 인성검사 유형

인성검사는 지원자의 성격특성을 객관적으로 파악하고 그것이 각 기업에서 필요로 하는 인재상과 가치에 부합하는가를 평가하기 위한 검사입니다. 인성검사는 KPDI(한국인재개발진흥원), K-SAD(한국사회적성개발원), KIRBS(한국행동과학연구소), SHR(에스에이치알) 등의 전문기관을 통해 각 기업의 특성에 맞는 검사를 선택하여 실시합니다. 대표적인 인성검사의 유형에는 크게 다음과 같은 세 가지가 있으며, 채용 대행업체에 따라 달라집니다.

1. KPDI 검사

조직적응성과 직무적합성을 알아보기 위한 검사로 인성검사, 인성역량검사, 인적성검사, 직종별 인적성 검사 등의 다양한 검사 도구를 구현합니다. KPDI는 성격을 파악하고 정신건강 상태 등을 측정하고, 직무 검사는 해당 직무를 수행하기 위해 기본적으로 갖추어야 할 인지적 능력을 측정합니다. 역량검사는 특정 직무 역할을 효과적으로 수행하는 데 직접적으로 관련 있는 개인의 행동, 지식, 스킬, 가치관 등을 측정합니다.

2. KAD(Korea Aptitude Development) 검사

K-SAD(한국사회적성개발원)에서 실시하는 적성검사 프로그램입니다. 개인의 성향, 지적 능력, 기호, 관심, 흥미도를 종합적으로 분석하여 적성에 맞는 업무가 무엇인가 파악하고, 직무수행에 있어서 요구되는 기초능력과 실무능력을 분석합니다.

3. SHR 직무적성검사

직무수행에 필요한 종합적인 사고 능력을 다양한 적성검사(Paper and Pencil Test)로 평가합니다. SHR의 모든 직무능력검사는 표준화 검사입니다. 표준화 검사는 표본집단의 점수를 기초로 규준이 만들어진 검사이므로 개인의 점수를 규준에 맞추어 해석·비교하는 것이 가능합니다. S(Standardized Tests), H(Hundreds of Version), R(Reliable Norm Data)을 특징으로 하며, 직군·직급별 특성과 선발 수준에 맞추어 검사를 적용할 수 있습니다.

인성검사는 특히 면접질문과 관련성이 높습니다. 면접관은 지원자의 인성검사 결과를 토대로 질문을 하기 때문입니다. 일관적이고 이상적인 답변을 하는 것이 가장 좋지만, 실제 시험은 매우 복잡하여 전문가라 해도 일정 성격을 유지하면서 답변을 하는 것이 힘듭니다. 또한, 인성검사에는 라이 스케일(Lie Scale) 설문이 전체 설문 속에 교묘하게 섞여 들어가 있으므로 겉치레적인 답을 하게 되면 회답태도의 허위성이 그대로 드러나게 됩니다. 예를 들어 '거짓말을 한 적이 한 번도 없다.'에 '예'로 답하고, '때로는 거짓말을 하기도 한다.'에 '예'라고 답하여 라이 스케일의 득점이 올라가게 되면 모든 회답의 신빙성이 사라지고 '자신을 돋보이게 하려는 사람'이라는 평가를 받을 수 있으므로 주의해야 합니다. 따라서 모의테스트를 통해 인성검사의 유형과 실제 시험 시 어떻게 문제를 풀어야 하는지 연습해 보고 체크한 부분 중 자신의 단점과 연결되는 부분은 면접에서 질문이 들어왔을 때 어떻게 대처해야 하는지 생각해 보는 것이 좋습니다.

1. 기업의 인재상을 파악하라!

인성검사를 통해 개인의 성격 특성을 파악하고 그것이 기업의 인재상과 가치에 부합하는지를 평가하는 시험이기 때문에 해당 기업의 인재상을 먼저 파악하고 시험에 임하는 것이 좋습니다. 모의테스트에서 인재상에 맞는 가상의 인물을 설정하고 문제에 답해 보는 것도 많은 도움이 됩니다.

2. 일관성 있는 대답을 하라!

짧은 시간 안에 다양한 질문에 답을 해야 하는데, 그 안에는 중복되는 질문이 여러 번 나옵니다. 이때 앞서 자신이 체크했던 대답을 잘 기억해뒀다가 일관성 있는 답을 하는 것이 중요합니다.

3. 모든 문항에 대답하라!

많은 문제를 짧은 시간 안에 풀려다 보니 다 못 푸는 경우도 종종 생깁니다. 하지만 대답을 누락하거나 끝까지 다 못했을 경우 좋지 않은 결과를 가져올 수도 있으니 최대한 주어진 시간 안에 모든 문항에 답할 수 있도록 해야 합니다.

※ 모의테스트는 질문 및 답변 유형 연습을 위한 것으로 실제 시험과 다를 수 있습니다.
※ 인성검사는 정답이 따로 없는 유형의 검사이므로 결과지를 제공하지 않습니다.

번호	내용	예	아니요
001	나는 솔직한 편이다.	☐	☐
002	나는 리드하는 것을 좋아한다.	☐	☐
003	법을 어겨서 말썽이 된 적이 한 번도 없다.	☐	☐
004	거짓말을 한 번도 한 적이 없다.	☐	☐
005	나는 눈치가 빠르다.	☐	☐
006	나는 일을 주도하기보다는 뒤에서 지원하는 것을 선호한다.	☐	☐
007	앞일은 알 수 없기 때문에 계획은 필요하지 않다.	☐	☐
008	거짓말도 때로는 방편이라고 생각한다.	☐	☐
009	사람이 많은 술자리를 좋아한다.	☐	☐
010	걱정이 지나치게 많다.	☐	☐
011	일을 시작하기 전 재고하는 경향이 있다.	☐	☐
012	불의를 참지 못한다.	☐	☐
013	처음 만나는 사람과도 이야기를 잘 한다.	☐	☐
014	때로는 변화가 두렵다.	☐	☐
015	나는 모든 사람에게 친절하다.	☐	☐
016	힘든 일이 있을 때 술은 위로가 되지 않는다.	☐	☐
017	결정을 빨리 내리지 못해 손해를 본 경험이 있다.	☐	☐
018	기회를 잡을 준비가 되어 있다.	☐	☐
019	때로는 내가 정말 쓸모없는 사람이라고 느낀다.	☐	☐
020	누군가 나를 챙겨주는 것이 좋다.	☐	☐
021	자주 가슴이 답답하다.	☐	☐
022	나는 내가 자랑스럽다.	☐	☐
023	경험이 중요하다고 생각한다.	☐	☐
024	전자기기를 분해하고 다시 조립하는 것을 좋아한다.	☐	☐

PART 5

025	감시받고 있다는 느낌이 든다.	☐	☐
026	난처한 상황에 놓이면 그 순간을 피하고 싶다.	☐	☐
027	세상엔 믿을 사람이 없다.	☐	☐
028	잘못을 빨리 인정하는 편이다.	☐	☐
029	지도를 보고 길을 잘 찾아간다.	☐	☐
030	귓속말을 하는 사람을 보면 날 비난하고 있는 것 같다.	☐	☐
031	막무가내라는 말을 들을 때가 있다.	☐	☐
032	장래의 일을 생각하면 불안하다.	☐	☐
033	결과보다 과정이 중요하다고 생각한다.	☐	☐
034	운동은 그다지 할 필요가 없다고 생각한다.	☐	☐
035	새로운 일을 시작할 때 좀처럼 한 발을 떼지 못한다.	☐	☐
036	기분 상하는 일이 있더라도 참는 편이다.	☐	☐
037	업무능력은 성과로 평가받아야 한다고 생각한다.	☐	☐
038	머리가 맑지 못하고 무거운 느낌이 든다.	☐	☐
039	가끔 이상한 소리가 들린다.	☐	☐
040	타인이 내게 자주 고민상담을 하는 편이다.	☐	☐

※ 모의테스트는 질문 및 답변 유형 연습을 위한 것으로 실제 시험과 다를 수 있습니다.
※ 인성검사는 정답이 따로 없는 유형의 검사이므로 결과지를 제공하지 않습니다.

※ 이 성격검사의 각 문항에는 서로 다른 행동을 나타내는 네 개의 문장이 제시되어 있습니다. 이 문장들을 비교하여, 자신의 평소 행동과 가장 가까운 문장을 'ㄱ' 열에 표기하고, 가장 먼 문장을 'ㅁ' 열에 표기하십시오.

01 나는 _____

	ㄱ	ㅁ
A. 실용적인 해결책을 찾는다.	☐	☐
B. 다른 사람을 돕는 것을 좋아한다.	☐	☐
C. 세부 사항을 잘 챙긴다.	☐	☐
D. 상대의 주장에서 허점을 잘 찾는다.	☐	☐

02 나는 _____

	ㄱ	ㅁ
A. 매사에 적극적으로 임한다.	☐	☐
B. 즉흥적인 편이다.	☐	☐
C. 관찰력이 있다.	☐	☐
D. 임기응변에 강하다.	☐	☐

03 나는 _____

	ㄱ	ㅁ
A. 무서운 영화를 잘 본다.	☐	☐
B. 조용한 곳이 좋다.	☐	☐
C. 가끔 울고 싶다.	☐	☐
D. 집중력이 좋다.	☐	☐

04 나는 _____

	ㄱ	ㅁ
A. 기계를 조립하는 것을 좋아한다.	☐	☐
B. 집단에서 리드하는 역할을 맡는다.	☐	☐
C. 호기심이 많다.	☐	☐
D. 음악을 듣는 것을 좋아한다.	☐	☐

PART 5

05 나는 _____

	ㄱ	ㅁ
A. 타인을 늘 배려한다.	☐	☐
B. 감수성이 예민하다.	☐	☐
C. 즐겨하는 운동이 있다.	☐	☐
D. 일을 시작하기 전에 계획을 세운다.	☐	☐

06 나는 _____

	ㄱ	ㅁ
A. 타인에게 설명하는 것을 좋아한다.	☐	☐
B. 여행을 좋아한다.	☐	☐
C. 정적인 것이 좋다.	☐	☐
D. 남을 돕는 것에 보람을 느낀다.	☐	☐

07 나는 _____

	ㄱ	ㅁ
A. 기계를 능숙하게 다룬다.	☐	☐
B. 밤에 잠이 잘 오지 않는다.	☐	☐
C. 한 번 간 길을 잘 기억한다.	☐	☐
D. 불의를 보면 참을 수 없다.	☐	☐

08 나는 _____

	ㄱ	ㅁ
A. 종일 말을 하지 않을 때가 있다.	☐	☐
B. 사람이 많은 곳을 좋아한다.	☐	☐
C. 술을 좋아한다.	☐	☐
D. 휴양지에서 편하게 쉬고 싶다.	☐	☐

09 나는 _____

	ㄱ	ㅁ
A. 뉴스보다는 드라마를 좋아한다.	☐	☐
B. 길을 잘 찾는다.	☐	☐
C. 주말엔 집에서 쉬는 것이 좋다.	☐	☐
D. 아침에 일어나는 것이 힘들다.	☐	☐

10 나는 _____

	ㄱ	ㅁ
A. 이성적이다.	☐	☐
B. 할 일을 종종 미룬다.	☐	☐
C. 어른을 대하는 게 힘들다.	☐	☐
D. 불을 보면 매혹을 느낀다.	☐	☐

PART 5

11 나는 _____

	ㄱ	ㅁ
A. 상상력이 풍부하다.	☐	☐
B. 예의 바르다는 소리를 자주 듣는다.	☐	☐
C. 사람들 앞에 서면 긴장한다.	☐	☐
D. 친구를 자주 만난다.	☐	☐

12 나는 _____

	ㄱ	ㅁ
A. 나만의 스트레스 해소 방법이 있다.	☐	☐
B. 친구가 많다.	☐	☐
C. 책을 자주 읽는다.	☐	☐
D. 활동적이다.	☐	☐

04 | 면접전형 가이드

01 면접유형 파악

1. 면접전형의 변화

기존 면접전형에서는 일상적이고 단편적인 대화나 지원자의 첫인상 및 면접관의 주관적인 판단 등에 의해서 입사 결정 여부를 판단하는 경우가 많았습니다. 이러한 면접전형은 면접 내용의 일관성이 결여되거나 직무 관련 타당성이 부족하였고, 면접에 대한 신뢰도에 영향을 주었습니다.

기존 면접(전통적 면접)	능력중심 채용 면접(구조화 면접)

• 일상적이고 단편적인 대화
• 인상, 외모 등 외부 요소의 영향
• 주관적인 판단에 의존한 총점 부여
 	
⇩
 	
• 면접 내용의 일관성 결여
• 직무관련 타당성 부족
• 주관적인 채점으로 신뢰도 저하
	• 일관성
	  – 직무관련 역량에 초점을 둔 구체적 질문 목록
	  – 지원자별 동일 질문 적용
	• 구조화
	  – 면접 진행 및 평가 절차를 일정한 체계에 의해 구성
	• 표준화
	  – 평가 타당도 제고를 위한 평가 Matrix 구성
	  – 척도에 따라 항목별 채점, 개인 간 비교
	• 신뢰성
	  – 면접진행 매뉴얼에 따라 면접위원 교육 및 실습

(VS)

2. 능력중심 채용의 면접 유형

① 경험 면접
- 목적 : 선발하고자 하는 직무 능력이 필요한 과거 경험을 질문합니다.
- 평가요소 : 직업기초능력과 인성 및 태도적 요소를 평가합니다.

② 상황 면접
- 목적 : 특정 상황을 제시하고 지원자의 행동을 관찰함으로써 실제 상황의 행동을 예상합니다.
- 평가요소 : 직업기초능력과 인성 및 태도적 요소를 평가합니다.

③ 발표 면접
- 목적 : 특정 주제와 관련된 지원자의 발표와 질의응답을 통해 지원자 역량을 평가합니다.
- 평가요소 : 직무수행능력과 인지적 역량(문제해결능력)을 평가합니다.

④ 토론 면접
- 목적 : 토의과제에 대한 의견수렴 과정에서 지원자의 역량과 상호작용능력을 평가합니다.
- 평가요소 : 직무수행능력과 팀워크를 평가합니다.

1. 경험 면접

① 경험 면접의 특징
- 주로 직업기초능력에 관련된 지원자의 과거 경험을 심층 질문하여 검증하는 면접입니다.
- 직무능력과 관련된 과거 경험을 평가하기 위해 심층 질문을 하며, 이 질문은 지원자의 답변에 대하여 '꼬리에 꼬리를 무는 형식'으로 진행됩니다.

- 능력요소, 정의, 심사 기준
  - 평가하고자 하는 능력요소, 정의, 심사기준을 확인하여 면접위원이 해당 능력요소 관련 질문을 제시합니다.
- Opening Question
  - 능력요소에 관련된 과거 경험을 유도하기 위한 시작 질문을 합니다.
- Follow-up Question
  - 지원자의 경험 수준을 구체적으로 검증하기 위한 질문입니다.
  - 경험 수준 검증을 위한 상황(Situation), 임무(Task), 역할 및 노력(Action), 결과(Result) 등으로 질문을 구분합니다.

경험 면접의 형태

[면접관 1] [면접관 2] [면접관 3]   [면접관 1] [면접관 2] [면접관 3]

[지원자]   [지원자 1] [지원자 2] [지원자 3]

〈일대다 면접〉   〈다대다 면접〉

② 경험 면접의 구조

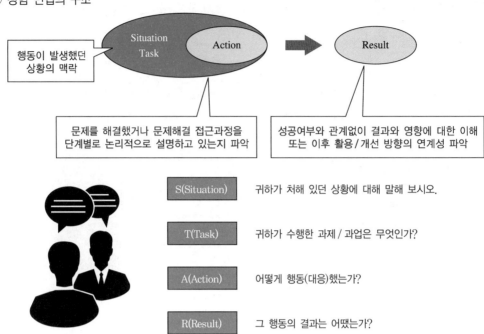

행동이 발생했던 상황의 맥락

문제를 해결했거나 문제해결 접근과정을 단계별로 논리적으로 설명하고 있는지 파악

성공여부와 관계없이 결과와 영향에 대한 이해 또는 이후 활용 / 개선 방향의 연계성 파악

S(Situation)   귀하가 처해 있던 상황에 대해 말해 보시오.

T(Task)   귀하가 수행한 과제 / 과업은 무엇인가?

A(Action)   어떻게 행동(대응)했는가?

R(Result)   그 행동의 결과는 어땠는가?

(   )에 관한 과거 경험에 대하여 말해 보시오.

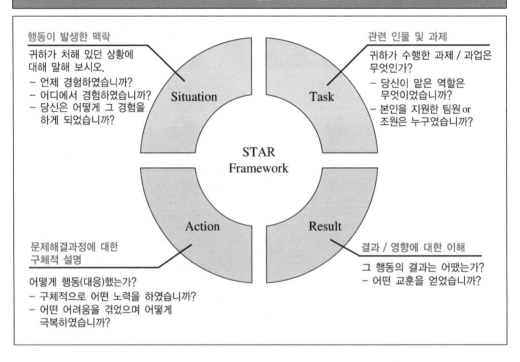

행동이 발생한 맥락
귀하가 처해 있던 상황에 대해 말해 보시오.
– 언제 경험하였습니까?
– 어디에서 경험하였습니까?
– 당신은 어떻게 그 경험을 하게 되었습니까?

관련 인물 및 과제
귀하가 수행한 과제 / 과업은 무엇인가?
– 당신이 맡은 역할은 무엇이었습니까?
– 본인을 지원한 팀원 or 조원은 누구였습니까?

문제해결과정에 대한 구체적 설명
어떻게 행동(대응)했는가?
– 구체적으로 어떤 노력을 하였습니까?
– 어떤 어려움을 겪었으며 어떻게 극복하였습니까?

결과 / 영향에 대한 이해
그 행동의 결과는 어땠는가?
– 어떤 교훈을 얻었습니까?

Situation   Task   Action   Result

STAR Framework

③ 경험 면접 질문 예시(직업윤리)

시작 질문	
1	남들이 신경 쓰지 않는 부분까지 고려하여 절차대로 업무(연구)를 수행하여 성과를 낸 경험을 구체적으로 말해 보시오.
2	조직의 원칙과 절차를 철저히 준수하며 업무(연구)를 수행한 것 중 성과를 향상시킨 경험에 대해 구체적으로 말해 보시오.
3	세부적인 절차와 규칙에 주의를 기울여 실수 없이 업무(연구)를 마무리한 경험을 구체적으로 말해 보시오.
4	조직의 규칙이나 원칙을 고려하여 성실하게 일했던 경험을 구체적으로 말해 보시오.
5	타인의 실수를 바로잡고 원칙과 절차대로 수행하여 성공적으로 업무를 마무리하였던 경험에 대해 말해 보시오.

후속 질문		
상황 (Situation)	상황	구체적으로 언제, 어디에서 경험한 일인가?
		어떤 상황이었는가?
	조직	어떤 조직에 속해 있었는가?
		그 조직의 특성은 무엇이었는가?
		몇 명으로 구성된 조직이었는가?
	기간	해당 조직에서 얼마나 일했는가?
		해당 업무는 몇 개월 동안 지속되었는가?
	조직규칙	조직의 원칙이나 규칙은 무엇이었는가?
임무 (Task)	과제	과제의 목표는 무엇이었는가?
		과제에 적용되는 조직의 원칙은 무엇이었는가?
		그 규칙을 지켜야 하는 이유는 무엇이었는가?
	역할	당신이 조직에서 맡은 역할은 무엇이었는가?
		과제에서 맡은 역할은 무엇이었는가?
	문제의식	규칙을 지키지 않을 경우 생기는 문제점 / 불편함은 무엇인가?
		해당 규칙이 왜 중요하다고 생각하였는가?
역할 및 노력 (Action)	행동	업무 과정의 어떤 장면에서 규칙을 철저히 준수하였는가?
		어떻게 규정을 적용시켜 업무를 수행하였는가?
		규정은 준수하는 데 어려움은 없었는가?
	노력	그 규칙을 지키기 위해 스스로 어떤 노력을 기울였는가?
		본인의 생각이나 태도에 어떤 변화가 있었는가?
		다른 사람들은 어떤 노력을 기울였는가?
	동료관계	동료들은 규칙을 철저히 준수하고 있었는가?
		팀원들은 해당 규칙에 대해 어떻게 반응하였는가?
		규칙에 대한 태도를 개선하기 위해 어떤 노력을 하였는가?
		팀원들의 태도는 당신에게 어떤 자극을 주었는가?
	업무추진	주어진 업무를 추진하는 데 규칙이 방해되진 않았는가?
		업무수행 과정에서 규정을 어떻게 적용하였는가?
		업무 시 규정을 준수해야 한다고 생각한 이유는 무엇인가?

결과 (Result)	평가	규칙을 어느 정도나 준수하였는가?
		그렇게 준수할 수 있었던 이유는 무엇이었는가?
		업무의 성과는 어느 정도였는가?
		성과에 만족하였는가?
		비슷한 상황이 온다면 어떻게 할 것인가?
	피드백	주변 사람들로부터 어떤 평가를 받았는가?
		그러한 평가에 만족하는가?
		다른 사람에게 본인의 행동이 영향을 주었다고 생각하는가?
	교훈	업무수행 과정에서 중요한 점은 무엇이라고 생각하는가?
		이 경험을 통해 느낀 바는 무엇인가?

2. 상황 면접

① 상황 면접의 특징

직무 관련 상황을 가정하여 제시하고 이에 대한 대응능력을 직무관련성 측면에서 평가하는 면접입니다.

- 상황 면접 과제의 구성은 크게 2가지로 구분
  - 상황 제시(Description) / 문제 제시(Question or Problem)
- 현장의 실제 업무 상황을 반영하여 과제를 제시하므로 직무분석이나 직무전문가 워크숍 등을 거쳐 현장성을 높임
- 문제는 상황에 대한 기본적인 이해능력(이론적 지식)과 함께 실질적 대응이나 변수 고려능력(실천적 능력) 등을 고르게 질문해야 함

상황 면접의 형태

[면접관 1]　[면접관 2]

[연기자 1]　[연기자 2]　　　　　　　[면접관 1]　[면접관 2]

[지원자]　　　　　　　[지원자 1]　[지원자 2]　[지원자 3]

〈시뮬레이션〉　　　　　　　〈문답형〉

② 상황 면접 예시

상황 제시	인천공항 여객터미널 내에는 다양한 용도의 시설(사무실, 통신실, 식당, 전산실, 창고 면세점 등)이 설치되어 있습니다.	실제 업무 상황에 기반함
	금년에 소방배관의 누수가 잦아 메인 배관을 교체하는 공사를 추진하고 있으며, 당신 은 이번 공사의 담당자입니다.	배경 정보
	주간에는 공항 운영이 이루어져 주로 야간에만 배관 교체 공사를 수행하던 중, 시공하 는 기능공의 실수로 배관 연결 부위를 잘못 건드려 고압배관의 소화수가 누출되는 사고가 발생하였으며, 이로 인해 인근 시설물에 누수에 의한 피해가 발생하였습니다.	구체적인 문제 상황
문제 제시	일반적인 소방배관의 배관연결(이음)방식과 배관의 이탈(누수)이 발생하는 원인 에 대해 설명해 보시오.	문제 상황 해결을 위한 기본 지식 문항
	담당자로서 본 사고를 현장에서 긴급히 처리하는 프로세스를 제시하고, 보수완료 후 사후적 조치가 필요한 부분 및 재발방지 방안에 대해 설명해 보시오.	문제 상황 해결을 위한 추가 대응 문항

3. 발표 면접

① 발표 면접의 특징
- 직무관련 주제에 대한 지원자의 생각을 정리하여 의견을 제시하고, 발표 및 질의응답을 통해 지원자의 직무능력을 평가하는 면접입니다.
- 발표 주제는 직무와 관련된 자료로 제공되며, 일정 시간 후 지원자가 보유한 지식 및 방안에 대한 발표 및 후속 질문을 통해 직무적합성을 평가합니다.

- 주요 평가요소
  - 설득적 말하기 / 발표능력 / 문제해결능력 / 직무관련 전문성
- 이미 언론을 통해 공론화된 시사 이슈보다는 해당 직무분야에 관련된 주제가 발표면접의 과제로 선정되는 경우가 최근 들어 늘어나고 있음
- 짧은 시간 동안 주어진 과제를 빠른 속도로 분석하여 발표문을 작성하고 제한된 시간 안에 면접관에게 효과적인 발표를 진행하는 것이 핵심

발표 면접의 형태

[면접관 1]　[면접관 2]

[면접관 1]　[면접관 2]

[지원자]

〈개별 과제 발표〉

[지원자 1]　[지원자 2]　[지원자 3]

〈팀 과제 발표〉

※ 면접관에게 시각적 효과를 사용하여 메시지를 전달하는 쌍방향 커뮤니케이션 방식
※ 심층면접을 보완하기 위한 방안으로 최근 많은 기업에서 적극 도입하는 추세

② 발표 면접 예시

1. 지시문

> 당신은 현재 A사에서 직원들의 성과평가를 담당하고 있는 팀원이다. 인사팀은 지난주부터 사내 조직문화관련 인터뷰를 하던 도중 성과평가제도에 관련된 개선 니즈가 제일 많다는 것을 알게 되었다. 이에 팀장님은 인터뷰 결과를 종합하려 성과평가제도 개선 아이디어를 A4용지에 정리하여 신속 보고할 것을 지시하셨다. 당신에게 남은 시간은 1시간이다. 자료를 준비하는 대로 당신은 팀원들이 모인 회의실에서 5분 간 발표할 것이며, 이후 질의응답을 진행할 것이다.

2. 배경자료

> <성과평가제도 개선에 대한 인터뷰>
>
> 최근 A사는 회사 사세의 급성장으로 인해 작년보다 매출이 두 배 성장하였고, 직원 수 또한 두 배로 증가하였다. 회사의 성장은 임금, 복지에 대한 상승 등 긍정적인 영향을 주었으나 업무의 불균형 및 성과보상의 불평등 문제가 발생하였다. 또한 수시로 입사하는 신입직원과 경력직원, 퇴사하는 직원들까지 인원들의 잦은 변동으로 인해 평가해야 할 대상이 변경되어 현재의 성과평가제도로는 공정한 평가가 어려운 상황이다.
>
> [생산부서 김상호]
> 우리 팀은 지난 1년 동안 생산량이 급증했기 때문에 수십 명의 신규인력이 급하게 채용되었습니다. 이 때문에 저희 팀장님은 신규 입사자들의 이름조차 기억 못할 때가 많이 있습니다. 성과평가를 제대로 하고 있는지 의문이 듭니다.
>
> [마케팅 부서 김흥민]
> 개인의 성과평가의 취지는 충분히 이해합니다. 그러나 현재 평가는 실적기반이나 정성적인 평가가 많이 포함되어 있어 객관성과 공정성에는 의문이 드는 것이 사실입니다. 이러한 상황에서 평가제도를 재수립하지 않고, 인센티브에 계속 반영한다면, 평가제도에 대한 반감이 커질 것이 분명합니다.
>
> [교육부서 홍경민]
> 현재 교육부서는 인사팀과 밀접하게 일하고 있습니다. 그럼에도 인사팀에서 실시하는 성과평가제도에 대한 이해가 부족한 것 같습니다.
>
> [기획부서 김경호 차장]
> 저는 저의 평가자 중 하나가 연구부서의 팀장님인데, 일 년에 몇 번 같이 일하지 않는데 어떻게 저를 평가할 수 있을까요? 특히 연구팀은 저희가 예산을 배정하는데, 저에게는 좋지만….

4. 토론 면접

① 토론 면접의 특징
- 다수의 지원자가 조를 편성해 과제에 대한 토론(토의)을 통해 결론을 도출해가는 면접입니다.
- 의사소통능력, 팀워크, 종합인성 등의 평가에 용이합니다.

> - 주요 평가요소
>   - 설득적 말하기, 경청능력, 팀워크, 종합인성
> - 의견 대립이 명확한 주제 또는 채용분야의 직무 관련 주요 현안을 주제로 과제 구성
> - 제한된 시간 내 토론을 진행해야 하므로 적극적으로 자신 있게 토론에 임하고 본인의 의견을 개진할
>   수 있어야 함

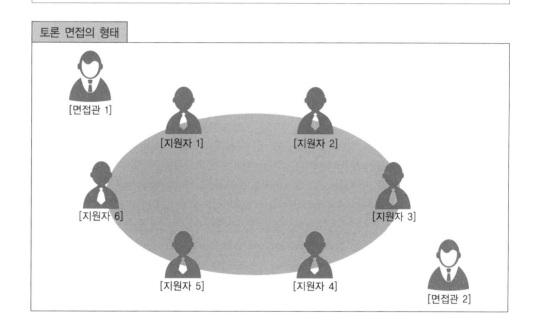

토론 면접의 형태

[면접관 1]
[지원자 1]
[지원자 2]
[지원자 6]
[지원자 3]
[지원자 5]
[지원자 4]
[면접관 2]

② 토론 면접 예시

고객 불만 고충처리

1. 들어가며

최근 우리 상품에 대한 고객 불만의 증가로 고객고충처리 TF가 만들어졌고 당신은 여기에 지원해 배치받았다. 당신의 업무는 불만을 가진 고객을 만나서 애로사항을 듣고 처리해 주는 일이다. 주된 업무로는 고객의 니즈를 파악해 방향성을 제시해 주고 그 해결책을 마련하는 일이다. 하지만 경우에 따라서 고객의 주관적인 의견으로 인해 제대로 된 방향으로 의사결정을 하지 못할 때가 있다. 이럴 경우 설득이나 논쟁을 해서라도 의견을 관철시키는 것이 좋을지 아니면 고객의 의견대로 진행하는 것이 좋을지 결정해야 할 때가 있다. 만약 당신이라면 이러한 상황에서 어떤 결정을 내릴 것인지 여부를 자유롭게 토론해 보시오.

2. 1분 자유 발언 시 준비사항

• 당신은 의견을 자유롭게 개진할 수 있으며 이에 따른 불이익은 없습니다.
• 토론의 방향성을 이해하고, 내용의 장점과 단점이 무엇인지 문제를 명확히 말해야 합니다.
• 합리적인 근거에 기초하여 개선방안을 명확히 제시해야 합니다.
• 제시한 방안을 실행 시 예상되는 긍정적·부정적 영향요인도 동시에 고려할 필요가 있습니다.

3. 토론 시 유의사항

• 토론 주제문과 제공해드린 메모지, 볼펜만 가지고 토론장에 입장할 수 있습니다.
• 사회자의 지정 또는 발표자가 손을 들어 발언권을 획득할 수 있으며, 사회자의 통제에 따릅니다.
• 토론회가 시작되면, 팀의 의견과 논거를 정리하여 1분간의 자유발언을 할 수 있습니다. 순서는 사회자가 지정합니다. 이후에는 자유롭게 상대방에게 질문하거나 답변을 하실 수 있습니다.
• 핸드폰, 서적 등 외부 매체는 사용하실 수 없습니다.
• 논제에 벗어나는 발언이나 지나치게 공격적인 발언을 할 경우, 위에서 제시한 유의사항을 지키지 않을 경우 불이익을 받을 수 있습니다.

1. 면접 Role Play 편성

- 교육생끼리 조를 편성하여 면접관과 지원자 역할을 교대로 진행합니다.
- 지원자 입장과 면접관 입장을 모두 경험해 보면서 면접에 대한 적응력을 높일 수 있습니다.

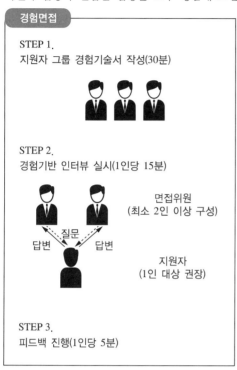

경험면접

STEP 1.
지원자 그룹 경험기술서 작성(30분)

STEP 2.
경험기반 인터뷰 실시(1인당 15분)

질문

면접위원
(최소 2인 이상 구성)

답변   답변

지원자
(1인 대상 권장)

STEP 3.
피드백 진행(1인당 5분)

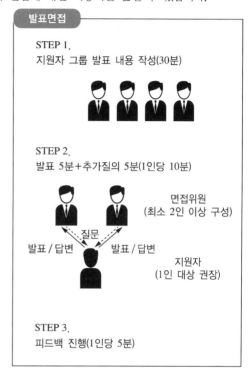

발표면접

STEP 1.
지원자 그룹 발표 내용 작성(30분)

STEP 2.
발표 5분+추가질의 5분(1인당 10분)

질문

면접위원
(최소 2인 이상 구성)

발표 / 답변   발표 / 답변

지원자
(1인 대상 권장)

STEP 3.
피드백 진행(1인당 5분)

PART 5

> **Tip**
>
> 면접 준비하기
> 1. 면접 유형 확인 필수
>   - 기업마다 면접 유형이 상이하기 때문에 해당 기업의 면접 유형을 확인하는 것이 좋음
>   - 일반적으로 실무진 면접, 임원면접 2차례에 거쳐 면접을 실시하는 기업이 많고 실무진 면접과 임원 면접에서 평가요소가 다르기 때문에 유형에 맞는 준비방법이 필요
> 2. 후속 질문에 대한 사전 점검
>   - 블라인드 채용 면접에서는 주요 질문과 함께 후속 질문을 통해 지원자의 직무능력을 판단
>   → STAR 기법을 통한 후속 질문에 미리 대비하는 것이 필요

05 | 발전회사별 면접 기출질문

01 한국남동발전

1. 토론면접

- 신재생에너지의 과부화에 대한 해결 방안을 말해 보시오.
- 본인의 강점에 대해 말해 보시오.
- 업무 수행 시 팀원이 협조적이지 않을 때 어떻게 행동해야 할지 말해 보시오.
- 최근 남동발전 기사를 접해본 적이 있는가? 있다면 어떤 기사를 읽어 보았는지 말해 보시오.
- 새로운 기술을 도입하여 실무에 적용시켜 본 적이 있는가?
- 공기업으로서 남동발전이 지켜야 할 덕목에 대해 말해 보시오.
- 스스로 원칙을 지킨 경험이 있는가? 있다면 그 경험에 대해 말해 보시오.
- 남동발전이 추진 중인 사업이나 현재 이슈에 대해 하나를 말하고, 이에 대한 본인의 생각을 말해 보시오.
- 남동발전이 현재 사회에 기여하고 있는 활동에 대해 알고 있는 것이 있다면 말해 보시오.
- 태양광 발전소 건립에 대한 주민의 반대에 관해 토론해 보시오.
- 바이오매스 발전의 효용성에 대해 토론해 보시오.
- 국가 간 계통 연결에 대해 토론해 보시오.
- 노후화된 화력발전소를 적절하게 운영·관리할 방법을 찾아보시오.
- 육아정책이 현재 적용되고 있다. 앞으로 한국남동발전은 어떤 방향으로 육아정책을 발전해 나가야겠는가?
- 고졸채용 확대로 인한 역차별에 대해 토론해 보시오.
- 병역기피 현상을 근절할 수 있는 해결방안에 대해 토론해 보시오.
- 남자들의 육아휴직에 대한 회사의 입장에 대해 토론해 보시오.
- 청년실업과 고령자의 고용확대 방안에 대해 토론해 보시오.
- 산업개발과 환경보존의 공존 방안에 대해 토론해 보시오.
- 공기업 본사의 지방이전에 따른 지역균형개발의 영향에 대해 토론해 보시오.

2. 역량면접

- 여러 발전사 중 한국남동발전에 지원한 이유를 설명해 보시오.
- 4차 산업혁명에서 한국남동발전이 나아가야 할 방향에 대해 말해 보시오.
- 자신의 단점과 그것을 극복하기 위해 자신이 한 노력은 무엇인가?
- 일을 처리할 때 자신만의 프로세스가 있다면 무엇인가?
- 다른 사람과의 갈등을 해결하는 자신만의 방법과 사례를 말해 보시오.
- 여러 업무를 처리할 때 업무의 우선 순위를 정하는 기준은 무엇인가?
- 한국남동발전의 최근 이슈에 대해 말해 보시오.
- 어떤 일에 몰입한 경험에 대해 말해 보시오.
- 문제를 해결한 경험에 대해 말해 보시오.
- 남들보다 특출난 강점이 무엇인가?
- 마지막으로 하고 싶은 말이 있으면 말해 보시오.
- 남들이 피하는 일을 먼저 나서서 성공한 일이 있는가? 만일 그때로 돌아간다면 어떻게 행동할 것인가?
- 커뮤니케이션을 실패한 경험에 대해 말해 보시오.
- 실수하여 팀에 문제를 일으킨 경험에 대해 말해 보시오.
- 현재 한국남동발전의 상황과 그 해결책에 대해 말해 보시오.
- 한국남동발전에 지원한 이유가 무엇인가?
- 화학직무에서 어떤 일을 할 것 같은가?
- 대인관계에서 스트레스를 받을 때 어떤 식으로 풀어나가는가?
- 한국남동발전의 비전을 제시하고 그 비전에 자신이 어떻게 기여할 것인지 말해 보시오.
- 한국남동발전이 타 에너지 기업과 비교하여 가지고 있는 강점은 무엇이라고 생각하는가?
- 한정된 자원을 잘 활용하여 좋은 결과를 냈던 경험을 간단히 말해 보시오.
- 남에게 부탁을 할 때 나만의 노하우는 무엇인가?
- 한국남동발전에 대하여 아는 대로 말해 보시오.
- 2차 필기시험을 준비하면서 어려웠던 점과 시험에서 개선할 점을 말해 보시오.
- 회사에 들어오면 회사사람들과 잘 어울리기 위해 가장 중요하다고 생각하는 3가지가 무엇인가?
- 한국남동발전에 들어오기 위해 무엇을 준비했는가?
- 스마트 그리드에 관해서 아는 대로 말해 보시오.
- 자소서 이외에 자신의 장점을 어필해 보시오.
- 최근 이슈에 관해서 아는 것이 있는가?
- 팀이 소통하기 위해서는 어떻게 해야 된다고 생각하는가?
- 전자공학과인데 왜 전기직을 선택했는가?
- 첫 월급을 받으면 무엇을 하겠는가?
- 타학과인데 왜 전기직을 선택했는가?

1. 실무진면접

- 에너지 산업의 이슈에 대해 알고 있는가?
- 한국남부발전에 대해 아는 대로 말해 보시오.
- 귀하가 한국남부발전에 입사한다면 어떤 성과를 기여할 수 있는지 설명해 보시오.
- 발전소 안전 관리가 어려운 이유를 설명해 보시오.
- 귀하가 한국남부발전에 궁금했던 점을 질문해 보시오.
- 가장 힘들었던 경험과 그때 얻은 교훈은 무엇인가?
- 전공과 관련하여 더 나은 결과를 얻기 위해 노력한 경험에 대해 말해 보시오.
- 발전소 열 효율과 열 이용률 향상에 대해 전문적인 지식을 가지고 있는가?
- 미세먼지의 원인이 무엇이라고 생각하는가?
- 직무관련 경험에 대해 말해 보시오.
- 직무와 관련하여 어떠한 성과와 능력을 발휘할 수 있는가?
- 상사가 꾸짖는다면 어떻게 대처하겠는가?
- 본인의 단점 두 가지를 말해 보시오.
- 본인의 강점은 무엇인가?
- 한국남부발전 취업을 위해 특별히 준비한 것은 무엇인가?
- 공기업 입사를 희망하는 이유는 무엇인가?
- 왜 굳이 한국남부발전인가?
- 컴퓨터 프로그램을 능숙하게 다룰 수 있는가?
- 상사의 부정을 보았다면 어떻게 하겠는가?
- 본인이 스스로 평가하기에 성실한 성격인가?
- 어떤 지식을 가지고 있으며, 어떤 직무를 원하는가?
- 어떤 일을 하면서 시간이 촉박하거나 예산이나 관련 지식이 부족했는데 이를 해결한 경험이 있는가?
- 스스로가 부끄러웠던 경험에 대해 말해 보시오.
- 입사하게 된다면 1주일 동안 무엇을 하겠는가?
- 상사, 동료, 후배와 사이가 안 좋다면 어떻게 할 것인가?
- 회사에 들어오기 위해서 무엇을 준비했는가?
- 마지막으로 하고 싶은 말을 해 보시오.
- 댐 건설 시 고려해야 하는 사항을 말해 보시오.
- 발전소 건설을 위한 지반고는 어떤 방식으로 정해지는지 아는가?
- 콘크리트를 배합할 때 시멘트 양의 산정 기준은 무엇인지 말해 보시오.
- 기능상에 문제는 없지만 설계와 시공이 다르다면 어떻게 하겠는가?
- 해외에서 본 특이한 토목 구조물이 있는가? 있다면 그 구조물을 보고 느낀 점을 말해 보시오.

2. 집단토론

- 4차 산업혁명을 이용하여 발전소의 사고·사망재해를 줄이는 방안에 대해 토의해 보시오.
- 화학물질 안전 관리 방안에 대해 토론해 보시오.
- 리스크와 가능성이 다른 국가에 진출할 순위를 정해 보시오.
- 우리 회사의 민영화를 찬성과 반대 입장에서 토론해 보시오.

3. PT면접

- 태양광발전사업 확대를 위한 방안을 전기 직무와 결합시켜 말해 보시오.
- 발전소 도입방안에 예상되는 문제점을 발표해 보시오.
- 발전소의 사고·사망재해를 줄일 수 있는 실질적인 제도적 방안을 발표해 보시오.
- 고령 노동자 교육방안에 대한 귀하의 생각을 말해 보시오.
- PDCA에 대해 아는 대로 말해 보시오.
- 분권화 방식에 따른 특징과 내용을 발표해 보시오.
- 현재 환경문제의 원인으로 화력발전소가 지목되고 있다. 이에 대한 귀하의 생각을 말해 보시오.
- 지역 주민과의 갈등을 해결할 수 있는 방안에 대해 발표해 보시오.
- 주52시간제 도입에 따른 대응방안을 발표해 보시오.
- 업무협의제와 스마트워크의 전제요소에 대해 말해 보시오.
- 친환경 발전소를 활성화하기 위한 방안을 말해 보시오.
- 일자리 창출방안에 대해 말해 보시오.
- 부서에서 어떠한 사람이 되고 싶은지 말해 보시오.
- DR시장의 적용 및 활성화 방안을 제시해 보시오.
- 미세먼지 저감을 위한 대책을 발표해 보시오.
- 도심형 신재생에너지발전소에 대해 발표해 보시오.
- 노후화 발전소에 대해 발표해 보시오.
- 빅데이터 활용방안에 대해서 발표해 보시오.
- 친환경건축에 대해서 발표해 보시오.
- 한국남부발전의 해외 진출 방안에 대해서 발표해 보시오.

4. 경영진면접

- 팀 프로제트 시 시간관리 차원에서 본인의 역할이 무엇이라고 생각하는가?
- 지원 분야 관련 자격증이나 경험이 있는가? 있다면 말해 보시오.
- 시간관리를 어떻게 하는지 말해 보시오.
- 한국남부발전에 입사한다면 가장 하고 싶은 일이 무엇인가?
- 한국남부발전에서 하는 일에 대해 말해 보시오.
- 상사의 부정에 어떻게 대처하겠는가?
- 자신의 강점과 그것을 바탕으로 한국남부발전에 기여할 방안에 대하여 말해 보시오.
- 한국남부발전의 강점에 대하여 말해 보시오.
- 한국남부발전에 입사한다면 어떤 일을 하고 싶은지 말해 보시오.
- 자신의 태도 중 반드시 고치고 싶은 것은 무엇인지 말해 보시오.
- 회사 업무를 잘하기 위해서 어떤 것이 필요하다고 생각하는가?
- 싫어하는 사람과 함께 일하게 된다면 어떻게 대처할 것인가?
- 다수결 방식에 의해 피해를 입은 사례에 대해 말해 보시오.
- 민주주의에서 가장 중요한 것은 무엇이라고 생각하는가?
- 순환근무에 대해 어떻게 생각하는가?
- 조직 분위기가 좋지 않을 때 어떻게 바꾸겠는가?

03　한국동서발전

1. 1차 면접(직무역량면접) : 직무구술면접, 직무PT토론면접

(1) 직무구술면접

- 지원한 직무에 관심을 가진 계기에 대해 말해 보시오.
- 환경 문제에 대하여 알고 있는가?
- 한국동서발전이 추진하는 사업에 대하여 아는 것이 있는가?
- 전기가 생산되는 과정을 설명하시오.
- 지원자는 어떠한 상사가 될 것 같은가?
- 회사 업무와 회사 교육이 겹쳐 둘 중 하나를 선택해야 한다면 어떻게 하겠는가?
- 오지에서 직원들을 적응시키기 위한 회사의 방안은 어떤 것이 있겠는가?
- 집단에서 갈등을 해결한 경험이나 배려를 한 경험 또는 배려를 받은 경험에 대해 말해 보시오.
- 동서발전에서 추진할만한 신재생에너지에 대해 본인의 경험을 연관 지어 설명해 보시오.
- 회사의 비전, 미션에 대해 알고 있는가?
- 한국동서발전에 대해 아는 대로 말해 보시오.
- 입사하면 어떤 일을 할 것 같은가?

(2) 직무PT토론면접

- 페미니즘에 대해 토론해 보시오.
- 보호무역주의와 자유무역주의에 대해 토론해 보시오.
- 사내소통방안에 대해 토론해 보시오.
- 더 이상 한반도가 지진 안전지대가 아니라는데 어떻게 발전소 주변의 지역 주민들의 신뢰를 얻을 것인가?
- 당진 발전소 주민 반대를 설득할 방안을 구해 보시오.
- (설계수명, 경제수명, 전문가 의견, 발전설비 교체비용 추세 등에 관한 자료를 주고) 노후화된 발전 시설에서 고장 부품을 교체해야 하는데 일부만 교체할 것인가, 전량 교체할 것인가?
- B사에서 바이오에너지 발전소를 만들 예정이다. 우리 회사는 중소기업과 상생을 추구하고 있다. 분할발주를 하려고 하니 업무가 폭증할 것이라 예상된다. 하지만 일괄발주를 하게 되면 대기업에게 이익이 가기 때문에 B사가 추구하는 상생과 맞지 않는다. 어떤 방식의 발주가 좋을지 아이디어를 내보시오.
- 풍력발전소 건설지역의 주민들에게 찬성을 이끌어낼 수 있는 발표 자료를 꾸며 보시오.
- 태양전지를 서울의 2배 면적만 한 공간에 설치하려는 사업계획을 발표하려고 한다. 공간 문제를 어떤 방법으로 해결해서 사업제안을 해야 할지에 대한 아이디어를 내보시오.
- 당신은 해외봉사활동 조직의 일원인데 대기업들의 해외원조를 이끌어내고자 한다. 적절한 설득 방법을 말해 보시오.

2. 2차 면접(인성면접) : 인성면접

- 리더가 좋은가, 멤버가 좋은가?
- 지원자의 미래 목표는 무엇인가?
- 타인과의 갈등을 해결한 경험에 대하여 말해 보시오.
- 팀 프로젝트를 진행하면서 가장 힘들었던 것은 무엇이었는가?
- 다른 사람과 협력한 경험에 대하여 말해 보시오.
- 다른 사람을 배려한 경험에 대하여 말해 보시오.
- 한국동서발전에 대하여 알고 있는 것을 모두 말해 보시오.
- 한국동서발전에 지원하게 된 이유가 무엇인가?
- 자신의 장단점에 대해 말해 보시오.
- 고난을 극복해 본 경험을 말해 보시오.
- 자신의 단점과 그에 대한 에피소드에 대해 말해 보시오.
- 고난을 극복해 본 경험을 말해 보시오.
- 자신의 단점과 그에 대한 에피소드에 대해 말해 보시오.
- 어떤 상황에서도 무단횡단을 하지 않는가?
- 학창시절 부러웠던 친구가 있는가?
- 열정을 쏟았던 경험과 그 경험으로 얻은 것에 대해 말해 보시오.
- 한국동서발전에 본인이 기여할 수 있는 점이 무엇인가?
- 단기적 혹은 장기적인 목표에 관해 말해 보시오.
- 지금까지 힘들었던 점을 극복한 사례를 말해 보시오.

- 열정적으로 한 일에 대해 설명해 보시오.
- 본인 성격의 장단점을 말해 보시오.
- 돈, 명예, 일 중에서 하나를 선택하라면 무엇을 선택할 것인가?
- 로또에 당첨된다면 어떻게 사용할 것인가?
- 한국동서발전에서 비윤리적 요소가 있는 프로젝트를 진행하게 된다면 어떻게 할 것인가?
- 만약 원하지 않는 직무로 배치된다면 어떻게 할 것인가?
- 순환근무에 대해 어떻게 생각하는가?

04 한국서부발전

1. 개별인터뷰(인성면접)

- 신재생에너지에 관한 경험이나 경력이 있다면 말해 보시오.
- 신재생에너지의 단점을 제시해 보시오.
- 탈원전에 대한 귀하의 생각을 말해 보시오.
- 한국서부발전에 대해 아는 대로 말해 보시오.
- 대학 때 참여했던 동아리에서 맡았던 역할이 무엇인지 설명해 보시오.
- 업무를 수행하는 중 취약점 발생 시 어떻게 해결할 것인지 말해 보시오.
- 본인 성격의 장단점에 대해 말해 보시오.
- 업무를 위해 준비해 온 것에 대해 말해 보시오.
- 워킹 홀리데이를 한 이유가 무엇인가?
- 협업했던 경험에 대해 말해 보시오.
- 다른 지원자들과 차별화되는 강점은 무엇인가?
- 대학 졸업 후 무엇을 하였는가?
- 입사한다면 어떤 업무를 하고 싶은가?
- 자신의 장점이 회사에 어떻게 작용할 수 있겠는가?
- 가장 어려웠던 일과 느낀 점은 무엇인가?
- 가장 즐거웠던 경험, 슬펐던 경험에 대해 말해 보시오.
- 어려운 일을 극복해 보았는가?
- 조직생활을 잘 하는가?
- 태안에서 근무해야 한다면 살 수 있는가?
- 한국서부발전 지원동기에 대해서 말해 보시오.
- 자신이 가장 성취했던 경험에 대해서 말해 보시오.
- 평소에 시간관리 방법에 대해 말해 보시오.
- 상사가 부당한 지시를 시킨다면 어떻게 하겠는가?
- 메르스 사태에 관해서 아는 것이 있는가?
- CSR에 대해 설명해 보시오.

- 조직에서 본인이 노력을 해서 성과를 낸 경험을 말해 보시오.
- 기존의 조직 관행 중 본인이 노력해서 바꾼 경험을 말해 보시오.
- 렌츠의 법칙에 대해 말해 보시오.
- 유도 전동기와 동기 전동기의 차이를 말해 보시오.
- 페러데이의 법칙에 대해 설명해 보시오.
- 업무에 적용 가능한 자신만의 강점을 말해 보시오.
- 특기는 무엇이고 업무에 어떻게 적용할 것인가?

2. 직무상황면접(그룹면접)

- 급수펌프에서 이상진동이 발생되었다. 원인과 해결방안은 무엇인가?
- 상사가 부당한 지시를 내리면 어떻게 할 것인가?
- 경영평가를 위해 ○○항목을 평가하는데 추가해야 할 평가항목은 무엇인가?

05 한국중부발전

1. PT면접 / 토론면접

- 한국중부발전이 나아가야 할 방안에 대해 말해 보시오.
- 그린뉴딜에 대해 발표해 보시오.
- 새로운 에너지(신재생에너지) 패러다임을 맞이해 공사의 추구방향, 전략을 제시해 보시오.
- 신재생에너지를 활용한 비즈니스 모델을 제시해 보시오.
- 사내 스마트워크의 실행과 관련한 이슈의 해결방안을 제시해 보시오.
- 발전기 용접부에 누수가 발생하였는데 원인은 무엇이고, 누수를 방치한다면 어떤 문제점이 생기는지에 대해 발표해 보시오.
- 발전소 보일러 효율 저하 원인 점검사항에 대해 말해 보시오.
- 보일러 효율을 높이는 방안에 대해 말해 보시오.
- 친환경정책과 관련된 정부정책을 연관 지어 한국중부발전이 나아가야 할 방향을 토론해 보시오.
- 발전소 부산물의 재활용 방안을 제시해 보시오.
- 미세먼지 감소대책에 대해 토론해 보시오.
- 신재생에너지와 화력 발전소에 대한 미래 방향에 대해 발표해 보시오.
- 한국중부발전의 발전소 안전사고 방지를 위한 대책에 대해 발표해 보시오.
- 중부발전의 마이크로그리드 사업방안을 제시해 보시오.

2. 인성면접

- 한국중부발전에 지원한 동기를 말해 보시오.
- 발전업에 관심을 가지게 된 계기를 말해 보시오.
- 가장 싫어하는 소통 방식의 유형은 무엇인가?
- 발전소에서 문제가 발생했을 때, 귀하는 어떻게 처리할 것인지 말해 보시오.
- 리더십을 발휘한 경험이 있는가?
- 존경하는 상사가 있는가? 그 상사의 단점은 무엇이고, 귀하에게 동일한 단점이 있다면 이를 어떻게 극복할 것인가?
- 고령의 현직자, 협력업체의 베테랑과의 갈등을 극복하는 노하우를 말해 보시오.
- 협력 업체와의 갈등을 어떻게 해결하겠는가?
- 업무별로 귀하가 해당 업무에 적합한 인재인 이유를 설명해 보시오.
- 조직생활에서 중요한 것은 전문성인가 조직 친화력인가?
- 개인의 경험을 토대로 근무에 있어 무엇을 중요하게 생각하는가?
- 상사가 부당한 지시를 할 경우 어떻게 할 것인가?
- 갈등이 생겼던 사례를 말하고, 어떻게 해결하였는지 말해 보시오.
- 여러 사람과 협업하여 업무 처리한 경험과 협업 시 생긴 갈등을 어떻게 해결하였는지 말해 보시오.
- 현 직장에서 이직하려는 이유가 중부발전에서도 똑같이 발생한다면 어떻게 하겠는가?
- CPA를 하다가 포기했는데 입사 후에 기회가 되면 다시 준비할 것인가?
- 귀하는 교대근무 상세 일정을 작성하는 업무를 담당하고 있다. A선배가 편한 시간대에 근무 배치를 요구할 때, 귀하는 어떻게 대처하겠는가?(A선배를 편한 시간대에 근무 배치할 때, 후배 사원인 C와 D가 상대적으로 편하지 않은 시간대에 근무를 하게 된다)
- 본인의 장단점에 대해 말해 보시오.
- 우리나라 대학생들이 책을 잘 읽지 않는다는 통계가 있다. 본인이 일 년에 읽는 책의 권수와 최근 가장 감명 깊게 읽은 책을 말해 보시오.
- 이전 직장에서 가장 힘들었던 점은 무엇인가?
- 친구랑 크게 싸운 적이 있는가?
- 노력했던 경험에는 어떤 것이 있는가?
- 한국중부발전의 장단점에 대해 말해 보시오.
- 갈등 상황이 생길 때 어떻게 대처할 것인지 말해 보시오.
- 한국중부발전을 30초 동안 홍보해 보시오.
- 대학 때 인사 관련 활동을 열심히 한 것 같은데, 인사부서에 가면 무엇을 할 것인가?
- 노무부서가 뭘 하는 곳인지 아는가?
- 업무를 진행하는 데 있어 가장 중요한 자세는 무엇이라고 생각하는가?
- 한국중부발전과 관련된 기사에 대해 말해 보시오.
- 여러 발전사가 존재하는 데 왜 꼭 한국중부발전인가?
- 자신이 부족하다고 느껴 무엇인가를 준비하고 공부해 해결해낸 경험이 있는가?
- 입사 10년 후 자신의 모습에 대해 말해 보시오.
- 노조에 대해 어떻게 생각하는가?
- 마지막으로 하고 싶은 말을 해 보시오.

- 삶을 살면서 친구들의 영향도 많이 받지만 부모님의 영향도 많이 받는다. 부모님으로부터 어떤 영향을 받았으며 지금 자신의 삶에 어떻게 나타나는지 말해 보시오.
- 살면서 실패의 가장 쓴맛을 본 경험을 말해 보시오.
- 가정에는 가훈이 있다. 본인의 가훈에 대해 말해 보시오.
- 본인이 어려움을 겪었을 때 다른 사람의 도움으로 극복한 사례를 말해 보시오.
- 자신이 한국중부발전의 팀장이며, 10명의 부하직원이 있다면 어떻게 팀을 이끌겠는가?

"오늘 당신의 노력은 아름다운 꽃의 물이 될 것입니다."

그러나, 이 꽃을 볼 때 사람들은 이 꽃의 아름다움과 향기만을 사랑하고 칭찬하였지, 이 꽃을 그렇게 아름답게 어여쁘게 만들어 주는 병 속의 물은 조금도 생각지 않는 것이 보통입니다.

만일 이 꽃병 속에 들어 있는 물을 죄다 쏟아 버리고 빈 병에다 이 꽃을 꽂아 보십시오.

아무리 아름답고 어여쁜 꽃이기로서니 단 한 송이의 꽃을 피울 수 있으며, 단 한 번이라도 꽃 향기를 날릴 수 있겠습니까?

우리는 여기서 아무리 본바탕이 좋고 아름다운 꽃이라도 보이지 않는 물의 숨은 힘이 없으면 도저히 그 빛과 향기를 자랑할 수 없는 것을 알았습니다.

– 방정환의 「우리 뒤에 숨은 힘」 중 –

현재 나의 실력을 객관적으로 파악해 보자!

모바일 OMR
답안채점 / 성적분석 서비스

도서에 수록된 모의고사에 대한 객관적인 결과(정답률, 순위)를 종합적으로 분석하여 제공합니다.

OMR 입력

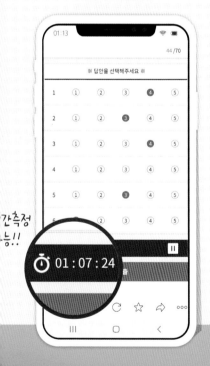

성적분석

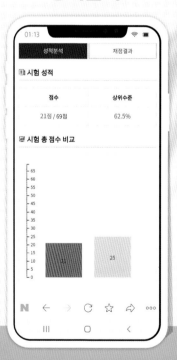

채점결과

※OMR 답안채점 / 성적분석 서비스는 등록 후 30일간 사용 가능합니다.

참여방법

 도서 내 모의고사 우측 상단에 위치한 QR코드 찍기 → 로그인 하기 → '시작하기' 클릭 → '응시하기' 클릭 → 나의 답안을 모바일 OMR 카드에 입력 → '성적분석 & 채점결과' 클릭 → 현재 내 실력 확인하기

SD에듀

2024 최신판

5대 발전회사

통합편

정답 및 해설

발전회사별
최신 출제
경향 반영

2023년 공기업 기출복원문제

NCS 출제유형 + 전공 + 한국사

모의고사 5회

누적 판매량
1위
기업별 NCS
시리즈

합격의 별을
따자

안심도서
항균 99.9%

SDC
SDC는 SD에듀 데이터 센터의 약자로
약 30만 개의 NCS · 적성 문제 데이터를
바탕으로 최신 출제경향을 반영하여
문제를 출제합니다.

SD에듀
(주)시대고시기획

Add+

합격의 공식 SD에듀 www.sdedu.co.kr

특별부록

01 | 2023년 주요 공기업
NCS 기출복원문제

01	02	03	04	05	06	07	08	09	10	11	12	13	14	15	16	17	18	19	20
⑤	⑤	④	④	②	⑤	④	①	②	④	④	①	④	③	③	③	③	④	①	④
21	22	23	24	25	26	27	28	29	30	31	32	33	34	35	36	37	38	39	40
⑤	②	④	④	①	⑤	④	②	④	⑤	③	③	②	①	③	③	②	④	②	⑤
41	42	43	44	45	46	47	48	49	50										
④	④	④	②	②	①	④	③	②	③										

01

정답 ⑤

제시문의 세 번째 문단에 따르면 스마트 글라스 내부 센서를 통해 충격과 기울기를 감지할 수 있어 작업자에게 위험한 상황이 발생할 경우 통보 시스템을 통해 바로 파악할 수 있게 되었음을 알 수 있다.

오답분석

① 첫 번째 문단에 따라 스마트 글라스를 통한 작업자의 음성인식만으로 철도시설물 점검이 가능해졌음을 알 수 있지만, 다섯 번째 문단에 따르면 아직 유지보수 작업은 가능하지 않음을 알 수 있다.
② 첫 번째 문단에 따르면 스마트 글라스의 도입 이후에도 사람의 작업이 필요함을 알 수 있다.
③ 세 번째 문단에 따르면 스마트 글라스의 도입으로 추락 사고나 그 밖의 위험한 상황을 미리 예측할 수 있어 이를 방지할 수 있게 되었음을 알 수 있지만, 실제로 안전사고 발생 횟수가 감소하였는지는 알 수 없다.
④ 두 번째 문단에 따르면 여러 단계를 거치던 기존 작업 방식에서 스마트 글라스의 도입으로 작업을 한 번에 처리할 수 있게 된 것을 통해 작업 시간이 단축되었음을 알 수 있지만, 필요한 작업 인력의 감소 여부는 알 수 없다.

02

정답 ⑤

제시문의 네 번째 문단에 따르면 인공지능 등의 스마트 기술 도입으로 까치집 검출 정확도는 95%까지 상승하였으므로 까치집 제거율 또한 상승할 것임을 예측할 수 있으나, 근본적인 문제인 까치집 생성의 감소를 기대할 수는 없다.

오답분석

① 세 번째 문단과 네 번째 문단에 따르면 정확도가 65%에 불과했던 인공지능의 까치집 식별 능력이 딥러닝 방식의 도입으로 95%까지 상승했음을 알 수 있다.
② 세 번째 문단에서 시속 150km로 빠르게 달리는 열차에서의 까치집 식별 정확도는 65%에 불과하다는 내용으로 보아, 빠른 속도에서는 인공지능의 사물 식별 정확도가 낮음을 알 수 있다.
③ 네 번째 문단에 따르면 작업자의 접근이 어려운 곳에는 드론을 띄워 까치집을 발견 및 제거하는 기술도 시범 운영하고 있다고 하였다.
④ 세 번째 문단에 따르면 실시간 까치집 자동 검출 시스템 개발로 실시간으로 위험 요인의 위치와 이미지를 작업자에게 전달할 수 있게 되었다.

03

제시문의 두 번째 문단에 따르면 CCTV는 열차 종류에 따라 운전실에서 실시간으로 상황을 파악할 수 있는 네트워크 방식과 각 객실에서의 영상을 저장하는 개별 독립 방식으로 설치된다고 하였다. 따라서 개별 독립 방식으로 설치된 일부 열차에서는 각 객실의 상황을 실시간으로 파악하지 못할 수 있다.

오답분석
① 첫 번째 문단에 따르면 2023년까지 현재 운행하고 있는 열차의 모든 객실에 CCTV를 설치하겠다는 내용으로 보아, 현재 모든 열차의 모든 객실에 CCTV가 설치되지 않았음을 유추할 수 있다.
② 첫 번째 문단에 따르면 2023년까지 모든 열차 승무원에게 바디캠을 지급하겠다고 하였다. 이에 따라 승객이 승무원을 폭행하는 등의 범죄 발생 시 해당 상황을 녹화한 바디캠 영상이 있어 수사의 증거자료로 사용할 수 있게 되었다.
③ 두 번째 문단에 따르면 CCTV는 사각지대 없이 설치되며 일부는 휴대물품 보관대 주변에도 설치된다고 하였다. 따라서 인적 피해와 물적 피해 모두 예방할 수 있게 되었다.
⑤ 세 번째 문단에 따르면 CCTV 품평회와 시험을 통해 제품의 형태와 색상, 재질, 진동과 충격 등에 대한 적합성을 고려한다고 하였다.

04

작년 K대학교의 재학생 수는 6,800명이고 남학생과 여학생의 비가 8 : 9이므로, 남학생은 $6,800 \times \frac{8}{8+9} = 3,200$명이고, 여학생은 $6,800 \times \frac{9}{8+9} = 3,600$명이다. 올해 줄어든 남학생과 여학생의 비가 12 : 13이므로 올해 K대학교에 재학 중인 남학생과 여학생의 비는 $(3,200-12k) : (3,600-13k) = 7 : 8$이다.
$7 \times (3,600-13k) = 8 \times (3,200-12k)$
→ $25,200 - 91k = 25,600 - 96k$
→ $5k = 400$
∴ $k = 80$
따라서 올해 K대학교에 재학 중인 남학생은 $3,200-12 \times 80 = 2,240$명이고, 여학생은 $3,600-13 \times 80 = 2,560$명이므로 올해 K대학교의 전체 재학생 수는 $2,240+2,560 = 4,800$명이다.

05

마일리지 적립 규정에 회원 등급과 관련된 내용은 없으며, 마일리지 적립은 지불한 운임의 액수, 더블적립 열차 탑승 여부, 선불형 교통카드 Rail+ 사용 여부에 따라서만 결정된다.

오답분석
① KTX 마일리지는 KTX 열차 이용 시에만 적립된다.
③ 비즈니스 등급은 기업회원 여부와 관계없이 최근 1년간의 활동내역을 기준으로 부여된다.
④ 반기 동안 추석 및 설 명절 특별수송기간 탑승 건을 제외하고 4만 점을 적립하면 VIP 등급을 부여받는다.
⑤ VVIP 등급과 VIP 등급 고객은 한정된 횟수 내에서 무료 업그레이드 쿠폰으로 KTX 특실을 KTX 일반실 가격에 구매할 수 있다.

06

K공사를 통한 예약 접수는 온라인 쇼핑몰 홈페이지를 통해서만 가능하며, 오프라인(방문) 접수는 우리 · 농협은행의 창구를 통해서만 이루어진다.

오답분석
① 구매자를 대한민국 국적자로 제한한다는 내용은 없다.
② 단품으로 구매 시 1인당 화종별 최대 3장으로 총 9장, 세트로 구매할 때도 1인당 최대 3세트로 총 9장까지 신청이 가능하며, 세트와 단품은 중복신청이 가능하므로 1인당 구매 가능한 최대 개수는 18장이다.
③ 우리 · 농협은행의 계좌가 없다면, K공사 온라인 쇼핑몰을 이용하거나 우리 · 농협은행에 직접 방문하여 구입할 수 있다.
④ 총발행량은 예약 주문 이전부터 화종별 10,000장으로 미리 정해져 있다.

07

우리·농협은행 계좌 미보유자인 외국인 A씨가 예약 신청을 할 수 있는 방법은 두 가지이다. 하나는 신분증인 외국인등록증을 지참하고 우리·농협은행의 지점을 방문하여 신청하는 것이고, 다른 하나는 K공사 온라인 쇼핑몰에서 가상계좌 방식으로 신청하는 것이다.

오답분석
① A씨는 외국인이므로 창구 접수 시 지참해야 하는 신분증은 외국인등록증이다.
② K공사 온라인 쇼핑몰에서는 가상계좌 방식을 통해서만 예약 신청이 가능하다.
③ 홈페이지를 통한 신청이 가능한 은행은 우리은행과 농협은행뿐이다.
⑤ 우리·농협은행의 홈페이지를 통해 예약 접수를 하려면 해당 은행에 미리 계좌가 개설되어 있어야 한다.

08

3종 세트는 186,000원, 단품은 각각 63,000원이므로 5명의 구매 금액을 계산하면 다음과 같다.
• A : (186,000×2)+63,000=435,000원
• B : 63,000×8=504,000원
• C : (186,000×2)+(63,000×2)=498,000원
• D : 186,000×3=558,000원
• E : 186,000+(63,000×4)=438,000원
따라서 가장 많은 금액을 지불한 사람은 D이며, 구매 금액은 558,000원이다.

09

허리디스크는 디스크의 수핵이 탈출하여 생긴 질환이므로 허리를 굽히거나 앉아 있을 때 디스크에 가해지는 압력이 높아져 통증이 더 심해진다. 반면 척추관협착증의 경우 서 있을 때 척추관이 더욱 좁아지게 되어 통증이 더욱 심해진다.

오답분석
① 허리디스크는 디스크의 탄력 손실이나 갑작스런 충격으로 인해 균열이 생겨 발생하고, 척추관협착증은 오랜 기간 동안 황색인대가 두꺼워져 척추관에 변형이 일어나 발생하므로 허리디스크가 더 급작스럽게 증상이 나타난다.
③ 허리디스크는 자연치유가 가능하지만, 척추관협착증은 불가능하다. 따라서 허리디스크는 주로 통증을 줄이고 안정을 취하는 보존치료를 하지만, 척추관협착증은 변형된 부분을 제거하는 외과적 수술을 한다.
④ 허리디스크와 척추관협착증 모두 척추 중앙의 신경 다발(척수)이 압박받을 수 있으며, 심할 경우 하반신 마비 증세를 보일 수 있으므로 빠른 치료를 받는 것이 중요하다.

10

고령인 사람이 서 있을 때 통증이 나타난다면 퇴행성 척추질환인 척추관협착증(요추관협착증)일 가능성이 높다. 반면 허리디스크(추간판탈출증)는 젊은 나이에도 디스크에 급격한 충격이 가해지면 발생할 수 있고, 앉아 있을 때 통증이 심해진다. 따라서 ⊙에는 척추관협착증, ⓒ에는 허리디스크가 들어가야 한다.

11

제시문은 장애인 건강주치의 시범사업을 소개하며 3단계 시범사업에서 기존과 달라지는 내용을 위주로 설명하고 있다. 따라서 가장 처음에 와야 할 문단은 3단계 장애인 건강주치의 시범사업을 소개하는 (마) 문단이다. 이어서 장애인 건강주치의 시범사업 세부 서비스를 소개하는 문단이 와야 하는데, 서비스 종류를 소개하는 문장이 있는 (다) 문단이 이어지는 것이 가장 적절하다. 그리고 2번째 서비스인 주장애관리를 소개하는 (가) 문단이 와야 하며, 그 다음으로 3번째 서비스인 통합관리 서비스와 추가적으로 방문 서비스를 소개하는 (라) 문단이 오는 것이 적절하다. 마지막으로 장애인 건강주치의 시범사업에 신청하는 방법을 소개하며 글을 끝내는 것이 적절하므로 (나) 문단이 이어져야 한다. 따라서 제시문을 순서대로 바르게 나열하면 (마) – (다) – (가) – (라) – (나)이다.

12

정답 ①

- 2019년 직장가입자 및 지역가입자의 건강보험금 징수율

  - 직장가입자 : $\dfrac{6,698,187}{6,706,712} \times 100 ≒ 99.87\%$

  - 지역가입자 : $\dfrac{886,396}{923,663} \times 100 ≒ 95.97\%$

- 2020년 직장가입자 및 지역가입자의 건강보험금 징수율

  - 직장가입자 : $\dfrac{4,898,775}{5,087,163} \times 100 ≒ 96.3\%$

  - 지역가입자 : $\dfrac{973,681}{1,003,637} \times 100 ≒ 97.02\%$

- 2021년 직장가입자 및 지역가입자의 건강보험금 징수율

  - 직장가입자 : $\dfrac{7,536,187}{7,763,135} \times 100 ≒ 97.08\%$

  - 지역가입자 : $\dfrac{1,138,763}{1,256,137} \times 100 ≒ 90.66\%$

- 2022년 직장가입자 및 지역가입자의 건강보험금 징수율

  - 직장가입자 : $\dfrac{8,368,972}{8,376,138} \times 100 ≒ 99.91\%$

  - 지역가입자 : $\dfrac{1,058,943}{1,178,572} \times 100 ≒ 89.85\%$

따라서 직장가입자의 건강보험금 징수율이 가장 높은 해는 2022년이고, 지역가입자의 건강보험금 징수율이 가장 높은 해는 2020년이다.

13

정답 ④

이뇨제의 1인 투여량은 60mL/일이고 진통제의 1인 투여량은 60mg/일이므로 이뇨제를 투여한 환자 수와 진통제를 투여한 환자 수의 비는 이뇨제 사용량과 진통제 사용량의 비와 같다.
- 2018년 : $3,000 \times 2 < 6,720$
- 2019년 : $3,480 \times 2 = 6,960$
- 2020년 : $3,360 \times 2 < 6,840$
- 2021년 : $4,200 \times 2 > 7,200$
- 2022년 : $3,720 \times 2 > 7,080$
따라서 2018년과 2020년에 진통제를 투여한 환자 수는 이뇨제를 투여한 환자 수의 2배보다 많다.

[오답분석]

① 2022년에 전년 대비 사용량이 감소한 의약품은 이뇨제와 진통제로 이뇨제의 사용량 감소율은 $\dfrac{3,720-4,200}{4,200} \times 100 ≒$

　　-11.43%이고, 진통제의 사용량 감소율은 $\dfrac{7,080-7,200}{7,200} \times 100 ≒ -1.67\%$이다. 따라서 전년 대비 2022년 사용량 감소율이

　　가장 큰 의약품은 이뇨제이다.

② 5년 동안 지사제 사용량의 평균은 $\dfrac{30+42+48+40+44}{5} = 40.8$정이고, 지사제의 1인 1일 투여량은 2정이다. 따라서 지사제

　　를 투여한 환자 수의 평균은 $\dfrac{40.8}{2} = 20.4$이므로 약 20명이다.

③ 이뇨제 사용량은 매년 '증가 – 감소 – 증가 – 감소'를 반복하였다.

14

정답 ③

분기별 사회복지사 인력의 합은 다음과 같다.
- 2022년 3분기 : 391+670+1,887=2,948명
- 2022년 4분기 : 385+695+1,902=2,982명
- 2023년 1분기 : 370+700+1,864=2,934명
- 2023년 2분기 : 375+720+1,862=2,957명

분기별 전체 보건인력 중 사회복지사 인력의 비율은 다음과 같다.

- 2022년 3분기 : $\dfrac{2,948}{80,828} \times 100 = 3.65\%$

- 2022년 4분기 : $\dfrac{2,982}{82,582} \times 100 = 3.61\%$

- 2023년 1분기 : $\dfrac{2,934}{86,236} \times 100 = 3.40\%$

- 2023년 2분기 : $\dfrac{2,957}{86,707} \times 100 = 3.41\%$

따라서 옳지 않은 것은 ③이다.

15

정답 ③

건강생활실천지원금제 신청자 목록에 따라 신청자별로 확인하면 다음과 같다.
- A : 주민등록상 주소지는 시범지역에 속하지 않는다.
- B : 주민등록상 주소지는 관리형에 속하지만, 고혈압 또는 당뇨병 진단을 받지 않았다.
- C : 주민등록상 주소지는 예방형에 속하고, 체질량지수와 혈압이 건강관리가 필요한 사람이므로 예방형이다.
- D : 주민등록상 주소지는 관리형에 속하고, 고혈압 진단을 받았으므로 관리형이다.
- E : 주민등록상 주소지는 예방형에 속하고, 체질량지수와 공복혈당 건강관리가 필요한 사람이므로 예방형이다.
- F : 주민등록상 주소지는 시범지역에 속하지 않는다.
- G : 주민등록상 주소지는 관리형에 속하고, 당뇨병 진단을 받았으므로 관리형이다.
- H : 주민등록상 주소지는 시범지역에 속하지 않는다.
- I : 주민등록상 주소지는 예방형에 속하지만, 필수조건인 체질량지수가 정상이므로 건강관리가 필요한 사람에 해당하지 않는다.

따라서 예방형 신청이 가능한 사람은 C, E이고, 관리형 신청이 가능한 사람은 D, G이다.

16

정답 ③

출산장려금 지급 시기의 가장 우선순위인 임신일이 가장 긴 임산부는 B, D, E임산부이다. 이 중에서 만 19세 미만인 자녀 수가 많은 임산부는 D, E임산부이고, 소득 수준이 더 낮은 임산부는 D임산부이다. 따라서 D임산부가 가장 먼저 출산장려금을 받을 수 있다.

17

정답 ③

'우회수송'은 사고 등의 이유로 직통이 아닌 다른 경로로 우회하여 수송한다는 뜻이기 때문에 '우측 선로로의 변경'은 순화로 적절하지 않다.

[오답분석]
① '열차 시격'에서 '시격'이란 '사이에 뜬 시간'이라는 뜻의 한자어로, 열차와 열차 사이의 간격, 즉 '배차 간격'으로 순화할 수 있다.
② '전차선'이란 선로를 의미하고, '단전'은 전기의 공급이 중단됨을 말한다. 따라서 바르게 순화되었다.
④ '핸드레일(Handrail)'은 난간을 뜻하는 영어 단어로, 우리말로는 '안전손잡이'로 순화할 수 있다.
⑤ '키스 앤 라이드(Kiss and Ride)'는 헤어질 때 키스를 하는 영미권 문화에서 비롯된 용어로, '환승정차구역'을 지칭한다.

18

제시문의 세 번째 문단을 통해 정부가 철도 중심 교통체계 구축을 위해 노력하고 있음을 알 수는 있으나, 구체적으로 시행된 조치는 언급되지 않았다.

오답분석

① 첫 번째 문단을 통해 전 세계적으로 탄소중립이 주목받자 이에 대한 방안으로 등장한 것이 철도 수송임을 알 수 있다.

② 첫 번째 문단과 두 번째 문단을 통해 철도 수송의 확대가 온실가스 배출량의 획기적인 감축을 가져올 것임을 알 수 있다.

③ 네 번째 문단을 통해 '중앙선 안동 ~ 영천 간 궤도' 설계 시 탄소 감축 방안으로 저탄소 자재인 유리섬유 보강근이 철근 대신 사용되었음을 알 수 있다.

⑤ 네 번째 문단을 통해 S철도공단은 철도 중심 교통체계 구축을 위해 건설 단계에서부터 친환경·저탄소 자재를 적용하였고, 탄소 감축을 위해 2025년부터는 모든 철도건축물을 일정한 등급 이상으로 설계하기로 결정하였음을 알 수 있다.

19

제시문을 살펴보면 먼저 첫 번째 문단에서는 이산화탄소로 메탄올을 만드는 곳이 있다며 관심을 유도하고, 두 번째 문단에서 메탄올을 어떻게 만들고 어디에서 사용하는지 구체적으로 설명함으로써 탄소 재활용의 긍정적인 측면을 부각하고 있다. 하지만 세 번째 문단에서는 앞선 내용과 달리 이렇게 만들어진 메탄올의 부정적인 측면을 설명하고, 네 번째 문단에서는 이와 같은 이유로 탄소 재활용에 대한 결론이 나지 않았다며 글이 마무리되고 있다. 따라서 글의 주제로 가장 적절한 것은 탄소 재활용의 이면을 모두 포함하는 내용인 ①이다.

오답분석

② 두 번째 문단에 한정된 내용이므로 제시문 전체를 다루는 주제로 보기에는 적절하지 않다.

③ 지열발전소의 부산물을 통해 메탄올이 만들어진 것은 맞지만, 새롭게 탄생된 연료로 보기는 어려우며, 글의 전체를 다루는 주제로 보기에도 적절하지 않다.

④·⑤ 제시문의 첫 번째 문단과 두 번째 문단에서는 버려진 이산화탄소 및 부산물의 재활용을 통해 '메탄올'을 제조함으로써 미래 원료를 해결할 수 있을 것처럼 보이지만, 이어지는 세 번째 문단과 네 번째 문단에서는 이렇게 만들어진 '메탄올'이 과연 미래 원료로 적합한지 의문점이 제시되고 있다. 따라서 글의 주제로 적절하지 않다.

20

A ~ C철도사의 차량 1량당 연간 승차인원 수는 다음과 같다.

- 2020년

  - A철도사 : $\dfrac{775,386}{2,751} ≒ 281.86$천 명/년/1량

  - B철도사 : $\dfrac{26,350}{103} ≒ 255.83$천 명/년/1량

  - C철도사 : $\dfrac{35,650}{185} ≒ 192.7$천 명/년/1량

- 2021년

  - A철도사 : $\dfrac{768,776}{2,731} ≒ 281.5$천 명/년/1량

  - B철도사 : $\dfrac{24,746}{111} ≒ 222.94$천 명/년/1량

  - C철도사 : $\dfrac{33,130}{185} ≒ 179.08$천 명/년/1량

• 2022년

   – A철도사 : $\dfrac{755,376}{2,710} ≒ 278.74$천 명/년/1량

   – B철도사 : $\dfrac{23,686}{113} ≒ 209.61$천 명/년/1량

   – C철도사 : $\dfrac{34,179}{185} ≒ 184.75$천 명/년/1량

따라서 3년간 차량 1량당 연간 평균 승차인원 수는 C철도사가 가장 적다.

[오답분석]

① 2020 ~ 2022년의 C철도사의 차량 수는 185량으로 변동이 없다.

② 2020 ~ 2022년의 연간 승차인원 비율은 모두 A철도사가 가장 높다.

③ A ~ C철도사의 2020년의 연간 전체 승차인원 수는 775,386+26,350+35,650=837,386천 명, 2021년의 연간 전체 승차인원 수는 768,776+24,746+33,130=826,652천 명, 2022년의 연간 전체 승차인원 수는 755,376+23,686+34,179=813,241천 명으로 매년 감소하였다.

⑤ 2020 ~ 2022년의 C철도사 차량 1량당 연간 승차인원 수는 각각 192.7천 명, 179.08천 명, 184.75천 명이므로 모두 200천 명 미만이다.

21

정답 ⑤

2018년 대비 2022년에 석유 생산량이 감소한 국가는 C, F이며, 석유 생산량 감소율은 다음과 같다.

• C : $\dfrac{4,025,936-4,102,396}{4,102,396} \times 100 ≒ -1.9\%$

• F : $\dfrac{2,480,221-2,874,632}{2,874,632} \times 100 ≒ -13.7\%$

따라서 석유 생산량 감소율이 가장 큰 국가는 F이다.

[오답분석]

① 석유 생산량이 매년 증가한 국가는 A, B, E, H로 총 4개이다.

② 2018년 대비 2022년에 석유 생산량이 증가한 국가의 연도별 석유 생산량 증가량은 다음과 같다.

   • A : 10,556,259-10,356,185=200,074bbl/day

   • B : 8,567,173-8,251,052=316,121bbl/day

   • D : 5,422,103-5,321,753=100,350bbl/day

   • E : 335,371-258,963=76,408bbl/day

   • G : 1,336,597-1,312,561=24,036bbl/day

   • H : 104,902-100,731=4,171bbl/day

   따라서 석유 생산량 증가량이 가장 많은 국가는 B이다.

③ E국가의 연도별 석유 생산량을 H국가의 연도별 석유 생산량과 비교하면 다음과 같다.

   • 2018년 : $\dfrac{258,963}{100,731} ≒ 2.6$ • 2019년 : $\dfrac{273,819}{101,586} ≒ 2.7$

   • 2020년 : $\dfrac{298,351}{102,856} ≒ 2.9$ • 2021년 : $\dfrac{303,875}{103,756} ≒ 2.9$

   • 2022년 : $\dfrac{335,371}{104,902} ≒ 3.2$

   따라서 2022년 E국가의 석유 생산량은 H국가 석유 생산량의 약 3.2배이므로 옳지 않다.

④ 석유 생산량 상위 2개국은 매년 A, B이며, 연도별 석유 생산량의 차이는 다음과 같다.

   • 2018년 : 10,356,185-8,251,052=2,105,133bbl/day

   • 2019년 : 10,387,665-8,297,702=2,089,963bbl/day

   • 2020년 : 10,430,235-8,310,856=2,119,379bbl/day

   • 2021년 : 10,487,336-8,356,337=2,130,999bbl/day

   • 2022년 : 10,556,259-8,567,173=1,989,086bbl/day

   따라서 A와 B국가의 석유 생산량의 차이는 '감소 – 증가 – 증가 – 감소'를 보이므로 옳지 않다.

22

정답 ②

제시된 법에 따라 공무원인 친구가 받을 수 있는 선물의 최대 금액은 1회에 100만 원이다.

$12x<100 \rightarrow x<\dfrac{100}{12}=\dfrac{25}{3}≒8.33$

따라서 A씨는 수석을 최대 8개 보낼 수 있다.

23

정답 ④

거래처로 가기 위해 C와 G를 거쳐야 하므로, C를 먼저 거치는 최소 이동거리와 G를 먼저 거치는 최소 이동거리를 비교해 본다.
• 본사 − C − D − G − 거래처
 6+3+3+4=16km
• 본사 − E − G − D − C − F − 거래처
 4+1+3+3+3+4=18km
따라서 최소 이동거리는 16km이다.

24

정답 ④

• 볼펜을 30자루 구매하면 개당 200원씩 할인되므로 800×30=24,000원이다.
• 수정테이프를 8개 구매하면 2,500×8=20,000원이지만, 10개를 구매하면 개당 1,000원이 할인되어 1,500×10=15,000원이므로 10개를 구매하는 것이 더 저렴하다.
• 연필을 20자루 구매하면 연필 가격의 25%가 할인되므로 400×20×0.75=6,000원이다.
• 지우개를 5개 구매하면 300×5=1,500원이며, 지우개에 대한 할인은 적용되지 않는다.
이때 총금액은 24,000+15,000+6,000+1,500=46,500원이고 3만 원을 초과했으므로 10% 할인이 적용되어 46,500×0.9=41,850원이다. 또한 할인 적용 전 금액이 5만 원 이하이므로 배송료 5,000원이 추가로 부과되어 41,850+5,000=46,850원이 된다. 그런데 만약 비품을 3,600원어치 추가로 주문하면 46,500+3,600=50,100원이므로 할인 적용 전 금액이 5만 원을 초과하여 배송료가 무료가 되고, 총금액이 3만 원을 초과했으므로 지불할 금액은 10% 할인이 적용된 50,100×0.9=45,090원이 된다.
따라서 지불 가능한 가장 저렴한 금액은 45,090원이다.

25

정답 ①

A ∼ E가 받는 성과급을 구하면 다음과 같다.

직원	직책	매출 순이익	기여도	성과급 비율	성과급
A	팀장	4,000만 원	25%	매출 순이익의 5%	1.2×4,000×0.05=240만 원
B	팀장	2,500만 원	12%	매출 순이익의 2%	1.2×2,500×0.02=60만 원
C	팀원	1억 2,500만 원	3%	매출 순이익의 1%	12,500×0.01=125만 원
D	팀원	7,500만 원	7%	매출 순이익의 3%	7,500×0.03=225만 원
E	팀원	800만 원	6%	−	0원

따라서 가장 많은 성과급을 받는 사람은 A이다.

26

2023년 6월의 학교폭력 신고 누계 건수는 7,530+1,183+557+601=9,871건으로, 10,000건 미만이다.

[오답분석]

① • 2023년 1월의 학교폭력 상담 건수 : 9,652-9,195=457건
　• 2023년 2월의 학교폭력 상담 건수 : 10,109-9,652=457건
　따라서 2023년 1월과 2023년 2월의 학교폭력 상담 건수는 같다.
② 학교폭력 상담 건수와 신고 건수 모두 2023년 3월에 가장 많다.
③ 전월 대비 학교폭력 상담 건수가 가장 크게 감소한 때는 2023년 5월이지만, 학교폭력 신고 건수가 가장 크게 감소한 때는 2023년 4월이다.
④ 전월 대비 학교폭력 상담 건수가 증가한 월은 2022년 9월과 2023년 3월이고, 이때 학교폭력 신고 건수 또한 전월 대비 증가하였다.

27

연도별 전체 발전량 대비 유류·양수 자원 발전량은 다음과 같다.

• 2018년 : $\dfrac{6,605}{553,256} \times 100 ≒ 1.2\%$

• 2019년 : $\dfrac{6,371}{537,300} \times 100 ≒ 1.2\%$

• 2020년 : $\dfrac{5,872}{550,826} \times 100 ≒ 1.1\%$

• 2021년 : $\dfrac{5,568}{553,900} \times 100 ≒ 1\%$

• 2022년 : $\dfrac{5,232}{593,958} \times 100 ≒ 0.9\%$

따라서 2022년의 유류·양수 자원 발전량은 전체 발전량의 1% 미만이다.

[오답분석]

① 원자력 자원 발전량과 신재생 자원 발전량은 매년 증가하였다.
② 연도별 석탄 자원 발전량의 전년 대비 감소폭은 다음과 같다.
　• 2019년 : 226,571-247,670=-21,099GWh
　• 2020년 : 221,730-226,571=-4,841GWh
　• 2021년 : 200,165-221,730=-21,565GWh
　• 2022년 : 198,367-200,165=-1,798GWh
　따라서 석탄 자원 발전량의 전년 대비 감소폭이 가장 큰 해는 2021년이다.
③ 연도별 신재생 자원 발전량 대비 가스 자원 발전량은 다음과 같다.
　• 2018년 : $\dfrac{135,072}{36,905} \times 100 ≒ 366\%$

　• 2019년 : $\dfrac{126,789}{38,774} \times 100 ≒ 327\%$

　• 2020년 : $\dfrac{138,387}{44,031} \times 100 ≒ 314\%$

　• 2021년 : $\dfrac{144,976}{47,831} \times 100 ≒ 303\%$

　• 2022년 : $\dfrac{160,787}{50,356} \times 100 ≒ 319\%$

　따라서 연도별 신재생 자원 발전량 대비 가스 자원 발전량이 가장 큰 해는 2018년이다.

⑤ 전체 발전량이 증가한 해는 2020 ~ 2022년이며, 그 증가폭은 다음과 같다.
- 2020년 : 550,826−537,300=13,526GWh
- 2021년 : 553,900−550,826=3,074GWh
- 2022년 : 593,958−553,900=40,058GWh

따라서 전체 발전량의 전년 대비 증가폭이 가장 큰 해는 2022년이다.

28

㉠ 퍼실리테이션(Facilitation)이란 '촉진'을 의미하며, 어떤 그룹이나 집단이 의사결정을 잘하도록 도와주는 일을 가리킨다. 최근 많은 조직에서는 보다 생산적인 결과를 가져올 수 있도록 그룹이 나아갈 방향을 알려 주고, 주제에 대한 공감을 이룰 수 있도록 능숙하게 도와주는 퍼실리테이터를 활용하고 있다. 퍼실리테이션에 의한 문제해결방법은 깊이 있는 커뮤니케이션을 통해 서로의 문제점을 이해하고 공감함으로써 창조적인 문제해결을 도모한다. 소프트 어프로치나 하드 어프로치 방법은 타협점의 단순조정에 그치지만, 퍼실리테이션에 의한 방법은 초기에 생각하지 못했던 창조적인 해결방법을 도출한다. 동시에 구성원의 동기가 강화되고 팀워크도 한층 강화된다는 특징을 보인다. 이 방법을 이용한 문제해결은 구성원이 자율적으로 실행하는 것이며, 제3자가 합의점이나 줄거리를 준비해 놓고 예정대로 결론이 도출되어 가도록 해서는 안 된다.

㉡ 하드 어프로치에 의한 문제해결방법은 상이한 문화적 토양을 가지고 있는 구성원을 가정하여 서로의 생각을 직설적으로 주장하고 논쟁이나 협상을 통해 의견을 조정해 가는 방법이다. 이때 중심적 역할을 하는 것이 논리, 즉 사실과 원칙에 근거한 토론이다. 제3자는 이것을 기반으로 구성원에게 지도와 설득을 하고 전원이 합의하는 일치점을 찾아내려고 한다. 이러한 방법은 합리적이긴 하지만 잘못하면 단순한 이해관계의 조정에 그치고 말아서 그것만으로는 창조적인 아이디어나 높은 만족감을 이끌어 내기 어렵다.

㉢ 소프트 어프로치에 의한 문제해결방법은 대부분의 기업에서 볼 수 있는 전형적인 스타일로, 조직 구성원들은 같은 문화적 토양을 가지고 이심전심으로 서로를 이해하는 상황을 가정한다. 코디네이터 역할을 하는 제3자는 결론으로 끌고 갈 지점을 미리 머릿속에 그려가면서 권위나 공감에 의지하여 의견을 중재하고, 타협과 조정을 통하여 해결을 도모한다. 결론이 애매하게 끝나는 경우가 적지 않으나, 그것은 그것대로 이심전심을 유도하여 파악하면 된다. 소프트 어프로치에서는 문제해결을 위해서 직접 표현하는 것이 바람직하지 않다고 여기며, 무언가를 시사하거나 암시를 통하여 의사를 전달하고 기분을 서로 통하게 함으로써 문제해결을 도모하고자 한다.

29

네 번째 조건을 제외한 모든 조건과 그 대우를 논리식으로 표현하면 다음과 같다.
- $\sim$(D∨G) → F / $\sim$F → (D∧G)
- F → $\sim$E / E → $\sim$F
- $\sim$(B∨E) → $\sim$A / A → (B∧E)

네 번째 조건에 따라 A가 투표를 하였으므로, 세 번째 조건의 대우에 의해 B와 E 모두 투표를 하였다. 또한 E가 투표를 하였으므로, 두 번째 조건의 대우에 따라 F는 투표하지 않았으며, F가 투표하지 않았으므로 첫 번째 조건의 대우에 따라 D와 G는 모두 투표하였다. A, B, D, E, G 5명이 모두 투표하였으므로 네 번째 조건에 따라 C는 투표하지 않았다. 따라서 투표를 하지 않은 사람은 C와 F이다.

30

VLOOKUP 함수는 열의 첫 열에서 수직으로 검색하여 원하는 값을 출력하는 함수이다. 함수의 형식은 「=VLOOKUP(찾을 값,범위,열 번호,찾기 옵션)」이며 이 중 근사값을 찾기 위해서는 찾기 옵션에 1을 입력해야 하고, 정확히 일치하는 값을 찾기 위해서는 0을 입력해야 한다. 상품코드 S3310897의 값을 일정한 범위에서 찾아야 하는 것이므로 범위는 절대참조로 지정해야 하며, 크기 '중'은 범위 중 3번째 열에 위치하고, 정확히 일치하는 값을 찾아야 하므로 입력해야 하는 함수식은 「=VLOOKUP("S3310897", $B$2:$E$8,3,0)」이다.

오답분석

①・② HLOOKUP 함수를 사용하려면 찾고자 하는 값은 '중'이고, [B2:E8] 범위에서 찾고자 하는 행 'S3310897'은 6번째 행이므로 「=HLOOKUP("중",$B$2:$E$8,6,0)」을 입력해야 한다.

③・④ '중'은 테이블 범위에서 3번째 열이다.

31

정답 ③

Windows Game Bar로 녹화한 영상의 저장 위치는 파일 탐색기를 사용하여 [내 PC] – [동영상] – [캡처] 폴더를 원하는 위치로 옮겨 변경할 수 있다.

32

정답 ③

수소는 연소 시 탄소를 배출하지 않는 친환경에너지이지만, 수소혼소 발전은 수소와 함께 액화천연가스(LNG)를 혼합하여 발전하므로 기존 LNG 발전에 비해 탄소 배출량은 줄어들지만, 여전히 탄소를 배출한다.

[오답분석]

① 수소혼소 발전은 기존의 LNG 발전설비를 활용할 수 있기 때문에 화석연료 발전에서 친환경에너지 발전으로 전환하는 데 발생하는 사회적·경제적 충격을 완화할 수 있다.
② 높은 온도로 연소하는 수소는 공기 중의 질소와 반응하여 질소산화물(NOx)을 발생시키며, 이는 미세먼지와 함께 대기오염의 주요 원인으로 작용한다.
④ 수소혼소 발전에서 수소를 혼입하는 양이 많아질수록 발전에 사용하는 LNG를 많이 대체하므로 탄소 배출량은 줄어든다.

33

정답 ②

보기에 주어진 문장은 접속부사 '따라서'로 시작하므로 수소가 2050 탄소중립 실현을 위한 최적의 에너지원이 되는 이유 뒤에 와야 한다. 따라서 보기는 수소 에너지의 장점과 이어지는 (나)에 들어가는 것이 가장 적절하다.

34

정답 ①

RPS 제도 이행을 위해 공급의무자는 일정 비율 이상(의무공급비율)을 신재생에너지로 발전해야 한다. 하지만 의무공급비율은 매년 확대되고 있고, 여기에 맞춰 신재생에너지 발전설비를 계속 추가하는 것은 시간적, 물리적으로 어려우므로 공급의무자는 신재생에너지 공급자로부터 REC를 구매하여 의무공급비율을 달성한다.

[오답분석]

② 신재생에너지 공급자가 공급의무자에게 REC를 판매하기 위해서는 에너지관리공단 신재생에너지센터, 한국전력거래소 등 공급인증기관으로부터 공급 사실을 증명하는 공급인증서를 신청해 발급받아야 한다.
③ 2021년 8월 이후 에너지관리공단에서 운영하는 REC 거래시장을 통해 일반기업도 REC를 구매하여 온실가스 감축실적으로 인정받을 수 있게 되었다.
④ REC에 명시된 공급량은 발전방식에 따라 가중치를 곱해 표기하므로 실제 공급량과 다를 수 있다.

35

정답 ③

빈칸 ⊙의 앞 문장은 공급의무자의 신재생에너지 발전설비 확대를 통한 RPS 달성에는 한계점이 있음을 설명하고, 뒷 문장은 이에 대한 대안으로서 REC 거래를 설명하고 있다. 따라서 빈칸에 들어갈 접속부사는 '그러므로'가 가장 적절하다.

36

정답 ③

[오답분석]

① 인증서의 유효기간은 발급일로부터 3년이다. 2020년 10월 6일에 발급받은 REC의 만료일은 2023년 10월 6일이므로 이미 만료되어 거래할 수 없다.
② 천연가스는 화석연료이므로 REC를 발급받을 수 없다.
④ 기업에 판매하는 REC는 에너지관리공단에서 거래시장을 운영한다.

37

N사에서 A지점으로 가려면 1호선으로 역 2개를 지난 후 2호선으로 환승하여 역 5개를 더 가야 한다.
따라서 편도로 이동하는 데 걸리는 시간은 $(2 \times 2) + 3 + (2 \times 5) = 17$분이므로 왕복하는 데 걸리는 시간은 $17 \times 2 = 34$분이다.

38
정답 ④

- A지점 : $(900 \times 2) + (950 \times 5) = 6,550$m
- B지점 : $900 \times 8 = 7,200$m
- C지점 : $(900 \times 2) + (1,300 \times 4) = 7,000$m 또는 $(900 \times 5) + 1,000 + 1,300 = 6,800$m
- D지점 : $(900 \times 5) + (1,000 \times 2) = 6,500$m 또는 $(900 \times 2) + (1,300 \times 3) + 1,000 = 6,700$m

따라서 N사로부터 이동거리가 가장 짧은 지점은 D지점이다.

39
정답 ②

- A지점 : 이동거리는 6,550m이고 기본요금 및 거리비례 추가비용은 2호선 기준이 적용되므로 $1,500 + 100 = 1,600$원이다.
- B지점 : 이동거리는 7,200m이고 기본요금 및 거리비례 추가비용은 1호선 기준이 적용되므로 $1,200 + 50 \times 4 = 1,400$원이다.
- C지점 : 이동거리는 7,000m이고 기본요금 및 거리비례 추가비용은 4호선 기준이 적용되므로 $2,000 + 150 = 2,150$원이다.
  또는 이동거리가 6,800m일 때, 기본요금 및 거리비례 추가비용은 4호선 기준이 적용되므로 $2,000 + 150 = 2,150$원이다.
- D지점 : 이동거리는 6,500m이고 기본요금 및 거리비례 추가비용은 3호선 기준이 적용되므로 $1,800 + 100 \times 3 = 2,100$원이다.
  또는 이동거리가 6,700m일 때, 기본요금 및 거리비례 추가비용은 4호선 기준이 적용되므로 $2,000 + 150 = 2,150$원이다.

따라서 이동하는 데 드는 비용이 가장 적은 지점은 B지점이다.

40
정답 ⑤

미국 컬럼비아 대학교에서 만들어 낸 치즈케이크는 7겹으로, 7가지의 반죽형 식용 카트리지로 만들어졌다. 따라서 페이스트를 층층이 쌓아서 만드는 FDM 방식을 사용하여 제작하였음을 알 수 있다.

오답분석

① PBF / SLS 방식 3D 푸드 프린터는 설탕 같은 분말 형태의 재료를 접착제나 레이저로 굳혀 제작하는 것이므로 설탕 케이크 장식을 제작하기에 적절한 방식이다.
② 3D 푸드 프린터는 질감을 조정하거나, 맛을 조정하여 음식을 제작할 수 있으므로 식감 등으로 발생하는 편식을 줄일 수 있다.
③ 3D 푸드 프린터는 음식을 제작할 때 개인별로 필요한 영양소를 첨가하는 등 사용자 맞춤 식단을 제공할 수 있다는 장점이 있다.
④ 네 번째 문단에서 현재 3D 푸드 프린터의 한계점을 보면 디자인적·심리적 요소로 인해 3D 푸드 프린터로 제작된 음식에 거부감이 들 수 있다고 하였다.

41
정답 ④

(라) 문장이 포함된 세 번째 문단은 3D 푸드 프린터의 장점에 대해 설명하는 문단이며, 특히 대체육 프린팅의 장점에 대해 소개하고 있다. 그러나 (라) 문장은 대체육의 단점에 대해 서술하고 있으므로 네 번째 문단에서 추가로 서술하거나 삭제하는 것이 적절하다.

오답분석

① (가) 문장은 컬럼비아 대학교에서 3D 푸드 프린터로 만들어 낸 치즈케이크의 특징을 설명하는 문장이므로 적절하다.
② (나) 문장은 현재 주로 사용되는 3D 푸드 프린터의 작동 방식을 설명하는 문장이므로 적절하다.
③ (다) 문장은 3D 푸드 프린터의 장점을 소개하는 세 번째 문단의 중심내용이므로 적절하다.
⑤ (마) 문장은 3D 푸드 프린터의 한계점인 '디자인으로 인한 심리적 거부감'을 서술하고 있으므로 적절하다.

42

네 번째 문단은 3D 푸드 프린터의 한계 및 개선점을 설명하는 문단으로, 3D 푸드 프린터의 장점을 설명한 세 번째 문단과 역접관계에 있다. 따라서 '그러나'가 적절한 접속부사이다.

오답분석

① ① 앞에서 서술된 치즈케이크의 특징이 대체육과 같은 다른 관련 산업에서 주목하게 된 이유가 되므로 '그래서'는 적절한 접속부사이다.
② ⓒ 앞의 문장은 3D 푸드 프린터의 장점을 소개하는 세 번째 문단의 중심내용이고 뒤의 문장은 이에 대한 예시를 설명하고 있으므로 '예를 들어'는 적절한 접속부사이다.
③ ⓒ의 앞과 뒤는 다른 내용이지만 모두 3D 푸드 프린터의 장점을 나열한 것이므로 '또한'은 적절한 접속부사이다.
⑤ ⑩의 앞과 뒤는 다른 내용이지만 모두 3D 푸드 프린터의 단점을 나열한 것이므로 '게다가'는 적절한 접속부사이다.

43

제시문은 메기 효과에 대한 글이므로 가장 먼저 메기 효과의 기원에 대해 설명한 (마) 문단으로 시작하고, 뒤이어 메기 효과의 기원에 대한 과학적인 검증 및 논란에 대한 (라) 문단이 와야 한다. 이어서 경영학 측면에서의 메기 효과에 대한 내용이 와야 하는데, (다) 문단의 경우 앞의 내용과 뒤의 내용이 상반될 때 쓰는 접속 부사인 '그러나'로 시작하므로 (가) 문단이 먼저 나오고 그 다음에 (다) 문단이 이어지는 것이 적절하다. 그리고 마지막으로 메기 효과에 대한 결론인 (나) 문단으로 끝나야 한다.

44

메기 효과는 과학적으로 검증되지 않았지만 적정 수준의 경쟁이 발전을 이룬다는 시사점을 가지고 있다고 하였으므로 낭설에 불과하다고 하는 것은 적절하지 않다.

오답분석

① (라) 문단의 거미와 메뚜기 실험에서 죽은 메뚜기로 인해 토양까지 황폐화되었음을 볼 때, 거대 기업의 출현은 해당 시장의 생태계까지 파괴할 수 있음을 알 수 있다.
③ (나) 문단에서 성장 동력을 발현시키기 위해서는 규제 등의 방법으로 적정 수준의 경쟁을 유지해야 한다고 서술하고 있다.
④ (가) 문단에서 메기 효과는 한국, 중국 등 고도 경쟁사회에서 널리 사용되고 있다고 서술하고 있다.

45

식탁 1개와 의자 2개의 합은 20만+(10만×2)=40만 원이고, 30만 원 이상 구매 시 10%를 할인받을 수 있으므로 40만×0.9=36만 원이다. 가구를 구매하고 남은 돈은 50만−36만=14만 원이고 장미 한 송이당 가격은 6,500원이다.
따라서 14÷0.65≒21.53이므로 장미꽃은 총 21송이를 살 수 있다.

46

작년의 여자 사원 수를 x명이라 하면 남자 사원 수는 $(820-x)$명이므로

$$\frac{8}{100}(820-x)-\frac{10}{100}x=-10$$

$$\therefore x=420$$

따라서 올해 여자 사원 수는 $\frac{90}{100}\times420=378$명이다.

47

정답 ④

처음으로 오수 탱크 한 개를 정화하는 데 소요되는 시간은 4+6+5+4+6=25시간이다.
그 후에는 A∼E공정 중 가장 긴 공정 시간이 6시간이므로 6시간마다 탱크 한 개씩 처리할 수 있다.
따라서 탱크 30개를 처리하는 데 소요되는 시간은 25+{6×(30−1)}=199시간이다.

48

정답 ③

- CBP − WK4A − P31 − B0803 : 배터리 형태 중 WK는 없는 형태이다.
- PBP − DK1E − P21 − A8B12 : 고속충전 규격 중 P21은 없는 규격이다.
- NBP − LC3B − P31 − B3230 : 생산날짜의 2월에는 30일이 없다.
- CNP − LW4E − P20 − A7A29 : 제품 분류 중 CNP는 없는 분류이다.

따라서 보기에서 시리얼 넘버가 잘못 부여된 제품은 모두 4개이다.

49

정답 ②

고객이 설명한 제품 정보를 정리하면 다음과 같다.
- 설치형 : PBP
- 도킹형 : DK
- 20,000mAH 이상 : 2
- 60W 이상 : B
- USB − PD3.0 : P30
- 2022년 10월 12일 : B2012

따라서 S주임이 데이터베이스에 검색할 시리얼 넘버는 PBP − DK2B − P30 − B2012이다.

50

정답 ③

흰색 공을 A, 검은색 공을 B, 파란색 공을 C로 치환한 후 논리 기호화하면 다음과 같다.
- 전제 1 : A → ~B
- 전제 2 : _____
- 결론 : A → C

따라서 필요한 전제 2는 '~B → C' 또는 대우인 '~C → B'이므로 '파란색 공을 가지고 있지 않은 사람은 모두 검은색 공을 가지고 있다.'가 전제 2로 적절하다.

[오답분석]
① B → C
② ~C → ~B
④ C → B

02 | 2023년 주요 공기업
전공 기출복원문제

01 경영

01	02	03	04	05	06	07	08	09	10	11	12	13	14	15	16	17	18	19	20
⑤	②	④	①	④	③	①	⑤	②	①	③	④	④	③	③	④	④	④	③	②

01 　　　　　　　　　　　　　　　　　　　　　　　정답 ⑤

페이욜은 기업활동을 기술활동, 영업활동, 재무활동, 회계활동, 관리활동, 보전활동 6가지 분야로 구분하였다.

오답분석

② 차별 성과급제, 기능식 직장제도, 과업관리, 계획부 제도, 작업지도표 제도 등은 테일러의 과학적 관리법을 기본이론으로 한다.
③ 포드의 컨베이어 벨트 시스템은 생산원가를 절감하기 위해 표준 제품을 정하고 대량생산하는 방식을 정립한 것이다.
④ 베버의 관료제 조직은 계층에 의한 관리, 분업화, 문서화, 능력주의, 사람과 직위의 분리, 비개인성의 6가지 특징을 가지며, 이를 통해 조직을 가장 합리적이고 효율적으로 운영할 수 있다고 주장한다.

02 　　　　　　　　　　　　　　　　　　　　　　　정답 ②

논리적인 자료 제시를 통해 높은 이해도를 이끌어 내는 것은 이성적 소구에 해당된다.

오답분석

① 감성적 소구는 감정전이형 광고라고도 하며, 브랜드 이미지 제고, 호의적 태도 등을 목표로 한다.
③ 감성적 소구 방법으로 유머 소구, 공포 소구, 성적 소구 등이 해당된다.
④ 이성적 소구는 자사 제품이 선택되어야만 하는 이유 또는 객관적 근거를 제시하고자 하는 방법이다.
⑤ 이성적 소구는 위험성이 있거나 새로운 기술이 적용된 제품 등의 지식과 정보를 제공함으로써 표적소비자들이 제품을 선택할 수 있게 한다.

03 　　　　　　　　　　　　　　　　　　　　　　　정답 ④

ⓒ 자동화 기계 도입에 따른 다기능공 활용이 늘어나면, 작업자는 여러 기능을 숙달해야 하는 부담이 증가한다.
ⓔ 혼류 생산을 통해 공간 및 설비 이용률을 향상시킨다.

오답분석

ⓐ 현장 낭비 제거를 통해 원가를 낮추고 생산성을 향상시킬 수 있다.
ⓒ 소 LOT 생산을 통해 재고율을 감소시켜 재고비용, 공간 등을 줄일 수 있다.

04

가치사슬은 미시경제학 또는 산업조직론을 기반으로 하는 분석 도구이다.

[오답분석]
② 가치사슬은 기업의 경쟁우위를 강화하기 위한 기본적 분석 도구로, 기업이 수행하는 활동을 개별적으로 나누어 분석한다.
③ 구매, 제조, 물류, 판매, 서비스 등을 기업의 본원적 활동으로 정의한다.
④ 인적자원 관리, 인프라, 기술개발, 조달활동 등을 기업의 지원적 활동으로 정의한다.
⑤ 각 가치사슬의 이윤은 전체 수입에서 가치창출을 위해 발생한 모든 비용을 제외한 값이다.

05

주식회사 발기인의 인원 수는 별도의 제한이 없다.

[오답분석]
① 주식회사의 법인격에 대한 설명이다.
② 출자자의 유한책임에 대한 설명이다(상법 제331조).
③ 주식은 자유롭게 양도할 수 있는 것이 원칙이다.
⑤ 주식회사는 사원(주주)의 수가 다수인 경우가 많기 때문에 사원이 직접 경영에 참여하기보다는 이사회로 경영권을 위임한다.

06

단수가격은 심리학적 가격 결정으로, 1,000원, 10,000원의 단위로 가격을 결정하지 않고 900원, 990원, 9,900원 등 단수로 가격을 결정하여 상대적으로 저렴하게 보이게 하는 가격전략이다.

[오답분석]
① 명성가격 : 판매자의 명성이나 지위를 나타내는 제품을 수요가 증가함에 따라 높게 설정하는 가격이다.
② 준거가격 : 소비자가 상품 가격을 평가할 때 자신의 기준이나 경험을 토대로 생각하는 가격이다.
④ 관습가격 : 소비자들이 오랜 기간 동안 일정금액으로 구매해 온 상품의 특정 가격이다.
⑤ 유인가격 : 잘 알려진 제품을 저렴하게 판매하여 소비자들을 유인하기 위한 가격이다.

07

ELS는 주가연계증권으로, 사전에 정해진 조건에 따라 수익률이 결정되며 만기가 있다.

[오답분석]
② 주가연계파생결합사채(ELB)에 대한 설명이다.
③ 주가지수연동예금(ELD)에 대한 설명이다.
④ 주가연계신탁(ELT)에 대한 설명이다.
⑤ 주가연계펀드(ELF)에 대한 설명이다.

08

[오답분석]
①·② 파이프라인재고 또는 이동재고는 구매대금은 지급하였으나, 이동 중에 있는 재고를 말한다.
③ 주기재고는 주기적으로 일정한 단위로 품목을 발주함에 따라 발생하는 재고를 말한다.
④ 예비재고는 미래에 수요가 상승할 것을 기대하고 사전에 비축하는 재고를 말한다.

09

블룸의 기대이론에 대한 설명으로, 기대감, 수단성, 유의성을 통해 구성원의 직무에 대한 동기 부여를 결정한다고 주장하였다.

오답분석

① 허즈버그의 2요인이론에 대한 설명이다.
③ 매슬로의 욕구 5단계이론에 대한 설명이다.
④ 맥그리거의 XY이론에 대한 설명이다.
⑤ 로크의 목표설정이론에 대한 설명이다.

10

시장세분화 단계에서는 시장을 기준에 따라 세분화하고, 각 세분시장의 고객 프로필을 개발하여 차별화된 마케팅을 실행한다.

오답분석

②·③ 표적시장 선정 단계에서는 각 세분시장의 매력도를 평가하여 표적시장을 선정한다.
④ 포지셔닝 단계에서는 각각의 시장에 대응하는 포지셔닝을 개발하고 전달한다.
⑤ 재포지셔닝 단계에서는 자사와 경쟁사의 경쟁위치를 분석하여 포지셔닝을 조정한다.

11

- (당기순이익)=(총수익)-(총비용)=35억-20억=15억 원
- (기초자본)=(기말자본)-(당기순이익)=65억-15억=50억 원
- (기초부채)=(기초자산)-(기초자본)=100억-50억=50억 원

12

상위에 있는 욕구를 충족시키지 못하면 하위에 있는 욕구는 더욱 크게 증가하여, 하위욕구를 충족시키기 위해 훨씬 더 많은 노력이 필요하게 된다.

오답분석

① 심리학자 앨더퍼가 인간의 욕구에 대해 매슬로의 욕구 5단계설을 발전시켜 주장한 이론이다.
②·③ 존재욕구를 기본적 욕구로 정의하며, 관계욕구, 성장욕구로 계층화하였다.

13

사업 다각화는 무리하게 추진할 경우 수익성에 악영향을 줄 수 있다는 단점이 있다.

오답분석

① 지속적인 성장을 추구하여 미래 유망산업에 참여하고, 구성원에게 더 많은 기회를 줄 수 있다.
② 기업이 한 가지 사업만 영위하는 데 따르는 위험에 대비할 수 있다.
③ 보유자원 중 남는 자원을 활용하여 범위의 경제를 실현할 수 있다.

14

직무분석 → 직무기술서 / 직무명세서 → 직무평가 → 직무설계의 순서로 직무관리를 진행하며, 직무분석을 통해 업무특성과 업무담당자의 특성을 파악하고, 이를 토대로 어떤 직무가 적합할지 평가하여 대상자의 최종 직무를 설계한다.

15

정답 ③

종단분석은 시간과 비용의 제약으로 인해 표본 규모가 작을수록 좋으며, 횡단분석은 집단의 특성 또는 차이를 분석해야 하므로 표본이 일정 규모 이상일수록 정확하다.

16

정답 ④

채권이자율이 시장이자율보다 높아지면 채권가격은 액면가보다 높은 가격에 거래된다. 단, 만기에 가까워질수록 채권가격이 하락하여 가격위험에 노출된다.

[오답분석]

①・②・③ 채권이자율이 시장이자율보다 낮은 할인채에 대한 설명이다.

17

정답 ④

물음표(Question Mark) 사업은 신규 사업 또는 현재 시장점유율은 낮으나, 향후 성장 가능성이 높은 사업이다. 기업 경영 결과에 따라 개(Dog) 사업 또는 스타(Star) 사업으로 바뀔 수 있다.

[오답분석]

① 스타(Star) 사업 : 성장 가능성과 시장점유율이 모두 높아서 계속 투자가 필요한 유망 사업이다.
② 현금젖소(Cash Cow) 사업 : 높은 시장점유율로 현금창출은 양호하나, 성장 가능성은 낮은 사업이다.
③ 개(Dog) 사업 : 성장 가능성과 시장점유율이 모두 낮아 철수가 필요한 사업이다.

18

정답 ④

시험을 망쳤음에도 불구하고 난이도를 이유로 괜찮다고 생각하는 자기합리화의 사례로 볼 수 있다.

[오답분석]

①・②・③ 인지부조화의 사례로서 개인이 가지고 있는 신념, 태도, 감정 등에 대해 일관성을 가지지 못하고 다르게 행동하는 것을 의미한다.

19

정답 ③

M&A는 해외 직접투자에 해당하는 진출 방식이다.

[오답분석]

①・②・④ 계약에 의한 해외 진출 방식이다.

20

정답 ②

테일러의 과학적 관리법에서는 작업에 사용하는 도구 등을 표준화하여 관리 비용을 낮추고 효율성을 높이는 것을 추구한다.

[오답분석]

① 과학적 관리법의 특징 중 표준화에 대한 설명이다.
③ 과학적 관리법의 특징 중 동기부여에 대한 설명이다.
④ 과학적 관리법의 특징 중 통제에 대한 설명이다.

01
정답 ⑤

가격탄력성이 1보다 크면 탄력적이라고 할 수 있다.

오답분석

①·② 수요의 가격탄력성은 가격의 변화에 따른 수요의 변화를 의미하며, 분모는 상품가격의 변화량을 상품 가격으로 나눈 값이며, 분자는 수요량의 변화량을 수요량으로 나눈 값이다.

③ 대체재가 많을수록 해당 상품 가격 변동에 따른 수요의 변화는 더 크게 반응하게 된다.

02
정답 ②

GDP 디플레이터는 명목 GDP를 실질 GDP로 나누어 물가상승 수준을 예측할 수 있는 물가지수로, 국내에서 생산된 모든 재화와 서비스 가격을 반영한다. 따라서 GDP 디플레이터를 구하는 계산식은 (명목 GDP)÷(실질 GDP)×100이다.

03
정답 ①

한계소비성향은 소비의 증가분을 소득의 증가분으로 나눈 값으로, 소득이 1,000만 원 늘었을 때 현재 소비자들의 한계소비성향이 0.7이므로 소비는 700만 원이 늘었다고 할 수 있다. 따라서 소비의 변화폭은 700이다.

04
정답 ④

㉠ 환율이 상승하면 제품을 수입하기 위해 더 많은 원화를 필요로 하고, 이에 따라 수입이 감소하게 되므로 순수출이 증가한다.

㉡ 국내이자율이 높아지면 국내자산 투자수익률이 좋아져 해외로부터 자본유입이 확대되고, 이에 따라 환율은 하락한다.

㉢ 국내물가가 상승하면 상대적으로 가격이 저렴한 수입품에 대한 수요가 늘어나 환율은 상승한다.

05
정답 ⑤

독점적 경쟁시장은 광고, 서비스 등 비가격경쟁이 가격경쟁보다 더 활발히 진행된다.

06
정답 ①

케인스학파는 경기침체 시 정부가 적극적으로 개입하여 총수요의 증대를 이끌어야 한다고 주장하였다.

오답분석

② 고전학파의 거시경제론에 대한 설명이다.

③ 케인스학파의 거시경제론에 대한 설명이다.

④ 고전학파의 이분법에 대한 설명이다.

⑤ 케인스학파의 화폐중립성에 대한 설명이다.

07

정답 ④

오답분석

① 매몰비용의 오류 : 이미 투입한 비용과 노력 때문에 경제성이 없는 사업을 지속하여 손실을 키우는 것을 의미한다.
② 감각적 소비 : 제품을 구입할 때, 품질, 가격, 기능보다 디자인, 색상, 패션 등을 중시하는 소비 패턴을 의미한다.
③ 보이지 않는 손 : 개인의 사적 영리활동이 사회 전체의 공적 이익을 증진시키는 것을 의미한다.
⑤ 희소성 : 사람들의 욕망에 비해 그 욕망을 충족시켜 주는 재화나 서비스가 부족한 현상을 의미한다.

08

정답 ③

- (실업률)=(실업자)÷(경제활동인구)×100
- (경제활동인구)=(취업자)+(실업자)

∴ $5,000 \div (20,000 + 5,000) \times 100 = 20\%$

09

정답 ③

(한계비용)=(총비용 변화분)÷(생산량 변화분)

- 생산량이 50일 때 총비용 : 16(평균비용)×50(생산량)=800
- 생산량이 100일 때 총비용 : 15(평균비용)×100(생산량)=1,500

따라서 한계비용은 700÷50=14이다.

10

정답 ④

A국은 노트북을 생산할 때 기회비용이 더 크기 때문에 TV 생산에 비교우위가 있고, B국은 TV를 생산할 때 기회비용이 더 크기 때문에 노트북 생산에 비교우위가 있다.

구분	노트북 1대	TV 1대
A국	TV 0.75	노트북 1.33
B국	TV 1.25	노트북 0.8

11

정답 ④

다이내믹 프라이싱의 단점은 소비자 후생이 감소해 소비자의 만족도가 낮아진다는 것이다. 이로 인해 기업이 소비자의 불만에 직면할 수 있다는 리스크가 발생한다.

12

정답 ③

빅맥 지수는 동질적으로 판매되는 상품의 가치는 동일하다는 가정하에 나라별 화폐로 해당 제품의 가격을 평가하여 구매력을 비교하는 것이다.

맥도날드의 대표적 햄버거인 빅맥 가격을 기준으로 한 이유는 전 세계에서 가장 동질적으로 판매되고 있기 때문이며, 이처럼 품질, 크기, 재료가 같은 물건이 세계 여러 나라에서 팔릴 때 나라별 물가를 비교하기 수월하다.

오답분석

㉠ 빅맥 지수는 영국 경제지인 이코노미스트에서 최초로 고안하였다.
㉣ 빅맥 지수에 사용하는 빅맥 가격은 제품 가격만 반영하고 서비스 가격은 포함하지 않기 때문에 나라별 환율에 대한 상대적 구매력 평가 외에 다른 목적으로 사용하기에는 측정값이 정확하지 않다.

13

정답 ①

확장적 통화정책은 국민소득을 증가시켜 이에 따른 보험료 인상 등 세수확대 요인으로 작용한다.

오답분석

② 이자율이 하락하고, 소비 및 투자가 증가한다.
③·④ 긴축적 통화정책이 미치는 영향이다.

14

정답 ③

토지, 설비 등이 부족하면 한계 생산가치가 떨어지기 때문에 노동자를 많이 고용하는 게 오히려 손해이다. 따라서 노동 수요곡선은 왼쪽으로 이동한다.

오답분석

① 노동 수요는 재화에 대한 수요가 아닌 재화를 생산하기 위해 파생되는 수요이다.
② 상품 가격이 상승하면 기업은 더 많은 제품을 생산하기 위해 노동자를 더 많이 고용한다.
④ 노동에 대한 인식이 긍정적으로 변화하면 노동시장에 더 많은 노동력이 공급된다.

15

정답 ④

S씨가 달리기를 선택할 경우 (기회비용)=1(순편익)+8(암묵적 기회비용)=9로 기회비용이 가장 작다.

오답분석

① 헬스를 선택할 경우
   (기회비용)=2(순편익)+8(암묵적 기회비용)=10
② 수영을 선택할 경우
   (기회비용)=5(순편익)+8(암묵적 기회비용)=13
③ 자전거를 선택할 경우
   (기회비용)=3(순편익)+7(암묵적 기회비용)=10

| 03 | 회계 |

01	02	03	04	05	06	07	08	09	10										
③	②	④	③	③	①	③	①	②	③										

01

정답 ③

매출액순이익률은 당기순이익을 매출액으로 나눈 값이다.

[오답분석]

① 유동비율은 유동자산을 유동부채로 나눈 값으로 안정성 비율에 해당한다.

② 부채비율은 부채를 자기자본으로 나눈 값으로 안정성 비율에 해당한다.

④ 총자산회전율은 매출액을 평균총자산으로 나눈 값으로 활동성 비율에 해당한다.

02

정답 ②

(당기 제조원가)＝(당기 총 제조원가)＋[(기초 재공품 재고액)−(기말 재공품 재고액)]

(당기 총 제조원가)＝(재료비)＋(노무비)＋(제조비)＝140,000원

(당기 제조원가)＝140,000＋(40,000−20,000)＝160,000원

03

정답 ④

유동비율이 높다는 것은 기업이 보유하고 있는 현금성 자산이 많다는 의미로 활발한 투자와는 거리가 있다.

[오답분석]

①·② 유동비율은 1년 이내 현금화가 가능한 자산을 1년 이내 갚아야 하는 부채로 나눈 값이다.

③ 유동자산에 매출채권, 재고자산이 포함됨에 따라 매출이 부진하여 재고가 많이 쌓인 기업의 유동비율이 높게 나타나는 경우도 있다.

04

정답 ③

(매출총이익)＝(매출액)−(매출원가)＝100,000,000−60,000,000＝40,000,000원

(영업이익)＝(매출총이익)−(판관비)＝40,000,000−10,000,000＝30,000,000원

(법인세 차감 전 이익)＝(영업이익)＋(영업외이익)−(영업외비용)＝30,000,000＋5,000,000−10,000,000＝25,000,000원

법인세비용은 당기순이익을 계산할 때 사용한다.

05

정답 ③

당기 판매된 재고자산을 모두 동일한 단가라고 가정하는 것은 총평균법에 대한 설명이다.

06

애덤 스미스의 절대우위론에 대한 설명이다.

오답분석

②·③ 리카르도의 비교우위론에 대한 설명이다.
④ 제품 생산에 따른 기회비용이 더 낮은 국가가 상대국에 비해 해당 제품 생산에서 비교우위에 있다고 할 수 있다.

07

(주당이익)=(보통주 귀속 당기순이익)÷(보통주 주식 수)
(보통주 귀속 당기순이익)=(전체 당기순이익)−(우선주 주주 배당금)=2,000,000,000−200,000,000=1,800,000,000원
(주당이익)=1,800,000,000원÷10,000,000주=180원

08

외상매출금은 거래처와의 거래에 의하여 발생하는 영업상 미수채권으로 대표적인 유동자산(당좌자산)이다.

오답분석

② 증가하면 차변에, 감소하면 대변에 기록한다.
③ 기업이 보유자산을 판매하고 받지 못한 대금은 미수금에 해당한다.
④ 외상매출금은 원칙적으로 이자가 붙지 않는다.

09

(유형자산 취득원가)=(구입가격)+(직접관련원가)+(추정복구원가)
광고 및 판촉활동 원가는 기타관련원가로 취득원가 계산 시 포함하지 않는다.

오답분석

①·③ 직접관련원가에 해당한다.
④ 추정복구원가에 해당한다.

10

(기초 재고자산 금액)+(당기매입액)=(매출원가)+(기말 재고자산 금액)
(당기매입액)=(판매가능금액)−(기초 재고자산 금액)=300,000,000−200,000,000=100,000,000원
200,000,000+100,000,000=80,000,000+(기말 재고자산)
(기말 재고자산)=220,000,000원

04 　기계

01	02	03	04	05	06	07	08	09	10	11	12	13	14	15	16	17	18	19	20
②	④	④	①	③	①	③	⑤	③	②	④	②	②	④	④	②	④	④	④	④

21	22	23	24	25															
②	②	④	③	④															

01 　　　　　　　　　　　　　　　　　　　　　정답 ②

[오답분석]
① 세라다이징 : 아연(Zn) 분말 속에 재료를 묻고 $300 \sim 400℃$로 $1 \sim 5$시간 가열하는 표면처리 방법이다.
③ 칼로라이징 : 알루미늄(Al) 분말 속에 재료를 가열하여 알루미늄이 표면에 확산되도록 하는 표면처리 방법이다.
④ 브로나이징 : 붕산(B)을 침투 및 확산시켜 경도와 내식성을 향상시키는 표면처리 방법이다.
⑤ 크로마이징 : 크롬(Cr)을 $1,000 \sim 1,400℃$인 환경에서 침투 및 확산시키는 표면처리 방법이다.

02 　　　　　　　　　　　　　　　　　　　　　정답 ④

피로시험, 충격시험, 마멸시험은 기계재료의 동적시험 방법에 속한다.

03 　　　　　　　　　　　　　　　　　　　　　정답 ④

Tr 20×4 나사는 미터계가 30도인 사다리꼴 나사 중 하나로, 피치는 4mm이다. 또한 바깥지름은 20mm이고, 안지름은 $20-4=$ 16mm이며, 접촉높이는 (피치)$\div 2=$2mm이다.

04 　　　　　　　　　　　　　　　　　　　　　정답 ①

A지점을 기준으로 모멘트의 합을 구하면
$\sum M_A = 6 \times 20 + (6+2) \times P = 0 \rightarrow P = -15$kN
따라서 A지점에 작용하는 반력 $R_A = -5$kN이다.
A지점에서 시작하여 $0 \leq x \leq 6$, $6 \leq x \leq 8$ 두 구간으로 나누어 반력을 구하면
• $0 \leq x \leq 6$
　$-5 - V(x) = 0 \rightarrow V(x) = -5$kN
• $6 \leq x \leq 8$
　$-5 + 20 - V(x)0 \rightarrow V(x) = 15$kN
A지점에서 시작하여 $0 \leq x \leq 6$, $6 \leq x \leq 8$ 두 구간으로 나누어 굽힘 모멘트를 구하면
• $0 \leq x \leq 6$
　$M(x) = -x V(x) = -5x$
• $6 \leq x \leq 8$
　$M(x) = 15x - 120$
따라서 굽힘 모멘트의 값이 가장 큰 지점은 A로부터 6m 떨어진 곳이며, 그 크기는 $5 \times 6 = 30$N・m이다.

05

정답 ③

구름 베어링과 미끄럼 베어링의 비교

구분	구름 베어링	미끄럼 베어링
고속 회전	부적합하다.	적당하다.
강성	크다.	작다.
수명	박리에 의해 제한되어 있다.	유체마찰만 유지한다면 반영구적이다.
소음	시끄럽다.	조용하다.
규격화	규격화가 되어 있어 간편하게 사용할 수 있다.	규격화가 안 되어 있어 제작 시 별도의 검토가 필요하다.
윤활	윤활장치가 필요 없다.	별도의 윤활장치가 필요하다.
기동 토크	적게 발생한다.	유막 형성 지연 시 크게 발생한다.
충격 흡수	감쇠력이 작아 충격 흡수력이 작다.	감쇠력이 커 충격 흡수력이 뛰어나다.
가격	비싸다.	저렴하다.

06

정답 ①

1kcal은 대기압에서 순수한 물 1kg의 온도를 1℃ 올릴 때 필요한 열량이다.
따라서 대기압이 작용하는 물 3,000kg의 수온을 10℃ 올릴 때 필요한 열량은 $3,000 \times 10 = 30,000$kcal이다.
1kcal=4.2kJ이므로 30,000kcal을 kJ로 변환하면 $30,000 \times 4.2 = 126,000$kJ이다.

07

정답 ③

[오답분석]

ㄱ・ㄹ. 동력을 간접적으로 전달하는 기계요소이다.

08

정답 ⑤

slug는 질량의 단위 중 하나이다.

[오답분석]

① 1kcal은 표준대기압에서 1kg의 물을 1℃ 올리는 데 필요한 열량이다.
② 1BTU는 표준대기압에서 1b의 물을 1℉ 올리는 데 필요한 열량이다.
③ 1CHU는 표준대기압에서 1b의 물을 1℃ 올리는 데 필요한 열량이다.
④ 1kcal=4.2kJ이다.

09

정답 ③

$Re = \dfrac{VD}{\nu}$ 이고, $Q = AV = \dfrac{\pi d^2}{4} V$이다.

따라서 이 유체의 레이놀즈 수는 $\dfrac{4Q \times D}{\pi \nu d^2} = \dfrac{4 \times 30 \times 5}{\pi \times 0.804 \times 10^{-4} \times 5^2} ≒ 95,0000$이다.

10

$$\epsilon = \frac{\delta}{L} = \frac{P}{AE} = \frac{30 \times 10^3}{\frac{\pi \times 3^2}{4} \times 10^{-6} \times 350 \times 10^9} \fallingdotseq 0.012$$

변형량(δ) 구하기

$\delta = \dfrac{PL}{AE}$

P : 작용한 하중[N]

L : 재료의 길이[mm]

A : 단면적[mm^2]

E : 세로탄성계수[N/mm^2]

11

단면 1차 모멘트는 구하고자 하는 위치에 따라 음수가 나올 수도 있고, 0이 나올 수도 있고, 양수가 나올 수도 있다.

12

물체의 밀도를 ρ, 물체의 부피를 V, 유체의 밀도를 ρ', 유체에 물체를 둘 때 잠기는 영역의 부피를 V'라고 하자. $\rho g V = \rho' g V'$일 때 물체가 물에 뜨게 된다. 이때 $\rho' g V'$가 부력이며, 부력은 유체의 밀도와 유체에 잠기는 영역의 부피와 관련이 있다. 제시된 실험은 재질과 유체가 동일하고 형상이 다르므로 잠기는 영역의 부피가 다른 상황이다.

13

[오답분석]

① 회주철 : 가장 일반적인 주철이다.

③ 칠드주철 : 표면을 급랭시켜 경도를 증가시킨 주철이다.

④ 구상흑연주철 : Ni, Cr, Mo, Cu 등을 첨가하여 흑연을 구상화시켜 가공성, 내마모성, 연성 등을 향상시킨 주철이다.

14

탄소의 양과 탄소 연소 시 필요한 산소의 양의 비는 1 : 1이고 탄소의 원자량은 12, 산소의 원자량은 16이다.

따라서 $12 : 32 = 6 : x \rightarrow x = \dfrac{32 \times 6}{12} = 16$이므로,

공기 내 산소의 비는 20%이고, 전체 공기의 양은 $\dfrac{16}{0.2} = 80$kg이다.

15

교번하중은 크기와 방향이 지속적으로 변하는 하중이다. 일정한 크기와 방향을 가진 하중이 반복적으로 작용하는 하중은 반복하중이다.

16

정답 ②

$\delta = \dfrac{PL}{AE} = \dfrac{4PL}{\pi d^2 E}$ 이므로

$1.5 \times 10^{-3} = \dfrac{4 \times 100 \times 10^3 \times 3}{\pi \times d^2 \times 250 \times 10^9}$

$\rightarrow d = \sqrt{\dfrac{4 \times 100 \times 10^3 \times 3}{\pi \times 250 \times 10^9 \times 1.5 \times 10^{-3}}} = 0.032\text{m} = 3.2\text{cm}$

17

정답 ④

단순보에서 등분포하중이 작용할 때 최대 처짐량은 $\delta_{\max} = \delta_C = \dfrac{5wL^4}{384EI}$ 이므로

$\delta_{\max} = \dfrac{5 \times 8 \times 10^3 \times 5^4}{384 \times 240 \times 10^9 \times \dfrac{0.5 \times 0.2^3}{12}} = 8.1 \times 10^{-4}\text{m} = 0.81\text{mm}$이다.

18

정답 ④

외팔보에서 작용하는 등분포하중은 $\theta = \dfrac{wl^3}{6EI}$ 이므로 $\theta = \dfrac{10 \times 6^3}{6 \times 10,000} = 3.6 \times 10^{-2}\text{rad}$이다.

19

정답 ④

오답분석

① 레이놀즈(Re)수에 대한 설명이며, 유체의 흐름 상태를 층류와 난류로 파악할 수 있다.
② 마하(Ma)수에 대한 설명이며, 유체의 압축성을 파악할 수 있다.
③ 스토크(Stk)수에 대한 설명이며, 유체 입자가 흐름을 따르는 정도를 파악할 수 있다.

20

정답 ④

체심입방격자에 해당하는 원소는 Cr, Mo, Ta, V, W 등이 있고, 면심입방격자에 해당하는 원소는 Ag, Al, Au, Cu, Ni, Pt 등이 있다.

21

정답 ②

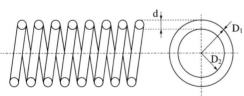

$\delta = \dfrac{8N_a D^3 P}{Gd^4}$ 이고 $c = \dfrac{D}{d}$ 이므로 $\delta = \dfrac{8N_a c^3 P}{Gd}$ 이다.

$300 = \dfrac{8 \times 100 \times 10^3 \times 300}{80 \times 10^3 \times d} \rightarrow d = \dfrac{8 \times 100 \times 10^3 \times 300}{80 \times 10^3 \times 300} = 10\text{mm}$이다.

$10 = \dfrac{D}{10} \rightarrow D = 100$mm이므로 외경은 100mm이고 내경은 $100 - 10 \times 2 = 80$mm이다.

따라서 스프링의 평균 반지름의 길이는 $\dfrac{100 + 80}{2} = 90$mm이다.

22

정답 ②

성능계수(COP; Coefficient of Performance)는 냉각기, 열펌프 등의 냉각 효율을 나타내는 척도이며, 다음과 같은 공식으로 구할 수 있다.

$$[\text{성능계수(COP)}] = \frac{Q_L}{W} = \frac{Q_L}{Q_H - Q_L} = \frac{T_L}{T_H - T_L}$$

23

정답 ④

열 교환기(Heat Exchanger)는 기기의 운행에 필요한 유체의 상태를 만들기 위해 서로 다른 온도를 가진 2개의 유체가 열을 교환시켜 유체를 가열(또는 증발) 혹은 냉각(또는 응축)시키는 것이다.

24

정답 ③

주철은 강재에 비해 단단하지만 부서지기 쉽다.

25

정답 ④

[오답분석]
① 소성가공은 재료에 탄성한도보다 큰 외력을 가할 때 발생하는 영구적으로 변형되는 성질인 소성을 이용한 가공이다.
② 잔류응력이 남아있으면 제품이 변형될 수 있으므로 별도의 후처리를 통해 잔류응력을 제거하여야 한다.
③ 소성가공으로 제품 생산 시 주물에 비해 치수가 정확하다.

01	02	03	04	05	06	07	08	09	10	11	12	13	14	15					
②	④	④	③	②	④	①	①	③	④	②	①	④	④	①					

01

정답 ②

단상 유도 전동기를 기동토크가 큰 순서대로 나열하면 반발 기동형 – 반발 유도형 – 콘덴서 기동형 – 분상 기동형 – 셰이딩 코일형
이다.

단상 유도 전동기 특징
- 교번자계가 발생한다.
- 기동토크가 없으므로 기동 시 기동장치가 필요하다.
- 슬립이 0이 되기 전에 토크는 미리 0이 된다.
- 2차 저항값이 일정값 이상이 되면 토크는 부(−)가 된다.

02

정답 ④

[3상 전압강하(e)]$= V_s - V_r = \sqrt{3}\,I(R\cos\theta + X\sin\theta)$

[송전단 전압(V_s)]$= V_r + \sqrt{3}\,I(R\cos\theta + X\sin\theta)$

$$= 6{,}000 + \sqrt{3} \times \frac{300 \times 10^3}{\sqrt{3} \times 6{,}000 \times 0.8} \times (5 \times 0.8 + 4 \times 0.6)$$

$$= 6{,}400\text{V}$$

03

정답 ④

$$L = \frac{N^2}{R_m} = \frac{N^2}{\dfrac{l}{\mu S}} = \frac{\mu_0 \mu_s S N^2}{l}$$

$$= \frac{4\pi \times 10^{-7} \times 600 \times 4 \times 10^{-4} \times 1{,}000^2}{4\pi \times 10^{-2}} = 2.4\text{H}$$

04

정답 ③

$$J = \frac{m}{S} = \frac{m}{\pi r^2}\,\text{Wb}/m^2 \text{에서}$$

$$m = J \times \pi r^2 = 300 \times \pi \times (10 \times 10^{-2})^2 = 3\pi\,\text{Wb}$$

05

정답 ②

$$Z = \sqrt{R^2 + X^2} = \sqrt{3^2 + 4^2} = 5\Omega$$

$$I = \frac{V}{Z} = \frac{50}{5} = 10\text{A}$$

06

정답 ④

$$P_r = I^2 X = \left(\frac{V}{\sqrt{R^2+X^2}}\right)^2 X = \frac{V^2 X}{R^2+X^2} = \frac{10^2 \times 4}{3^2+4^2} = 16\text{Var}$$

단상 교류전력
- 피상전력

$$P_a = I^2 Z = \frac{V^2}{Z} = \frac{Z}{R^2+X^2}\, V^2$$

- 유효전력

$$P = I^2 R = \left(\frac{V}{\sqrt{R^2+X^2}}\right)^2 R = \frac{R}{R^2+X^2}\, V^2$$

- 무효전력

$$P_r = I^2 X = \left(\frac{V}{\sqrt{R^2+X^2}}\right)^2 X = \frac{X}{R^2+X^2}\, V^2$$

$$P_a{}^2 = P^2 + P_r{}^2, \ Z = \sqrt{R^2+X^2}$$

07

정답 ①

연가란 전선로 각 상의 선로정수를 평형이 되도록 선로 전체의 길이를 3등분하여 각 상의 위치를 개폐소나 연가철탑을 통하여 바꾸어주는 것이다. 3상 3선식 송전선을 연가할 경우 일반적으로 3배수의 구간으로 등분하여 연가한다.

08

정답 ①

$$\epsilon = p\cos\theta + q\sin\theta$$
$$= 3.8 \times 0.8 + 4.9 \times 0.6$$
$$= 5.98\%$$

변압기의 전압변동률
- 지상

$$\epsilon = p\cos\theta + q\sin\theta$$

- 진상

$$\epsilon = p\cos\theta - q\sin\theta$$

09

정답 ③

임펄스함수는 하중함수와 같은 함수이다.

10

정답 ④

커패시터가 전하를 충전할 수 있는 능력을 '충전용량' 혹은 '커패시턴스'라고 한다.

[오답분석]
① 어드미턴스 : 교류회로에서의 전류가 잘 흐르는 정도이며, 임피던스의 역수이다.
② 인덕턴스 : 회로에서 작용하는 전자기유도 작용에 의해 발생하는 역기전력의 크기이다.
③ 임피던스 : 회로에서 전압이 가해졌을 때 전류의 흐름을 방해하는 정도이다.

11

정답 ②

이상적인 연산증폭기 모델의 가정
- 입력 임피던스는 무한대(∞)이고 출력 임피던스는 0일 것
- 입력 전압 및 출력 전압의 범위가 무한대(∞)일 것
- 주파수에 제한을 받지 않을 것
- 슬루율이 무한대(∞)일 것
- 개루프 전압이득이 무한대(∞)일 것
- 입력 전압과 출력 전압은 선형성을 갖출 것
- 오프셋 전압이 0일 것

12

정답 ①

공기식 발전기는 엔진 내부를 진공으로 만들면 그 진공을 채우기 위해 공기가 유입되고 유입된 공기가 터빈을 작동시키며 전기를 생산해내는 친환경 발전 기기이다.

13

정답 ④

회전계자형은 코일을 고정시키고 자석을 회전시킴으로써 전기를 얻는 발전 방식이다. 권선의 배열 및 결선이 회전전기자형보다 편리하고 절연 또한 유리하다. 이는 슬립링과 브러시의 사용량도 감소하여 대부분의 발전기에서 사용되는 방식이다.

14

정답 ④

정류자는 교류 전원을 직류로 변환하는 발전기 부품이다.

15

정답 ①

직류 전동기의 유도 기전력은 $E = \dfrac{PZ}{60a}\phi N$이다.

(P : 자극 수, Z : 전기자 총 도체 수, ϕ : 극당 자속, N : 분당 회전 수, a : 병렬 회로 수)

따라서 전기자 도체 1개에 유도되는 기전력의 크기는 $\dfrac{E}{Z} = \dfrac{P\phi N}{60a}$ 이다. 이때 중권이므로 $a = P$이고 $\dfrac{0.8 \times 1,800}{60} = 24V$이다.

PART 1

합격의 공식 SD에듀 www.sdedu.co.kr

직업기초능력평가

01 | 의사소통능력

출제유형분석 01 | 실전예제

01

정답 ④

제시문에 따르면 한국중부발전은 발전소 CCS설비에서 포집한 이산화탄소를 온실에 주입하여 작물의 광합성 촉진 및 생장속도를 가속화하였으며 이는 결국 이산화탄소 배출 절감을 의미한다.

오답분석

① 에코팜 사업은 발전소의 냉각수가 아니라 온배수와 이산화탄소를 활용한 스마트 시스템 온실을 개발하는 사업이다.
② 온배수, 석탄재, 이산화탄소는 발전소에서 생산되는 주된 에너지가 아니다. 발전소에서 에너지를 생산한 뒤 발생하는 부산물로 폐지원이다.
③ 온배수의 열을 이용하여 온실의 에너지를 86%까지 절감하였고, 발전소의 석탄재를 비닐하우스 부지정리에 활용하여 폐기물의 자원화에 기여하였다.
⑤ LPG 인수기지가 아니라 LNG 인수기지에 LNG 기화·공급을 위한 열원으로 온배수를 활용하였다.

02

정답 ②

해외사업연계 취업 지원 사업은 청년 인재를 선발하여 K-Move 스쿨 개설 및 맞춤 연수를 시행 후 한국동서발전이 투자 및 운영자로 참여하고 있는 해외법인에 취업 연계를 시켜주는 것이다. 따라서 시행처가 다르지 않다.

오답분석

① 8월 중 공고 예정이라고 되어 있으며 K-Move 센터에서 9 ~ 12월 3개월 동안 교육을 받는다고 되어 있지만 정확한 일정이 나와있지 않으므로 확인하는 것이 적절하다.
③ 최종 선발된 10명은 한국발전교육원 및 당진 발전기술 EDU센터에서 교육을 받는다.
④ 한국동서발전은 K-Move 스쿨 연수생 선발·맞춤연수 시행·해외 법인과의 협의를 통한 취업연계 지원을, 한국산업인력공단은 연수비용 일부 및 취업 장려금을 지원한다.
⑤ 한국동서발전이 투자 및 운영자로 참여하고 있는 해외 법인(인도네시아, 자메이카 등)에 취업을 하며 첫 기업은 인도네시아 기업이다.

03

정답 ④

한국남동발전은 미세먼지뿐만 아니라 초미세먼지 저감을 위한 습식 전기집진기 연구과제도 수행하며 미세먼지 감축 기술개발에 적극 나서고 있다.

04

정답 ⑤

친환경 활동 온·오프라인 홍보는 미세먼지 대응 전담부서가 아니라 KOEN 환경서포터즈가 수행하는 일이다.

01

제시문은 제4차 산업혁명으로 인한 노동 수요 감소로 인해 나타날 수 있는 문제점으로 대공황에 대한 위험을 설명하면서도, 긍정적인 시각으로 노동 수요 감소를 통해 인간적인 삶 향유가 이루어질 수 있다고 말한다. 따라서 제4차 산업혁명의 밝은 미래와 어두운 미래를 나타내는 ②가 제목으로 가장 적절하다.

02

제시문은 검무의 정의와 기원, 검무의 변천 과정과 구성, 검무의 문화적 가치를 설명하는 글이다.

03

첫 번째 문단에서 '사피어 – 워프 가설'을 간략하게 소개하고, 두 번째 ~ 세 번째 문단을 통해 '사피어 – 워프 가설'을 적용할 수 있는 예를 들고 있다. 이후 세 번째 ~ 다섯 번째 문단을 통해 '사피어 – 워프 가설'을 언어 우위론적 입장에서 설명할 수 있는 가능성이 있으면서도, 언어 우위만으로 모든 설명이 되지는 않음을 밝히고 있다. 따라서 제시문의 중심 내용은 '사피어 – 워프 가설'의 주장에 대한 설명(언어와 사고의 관계)과 함께, 그것을 하나의 이론으로 증명하기 어려움에 대한 것이라고 볼 수 있다.

01

제시문은 디젤 엔진과 가솔린 엔진을 비교하며, 디젤 엔진의 특징과 효율성을 설명하고 있다. 따라서 (바) 루돌프 디젤의 새로운 엔진 개발 → (나) 기존 가솔린 엔진의 단점 → (아) 가솔린 엔진의 기본 원리 → (가) 가솔린 엔진의 노킹 현상 → (마) 디젤 엔진의 기본 원리 → (사) 디젤 엔진의 높은 압축 비율 → (다) 오늘날 자동차 엔진으로 자리 잡은 디젤 엔진 → (라) 기술 발전으로 디젤 엔진의 문제 극복 순으로 나열하는 것이 적절하다.

02

한국남부발전이 독서경진대회를 개최했다는 내용의 (나) → 참가 팀의 진행사항과 심사 결과에 대해 이야기하는 (가) → 심사위원의 총평과 대회 이외에 행사에 대해 말하는 (마) → 한국남부발전에서 이전부터 진행해 온 독서경영 시스템에 대해 설명하는 (다) → 독서경영을 통한 기대와 전망에 대해 이야기하는 (라) 순서가 적절하다.

03

제시된 문장의 첫 단락은 한국동서발전의 동반성장 노력이 인도와 중국 전력시장에서 가시화되고 있으며 협력중소기업의 해외진출을 위해 지난 3년간 해외바이어 국내초청 수출상담회를 10여 차례 개최했음을 말하고 있다. 따라서 직후에는 중소기업들과 인도를 직접 방문한 내용의 (나)가 오는 것이 가장 적절하다. 이어서 앞서 소개한 수출품을 연이어 설명하는 (라)가 적절하며, 중국의 협력기관인 조비전공업구를 소개하는 (다)와 그 부연 설명을 하는 (가), 마지막으로 앞으로의 기대효과로 글을 마무리하는 (마)의 순서가 가장 적절하다.

출제유형분석 04 　실전예제

01

합리주의적인 언어 습득의 이론에서 어린이가 언어를 습득하는 것은 거의 전적으로 타고난 특수한 언어 학습 능력과 일반 언어 구조에 대한 추상적인 선험적 지식에 의해서 이루어지는 것이다. 반면 경험주의 이론은 경험적인 훈련(후천적)이 핵심이다.

02

노모포비아는 '휴대 전화가 없을 때 느끼는 불안과 공포증'이라는 의미의 신조어이다. 따라서 휴대 전화를 사용하지 않는 사람에게서는 노모포비아 증상이 나타나지 않을 것을 추론할 수 있다.

03

밑줄 친 '일부 과학자'들은 목재를 친환경 연료로 바라보지 않고 있으며, 마지막 문장에서 이들은 배출량을 줄이는 것이 아니라 배출하지 않는 방법을 택해야 한다고 말한다. 따라서 이들의 주장으로는 ④가 적절하다.

04

형식주의 영화인 「달세계 여행」에서 기발한 이야기와 트릭 촬영이 중요한 요소가 된 것이지, 사실주의에서는 중요한 요소라고 볼 수 없다.

05

제시문은 영화의 시퀀스를 구성하는 요소와 개념에 대해 설명한 후, 씬의 제시 방법에 따른 시퀀스의 종류를 언급하고 있다. 또한 시퀀스의 연결 방법과 효과, 시퀀스의 길이에 따른 특징을 설명한 후 영화를 감상할 때 시퀀스 분석이 지니는 의의를 언급하며 글을 마무리하고 있다. 그러나 영화의 발전 과정과 시퀀스의 상관관계에 관한 내용은 확인할 수 없다.

01

정답 ③

글의 맥락상 '뒤섞이어 있음'을 의미하는 '혼재(混在)'가 적절하다.
• 잠재(潛在) : 겉으로 드러나지 않고 속에 잠겨 있거나 숨어 있음

02

정답 ①

두 건의 문서는 같은 거래처로 발송될 것이지만, 두 건의 내용의 연관성이 적으므로 별도로 작성하여 별도의 봉투에 넣어 발송하는 것이 바람직하다.

03

정답 ⑤

재산이 많은 사람은 약간의 세율 변동에도 큰 영향을 받는다. 그러므로 '영향이 크기 때문에'로 수정해야 한다.

04

정답 ①

문맥의 흐름상 '겉에 나타나 있거나 눈에 띄다.'의 의미를 지닌 '드러나다'의 쓰임은 적절하다. 한편, '들어나다'는 사전에 등록되어 있지 않은 단어로 '드러나다'의 잘못된 표현이다.

01

정답 ⑤

ⓒ 찍던지 → 찍든지
• 던지 : 막연한 의문이 있는 채로 그것을 뒤 절의 사실이나 판단과 관련시키는 데 쓰는 연결 어미([예] 얼마나 춥던지 손이 곱아 펴지지 않았다)
• 든지 : 나열된 동작이나 상태, 대상들 중에서 어느 것이든 선택될 수 있음을 나타내는 연결 어미([예] 사과든지 배든지 다 좋다)

02

정답 ⑤

• ㉠ : '뇌졸중(腦卒中)'은 뇌에 혈액 공급이 제대로 되지 않아 손발의 마비, 언어 장애 등을 일으키는 증상을 일컬으며, '뇌졸증'은 이러한 '뇌졸중'의 잘못된 표현이다.
• ㉡ : '꺼림칙하다'와 '꺼림직하다' 중 기존에는 '꺼림칙하다'만 표준어로 인정되었으나, 2018년 표준국어대사전이 수정됨에 따라 '꺼림직하다'도 표준어로 인정되었다. 따라서 '꺼림칙하다', '꺼림직하다' 모두 사용할 수 있다.

02 | 수리능력

실전예제

01

정답 ③

열차의 길이를 xm라고 하자.

열차가 다리 또는 터널을 지날 때의 이동거리는 (열차의 길이)+(다리 또는 터널의 길이)이다.

열차의 속력은 일정하므로 다리를 통과할 때 속력과 터널을 통과할 때의 속력은 같다.

즉, $\dfrac{(x+240)}{16}=\dfrac{(x+840)}{40} \rightarrow 5(x+240)=2(x+840) \rightarrow 3x=480$

$\therefore \ x=160$

02

정답 ①

8명의 선수 중 4명을 뽑는 경우의 수는 $_8\mathrm{C}_4=\dfrac{8\times7\times6\times5}{4\times3\times2\times1}=70$가지이고, A, B, C를 포함하여 4명을 뽑는 경우의 수는 A, B, C를 제외한 5명 중 1명을 뽑으면 되므로 $_5\mathrm{C}_1=5$가지이다.

따라서 구하고자 하는 확률은 $\dfrac{5}{70}=\dfrac{1}{14}$ 이다.

03

정답 ④

340km를 100km/h로 달리면 3.4시간이 걸린다. 휴게소에서 쉰 시간 30분(0.5시간)을 더해 원래 예정에는 3.9시간 뒤에 서울 고속터미널에 도착해야 한다. 하지만 도착 예정시간보다 2시간 늦게 도착했으므로 실제 걸린 시간은 5.9시간이 되고, 휴게소에서 예정인 30분보다 6분(0.1시간)을 더 쉬었으니 쉬는 시간을 제외한 버스의 이동시간은 5.3시간이다. 그러므로 실제 경언이가 탄 버스의 평균 속도는 $340\div5.3\fallingdotseq64$km/h이다.

실전예제

01

정답 ③

2023년 7월 2일에 측정한 발전소별 수문 자료를 보면 이날 온도가 27℃를 초과한 발전소는 춘천, 섬진강, 보성강, 괴산이다. 춘천을 제외한 나머지 발전소의 출력량의 합은 다음과 같다.

- 섬진강 : $9.8\times6.9\times20\times0.9$
- 보성강 : $9.8\times1.1\times20\times0.9$
- 괴산 : $9.8\times74.2\times20\times0.9$

$\therefore$ 합계 : $9.8\times20\times0.9\times(6.9+1.1+74.2)=14,500.08$kW

춘천의 출력량은 총출력량 15,206.08kW에서 나머지 발전소의 출력량의 합을 뺀 15,206.08−14,500.08=706kW이다.

춘천의 초당 유량을 $x\,\mathrm{m^3/sec}$라 하였을 때,

$706=9.8\times x\times20\times0.9 \rightarrow x=706\div(9.8\times20\times0.9) \rightarrow x=4$

따라서 춘천 발전소의 분당 유량은 $60\times4=240\mathrm{m^3/min}$이다.

02

구분	공회전 발생률(%)	공회전 시 연료소모량(cc)	탄소포인트의 총합(P)
A	$\dfrac{20}{200}\times100=10$	$20\times20=400$	$100+0=100$
B	$\dfrac{15}{30}\times100=50$	$15\times20=300$	$50+25=75$
C	$\dfrac{10}{50}\times100=20$	$10\times20=200$	$80+50=130$
D	$\dfrac{5}{25}\times100=20$	$5\times20=100$	$80+75=155$
E	$\dfrac{25}{50}\times100=50$	$25\times20=500$	$50+0=50$

$\therefore\ D>C>A>B>E$

03

ㄱ. 대소비교만 하면 되므로 백분율값을 무시하고 각주에서 주어진 산식을 변형하면 '(공급의무량)=[공급의무율(%)]×(발전량)'으로 나타낼 수 있다. 그런데 2023년은 2022년에 비해 발전량과 공급의무율이 모두 증가하였으므로 계산하지 않고도 공급의무량 또한 증가하였음을 알 수 있다. 그리고 2022년은 2021년에 비해 공급의무율의 증가율이 50%에 육박하고 있어 발전량의 감소분을 상쇄하고도 남는다. 따라서 2022년 역시 2021년에 비해 공급의무량이 증가하였다.

ㄴ. 2023년의 인증서 구입량은 2021년의 10배가 넘는데 반해, 자체공급량은 10배에는 미치지 못한다. 따라서 자체공급량의 증가율이 더 작다.

[오답분석]

ㄷ. 둘의 차이는 2021년에 680(GWh), 2022년에 570(GWh), 2023년에 710(GWh)으로 2022년에 감소한다.

ㄹ. 먼저 연도별 이행량은 2021년 90(GWh), 2022년 450(GWh), 2023년 850(GWh)임을 구할 수 있다. 이를 통해 이행량에서 자체공급량이 차지하는 비중을 구하면 2021년 $\dfrac{75}{90}\times100=83\%$, 2022년 $\dfrac{380}{450}\times100=84\%$, 2023년 $\dfrac{690}{850}\times100=81\%$이므로 이행량에서 자체공급량이 차지하는 비중이 매년 감소하는 것은 아님을 알 수 있다.

출제유형분석 03 **실전예제**

01

각국의 기업이 A씨에게 제시한 연봉과 2024 ~ 2026년 예상 환율을 바탕으로 변동된 연봉을 나타내면 다음과 같다.

구분	2024년	2025년(전년 대비)	2026년(전년 대비)
미국 기업	3만×1,150=3,450만 원	3만×50=150만 원 상승	3만×100=300만 원 하락
중국 기업	26만×150=3,900만 원	26만×10=260만 원 하락	26만×20=520만 원 상승
일본 기업	290만×11=3,190만 원	290만×1=290만 원 상승	290만×1=290만 원 상승

CHAPTER 02 수리능력 • **39**

- 중국 기업 : $\frac{520}{3,640}\times100\fallingdotseq14.29\%$

- 일본 기업 : $\frac{580}{3,190}\times100\fallingdotseq18.18\%$

오답분석

② 중국 기업 : 3,900−260=3,640만 원, 일본 기업 : 3,190+290=3,480만 원, 미국 기업 : 3,450+150=3,600만 원

③ 중국 기업 : 3,640+520=4,160만 원, 일본 기업 : 3,480+290=3,770만 원, 미국 기업 : 3,600−300=3,300만 원

⑤ 중국 기업 : $\frac{260}{3,900}\times100\fallingdotseq6.67\%$, 미국 기업 : $\frac{300}{3,600}\times100\fallingdotseq8.33\%$

02

정답 ②

용기디자인의 점수는 A음료가 약 4.5점이므로 가장 높고, C음료가 약 1.5점으로 가장 낮기 때문에 옳은 내용이다.

오답분석

① C음료는 8개 항목 중 단맛의 점수가 가장 높으므로 옳지 않은 내용이다.

③ A음료가 B음료보다 높은 점수를 얻은 항목은 단맛과 쓴맛을 제외한 6개 항목이므로 옳지 않은 내용이다.

④ 항목별 점수의 합이 크다는 것은 이를 연결한 다각형의 면적이 가장 크다는 것을 의미한다. 따라서 D음료가 B음료보다 크다.

⑤ A ~ D음료 간 색의 점수를 비교할 때 점수가 가장 높은 음료는 A음료이고, 단맛의 점수가 가장 높은 것은 B, C음료이므로 옳지 않은 내용이다.

03

정답 ②

제시된 그래프는 구성비에 해당하므로 2023년에 전체 수송량이 증가하였다면 2023년 구성비가 감소하였어도 수송량은 증가했을 수 있다. 구성비로 수송량 자체를 비교해서는 안 된다는 점에 유의해야 한다.

04

정답 ③

가. 현재 성장을 유지할 경우 4.7천 건의 도입량은 48MW, 도입을 촉진할 경우 4.2천 건의 도입량은 49MW이므로 천 건당 도입량은 각각 48÷4.7≒10.2MW, 49÷4.2≒11.67MW이다. 따라서 도입을 촉진할 경우에 현재 성장을 유지할 경우보다 건수당 도입량이 커짐을 알 수 있다.

다. 현재 성장 유지할 경우의 신축주택 10kW 이상의 비중은 4.7÷(165.3+4.7)×100≒2.76%이며, 도입 촉진 경우의 신축주택 10kW 이상의 비중은 4.2÷(185.2+4.2)×100≒2.22%이므로 2.76−2.22=0.54%p가 되어 0.5%p 이상 하락함을 알 수 있다.

오답분석

나. 2019년 기존주택의 10kW 미만의 천 건당 도입량은 454÷94.1≒4.82MW이며, 10kW 이상은 245÷23.3≒10.52MW이므로 10kW 이상의 사용량이 더 많다.

라. $\frac{165-145.4}{145.4}\times100\fallingdotseq13.48\%$이므로 15%를 넘지 않는다.

01

남녀 국회의원의 여야별 SNS 이용자 구성비 중 여자의 경우 여당이 $(22 \div 38) \times 100 \fallingdotseq 57.9\%$이고, 야당은 $(16 \div 38) \times 100 \fallingdotseq 42.1\%$이므로 옳지 않은 그래프이다.

오답분석

① 국회의원의 여야별 SNS 이용자 수는 각각 145명, 85명이다.
③ 야당 국회의원의 당선 횟수별 SNS 이용자 구성비는 85명 중 초선 36명, 2선 28명, 3선 14명, 4선 이상 7명이므로 각각 계산해 보면 42.4%, 32.9%, 16.5%, 8.2%이다.
④ 2선 이상 국회의원의 정당별 SNS 이용자는 A당 29+22+12=63명, B당 25+13+6=44명, C당 3+1+1=5명이다.
⑤ 여당 국회의원의 당선 유형별 SNS 이용자 구성비는 145명 중 지역구가 126명이고, 비례대표가 19명이므로 각각 86.9%와 13.1%이다.

02

그래프에서는 내수 현황을 누적으로 나타내었으므로 적절하지 않다.

오답분석

①·② 제시된 자료를 통해 알 수 있다.
③ 신재생에너지원별 고용인원 비율을 구하면 다음과 같다.

- 태양광 : $\dfrac{8,698}{16,177} \times 100 \fallingdotseq 54\%$
- 풍력 : $\dfrac{2,369}{16,177} \times 100 \fallingdotseq 15\%$
- 폐기물 : $\dfrac{1,899}{16,177} \times 100 \fallingdotseq 12\%$
- 바이오 : $\dfrac{1,511}{16,177} \times 100 \fallingdotseq 9\%$
- 기타 : $\dfrac{1,700}{16,177} \times 100 \fallingdotseq 10\%$

⑤ 신재생에너지원별 해외공장매출 비율을 구하면 다음과 같다.

- 태양광 : $\dfrac{18,770}{22,579} \times 100 \fallingdotseq 83.1\%$
- 풍력 : $\dfrac{3,809}{22,579} \times 100 \fallingdotseq 16.9\%$

03

응답자 중 취업자의 지역별 구성비를 구하면 다음과 같다.

구분	2013년	2023년
서울	$\dfrac{99,065}{224,036} \times 100 \fallingdotseq 44.2\%$	$\dfrac{141,881}{306,744} \times 100 \fallingdotseq 46.3\%$
인천	$\dfrac{29,026}{224,036} \times 100 \fallingdotseq 13.0\%$	$\dfrac{28,970}{306,744} \times 100 \fallingdotseq 9.4\%$
경기	$\dfrac{95,945}{224,036} \times 100 \fallingdotseq 42.8\%$	$\dfrac{135,893}{306,744} \times 100 \fallingdotseq 44.3\%$

따라서 2013년과 2023년의 수치가 서로 바뀌었으므로 ③은 잘못되었다.

03 | 문제해결능력

출제유형분석 01 실전예제

01

주어진 조건을 정리해보면 다음과 같다.

구분	월	화	수	목	금
경우 1	보리밥	콩밥	조밥	수수밥	쌀밥
경우 2	수수밥	콩밥	조밥	보리밥	쌀밥

따라서 항상 참인 것은 ①이다.

오답분석
② 금요일에 먹을 수 있는 것은 쌀밥이다.
③·④·⑤ 주어진 정보만으로는 판단하기 힘들다.

02

주어진 조건을 정리하면 다음과 같은 순서로 위치함을 알 수 있다.

건물	1번째	2번째	3번째	4번째	5번째	6번째	7번째	8번째	9번째	10번째
가게	초밥가게	×	카페	×	편의점	약국	옷가게	신발가게	×	×

오답분석
① 카페와 옷가게 사이에 3개의 건물이 있다.
② 초밥가게와 약국 사이에 4개의 건물이 있다.
③ 편의점은 5번째 건물에 있다.
⑤ 카페는 3번째 건물에 있다.

03

주어진 조건을 살펴보면 명확하게 고정되는 경우는 A의 왼편에 앉은 사람이 파란 모자를 쓰고 있다는 것과 C의 맞은편에 앉은 사람이 빨간 모자를 쓰고 있다는 것이다. 따라서 이 두 조건을 먼저 표시하면 다음의 두 가지의 경우로 나누어 볼 수 있다.

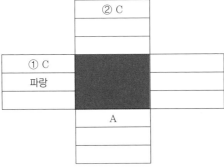

먼저 C가 A의 왼쪽에 앉게 되는 경우를 살펴보면 이는 다시 B와 D가 어디에 앉느냐에 따라 다음의 ⅰ)과 ⅱ) 두 가지로 나누어 볼 수 있으며 각각에 대해 살펴보면 다음과 같다.

ⅰ)

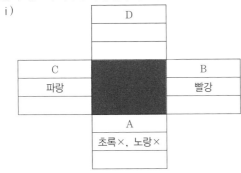

이 경우는 A와 D에 초록, 노랑 모자를 쓴 사람이 앉아야 하지만 A는 이 둘 모두에 해당하지 않는다는 모순된 결과가 나온다. 따라서 성립하지 않는 경우이다.

ⅱ)

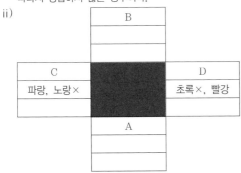

이 경우는 A와 B에 노랑과 초록 모자를 쓴 사람이 앉아야 한다. 그런데 A와 B는 여자라는 조건과 노란 모자와 초록 모자 중 한 명만 여자라는 조건은 서로 모순되는 상황이다. 따라서 이 역시 성립하지 않는다.

다음으로 C가 A의 맞은편에 앉는 경우를 생각해 보면, 역시 다음의 iii)과 iv) 두 가지의 경우로 나누어 볼 수 있다.

iii)

C
초록× → 노랑
남자

B		D
파랑, 노랑×		초록
여자		남자

A
빨강
여자

이 경우는 노란 모자와 초록 모자(C와 D) 중 한 명은 남자, 나머지 한 명은 여자라는 조건에 위배되므로 성립하지 않는다.

iv)

C
노랑
남자

D		B
파랑		노랑× → 초록
남자		여자

A
초록×, 빨강
여자

마지막으로 이 경우는 주어진 조건을 모두 만족하고 있는 상황이다. 따라서 초록 모자를 쓰고 있는 사람은 B이고, A입장에서 왼편에 앉은 사람은 D이다.

04

정답 ④

주어진 조건을 정리해 보면 다음과 같다.

구분	서울	인천	과천	세종
경우 1	D	A	B	C
경우 2	D	C	B	A

따라서 항상 참인 것은 ④이다.

오답분석
① · ② 주어진 정보만으로는 판단하기 힘들다.
③ 근무했던 지점에서 일을 할 수 없다.
⑤ D가 일하게 되는 지점은 서울이다.

05

정답 ②

확장형에 해당하며 일련번호가 '로'와만 결합되었으므로 옳은 도로명이다.

오답분석
① · ③ 확장형에서 일련번호는 '로'와만 결합된다고 했으므로 옳지 않은 도로명이다.
④ · ⑤ 방위형에서 어휘는 '동, 서, 남, 북'으로만 한정되고 '골목'과만 결합되었다고 하였으므로 옳지 않은 도로명이다.

출제유형분석 02 실전예제

01

정답 ④

알파벳 순서에 따라 숫자로 변환하면 다음과 같다.

A	B	C	D	E	F	G	H	I	J	K	L	M
1	2	3	4	5	6	7	8	9	10	11	12	13
N	O	P	Q	R	S	T	U	V	W	X	Y	Z
14	15	16	17	18	19	20	21	22	23	24	25	26

'INTELLECTUAL'의 품번을 규칙에 따라 정리하면 다음과 같다.
- 1단계 : 9(I), 14(N), 20(T), 5(E), 12(L), 12(L), 5(E), 3(C), 20(T), 21(U), 1(A), 12(L)
- 2단계 : $9+14+20+5+12+12+5+3+20+21+1+12=134$
- 3단계 : $|(14+20+12+12+3+20+12)-(9+5+5+21+1)|=|93-41|=52$
- 4단계 : $(134+52) \div 4+134=46.5+134=180.5$
- 5단계 : 180.5를 소수점 첫째 자리에서 버림하면 180이다.

따라서 제품의 품번은 '180'이다.

02

정답 ⑤

규칙에 따라 사용할 수 있는 숫자는 1, 5, 6을 제외한 나머지 2, 3, 4, 7, 8, 9로, 총 6개이다. (한 자리 수)×(두 자리 수)=156이 되는 수를 알기 위해서는 156의 소인수를 구해 보면 된다. 156의 소인수는 3, 2^2, 13으로, 156이 되는 수의 곱 중에 조건을 만족하는 것은 2×78과 4×39이다. 따라서 선택지 중에서 A팀 또는 B팀에 들어갈 수 있는 암호배열은 39이다.

출제유형분석 03 실전예제

01

정답 ②

ㄱ. 회사가 가지고 있는 신속한 제품 개발 시스템의 강점을 활용하여 새로운 해외시장의 소비자 기호를 반영한 제품을 개발하는 것은 강점을 통해 기회를 포착하는 SO전략에 해당한다.
ㄷ. 공격적 마케팅을 펼치고 있는 해외 저가 제품과 달리 오히려 회사가 가지고 있는 차별화된 제조 기술을 활용하여 고급화 전략을 추구하는 것은 강점으로 위협을 회피하는 ST전략에 해당한다.

오답분석

ㄴ. 저임금을 활용한 개발도상국과의 경쟁 심화와 해외 저가 제품의 공격적 마케팅을 고려하면 국내에 화장품 생산 공장을 추가로 건설하는 것은 적절한 전략으로 볼 수 없다. 약점을 보완하여 위협을 회피하는 전략을 활용하기 위해서는 오히려 저임금의 개발도상국에 공장을 건설하여 가격 경쟁력을 확보하는 것이 더 적절하다.
ㄹ. 낮은 브랜드 인지도가 약점이기는 하나, 해외시장에서의 한국 제품에 대한 선호가 증가하고 있는 점을 고려하면 현지 기업의 브랜드로 제품을 출시하는 것은 적절한 전략으로 볼 수 없다. 약점을 보완하여 기회를 포착하는 전략을 활용하기 위해서는 오히려 한국 제품임을 강조하는 홍보 전략을 세우는 것이 더 적절하다.

02

ㄱ. 소비자의 낮은 신뢰도는 K항공사가 겪고 있는 문제에 해당하므로 내부환경인 약점 요인에 해당한다.

ㄷ. 해외 여행객의 증가는 항공사가 성장할 수 있는 기회가 되므로 외부환경에서 비롯되는 기회 요인에 해당한다.

오답분석

ㄴ. 안전 품질 기준에 대한 인증 획득은 기업이 가진 경영자원에 해당하므로 내부환경인 강점 요인에 해당한다.

ㄹ. 항공사에 대한 소비자의 기대치가 상승한다는 것은 그만큼 항공사가 만족시켜야 할 요건들이 많아진다는 것을 의미하므로 외부환경에서 비롯되는 위협 요인에 해당한다.

> **SWOT 분석**
> 기업의 내부환경과 외부환경을 분석하여 강점(Strength), 약점(Weakness), 기회(Opportunity), 위협(Threat) 요인을 규정하고 이를 토대로 경영전략을 수립하는 기법
> • 강점(Strength) : 내부환경(자사 경영자원)의 강점
> • 약점(Weakness) : 내부환경(자사 경영자원)의 약점
> • 기회(Opportunity) : 외부환경(경쟁, 고객, 거시적 환경)에서 비롯된 기회
> • 위협(Threat) : 외부환경(경쟁, 고객, 거시적 환경)에서 비롯된 위협

03

정답 ④

원가 절감을 위해 해외에 공장을 설립하여 가격 경쟁력을 확보하는 것은 약점을 보완하여 위협을 회피하는 WT전략이다.

오답분석

①・② SO전략은 강점을 활용하여 외부환경의 기회를 포착하는 전략이므로 적절하다.

③ WO전략은 약점을 보완하여 외부환경의 기회를 포착하는 전략이므로 적절하다.

⑤ WT전략은 약점을 보완하여 외부환경의 위협을 회피하는 전략이므로 적절하다.

출제유형분석 04 실전예제

01

정답 ④

지원계획을 보면 지원금을 받을 수 있는 모임의 구성원은 6명 이상 9명 미만이므로, A모임과 E모임은 제외한다. 나머지 B, C, D모임의 총지원금을 구하면 다음과 같다.

• B모임 : $1,500+(100\times6)=2,100$천 원

• C모임 : $1.3\times(1,500+120\times8)=3,198$천 원

• D모임 : $2,000+(100\times7)=2,700$천 원

따라서 D모임이 두 번째로 많은 지원금을 받는다.

02

정답 ②

A씨와 B씨의 일정에 따라 요금을 계산하면 다음과 같다.

• A씨

 - 이용요금 : $1,310$원$\times6\times3=23,580$원

 - 주행요금 : 92×170원$=15,640$원

 - 반납지연에 따른 패널티 요금 : $(1,310$원$\times9)\times2=23,580$원

 ∴ $23,580+15,640+23,580=62,800$원

46 • 5대 발전회사 통합편

• B씨
  – 이용요금
    목요일 : 39,020원
    금요일 : 880원×6×8=42,240원 → 81,260원
  – 주행요금 : 243×170원=41,310원
  ∴ 39,020+81,260+41,310=122,570원

03

정답 ⑤

글피는 모레의 다음날로 15일이다. 15일은 비가 내리지 않고 최저기온은 영하이다.

[오답분석]

① 12 ~ 15일의 일교차를 구하면 다음과 같다.
  • 12일 : 11−0=11℃
  • 13일 : 12−3=9℃
  • 14일 : 3−(−5)=8℃
  • 15일 : 8−(−4)=12℃
  따라서 일교차가 가장 큰 날은 15일이다.
② 제시된 자료에서 미세먼지에 관한 내용은 확인할 수 없다.
③ 14일의 경우 비가 예보되어 있지만 낙뢰에 관한 예보는 확인할 수 없다.
④ 14일의 최저기온은 영하이지만 최고기온은 영상이다.

04

정답 ③

ㄱ. 인천에서 중국을 경유해서 베트남으로 가는 경우에는 (210,000+310,000)×0.8=416,000원이 들고, 싱가포르로의 직항의 경우에는 580,000원이 든다. 따라서 164,000원이 더 저렴하다.
ㄷ. 갈 때는 직항으로 가는 것이 가장 저렴하여 341,000원 소요되고, 올 때도 직항이 가장 저렴하여 195,000원이 소요되므로, 최소 총비용은 536,000원이다.

[오답분석]

ㄴ. 태국은 왕복 298,000+203,000=501,000원, 싱가포르는 580,000+304,000=884,000원, 베트남은 341,000+195,000=536,000원이 소요되기 때문에 비용이 가장 적게 드는 태국을 선택할 것이다.

05

정답 ②

직항이 중국을 경유하는 것보다 소요 시간이 적으므로 직항 경로별 소요 시간을 도출하면 다음과 같다.

여행지	경로	왕복 소요 시간
베트남	인천 → 베트남(5시간 20분) 베트남 → 인천(2시간 50분)	8시간 10분
태국	인천 → 태국(5시간) 태국 → 인천(3시간 10분)	8시간 10분
싱가포르	인천 → 싱가포르(4시간 50분) 싱가포르 → 인천(3시간)	7시간 50분

따라서 소요 시간이 가장 짧은 싱가포르로 여행을 갈 것이며, 7시간 50분이 소요될 것이다.

06

구매하려는 소파의 특징에 맞는 제조사를 찾기 위해 제조사별 특징을 대우로 정리하면 다음과 같다.

- A사 : 이탈리아제 천을 사용하면 쿠션재에 스프링을 사용한다. 커버를 교환 가능하게 하면 국내산 천을 사용하지 않는다. → ✕
- B사 : 국내산 천을 사용하지 않으면 쿠션재에 우레탄을 사용하지 않는다. 이탈리아제의 천을 사용하면 리클라이닝이 가능하다. → ○
- C사 : 국내산 천을 사용하지 않으면 쿠션재에 패더를 사용한다. 쿠션재에 패더를 사용하면 침대 겸용 소파가 아니다. → ○
- D사 : 이탈리아제 천을 사용하지 않으면 쿠션재에 패더를 사용하지 않는다. 쿠션재에 우레탄을 사용하지 않으면 조립이라고 표시된 소파가 아니다. → ✕

따라서 B사 또는 C사의 소파를 구매할 것이다.

04 │ 자원관리능력

출제유형분석 01   실전예제

01
정답 ③

대화 내용을 살펴보면 A과장은 패스트푸드점, B대리는 화장실, C주임은 은행, K사원은 편의점을 이용한다. 이는 동시에 이루어지는 일이므로 가장 오래 걸리는 일의 시간만 고려하면 된다. 은행이 30분으로 가장 오래 걸리므로 17:20에 모두 모이게 된다. 따라서 17:00, 17:15에 출발하는 버스는 이용하지 못하며, 17:30에 출발하는 버스는 잔여석이 부족하여 이용하지 못한다. 따라서 17:45에 출발하는 버스를 탈 수 있고, 가장 빠른 서울 도착 예정시각은 19:45이다.

02
정답 ③

엘리베이터는 한 번에 최대 세 개 층을 이동할 수 있으며, 올라간 다음에는 반드시 내려와야 한다는 조건에 따라 청원경찰이 최소 시간으로 6층을 순찰하고, 1층으로 돌아올 수 있는 방법은 다음과 같다.
• 1층 → 3층 → 2층 → 5층 → 4층 → 6층 → 3층 → 4층 → 1층
이때, 이동에만 소요되는 시간은 총 2분+1분+3분+1분+2분+3분+1분+3분=16분이다.
따라서 청원경찰이 6층을 모두 순찰하고 1층으로 돌아오기까지 소요되는 시간은 총 60분(10분×6층)+16분=76분=1시간 16분이다.

03
정답 ③

자동차 부품 생산조건에 따라 반자동라인과 자동라인의 시간당 부품 생산량을 구해보면 다음과 같다.
• 반자동라인 : 4시간에 300개의 부품을 생산하므로, 8시간에 300개×2=600개의 부품을 생산한다. 하지만 8시간마다 2시간씩 생산을 중단하므로, 8+2=10시간에 600개의 부품을 생산하는 것과 같다. 따라서 시간당 부품 생산량은 $\frac{600개}{10시간}$=60개이다.
  이때 반자동라인에서 생산된 부품의 20%는 불량이므로, 시간당 정상 부품 생산량은 60개×(1-0.2)=48개이다.
• 자동라인 : 3시간에 400개의 부품을 생산하므로, 9시간에 400개×3=1,200개의 부품을 생산한다. 하지만 9시간마다 3시간씩 생산을 중단하므로, 9+3=12시간에 1,200개의 부품을 생산하는 것과 같다. 따라서 시간당 부품 생산량은 $\frac{1,200개}{12시간}$=100개이다.
  이때 자동라인에서 생산된 부품의 10%는 불량이므로, 시간당 정상 제품 생산량은 100개×(1-0.1)=90개이다.
따라서 반자동라인과 자동라인에서 시간당 생산하는 정상 제품의 생산량은 48+90=138개이므로, 34,500개를 생산하는 데 $\frac{34,500개}{138개/h}$=250시간이 소요되었다.

04
정답 ④

공정별 순서는 $\begin{matrix} A \to B \\ D \to E \end{matrix} \searrow C \to F$ 이고, C공정을 시작하기 전에 B공정과 E공정이 선행되어야 하는데 B공정까지 끝나려면 4시간이 소요되고 E공정까지 끝나려면 3시간이 소요된다. 선행작업이 완료되어야 이후 작업을 할 수 있으므로, C공정을 진행하기 위해서는 최소 4시간이 걸린다. 따라서 완제품은 F공정이 완료된 후 생산되므로 첫 번째 완제품 생산의 소요시간은 9시간이다.

01

정답 ②

장바구니에서 선택된 상품의 총액을 구하면 다음과 같다.

선택	상품	수량	단가	금액
☑	완도 김	⊟ 2 ⊞	2,300원	4,600원
☑	냉동 블루베리	⊟ 1 ⊞	6,900원	6,900원
☐	김치	⊟ 3 ⊞	2,500원	0원
☑	느타리버섯	⊟ 1 ⊞	5,000원	5,000원
☐	냉동 만두	⊟ 2 ⊞	7,000원	0원
☑	토마토	⊟ 2 ⊞	8,500원	17,000원
총액				33,500원

중복이 불가한 상품 총액의 10% 할인 쿠폰을 적용하였을 때의 금액과 중복이 가능한 배송비 무료 쿠폰과 H카드 사용 시 2% 할인 쿠폰을 중복하여 적용하였을 때의 금액을 비교해야 한다.
* 상품 총액의 10% 할인 쿠폰 적용
  $(33,500 \times 0.9) + 3,000 = 33,150$원
* 배송비 무료 쿠폰과 H카드 사용 시 2% 할인 쿠폰을 중복 적용
  $33,500 \times 0.98 = 32,830$원
따라서 배송비 무료 쿠폰과 H카드 사용 시 2% 할인 쿠폰을 중복 적용했을 때 32,830원으로 가장 저렴하다.

02

정답 ④

ⅰ) 연봉 3,600만 원인 I사원의 월 수령액은 3,600만÷12=3,000,000원이다.
   월평균 근무시간은 200시간이므로 시급은 300만÷200=15,000원/시간이다.
ⅱ) 야근 수당
   K사원이 평일에 야근한 시간은 2+3+1+3+2=11시간이므로 야근 수당은 $15,000 \times 11 \times 1.2 = 198,000$원이다.
ⅲ) 특근 수당
   K사원이 주말에 특근한 시간은 2+3=5시간이므로 특근 수당은 $15,000 \times 5 \times 1.5 = 112,500$원이다.
   이때 식대는 야근·특근 수당에 포함되지 않는다.
따라서 K사원의 이번 달 야근·특근 근무 수당의 총액은 198,000+112,500=310,500원이다.

03

정답 ④

흥민이가 베트남 현금 1,670만 동을 환전하기 위해 필요한 한국 돈은 수수료를 제외하고 1,670만 동×483원/만 동=806,610원이다.
우대사항에서 50만 원 이상 환전 시 70만 원까지 수수료가 0.4%로 낮아진다. 70만 원의 수수료는 0.4%가 적용되고 나머지는
0.5%가 적용되어 총수수료를 구하면 $700,000 \times 0.004 + (806,610 - 700,000) \times 0.005 = 2,800 + 533.05 ≒ 3,330$이다.
따라서 흥민이가 원하는 금액을 환전하기 위해서 필요한 총금액은 806,610+3,330=809,940원임을 알 수 있다.

04

정답 ④

1일 평균임금을 x원이라 놓고 퇴직금 산정공식을 이용하여 계산하면 다음과 같다.
1,900만 원=$[30x \times (5 \times 365)] \div 365 \rightarrow 1,900$만=$150x \rightarrow x ≒ 13$만($\because$ 천의 자리에서 올림)
따라서 1일 평균임금이 13만 원이므로, K씨의 평균 연봉을 계산하면 13만×365=4,745만 원이다.

01

A물품 2박스와 B물품 1박스를 한 묶음으로 보면 다음과 같이 쌓을 수 있다.

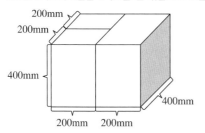

최종적으로 물품 한 세트의 규격은 (L)400mm×(W)400mm×(H)400mm로 볼 수 있다.
해당 규격으로 20ft 컨테이너에 넣게 되면 다음과 같아진다.
• 6,000mm÷400mm=15세트
• 2,400mm÷400mm=6세트
• 2,400mm÷400mm=6세트
따라서 모두 15×6×6=540세트를 넣을 수 있고, 총 3박스가 결합되어야 하므로 540×3=1,620박스를 실을 수 있다.

02

어떤 컴퓨터를 구매하더라도 모니터와 본체를 각각 사는 것보다 세트로 사는 것이 이득이다. 하지만 세트 혜택이 아닌 다른 혜택에 해당되는 조건에 대해서도 비용을 비교해 봐야 한다. 성능평가에서 '하'를 받은 E컴퓨터를 제외하고 컴퓨터별 구매 비용을 계산하면 다음과 같다.
• A컴퓨터 : 80만 원×15대=1,200만 원
• B컴퓨터 : (75만 원×15대)−100만 원=1,025만 원
• C컴퓨터 : (20만 원×10대)+(20만 원×0.85×5대)+(60만 원×15대)=1,185만 원 또는 70만 원×15대=1,050만 원
• D컴퓨터 : 66만 원×15대=990만 원
D컴퓨터만 예산 범위인 1,000만 원 내에서 구매할 수 있으므로 조건을 만족하는 컴퓨터는 D컴퓨터이다.

03

두 번째 조건에서 총구매금액이 30만 원 이상이면 총금액에서 5%를 할인해 주므로 한 벌당 가격이 300,000÷50=6,000원 이상인 품목은 할인적용이 들어간다. 업체별 품목 금액을 보면 모든 품목이 6,000원 이상이므로 5% 할인 적용대상이다. 따라서 모든 품목에 할인이 적용되어 정가로 비교가 가능하다.
세 번째 조건에서 차순위 품목이 1순위 품목보다 총금액이 20% 이상 저렴한 경우 차순위를 선택한다고 했으므로 한 벌당 가격으로 계산하면 1순위인 카라 티셔츠의 20% 할인된 가격은 8,000×0.8=6,400원이다. 정가가 6,400원 이하인 품목은 A업체의 티셔츠 이므로 팀장은 1순위인 카라 티셔츠보다 2순위인 A업체의 티셔츠를 구입할 것이다.

04

사진별로 개수에 따른 총용량을 구하면 다음과 같다.
• 반명함 : 150×8,000=1,200,000KB(1,200MB)
• 신분증 : 180×6,000=1,080,000KB(1,080MB)
• 여권 : 200×7,500=1,500,000KB(1,500MB)
• 단체사진 : 250×5,000=1,250,000KB(1,250MB)
모든 사진의 총용량을 더하면 1,200+1,080+1,500+1,250=5,030MB이다.
5,030MB는 5.030GB이므로, 필요한 USB 최소 용량은 5GB이다.

05

정답 ③

각 과제의 최종 점수를 구하기 전에, 항목당 최하위 점수가 부여된 과제는 제외하므로, 중요도에서 최하위 점수가 부여된 B, 긴급도에서 최하위 점수가 부여된 D, 적용도에서 최하위 점수가 부여된 E를 제외한다. 나머지 두 과제에 대하여 주어진 조건에 의해 각 과제의 최종 평가 점수를 구해보면 다음과 같다. 가중치는 별도로 부여되므로 추가 계산한다.

- A : $(84+92+96)+(84\times0.3)+(92\times0.2)+(96\times0.1)=325.2$
- C : $(95+85+91)+(95\times0.3)+(85\times0.2)+(91\times0.1)=325.6$

따라서 C를 가장 먼저 수행해야 한다.

출제유형분석 04 실전예제

01

정답 ③

오답분석

- A지원자 : 9월에 복학 예정이기 때문에 인턴 기간이 연장될 경우 근무할 수 없으므로 부적합하다.
- B지원자 : 경력 사항이 없으므로 부적합하다.
- D지원자 : 근무 시간(9 ~ 18시) 이후에 업무가 불가능하므로 부적합하다.
- E지원자 : 포토샵을 활용할 수 없으므로 부적합하다.

02

정답 ③

㉠ 각 팀장이 매긴 순위에 대한 가중치는 모두 동일하다고 했으므로 1, 2, 3, 4순위의 가중치를 각각 4, 3, 2, 1점으로 정해 네 사람의 면접점수를 산정하면 다음과 같다.

- 갑 : 2+4+1+2=9
- 을 : 4+3+4+1=12
- 병 : 1+1+3+4=9
- 정 : 3+2+2+3=10

면접점수가 높은 을, 정 중 한 명이 입사를 포기하면 갑, 병 중 한 명이 채용된다. 갑과 병의 면접점수는 9점으로 동점이지만 조건에 따라 인사팀장이 부여한 순위가 높은 갑을 채용하게 된다.

㉢ 경영관리팀장이 갑과 병의 순위를 바꿨을 때, 네 사람의 면접점수를 산정하면 다음과 같다.

- 갑 : 2+1+1+2=6
- 을 : 4+3+4+1=12
- 병 : 1+4+3+4=12
- 정 : 3+2+2+3=10

즉, 을과 병이 채용되므로 정은 채용되지 못한다.

오답분석

㉡ 인사팀장이 을과 정의 순위를 바꿨을 때, 네 사람의 면접점수를 산정하면 다음과 같다.

- 갑 : 2+4+1+2=9
- 을 : 3+3+4+1=11
- 병 : 1+1+3+4=9
- 정 : 4+2+2+3=11

즉, 을과 정이 채용되므로 갑은 채용되지 못한다.

03

정답 ④

성과급 기준표를 토대로 A ~ E교사에 대한 성과급 배점을 정리하면 다음과 같다.

구분	주당 수업시간	수업 공개 유무	담임 유무	업무 곤란도	호봉	합계
A교사	14점	-	10점	20점	30점	74점
B교사	20점	-	5점	20점	30점	75점
C교사	18점	5점	5점	30점	20점	78점
D교사	14점	10점	10점	30점	15점	79점
E교사	16점	10점	5점	20점	25점	76점

따라서 D교사가 가장 높은 배점을 받게 된다.

05 | 정보능력

출제유형분석 01 | 실전예제

01

정답 ①

정보관리의 3원칙
- 목적성 : 사용목표가 명확해야 한다.
- 용이성 : 쉽게 작업할 수 있어야 한다.
- 유용성 : 즉시 사용할 수 있어야 한다.

02

정답 ⑤

제시문에서는 '응용프로그램과 데이터베이스를 독립시킴으로써 데이터를 변경시키더라도 응용프로그램은 변경되지 않는다.'라고 하였다. 따라서 데이터의 논리적 의존성이 아니라, 데이터의 논리적 독립성이 적절하다.

오답분석
① '다량의 데이터는 사용자의 질의에 대한 신속한 응답 처리를 가능하게 한다.'라는 내용은 실시간 접근성에 해당한다.
② '삽입, 삭제, 수정, 갱신 등을 통하여 항상 최신의 데이터를 유동적으로 유지할 수 있으며'라는 내용을 통해 데이터베이스는 그 내용을 변화시키면서 계속적인 진화를 하고 있음을 알 수 있다.
③ '여러 명의 사용자가 동시에 공유가 가능하고'라는 부분에서 동시 공유가 가능함을 알 수 있다.
④ '각 데이터를 참조할 때는 사용자가 요구하는 내용에 따라 참조가 가능함'이라는 문장을 통해 내용에 의한 참조인 것을 알 수 있다.

03

정답 ③

고객의 신상정보의 경우 유출하거나 삭제하는 것 등의 행동을 해서는 안 되며, 거래처에서 빌린 컴퓨터에서 나왔기 때문에 거래처 담당자에게 되돌려주는 것이 가장 적절하다.

출제유형분석 02 | 실전예제

01

정답 ②

ⓒ 부서를 우선 기준으로 하며, 다음은 직위순으로 정렬되었다.

오답분석
ⓐ 부서를 기준으로 오름차순으로 정렬되었다.
ⓑ 성명을 기준으로 정렬되지 않았다.

02

정답 ④

RANK 함수에서 0은 내림차순, 1은 오름차순이다. 따라서 F8셀의 '=RANK(D8,D4:D8,0)' 함수의 결괏값은 4이다.

03

정답 ①

WEEKDAY 함수는 일정 날짜의 요일을 나타내는 1에서 7까지의 수를 구하는 함수다. WEEKDAY 함수의 두 번째 인수에 '1'을 입력해주면 '일요일(1)~토요일(7)'숫자로 표시되고 '2'를 넣으면 '월요일(1)~일요일(7)'로 표시되며 '3'을 입력하면 '월요일(0)~일요일(6)'로 표시된다.

04

정답 ③

SUM 함수는 인수들의 합을 구할 수 있다.
- [B12] : SUM(B2:B11)
- [C12] : SUM(C2:C11)

[오답분석]
① REPT : 텍스트를 지정한 횟수만큼 반복한다.
② CHOOSE : 인수 목록 중에서 하나를 고른다.
④ AVERAGE : 인수들의 평균을 구한다.
⑤ DSUM : 지정한 조건에 맞는 데이터베이스에서 필드 값들의 합을 구한다.

05

정답 ⑤

- MAX : 최댓값을 구한다.
- MIN : 최솟값을 구한다.

출제유형분석 03 | 실전예제

01

정답 ④

1부터 100까지의 값은 변수 x에 저장한다. 1, 2, 3, …에서 초기값은 1이고, 최종값은 100이며, 증분값은 1씩 증가시키면 된다. 즉, 1부터 100까지를 덧셈하려면 99단계를 반복 수행해야 하므로 결과는 5050이 된다.

02

정답 ④

반복문을 통해 배열의 요소를 순회하면서 각 요소의 값을 더하여 tot에 저장하는 프로그램이다. 요소들의 값이 누적되어 있는 tot의 값이 100보다 크거나 같다면 break 문으로 인해 반복문을 종료하고 현재 tot 값을 출력한다. 따라서 10+37+23+4+8+71일 때 100보다 커져 반복문이 종료되므로 마지막에 더해진 값은 153이 된다.

06 | 기술능력

출제유형분석 01 실전예제

01
정답 ①

기술시스템(Technological System)은 개별 기술이 네트워크로 결합하는 것을 말한다. 인공물의 집합체만이 아니라 투자회사, 법적 제도, 정치, 과학, 자연자원을 모두 포함하는 것으로, 사회기술시스템이라고도 한다.

02
정답 ③

노하우는 경험적이고 반복적인 행위에 의해 얻어지는 것이며, 이러한 성격의 지식을 흔히 Technique 혹은 Art라고 부른다.

오답분석
①·⑤ 노하우에 대한 설명이다.
② 노와이에 대한 설명이다.
④ 기술은 원래 노하우의 개념이 강했으나, 시간이 지나면서 노와이와 노하우가 결합하게 되었다.

03
정답 ④

하향식 기술선택은 중장기적인 목표를 설정하고, 이를 달성하기 위해 핵심 고객층 등에 제공하는 제품 및 서비스를 결정한다.

출제유형분석 02 실전예제

01
정답 ④

세부절차 설명 항목 중 '(2) 공유기의 DHCP 서버 기능 중지'에서 DHCP 서버 기능을 중지하도록 안내하고 있다. 그리고 안내 항목에서도 DHCP 서버 기능을 중단하도록 알려 주고 있다.

02
정답 ⑤

세부절차 설명 항목 중 '(3) 스위치(허브)로 변경된 공유기의 연결' 단계를 살펴보면 스위치로 동작하는 공유기 2의 WAN 포트에 아무것도 연결하지 않도록 안내하고 있으므로, WAN 포트에 연결하라는 답변은 적절하지 않다.

03
정답 ④

Index 뒤의 문자 SOPENTY와 File 뒤의 문자 ATONEMP에서 일치하는 알파벳의 개수를 확인하면 O, P, E, N, T로 총 5개가 일치하는 것을 알 수 있다. 따라서 판단 기준에 따라 빈칸에 들어갈 Final Code는 Nugre이다.

04

정답 ④

주행 알고리즘에 따른 로봇의 이동 경로를 그림으로 나타내면 다음과 같다.

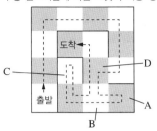

따라서 A에서 B, C에서 D로 이동할 때는 보조명령을 통해 이동했으며, 그 외의 구간은 주명령을 통해 이동했음을 알 수 있다.

05

정답 ②

제품설명서 중 A/S 신청 전 확인 사항을 살펴보면, 기능이 작동하지 않을 경우 수도필터가 막혔거나 착좌센서 오류가 원인이라고 제시되어 있다. 따라서 K사원으로부터 접수받은 현상(문제점)의 원인을 파악하려면 수도필터의 청결 상태를 확인하거나 비데의 착좌센서의 오류 여부를 확인해야 한다. 따라서 ②가 가장 적절하다.

06

정답 ①

05번의 문제에서 확인한 사항(원인)은 '수도필터의 청결 상태'이다. 이때, 수도필터의 청결 상태가 원인이 되는 또 다른 현상(문제점)으로는 수압이 약해지는 것이 있다. 따라서 ①이 가장 적절한 행동이다.

07 | 조직이해능력

01

정답 ⑤

전략목표를 먼저 설정하고 환경을 분석해야 한다.

02

정답 ④

㉠은 집중화 전략, ㉡은 원가우위 전략, ㉢은 차별화 전략에 해당한다.

01

정답 ⑤

조직체계 구성요소 중 규칙 및 규정은 조직의 목표나 전략에 따라 수립되며, 조직구성원들의 활동범위를 제약하고 일관성을 부여하는 기능을 한다. 인사규정·총무규정·회계규정 등이 이에 해당한다.

[오답분석]
① 조직목표 : 조직이 달성하려는 장래의 상태로, 대기업, 정부부처, 종교단체를 비롯하여 심지어 작은 가게도 달성하고자 하는 목표를 가지고 있다. 조직의 목표는 미래지향적이지만 현재 조직행동의 방향을 결정해주는 역할을 한다.
② 경영자 : 조직의 전략, 관리 및 운영활동을 주관하며, 조직구성원들과의 의사결정을 통해 조직이 나아갈 방향을 제시하고 조직의 유지와 발전에 대해 책임을 지는 사람이다.
③ 조직문화 : 조직이 지속되면서 조직구성원들 간의 생활양식이나 가치를 서로 공유하게 되는 것을 말한다. 이는 조직구성원들의 사고와 행동에 영향을 미치며 일체감과 정체성을 부여하고 조직이 안정적으로 유지되게 한다.
④ 조직구조 : 조직 내의 부문 사이에 형성된 관계로 조직목표를 달성하기 위한 조직구성원들의 상호작용을 보여준다.

02

정답 ⑤

조직문화는 구성원 개개인의 개성을 인정하고 그 다양성을 강화하기보다는 구성원들의 행동을 통제하는 기능을 한다. 즉, 구성원을 획일화·사회화시킨다.

03

정답 ④

조직목표의 기능
• 조직이 존재하는 정당성과 합법성 제공
• 조직이 나아갈 방향 제시
• 조직구성원 의사결정의 기준
• 조직구성원 행동수행의 동기유발
• 수행평가의 기준
• 조직설계의 기준

04

정답 ①

조직변화의 과정
1. 환경변화 인지
2. 조직변화 방향 수립
3. 조직변화 실행
4. 변화결과 평가

05

정답 ①

조직이 생존하기 위해서는 급변하는 환경에 적응하여야 한다. 이를 위해서는 원칙이 확립되어 있고 고지식한 기계적 조직보다는 운영이 유연한 유기적 조직이 더 적합하다.

[오답분석]
② 대규모 조직은 소규모 조직과는 다른 조직구조를 갖게 된다. 대규모 조직은 소규모 조직에 비해 업무가 전문화, 분화되어 있고 많은 규칙과 규정이 존재하게 된다.
③ 조직구조의 결정 요인 중 하나인 기술은 조직이 투입요소를 산출물로 전환시키는 지식, 기계, 절차 등을 의미한다. 소량생산기술을 가진 조직은 유기적 조직구조를, 대량생산기술을 가진 조직은 기계적 조직구조를 가진다.
④ 조직 활동의 결과에 따라 조직의 성과와 만족이 결정되며, 그 수준은 조직구성원들의 개인적 성향과 조직문화의 차이에 따라 달라진다.
⑤ 조직구조 결정요인으로는 크게 전략, 규모, 기술, 환경이 있다. 전략은 조직의 목적을 달성하기 위하여 수립한 계획으로 조직이 자원을 배분하고 경쟁적 우위를 달성하기 위한 주요 방침이며, 기술은 조직이 투입요소를 산출물로 전환시키는 지식, 기계, 절차 등을 의미한다. 또한 조직은 환경의 변화에 적절하게 대응하기 위해 환경에 따라 조직의 구조를 다르게 조작한다.

06

정답 ③

[오답분석]
• B : 사장 직속으로 4개의 본부가 있다는 설명은 옳지만, 인사를 전담하고 있는 본부는 없으므로 적절하지 않다.
• C : 감사실이 분리되어 있다는 설명은 옳지만, 사장 직속이 아니므로 적절하지 않다.

01

정답 ⑤

비품은 기관의 비품이나 차량 등을 관리하는 총무지원실에 신청해야 하며, 교육 일정은 사내 직원의 교육 업무를 담당하는 인사혁신실에서 확인해야 한다.

오답분석

③·④ 기획조정실은 전반적인 조직 경영과 조직문화 형성, 예산 업무, 이사회, 국회 협력 업무, 법무 관련 업무를 담당한다.

02

정답 ④

인·적성검사 합격자의 조 구성은 은경씨가 하지만, 합격자에게 몇 조인지 미리 공지하는지는 알 수 없다.

03

정답 ⑤

예산집행 조정, 통제 및 결산 총괄 등 예산과 관련된 업무는 ⓓ 자산팀이 아닌 ㉠ 예산팀이 담당하는 업무이다. 자산팀은 물품 구매와 장비·시설물 관리 등의 업무를 담당한다.

04

정답 ⑤

전문자격 시험의 출제정보를 관리하는 시스템의 구축·운영 업무는 정보화사업팀이 담당하는 업무로, 개인정보 보안과 관련된 업무를 담당하는 정보보안전담반의 업무로는 적절하지 않다.

05

정답 ④

홈페이지 운영 등은 정보사업팀에서 한다.

오답분석

① 1개의 감사실과 11개의 팀으로 되어 있다.
② 예산기획과 경영평가는 전략기획팀에서 관리한다.
③ 경영평가(전략기획팀), 성과평가(인재개발팀), 품질평가(평가관리팀) 등 다른 팀에서 담당한다.
⑤ 감사실을 두어 감사, 부패방지 및 지도점검을 하게 하였다.

06

정답 ⑤

품질평가 관련 민원은 평가관리팀이 담당하고 있다.

08 | 직업윤리

출제유형분석 01 실전예제

01

정답 ②

②는 절차 공정성에 대한 설명이다. 절차 공정성은 개인의 의사결정 형성에 적용되는 과정의 타당성에 대한 것으로, 목적이 달성되는 데 사용한 수단에 관한 공정성이며, 의사결정자들이 논쟁 또는 협상의 결과에 도달하기 위해 사용한 정책, 절차, 기준에 관한 공정성이다.

분배 공정성
최종적인 결과에 대한 지각이 공정했는가를 나타내며 교환의 주목적인 대상물, 즉 핵심적인 서비스에 대한 지각이 공정했는가를 결정하는 것이다.

02

정답 ③

B사원의 업무방식은 그의 성격으로 인해 나타나는 것이며, B사원의 잘못이 아님을 알 수 있다. 따라서 S대리는 업무방식에 대해 서로 다른 부분을 인정하는 상호 인정에 대한 역량이 필요하다고 볼 수 있다.

03

정답 ④

(가)의 입장을 반영하면 국가 청렴도가 낮은 문제를 해결하기 위해서는 청렴을 강조한 전통 윤리를 지킬 필요가 있다. 이에 개인을 넘어서 공동체, 나아가 국가의 공사(公事)를 우선하는 봉공 정신, 청빈한 생활 태도를 유지하면서 국가의 일에 충심을 다하려는 청백리 정신을 실천하는 자세가 필요하다.

출제유형분석 02 실전예제

01

정답 ④

제시문은 민주 시민으로서 기본적으로 지켜야 하는 의무와 생활 자세인 '준법 정신'에 대한 일화이다. 사회가 유지되기 위해서는 준법 정신이 필요한 것처럼 직장생활에서도 조직의 운영을 위해 준법 정신이 필요하다.

오답분석
① 봉사(서비스)에 대한 설명이다.
② 근면에 대한 설명이다.
③ 책임에 대한 설명이다.
⑤ 정직과 신용에 대한 설명이다.

02

일을 하다가 예상하지 못한 상황이 일어났을 때 그 이유에 대해 고민해보는 것은 필요하다. 다시 같은 상황을 겪지 않도록 대처해야 하기 때문이다. 그러나 그 이유에 대해서만 계속 매달리는 것은 시간과 에너지를 낭비하는 일이다. 최대한 객관적으로 이유를 분석한 뒤 결과를 수용하고 신속하게 대책을 세우는 것이 바람직하다.

03

우수한 직업인의 자세에는 해당할 수 있으나, 직업윤리에서 제시하는 직업인의 기본자세에는 해당하지 않는다.

오답분석

② 나의 일을 필요로 하는 사람에게 봉사한다는 마음가짐이 필요하며, 직무를 수행하는 과정에서 다른 사람과 긴밀히 협력하는 협동 정신이 요구된다.
③ 직업이란 신이 나에게 주신 거룩한 일이며, 일을 통하여 자신의 존재를 실현하고 사회적 역할을 담당하는 것이니 자기의 직업을 사랑하며, 긍지와 자부심을 갖고 성실하게 임하는 마음가짐이 있어야 한다.
④ 법규를 준수하고 직무상 요구되는 윤리기준을 준수해야 하며, 공정하고 투명하게 업무를 처리해야 한다.
⑤ 협력체제에서 각자의 책임을 충실히 수행할 때 전체 시스템의 원만한 가동이 가능하며, 다른 사람에게 피해를 주지 않는다. 이러한 책임을 완벽하게 수행하기 위하여 자신이 맡은 분야에서 전문적인 능력과 역량을 갖추고, 지속적인 자기계발을 해야 한다.

PART **2**

전공

01 | 사무행정(법·행정)
적중예상문제

01 법

01	02	03	04	05	06	07	08	09	10
②	②	①	③	③	④	①	②	④	②
11	12	13	14	15	16	17	18	19	20
②	③	③	②	④	⑤	①	④	②	③
21	22	23	24	25					
③	⑤	③	③	③					

01
정답 ②

행정기관에 의한 기본권이 침해된 경우 행정쟁송(이의신청과 행정심판청구, 행정소송)을 제기하거나 국가배상·손실보상을 청구할 수 있다. 형사재판청구권은 원칙적으로 검사만이 가지고(형사소송법 제246조), 일반국민은 법률상 이것을 가지지 아니하는 것이 원칙이다.

02
정답 ②

기본권 보장은 국가권력의 남용으로부터 국민의 기본권을 보호하려는 것이기 때문에 국가의 입법에 의한 제한에도 불구하고 그 본질적인 내용의 침해는 금지된다. 우리 헌법은 본질적 내용의 침해를 금지하는 규정을 제37조 제2항에 명시하고 있다.

03
정답 ①

개인주의와 자유주의 사상을 배경으로 한 근대적 기본권인 생명·자유·행복추구권 등은 미국의 독립선언(1776년)에 규정되어 있으나, 재산권의 보장 등을 최초로 규정한 것은 버지니아 권리장전(1776년)이다.

04
정답 ③

[오답분석]
① 채무이행의 불확정한 기한이 있는 경우에는 채무자는 기한이 도래함을 안 때로부터 지체책임이 있다(민법 제387조 제1항).

② 이 사건 부동산에 대한 매매대금 채권이 비록 소유권이전등기청구권과 동시이행의 관계에 있다 할지라도 매도인은 매매대금의 지급기일 이후 언제라도 그 대금의 지급을 청구할 수 있는 것이며, 다만 매수인은 매도인으로부터 그 이전등기에 대한 이행의 제공을 받기까지 그 지급을 거절할 수 있는 데 지나지 아니하므로 매매대금청구권은 그 지급기일 이후 시효의 진행에 걸린다고 할 것이다(대판 1991.3.22, 90다9797).
④ 선택채권의 소멸시효는 그 선택권을 행사할 수 있는 때로부터 진행한다.
⑤ 부작위를 목적으로 하는 채권은 위반행위를 한 때부터 소멸시효가 진행한다.

05
정답 ③

심신장애로 인하여 사물을 변별할 능력이 없거나 의사를 결정할 능력이 없는 자의 행위는 벌하지 아니하고 그 능력이 미약한 자의 행위는 형을 감경할 수 있지만(임의적 감경사유), 위험의 발생을 예견하고 자의로 심신장애를 야기한 자의 행위는 형을 면제하거나 감경하지 아니한다(형법 제10조).

06
정답 ④

범죄의 성립과 처벌은 행위 시의 법률에 의한다(형법 제1조 제1항).

[오답분석]
① 헌법 제53조 제7항에서 확인할 수 있다.
② 헌법 제13조 제2항에서 확인할 수 있다.
③ 헌법 제84조에서 확인할 수 있다.
⑤ 헌법 제6조 제1항에서 확인할 수 있다.

07
정답 ①

역사적으로 속인주의에서 속지주의로 변천해 왔으며 오늘날 국제사회에서 영토의 상호존중과 상호평등원칙이 적용되므로 속지주의가 원칙이며 예외적으로 속인주의가 가미된다.

08 　정답 ②

비례대표제는 각 정당에게 그 득표수에 비례하여 의석을 배분하는 대표제로 군소정당의 난립을 가져와 정국의 불안을 가져온다는 것이 일반적 견해이다.

09 　정답 ④

자유민주적 기본 질서의 내용에 기본적 인권의 존중, 권력분립주의, 법치주의, 사법권의 독립은 포함되지만, 계엄선포 및 긴급명령권, 양대정당제는 포함되지 않는다.

10 　정답 ②

법률행위의 취소에 대한 추인은 취소의 원인이 소멸된 후에 하여야 한다(민법 제144조 제1항).

11 　정답 ②

법률 용어로서의 선의(善意)는 어떤 사실을 알지 못하는 것을 의미하며, 반면 악의(惡意)는 어떤 사실을 알고 있는 것을 뜻한다.

오답분석

① 문리해석과 논리해석은 학리해석의 범주에 속한다.
③ 유추해석에 대한 설명이다.
④·⑤ 추정(推定)은 불명확한 사실을 일단 인정하는 것으로 정하여 법률효과를 발생시키되 나중에 반증이 있을 경우 그 효과를 발생시키지 않는 것을 말한다. 간주(看做)는 법에서 '간주한다＝본다＝의제한다'로 쓰이며, 추정과는 달리 나중에 반증이 나타나도 이미 발생된 효과를 뒤집을 수 없는 것을 말한다. 예를 들어 어음법 제29조 제1항에서 '말소는 어음의 반환 전에 한 것으로 추정한다.'라는 규정이 있는데, 만약, 어음의 반환 이후에 말소했다는 증거가 나오면 어음의 반환 전에 했던 것은 없었던 걸로 하고, 어음의 반환 이후에 한 것으로 인정한다. 그러나, 만약에 '말소는 어음의 반환 전에 한 것으로 본다.'라고 했다면 나중에 반환 후에 했다는 증거를 제시해도 그 효력이 뒤집어지지 않는다. 즉, 원래의 판정과 마찬가지로 어음의 반환 전에 한 것으로 한다.

12 　정답 ③

구속적부심사를 청구할 수 있는 자는 체포 또는 구속된 피의자, 그 피의자의 변호인·법정대리인·배우자·직계친족·형제자매·가족·동거인·고용주이다(형사소송법 제214조의2 제1항).

13 　정답 ③

임의수사란 강제력을 행사하지 않고 당사자의 승낙을 얻어서 하는 수사를 말한다. 임의조사의 방법으로는 피의자신문, 참고인조사, 감정·통역·번역의 위촉, 형사조회가 대표적이다.

14 　정답 ②

다른 사람이 하는 일정한 행위를 승인해야 할 의무는 수인의 무이다.

오답분석

① 작위의무 : 적극적으로 일정한 행위를 하여야 할 의무이다.
③ 간접의무 : 통상의 의무와 달리 그 불이행의 경우에도 일정한 불이익을 받기는 하지만, 다른 법률상의 제재가 따르지 않는 것으로 보험계약에서의 통지의무가 그 대표적인 예이다.
④ 권리반사 또는 반사적 효과(이익) : 법이 일정한 사실을 금지하거나 명하고 있는 결과, 어떤 사람이 저절로 받게되는 이익으로서 그 이익을 누리는 사람에게 법적인 힘이 부여된 것은 아니기 때문에 타인이 그 이익의 향유를 방해하더라도 그것의 법적보호를 청구하지 못함을 특징으로 한다.
⑤ 평화의무 : 노동협약의 당사자들이 노동협약의 유효기간 중에는 협약사항의 변경을 목적으로 하는 쟁의를 하지 않는 의무이다.

15 　정답 ④

의무를 위반한 거래 행위라도 상거래의 안정을 위하여 거래 행위 자체는 유효한 것으로 본다. 단, 영업주는 손해배상청구권, 해임권, 개입권의 행사가 가능하다.

오답분석

①·②·⑤ 상법 제17조를 통해 확인할 수 있다.

16 　정답 ⑤

모두 산업재해보상보험법령상 업무상의 재해에 해당한다.

17 　정답 ①

실업이란 근로의 의사와 능력이 있음에도 불구하고 취업하지 못한 상태에 있는 것을 말한다(고용보험법 제2조 제3호).

오답분석

ㄴ. 일용근로자란 1개월 미만 동안 고용되는 자를 말한다(고용보험법 제2조 제6호).
ㄷ. 이직이란 피보험자와 사업주 사이의 고용관계가 끝나게 되는 것을 말한다(고용보험법 제2조 제2호).

18

을(乙)은 의무이행심판 청구를 통하여 관할행정청의 거부처분에 대해 불복의사를 제기할 수 있다. 의무이행심판이란 당사자의 신청에 대한 행정청의 위법 또는 부당한 거부처분이나 부작위에 대하여 일정한 처분을 하도록 하는 행정심판을 말한다(행정심판법 제5조 제3호).

19

오답분석

① 독임제 행정청이 원칙적인 형태이고, 지자체의 경우 지자체장이 행정청에 해당한다.

③ 자문기관은 행정기관의 자문에 응하여 행정기관에 전문적인 의견을 제공하거나, 자문을 구하는 사항에 관하여 심의 · 조정 · 협의하는 등 행정기관의 의사결정에 도움을 주는 행정기관을 말한다.

④ 의결기관은 의사결정에만 그친다는 점에서 외부에 표시할 권한을 가지는 행정관청과 다르고, 행정관청을 구속한다는 점에서 단순한 자문적 의사의 제공에 그치는 자문기관과 다르다.

⑤ 집행기관은 의결기관 또는 의사기관에 대하여 그 의결 또는 의사결정을 집행하는 기관이나 행정기관이며, 채권자의 신청에 의하여 강제집행을 실시할 직무를 가진 국가기관이다.

20

지방자치단체는 법령의 범위 안에서 그 사무에 관하여 조례를 제정할 수 있다(지방자치법 제28조 제1항).

오답분석

① 지방자치법 제37조를 통해 확인할 수 있다.

② 지방자치법 제107조를 통해 확인할 수 있다.

④ 헌법 제117조 제2항를 통해 확인할 수 있다.

⑤ 지방자치법 제39조를 통해 확인할 수 있다.

21

일반적으로 도급인과 수급인 사이에는 지휘 · 감독의 관계가 없으므로 도급인은 수급인이나 수급인의 피용자의 불법행위에 대하여 사용자로서의 배상책임이 없는 것이지만, 도급인이 수급인에 대하여 특정한 행위를 지휘하거나 특정한 사업을 도급시키는 경우와 같은 이른바 노무도급의 경우에는 비록 도급인이라고 하더라도 사용자로서의 배상책임이 있다(대판 2005.11.10., 선고 2004다37676).

22

이사가 없거나 결원이 있는 경우에 이로 인하여 손해가 생길 염려 있는 때에는 법원은 이해관계인이나 검사의 청구에 의하여 임시이사를 선임하여야 한다(민법 제63조).

오답분석

① 민법 제61조를 통해 확인할 수 있다.

② 민법 제62조를 통해 확인할 수 있다.

③ 민법 제66조를 통해 확인할 수 있다.

④ 민법 제81조를 통해 확인할 수 있다.

23

재단법인의 기부행위나 사단법인의 정관은 반드시 서면으로 작성하여야 한다.

사단법인과 재단법인의 비교

구분	사단법인	재단법인
구성	2인 이상의 사원	일정한 목적에 바쳐진 재산
의사결정	사원총회	정관으로 정한 목적 (설립자의 의도)
정관변경	총사원 3분의 2 이상의 동의 요(要)	원칙적으로 금지

24

실종선고를 받아도 당사자가 존속한다면 그의 권리능력은 소멸되지 않는다. 실종선고기간이 만료한 때 사망한 것으로 간주된다(민법 제28조).

25

청산인은 주식회사 정관의 기재사항이 아니고, 법원에 대한 신고사항이다(상법 제532조).

> **주식회사 설립 시 정관의 절대적 기재사항(상법 제289조)**
> 발기인은 정관을 작성하여 다음의 사항을 적고 각 발기인이 기명날인 또는 서명하여야 한다.
> 1. 목적
> 2. 상호
> 3. 회사가 발행할 주식의 총수
> 4. 액면주식을 발행하는 경우 1주의 금액
> 5. 회사의 설립 시에 발행하는 주식의 총수
> 6. 본점의 소재지
> 7. 회사가 공고를 하는 방법
> 8. 발기인의 성명 · 주민등록번호 및 주소

02 행정

01	02	03	04	05	06	07	08	09	10
④	②	④	①	②	④	①	①	④	④
11	12	13	14	15	16	17	18	19	20
③	④	②	③	③	④	③	①	③	①
21	22	23	24	25					
①	①	②	②	①					

01

정답 ④

매트릭스조직은 환경의 불확실성과 복잡성이 높은 경우 효과적이다.

오답분석

① · ⑤ 매트릭스 조직은 이중적 명령체계를 가지고 있으므로 명령통일의 원리가 배제된다. 이로 인하여 기능관리자와 프로젝트 관리자 간 권력투쟁 및 갈등이 발생할 가능성이 높다.

② 부서장들은 부하에 대한 통제력이 없으므로 부서들 간에 대면 · 협력 · 갈등을 조절할 수 있는 관리능력이 요구된다.

③ 기능 부서와 사업 부서 간의 갈등을 해결할 수 있는 권력의 공유가 필요하다.

02

정답 ②

재분배 정책의 설명에 해당한다.

오답분석

① 분배정책에 대한 설명이다.
③ 구성정책에 대한 설명이다.
④ 분배정책에 대한 설명이다.
⑤ 규제정책에 대한 설명이다.

03

정답 ④

관료제는 업무의 수행은 안정적이고 세밀하게 이루어져야 하며 규칙과 표준화된 운영절차에 따라 이루어지도록 되어 있다. 따라서 이념형으로서의 관료는 직무를 수행하는 데 증오나 애정과 같은 감정을 갖지 않는 비정의성(Impersonality)이며 형식 합리성의 정신에 따라 수행해야 한다.

오답분석

① · ② · ③ · ⑤ 모두 관료제에 대한 옳은 설명이다.

04

정답 ①

교통체증 완화를 위한 차량 10부제 운행은 불특정 다수의 국민이 이익을 보고 불특정 다수의 국민이 비용을 부담하는 상황에 해당하기 때문에 대중정치상황의 사례가 된다.

오답분석

② 기업가정치 상황은 고객정치 상황과 반대로 환경오염규제, 소비자보호입법 등과 같이 비용은 소수의 동질적 집단에 집중되어 있으나 편익은 불특정 다수에게 넓게 확산되어 있는 경우이다. 사회적 규제가 여기에 속한다.

③ 이익집단정치 상황은 정부규제로 예상되는 비용, 편익이 모두 소수의 동질적 집단에 귀속되고, 그 크기도 각 집단의 입장에서 볼 때 대단히 크다. 그러므로 양자가 모두 조직화와 정치화의 유인을 강하게 갖고 있고 조직력을 바탕으로 각자의 이익 확보를 위해 상호 날카롭게 대립하는 상황이다. 규제가 경쟁적 관계에 있는 강력한 두 이익집단 사이의 타협과 협상에 좌우되는 특징을 보이며 일반적으로 소비자 또는 일반국민의 이익은 거의 무시된다.

④ 고객정치 상황은 수혜집단은 신속히 정치조직화하며 입법화를 위해 정치적 압력을 행사하여 정책의제화가 비교적 용이하게 이루어진다. 경제적 규제가 여기에 속한다.

⑤ 윌슨의 규제정치모형에 소비자정치는 포함되지 않는다.

윌슨의 규제정치모형

구분		규제의 편익	
		집중	분산
규제비용	집중	이익집단 정치	운동가의 정치(기업가적 정치)
	분산	고객의 정치	다수의 정치

05

정답 ②

재의요구권은 자치단체장의 권한에 속하는 사항으로 단체장이 위법 · 부당한 지방의회의 의결사항에 재의를 요구하는 것이다. 지방자치단체장의 재의요구 사유는 다음과 같다.

• 조례안에 이의가 있는 경우
• 지방의회의 의결이 월권 또는 법령에 위반되거나 공익을 현저히 해한다고 인정된 때
• 지방의회의 의결에 예산상 집행할 수 없는 경비가 포함되어 있는 경우, 의무적 경비나 비상재해복구비를 삭감한 경우
• 지방의회의 의결이 법령에 위반되거나 공익을 현저히 해한다고 판단되어 주무부장관 또는 시 · 도지사가 재의요구를 지시한 경우

①·③·④ 지방의회 의결사항이다.

> **지방자치법 제47조(지방의회 의결 사항)**
> 1. 조례의 제정·개정 및 폐지
> 2. 예산의 심의·확정
> 3. 결산의 승인
> 4. 법령에 규정된 것을 제외한 사용료·분담금·지방세 또는 가입금의 부과와 징수
> 5. 기금의 설치·운용
> 6. 대통령령으로 정하는 중요 재산의 취득·처분
> 7. 대통령령으로 정하는 공공시설의 설치·처분
> 8. 법령과 조례에 규정된 것을 제외한 예산 외의 의무부담이나 권리의 포기
> 9. 청원의 수리와 처리
> 10. 외국 지방자치단체와의 교류협력에 관한 사항
> 11. 그 밖에 법령에 따라 그 권한에 속하는 사항

06 정답 ④

참여적 정부모형의 문제 진단 기준은 관료적 계층제에 있으며, 구조 개혁 방안으로 평면조직을 제안한다.

피터스의 거버넌스 모형

구분	전통적 정부	시장적 정부	참여적 정부	신축적 정부	탈규제적 정부
문제의 진단 기준	전근대적 권위	독점	계층제	영속성	내부적 규제
구조의 개혁 방안	계층제	분권화	평면조직	가상조직	–
관리의 개혁 방안	직업공무원제, 절차적 통제	성과급, 민간 기법	총품질 관리, 팀제	가변적 인사관리	관리적 재량 확대
정책결정의 개혁 방안	정치, 행정의 구분	내부시장, 시장적 유인	협의, 협상	실험	기업가적 정부
공익의 기준	안정성, 평등	저비용	참여, 협의	저비용, 조정	창의성, 활동주의

07 정답 ①

코터(J.P. Kotter)는 변화관리 모형을 '위기감 조성 → 변화추진팀 구성 → 비전 개발 → 비전 전달 → 임파워먼트 → 단기 성과 달성 → 지속적 도전 → 변화의 제도화' 8단계로 제시하였다.

변화관리 모형

단계		내용
제1단계	위기감 조성	현실에 만족·안주하지 않고 변화를 위해 위기감을 조성
제2단계	변화추진팀 구성	저항하는 힘을 이기기 위해 변화 선도자들로 팀을 구성
제3단계	비전 개발	비전을 정립하고 구체화 시킴
제4단계	비전 전달	구성원 모두에게 공감대를 형성해 참여를 유도
제5단계	임파워먼트	비전에 따라 행동하기 위해 구성원에게 권한을 부여
제6단계	단기성과 달성	눈에 띄는 성과를 단기간에 달성 유도
제7단계	지속적 도전	지속적인 변화를 위해 변화의 속도를 유지
제8단계	변화의 제도화	변화가 조직에 잘 정착하도록 제도화하는 과정

08 정답 ①

최고관리자의 관료에 대한 지나친 통제가 조직의 경직성을 초래하여 관료제의 병리현상이 나타난다고 주장한 학자는 머튼(Merton)이다.

09 정답 ④

기관장의 근무기간은 5년의 범위에서 소속중앙행정기관의 장이 정하되, 최소한 2년 이상으로 하여야 한다. 이 경우 제12조 및 제51조에 따른 소속책임운영기관의 사업성과의 평가 결과가 우수하다고 인정되는 때에는 총 근무기간이 5년을 넘지 아니하는 범위에서 대통령령으로 정하는 바에 따라 근무기간을 연장할 수 있다(책임운영기관의 설치·운영에 관한 법률 제7조 제3항).

10 정답 ④

앨리슨(Alison)의 조직모형에 대한 설명이다.

11 정답 ③

소극적 대표성은 관료의 출신성분이 태도를 결정하는 것이며, 적극적 대표성은 태도가 행동을 결정하는 것을 말한다. 그러나 대표관료제는 소극적 대표성이 반드시 적극적 대표성으로 이어져 행동하지 않을 수도 있는 한계성이 제기된다. 따라서 자동적으로 확보한다는 설명은 옳지 않다.

12   정답 ④

공공선택론은 뷰캐넌(J. Buchanan)이 창시하고 오스트롬 (V. Ostrom)이 발전시킨 이론으로, 경제학적인 분석 도구를 중시한다.

공공선택론의 의의와 한계

의의	• 공공부문에 경제학적인 관점을 도입하여 현대 행정개혁의 바탕이 됨 – 고객중심주의, 소비자중심주의, 분권화와 자율성 제고 등 • 정부실패의 원인을 분석하여 대안을 제시
한계	• 시장실패의 위험이 있음 • 시장 경제 체제의 극대화만을 중시하여 국가의 역할을 경시

13   정답 ②

지방의회의 의장이나 부의장이 법령을 위반하거나 정당한 사유 없이 직무를 수행하지 아니하면 지방의회는 불신임을 의결할 수 있다(지방자치법 제62조 제1항). 불신임의결은 재적의원 4분의 1 이상의 발의와 재적의원 과반수의 찬성으로 행한다(동조 제2항).

[오답분석]
① 지방자치법 제49조 제1항에서 확인할 수 있다.
③ 주민투표법 제26조 제1항에서 확인할 수 있다.
④ 주민투표법 제14조 제1항에서 확인할 수 있다.
⑤ 지방자치법 제32조 제6항에서 확인할 수 있다.

14   정답 ③

크리밍 효과에 대한 설명이다. 크리밍 효과는 정책 효과가 나타날 가능성이 높은 집단을 의도적으로 실험집단으로 선정함으로써 정책의 영향력이 실제보다 과대평가된다. 호손 효과는 실험집단 구성원이 실험의 대상이라는 사실로 인해 평소와 달리 특별한 심리적 또는 감각적 행동을 보이는 현상으로 외적타당도를 저해하는 대표적 요인이다. 실험 조작의 반응 효과라고도 하며 1927년 호손 실험으로 발견되었다.

15   정답 ③

기획재정부 장관은 국무회의 심의를 거쳐 대통령 승인을 얻은 다음 연도의 예산안편성지침을 매년 3월 31일까지 각 중앙관서의 장에게 통보하여야 한다.

16   정답 ④

사회적 자본은 동조성(Conformity)을 요구하면서 개인의 행동이나 사적 선택을 제약하는 경우도 있다.

17   정답 ③

ㄱ. 보조금을 지급하는 것은 유인전략이다.
ㄴ. 안전장비 착용에 대한 중요성을 홍보하는 것은 설득전략이다.
ㄷ. 일반용 쓰레기봉투에 재활용품을 담지 못하도록 하는 것은 규제전략이다.
ㄹ. 주민지원을 촉진하는 촉진전략이다.

18   정답 ①

조세법률주의는 국세와 지방세 구분 없이 적용된다. 지방세의 종목과 세율은 국세와 마찬가지로 법률로 정한다.

19   정답 ③

신제도주의는 행위 주체의 의도적이고 전략적인 행동이 제도에 영향을 미칠 수 있다는 점을 인정하고, 제도의 안정성보다는 제도 설계와 변화 차원에 관심을 보이고 있다.

20   정답 ①

[오답분석]
ㄴ. 성과주의 예산제도(PBS)는 예산배정 과정에서 필요사업량이 제시되므로 사업계획과 예산을 연계할 수 있다. (세부사업별 예산액)=(사업량)×(단위원가)이다.
ㅁ. 목표관리제도(MBO)는 기획예산제도(PPBS)와 달리 예산결정 과정에 관리자의 참여가 이루어져 분권적·상향적인 예산편성이 이루어진다.

21   정답 ①

[오답분석]
ㄱ. 실체설이 아니라 과정설에 대한 설명이다.
ㄴ. 롤스의 사회정의의 원리에 따르면 제2원리 내에서 충돌이 생길 때에는 기회균등의 원리가 차등의 원리에 우선되어야 한다.
ㄷ. 실체설에 대한 설명이다.
ㄹ. 반대로 설명하고 있다. 간섭과 제약이 없는 상태를 소극적 자유라고 하고, 무엇을 할 수 있는 자유를 적극적 자유라고 하였다.

22

정답 ①

사전적 통제란 절차적 통제를 말하며, 예방적 관리와 같다. ①은 사전적 통제가 아니라 긍정적·적극적 환류에 의한 통제이다. 실적이 목표에서 이탈된 것을 발견하고 후속되는 행동이 전철을 밟지 않도록 시정하는 통제는 부정적 환류인 반면, 긍정적·적극적 환류에 의한 통제는 어떤 행동이 통제기준에서 이탈되는 결과를 발생시킬 때까지 기다리지 않고 그러한 결과의 발생을 유발할 수 있는 행동이 나타날 때마다 교정해 나가는 것이다.

23

정답 ②

주민복지사업과 공원묘지사업은 지방공기업 대상사업이 아니다.

적용 범위(지방공기업법 제2조 제1항)
이 법은 다음 각 호의 어느 하나에 해당하는 사업(그에 부대되는 사업을 포함한다) 중 제5조에 따라 지방 자치 단체가 직접 설치·경영하는 사업으로서 대통령령으로 정하는 기준 이상의 사업과 제3장 및 제4장에 따라 설립된 지방공사와 지방공단이 경영하는 사업에 대하여 각각 적용한다.
• 수도사업(마을상수도사업은 제외한다)
• 공업용수도사업
• 궤도사업(도시철도사업을 포함한다)
• 자동차운송사업
• 지방도로사업(유료도로사업만 해당한다)
• 하수도사업
• 주택사업
• 토지개발사업

24

정답 ②

ㄱ. 베버의 관료제론은 규칙과 규제가 조직에 계속성을 제공하여 조직을 예측 가능성 있는 조직, 안정적인 조직으로 유지시킨다고 보았다.
ㄴ. 행정관리론은 모든 조직에 적용시킬 수 있는 효율적 조직관리의 원리들을 연구하였다.
ㄷ. 호손실험으로 인간관계에서의 비공식적 요인이 업무의 생산성에 큰 영향을 끼친다는 것이 확인되었다.

오답분석

ㄹ. 조직군 생태이론은 조직과 환경의 관계에서 조직군이 환경에 의해 수동적으로 결정된다는 환경결정론적 입장을 취한다.

거시조직 이론의 유형

구분		결정론	임의론
조직군		• 조직군 생태론 • 조직경제학(주인 – 대리인이론, 거래비용 경제학) • 제도화 이론	• 공동체 생태론
개별조직		• 구조적 상황론	• 전략적 선택론 • 자원의존 이론

25

정답 ①

예산개혁의 경향은 '통제 지향 → 관리 지향 → 기획 지향 → 감축 지향 → 참여 지향'의 순서로 발달하였다.

02 | 사무상경(경영·경제·회계)
적중예상문제

01 경영

01	02	03	04	05	06	07	08	09	10
①	①	③	②	④	③	③	①	③	③
11	12	13	14	15	16	17	18	19	20
③	②	④	①	②	④	①	①	③	②
21	22	23	24	25					
④	②	③	④	③					

01 정답 ①

사업 포트폴리오 매트릭스는 1970년 보스턴 컨설팅 그룹(BCG)에 의하여 개발된 자원배분의 도구로, 전략적 계획수립에 널리 이용되어 왔다. 높은 시장경쟁으로 인하여 낮은 성장률을 가지고 있는 성숙기에 처해 있는 경우로, 이 사업은 시장기반은 잘 형성되어 있으나 원가를 낮추어 생산해야 하는데 이러한 사업을 수익주종사업이라 칭한다.

02 정답 ①

페이욜은 일반관리론에서 어떠한 경영이든 '경영의 활동'에는 다음 6가지 종류의 활동 또는 기능이 있다고 보았다.
• 기술적 활동(생산, 제조, 가공)
• 상업적 활동(구매, 판매, 교환)
• 재무적 활동(자본의 조달과 운용)
• 보호적 활동(재화와 종업원의 보호)
• 회계적 활동(재산목록, 대차대조표, 원가, 통계 등)
• 관리적 활동(계획, 조직, 명령, 조정, 통제)

03 정답 ③

호손실험의 순서는 ㄴ. 조명실험 → ㄹ. 계전기 조립실험 → ㄱ. 면접실험 → ㄷ. 배전기 전선작업실 관찰이다.

04 정답 ②

자원의존이론에 대한 설명이다. 조직이 생존하기 위해서는 환경으로부터 전략적으로 자원을 획득하고 적극적으로 환경에 대처한다는 이론이다.

오답분석
① 제도화 이론 : 조직의 생존을 위해 이해관계자들로부터 정당성을 얻는 것이 중요하며, 조직들이 서로 모방하기 때문에 동일 산업 내의 조직형태 및 경영관행 등이 유사성을 보인다는 이론
③ 조직군 생태학 이론 : 환경에 따른 조직들의 형태와 그 존재 및 소멸 이유를 설명하는 이론
④ 거래비용 이론 : 기업의 조직이나 형태는 기업의 거래비용을 절약하는 방향으로 결정된다는 이론
⑤ 학습조직 이론 : 기업은 조직원이 학습할 수 있도록 환경을 제공하고 그 학습결과에 따라 지속적으로 조직을 변화시킨다는 이론

05 정답 ④

포드는 고임금 저가격의 원칙을 주장하였다.

06 정답 ③

리볼빙을 빈번하게 오래 사용하면 신용상태가 부정적으로 평가받을 수 있다.

오답분석
① 원하는 만큼만 카드대금을 결제할 수 있어 소득이 불규칙한 사람에게 더 유리하다.
② 결제대금의 일부만 결제하여도 연체로 기록되지 않기 때문에 신용관리에 유리하다.
④ 리볼빙 이자율은 카드사마다 다르나 일반적인 신용대출 이자율보다 높으며, 20%가 넘는 경우도 있다.
⑤ (카드값)×(리볼빙 비율)=(일부 결제금액)

07 정답 ③

ㄱ. 이윤 극대화의 1차 조건은 MR=MC를 만족할 때이다. 즉, 재화 1단위를 더 판매할 때 추가로 얻는 수입과 재화 1단위를 더 생산할 때 추가 비용이 같아져야 함을 의미한다.
ㄴ. 이윤 극대화의 2차 조건은 한계수입곡선의 기울기보다 한계비용곡선의 기울기가 더 커야 한다는 것이다. 이는 한계비용곡선이 한계수입곡선을 아래에서 위로 교차해야 함을 의미한다. 평균수입곡선과 평균비용곡선이 교차하는 것은 이윤 극대화 조건과 아무런 관계가 없다.

08

정답 ①

식스 시그마(6 – Sigma)에 대한 설명이다.

09

정답 ③

인지 부조화 이론은 페스팅거에 의해 제시된 이론으로, 자신이 가진 내적 신념이나 태도에 일치하지 않을 때 긴장상태(불편한 상태)가 발생되는 상황으로 소비 맥락에서 일어나는 인지 부조화를 구매 후 부조화라고 한다. 따라서 이러한 불편한 상태를 해소하기 위해 자신의 기대를 낮추거나 다른 정당성을 부여함으로써 구매 후 부조화를 해소한다. 가격이 높은 제품일수록 구매 후 부조화는 더욱 커지게 된다.

10

정답 ③

오답분석

① SWOT 분석 : 기업의 내부환경과 외부환경을 분석하여 강점(strength), 약점(weakness), 기회(opportunity), 위협(threat) 요인을 규정하고 이를 토대로 경영전략을 수립하는 기법이다.
② 시계열 분석(Time Series Analysis) : 시계열 데이터를 통해 유의미한 특징을 추출하는 분석 방법이다.
③ 상관관계 분석(Correlation Analysis) : 변수 간의 관계의 밀접한 정도, 즉 상관관계를 분석하는 통계적 분석 방법이다.
⑤ 다차원척도 분석(Multidimensional Analysis) : n개의 대상물에 대해 몇 개의 특성 변수를 측정한 후엔 이 변수를 이용하여 개체들 사이의 거리 또는 비유사성을 측정하고, 이를 이용하여 개체들을 2차원 또는 3차원 공간상의 점으로 표현하는 통계적 분석 방법을 말한다.

11

정답 ③

오답분석

① 아웃소싱(Outsourcing) : 일부의 자재, 부품, 노동, 서비스를 외주업체에 이전해 전문성과 비용 효율성을 높이는 것을 말한다.
② 합작투자(Joint Venture) : 2개 이상의 기업이 공동으로 투자하여 새로운 기업을 설립하는 것을 말한다.
④ 턴키프로젝트(Turn Key Project) : 공장이나 여타 생산설비를 가동 직전까지 준비한 후 인도해주는 방식을 말한다.
⑤ 그린필드투자(Green Field Investment) : 해외 진출 기업이 투자 대상국에 생산시설이나 법인을 직접 설립하여 투자하는 방식으로, 외국인직접투자(FDI)의 한 유형이다.

12

정답 ②

안정성 비율, 수익성 비율, 성정성 비율을 구분하면 다음과 같다.

안정성 비율	유동비율, 당좌비율, 부채비율, 고정비율, 자기자본비율, 유보율, 이자보상비율
수익성 비율	매출액순이익률, 매출액영업이익률, 총자산이익률, 자기자본순이익률, 주당순이익, 배당성향
성장성 비율	매출액증가율, 총자산증가율, 순이익증가율, 납입자본 증가율

13

정답 ④

해당 재화의 가격이 변하면 수요곡선의 이동이 아닌 수요곡선 상의 이동이 나타난다.

오답분석

① · ② · ③ · ⑤ 수요곡선을 이동시키는 변수에는 소득, 연관재의 가격, 취향, 미래에 대한 기대, 소비자 수 등이 있다.

14

정답 ①

기준금리 인하는 자산가격의 상승을 유도한다.

오답분석

② 천연가스 가격이 오르면 대체재인 원유를 찾는 소비자가 늘어나게 되어 공급이 늘어나므로 공급곡선은 오른쪽으로 이동한다.
③ 초과공급에 대한 설명이다.
④ CD금리는 CD(양도성예금증서)가 유통시장에서 거래될 때 적용받는 이자율이다.
⑤ 기준금리는 2016년까지 12회였으나, 2017년부터 연 8회로 변경되었다.

15

정답 ②

(ㄱ) : 집약적 유통은 가능한 많은 중간상들에게 자사의 제품을 취급하도록 하는 것이다.
(ㄴ) : 전속적 유통은 일정 지역 내에서의 독점판매권을 중간상에게 부여하는 방식이다.
(ㄷ) : 선택적 유통은 집약적 유통과 전속적 유통의 중간 형태이다.

16

정답 ④

제품믹스란 특정 판매업자가 구매자들에게 제공하는 모든 제품의 배합으로 제품계열과 품목들의 집합을 의미하는데, 어떤 제품믹스이든 폭과 깊이 및 다양성 · 일관성 면에서 분석될 수 있다.

17　정답 ①

제시된 자료의 기회비용을 계산해 보면 다음과 같다.

	컴퓨터 1대 생산에 따른 기회비용	TV 1대 생산에 따른 기회비용
A국가	TV : 2.5(=20÷8)	컴퓨터 : 0.4(=8÷20)
B국가	TV : 5(=10÷2)	컴퓨터 : 0.2(=2÷10)

컴퓨터 1대 생산에 따른 기회비용이 A국가(2.5)가 B국가(5) 보다 낮으므로 비교우위에 있다고 할 수 있다.

18　정답 ①

직무현장훈련(OJT)이란 업무와 훈련을 겸하는 교육훈련 방법을 의미한다. 실습장 훈련, 인턴사원, 경영 게임법 등은 OJT가 아닌 Off the Job Training에 해당한다.

19　정답 ③

사업부제의 단점으로는 연구개발, 회계, 판매, 구매 등의 활동이 중복되기 때문에 공통비가 증대되는 단점이 있다.

소집단의 장ㆍ단점

장점	단점
• 불안정한 환경에서 신속한 변화에 적합 • 몇 개의 제품을 가진 대규모 기업에 적합	• 기능부서내에서 규모의 경제 효과 감소 • 특정 분야에 대한 지식과 능력의 전문화가 곤란

20　정답 ②

오답분석

㉡ 코픽스 금리는 8개 은행에서 자료를 받아 은행연합회가 계산한다.

㉣ 코픽스 금리 산출대상 수신상품은 총 8개이다. 이는 정기예금, 정기적금, 상호부금, 주택부금, 양도성예금증서, 환매조건부채권매도, 표지어음매출, 금융채이다.

21　정답 ④

BPR은 품질, 비용, 속도, 서비스와 같은 업무성과의 과감한 개선을 목표로 한다.

> **비즈니스 프로세스 리엔지니어링(Business Process Re-engineering)**
> 마이클 해머에 의해 제창된 기법으로 기존의 업무방식을 근본적으로 재고려하여 과격하게 비즈니스 시스템 전체를 재구성하는 것이다. 프로세스를 근본 단위로부터 업무, 조직, 기업문화까지 전 부분에 대하여 대폭적으로 성과를 향상시키는 것을 말한다.

22　정답 ②

㉠ 고전학파는 금리가 통화량 변동과 아무 관계없이 생산성 변동, 소비절약과 같은 실물요인에 의해서만 영향을 받는다고 주장했다.

㉢ 케인스는 유동성선호설을 근거로 화폐수요에 의해 이자율이 결정된다고 주장했다.

오답분석

㉡ 통화량의 변동이 장기적으로 물가수준의 변동만을 가져온다고 주장하는 것은 고전학파 이론이다.

㉣ 대부자금의 공급을 결정하는 요인으로 실물부분의 저축과 통화공급의 증감분을 주장하였다.

23　정답 ③

노동자 한 명을 더 고용했을 때 추가적으로 발생하는 수입인 한계생산가치는 요소의 한계생산에 산출물의 시장가격을 곱하여 구한다. 4번째 노동자의 한계생산가치는 70켤레×1만=70만 원이 되어 임금보다 높으므로 고용을 하는 것이 기업에게 유리하다. 그러나 5번째 노동자의 한계생산가치는 60켤레×1만=60만 원이 되어 임금보다 작으므로 고용하지 말아야 한다. 따라서 고용하게 될 노동자 수는 4명이다.

24　정답 ④

거래처리 시스템은 실무자 계층이며, 중간관리층의 의사결정을 지원하는 것은 관리통제 시스템이다.

25　정답 ③

㉡ 금리가 높아지면 수익률곡선은 우상향의 모양을 보인다.

㉢ 금리와 채권가격은 반비례 관계로, 금리 상승 가능성이 높으면 채권 가격은 하락한다.

오답분석

㉠ 이자율 기간구조란 채권의 만기에 따라 이자율이 달라지게 되는 구조를 말한다.

㉣ 평균적으로 회사채 금리가 국고채 금리보다 높으며 이 차이를 신용스프레드라고 한다.

01	02	03	04	05	06	07	08	09	10
⑤	②	①	②	②	①	④	③	⑤	①
11	12	13	14	15	16	17	18	19	20
③	④	④	④	④	⑤	③	⑤	⑤	④
21	22	23	24	25					
⑤	③	④	④	⑤					

01

정답 ⑤

산업 내 무역이론의 발생 원인으로는 규모의 경제, 독점적 경쟁 등이 있다. 리카도의 비교우위론과 헥셔 – 올린 정리, 요소가격균등화정리는 모두 산업 간 무역을 설명하는 이론이다. 또한 티에프의 역설은 헥셔 – 올린 정리와 정반대되는 티에프의 실증분석을 의미한다.

02

정답 ②

유동성 함정은 금리가 한계금리 수준까지 낮아져 통화량을 늘려도 소비 · 투자 심리가 살아나지 않는 현상을 말한다.

[오답분석]

① 화폐 환상 : 화폐의 실질적 가치에 변화가 없는데도 명목 단위가 오르면 임금이나 소득도 올랐다고 받아들이는 현상
③ 구축 효과 : 정부의 재정적자 또는 확대 재정정책으로 이자율이 상승하여 민간의 소비와 투자활동이 위축되는 효과
④ J커브 효과 : 환율의 변동과 무역수지와의 관계를 나타낸 것으로, 무역수지 개선을 위해 환율상승을 유도하면 초기에는 무역수지가 오히려 악화되다가 상당기간이 지난 후에야 개선되는 현상
⑤ 피셔 방정식 : 명목이자율은 실질이자율과 인플레이션율의 합으로 나타나는 공식

03

정답 ①

차선이론이란 모든 파레토효율성 조건이 동시에 충족되지 못하는 상황에서 더 많은 효율성 조건이 충족된다고 해서 더 효율적인 자원배분이라는 보장이 없다는 이론이다. 차선이론에 따르면 점진적인 제도개혁을 통해서 일부의 효율성 조건을 추가로 충족시킨다고 해서 사회후생이 증가한다는 보장이 없다. 한편, 후생경제학에서 효율성은 파레토효율성을 통하여 평가하고, 공평성은 사회후생함수(사회무차별곡선)를 통해 평가한다. 후생경제학의 제1정리를 따르면 모든 경제주체가 합리적이고 시장실패 요인이 없으면 완전경쟁시장에서 자원배분은 파레토효율적이다.

04

정답 ②

취득세, 등록세, 면허세, 주민세, 재산세, 자동차세, 공동시설세, 지역개발세, 도시계획세 등이 지방세에 해당하는 항목이다.

05

정답 ②

자동안정화 장치는 주로 재정정책과 관련된 제도적 장치이다. 재정정책의 경우 정책당국의 정책변경 사항이 국회의 심의를 거쳐 정책당국이 정책을 수립하고 시행해야 하므로 내부시차가 긴 반면 직접 유효수요에 영향을 미치므로 외부시차는 짧다. 자동안정화가 잘 작동하는 상태에서는 경기침체 시 정책당국이 경기침체를 인식하거나 조세감면을 실행하지 않더라도 자동으로 세금을 덜 걷게 되어 경기침체가 완화된다. 그러므로 자동안정화 장치는 인식시차와 실행시차를 합한 내부시차를 줄이는 역할을 한다.

06

정답 ①

100만$\times(1+0.05)^2 = 1,102,500$원이므로 명목이자율은 10.25%이다. 실질이자율은 명목이자율에서 물가상승률을 뺀 값이므로 $10.25 - \left(\dfrac{53-50}{50} \times 100 \right) = 10.25 - 6 = 4.25\%$이다.

07

정답 ④

할부, 현금서비스는 리볼빙 대상에 해당되지 않아 청구된 금액 모두 납부해야 한다. 또한, 계좌에 납부금액만큼 현금이 있지 않을 경우, 최소결제금액만 결제하면 연체를 피할 수 있다.

• 리볼빙(일부결제) 금액 : 100만$\times30\%$=30만 원
• 이번 달 납부금액 : 30만+20만+10만=60만 원
• 최소결제금액 : 100만$\times20\%$=20만+(할부 20만)+(현금서비스 10만)=50만 원

08

정답 ③

케인스가 주장한 절약의 역설은 개인이 소비를 줄이고 저축을 늘리는 경우 저축한 돈이 투자로 이어지지 않기 때문에 사회 전체적으로 볼 때 오히려 소득의 감소를 초래할 수 있다는 이론이다. 저축을 위해 줄어든 소비로 인해 생산된 상품은 재고로 남게 되고 이는 총수요 감소로 이어져 국민소득이 줄어들 수 있다.

09
정답 ⑤

국내총생산(GDP)에 포함되는 것은 최종재의 가치이다. 최종재란 생산된 후 소비자에게 최종 소비되는 재화를 의미하므로 최종재 생산에 투입되는 중간재의 가치는 포함되지 않는다. 요리를 위해 분식점에 판매된 고추장은 최종재인 떡볶이를 만드는 재료로 쓰이는 중간재이므로 GDP 측정 시 포함되지 않는다. 또한, 토지가격 상승에 따른 자본이득은 아무런 생산과정이 없기 때문에 토지가 매매되기 전까지는 GDP에 포함되지 않는다.

10
정답 ①

(가) 마찰적 실업이란 직장을 옮기는 과정에서 일시적으로 실업상태에 놓이는 것을 의미하며, 자발적 실업으로서 완전고용상태에서도 발생한다.

(나) 오쿤의 법칙이란 한 나라의 산출량과 실업 간에 경험적으로 관찰되는 안정적인 음(-)의 상관관계가 존재한다는 것을 의미한다.

(다) 이력 현상이란 경기 침체로 인해 한번 높아진 실업률이 일정기간이 지난 이후에 경기가 회복되더라도 낮아지지 않고 계속 일정한 수준을 유지하는 현상을 의미한다.

(라) 경기적 실업이란 경기 침체로 유효수요가 부족하여 발생하는 실업을 의미한다.

11
정답 ③

예대시장, 집합투자시장, 신탁업시장, 보험시장은 간접금융시장에 해당된다.

오답분석
①·②·④·⑤ 직접금융시장(단기금융시장, 자본시장, 외환시장, 파생금융상품시장)에 해당된다.

12
정답 ④

담배 수요의 가격탄력성이 단위탄력적이라는 것은 가격의 변화율에 따라 수요량도 반대 방향의 같은 수치로 변화한다는 것을 의미한다. 예를 들어 가격이 1% 상승하면 수요량은 1%로 감소하는 것이다. 문제의 경우 담배수요량을 10% 줄이려고 할 때 담배수요의 가격탄력성이 단위탄력적이면 담배의 가격을 10% 올리면 될 것이다. 따라서 담배 가격이 4,500원이므로 담배가격의 인상분은 4,500원의 10%인 450원이 된다.

13
정답 ④

효용이 극대화가 되는 지점은 무차별곡선과 예산선이 접하는 점이다. 따라서 무차별곡선의 기울기인 한계대체율과 예산선의 기울기 값이 같을 때, 효용이 극대화된다. $\mathrm{MRS}_{xy} = \dfrac{\mathrm{MU}_x}{\mathrm{MU}_y}$

$= \dfrac{\mathrm{P}_x}{\mathrm{P}_y}$이고, $\mathrm{MU}_x = 600$, $\mathrm{P}_x = 200$, $\mathrm{P}_y = 300$이므로, $\mathrm{MU}_y = 900$이 되고, 한계효용이 900이 될 때까지 Y를 소비하므로, Y의 소비량은 4개가 된다.

14
정답 ③

- 변동 전 균형가격은 $4P + P = 600$이므로 균형가격 P는 120이다.
- 변동 전 균형거래량은 $4 \times 120 = 480$이고, 변동 후 균형가격은 $4P + P = 400$이므로 균형가격 P는 80이다. 따라서 변동 후 균형거래량은 $4 \times 80 = 320$이다.

15
정답 ④

총수요의 변동으로 경기변동이 발생하면 경기와 물가는 같은 방향으로 움직이므로 경기 순응적이 된다.

16
정답 ⑤

이 문제 수요곡선의 방정식은 $P = -Q + 100$이다. 예를 들면, 가격이 100원이면 X재의 수요량은 0이고, 가격이 30원이면 X재의 수요량은 70이다. 수요곡선이 우하향의 직선인 경우 수요곡선 상의 우하방으로 이동할수록 수요의 가격탄력성이 점점 작아진다. 그러므로 수요곡선 상의 모든 점에서 수요의 가격탄력성이 다르게 나타난다. X재는 정상재이므로 소득이 증가하면 수요곡선이 오른쪽으로 이동한다. 한편, X재와 대체관계에 있는 Y재의 가격이 오르면 X재의 수요가 증가하므로 X재의 수요곡선은 오른쪽으로 이동한다. 수요의 가격탄력성이 1일 경우는 수용곡선상의 중점이므로 이 때의 X재 가격은 50원이다. 독점기업은 항상 수요의 가격탄력성보다 큰 구간에서 재화를 생산하므로 독점기업이 설정하는 가격은 50원 이상이다.

17
정답 ③

수익률에 따라 필요한 곳에 합리적으로 자금이 배분되어 자금시장의 효율성을 제고하는 역할을 한다(자원배분 기능).

오답분석
① 소득을 현재 소비할지 미래에 소비할지 결정하는 대가로 작용한다.
②·④·⑤ 경기가 과열되면 금리 인상을 통해 시중자금 수급을 줄일 수 있고, 경기가 침체되면 금리 인하를 통해 시중자금 수급을 늘려 경기를 부양할 수 있다.

18　　정답 ⑤

나. 코즈의 정리에 의하면 외부성이 존재하는 경우 재산권이 명확하게 설정되면 이해관계 당사자 간의 협상을 통해 파레토 효율을 달성할 수 있다.

다. 공공재는 배제가 불가능하여 생산비를 내지 않은 개인도 소비할 수 있으므로 공공재 공급을 사기업에 맡기면 생산이 전혀 이루어지지 않을 수 있다.

라. 공공재는 비경합성과 비배재성이라는 두 가지 특징을 지니고 있다. 공공재에 대한 어떤 사람의 소비가 다른 사람들이 소비할 수 있는 양을 감소시키지 않는다는 것이다. 그러나 이러한 특징은 공유지의 비극과 같은 단점으로 인해 시장실패의 원인이 될 수 있다.

마. 시장실패의 원인은 크게 정보의 비대칭, 불완전 경쟁시장, 공공재, 외부효과로 나눌 수 있다. 그 중에서 외부효과는 거래에 직접 관련되지 않은 당사자에게 거래가 이익 또는 비용을 생성될 때 발생한다.

19　　정답 ⑤

CD금리는 양도성예금증서로 기관과 기관 간의 거래에서 사용하는 금리이다.

오답분석

① 여신금리 : 돈을 빌려줄 때의 대출금리이다.
② 수신금리 : 예금금리이다.
③ 우대금리 : 신용도가 높거나 특정 조건에 부합하는 경우 우대하여 제공하는 금리이다.
④ 가산금리 : 은행이 예대마진을 얻고 수익을 창출하기 위한 금리이다.

20　　정답 ④

ⓒ 기업회계기준에서는 손익계산서를 보고식으로 작성하는 것을 원칙으로 한다.
ⓔ 전년도와 비교하는 형식을 갖추도록 규정하고 있는 것은 보고식 손익계산서에 대한 설명이다.

오답분석

ⓐ 차변에는 비용과 당기순이익, 대변에는 수익과 당기순손실을 표시한다.
ⓓ T자형으로 나누어 좌측을 차변, 우측을 대변이라 한다.

21　　정답 ⑤

양의 외부성으로 인한 과소생산 문제는 보조금을 통해 내부화시킴으로써 해결할 수 있다.

22　　정답 ③

물가상승률은 가산금리와 관계가 없다.

오답분석

①·②·④·⑤ 가산금리는 업무원가, 비용, 이익률을 종합적으로 고려하여 정한다.

23　　정답 ④

벤담, 제임스 밀, 존 스튜어트 밀 등이 대표적인 학자인 공리주의는 최대 다수의 최대 행복을 목적으로 한다. 따라서 공리주의에 따르면 구성원들의 소득 합이 가장 많아서 효용이 가장 큰 대안을 선택해야 하므로 A안(13억 원), B안(8억 원), C안(12억 원) 중 A안을 선택한다. 반면 롤스는 최소 수혜자의 최대 행복을 목적으로 하기 때문에 전체 효용이 아니라 최소 수혜자가 얼마만큼 효용을 얻는지 살펴야 한다. A안은 구성원 2가 0억 원을, B안은 구성원 3이 1억 원을, C안은 구성원 1이 3억 원의 효용을 얻으므로 최소 수혜자가 가장 많은 행복을 얻을 수 있는 C안이 가장 바람직한 선택이다. 결론적으로 공리주의를 따르면 A안, 롤스를 따르면 C안을 선택하는 것이 바람직하다.

24　　정답 ④

ⓒ 의무발행업종이 현금영수증을 발급하지 않은 경우 미발급금액의 20%(2019년 1월 1일 이후)의 가산세를 부과한다.
ⓔ 현금영수증 자진발급 기한은 현금을 받은 날부터 5일 이내이다.

오답분석

ⓒ 의무발행업종 사업자는 건당 거래금 10만 원 이상인 재화 또는 용역을 공급하고 그 대금을 현금으로 받은 경우 현금영수증가맹점 가입여부와 관계없이 의무적으로 현금영수증을 발급해야 한다.

25　　정답 ⑤

슈타켈버그(Stackelberg) 모형에서는 두 기업 중 하나 또는 둘 모두가 '생산량'에 관해 추종자가 아닌 선도자의 역할을 한다.

03 회계

01	02	03	04	05	06	07	08	09	10
③	②	①	②	①	④	②	⑤	⑤	③
11	12	13	14	15	16	17	18	19	20
⑤	③	⑤	⑤	⑤	①	③	①	②	③
21	22	23	24	25					
⑤	⑤	②	⑤	②					

01 정답 ③

손상차손＝장부금액－회수가능액

※ 회수가능액은 순공정가치와 사용가치 중 큰 금액으로 한다.

• 20×3년 말 감가상각액＝$\dfrac{\text{취득원가}-\text{잔존가치}}{\text{내용연수}}$

$$=\dfrac{200,000-0}{5년}=40,000원$$

• 20×3년 말 장부금액＝200,000－40,000＝160,000원

∴ 손상차손＝160,000－110,000＝50,000원

02 정답 ②

• 토지의 취득원가＝2,500,000＋30,000＋50,000＋4,000
－1,000＝2,583,000원

※ 창고 철거비용은 토지의 취득원가에 산입하고, 철거된 창고의 폐자재를 처분하여 얻은 수입은 취득원가에서 차감한다.

• 건물(본사 사옥)의 취득원가＝23,000＋1,700,000
＝1,723,000원

03 정답 ①

• 적송품 중 미판매분 원가 → 가산 : 1,000×0.8＝800원
(∵매출이 20%라 했으므로 미판매분은 80%)

• 시송품 중 매입의사 미표시분 원가 → 가산 : 2,000×0.2＝
400원 (∵의사표시분이 80%이므로 미표시분은 20%)

• 도착지인도조건 매입분＝매도자 재고자산 → 조정하지 아니한다.

• 선적지인도조건 매출분＝매입자 재고자산 → 조정하지 아니한다.

• 기말재고자산원가＝실사액 10,000＋위탁상품 800＋시송품 400＝11,200원

04 정답 ②

최초 재평가로 인한 평가이익은 재평가잉여금(기타포괄손익누계액)으로, 최초의 손실은 재평가손실(당기비용)로 처리한다.

05 정답 ①

현금과부족계정은 알 수 없는 이유로 장부상의 현금 잔액과 실제 현금 잔액이 맞지 않는 경우에 설정하는 임시 계정으로서, 장부상 현금잔액을 실제 보유금액으로 일치시키고 재무제표에는 실제 회계처리하지 않는다. 다만, 원인이 밝혀지면 해당 계정으로 대체를 하고 원인을 알 수 없는 경우 당기손익으로 대체하여 소멸시킨다.

06 정답 ④

금리가 하락하는 경우, 경기가 불황에 빠져 기업과 가계의 장기채권 발행 및 투자가 감소한다고 판단할 수 있다.

오답분석

①・② 장기채는 환금성이 낮아 그만큼 유동성 프리미엄이 붙기 때문에 금리가 그만큼 높다.

③ 단기채 금리는 정책금리 변화를 반영하며, 장기채 금리는 경기 상황을 반영한다.

⑤ 장기채 금리가 낮아지고 단기채 금리가 높아져서 금리가 역전되면 이는 경기 침체 우려를 나타낸다고 볼 수 있다.

07 정답 ②

수선충당부채 및 퇴직급여부채는 비유동부채에 해당된다.

유동부채와 비유동부채

유동부채	비유동부채
• 매입채무 • 미지급비용 • 단기차입금 • 선수금 • 미지급금 • 유동성장기부채 등	• 장기차입금 • 사채 • 수선충당부채 • 장기매입채무 • 장기미지급금 • 퇴직급여부채

08 정답 ⑤

무형자산의 내용연수는 경제적 요인과 법적 요인의 영향을 받는다. 경제적 요인은 자산의 미래경제적 효익이 획득되는 기간을 결정하고, 법적 요인은 기업이 그 효익에 대한 접근을 통제할 수 있는 기간을 제한한다. 무형자산의 내용연수는 경제적 내용연수와 법적 내용연수 중 짧은 기간으로 한다.

09 정답 ⑤

①·② 유형자산의 공정가치가 장부금액을 초과하면 기타포괄손익 및 정상적인 감가상각을 하며, 손상금액은 손상차손 및 손상차손누계액에서 회계처리한다.

③·④ 유형자산을 재평가모형으로 평가하는 경우 감가상각하고, 재평가손익은 당기손익으로 처리할 수 없으며 이익잉여금으로 대체한다.

10 정답 ③

재고자산의 매입원가는 매입가격에 수입관세와 제세금, 매입운임, 하역료, 완제품, 원재료 및 용역의 취득과정에 직접 관련된 기타원가를 가산한 금액이다. 매입할인, 리베이트 및 기타 유사한 항목은 매입원가를 결정할 때 차감한다.

11 정답 ⑤

예대금리차 공시는 은행연합회에서 소비자포털을 통해 공시한다.

② 시중에 유동성이 풍부하면 예금금리를 낮추고 대출금리는 고정시켜 예대금리 차이를 높일 수 있다.

③ 은행은 예대금리 차이가 크면 클수록 이익이다. 다만, 지나치게 차이가 발생하면 언론, 국민여론 등 불만을 제기할 소지가 그만큼 커진다.

④ 동일하게 산정되며, 요구불예금, 마이너스통장대출 등도 포함된다.

12 정답 ③

현금흐름 정보는 발생주의가 아니라 현금주의에 의하여 작성되므로, 다른 재무제표의 단점을 보완한다.

13 정답 ⑤

영구계정(실재계정)은 자산, 부채, 자본계정이다. 이자비용은 비용으로서 임시계정이다.

14 정답 ②

부채는 과거의 거래나 사건의 결과로 현재 기업실체가 부담하고 있고(현재의무) 미래에 자원의 유출 또는 사용이 예상되는 의무이다.

15 정답 ⑤

내용연수가 비한정인 무형자산의 내용연수를 유한 내용연수로 변경하는 것은 회계추정의 변경으로 회계 처리한다.

회계정책의 변경과 회계추정의 변경

구분	개념	적용 예
회계정책의 변경	• 재무제표의 작성과 보고에 적용되던 회계정책을 다른 회계정책으로 바꾸는 것을 말한다. 회계정책이란 기업이 재무보고의 목적으로 선택한 기업회계기준과 그 적용 방법을 말한다.	• 한국채택국제회계기준에서 회계정책의 변경을 요구하는 경우 • 회계정책의 변경을 반영한 재무제표가 거래, 기타 사건 또는 상황이 재무상태, 재무성과 또는 현금흐름에 미치는 영향에 대하여 신뢰성 있고 더 목적 적합한 정보를 제공하는 경우
회계추정의 변경	• 회계에서는 미래 사건의 불확실성의 경제적 사건을 추정하여 그 추정치를 재무제표에 보고하여야 할 경우가 많은데 이를 회계추정의 변경이라고 한다.	• 대손 • 재고자산 진부화 • 금융자산이나 금융부채의 공정가치 • 감가상각자산의 내용연수 또는 감가상각자산에 내재된 미래경제적 효익의 기대소비행태 • 품질보증의무

16 정답 ①

영업활동 현금흐름은 직접법 또는 간접법 중 하나의 방법으로 보고할 수 있다. 직접법이란 총현금유입과 총현금유출을 주요 항목별로 구분하여 표시하는 방법을 말한다. 직접법은 간접법에서 파악할 수 없는 정보를 제공하고 미래현금흐름을 추정하는데 보다 유용한 정보를 제공하기 때문에 한국채택국제회계기준에서는 직접법을 사용할 것을 권장하고 있다.

② 단기매매목적으로 보유하는 유가증권의 취득과 판매에 따른 현금흐름은 영업활동으로 분류한다.

③ 일반적으로 법인세로 납부한 현금은 영업활동으로 인한 현금유출에 포함된다.

④ 당기순이익의 조정을 통해 영업활동 현금흐름을 계산하는 방법은 간접법이다.

⑤ 영업을 통해 획득한 현금에서 영업을 위해 지출한 현금을 차감하는 방식으로 영업활동 현금흐름을 계산하는 방법은 직접법이다.

17　정답 ③

만기보유 채무증권은 상각기간 동안 당기손익으로 평가손익을 처리하는 상각 후 원가법으로 평가한다.

오답분석

①·②·④·⑤ 공정가치법으로 평가손익을 처리한다.

18　정답 ①

자산은 1년을 기준으로 유동자산과 비유동자산으로 분류한다. 다만, 정상적인 영업주기 내에 판매되거나 사용되는 재고자산과 회수되는 매출채권 등은 보고기간 종료일로부터 1년 이내에 실현되지 않더라도 유동자산으로 분류한다. 이 경우 유동자산으로 분류한 금액 중 1년 이내에 실현되지 않을 금액을 주석으로 기재한다. 또, 장기미수금이나 투자자산에 속하는 매도가능증권 또는 만기보유증권 등의 비유동자산 중 1년 이내에 실현되는 부분은 유동자산으로 분류한다.

19　정답 ②

발생주의 원칙은 실제 현금이 들어오거나 나가지 않았어도 거래가 발생했다면 비용과 수익을 인식하여야 한다는 것이다.

오답분석

①·③·④·⑤ 손익계산서는 기업회계 기준서에서 규정하고 있는 재무제표 작성과 표시 기준에 따라 작성하여야 한다.

20　정답 ③

검증가능성은 둘 이상의 회계담당자가 동일한 경제적 사건에 대하여 동일한 측정방법으로 각각 독립적으로 측정하더라도 각각 유사한 측정치에 도달하게 되는 속성을 말한다. 즉, 검증가능성은 정보가 나타내고자 하는 경제적 현상을 충실히 표현하는지를 정보이용자가 확인하는 데 도움을 주는 보강적 질적 특성이다.

재무정보의 질적 특성

근본적 질적 특성	• 목적적합성 • 충실한 표현
보강적 질적 특성	• 비교가능성 • 검증가능성 • 적시성 • 이해가능성

21　정답 ⑤

부동산을 담보로 제공하는 행위는 일상적인 거래에 해당하지만 자산·부채·자본의 증감변동이 일어나지 않으므로 회계상 거래로 보지 않는다.

오답분석

①·②·③·④ 회계상 거래는 회사의 재무상태인 자산·부채·자본의 증감변동이 일어나는 거래를 말한다.

22　정답 ⑤

기업어음은 자금조달이 간소한 반면, 투자자에게 회사채에 비해 상대적으로 높은 금리를 지급한다.

오답분석

① 기업어음은 어음법의 적용을 받고, 회사채는 자본시장법의 적용을 받는다.
② 기업어음은 발행을 위해서 이사회의 결의가 필요 없으나, 회사채는 이사회의 결의가 필요하다.
③ 기업어음은 수요예측이 필요 없으나, 회사채는 수요예측을 필수적으로 해야 한다.
④ 기업어음의 변제순위는 회사채 변제순위보다 후순위이다.

23　정답 ②

주식을 할인발행하더라도 총자본은 증가한다.

오답분석

① 중간배당(현금배당)을 실시하면 이익잉여금을 감소시키게 되므로 자본이 감소한다.
③ 자기주식은 자본조정 차감항목이므로 자기주식을 취득하는 경우 자본이 감소한다.
④ 당기순손실이 발생하면 이익잉여금을 감소시키게 되므로 자본이 감소한다.
⑤ 매도가능금융자산의 평가에 따른 손실(₩100,000)이 발생하였으므로 자본이 감소한다.

24　정답 ⑤

토지(유형자산)에 대한 취득세 지출은 원가에 포함되므로 당기순이익을 감소시키지 않는다.

오답분석

①·②·③·④ 비용 발생으로 당기순이익을 감소시키는 거래에 해당한다.

25　정답 ②

화폐의 시간가치 영향이 중요한 경우 충당부채는 의무를 이행하기 위하여 예상되는 지출액의 현재가치로 평가한다. 또한 할인율은 부채의 특유한 위험과 화폐의 시간가치에 대한 현행 시장의 평가를 반영한 세전 이율이다. 이 할인율에는 미래현금흐름을 추정할 때 고려한 위험을 반영하지 아니한다.

01	02	03	04	05	06	07	08	09	10	11	12	13	14	15	16	17	18	19	20
②	②	④	①	①	②	⑤	④	③	⑤	③	②	④	⑤	④	②	④	②	③	③
21	22	23	24	25															
②	①	①	③	⑤															

01
정답 ②

하이드로포밍(Hydro – Forming)은 강관이나 알루미늄 압축튜브를 소재로 사용하며, 금형 내부에 액체를 넣고 강한 압력을 가하여 소재를 변형시킴으로써 복잡한 형상의 제품을 성형하는 제조방법이다.

오답분석
① 아이어닝(Ironing) : 딥드로잉된 컵 형상의 판재 두께를 균일하게 감소시키는 프레스가공법으로 아이어닝 효과라고도 한다. 제품 용기의 길이를 보다 길게 하는 장점이 있으나 지나친 아이어닝 가공은 제품을 파단시킬 수 있다.
③ 엠보싱(Embossing) : 얇은 판재를 서로 반대 형상으로 만들어진 펀치와 다이로 눌러 성형시키는 가공법으로 주로 올록볼록한 형상의 제품 제작에 사용한다.
④ 스피닝(Spinning) : 선반의 주축에 제품과 같은 형상의 다이를 장착한 후 심압대로 소재를 다이와 밀착시킨 후 함께 회전시키면서 강체 공구나 롤러로 소재의 외부를 강하게 눌러서 축에 대칭인 원형의 제품 만드는 박판(얇은 판) 성형가공법이다. 탄소강 판재로 이음매 없는 국그릇이나 알루미늄 주방용품을 소량 생산할 때 사용하는 가공법으로 보통선반과 작업방법이 비슷하다.
⑤ 딥드로잉(Deep Drawing) : 평평한 금속 판재에 펀치를 이용하여 다이구멍으로 밀어 넣어 바닥이 있고 이음매가 없는 용기 등을 만드는 가공법으로 냄비, 그릇 등의 형상을 가공할 때 쓰이는 제조법이다.

02
정답 ②

오답분석
ㄴ · ㄷ. 기화기와 점화 플러그는 가솔린과 LPG 연료 장치와 관련된 장치이다.

03
정답 ④

센터리스 연삭은 긴 홈이 있는 가공물이나 대형 또는 중량물의 연삭은 곤란하다.

센터리스 연삭의 특징
• 연삭 여유가 작아도 된다.
• 연삭작업에 숙련을 요구하지 않는다.
• 연속작업이 가능하여 대량생산에 적합하다.
• 연삭 깊이는 거친 연삭의 경우 0.2mm 정도이다.
• 센터가 필요하지 않아 센터구멍을 가공할 필요가 없다.
• 센터구멍이 필요 없는 중공물의 원통 연삭에 편리하다.
• 가늘고 긴 공작물을 센터나 척으로 지지하지 않고 가공한다.
• 일반적으로 조정 숫돌은 연삭축에 대하여 경사시켜 가공한다.

- 긴 홈이 있는 가공물 및 대형 또는 중량물의 연삭은 곤란하다.
- 연삭숫돌의 폭이 커서 숫돌의 지름방향으로 마멸이 적고 수명이 길다.

04 정답 ①

수격현상이란 송출량 및 송출압력이 주기적으로 변하는 것이 아니라, 관내를 흐르는 유체의 유속이 급히 바뀌며 유체의 운동에너지가 압력에너지로 변하면서 관내압력이 비정상적으로 상승하는 현상이다. 송출량과 송출압력이 주기적으로 변하는 것은 맥동현상이다.

맥동현상(서징현상, Surging)
펌프 운전 중 압력계의 눈금이 주기적이며 큰 진폭으로 흔들림과 동시에 토출량도 변하면서 흡입과 토출배관에서 주기적으로 진동과 소음을 동반하는 현상이며 영어로는 서징(Surging)현상이라고 한다.

05 정답 ①

먼저 절삭속도(v)를 구하면 다음과 같다.

$v = \dfrac{\pi dn}{1,000}\,\text{m/min} = \dfrac{\pi \times 50 \times 2,000}{1,000 \times 60[s]} = 1.66\pi\,\text{m/s}$

이를 동력(H) 구하는 식에 효율(η)을 달리해서 대입하면 다음과 같이 정리된다.

- $\eta = 100[\%]$임을 가정하면

$H = \dfrac{F \times v}{102 \times 9.8 \times \eta}\,[\text{kW}]$

$= \dfrac{60 \times 1.66\pi}{102 \times 9.8 \times 1} = \dfrac{99.6\pi}{999.6} \fallingdotseq 0.09\pi \fallingdotseq 0.1\pi$

- $\eta = 1[\%]$임을 가정하면

$H = \dfrac{F \times v}{102 \times 9.8 \times \eta}\,[\text{kW}]$

$= \dfrac{60 \times 1.66\pi}{102 \times 9.8 \times 0.01} = \dfrac{99.6\pi}{9.9} \fallingdotseq 10.06\pi \fallingdotseq 10\pi$

따라서 최소동력은 0.1π가 된다.

동력 구하는 식

$H = \dfrac{F \times v}{102 \times 9.8 \times \eta}\,[\text{kW}]\,(F : \text{절삭분력[N]},\ v : \text{절삭속도[m/s]})$

06 정답 ②

오답분석

ㄱ. 주철은 탄소강보다 용융점이 낮다.
ㄹ. 가단주철은 백주철을 고온에서 장시간 열처리하여 시멘타이트 조직을 분해하거나 소실시켜 조직의 인성과 연성을 개선한 주철로, 가단성이 부족했던 주철을 강인한 조직으로 만들기 때문에 단조작업이 가능한 주철이다. 제작 공정이 복잡해서 시간과 비용이 상대적으로 많이 든다.

07 정답 ⑤

(a)는 면심입방격자 구조이며, 대표적인 금속은 Al, Ni, Cu 등이 있다. (b)는 체심입방격자 구조이며, 대표적인 금속은 Cr, V, W 등이 있다.

08

정답 ④

인성(Toughness)은 파괴되기(파괴강도) 전까지 재료가 에너지를 흡수할 수 있는 능력이다.

[오답분석]
① 재료에 응력이 증가하게 되면 탄성 영역을 지나 항복점까지 도달하면 재료는 파괴된다.
② 탄력(Resilience) : 탄성 범위 내에서 에너지를 흡수하거나 방출할 수 있는 재료의 능력이다.
③ 연성(Ductility) : 탄성한계보다 큰 외력이 가해졌을 때 파괴되지 않고 잘 늘어나는 성질이다.
⑤ 연성은 일반적으로 부드러운 금속 재료일수록 크고, 동일한 재료에서는 고온으로 갈수록 크게 된다.

09

정답 ③

$Fe-C$ 평형상태도는 복평형 상태도라고도 하며, 온도에 따라 철에 탄소가 합금된 상태의 그래프로 상의 규칙은 일반적으로 다음과 같다.

구분	반응온도	탄소 함유량	반응내용	생성조직
공석 반응	723℃	0.8%	γ 고용체 $\leftrightarrow$ α 고용체$+Fe_3C$	펄라이트 조직
공정 반응	1,147℃	4.3%	융체(L) $\leftrightarrow$ γ 고용체$+Fe_3C$	레데뷰라이트 조직
포정 반응	1,494℃ (1,500℃)	0.18%	δ 고용체$+$융체(L) $\leftrightarrow$ γ 고용체	오스테나이트 조직

10

정답 ⑤

[오답분석]
① 어큐뮬레이터 : 펌프의 맥동을 흡수하거나 유체의 충격 압력을 흡수하고 유압 에너지를 축적하는 기기이다.
② 릴리프 밸브 : 최고 허용 압력 이상으로 증가하지 않도록 제어하는 밸브이다.
③ 체크 밸브 : 유체가 한 방향으로만 흐르도록 유체의 역류를 방지하는 밸브이다.
④ 서보 밸브 : 기계적, 전기적 신호를 받아 유체의 압력 또는 유량을 제어하는 밸브이다.

11

정답 ③

내연기관의 열효율 중 이론적으로 계산된 이론 열효율이 가장 크며, 크랭크축이나 기어의 손실을 반영한 제동 열효율이 가장 작다. 따라서 열효율의 순서대로 나열한다면 제동 열효율 < 도시 열효율 < 이론 열효율 순으로 나타낼 수 있다.

내연기관의 효율

종류	계산식
이론 열효율	사이클이 진행될 때 손실이 전혀 없다고 가정했을 때 피스톤이 한 일로 열량을 공급 열량으로 나눈 수이다.
도시 열효율	사이클이 진행될 때 약 24 ~ 28%의 열손실이 발생하며 피스톤에 하는 도시일과 공급된 총열량과의 비이다.
제동 열효율	정미 효율이라고도 불리며 피스톤이나 크랭크축의 마찰손실과 기어의 손실로 일부가 소비되어 실제로 도시 열효율보다도 작다.

12

비소모성 텅스텐봉을 전극으로 사용하고 별도의 용가재를 사용하는 용접법은 TIG(Tungsten Inert Gas)용접이다. MIG용접은 소모성 전극봉을 사용한다.

용극식과 비용극식 아크용접법

용극식 용접법 (소모성 전극)	용가재인 와이어 자체가 전극이 되어 모재와의 사이에서 아크를 발생시키면서 용접 부위를 채워나가는 용접방법으로, 이때 전극의 역할을 하는 와이어는 소모된다. 예 서브머지드 아크용접(SAW), MIG용접, CO_2용접, 피복금속 아크용접(SMAW)
비용극식 용접법 (비소모성 전극)	전극봉을 사용하여 아크를 발생시키고 이 아크열로 용가재인 용접을 녹이면서 용접하는 방법으로, 이때 전극은 소모되지 않고 용가재인 와이어(피복금속 아크용접의 경우 피복 용접봉)는 소모된다. 예 TIG용접

13

카운터 싱킹은 접시머리 나사의 머리가 완전히 묻힐 수 있도록 원뿔 자리를 만드는 작업이다.

14

오답분석

ㄱ. 열단형 칩 : 칩이 날 끝에 달라붙어 경사면을 따라 원활히 흘러나 가지 못해 공구에 균열이 생기고 가공 표면이 뜯겨진 것처럼 보인다.

ㄴ. 균열형 칩 : 주철과 같이 취성(메짐)이 있는 재료를 저속으로 절삭할 때 발생하며 가공면에 깊은 홈을 만들기 때문에 재료의 표면이 매우 불량해진다.

15

솔리드 모델링은 공학적 해석[면적, 부피(체적), 중량, 무게중심, 관성 모멘트] 계산이 가능하다.

솔리드 모델링의 특징
- 간섭체크가 가능하다.
- 숨은선의 제거가 가능하다.
- 정확한 형상표현이 가능하다.
- 기하학적 요소로 부피를 갖는다.
- 유한요소법(FEM)의 해석이 가능하다.
- 금형설계, 기구학적 설계가 가능하다.
- 형상을 절단하여 단면도 작성이 가능하다.
- 모델을 구성하는 기하학적 3차원 모델링이다.
- 데이터의 구조가 복잡해서 모델 작성이 복잡하다.
- 조립체 설계 시 위치나 간섭 등의 검토가 가능하다.
- 서피스 모델링과 같이 실루엣을 정확히 나타낼 수 있다.
- 셀 혹은 기본곡면 등의 입체요소 조합으로 쉽게 표현할 수 있다.
- 공학적 해석[면적, 부피(체적), 중량, 무게중심, 관성모멘트] 계산이 가능하다.
- 불리안 작업(Boolean Operation)에 의하여 복잡한 형상도 표현할 수 있다.
- 명암, 컬러 기능 및 회전, 이동하여 사용자가 명확히 물체를 파악할 수 있다.

16

정답 ②

밸브의 포트 수는 접속구의 수, 위치 수는 전체 사각형의 개수, 방향 수는 전체 화살표의 개수이다.
따라서 접속구의 수는 4, 전체 사각형의 수는 4, 전체 화살표의 수는 4이므로 4포트 4위치 4방향 밸브이다.

17

정답 ④

냉간가공은 열간가공보다 표면산화물이 발생하지 않아서 정밀가공이 가능해서 가공면이 매우 깨끗하다.

냉간가공 재료의 특징
- 수축에 의한 변형이 없다.
- 인성, 연성, 연신율을 감소시킨다.
- 가공 온도와 상온과의 온도차가 적다.
- 결정립의 변형으로 단류선이 형성된다.
- 가공경화로 강도, 경도, 항복점을 증가시킨다.
- 전위의 집적으로 인하여 가공경화가 발생한다.
- 가공 시 불균일한 응력으로 인해 잔류응력이 발생한다.
- 냉간가공이 많아질수록 결정핵의 생성이 많아져서 재결정온도는 낮아진다.
- 열간가공과는 달리 표면이 산화되지 않아서 치수정밀도가 높고 깨끗한 가공면을 얻는다.
- 강을 200 ~ 300℃의 범위에서 냉간가공하면 결정격자에 변형이 생기고 청열취성이 발생한다.

열간가공 재료의 특징
- 충격이나 피로에 강하다.
- 가공도가 매우 큰 변형이 가능하다.
- 설비와 가공할 수 있는 치수에 제한이 있다.
- 불순물이나 편석이 없어지고 재질이 균일하게 된다.
- 연화 및 재결정이 이루어져 가공성을 저하시키지 않는다.
- 새로운 결정이 생기고 이것이 다시 변형, 재결정이 반복되어 결정립을 미세화한다.
- 가공이 거듭됨에 따라 기계적 성질은 향상되나 어느 정도 이상이 되면 큰 효과가 없다.
- 열간가공된 제품은 고온에서 재료의 산화가 발생되므로 냉간가공 제품에 비해 균일성이 떨어진다.

18

정답 ②

ㄴ. 선택적 레이저소결(SLS) : 고분자재료나 금속분말가루를 한 층씩 도포하면서 레이저를 이용해 소결시킨 후 다시 한 층씩 쌓아 올리는 만드는 방법이다.

ㄹ. 3차원 인쇄(3DP) : 분말가루와 접착제를 뿌려가며 형상을 만드는 방법으로 3D 프린터에 사용되고 있다.

19

정답 ③

오답분석

ㄴ. V벨트는 엇걸기가 불가능하다.

V벨트의 특징
- 운전이 정숙하다.
- 고속운전이 가능하다.
- 미끄럼이 적고 속도비가 크다.
- 베어링에 작용하는 하중이 비교적 작다.
- 벨트의 벗겨짐 없이 동력 전달이 가능하다.
- 이음매가 없으므로 전체가 균일한 강도를 갖는다.
- 비교적 작은 장력으로 큰 동력 전달이 가능하다.

평벨트	바로걸기 (Open)	
	엇걸기 (Cross)	 원동풀리 종동풀리
V벨트	바로걸기 (Open)	

20

정답 ③

자유도란 자유롭게 이동할 수 있는 지점의 수이다. 탁상 스탠드의 경우에는 4절 링크 2개가 모두 각각 좌우로 이동할 수 있으므로 총 자유도는 2개가 된다.

21

정답 ②

유압 작동유에 수분 혼입 시 윤활작용이 저하된다.

22

정답 ①

냉동 사이클에서 냉매는 압축기 → 응축기 → 팽창밸브 → 증발기 → 압축기로 순환하는 경로를 갖는다.

냉동기의 4대 구성요소
• 압축기 : 냉매기체의 압력과 온도를 높여 고온, 고압으로 만들면서 냉매에 압력을 가해 순환시킨다.
• 응축기 : 복수기라고도 불리며 냉매기체를 액체로 상변화시키면서 고온, 고압의 액체를 만든다.
• 팽창밸브 : 교축과정 상태로 줄어든 입구를 지나면서 냉매액체가 무화되어 저온, 저압의 액체를 만든다.
• 증발기 : 냉매액체가 대기와 만나면서 증발되면서 기체가 된다.

23

정답 ①

다음 표를 참고하면 철의 밀도가 탄소의 밀도보다 2 ~ 3배가 더 크기 때문에 동일 체적인 경우 철이 탄소보다 무거운 것을 알 수 있다. 따라서 순수한 철에 탄소의 함유량이 높아질수록 합금되는 탄소강의 비중은 낮아진다.

Fe과 C의 비교

구분	밀도(ρ)	원자량
Fe(철)	7.87g/cm^3	55.8g/mol
C(탄소)	$1.8 \sim 3.5 \text{g/cm}^3$	12g/mol

24

정답 ③

구멍은 150.04mm 이하 150mm 이상이고, 축은 150.03mm 이하 149.92mm 이하이다. 축의 최소 치수가 구멍이 최대 치수보다 작고, 축의 최대 치수가 구멍의 최소 치수보다 클 때, 중간 끼워맞춤에 속한다.

분류	축과 구멍의 상관관계
억지 끼워맞춤	(축의 크기)>(구멍의 크기)
중간 끼워맞춤	(축의 크기)=(구멍의 크기)
헐거움 끼워맞춤	(축의 크기)<(구멍의 크기)

25

정답 ⑤

오토 사이클은 흡입 → 단열 압축 → 정적 가열 → 단열 팽창 → 정적 방열 → 배기 과정을 거친다.

01	02	03	04	05	06	07	08	09	10
④	②	④	③	③	④	①	①	②	①
11	12	13	14	15	16	17	18	19	20
④	②	③	②	③	①	③	②	①	①
21	22	23	24	25					
①	②	④	②	④					

용량성 회로의 전압, 전류 및 전하의 순시값
- 전압 $v=V_m\sin\omega t[V]$
- 전류 $i=I_m\sin(\omega t+\pi/2)[A]$
- 전하 $q=CV=CV_m\sin\omega t\ [C]$

용량성 회로의 특성
- 정전기에서 콘덴서의 전하는 전압에 비례한다.
- 전압과 전류는 동일 주파수의 사인파이다.
- 전류는 전압보다 위상이 90° 앞선다.

01 정답 ④
균압환은 중권에서 공극의 불균일에 의한 전압 불평형 발생 시 흐르는 순환전류가 생기지 않도록 하려고 설치한다.

02 정답 ②
$$W=\frac{1}{2}CV^2[J]$$
$$V=\sqrt{\frac{2W}{C}}=\sqrt{\frac{2\times270}{15}}=\sqrt{36}=6V$$

03 정답 ④
$$P=VI\cos\theta$$
$$I=\frac{P}{V\cos\theta}=\frac{22\times10^3}{220\times0.5}=200A$$

04 정답 ③
전류 $i=50\sin\left(\omega t+\frac{\pi}{2}\right)$의 $\frac{\pi}{2}$는 90°를 뜻하고 +이므로, 전류가 전압보다 90° 앞서는 콘덴서회로에 해당하는 용량성 회로이다.

05 정답 ③
감극성 $L_{eq}=L_1+L_2-2M=8+4-(2\times4)=4H$
코일에 축적되는 에너지를 구하면 다음과 같다.
$$W=\frac{1}{2}LI^2=\frac{1}{2}\times4\times(5)^2=50J$$

06 정답 ④
$F=k\dfrac{Q_1Q_2}{r^2}$ 이므로 힘의 크기는 두 전하 사이의 거리의 제곱에 반비례한다.

07 정답 ①
3상 유도 전압 조정기의 2차측을 구속하고 1차측에 전압을 공급하면, 2차 권선에 기전력이 유기된다. 여기서 2차 권선의 각상 단자를 각각 1차측의 각상 단자에 적당하게 접속하면 3상 전압을 조정할 수 있다.

08 정답 ①
비사인파 교류회로의 전력은 주파수가 같은 전압과 전류에서 발생하므로 전압의 제3고조파와 전류의 제3고조파 성분 사이에서 소비전력이 발생함을 알 수 있다.

09
정답 ②

전기력선의 성질
- 도체 표면에 존재한다(도체 내부에는 없음).
- $(+) \rightarrow (-)$ 이동한다.
- 등전위면과 수직으로 발산한다.
- 전하가 없는 곳에는 전기력선이 없다(발생, 소멸이 없음).
- 전기력선 자신만으로 폐곡선을 이루지 않는다.
- 전위가 높은 곳에서 낮은 곳으로 이동한다.
- 전기력선은 서로 교차하지 않는다.
- 전기력선 접선 방향과 그 점의 전계의 방향은 같다.
- Q[C]에서 $\dfrac{Q}{\varepsilon_0}$ 개의 전기력선이 나온다.
- 전기력선의 밀도는 전기장의 세기에 비례한다.

10
정답 ①

전속밀도 $D = \dfrac{Q}{A}$ 이다. 즉, 유전율 ε과 전속밀도 D는 아무런 관계가 없다.

11
정답 ④

구리전선과 전기 기계 기구 단지를 접속하는 경우 진동 등으로 인하여 헐거워질 염려가 있는 곳은 스프링 와셔를 끼워 진동을 방지한다.

12
정답 ②

$M = K\sqrt{L_1 L_2}$ 에서 $K = 1$

$\therefore M = \sqrt{L_1 L_2}$ 또는 $\dfrac{M}{\sqrt{L_1 L_2}} = 1$

13
정답 ③

$\cos\theta = \dfrac{\text{(유효전력)}}{\text{(피상전력)}} = \dfrac{P}{VI} = \dfrac{1,500}{100 \times 20} = 0.75$

14
정답 ②

$f = \dfrac{N_s p}{120} = \dfrac{900 \times 8}{120} = 60\text{Hz}$

$\therefore N = \dfrac{120f}{p} = \dfrac{120 \times 60}{6} = 1,200\text{rpm}$

15
정답 ③

- 동일한 용량의 병렬 합성 용량
  : $C_P = C + C + C + C + C = 5C$[F]
- 동일한 용량의 직렬 합성 용량
  : $C_S = \dfrac{1}{\dfrac{1}{C} + \dfrac{1}{C} + \dfrac{1}{C} + \dfrac{1}{C} + \dfrac{1}{C}} = \dfrac{C}{5}$[F]

따라서 C_P가 C_S의 25배이므로 $C_P = 25C_S$이다.

16
정답 ①

합성수지 전선관공사에서 CD관과 관을 연결할 때 사용하는 부속품은 '커플링'이다.

오답분석
② 커넥터 : 전기 기구와 코드, 코드와 코드를 연결하여 전기 회로를 구성하는 접속 기구
③ 리머 : 금속관이나 합성 수지관의 끝 부분을 다듬기 위해 사용하는 공구
④ 노멀 밴드 : 직각으로 연장할 때 사용하는 전선관용 부속품
⑤ 샤프 밴드 : 노멀 밴드에 비해서 굴곡 반경이 작은 전선관용의 곡관

17
정답 ③

배선설비 적용 시 고려사항(KEC 232.3)
전기적 접속 방법은 다음 사항을 고려하여 선정한다.
- 도체와 절연재료
- 도체를 구성하는 소선의 가닥수와 형상
- 도체의 단면적
- 함께 접속되는 도체의 수

18
정답 ②

$E = \dfrac{V_{\text{정격전압}}}{\sqrt{3}} = I_{\text{단락전류}} Z_{\text{동기 리액턴스}}$ 이므로,

$I_{\text{단락전류}} = \dfrac{\dfrac{V_{\text{정격전압}}}{\sqrt{3}}}{Z_{\text{동기 리액턴스}}} = \dfrac{\dfrac{220}{\sqrt{3}}}{10} \fallingdotseq 12.7\text{A}$

19
정답 ①

같은 종류의 전하 사이에는 척력이 작용하며, 다른 종류의 전하 사이에는 인력이 작용한다.

20

①

애자 사용 배선에는 절연전선을 사용하지만 옥외용 비닐 절연
전선(OW), 인입용 비닐 절연전선(DV)은 제외한다.

21

정답 ①

전선의 접속 시 주의사항으로는 전기의 세기를 20% 이상 감
소시키지 않고 80% 이상의 전기 세기를 유지하며, 접속 부분
에 전기 저항이 증가하지 않도록 해야 한다.

22

정답 ②

$$I = \frac{V}{R} = \frac{100}{20} = 5A$$

23

정답 ④

• 플레밍(Fleming)의 오른손 법칙 : 발전기의 원리이며 자계
  내에 놓인 도체가 운동하면서 자속을 끊어 기전력을 발생시
  키는 원리이다.
• 플레밍(Fleming)의 왼손 법칙 : 자기장 속에 있는 도선에
  전류가 흐를 때 자기장의 방향과 도선에 흐르는 전류의 방
  향으로 도선이 받는 힘의 방향을 결정하는 규칙이다.
• 렌츠의 법칙(Lenz's Law) : 코일에서 발생하는 기전력의
  방향은 자속 ϕ의 증감을 방해하는 방향으로 발생한다는 법
  칙이다.
• 앙페르(Ampère)의 오른나사 법칙 : 도선에 전류가 흐를 때
  발생하는 자계의 방향을 알 수 있다는 법칙으로, 전류가 들
  어가는 방향일 때의 자력선의 방향을 알 수 있다.

24

정답 ②

전기력선은 도체표면에 수직이고, 도체 내부에는 존재하지
않는다.

[오답분석]

전기력선의 밀도는 전기장의 크기와 같고, 전기력선 방향도
전기장 방향과 같다. 또한 양전하에서 음전하로 이동하며, 전
위가 높은 곳에서 낮은 곳으로 향한다.

25

정답 ④

페라이트는 매우 높은 투자율을 가지므로 고주파수 응용 분야
에 널리 사용된다.

05 | 화학 적중예상문제

01	02	03	04	05	06	07	08	09	10
③	②	④	②	③	②	④	④	①	③
11	12	13	14	15	16	17	18	19	20
④	③	①	③	④	④	②	③	③	②
21	22	23	24	25					
④	②	④	③	③					

01 　　　정답 ③

암모니아 합성 반응이다.

오답분석

①·②·⑤ 황, 황화철광 연소 반응이다.
④ Violet Acid 생성 반응

02 　　　정답 ②

오답분석

① 원유를 상압 증류하여 얻어지는 가솔린으로 옥탄가가 낮고 그 양도 적다.
③ 옥탄가가 낮은 가솔린을 촉매반응으로 방향족 탄화수소나 이소파라핀을 많이 함유하는 가솔린
④ C2 ~ C5의 올레핀과 이소부탄의 반응에 의하여 제조하는 옥탄가 높은 가솔린
⑤ 천연 및 직류 가솔린으로 제조되고, 납 첨가는 안 한다.

03 　　　정답 ④

상압 증류의 잔유(중유, 아스팔트, 파라핀, 윤활유 등)에서 윤활유 같이 끓는점이 높은 유분을 얻을 때, 50mmHg 정도로 감압 증류한다.

04 　　　정답 ②

소금의 황산 분해로 소다회를 얻는 법이다.

오답분석

① 암모니아 소다법이다.
③ 암모니아 합성법이다.

④ 소금의 질산 분해법이다.
⑤ CO와 H_2O를 반응시켜 수소를 얻는 법이다.

05 　　　정답 ③

인산은 인안, 황인안, 황가인안, 중과인산석회 등 인산비료로 가장 많이 사용되고 있다.

06 　　　정답 ②

조업 중 위험방지를 위해 14% 이하의 수증기를 함유시켜서 산화시킨다.

07 　　　정답 ④

직접 염료(Direct Dyes)란 수용성기로서 $-SO_3H$ 또는 $-COOH$기를 가지고 있으며, 수용액에서 Van der Waals 결합이나 수소 결합으로 셀룰로오스에 직접 염착되는 염료이다. 대부분이 아조 염료이며, 분자가 동일 평면 위에 있고, 양 끝에 $-NH_2$나 $-OH$를 갖는 짝이중 결합계가 깊게 연결된 가늘고 긴 분자로 되어 있다.

08 　　　정답 ④

터널 건조기는 고체의 건조 장치이다. 터널 건조기는 비교적 다량의 재료를 천천히 건조시켜야 할 벽돌, 내화제품, 목재에 쓰인다. 이 방법으로 목재를 건조할 때에는 열풍 입구에서의 빠른 건조를 방지하기 위하여 공기를 증습시킬 필요가 있다.

09 　　　정답 ①

격막식 전해조에서 양극에는 염소의 과전압이 낮고 경제적인 흑연, 금속 전극(DSA)을 사용한다.

10 　　　정답 ③

용매에 비휘발성 용질을 첨가하면 용질의 양에 따라 증기압은 용매의 증기압보다 낮아진다. 따라서 용액의 비점은 용매의

비점보다 높아지게 되는데 이것을 비점 상승(BPR; Boiling Point Raising)이라 한다.

11 정답 ④

유기화합물에 황산과 같은 시약을 작용하여 황산에스테르기($-OSO_3H$)를 도입하는 반응을 황산화라고 한다.

12 정답 ③

습식법의 특성이다.

> **건식 인산 제조법의 특징**
> • 저품위 인광석을 처리할 수 있다.
> • 인의 기화와 산화를 따로 할 수 있다.
> • 고순도·고농도의 인산을 제조한다.
> • Slag는 시멘트 원료가 된다.
> • 습식법과 달리 황산을 요하지 않는다.

13 정답 ①

동결 건조기(Frozen Dryer)
항생물질, 혈청 등 액체 상태로서 특히 열에 불안정한 물질에 대해서는 동결건조를 한다. 동결건조는 수분을 동결시킨 상태 그대로 진공 중에서 승화에 의하여 수증기를 제거하는 방법이다. 금속판에 재료를 놓고 가열 액체 또는 수증기에 의한 간접가열에 의하여 철판상으로 열을 이동시킨다.

14 정답 ③

황의 제법
석고법, 아황산법, 중화법(건식법, 습식법), C－A－S(Cyan－Ammon Schwefel)법

15 정답 ④

기체의 증습 방법이다.

> **탈습조작 방법**
> • 고체 흡착제에 의해 수증기를 흡착 분리하는 방법
> • 고체 흡수제에 의해 수증기를 화학적으로 흡수 분리하는 방법
> • 액체 흡수제에 의해 수증기를 흡수 분리하는 방법
> • 기체의 압축에 의한 방법
> • 기체의 간접 냉각에 의한 방법
> • 기체와 냉각액의 직접 접촉에 의한 방법

16 정답 ④

습윤목재 10kg, 건조 후 수분량을 $x$kg이라 하면

$$\frac{x}{6+x} \times 100 = 10\%$$
$$x = (6+x)(0.1)$$
$$x = 0.6 + 0.1x$$
$$0.9x = 0.6$$
$$x \fallingdotseq 0.67$$
$$\therefore \text{(제거수분량)} = 4 - 0.67 = 3.33\text{kg}$$

17 정답 ②

• 층류 : $N_{Re} < 2,100$
• 임계영역 : $2,100 < N_{Re} < 400$
• 난류 : $N_{Re} > 4,000$
• Plug Flow : 유속의 분포가 항상 일정($\bar{\mu} = \mu_{max} = $일정)

18 정답 ③

Mixer Setter형 추출기는 액－액 추출 장치이다.

> **액체 추출 장치**
> 기계적 교반을 하는 형식과 유체 자신의 흐름에 의하여 교반하는 것이 있다. 액체 추출의 가장 간단한 것은 교반기가 붙어 있는 교반조에 추료와 추체를 넣어서 교반한 후 정치하여 양 액층을 분리하는 것이다. 이상적인 평형 조작을 할 수 있지만 정치시키는 데 시간이 많이 걸리므로 원료의 양이 많거나 몇 차례 접촉을 요구할 경우에는 사용하기 힘들다.

19 정답 ③

열전도도(k)의 값은 실험적으로 구해지고, 크기는 물질에 따라 다르며 같은 물질이라도 온도에 따라 변한다.

20 정답 ②

유체가 흘러갈 경우 관의 중심부에서 경계층이 끝나는 흐름을 완전히 발달된 흐름(Fully Developed Flow)이라 하며, 입구에서부터 완전히 발달된 흐름이 될 때까지의 거리를 전이 길이라 하고, 유속을 측정하려면 전이 길이를 지난 지점에 유량계를 설치해야 한다.

21

정답 ④

고립된 전 체계의 엔트로피는 언제나 증가하지만 그 안에 속해 있는 개방계(바깥 세계와 에너지와 물질을 모두 교환하는 계)의 경우 엔트로피가 감소할 수 있다(생물의 엔트로피). 엔트로피의 개념은 열역학 제2법칙과 관련된다.

> **열역학의 제1법칙 또는 에너지 보존의 법칙**
> 어떤 과정에서 외부로부터 흡수한 열량을 Q(흡수했을 때는 +, 방출했을 때는 −), 계(係 : System)가 외부에 한 일을 W(계가 일을 할 때 +, 받을 때 −), 계의 내부 에너지의 증가를 ΔE라 하면 $\Delta E = Q - W$, $dE = dQ - dW$(미소변화)이다.

22

정답 ②

Stefan − Boltzmann의 법칙

$$q_B = 4.88A\left(\frac{T}{100}\right)^4 [\text{kcal/hr}]$$

23

정답 ④

휘발도가 이상적으로 낮을 경우에는 최고 비점을 가지는 최고 공비 혼합물을 얻게 된다. 즉, 휘발도가 이상적으로 낮은 것은 다른 종류의 분자 간의 친화력이 큰 경우이다.

24

정답 ③

실리카겔(Silica Gel)은 규산소다 수용액에 황산 등의 무기산을 가하여 생긴 겔을 세정·건조한 것이다. 수 %의 수분을 함유하며 화학 조성은 $(SiO2)n \cdot H2O$로 나타난다. 겔이 건조 중에 수축하고 다음에 탈수과정으로 다공질 구조가 생기고 그 구조표면의 산소원자가 주로 흡착에 관계하여 물 방향족 화합물 등의 극성물질 또는 불포화화합물에 대해 강한 선택적 흡착을 보인다. 탈습, 탄화수소 분리 등에 널리 이용된다.

[오답분석]
① 활성탄 : 흡착성이 강하고, 대부분의 구성 물질이 탄소질로 된 물질이다. 흡착제로 기체나 습기를 흡수시킬 때, 혹은 탈색제로 사용된다.
② 활성 알루미나 : 백색 분말의 산화알루미늄을 저온으로 탈수하여 정제 상태로 한 것으로, 다공질이며 표면적이 크기 때문에 수분과 산을 흡착한다.
④ 골탄 : 짐승의 뼈에 공기의 공급을 차단하고 가열하여 얻는 탄화 물질이다. 흑색의 다공질 가루이며 탄소의 함유량은 10 ~ 15%이고, 그 외에는 인산칼슘 등 무기질이 주 성분이다. 용액의 정제나 약용, 흑색의 안료로 사용된다.
⑤ 활성 아미노산 : 아미노아실 아데닐레이트, 아미노아실 tRNA, 아미노기 전이 반응에 의하여 형성되는 아미노산의 시프 염기 등 반응성이 큰 아미노산이다.

25

정답 ③

이슬점(Dew Point)이란 일정한 습도를 가진 증기와 기체 혼합물을 냉각시켜서 포화 상태가 될 때의 온도를 말한다. 이슬점을 찾기 위해서는 포화되지 않은 공기를 냉각시켜 포화 수증기량 곡선과 만나는 지점의 온도를 읽으면 된다.

PART 3

한국사

01 | 기출복원문제

01	02	03	04	05	06	07	08	09	10
④	②	③	④	③	④	④	④	②	①
11	12	13	14	15	16	17	18	19	20
①	①	③	④	②	④	④	②	③	③
21	22	23	24	25	26	27	28	29	30
①	②	③	④	②	①	④	②	②	④
31	32	33	34	35	36	37	38	39	40
①	④	③	②	④	④	①	①	②	①
41	42	43	44	45					
②	①	④	②	③					

01 정답 ④

사료는 통일신라시대의 모습에 대한 설명으로, 밑줄 친 족속은 골품제의 귀족 중 진골이다. 과거제도는 고려 광종 때 도입되었고, 진골은 시험을 치르지 않고 신분만으로 관직을 차지하였다.

오답분석
① 신라 흥덕왕은 귀족들의 사치를 제한하는 사치 금지령을 내렸다.
② 신라의 진골은 왕족으로 무열왕은 진골 신분으로는 처음으로 왕이 되었다.
③ 신라의 진골은 적극적으로 불교를 후원하였다.

02 정답 ②

향리는 고려의 중류층으로 직역을 세습하며, 지방행정 실무(조세 등) 등을 담당하였고, 현이나 진에 주둔한 군사의 지휘 통솔자로서의 임무를 수행하였다.

오답분석
① 상인에 대한 설명이다.
③ 수령을 보좌하였다.
④ 조선시대 경재소의 역할이다.

03 정답 ③

사료는 1919년 3·1운동 때 낭독한 독립 선언문의 일부이다. 광주 학생 항일 운동은 1929년 한·일 학생들의 충돌과 일본의 편파적인 사법 처리를 계기로 전개된 항일 민족 운동이다.

오답분석
① 3·1운동 때 태화관에서 독립 선언서를 낭독하였다.
② 3·1운동 때 일본이 제암리(현재 수원)에서 주민들을 집단 학살하였다.
④ 3·1운동 때 유관순은 만세 운동을 전개하다가 일제에 의해 순국하였다.

04 정답 ④

사료는 홍경래의 난 때 쓴 농민 격문이다. 홍경래의 난(1811)은 몰락 양반인 홍경래가 주도하여 일어난 농민 항쟁으로, 서북인에 대한 차별 등으로 불만이 많았던 몰락양반, 광산 노동자, 농민, 노비 등이 합세하였다. 청천강 이북 지역을 거의 장악하였으나 결국 5개월 만에 진압되었다. 홍경래의 난은 지방 차별 타파라는 명분으로 시작되었기 때문에 전국적 호소력이 없어 서북지방의 항쟁으로 끝났다.

05 정답 ③

사천 매향비를 세운 조직은 향도로 본래 불교신앙 활동을 목적으로 조직된 신도들의 결사이나, 12세기 이후 사회 변화와 함께 여러 가지 공동목적 달성을 위한 조직체로 발전하였다.

오답분석
① 불교신앙을 토대로 조직되었다.
② 최초의 향도사례는 신라 진평왕 때 기록이다.
④ 전국적으로 분포하였다.

06 정답 ④

지도는 「혼일강리역대국도지도」로 태종 2년(1402)에 제작되었다. 태종은 6조의 보고를 의정부를 통하지 않고 왕이 직접 듣는 6조 직계제를 시행하여 왕권 강화 정책을 시행하였다.

07 정답 ④

유엔 총회의 결의(1947. 11) → 단독 선거 결의(1948. 2) → (가) 남북협상(1948. 4) → 5·10 총선거(1948. 5)

[오답분석]
① 헌법 제정(1948. 7)
② 6·25 전쟁(1950. 6)
③ 모스크바 3국 외상 회의(1945. 12)

08 정답 ④

중석기 시대는 구석기에서 신석기로 넘어가는 전환기로 톱, 활, 창, 작살 등의 잔석기의 이음 도구를 제작하여 사용하였다.

[오답분석]
① 구석기 시대의 대표적 유적지이다.
②·③ 신석기 시대의 특징이다.

09 정답 ②

고구려 소수림왕(371~384)은 불교를 공인하고, 율령을 반포하였으며, 태학을 설립하는 등 국가 체제를 정비하였다.

10 정답 ①

구석기 시대에는 주먹도끼, 찍개, 팔매돌, 긁개, 밀개, 슴베찌르개 등의 뗀석기와 뼈도구를 사용하였고, 초기에 동굴이나 바위 그늘, 후기에는 막집에 일시적으로 거주하였다.

[오답분석]
② 신석기 시대의 움집은 반지하 형태로 바닥은 원형, 또는 모서리가 둥근 네모 형태로 되어 있으며, 중앙에는 화덕을 설치하여 취사와 난방을 하였다.
③·④ 청동기 시대에는 배산임수의 취락 형태를 띠었고, 직사각형의 바닥인 움집을 짓고 생활하였다. 화덕은 벽쪽으로 이동하였으며, 저장 구덩은 따로 설치하여 생활하였다.

11 정답 ①

신민회는 안창호, 양기탁 등이 중심이 되어 1907년에 설립된 항일 비밀결사로서 실력 양성을 통한 국권 회복과 공화정 체제의 국민 국가 수립을 궁극의 목표로 하였다. 민족 교육 추진을 위한 대성 학교와 오산 학교를 설립하여 인재를 양성하였고, 민족 산업 육성을 위한 자기회사(평양)와 태극서관(대구)을 설립하여 운영하여 독립 자금을 마련하였다. 또한, 무장 투쟁의 필요성을 제기하여 국외에 독립 운동 기지를 건설(남만주, 삼원보)하였으며, 1911년에 105인 사건으로 인해 해산되었다. 의열단은 조선 총독부, 경찰서, 동양척식주식회사 등 식민 지배 기구의 파괴, 조선 총독부 고위 관리와 친일파 처단을 목표로 1920년대 활발한 독립 운동을 하였다.

12 정답 ①

제시문은 신문왕에 대한 내용이다. 통일 신라 신문왕(681~692)은 즉위하던 해에 일어난 왕(신문왕)의 장인 김흠돌이 일으킨 모역 사건을 계기로 귀족 세력을 숙청하면서 왕권을 전제화하기 시작하였고 왕권을 강화하기 위하여 문무 관리에게 관료전을 지급하였으며(687), 귀족 세력의 기반이 되었던 녹읍을 폐지하였다(689). 또한, 전국을 9주 5소경으로 나누어 지방 행정구역을 정비하였고, 유교 정치 이념의 확립을 위하여 국학(682)을 설립하여 유교 경전을 교육하였으며, 군대를 개편하여 9서당 10정을 편성하였다.

[오답분석]
② 8세기 신라 원성왕은 태학 안에 유교 경전의 이해 수준을 시험하여 관리를 채용하는 독서삼품과 제도를 마련하였다.
③ 6세기 초 신라 지증왕 때에는 무역이 급격하게 발달하여 시장을 감독하는 관청인 동시전을 설치하였다.
④ 6세기 법흥왕은 신라 최고 관직인 상대등을 설치하여 화백회의를 주관하게 하였다.

13 정답 ③

제시문은 임진왜란(1592) 당시 선조가 의주로 피난을 간 것에 대한 글이다(의주몽진). 이후 조선은 1953년 침입한 왜군을 물리치기 위하여 군사제도를 재정비·재편성하여 삼수병(포수, 살수, 사수)을 중심으로 하는 훈련도감을 설치하였다.

[오답분석]
① 별무반은 고려 숙종시기 여진 정벌에 대비하여 만든 군사 조직으로 신기군(기병), 항마군(승병), 신보군(보병) 등으로 편성되었다.
② 장용영은 조선 후기 정조가 왕권 강화를 위해 설치한 군영으로 국왕의 호위를 위해 편성된 친위부대이다.
④ 군무아문은 1894년 고종시기 갑오개혁 이후 편제된 8개의 중앙행정부서(8아문) 중 군사에 관한 일을 담당한 부서이다.

14 정답 ④

ⓒ 1444년(세종 26) 전분6등법
ⓔ 1466년(세조 12) 직전법
ⓐ 1635년(인조 13) 영정법
ⓑ 1752년(영조 28) 결작

15 정답 ②

제시문은 개인, 민족, 국가 간 균등과 정치, 경제, 교육의 균등을 주장하는 조소앙의 삼균주의를 바탕으로 1931년 대한민국 임시정부가 발표한 대한민국 건국강령이다. 3·1운동의 독립 선언을 계기로 창설된 대한민국 임시정부는 1940년 휘하 군사 조직으로 한국광복군을 조직하였다.

16
정답 ④

광종은 호족을 견제하고 왕권을 강화시키기 위해 다양한 개혁 정치를 실행하였다. 956년 노비안검법을 실시하여 호족의 아래에 있던 많은 노비를 양인으로 회복시켜 호족의 세력을 약화시키고 국가에 조세를 내는 양인의 수를 증가시켰으며, 쌍기의 건의를 받아들여 958년에 과거제도를 실시하여 중앙관료로 왕에게 충성하는 문신관료를 등용하였다.

오답분석

①·③ 고려 공민왕의 업적이다.
② 고려 성종의 업적이다.

17
정답 ④

제시문은 1972년 남북 간 정치적 대화통로와 한반도 평화정착 계기를 마련하기 위해 발표한 남북한 당사자 간의 최초의 합의 문서인 7·4 남북공동성명이다. 이는 고위급 정치회담을 통하여 공동성명을 합의 발표함과 동시에 상호 방문을 통하여 쌍방의 당국 최고책임자를 만나 남북문제를 논의하였다는 데 의의가 있지만, 공동성명에도 불구하고 남북한은 서로의 실체를 인정하지 않아 남한은 유신체제, 북한은 유일체제(주체사상)가 등장하였다. 10월 유신으로 박정희 정권은 통일주체국민회의를 수립하고 대의원을 통한 간접선거로 대통령을 선출하였다.

오답분석

① 1948년 남북연석회의
② 1954년 사사오입개헌
③ 1960년 4·19 혁명

18
정답 ②

ㄱ. 무오사화(1498, 연산군) : 김종직의 제자인 김일손이 사초에 삽입한 김종직의 조의제문(弔義帝文)이 발단이 되어 사림이 화를 입은 사건이다.
ㄹ. 갑자사화(1504, 연산군) : 윤비를 폐출하고 사사했던 사건이 발단이 되어 사림이 화를 입은 사건이다.
ㄴ. 기묘사화(1519, 중종) : 조광조의 급진 개혁이 발단이 되어 사림 세력 대부분이 제거되었다.
ㄷ. 을사사화(1545, 명종) : 외척 간의 왕위 계승 다툼으로 윤원형(소윤) 일파가 윤임(대윤) 일파를 몰아내고 정국을 주도하였다.

19
정답 ③

임술년 진주농민봉기(1862)는 세도 정치기 극심한 삼정의 문란으로 인한 농민들의 항쟁이었다. 이에 정부는 민심 안정을 위하여 삼정이정청을 설치하여 삼정의 문란을 시정할 것을 약속하였다(1862, 철종).

오답분석

① 고부읍을 점령하고 백산에서 농민군을 정비하였다.
② 동학 농민군의 토지 개혁 요구는 폐정개혁안 12개조의 내용이다.
④ 전봉준의 남접 부대와 손병희·최시형의 북접 부대가 연합하여 전개한 공주 우금치 전투에서 동학 농민군은 조일 연합군에게 패배하였다(1894. 11).

20
정답 ③

1948년 2월 26일 유엔소총회 결의에 의해 치러진 5·10 선거는 성별을 묻지 않고 21세 이상의 성인에게 동등한 투표권이 주어진 남한 최초의 보통 선거였다.

21
정답 ①

신라는 백제와 고구려의 유민들을 9서당에 편성함으로써 민족 통합에 노력하였다.

오답분석

② 발해와 신라의 상설 교통로인 신라도는 9세기가 아닌 8세기 전반에 개설된 것으로 추정하고 있다.
③ 발해는 소수의 고구려 유민이 지배층이 되어 다수의 말갈족을 오랜 기간 지배하였다. 발해의 제일 말단 단위였던 촌은 촌장이 다스렸는데, 주로 말갈족으로 구성하여 분란의 소지를 일축하였다.
④ 통일 신라는 상수리 제도를 시행하였는데 지방 세력을 일정기간 서울에 와서 거주하게 하던 것으로 지방 세력에 대한 견제책이며, 이는 고려 시대의 기인 제도로 계승된다.

22
정답 ②

제시문은 공민왕에 대한 내용이다.

오답분석

① 이인임은 고려 후기의 권신(權臣)으로, 우왕 때 최영은 이성계 등 신흥 무인과 신진사대부 세력의 뒷받침을 받아 몰아냈다.
③ 1448년(세종 30년)에 편찬된 화포 제조법과 그 규격 및 화약 사용법에 관한 병기기술서(兵器技術書)이다.
④ 15세기 세종 때 편찬되었다.

23
정답 ③

고인돌은 청동기 시대의 대표적인 무덤이자 기념물이다. 큰 바위를 사용하여 만든 고인돌은 축조 시 많은 노동력이 필요로 하고 비파형 동검 등 지배계급의 부장품이 발견되므로 청동기 시대가 계급사회임을 알 수 있다. 한반도에는 약 3만 여기가 존재하며 세계에서 가장 많은 수의 고인돌을 보유하고 있다.

24
정답 ②

김흠돌의 반란을 제압하고 왕권 전제화의 계기를 마련한 왕은 신문왕이다. 신라 제23대 왕인 법흥왕은 율령을 반포하고 백관의 공복을 제정하였으며, 상대등을 두어 귀족회의를 주재하도록 하였다. 또한 이차돈의 순교를 계기로 불교를 공인하였다.

25
정답 ④

독립협회는 한국 최초의 근대적 사회 정치단체로 자강을 통한 자주독립을 주장하였다. 독립협회는 황제권을 중심으로 관민의 통합과 개혁을 추진하였다.

오답분석
① 독립협회는 정부 시책을 국민에게 알릴 수단으로 최초의 순한글 신문인 독립신문을 발행하였다.
② 독립협회는 관민공동회를 개최하여 근대적 자강을 위한 관민 협력에 힘썼다.
③ 독립협회는 나라의 독립을 지키기 위한 국정개혁 원칙으로 헌의6조를 결의하여 황제에게 전달하였다.

26
정답 ①

발해는 통일신라와의 교역로인 신라도를 두어 교류했으며 문왕 이후 더욱 활발하게 이루어졌다.

오답분석
② 발해의 국가교육기관인 주자감은 왕족과 귀족 자제를 대상으로 고구려 경당의 교육 전통을 이어서 유학을 교육하였다.
③ 발해의 중앙관제는 3성 6부제로 당나라의 중앙 관제를 수용하여 필요에 따라 조직을 변형하여 운영하였다.
④ 발해는 무왕시기 인안(仁安), 문왕시기 대흥(大興) 등 거의 전 기간에 걸쳐 독자적인 연호를 사용하였다.

27
정답 ④

홍문관은 1463년 세조 시기 도서를 보관하기 위해 처음 설치되었으나, 성종 시기에 이르러 세조 때 폐지된 집현전이 수행하던 학술 업무 및 국왕 자문의 기능을 담당하게 되었다. 1478년 홍문관의 역할이 대폭 증가하면서 사헌부, 사간원과 함께 언론 삼사의 한 축으로 성장하여 국가의 핵심 기구가 되었다.

오답분석
① 『동의보감』은 조선시대 의관 허준이 조선과 중국의 의서를 집대성한 의학서로 1596년 선조의 명으로 진행되어 1610년 완성되었다.
② 대동법은 방납의 폐단 등 공납제의 문제를 해결하기 위해 공물을 현물이 아닌 쌀로 납부하는 제도로 광해군 즉위 이후 1608년 경기도에서 최초로 실시되었다.

③ 장용영은 1793년 정조 때 국왕 호위를 위해 설치된 군영이다. 크게 내영과 외영으로 나누어 내영은 도성을 중심으로, 외영은 수원 화성을 중심으로 편제되었다.

28
정답 ②

삼정이정청은 1862년 철종 13년에 삼정의 폐단을 바로잡기 위해 세워진 임시관청으로 안핵사 박규수의 건의로 설치되었다.

29
정답 ②

청은 임오군란 진압을 계기로 조선에 대한 영향력을 확대하였으며, 1882년 8월 23일 조청상민수륙무역장정을 체결하였다.

오답분석
① 1885년 체결된 톈진 조약은 갑신정변 이후 청과 일본의 군대가 조선에 동시에 주둔하자 두 나라가 사후 처리를 위해 체결한 조약이다.
③ 1882년 체결된 제물포 조약은 임오군란 이후 조선과 일본 사이에 맺어진 조약으로 피해보상 및 공사관 수비를 위한 병력 주둔 등의 내용이 포함되어 있다. 이로 인해 조선 내 청과 일본 양국간 무력 충돌의 위험이 증대되었다.
④ 1884년 체결된 한성 조약으로 갑신정변 이후 일본 공사관 소각에 대한 배상금 등을 지불하게 되었으며, 일본이 조선에서 청과 대등한 세력을 유지할 수 있는 계기가 되었다.

30
정답 ④

신진사대부(신흥사대부)는 고려 말, 조선 초의 변혁을 이끌었던 세력이다. 고려 시대 지방 향리로 머물던 중소 지주들이 성리학을 바탕으로 과거에 급제하여 중앙 관리화 되었으며, 원 간섭기 공민왕 대에 반원 개혁정치를 통해 정치세력으로 성장하였다. 신진사대부는 위화도 회군을 기점으로 이성계를 중심으로 결집한 급진적 세력과 이색을 중심으로 결집한 온건적 세력으로 나누어졌으며, 급진적 세력이 우위를 장악한 결과, 새롭게 조선이라는 나라가 탄생하게 된다.

오답분석
① 호족은 통일신라 말기에서 고려 초기의 유력한 지방 세력이다.
② 권문세족은 원 간섭기에 완성된 지배세력으로 원과 적극적으로 결탁하여 대농장과 음서 제도를 기반으로 귀족화하였다.
③ 문벌귀족은 고려 건국 이후 지방 호족 출신들이 중앙 관료로 진출하고 과거와 음서 제도를 통해 중앙 정치를 장악하였다.

31
정답 ①

부여의 제천 행사인 영고에 대한 설명이다.

오답분석
② 동맹 : 고구려의 제천 행사
③ 무천 : 동예의 제천 행사
④ 계절제 : 삼한의 제천 행사

32
정답 ④

악습인 순장은 지증왕 때 금지하였다.

오답분석
법흥왕은 율령을 반포하고, 17관등과 모든 관리들이 입는 공복을 정하였으며, 김해 지역의 금관가야를 정복하였다.

33
정답 ③

제시문이 설명하는 인물은 후백제를 건국한 견훤이다. 견훤은 신라 금성을 공격하여 경애왕을 죽이고, 신라의 마지막 왕인 경순왕을 즉위시켰다.

오답분석
① 신라 경순왕의 항복을 받아 신라를 흡수한 사람은 고려를 세운 왕건이다.
② 후백제가 고려를 정복한 것이 아니라, 고려가 후백제와 신라를 정복하고 후삼국을 통일했다.
④ 양길의 수하로 들어가 강원도 지역을 정복한 사람은 견훤이 아니라 궁예이다.

34
정답 ②

강화 천도는 1232년 7월, 개경 환도는 1270년으로 (가) 시기는 대몽항쟁기이다. 처인성 전투는 1232년 8월 몽골군과 고려군이 처인성에 벌인 전투로 김윤후 등이 이끄는 고려군이 몽골의 사령관 살리타를 사살하는 등의 승리를 거두었다.

오답분석
① 이자겸의 난은 1126년 인종의 외척이었던 이자겸이 일으킨 반란이다.
③ 만적의 난은 1198년에 노비인 만적이 일으킨 노비해방운동이다.
④ 삼별초 항쟁(1270 ~ 1273)은 개경 환도 이후 삼별초가 정부와 몽골에 대항하여 일으킨 항쟁이다.

35
정답 ④

『경국대전』은 조선의 기본 법전으로 세조 때 편찬 작업을 시작하여 '호전' 등이 완성되었고, 성종 때 수정을 거쳐 『경국대전』이 완성되었다.

오답분석
① 『조선경국전』은 태조 때 편찬된 사찬 법전이다.
② 태종 때 사간원을 독립시켜 대신들을 견제하였다.
③ 세조는 집현전을 폐지하였다.

36
정답 ④

지도는 임진왜란 때를 나타낸다.
ㄴ. 비변사는 중종 때 설치된 임시 기구로 국방 문제 등을 논의하였으나, 임진왜란 때 구정 전반을 총괄한 실질적인 최고의 관청이 되었다.
ㄹ. 임진왜란 때 노비문서가 타고 납속책 등을 실행하는 등 신분제가 동요되기 시작하였다.

오답분석
ㄱ·ㄷ. 붕당정치는 임진왜란 후에도 지속되었으며, 숙종 때 변질되기 시작하였다. 이후 순조 때 안동 김씨가 권력을 장악하면서 세도정치가 시작되었다.

37
정답 ①

오답분석
② 향교 : 조선시대 지방의 교육기관으로 문묘 및 선현에 대한 제사도 하였다.
③ 성균관 : 조선시대 인재 양성을 위하여 설치된 교육기관으로 현재의 국립대학의 성격이다.
④ 서당 : 조선시대 초등 교육 역할을 한 사립학교이다.

38
정답 ①

제시된 자료와 설명은 1930년대 일제가 경제적 수탈을 위해 실시한 남면 북양 정책(1932)에 대한 설명이다. 1929년 미국에서 주가가 대폭락하면서 시작된 공황을 대공황이라 하며 이는 전 세계에 영향을 미쳤다. 일본은 공황 대책을 군부가 지휘하였고, 경제 회복을 위해 우리나라에서 남면 북양 정책 등을 시행하였다.

39 　정답 ②

조일통상장정(1883) 때 일본 상인에 대한 최혜국 대우가 체결되었다.

오답분석

① 강화도 조약의 정식 명칭은 조일수호조규이며, 강화조약 또는 병자수호조약이라고도 한다.
③ 강화도 조약 이후 조일무역규칙을 정하여 6개월 뒤 조일수호조규 부록을 체결하여 양국의 무제한 유출 허용과 일본 수출입 상품에 대한 무관세 등이 체결되었다.
④ 부산과 항구 두 곳을 20개월 이내에 개항한다는 내용이 조약에 있었고, 이후 원산과 인천이 개항되었다.

40 　정답 ①

• 발췌개헌 : 대통령 직선제와 양원제를 골자로 하는 개헌안으로 이승만 대통령이 재선에 당선되기 위해 시행되었다.
• 사사오입개헌 : 대통령 3선 제한을 철폐해 이승만이 3선을 하기 위해 시행되었다. 의결 정족수인 203명의 3분의 2는 135.333…명으로 136명이 찬성해야 되는데 자유당은 135표가 나오자 사사오입하여 135명이 의결 정족수라고 주장하며 개헌을 통과시켰다.
• 3선개헌 : 박정희 대통령이 3선을 목적으로 추진한 개헌이다.

41 　정답 ②

제시문은 신석기 시대의 유적지에 대한 설명이다.

오답분석

① 식량 채집경제 생활의 시작은 구석기 시대부터이다.
③ 신석기 시대에는 애니미즘(정령숭배), 샤머니즘(무격숭배), 토테미즘(동식물숭배), 영혼숭배 등 원시 신앙이 발생하였다.
④ 반달돌칼, 홈자귀는 청동기 시대의 농기구이다.

42 　정답 ①

제시문은 독도에 대한 내용이다.

43 　정답 ④

철이 풍부하게 생산되어 화폐처럼 이용하고, 철 수출로 중계 무역을 하였던 곳은 마한이 아닌 변한이다.

오답분석

② 삼한은 제정 분리의 사회였으며, 정치적 지배자인 신지, 읍차 등이 제사를 주관하지 않고 천군이라는 별도의 제사장을 두고 있었다.
③ 마한은 백제, 변한은 가야, 진한은 신라로 발전하게 되었다.

44 　정답 ②

일본은 삼국간섭 이후 을미사변을 일으켰고 곧이어 을미개혁을 추진하였다(1895). 기존의 개국 연호를 폐지하고, 건양이라는 연호를 사용하였으며, 단발령을 반포하여 고종이 세자와 함께 먼저 시행하였다. 또한 태양력을 사용하였고, 종두법을 시행하였으며 우편사무를 재개하였다. 그리고 군사 개혁을 단행하여 친위대와 진위대를 편성하였다.

오답분석

ㄴ. 조일무역규칙(조일통상장정)은 조선 정부의 항의로 1883년 개정하여 방곡령을 신설하게 되었다.
ㄹ. 제1차 갑오개혁에서는 국가 재정의 탁지아문으로의 일원화, 은 본위 화폐 제도의 채택 등의 조치가 있었다.

45 　정답 ③

제시문은 과전법에 대한 내용이다.

오답분석

ㄱ. 과전법에서는 현·퇴직 관리에게 전지만 분급하였다.
ㄹ. 수조권을 받은 관리는 전조(쌀)만 걷을 수 있고 노동력은 수취하지 못하였다.

02 | 적중예상문제

01	02	03	04	05	06	07	08	09	10
③	②	①	③	②	④	③	④	②	①
11	12	13	14	15	16	17	18	19	20
④	④	①	②	④	④	④	④	④	④
21	22	23	24	25	26	27	28	29	30
⑤	⑤	④	⑤	④	①	④	①	⑤	②	⑤

01 　　　　　정답 ③

제시된 글은 통일신라 38대 왕 원성왕이 788년 실시한 독서 삼품과이다. 원성왕 시기부터 통일신라는 발해를 외교적 대상 국가로 인식하여 일길찬(一吉湌) 백어(伯魚)를 사신으로 보냈다. 또한 처음으로 승관(僧官)을 두고 승려 중에 능력이 좋은 사람을 선발하여 충당하였다.

오답분석
ⓒ 원종·애노의 난은 889년(진성여왕 3) 진골 귀족 간의 잦은 정쟁으로 지방 통제력이 약해진 상황에서 과도한 조세 부담으로 인해 사벌주에서 발생하였다.
ⓒ 청해진의 난은 851년(문성왕 13)에 청해진과 중앙정부 사이의 반목과 대립 심화로 발생하였으며, 염장의 장보고 암살과 중앙군의 토벌로 제압되었다.

02 　　　　　정답 ②

고구려의 최전성기를 이끌었던 광개토대왕은 최초로 영락이라는 독자적인 연호를 사용하였다. 선비족과 부여, 말갈을 정벌하여 고구려의 영토를 요동 지방까지 크게 확장하였으며, 신라의 요청을 받아 신라를 공격한 백제와 왜를 격퇴하였다.

오답분석
① 고구려의 소수림왕은 교육 기관인 태학을 설립하여 인재를 양성하였고(372), 율령 반포를 통해 국가 조직을 정비하였다(373).
③ 고구려의 소수림왕은 중국 전진으로부터 불교를 받아들여 불교를 통해 왕실의 권위를 높이고자 하였다(372).
④ 고구려는 영류왕 때 당의 공격에 대비하여 동북에 부여성에서 발해만의 비사성까지 이르는 천리장성을 축조하였다.

⑤ 광개토 대왕의 뒤를 이어 왕위에 오른 장수왕은 평양으로 천도하고, 남진 정책을 추진하였다(427).

03 　　　　　정답 ①

• (가) 고구려의 장수왕은 한성을 공격하여 백제의 개로왕을 죽이고 한강 유역을 장악하였다(475).
• (나) 금관가야는 전기 가야 연맹을 이끌었으나 신라에 의해 멸망하였고, 일부 왕족들이 신라의 진골로 편입되었다.
따라서 (가)와 (나) 시기 사이에는 백제의 문주왕이 고구려에 의해 한성이 함락되자 웅진으로 천도하였다.

04 　　　　　정답 ③

백제가 멸망한 이후 복신과 도침 등은 왕자 풍을 왕으로 추대하고 주류성과 임존성을 거점으로 백제 부흥 운동을 전개하였다(660). 나당 연합군의 공격에 백제 부흥군은 왜에 원병을 요청하여 왜의 수군이 백강에 도달하였으나, 나당 연합군의 공격을 받아 큰 피해를 입으면서, 백제 부흥 운동도 실패로 끝나게 되었다(663). 그 후 나당 연합군의 공격으로 평양성이 함락되면서 고구려가 멸망하였다(668).

오답분석
① 상주 출신 군인 견훤은 세력 기반을 확대하여 완산주에 도읍을 정하고 후백제를 건국하였다(900).
② 신라는 매소성·기벌포 전투에서 승리하여 한반도에서 당의 세력을 몰아냈다(676). 당은 안동 도호부를 요동으로 옮겼다.
④ 후백제를 세운 견훤은 중국의 오월과 후당에 외교 사절을 보내 국교를 맺었다.
⑤ 견훤은 신라의 금성을 습격하여 경애왕을 살해하고 경순왕을 즉위시켰다.

05 　　　　　정답 ②

진흥왕 때 국가적인 조직으로 정비된 신라의 화랑들은 원광의 세속 5계를 생활 규범으로 삼아 명산대천을 찾아다니며 수련하였다. 대표적인 화랑으로 김유신이 있다.

오답분석
① 고구려의 장수왕은 지방에 경당을 세워 청소년들에게 한학과 무술을 가르쳤다.

③ 신문왕은 유학 교육 기관인 국학을 설치하여, 유교 정치 이념을 확립하고 인재 양성을 통해 왕권을 강화했다. 이후 경덕왕은 국학을 태학감으로 고치고 박사와 조교를 두어 유교 경전을 가르쳤다.
④ 백제는 귀족들의 정사암 회의를 통해 국가의 중요한 일을 결정하였다.
⑤ 신라는 귀족 합의체인 화백 회의를 통해 만장일치제로 국정을 운영하였다.

06 정답 ④

고려의 성종은 신라 6두품 출신의 유학자들을 중용하여 유교 정치 이념을 실현하고자 하였다. 중앙의 5품 이상의 관리들에게 그 동안의 정치에 대한 비판과 정책을 건의하는 글을 올리게 하였는데, 이에 최승로는 시무 28조를 올려 불교 행사의 억제와 유교의 발전을 요구하면서 역대 왕들의 치적에 대한 잘잘못을 평가하여 교훈으로 삼도록 하였다(982). 성종은 최승로의 의견을 받아들여 다양한 제도를 시행하고 통치체제를 정비하였다. 먼저 중앙의 통치 기구를 개편하여 중앙 관제를 정비하고, 12목에 지방관을 파견하여 지방 세력을 견제하였다. 또한 국자감을 설치하고, 지방에 경학박사와 의학박사를 파견하여 유학 교육을 활성화하고자 하였다. 그리고 과거 제도를 정비하고 과거 출신자들을 우대하여 인재들의 적극적인 정치 참여를 유도하였다.

(오답분석)
① 최충의 문헌공도를 중심으로 사학 12도가 발전함에 따라 위축된 관학 교육의 진흥을 위해 예종은 국자감을 재정비하여 전문 강좌인 7재와 장학 재단인 양현고를 설치하였다.
② 고려의 태조는 조세 제도를 합리적으로 조정하여 세율을 1/10로 경감하였으며 빈민을 구제하기 위하여 흑창을 설치하였다.
③ 고려 광종 때 후주 출신 쌍기의 건의로 과거제가 시행되어 신진 세력이 등용되었다(958).
⑤ 고려 말 공민왕은 신돈을 등용하고 전민변정도감을 설치하여 권문세족에 의해 점탈된 토지를 돌려주고 억울하게 노비가 된 자를 풀어주는 등 개혁을 단행하였다(1366).

07 정답 ③

최충헌이 설치한 교정도감은 최씨 무신 정권 시기 국정을 총괄하였던 최고 권력 기구이다.

08 정답 ④

고려는 개경에 나성을 쌓아 도성 주변 수비를 강화하고, 압록강에서 동해안 도련포에 이르는 천리장성을 쌓아 거란과 여진의 침략에 대비하였다. 또한 부처의 힘을 빌려 거란을 물리치기 위해 초조대장경을 간행하였다.

(오답분석)
① 고려 숙종 때 여진을 정벌하기 위해 윤관의 건의로 별무반이 조직되었다. 별무반은 신기군, 신보군, 항마군으로 구성되었으며 여진족을 토벌하여 동북 지역에 9성을 쌓았다.
② 몽골의 2차 침입 때 승장 김윤후가 이끄는 민병과 승군이 처인성에서 몽골군에 항전하여 살리타를 사살하고, 몽골군에 승리를 거두었다.
③ 최무선을 중심으로 화통도감을 설치하여 화약과 화포를 제작하였고, 화포를 통해 왜구와의 진포 싸움에서 큰 승리를 거두었다.
⑤ 공민왕 때 쌍성총관부를 공격하여 원나라에 빼앗긴 철령이북의 땅을 수복하였다.

09 정답 ②

고려 시대 최씨 무신 정권은 몽골의 침입에 항전하기 위해 강화도를 임시 수도로 정하였고, 조선 시대 임진왜란으로 전주 사고를 제외한 모든 사고가 소실되자, 실록을 다시 인쇄하여 춘추관, 묘향산, 태백산, 오대산, 강화도 마니산에 사고를 설치하고 보관하였다. 일본은 운요호 사건을 구실로 조선과 최초의 근대적 조약인 강화도 조약을 체결하였다.

(오답분석)
① 개항 이후 조선에서는 서울에 육영 공원을 세우고 헐버트 등 미국인 교사를 초빙하여 양반 자제들에게 영어와 신지식을 가르쳤다(1886).
③ 일제 강점기에 신분 차별을 겪던 백정들은 진주에서 조선 형평사를 조직하고 형평 운동을 전개하였다(1923).
④ 일제 강점기에 조만식 등을 중심으로 평양에서 민족 자본 육성을 통한 경제 자립을 위해 자급자족, 국산품 애용, 소비 절약 등을 내세운 물산 장려 운동이 전개되었다(1920).
⑤ 조선에 대한 러시아의 세력 확장에 불안을 느낀 영국이 거문도를 불법적으로 점령하였다(1885).

10 정답 ①

고려 인종의 명을 받아 김부식 등이 편찬한 『삼국사기』는 현존하는 최고(最古)의 역사서로 유교적 합리주의 사관에 기초하여 기전체 형식으로 서술되었으며 신라 계승 의식이 반영되어 있다.

(오답분석)
②·④ 원 간섭기인 충렬왕 때 일연이 쓴 『삼국유사』는 불교사를 중심으로 고대의 민간 설화 등을 함께 수록하였으며, 자주적 입장을 표방하여 단군의 건국 이야기를 수록하였다.
③ 조선은 국왕이 죽으면 춘추관을 중심으로 실록청을 설치하고 사관이 기록한 사초와 시정기 등을 정리하여 편년체 형식으로 실록을 편찬하였다.
⑤ 이규보의 「동명왕편」은 고구려를 건국한 동명왕의 업적을 서사시 형태로 서술하였다.

11
정답 ④

(나) 신문왕 때 관료전 지급으로 폐지되었던 녹읍이 경덕왕 때 부활하였다(757).

(가) 고려의 관리를 대상으로 한 토지 제도인 전시과는 관품과 인품을 기준으로 직관, 산관에게 토지를 제공하였으며, 경종 원년에 처음 실시되었다(976).

(라) 고려 말 신진 사대부들은 관리의 경제적 기반을 마련하고 국가의 재정을 유지하기 위해 과전법을 실시하였다(1391).

(다) 기존의 과전법은 전·현직 관리에게 지급되었고, 수신전과 휼양전의 명목으로 세습까지 가능하였다. 이로 인해 지급할 토지가 부족해지자 세조 때 직전법을 실시하여 현직 관리에게만 토지를 지급하였다(1466).

12
정답 ④

고려 숙종 때 삼한통보, 해동통보 등의 동전과 활구(은병)라는 은전을 만들었으나, 크게 유통되지는 못하였다. 민간에서 은병의 입구가 넓다 하여 이를 활구라 불렀다.

오답분석

① 조선 후기 청과의 교역 때 은을 사용하였다.
② 조선 후기 숙종 때 상평통보가 전국적으로 유통되었다.
③ 고려 성종 때 우리나라 최초의 화폐인 건원중보가 발행되었다(996).
⑤ 흥선 대원군은 경복궁 중건에 필요한 재원을 확보하기 위해 상평통보의 약 100배의 가치를 가진 당백전을 발행·유통시켰다.

13
정답 ①

조선 건국의 일등 공신인 정도전은 유학의 입장에서 불교의 배척을 주장한 『불씨잡변』을 통해 불교를 비판하고 성리학을 중시하였다.

오답분석

② 충선왕은 왕위를 물려준 뒤 원의 연경에 만권당을 세우고 고려에서 이제현 등의 성리학자들을 데려와 원의 학자들과 교류하게 하였다.
③ 이이는 공납의 폐단을 줄이기 위해 공납을 쌀로 납부하는 수미법을 주장하였으나 정책으로 실시되지는 않았다.
④ 태종 때 김사형, 이회 등을 시켜 혼일강리역대국도지도를 완성하였다(1402).
⑤ 임진왜란 중 유성룡의 건의에 따라 포수, 살수, 사수로 이루어진 삼수병을 바탕으로 한 훈련도감이 설치되었다(1593).

14
정답 ②

박제가는 서얼 출신으로 정조 때 규장각 검서관에 기용되었다. 그리고 『북학의』를 저술하여 청의 문물을 적극적으로 수용하였고 수레와 배의 이용과 함께 적극적인 소비를 권장하였다.

오답분석

① 김정희는 조선 후기 금석학 연구를 통해 저술한 『금석과안록』에서 북한산 순수비가 진흥왕 순수비임을 밝혀냈다.
③ 박지원은 「양반전」, 「허생전」, 「호질」 등을 통해 양반의 무능과 허례를 풍자하고 비판하였다.
④ 이중환은 현지 답사를 바탕으로 지리서인 『택리지』를 저술하여 각 지역의 생활과 풍속을 자세하게 소개하였다.
⑤ 김정호는 27년 동안 전국 방방곡곡 답사하여 실측한 끝에 전국 지도첩인 대동여지도를 편찬, 간행하였다.

15
정답 ④

조상에 대한 제사를 금지했던 천주교는 청을 다녀온 사신들에 의해 서학으로 소개되었다. 조정에서는 서학을 사교로 규정하고 탄압하였다.

오답분석

① 고려 시대부터 조선 초기까지 궁중에서 도교를 바탕으로 하늘에 제사를 지내는 초제가 성행하였다.
② 조선 후기 『정감록』을 통해 조선 왕조의 쇠퇴와 새로운 세상의 등장을 예언하였다.
③·⑤ 조선 후기 최제우가 유·불·선을 바탕으로 민간 신앙까지 포함하여 창시한 동학은 사람이 곧 하늘이라는 인내천 사상을 통해 인간 평등을 주장하였다.

16
정답 ④

정약용은 신유박해로 인해 강진에서 유배 생활을 해야 했고, 그곳에서 『목민심서』와 『경세유표』 등의 저술을 남겼다. 이 시기 조정은 순조의 즉위 이후 일부 외척 세력이 권력을 장악하여 왕권이 크게 약화되고 비변사를 중심으로 요직을 독점한 유력 가문들이 권력을 장악하였다.

오답분석

① 인종의 뒤를 이어 명종이 어린 나이로 즉위하자, 명종의 어머니 문정 왕후가 수렴청정을 하였다. 인종의 외척인 윤임을 중심으로 한 대윤파와 명종의 외척인 윤원형을 중심으로 한 소윤파의 대립으로 을사사화가 발생하여 윤임을 비롯한 대윤파와 사림들이 큰 피해를 입었다(1545).
②·③ 태종은 왕권을 강화하여 국왕 중심의 통치 체제를 확립하고자 하였다. 먼저 6조 직계제를 실시하여 6조에서 의정부를 거치지 않고 국왕이 바로 재가를 내리게 하였으며, 사병을 혁파하여 군사권을 강화하였다.
⑤ 선조 때 이조 전랑 임명권을 두고 동인과 서인의 갈등이 전개되어 붕당 정치가 시작되었다.

17

정답 ④

(가)는 조미 수호 통상 조약(1882), (나)는 조프 수호 통상 조약(1886)이다. 조프 수호 통상 조약을 통해 프랑스의 천주교 포교의 자유가 인정되었다.

오답분석

① 강화도 조약 이후 조일 수호 조규 부록과 조일 무역 규칙을 통해 일본 화폐의 사용과 양곡의 무제한 유출, 일본 상품에 대한 무관세 등이 허용되었다(1876).

② 청은 임오군란을 진압하고 조청 상민 수륙 무역 장정을 체결하여 최초로 내지 통상권을 규정하였다(1882).

③ 임오군란 이후 일본은 주모자 처벌, 배상금 지불, 공사관 경비를 위한 군대 주둔을 요구하여 제물포 조약을 체결하였다.

⑤ 조미 수호 통상 조약 체결 이후 사절단으로 미국에 보빙사가 파견되었다(1883).

18

정답 ④

(가)는 을미개혁(1895), (나)는 을사늑약(1905)이다. 이 사이의 시기인 1890년대에는 을미사변과 단발령에 반발하여 유인석과 이소응을 중심으로 전국 각지에서 의병 운동이 전개되었다.

오답분석

① 임병찬을 중심으로 한 독립 의군부는 고종의 밀지를 받아 의병을 모으고, 총독부에 국권 반환 요구서를 보내 한반도 강점의 부당함을 주장하는 등 대한 제국을 재건하고자 하였다(1912).

② 해산된 군인들이 13도 창의군을 결성하여 서울 진공 작전을 전개하였다(1908).

③ 1907년에 네덜란드 헤이그에서 만국 평화 회의가 개최되자 고종은 특사(이준, 이상설, 이위종)를 파견하여 을사늑약의 무효를 알리고자 하였으나, 을사늑약으로 인해 외교권을 빼앗긴 대한 제국은 회의 참석을 거부당하였다.

⑤ 1907년에 한일 신협약으로 인해 해산된 군인들이 의병 활동에 가담하였다.

19

정답 ④

제1차 한일 협약을 통해 재정 고문이 된 메가타는 경제권을 장악하기 위해 화폐 정리 사업을 추진하여 백동화를 갑, 을, 병종으로 구분하여 제일 은행권으로 교환하였다.

ㄴ. 화폐 정리 사업으로 인해 유통 화폐가 부족해지면서 국내 상인들이 큰 타격을 입었다.

ㄹ. 화폐 정리 사업에 필요한 자금 마련을 위해 일본에서 차관을 도입하면서 대한 제국의 국채가 증가하고 재정 예속화가 심화되었다.

오답분석

ㄱ. 흥선 대원군에 이어 집권한 민씨 정권이 재정적 위기를 극복하기 위해 상설 조폐 기관인 전환국을 설치하였다.

ㄷ. 조청 수륙 무역 장정이 체결되어 외국 상인들로 인해 어려움에 처한 상인들이 황국 중앙 총상회를 조직하여 상권 수호 운동을 전개하였다.

20

정답 ④

지청천을 중심으로 하여 북만주에서 결성된 한국 독립군(1931)은 중국 호로군과 연합하여 쌍성보 전투, 사도하자 전투, 대전자령 전투에서 일본군에 승리를 거두었다.

오답분석

① 1940년 9월에 충칭에서 대한민국 임시 정부의 직할 부대로 한국 광복군이 창설되었다.

② 김원봉이 주도하여 중국 국민당의 지원 하에 중국 관내에서 조선 의용대가 창설되었다(1938).

③ 김원봉과 의열단 지도부는 조선 혁명 간부 학교를 설립하여 군사력을 강화하였다(1932).

⑤ 간도 사변으로 인해 연해주의 자유시로 근거지를 옮긴 대한 독립 군단은 이르쿠츠크파 고려 공산당과 상해파 고려 공산당의 갈등으로 인해 자유시 참변을 겪으면서 세력이 약화되었다(1921).

21

정답 ⑤

1925년에 일제는 치안 유지법을 시행하여 식민지 지배에 저항하는 민족 해방 운동을 탄압하였다. 또한 독립운동 관련자, 치안 유지법 위반자들을 보호 관찰하기 위해 조선 사상범 보호 관찰령을 시행하였다(1936).

오답분석

① 1912년에 조선 태형령이 실시되면서 곳곳에 배치된 헌병 경찰들은 조선인들에게 태형을 통한 형벌을 가하였다.

② 무단 통치기에 일제는 회사령을 공포하여 회사를 설립하거나 해산할 때 총독부의 허가를 받게 하여 민족 기업의 설립을 방해하였다(1910).

③ 일제는 제1차 조선 교육령을 시행하여 보통·실업·전문 기술 교육을 실시하였다. 또한 일본어 학습을 강요하고 보통 교육의 수업 연한을 4년으로 단축하였다(1911).

④ 조선 총독부는 토지 조사국을 설치하고 토지 조사령을 발표하여 일정 기간 내에 토지를 신고하도록 하였다. 그리고 신고하지 않은 토지는 총독부에서 몰수하여 일본인에게 헐값으로 불하하였다(1912).

22
정답 ⑤

1930년대 일제는 대륙 침략을 위해 한반도를 병참 기지화하였다. 중일 전쟁과 태평양 전쟁을 일으킨 일제는 우리 민족을 전쟁에 동원하였고, 우리 민족의 정체성을 말살하기 위해 황국 신민화 정책을 시행하였다. 또한 물적 수탈을 위해 양곡 배급제와 미곡 공출을 실시하였다. 민족 말살 통치기에 일제는 내선 일체의 구호를 내세워 한글을 사용하지 못하게 하였고, 창씨개명(1939)과 황국 신민 서사 암송(1937), 신사 참배 등을 강요하였다. 국민 징용령(1939)으로 한국인 노동력을 착취하였고, 학도 지원병 제도(1943), 징병 제도(1944) 등을 실시하여 젊은이들을 전쟁터로 강제 징집하였으며, 여자 정신대 근무령(1944)을 공포하여 젊은 여성들을 일본군 위안부로 삼는 만행을 저질렀다.

오답분석
① 1910년대 무단 통치 시기에 헌병 경찰의 즉결 처분이 시행되었다.
② 민족주의 세력과 사회주의 세력의 합작으로 신간회가 결성되었다(1927).
③ 국채 보상 운동은 국민들의 힘으로 나라 빚을 갚자는 취지로 시작되었다. 대구에서 시작되어 제국신문, 황성신문, 만세보 등의 언론 기관들의 지원을 바탕으로 전국적으로 확산되었다(1907).
④ 조선 민립 대학 기성회를 중심으로 한국인을 위한 고등 교육기관을 설립하기 위한 민립 대학 설립 운동이 전개되었다(1922).

23
정답 ④

이범석은 북로 군정서의 지휘관으로 청산리 대첩에 참가하였다. 이후 충칭에서 대한민국 임시 정부의 산하 기관으로 창설된 한국 광복군의 참모장을 역임하여 국내 진공 작전을 준비하였으나 일제의 항복으로 무산되었다.

오답분석
① 나석주는 1926년에 동양 척식 주식회사와 식산 은행에 폭탄을 투척하였다.
② 이재명은 을사오적 중 한 명인 이완용을 저격하였으나 실패하였다(1909).
③ 김원봉은 의열단을 결성하여 직접적인 투쟁 방법인 암살, 파괴, 테러 등을 통해 독립운동을 전개하였다.
⑤ 신채호는 의열단의 기본 행동 강령이 되는 조선 혁명 선언을 작성하였다.

24
정답 ⑤

5 · 10 총선거를 통해 제헌 국회가 구성되어 제헌 헌법이 제정되었다. 제헌 헌법은 국회에서 간선제를 통해 대통령과 부통령을 선출하면서 이들의 임기를 4년으로 하고 1회 중임할 수 있도록 하였다. 그리고 국가의 안전과 국민의 생존을 보장하기 위한 국가 보안법이 만들어졌으며 토지 개혁을 위해 유상 매수, 유상 분배를 규정한 농지 개혁법이 제정되었다. 또한 일제가 남긴 재산 처리를 위해 귀속 재산 처리법이 제정되었으며, 일제의 잔재를 청산하고 민족 정기를 바로 잡기 위해 반민족 행위 처벌법이 제정되어 반민 특위가 활동하였다. 5 · 16 군사 정변으로 정권을 잡은 박정희는 군정 시기에 제1차 경제 개발 5개년 계획을 추진하였다.

25
정답 ①

1960년에 이승만과 자유당 정권의 3 · 15 부정 선거에 대한 저항으로 4 · 19 혁명이 발발하였다. 이승만이 하야하고 수립된 허정 과도 정부는 부정 선거를 단행한 자유당 간부들을 구속하였으며, 국회는 내각 책임제와 양원제를 골자로 한 개헌안을 통과시켰다. 이후 구성된 국회를 통해 윤보선이 대통령으로 선출되었고, 장면이 국무총리로 지명되어 장면 내각이 성립되었다.

오답분석
②·④ 신군부의 비상계엄 확대로 광주에서 일어난 5 · 18 민주화 운동은 신군부가 공수 부대를 동원하여 무력으로 진압하는 과정에서 학생과 시민들이 시민군을 결성하여 대항하면서 발생하였다. 5 · 18 민주화 운동은 1980년대 우리나라 민주화 운동의 밑거름이 되었고 2011년에 관련 기록물이 유네스코 세계 기록 유산으로 등재되었다.
③·⑤ 1987년 박종철 고문 사망 사건과 4 · 13 호헌 조치를 계기로 6월 민주 항쟁이 전국적으로 확산되었다. 정부는 국민들의 민주화와 직선제 개헌 요구를 받아들여 6 · 29 민주화 선언을 발표하였고, 5년 단임의 대통령 직선제를 바탕으로 한 새로운 헌법이 마련되었다.

26
정답 ④

(나) 삼국 간섭(1895) : 청일 전쟁에서 승리한 일본은 청과 시모노세키 조약을 체결하여 요동반도와 타이완을 장악하였으나, 러시아, 독일, 프랑스의 삼국 간섭으로 요동 반도를 반환하였다.
(가) 을미사변(1895) : 삼국 간섭 이후 일본의 세력이 위축되어 민씨 세력이 러시아를 통해 일본을 견제하려 하자, 일본은 궁으로 난입하여 을미사변을 일으켰다.
(라) 아관 파천(1896) : 을미사변으로 신변의 위협을 느낀 고종은 러시아 공사관으로 피신하였다.
(다) 대한제국(1897) : 러시아 공사관에서 돌아온 고종은 대한 제국을 수립하고, 연호를 광무로 하여 황제로 즉위하였다.

27

정답 ①

김옥균을 중심으로 한 급진 개화파는 일본의 군사적 지원을 받아 우정국 개국 축하연 자리에서 갑신정변을 일으켰다(1884). 정권을 잡은 이들은 청과의 사대 관계 폐지, 입헌 군주제, 능력에 따른 인재 등용을 주장하였다. 그러나 청군의 개입으로 3일 만에 실패하였다. 일본은 갑신정변으로 인해 죽은 일본인에 대한 배상과 일본 공사관의 신축 부지 제공, 신축비 보상 등을 요구하였다. 이에 조선에서는 한성 조약을 체결하여 일본의 요구를 수용하였다(1885).

오답분석
② 대한 제국은 옛 것을 근본으로 새로운 것을 참조한다는 뜻의 구본신참론에 입각하여 광무개혁을 추진하였다.
③ 신식 군대인 별기군과 차별 대우를 받던 구식 군대가 선혜청을 습격하면서 임오군란이 발생하였다. 구식 군인들은 흥선 대원군을 찾아가 지지를 요청하였고, 정부 고관들의 집과 일본 공사관을 습격하였다. 조선 조정의 요청으로 군대를 보낸 청은 군란을 진압하고, 흥선 대원군을 본국으로 납치해 갔다.
④ 일본과의 강화도 조약 이후 부산, 원산, 인천이 개항되었다.
⑤ 조선에서는 선진 문물에 대한 견문을 목적으로 일본에 수신사와 조사 시찰단, 청에는 영선사, 미국에는 보빙사를 파견하였다.

28

정답 ⑤

전라도 고부 군수 조병갑의 횡포에 견디지 못한 농민들은 동학 교도인 전봉준을 중심으로 하여 동학 농민 운동을 일으켜 전주성을 점령하고 전라도 일대를 장악하였다(1894). 조정에서는 이들을 진압하기 위해 청에 원군을 요청하였고, 톈진 조약에 의해 일본 군대를 파견하였다. 청과 일본의 군대 개입을 우려한 농민군은 정부와 전주 화약을 맺고 집강소를 설치하여 개혁을 실시하였다. 그러나 청일 전쟁이 발발하고 일본의 내정 간섭이 심해지자 외세를 몰아내기 위해 농민군이 다시 봉기하였다. 하지만 농민군은 일본군과의 우금치 전투에서 패하고, 전봉준이 서울로 압송되면서 해체되었다.

오답분석
① 독립 협회는 관민 공동회를 통해 결의한 헌의 6조를 통해 탁지부의 국가 재정 일원화를 건의하였다(1898).
② 진주 지역의 몰락 양반인 유계춘을 중심으로 임술 농민 봉기가 일어나 진주성을 점령하였다(1862).
③ 보안회는 일제의 황무지 개간권 요구를 반대하는 운동을 전개하였다(1904).
④ 홍경래를 중심으로 하여 일어난 홍경래의 난은 세도 정치로 인한 삼정의 문란과 서북 지역민에 대한 차별이 원인이었다(1811).

29

정답 ②

안중근은 을사늑약 체결을 주도하고 초대 통감을 지낸 이토 히로부미를 만주 하얼빈에서 사살(1909)하고, 뤼순 감옥에서 순국하였다.

오답분석
① 한인 애국단 소속의 이봉창은 도쿄에서 일본 국왕이 탄 마차 행렬에 폭탄을 던졌다(1932).
③ 장인환과 정명운은 미국 샌프란시스코에서 대한 제국의 외교 고문이었던 스티븐스를 저격하였다(1908).
④ 이재명은 을사늑약 체결의 원흉이자 을사오적 중 한 명인 이완용을 습격하여 중상을 입혔다(1909).
⑤ 한인 애국단 소속의 윤봉길은 상하이 훙커우 공원에서 열린 일본군 기념식장에 폭탄을 던졌다(1932). 윤봉길의 의거는 중국인들에게 큰 감동을 주었으며, 중국 국민당 정부가 임시 정부의 항일 독립운동에 협력하는 계기가 되었다.

30

정답 ⑤

1920년대 중반 사회주의가 들어오면서 좌파·우파로 분열된 국내의 민족 해방 운동 진영은 좌우 합작 조직으로 신간회를 결성하였다(1927). 신간회의 초대 회장으로는 이상재가 추대되었고 식민지 지배 정책 전반에 대한 반대 투쟁의 입장을 분명히 하였다. 광주에서 발생한 광주 학생 항일 운동에 진상 조사단을 파견하고 민중 대회를 계획하였으나 일제 경찰에 신간회 간부들이 대거 검거되어 무산되었다(1929).

오답분석
① 조선어 학회(1931)는 『우리말 큰사전』의 편찬을 시도하였으나 해방 후인 1957년에 이르러서야 완성하였다.
② 대한민국 임시 정부는 대미 외교 업무를 수행하기 위해 미국에 구미 위원부를 설치하였다.
③ 임시 정부는 1941년에 조소앙의 삼균주의를 기초로 기본 강령을 발표하였다.
④ 여운형, 김규식이 중심이 되어 1946년 7월에 좌우 합작 위원회를 수립하였다. 좌우 합작 위원회의 목표는 모든 조직이 하나로 통합되어, 중도적 사상의 통일 정부를 수립하는 것이었다. 1946년 10월에 합작 위원회에서 좌우 합작 7원칙을 합의하여 제정하였다.

작은 기회로부터 종종 위대한 업적이 시작된다.

– 데모스테네스 –

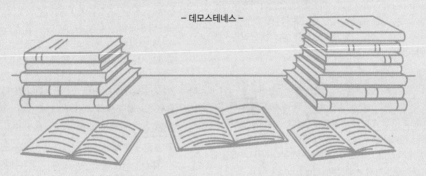

PART 4

최종점검 모의고사

01	02	03	04	05	06	07	08	09	10	11	12	13	14	15	16	17	18	19	20
④	⑤	③	④	②	④	③	③	③	②	④	④	①	⑤	③	③	④	④	③	④
21	22	23	24	25	26	27	28	29	30	31	32	33	34	35	36	37	38	39	40
④	③	③	③	④	③	④	⑤	⑤	②	④	③	③	①	②	④	④	①	④	①
41	42	43	44	45	46	47	48	49	50										
④	①	③	④	④	④	①	④	⑤	②										

01

정답 ④

오답분석

① 연료전지는 화학에너지를 전기에너지로 변환하는 고효율·친환경 미래에너지 시스템이다.

② 이미 정부에서 연료전지를 신에너지원으로 분류하고 RPS 이행수단으로 인정하였다.

③ 연료전지는 설치 장소에 제약이 적고 규모와 관계없이 일정한 효율을 낼 수 있기 때문에 소형 발전소부터 MW급 발전소까지 다양하게 활용될 수 있다.

⑤ 연료전지 건설 사업을 통해 신재생에너지 비중을 2030년에는 20%까지 올릴 계획이다.

02

정답 ⑤

ⓓ의 앞뒤 문장은 생활 속에서 초미세먼지에 적절히 대응하기 위한 방안을 나열하고 있으므로, ⓓ에는 문장을 병렬적으로 연결할 때 사용하는 접속어인 '그리고'가 들어가는 것이 적절하다.

03

정답 ③

조력발전소가 설치되면서 발전소의 해수유통을 통해 시화호의 수질이 개선되었다.

오답분석

① 조력발전소는 밀물의 힘으로 발전기를 돌려 전기를 생산하며, 글의 도입부에 조력발전이 주목을 받고 있다고 언급하였다.

② 시화호 발전소의 연간 생산량이 40만 ~ 50만 도시의 소비량과 맞먹는다고 하였으므로, 1년 동안 전기 공급이 가능하다.

④ 글에서 우리나라에 위치한 시화호 발전소가 세계 최대 규모임을 밝혔다.

⑤ 조력발전소 건립을 반대하는 환경단체의 논지는 발전소가 갯벌을 파괴하고 생태계를 오염시킨다는 것이다.

04

정답 ④

두 사원이 1 ~ 9층에 내리는 경우의 수 : $9 \times 9 = 81$가지

A가 1 ~ 9층에 내리는 경우의 수 : 9가지

B는 A가 내리지 않은 층에서 내려야 하므로 B가 내리는 경우의 수는 8가지이다.

따라서 서로 다른 층에 내릴 확률은 $\dfrac{9 \times 8}{81} = \dfrac{8}{9}$ 이다.

05

정답 ②

각각 20개씩 구입할 때 사과는 $120 \times 20 = 2,400$원, 귤은 $40 \times 20 = 800$원, 배는 $260 \times 20 = 5,200$원으로 총 예산에서 이 금액을 제외하면 $20,000 - (2,400 + 800 + 5,200) = 11,600$원이 남는다. 남은 돈으로 사과, 배, 귤을 $11,600 \div (120 + 40 + 260) = 27.6$ ⋯개, 즉 27개씩 구입이 가능하다.

이때의 비용은 $27 \times (120 + 40 + 260) = 11,340$원으로 남은 금액은 $11,600 - 11,340 = 260$이다. 남은 금액이 배 한 개를 구입할 수 있는 금액이므로 배의 최소 개수는 $20 + 27 + 1 = 48$개이다.

06

정답 ④

정확한 값을 찾으려 계산하기보다 우선 자료에서 해결 실마리를 찾아, 적절하지 않은 선택지를 제거하는 방식으로 접근하는 것이 좋다. 먼저 효과성을 기준으로 살펴보면, 1순위인 C부서의 효과성은 $3,000 \div 1,500 = 2$이고 2순위인 B부서의 효과성은 $1,500 \div 1,000 = 1.5$이다. 따라서 3순위 A부서의 효과성은 1.5보다 낮아야 한다는 것을 알 수 있다. 그러므로 A부서의 목표량 (가)는 $\dfrac{500}{(가)} <$ $1.5 \rightarrow (가) > 333.3 \cdots$ 으로 적어도 333보다는 커야 한다. 따라서 (가)가 300인 선택지 ①은 정답에서 제외된다.

효율성을 기준으로 살펴보면, 2순위인 A부서의 효율성은 $500 \div (200 + 50) = 2$이다. 따라서 1순위인 B부서의 효율성은 2보다 커야 한다는 것을 알 수 있다. 그러므로 B부서의 인건비 (나)는 $\dfrac{1,500}{((나) + 200)} > 2 \rightarrow (나) < 550$으로 적어도 550보다는 낮아야 한다. 따라서 (나)가 800인 선택지 ②·⑤는 제외된다.

남은 것은 선택지 ③과 ④가 있는데, 먼저 ③부터 대입해 보면 C의 효율성이 $\dfrac{3,000}{(1,200 + 300)} = 2$로 2순위인 A부서의 효율성과 같다. 따라서 정답은 ④이다.

07

정답 ③

ⅰ) 2035년 1인 가구 수 : (2025년 1인 가구 수) + [(2005년 대비 2015의 1인 가구 수 증가량) + (2015년 대비 2025년의 1인 가구 수 증가량)] ÷ 2

∴ $67,004 + [(51,796 - 31,856) + (67,004 - 51,796)] \div 2 = 67,004 + 17,574 = 84,578$가구

ⅱ) 2035년 2인 가구 수 : (2035년 전체 가구 수) − [(2035년 3인 이상 가구 수) + (2035년 1인 가구 수)]

• 2035년 전체 가구 수 : 2015년 대비 2025년 전체 가구 수의 증가율을 구하면 $(210,136 - 190,128) \div 190,128 \times 100 ≒$ 10.5%이므로, 2025년 대비 2035년 전체 가구 수의 증가율은 $10.5 \times \dfrac{2}{3} = 7\%$이다. 따라서 2035년 전체 가구 수를 구하면 $210,136 \times 1.07 = 224,845.52 ≒ 224,846$이다.

• 2035년 3인 이상 가구 수 : $[160,389 - (31,856 + 35,236)] \times 0.8 = 93,297 \times 0.8 = 74,637.6 ≒ 74,638$

∴ $224,846 - (74,638 + 84,578) = 65,630$가구

ⅲ) 2035년 가구주가 80세 이상인 가구 수 : 2025년 기준 가구주가 70세 이상인 가구가 2035년에 가구주가 80세 이상인 가구가 된다.

∴ $(24,874 \times 0.7) + (13,889 \times 0.6) ≒ 17,412 + 8,333 = 25,745$가구

08

정답 ③

먼저 첫 번째 조건을 살펴보면 전체 직원이 가장 많은 부처는 특허청(A)이고, 가장 적은 부처는 여성가족부(B)임을 알 수 있다. 다음으로 두 번째 조건을 살펴보면 예산규모가 가장 큰 부처는 기획예산처(C)이고, 가장 작은 부처는 법제처(D)임을 알 수 있다. 마지막으로 세 번째 조건을 살펴보면 전체 직원 수 대비 간부직원 수의 비율이 가장 높은 부처는 법제처(E)이고, 가장 낮은 부처는 조달청(F)임을 알 수 있으므로, 두 번 이상 해당되는 부처는 법제처(D, E)이다.

09

정답 ③

ㄱ. 주어진 산식에 해당되는 수치를 대입하면 $6 = \frac{50 \times 12}{(\text{전세금}) - 25,000} \times 100$이며 이 방정식을 통해 전세금을 구하면 3억 5천만 원임을 알 수 있다.

ㄹ. 주어진 산식에 해당되는 수치를 대입하면 $12 = \frac{(\text{월세}) \times 12}{58,000 - 53,000} \times 100$이며 이를 통해 월세를 구하면 50만 원임을 알 수 있다.

[오답분석]

ㄴ. 주어진 산식에 해당되는 수치를 대입하면 $\frac{60 \times 12}{42,000 - 30,000} \times 100$이므로 B의 전·월세 전환율은 6%임을 알 수 있다.

ㄷ. 주어진 산식에 해당되는 수치를 대입하면 $3 = \frac{70 \times 12}{60,000 - (\text{월세 보증금})} \times 100$이며 이를 통해 월세 보증금을 구하면 3억 2천만 원임을 알 수 있다.

10

정답 ②

ㄴ. 그래프상에서 중소기업의 검색 건수는 2020년을 시작으로 매년 바깥쪽으로 이동하고 있으므로 옳은 내용이다.

ㄷ. 시각적으로 판단해야 하는 선택지이다. 2021년을 제외한 나머지 연도에서는 대기업의 검색 건수가 가장 큰 데다가 80~100구간에 몰려있는 상태이다. 또한 2021년의 경우도 중소기업과 개인과는 거의 차이가 없으며 단지 외국인의 경우만 차이가 큰 상태이다. 그러나 이 차이라는 것도 2021년을 제외한 나머지 연도에서 쌓아놓은 격차보다는 작으므로 결국 2020년부터 2023년까지의 검색 건수 총합은 대기업이 가장 많았음을 알 수 있다. 따라서 옳은 내용이다.

[오답분석]

ㄱ. 2020년과 2021년의 검색 건수를 비교해보면 외국인, 개인, 중소기업에서는 모두 2020년의 검색 건수가 적고, 대기업의 경우만 2021년이 큰 상황이다. 그런데, 대기업의 검색 건수의 차이보다 외국인, 개인, 중소기업의 검색 건수 합의 차이가 더 크므로 전체 검색 건수는 2020년이 더 작다. 따라서 옳지 않은 내용이다.

ㄹ. 2022년에는 외국인과 개인의 검색 건수가 가장 적었고, 대기업의 검색 건수가 가장 많았으므로 옳지 않은 내용이다.

11

정답 ④

12시 방향에 앉아 있는 서울 대표를 기준으로 각 지역본부 대표를 시계 방향으로 배열하면 '서울 – 대구 – 춘천 – 경인 – 부산 – 광주 – 대전 – 속초'이다. 따라서 경인 대표와 마주보고 있는 사람은 속초 대표이다.

12

정답 ④

WT전략은 외부 환경의 위협 요인을 회피하고 약점을 보완하는 전략을 적용해야 한다. ④는 강점인 'S'를 강화하는 방법에 대해 이야기하고 있다.

오답분석

① SO전략은 기회를 활용하면서 강점을 더욱 강화시키는 전략이므로 옳다.
② WO전략은 외부의 기회를 사용해 약점을 보완하는 전략이므로 옳다.
③ ST전략은 외부 환경의 위협을 회피하며 강점을 적극 활용하는 전략이므로 옳다.
⑤ OT전략은 외부의 기회를 사용해 외부 환경의 위협을 회피하는 전략이므로 옳다.

13

정답 ①

제시된 첫 문장은 국내 최초 해상풍력발전사업인 탐라해상풍력발전에 대해 말하고 있다. 따라서 이어지는 문장으로는 탐라해상풍력발전의 현 상황을 말하며 사업을 소개하는 (다), 이어서 그 사업의 내용과 그에 따른 경제효과를 말하는 (마), 탐라해상풍력발전의 구체적 활동과 기대효과를 말하는 (가), 사업 관련 이야기를 마무리하고 '한편'으로 시작하며 탐라해상풍력발전의 행사를 시간순으로 설명하는 (라) – (나)의 순서가 적절하다.

14

정답 ⑤

제시문은 국내 최초 해상풍력발전사업인 탐라해상풍력발전이 발전개시에 돌입하며, 대한민국 해상풍력발전시대의 막을 열었다는 것이 핵심 내용이다.

15

정답 ③

오늘 아침의 상황 중 은희의 취향과 관련된 부분을 뽑아내면 다음과 같다.
• 스트레스를 받음
• 배가 고픔
• 피곤한 상황
• 커피만 마심
• 휘핑크림은 넣지 않음
먼저, 스트레스를 받았다고 하였으므로 휘핑크림이나 우유거품을 추가해야 하나 마지막 조건에서 휘핑크림을 넣지 않는다고 하였으므로 우유거품만을 추가함을 알 수 있다. 또한 배가 고픈 상황이므로 데운 우유가 들어간 커피를 마시게 된다. 따라서 이 모두를 포함한 카푸치노를 주문할 것임을 추론할 수 있다.

16

정답 ③

(가)는 SO전략, (나)는 WO전략, (다)는 ST전략, (라)는 WT전략이다.

17

정답 ④

ㄴ. 만족도가 가장 높은 속성은 B음식점의 분위기(3.5)이므로 옳은 내용이다.
ㄹ. 중요도가 가장 높은 속성은 맛이며 맛 속성의 A음식점의 성과도는 4, B음식점은 3이므로 옳은 내용이다.

오답분석

ㄱ. A음식점이 B음식점보다 성과도가 높은 것은 맛과 가격의 2개 속성이므로 옳지 않은 내용이다.
ㄷ. A음식점과 B음식점 사이의 성과도 차이가 가장 큰 속성은 분위기(2.5)이므로 옳지 않은 내용이다.

18

주어진 산식을 변형하면 다음과 같다.

(해당 사분기 매출액)=[(해당 사분기 매출액 증감계수)×(직전 사분기 매출액)]+(직전 사분기 매출액)

=(직전 사분기 매출액)×[(해당 사분기 매출액 증감계수)+1]로 나타낼 수 있다.

이 변형된 산식에 자료의 수치들을 대입하면 사분기별 매출액을 구할 수 있다.

(단위 : 억 원)

분기 \ 사원	사원 A	사원 B	사원 C
1사분기	4	6	2
2사분기	8	9	1
3사분기	12	4.5	4
4사분기	6	9	8

따라서 2023년 4사분기의 매출액이 큰 순서대로 나열하면 B−C−A가 된다.

19

인력양성과 기술개발을 '두 마리 토끼'로 표현한 것은 맥락에 맞는 표현이다.

20

- 팀장 한 명을 뽑는 경우의 수 : $_{10}C_1=10$가지
- 회계 담당 2명을 뽑는 경우의 수 : $_9C_2=\dfrac{9\times8}{2!}=36$가지

따라서 $10\times36=360$가지이다.

21

12월까지 7달이 남았고 이 기간 동안 이수해야 할 남은 교육 시간은 $60-35=25$시간이다. 기본적으로 이수해야 할 시간인 최소 3시간씩 7달 동안 교육을 들으면 21시간을 이수하게 되고 4시간의 추가 이수를 해야 한다.

한 시간 단위로 이수가 이루어지기 때문에 기본 단위를 한 시간으로 설정하면 주어진 문제는 남은 7달 중에 4시간(4회)을 배분하는 경우의 수를 구하는 것과 같다.

1) 1시간씩 4번 들을 경우

（1시간씩 추가 이수를 들을 달을 선택하는 경우의 수)

$\therefore\ _7C_4=_7C_3=35$가지

2) 2시간 1번, 1시간씩 2번 들을 경우

（2시간 추가 이수를 들을 달을 선택하는 경우의 수)×(1시간씩 추가 이수를 들을 달을 선택하는 경우의 수)

$\therefore\ _7C_1\times_6C_2=7\times\dfrac{6\times5}{2!}=105$가지

3) 2시간씩 2번 들을 경우

（2시간씩 추가 이수를 들을 달을 선택하는 경우의 수)

$\therefore\ _7C_2=\dfrac{7\times6}{2!}=21$가지

4) 3시간 1번, 1시간 1번 들을 경우

（3시간 추가 이수를 들을 달을 선택하는 경우의 수)×(1시간 추가 이수를 들을 달을 선택하는 경우의 수)

$\therefore\ _7C_1\times_6C_1=7\times6=42$가지

5) 4시간 1번 들을 경우

   (4시간 추가 이수를 들을 달을 선택하는 경우의 수)

   ∴ $_7C_1 = 7$가지

따라서 1) ~ 5)에 의해 전체 경우의 수는 $35 + 105 + 21 + 42 + 7 = 210$가지이다.

22

정답 ③

프로젝트에 소요되는 비용은 인건비와 작업장 사용료로 구성된다. 인건비의 경우 1일 1인당 지불되는 것이기 때문에 최소인원으로 진행하든 최대인원으로 진행하든 비용은 달라지지 않는다. 다만, 작업장 사용료는 작업 기간이 감소하면 비용이 줄어들 수 있다. 따라서 최단기간으로 프로젝트를 완료하는 데 드는 비용을 산출하면 다음과 같다.

프로젝트	인건비	작업장 사용료
A작업	$(10만 \times 5) \times 10 = 500만$ 원	
B작업	$(10만 \times 3) \times 18 = 540만$ 원	
C작업	$(10만 \times 5) \times 50 = 2,500만$ 원	$50만 \times 50$ $= 2,500만$ 원
D작업	$(10만 \times 2) \times 18 = 360만$ 원	
E작업	$(10만 \times 4) \times 16 = 640만$ 원	
합계	4,540만 원	2,500만 원

프로젝트를 완료하는 데 소요되는 최소비용은 7,040만 원이다. 따라서 최소비용은 6천만 원 이상이라고 판단하는 것이 옳다.

[오답분석]

① 각 작업에서 필요한 인원을 증원하거나 감원할 수 없다. 그러므로 주어진 자료와 같이 각 작업에 필요한 인원만큼만 투입된다. 따라서 가장 많은 인원이 투입되는 A작업과 C작업의 필요인원이 5명이므로 해당 프로젝트를 완료하는 데 필요한 최소 인력은 5명이다.

② 프로젝트를 최단기간으로 완료하기 위해서는 각 작업을 동시에 진행해야 한다. 다만, B작업은 A작업이 완료된 이후에 시작할 수 있고, E작업은 D작업이 완료된 이후에 시작할 수 있다는 점을 고려하여야 한다. C작업은 50일, A+B작업은 28일, D+E작업은 34일이 걸리므로, 프로젝트가 완료되는 최단기간은 50일이다.

④ 프로젝트를 완료할 수 있는 최단기간은 50일이다. C작업은 50일 내내 작업해야 하므로 반드시 5명이 필요하다. 그러나 나머지 작업은 50일을 안분하여 진행해도 된다. 먼저 A작업에 5명이 투입한다. 작업이 완료된 후 그들 중 3명은 B작업에, 2명은 D작업에 투입한다. 그리고 5명 중 4명만 E작업에 투입한다. 이 경우 작업기간은 10일(A)+18일(B+D)+16일(E)=44일이 걸린다. 따라서 프로젝트를 최단기간에 완료하는 데 투입되는 최소 인력은 10명이다.

⑤ 프로젝트를 완료할 수 있는 최소 인원은 5명이다. 먼저 5명이 A작업에 투입되면 10일 동안은 다른 작업을 진행할 수 없다. A작업이 완료되면 5명은 B작업과 D작업으로 나뉘어 투입된다. 그 다음으로 C작업과 E작업을 순차적으로 진행하면 총 10일(A)+18일(B+D)+50일(C)+16일(E)=94일이 최단기간이 된다.

23

정답 ③

E가 당직을 하면 세 번째, 네 번째 조건이 모순이다. 따라서 E는 당직을 하지 않는다. E가 당직을 하지 않으므로 두 번째, 다섯 번째 조건에 의해 A, C, D는 당직 근무를 하지 않는다. 그러므로 당직을 맡을 수 있는 사람은 B, F이다.

24

정답 ③

주어진 조건에 의하면 D면접자와 E면접자는 2번, 3번 의자에 앉아 있고, A면접자는 1번과 8번 의자에 앉을 수 없다. B면접자는 6번 또는 7번 의자에 앉을 수 있다는 점과 A면접자와 C면접자 사이에는 2명이 앉는다는 조건까지 모두 고려하면 A면접자와 B면접자가 서로 이웃해 있을 때, 다음과 같은 두 가지 경우를 확인할 수 있다.

• B면접자가 6번에 앉을 경우

구분	1	2	3	4	5	6	7	8
경우 1		D	E		A	B		C
경우 2		D	E	C		B	A	
조건	A(×) C(×)							A(×)

• B면접자가 7번에 앉을 경우

구분	1	2	3	4	5	6	7	8
경우 1		D	E	C(×)		A	B	
경우 2		D	E			A	B	C(×)
조건	A(×) C(×)							A(×)

→ A면접자와 C면접자 사이에는 2명이 앉는다는 조건이 성립되지 않는다.

따라서 C면접자는 4번 또는 8번 의자에 앉을 수 있다.

오답분석

① 주어진 조건을 살펴보면 A면접자는 1번, 8번 의자에 앉지 않는다고 하였고 2번과 3번 의자는 D면접자와 E면접자로 확정되어 있다. 그리고 C면접자와의 조건 때문에 6번 의자에도 앉을 수 없다. 그러므로 A면접자는 4번, 5번, 7번 의자에 앉을 수 있다. 따라서 A면접자가 4번에 앉는 것이 항상 옳다고 볼 수 없다.

② 주어진 조건에서 C면접자는 D면접자와 이웃해 앉지 않는다고 하였다. D면접자는 2번 의자로 확정되어 있으므로 C면접자는 1번 의자에 앉을 수 없다.

④ B면접자가 7번 의자에 앉고 A면접자와 B면접자 사이에 2명이 앉도록 하면, A면접자는 4번 의자에 앉아야 한다. 그런데 A면접자와 C면접자 사이에 2명이 앉아 있다는 조건이 성립되려면 C면접자는 1번 의자에 앉아야 하는데, C면접자는 D면접자와 이웃해 있지 않다고 하였으므로 옳지 않다.

⑤ C면접자가 8번에 앉는 것과는 상관없이 B면접자는 6번 또는 7번 의자에 앉을 수 있다. 따라서 B면접자가 6번에 앉는다는 것은 항상 옳다고 볼 수 없다.

25

정답 ④

K국의 수출구조를 살펴보면 중간재 79.1%, 소비재 3.7%의 비중으로 차지하고 있어 중간재의 비중이 매우 높고 소비재의 비중이 매우 낮아 불균형적 배분 구조를 가지고 있다. 이와 같이 일본도 중간재 65%와 소비재 9%의 비중으로 불균형적 배분 구조를 보이고 있다. 이와 반대로 미국과 독일은 각각 중간재 41%와 47% 및 소비재 13%와 21%로 균형적인 배분 구조를 보이고 있다.

오답분석

① 2020년 대비 2023년 중국 수출 규모의 증가율은 $\frac{1,900-1,617}{1,617} \times 100 = 17.5\%$이다.

②・③ 매년 중간재의 수출비중이 75% 이상 차지하고 있으며 2023년에는 79.1%로 약 80%에 달한다.

⑤ K국의 중국 내수시장으로의 수출 규모는 2023년 1,900억 달러이다. 미국의 경우에는 707+631+200=1,538억 달러, 독일의 경우에는 335+492+220=1,047억 달러, 일본의 경우에는 422+1,055+146=1,623억 달러로 수출 규모는 K국이 가장 크다.

26

정답 ③

보기의 문장은 남가람 에코 파워토피아 프로젝트에 대한 설명이다. 따라서 해당 프로젝트를 언급한 직후인 (다)의 위치가 가장 적절하다.

27

정답 ④

제시문은 한국남동발전이 '지역희망박람회'에서 공공기관 지방이전 후 지역 발전에 기여한 모범사례로 선정되어 국무총리 표창을 수상했다는 내용을 핵심으로 하고 있다.

28

정답 ⑤

A. A가 남은 번호인 3100번이다.
B. 요금 변동이 없는 노선은 B이므로 B가 42번이다.
C. 연장운행을 하기로 결정한 노선은 C로 C가 6번이다.
D. 조건에 따라 변동 후 요금이 가장 비싼 노선은 D이므로 D가 2000번이다.

29

정답 ⑤

신용카드의 공제율은 15%이고, 체크카드의 공제율은 30%이기 때문에 공제 받을 금액은 체크카드를 사용했을 때 더 유리하게 적용된다.

[오답분석]
① 신용카드와 체크카드 사용금액이 연봉의 25%를 넘어야 공제 가능하다.
② 연봉의 25% 초과 사용한 범위가 공제의 대상에 해당된다. 연봉 35,000,000원의 25%는 8,750,000원이므로 현재까지의 사용금액 6,000,000원에서 2,750,000원을 더 사용해야 한다.
③ 사용한 금액 5,000,000원에서 더 사용해야 하는 금액 2,750,000원을 뺀 2,250,000원이 공제대상 금액이 된다. 이는 체크카드 사용금액 내에 포함되므로 공제율 30%를 적용하여 675,000원이 소득공제 금액이다.
④ 사용한 금액 5,750,000원에서 더 사용해야 하는 금액 2,750,000원을 뺀 3,000,000원이 공제대상 금액이 된다. 이는 체크카드 사용금액 내에 포함되므로 공제율 30%를 적용하여 900,000원이 소득공제 금액이다.

30

정답 ②

H씨의 신용카드 사용금액은 총 6,500,000원이고, 추가된 현금영수증 금액은 5,000,000원이다. 변경된 연봉의 25%는 40,000,000×0.25=10,000,000원이다. 즉, 15,000,000원에서 10,000,000원을 차감한 5,000,000원에 대해 공제가 가능하며, 현금영수증 사용금액 내에 포함되므로 공제율 30%를 적용한 1,500,000원이 소득공제 금액이 된다. 과표에 따르면 연봉 40,000,000원에 해당하는 세율은 15%이고, 이를 소득공제 금액에 적용하면 세금은 1,500,000×0.15=225,000원이다.

31

정답 ④

1, 2조에서 팀장 또는 주임이 지정휴무를 사용하게 되면 다른 조에서 지정휴무에 대한 대체근무를 해야 하므로 4번의 대체근무가 필요하다. 하지만 3조의 경우 주임이 2명이기 때문에 대체근무 횟수의 최소화를 위해 2명의 주임이 동시에 지정휴무를 사용할 수 없다. 그렇기 때문에 3조의 주임이 지정휴무를 쓰게 되더라도 대체가 필요없다. 단, 3조 팀장이 지정휴무를 사용할 경우 대체가 필요하다. 지정휴무로 인한 대체는 총 5번이다. 10월 1일 1조가 야간이고 2조가 비번이었으면 1조 팀장이 여행가는 27일의 1조 근무는 비번으로 시작한다. 비번 – 휴무 – 주간 – 주간 – 야간이기 때문에 실제 연차 사용일은 3일이고, 추가 3번의 대체근무가 필요하다. 따라서 지정휴무로 인한 대체근무 5번과 연차로 인한 대체근무 3번을 더하여 총 8번이 필요하다.

32

정답 ③

영흥 에너지파크의 전시관 2층에서는 다양한 전시코너를 통해 전기 및 에너지에 대한 올바른 이해와 국내 전력 산업에 대한 정보와 영흥 본부의 설비 시스템 및 지역 기여도 등을 한눈에 확인할 수 있다.

PART 4

33

정답 ③

화석광장, 소금쟁이 댐은 야외 에너지체험학습장에 있다.

34

정답 ①

3월의 평균 판매량은 $108,600 \div 30 = 3,620$개이고 2월의 평균 판매량은 $102,300 \div 30 = 3,410$개이다. 따라서 그 차이는 $3,620 - 3,410 = 210$개이다.

35

정답 ②

3월은 31일까지 있고, 2월은 28일까지 있다. 따라서 3월의 실제 평균 판매량은 $108,600 \div 31 \fallingdotseq 3,503$개이다. 2월의 실제 평균 판매량은 $102,300 \div 28 \fallingdotseq 3,654$개이다. 그러므로 그 차이는 $3,503 - 3,653 = $ 약 150개이다.

36

정답 ④

다음과 같이 달력을 통해서 확인해보면 정확하게 파악할 수 있다.

일요일	월요일	화요일	수요일	목요일	금요일	토요일
	1	2	3	4	5	6
7	8	9	10	11	12	13
14	15	16	17	18	19	20
21	22	23	24	25	26	27
28	29	30				

1) 금연교육은 매주 화요일(2, 9, 16, 30)에만 가능하다.
2) 성교육은 첫 주 4, 5일에만 가능하다.
3) 금주교육은 위 일정을 제외한 3, 10, 11, 17, 18일 중 3일을 선택한다.

37

정답 ④

주어진 조건에서 적어도 한 사람은 반대를 한다고 하였으므로, 한 명씩 반대한다고 가정하고 접근한다.
- A가 반대하였다고 가정하는 경우
  첫 번째 조건에 의해 C는 찬성하고 E는 반대한다. 네 번째 조건에 의해 E가 반대하면 B도 반대한다. 이때 두 번째 조건에서 B가 반대하면 A가 찬성하므로 모순이 발생한다. 따라서 A는 찬성이다.
- B가 반대한다고 가정하는 경우
  두 번째 조건에 의해 A는 찬성하고 D는 반대한다. 세 번째 조건에 의해 D가 반대하면 C도 반대한다. 이때 첫 번째 조건의 대우에 의해 C가 반대하면 D가 찬성하므로 모순이 발생한다. 따라서 B는 찬성이다.
위의 두 경우에서 도출한 결론과 네 번째 조건의 대우를 함께 고려해 보면 B가 찬성하면 E가 찬성하고 첫 번째 조건의 대우에 의해 D도 찬성이다. 따라서 A, B, D, E 모두 찬성이다. 그러므로 마지막 조건에 의해 적어도 한 사람은 반대하므로 나머지 C가 반대임을 알 수 있다.

38

정답 ①

ㄱ. 공공연구기관의 연구개발비는 BT분야(11.2%)가 NT분야(5.4%)의 2배 이상이므로 옳은 내용이다.
ㄴ. 기업체의 IT(41.0%), NT(13.4%)분야 연구개발비 합은 기업체 전체 연구개발비의 50% 이상이므로 옳은 내용이다.

[오답분석]
ㄷ·ㄹ. 각 기관 유형의 연구개발비가 주어져 있지 않으므로 옳지 않은 내용이다.
ㅁ. 기타를 제외하고 연구개발비 비중이 가장 작은 분야는 기업체와 대학은 ST분야인데 반해, 공공연구기관은 NT분야이므로 옳지 않은 내용이다.

39

정답 ④

광고가 콘텐츠를 보는데 방해가 된다고 응답한 경우는 39%이며, 화면터치에 방해가 된다고 응답한 경우는 28.2%이다. 이 두 경우의 합은 67.2%이다.

40

정답 ①

- 주말 입장료 : $11,000+15,000+(20,000\times2)+\left(20,000\times\dfrac{1}{2}\right)=76,000$원

- 주중 입장료 : $10,000+13,000+(18,000\times2)+\left(18,000\times\dfrac{1}{2}\right)=68,000$원

따라서 요금 차이는 $76,000-68,000=8,000$원이다.

41

정답 ④

'일이나 사건 따위를 해결할 수 있는 방법이나 실마리를 더듬어 찾다.'는 의미의 '모색하다'를 대체할 말로 '어려움을 뚫고 나아가 목적을 기어이 이루다.'는 뜻의 '관철시키다'는 부적절하다.

42

정답 ①

그린파워 건설 본부 임직원은 지역 내 에너지 취약 가구를 대상으로 노후된 전기시설 점검과 보수를 시행했다.

43

정답 ③

2024년 8월 1일을 기준으로 한다는 것과 화장품 제조번호 표기방식 및 사용가능기한을 고려하여 매장 내 보유중인 화장품의 처분여부를 판단한다.
- M23250030이라고 쓰여 있고 개봉된 립스틱
  - 제조일 : 2023년 9월 7일
  - 제조일로부터 5년 이내이며, 생산 직후에 개봉했다고 하더라도 1년이 지나지 않았으므로 처분대상에서 제외된다.
- M2120030이라고 쓰여 있고 개봉되지 않은 클렌저
  - 제조일 : 2021년 7월 19일
  - 제조일로부터 3년이 넘었으므로 개봉하지 않았더라도 처분대상에 포함된다.
- M22230100이라고 쓰여 있고 개봉되지 않은 에센스
  - 제조일 : 2022년 8월 18일
  - 제조일로부터 3년 이내이며, 개봉하지 않았으므로 처분대상에서 제외된다.
- M21120040이라고 쓰여 있고 개봉된 날짜를 알 수 없는 아이크림
  - 제조일 : 2021년 4월 30일
  - 제조일로부터 3년이 넘었으므로 개봉여부와 상관없이 처분대상에 포함된다.
- M23160300이라고 쓰여 있고 2024년 10번째 되는 날에 개봉된 로션
  - 제조일 : 2023년 6월 9일 / 개봉일 : 2024년 1월 10일
  - 제조일로부터 3년 이내이지만, 개봉일로부터 6개월이 지났으므로 처분대상에 포함된다.
- M2330050이라고 쓰여 있고 2024년 50번째 되는 날에 개봉된 스킨
  - 제조일 : 2023년 10월 27일 / 개봉일 : 2024년 2월 19일
  - 제조일로부터 3년 이내이고 개봉일로부터 6개월이 지나지 않았으므로 처분대상에서 제외된다.

따라서 매장 내 보유 중인 화장품 중에서 처분대상이 되는 것은 총 3개이다.

44

정답 ④

문제에서 D전시관 앞을 지나간 인원이 제시되어 있는 상태에서 B전시관 앞을 지나간 인원을 구해야 하므로 이를 같이 고려한다. 상단의 출입구를 (가)라 하고 하단의 출입구를 (나)라 부른다면 아래와 같이 정리할 수 있다.

구분	인원수(명)	D 통과여부	B 통과여부
(가) → (가)		○	○
(나) → (나)		○	○
(가) → (나)		×	○
(나) → (가)		○	×

먼저 전체 인원이 400명인데 D를 통과한 인원이 350명이라고 하였으므로 D를 통과하지 않은 (가) → (나) 코스를 이용한 인원은 50명임을 알 수 있다. 다음으로 한 바퀴를 돈 인원이 200명이라고 하였으므로 (가) → (가) 코스와 (나) → (나) 코스를 이용한 인원의 합이 200명임을 알 수 있다. 따라서 마지막 남은 (나) → (가) 코스의 인원은 전체 400명과의 차이인 150명임을 알 수 있다.

구분	인원수(명)	D 통과여부	B 통과여부
(가) → (가)	200	○	○
(나) → (나)		○	○
(가) → (나)	50	×	○
(나) → (가)	150	○	×

결과적으로 B를 통과한 인원은 전체 400명 중 B를 통과하지 않은 인원의 수를 차감한 수이므로 정답은 250명이 된다.

45

정답 ④

- A문구 : 32,000+31,900+2,500=66,400원이다. 총 주문금액에서 20%를 할인받을 수 있는 쿠폰을 사용하면 66,400×0.8= 53,120원이다. 53,120+4,000(∵ 배송비)=57,120원에서 백 원 미만을 절사하면 57,100원이다.
- B문구 : 25,000+22,800+1,800=49,600원이다. 기업 구매 시 판매가의 7%를 할인받으므로 49,600×0.93=46,128원이다. 46,128+2,500(∵ 배송비)=48,628원에서 백 원 미만을 절사하면 48,600원이다.
- C문구 : 24,100+28,000=52,100원이다. 50,000원 이상 구매 시 문서 파일 1개를 무료 증정하기 때문에 문서 파일은 따로 살 필요가 없다. 52,100−4,000(∵ 첫 구매 적립금)=48,100원이다. 48,100+4,500(∵ 배송비)=52,600원이다.

46

정답 ④

D역에서 A역까지는 [1(역 수)×2(3호선)]+3(환승)+[2(역 수)×6(1호선)]=17분이 걸리고, B역에서 A역까지는 지하철로 27분이 걸리므로 D역에서 퇴근하는 것이 10분 덜 걸린다.

47

정답 ①

회사가 위치한 B역에서 D역까지 3호선을 타고 가면 최소 소요시간인 10분이 걸린다. 하지만 3호선이 아닌 다른 지하철을 통해 D역으로 갔으므로 20분이 걸리는 2호선을 이용한 것이다. 3호선이 B역에서 11분 이상 정차하기 때문에 2호선을 통해 D역으로 간 것을 알 수 있다.

48

정답 ④

주어진 정보를 기호화하여 정리하면 다음과 같다.

i) 혈당↓ → L↓
ii) 혈당↑ → L↑
iii) L↑ → 알파 A(○)
iv) L↓ → 알파 B(○)
v) 알파 A(○) → [베타 C(○) ∧ 감마 D(×)]
vi) 알파 B(○) → [감마 D(○) ∧ 베타 C(×)]
vii) 베타 C(○) → 물질대사↑
viii) 베타 C(×) → 물질대사↓
ix) 감마 D(○) → 식욕↑
x) 감마 D(×) → 식욕↓

이를 공통된 내용을 연결고리로 하여 다시 정리하면 다음과 같이 나타낼 수 있다.

xi) 혈당↓ → L↓ → 알파 B(○) → [감마 D(○) ∧ 베타 C(×)] → (식욕↑ ∧ 물질대사↓)
xii) 혈당↑ → L↑ → 알파 A(○) → [베타 C(○) ∧ 감마 D(×)] → (식욕↓ ∧ 물질대사↑)

이제 이를 토대로 선택지를 분석하면 다음과 같다.
따라서, xi)에 의하면 혈당↓ → [감마 D(○) ∧ 베타 C(×)]을 도출할 수 있으므로 추론할 수 없는 내용이다.

오답분석
① xi)에 의하면 혈당↓ → (식욕↑ ∧ 물질대사↓)을 도출할 수 있으므로 추론할 수 있는 내용이다.
②·③ xii)에 의하면 혈당↑ → (식욕↓ ∧ 물질대사↑)을 도출할 수 있으므로 추론할 수 있는 내용이다.
⑤ xii)에 의하면 혈당↑ → L↑ → 알파 A(○) → [베타 C(○) ∧ 감마 D(×)]을 도출할 수 있다. 이에 따르면 알파 부분에서 호르몬 A가, 베타 부분에서 호르몬 C가 분비되므로 추론할 수 있는 내용이다.

49

정답 ⑤

보기는 기존의 노사 간의 갈등을 해소하고자 하는 취지의 행동이 나타난다. 따라서 노사 간의 갈등이 언급된 후인 (마)가 가장 적절한 위치이다.

50

정답 ②

한국동서발전은 발전 6개사 중에는 유일하게 성과연봉제를 도입하는 데 성공한 건 사실이나 노사 간 협상 과정을 생략한 것이 아닌 협의를 통해 도입했다.

오답분석
① 한국동서발전은 25 ~ 26일 이틀간 성과연봉제 도입에 대한 찬반투표 결과, 조합원 과반 이상 찬성으로 성과연봉제 도입을 확정했다.
③ 한국동서발전은 이번 성과연봉제 도입(안)은 성과 연봉액의 비중이 20%를 넘고 차등폭도 기존 1.3배에서 2배로 확대하는 등 정부 권고안을 넘어서는 수준이라고 설명했다.
④·⑤ 당초 노조는 성과연봉제 도입에 부정적이었으나, 김용진 사장이 본사를 포함한 6개 사업소를 순회하며 경영설명회를 개최하고 직원들 설득에 직접 나서면서 제도 도입의 취지와 필요성에 대한 공감대가 형성됐다.

PART 4

01	02	03	04	05	06	07	08	09	10	11	12	13	14	15	16	17	18	19	20
⑤	②	①	②	②	⑤	⑤	③	③	⑤	①	②	③	⑤	⑤	③	④	④	①	④
21	22	23	24	25	26	27	28	29	30	31	32	33	34	35	36	37	38	39	40
③	③	⑤	①	②	①	③	②	③	②	③	②	⑤	①	③	②	④	②	①	③
41	42	43	44	45	46	47	48	49	50										
③	①	⑤	④	⑤	①	①	④	⑤	①										

01

정답 ⑤

온실가스 감축에 대한 기업의 추가 부담은 기업의 글로벌 경쟁력 저하는 물론 원가 부담이 가격 인상으로 이어질 수 있다.

02

정답 ②

빈칸을 채우는 문제는 빈칸 앞뒤의 진술에 유의할 필요가 있다. 빈칸 앞에서는 제3세계 환자들과 제약회사 간의 신약 가격에 대한 딜레마를 이야기하며 제3의 대안이 필요하다고 한다. 빈칸 뒤에서는 그 대안이 실현되기 어려운 이유는 '자신의 주머니에 손을 넣어 거기에 필요한 비용을 꺼내는 순간 알게 될 것'이라고 하였으므로 개인 차원의 대안을 제시했음을 추측할 수 있다. 따라서 ②가 적절하다.

03

정답 ①

2024년 한국, 중국, 일본 모두 원자재 수출액이 수입액보다 적으므로 원자재 무역수지는 적자이다.

[오답분석]

ㄴ. 2024년 한국의 소비재 수출액은 138억 달러로 2004년 수출액의 1.5배인 $117 \times 1.5 = 175.5$억 달러보다 적다.

ㄷ. 2024년 자본재 수출경쟁력은 일본이 한국보다 낮다.

- 일본 : $\dfrac{4,541 - 2,209}{4,541 + 2,209} \fallingdotseq 0.33$
- 한국 : $\dfrac{3,444 - 1,549}{3,444 + 1,549} \fallingdotseq 0.38$

04

정답 ②

처음 참석한 사람의 수를 x명이라 하자.

ⅰ) $8x < 17 \times 10 \rightarrow x < \dfrac{170}{8} = 21.25$

ⅱ) $9x > 17 \times 10 \rightarrow x > \dfrac{170}{9} \fallingdotseq 18.9$

iii) $8(x+9) \leq 10 \times (17+6) \rightarrow x \leq \dfrac{230}{8} - 9 = 19.75$

세 식을 모두 만족해야 하므로 처음의 참석자 수는 19명이다.

05

정답 ②

7개의 팀을 두 팀씩 3개 조로 나누고, 한 팀은 부전승으로 둔다.

부전승 조가 될 수 있는 경우의 수는 7가지이고, 남은 6팀을 두 팀씩 3조로 나눌 수 있는 경우의 수는 $_6C_2 \times _4C_2 \times _2C_2 \times \dfrac{1}{3!} =$

$\dfrac{6 \times 5}{2} \times \dfrac{4 \times 3}{2} \times 1 \times \dfrac{1}{3 \times 2} = 15$가지이다.

3개의 조로 나눈 다음 한 개의 조가 경기 후 부전승으로 올라온 팀과 시합을 하는 경우를 구하면 3가지가 나온다. 따라서 7개의 팀이 토너먼트로 경기를 할 수 있는 경우의 수는 $7 \times 15 \times 3 = 315$가지이다.

06

정답 ⑤

주어진 조건을 표로 정리하면 다음과 같으므로, 김치찌개는 총 9그릇이 필요하다.

구분	A	B	C	D	E	F
아침	된장찌개	된장찌개	된장찌개	김치찌개	김치찌개	김치찌개
점심	김치찌개	김치찌개	된장찌개	된장찌개	된장찌개	김치찌개
저녁	김치찌개	김치찌개	김치찌개	된장찌개	된장찌개	된장찌개

07

정답 ⑤

(마)는 공포증을 겪는 사람들의 상황 해석 방식과 공포증에서 벗어나는 방법이 핵심 화제이다. 공포증을 겪는 사람들의 행동 유형은 나타나 있지 않다.

08

정답 ③

2023년 강사 E의 수강생 만족도는 3.2점이므로 2024년 강사 E의 시급은 2023년과 같은 48,000원이다. 2024년 시급과 수강생 만족도를 참고하여 2025년 강사별 시급과 2024년과 2025년의 시급 차이를 구하면 다음과 같다.

강사	2025년 시급	(2025년 시급)−(2024년 시급)
A	$55,000(1+0.05) = 57,750$원	$57,750 - 55,000 = 2,750$원
B	$45,000(1+0.05) = 47,250$원	$47,250 - 45,000 = 2,250$원
C	$54,600(1+0.1) = 60,060 \rightarrow 60,000$원(∵ 시급의 최대)	$60,000 - 54,600 = 5,400$원
D	$59,400(1+0.05) = 62,370 \rightarrow 60,000$원(∵ 시급의 최대)	$60,000 - 59,400 = 600$원
E	48,000원	$48,000 - 48,000 = 0$원

따라서 2024년과 2025년 시급 차이가 가장 큰 강사는 C이다.

[오답분석]

① 강사 E의 2022년 시급은 48,000원이다.

② 2023년 강사 D의 시급과 강사 C의 시급은 60,000원으로 같다.

④ 2022년 강사 C의 시급 인상률을 a%라고 하자.

$52,000 \left(1 + \dfrac{a}{100} \right) = 54,600 \rightarrow 520a = 2,600$

$\therefore a = 5$

즉, 2022년 강사 C의 시급 인상률은 5%이므로, 수강생 만족도 점수는 4.0점 이상 4.5점 미만이다.

⑤ 2023년 강사 A와 강사 B의 시급 차이는 $57,750 - 47,250 = 10,500$원이다.

09

12월 8일의 날씨 예측 점수를 x점, 12월 16일의 날씨 예측 점수를 y점이라고 하자(단, $x \geq 0$, $y \geq 0$).
12월 1일부터 12월 19일까지의 날씨 예측 점수를 달력에 나타내면 다음과 같다.

구분	월	화	수	목	금	토	일
날짜	–	–	1	2	3	4	5
점수	–	–	10점	6점	4점	6점	6점
날짜	6	7	8	9	10	11	12
점수	4점	10점	x점	10점	4점	2점	10점
날짜	13	14	15	16	17	18	19
점수	0점	0점	10점	y점	10점	10점	2점

두 번째 조건에 제시된 한 주의 주중 날씨 예측 점수의 평균을 이용해 x와 y의 범위를 구하면 다음과 같다.
• 12월 둘째 주 날씨 예측 점수의 평균

$$\frac{4+10+x+10+4}{5} \geq 5 \rightarrow x+28 \geq 25 \rightarrow x \geq -3$$

$\therefore x \geq 0 (\because x \geq 0)$

• 12월 셋째 주 날씨 예측 점수의 평균

$$\frac{0+0+10+y+10}{5} \geq 5 \rightarrow y+20 \geq 25$$

$\therefore y \geq 5$

세 번째 조건의 요일별 날씨 평균을 이용하여 x와 y의 범위를 구하면 다음과 같다.
• 수요일 날씨 예측 점수의 평균

$$\frac{10+x+10}{3} \leq 7 \rightarrow x+20 \leq 21$$

$\therefore x \leq 1$

• 목요일 날씨 예측 점수의 평균

$$\frac{6+10+y}{3} \geq 5 \rightarrow y+16 \geq 15 \rightarrow y \geq -1$$

$\therefore y \geq 0 (\because y \geq 0)$

따라서 x의 범위는 $0 \leq x \leq 1$이고, y의 범위는 $y \geq 5$이다.
12월 8일의 예측 날씨는 맑음이고, 예측 점수의 범위는 $0 \leq x \leq 1$이므로 12월 8일의 실제 날씨는 눈·비이다. 그리고 12월 16일의 예측 날씨는 눈·비이고 예측 점수의 범위는 $y \geq 5$이므로 12월 16일의 실제 날씨는 흐림 또는 눈·비이다. 따라서 실제 날씨로 옳게 짝지은 것은 ③이다.

10

사업장이 오염 물질 배출 허용기준을 초과할 것으로 우려될 경우 자동으로 예·경보 시스템이 작동한다.

오답분석

① 굴뚝 원격감시 체계는 굴뚝에 자동측정 기기를 설치해 배출되는 대기 오염물질 농도를 24시간 원격으로 감시하는 시스템이다.
② K공단은 수집된 자료를 관련 기관에 제공한다. 그 기관들은 대기오염 정책 개선, 오염물질 배출 부과금 도입 등에 노력한다.
③ 측정 기기를 통해 먼지, 암모니아, 염화수소와 같은 오염물질들을 5분, 30분 단위로 측정해서 자료를 수집한다.
④ 원격제어 시스템을 통해 측정 기기에 표준가스를 주입함으로써, 측정기의 정상작동 여부를 알 수 있다.

11

제시문은 '발전'에 대한 개념을 설명하고 있다. 이러한 유형의 문제는 빈칸 앞뒤의 문맥을 먼저 살피는 것도 하나의 요령이다. 빈칸 앞에는 '발전'에 대해 '모든 형태의 변화가 전부 발전에 해당하는 것은 아니다.'라고 하면서 '교통신호등'을 예로 들고, 빈칸 뒤에는 '사태의 진전 과정에서 나중에 나타나는 것은 적어도 그 이전 단계에 내재적으로나마 존재했던 것의 전개에 해당한다는 것이다.'라고 상술하고 있다. 여기에 첫 번째 문장까지 고려한다면, ①의 내용이 빈칸에 들어가는 것이 자연스럽다.

12

정답 ②

병역부문에서 채용예정일 이전 전역 예정자는 지원이 가능하다고 제시되어 있다.

오답분석

① 이번 채용에서 행정직에 학력상의 제한은 없다.
③ 자격증을 보유하고 있더라도 채용예정일 이전 전역 예정자가 아니라면 지원할 수 없다.
④ 지역별 지원 제한은 2024년 상반기 신입사원 채용부터 폐지되었다.
⑤ 외국어 능력 성적은 필수사항이 아니다.

13

정답 ③

채용공고일(2024. 01. 23.) 기준으로 만 18세 이상이어야 지원 자격이 주어진다.

오답분석

① 행정직에는 학력 제한이 없으므로 A는 행정직에 지원가능하다.
② 기술직 관련 학과 전공자이므로 B는 지원가능하다.
④ 채용예정일 이전에 전역 예정이므로 D는 지원가능하다.
⑤ 외국어 능력 성적표는 필수사항이 아니므로 E는 지원가능하다.

14

정답 ⑤

연구개발에 참가한 연구원과 엔지니어들이 그 기업을 떠나는 경우 기술과 지식의 손실이 크게 발생하는 점을 볼 때, 기술혁신은 새로운 지식과 경험의 축적으로 나타나는 지식 집약적인 활동으로 볼 수 있다.

기술혁신의 특성
• 기술혁신은 그 과정 자체가 매우 불확실하고 장기간의 시간을 필요로 한다.
• 기술혁신은 지식 집약적인 활동이다.
• 기술혁신 과정의 불확실성과 모호함은 기업 내에서 많은 논쟁과 갈등을 유발할 수 있다.
• 기술혁신은 조직의 경계를 넘나든다.

15

정답 ⑤

사망자가 30명 이상인 사고를 제외한 나머지 사고는 A, C, D, F이다. 네 사고를 화재규모와 복구비용이 큰 순서로 나열하면 다음과 같다.
• 화재규모 : A - D - C - F
• 복구비용 : A - D - C - F
따라서 옳은 설명이다.

오답분석

① 터널길이가 긴 순으로, 사망자가 많은 순으로 사고를 각각 나열하면 다음과 같다.
   • 터널길이 : A - D - B - C - F - E
   • 사망자 수 : E - B - C - D - A - F
   따라서 터널길이와 사망자 수는 관계가 없다.
② 화재규모가 큰 순으로, 복구기간이 긴 순으로 사고를 각각 나열하면 다음과 같다.
   • 화재규모 : A - D - C - E - B - F
   • 복구기간 : B - E - F - A - C - D
   따라서 화재규모와 복구기간의 길이는 관계가 없다.

PART 4

③ 사고 A를 제외하고 복구기간이 긴 순으로, 복구비용이 큰 순으로 사고를 나열하면 다음과 같다.
- 복구기간 : B−E−F−C−D
- 복구비용 : B−E−D−C−F

따라서 옳지 않은 설명이다.

④ 사고 A~E의 사고비용을 구하면 다음과 같다.
- 사고 A : 4,200+(1×5)=4,205억 원
- 사고 B : 3,276+(39×5)=3,471억 원
- 사고 C : 72+(12×5)=132억 원
- 사고 D : 312+(11×5)=367억 원
- 사고 E : 570+(192×5)=1,530억 원
- 사고 F : 18+(0×5)=18억 원

따라서 사고 A의 사고비용이 가장 크다.

16

정답 ③

월요일에는 늦지 않게만 도착하면 되므로, 서울역에서 8시에 출발하는 KTX를 이용한다. 수요일에는 최대한 빨리 와야 하므로, 사천공항에서 19시에 출발하는 비행기를 이용한다. 따라서 소요되는 교통비는 65,200+22,200+21,500+(93,200×0.9)=192,780원이다.

17

정답 ④

다음의 논리 순서를 따라 주어진 조건을 정리하면 쉽게 접근할 수 있다.
- 첫 번째 조건 : 0, 1, 2, 3, 4, 5, 6, 7, 8, 9 중 소수인 2, 3, 5, 7을 제외하면 0, 1, 4, 6, 8, 9가 남는다.
- 두 번째, 세 번째, 네 번째 조건 : 9를 제외하여 0, 1, 4, 6, 8이 남고 6과 8 중에 하나만 사용된다.

이 사실을 종합하여 가능한 경우의 수를 정리하면 다음과 같다.

구분	첫 번째	두 번째	세 번째	네 번째
경우 1	8	4	1	0
경우 2	6	4	1	0

따라서 주어진 정보를 모두 만족하는 비밀번호는 8410과 6410으로 두 개다.

[오답분석]

① 두 비밀번호 모두 0으로 끝나므로 짝수이다.
② 두 비밀번호의 앞에서 두 번째 숫자는 4이다.
③ 두 비밀번호 모두 1을 포함하지만 9는 포함하지 않는다.
⑤ 두 비밀번호 중에서 작은 수는 6410이다.

18

정답 ④

제시문에 따르면 신약 개발의 전문가가 되기 위해서는 해당 분야에서 오랫동안 연구한 경험이 필요하므로 석사나 박사 학위를 취득하는 것이 유리하다고 하였다. 그러나 석사나 박사 학위가 신약 개발 전문가가 되는 데 도움을 준다는 것일 뿐이므로 반드시 필요한 필수 조건인지는 알 수 없다. 따라서 ④는 제시문을 통해 추론할 수 없다.

[오답분석]

① 제약 연구원은 약을 만드는 모든 단계에 참여한다고 하였으므로 일반적으로 약을 만드는 과정에 포함되는 약품 허가 요청 단계에도 제약 연구원이 참여하는 것을 알 수 있다.
② 오늘날 제약 분야가 성장함에 따라 도전 의식, 호기심, 탐구심 등도 제약 연구원에게 필요한 능력이 되었다고 하였으므로 과거에 비해 요구되는 능력이 많아졌음을 알 수 있다.
③ 약학 전공자 이외에도 생명 공학·화학 공학·유전 공학 전공자들도 제약 연구원으로 활발하게 참여하고 있다고 하였다.
⑤ 일반적으로 제약 연구원이 되기 위해서는 약학을 전공해야 한다고 생각하기 쉽다고 하였으므로 제약 연구원에 대한 정보가 부족한 사람이라면 약학을 전공해야만 제약 연구원이 될 수 있다고 생각할 수 있다.

19

MID(데이터를 참조할 셀 번호, 왼쪽을 기준으로 시작할 기준 텍스트, 기준점을 시작으로 가져올 자릿수)로 표시되기 때문에 「＝MID(B2,5,2)」를 입력해야 한다.

20

[오답분석]
ㄴ. 임베디드 컴퓨팅(Embedded Computing) : 제품에서 특정 작업을 수행할 수 있도록 탑재되는 솔루션이나 시스템
ㅁ. 노매딕 컴퓨팅(Nomadic Computing) : 네트워크의 이동성을 극대화하여 특정 장소가 아닌 어디서든 컴퓨터를 사용할 수 있게 하는 기술

21

환경분석 단계에는 내부환경 분석과 외부환경 분석이 있다. C기업의 경우는 환경에 대한 분석이 아닌, 환경분석에 기반하여 경영전략을 도출하는 단계의 사례에 해당된다.

[오답분석]
① 신규 수주 확보를 위한 경쟁력 확보라는 경영전략 목표를 설정하는 단계로서 적절한 사례이다.
② 경영전략 추진 단계 중 환경분석 단계에는 내부환경 분석과 외부환경 분석이 있다. B기업의 사례는 그 중 외부환경 분석의 사례로서 적절하다.
④・⑤ 전략목표 달성을 위한 경영전략 도출에는 크게 조직전략 도출, 사업전략 도출, 부문전략 도출이 있다. 그 중 D기업의 경우는 조직전략에 해당되는 사례이고 E기업의 경우는 부문전략 및 조직전략에 해당되는 사례로서 적절하다.

22

• 이주임 : 조직의 목표는 공식적 목표와 실제적 목표가 다를 수 있으며, 반드시 일치시켜야 하는 것은 아니다.
• 박대리 : 운영목표는 조직구조나 운영과정과 같이 조직 체제를 구체화할 수 있는 기준이 된다.

[오답분석]
• 김대리 : 조직의 존재에 정당성과 합법성을 제공하는 것은 운용목표가 아니라 조직의 사명이다.
• 최사원 : 운용목표는 조직의 실제적 목표이며, 이는 조직의 사명에 비해 단기적인 목표이다.

23

SUM(합계를 구할 처음 셀:합계를 구할 마지막 셀)으로 표시해야 한다. 판매수량과 추가판매를 더하는 것은 비연속적인 셀을 더하는 것이지만 연속하는 영역을 입력하고 ','로 구분해준 뒤 다음 영역을 다시 지정해주면 되므로 「＝SUM(B2:B5,C2,C5)」이 옳다.

24

[오답분석]
② 결괏값에 출근과 지각이 바뀌어 나타난다.
③・⑤ 9시 정각에 출근한 손흥민이 지각으로 표시된다.

25

'만'은 앞말이 가리키는 동안이나 거리를 나타내는 의존 명사이므로 앞말과 띄어 쓴다. 따라서 ⓒ은 '하루 만에'가 적절하다.

26

정답 ①

- 상수도 요금

  세대당 월평균사용량을 구하면 $400 \div 2 \div 4 = 50\text{m}^3$,

  1세대 1개월 요금은 기준에 의한 요율 적용을 통해 $(30 \times 360) + (20 \times 550) = 21,800$원

  따라서 사용요금은 $21,800 \times 4 \times 2 = 174,400$원이다.

  기본요금은 계량기 구경이 20mm이므로, $3,000 \times 2 = 6,000$원이며

  따라서 상수도 요금은 사용요금과 기본요금을 합친 180,400원이다.
- 하수도 요금

  1세대 1개월 요금은 기준에 의한 요율 적용을 통해 $(30 \times 360) + (20 \times 850) = 27,800$원이다.

  따라서 하수도 요금은 $27,800 \times 4 \times 2 = 222,400$원이다.
- 물이용 부담금

  1세대 1개월 요금은 기준에 의한 요율 적용을 통해 $50 \times 170 = 8,500$원이다.

  따라서 물이용 부담금은 $8,500 \times 4 \times 2 = 68,000$원이다.

이를 모두 더한 요금의 총계는 $180,400 + 222,400 + 68,000 = 470,800$원이다.

27

정답 ③

성인 평균 탄수화물 섭취량이 가장 작은 나라는 영국(284g)이다. 영국의 단백질 섭취량(64g)에서 동물성 단백질이 차지하는 양은 42g, 지방 섭취량(55g)에서 동물성 지방이 차지하는 양은 32g이므로 단백질과 지방 섭취량 중 동물성이 차지하는 비율은 식물성이 차지하는 비율보다 크다.

[오답분석]

㉠ 탄수화물의 '성인기준 하루 권장 섭취량'은 300 ~ 400g이다. 이를 초과한 국가는 총 3곳으로 브라질(410g), 인도(450g), 멕시코(425g)이고, 미만인 국가는 총 2곳으로 미국(295g), 영국(284g)이다.

㉡ 단백질이 '성인기준 하루 권장 섭취량'을 초과하는 국가는 인도(74g), 프랑스(71g), 멕시코(79g), 중국(76g)이다. 이 네 국가 중 인도와 프랑스는 식물성 단백질 섭취량이 더 많다.

㉢ 국가별 '성인기준 하루 권장 섭취량'의 지방 섭취량(51g)과의 차이가 가장 작은 국가는 2g 차이인 인도이다. 인도의 지방 섭취량 (49g) 중 동물성 섭취량(21g)이 차지하는 비율은 약 $\frac{21}{49} \times 100 ≒ 42.9\%$로 40%를 초과한다.

28

정답 ②

최단시간으로 가는 방법은 택시만 이용하는 방법이고, 최소비용으로 가는 방법은 버스만 이용하는 방법이다.

∴ (최단시간으로 가는 방법의 비용) − (최소비용으로 가는 방법의 비용) = $2,500 - 500 = 2,000$원

29

정답 ③

대중교통 이용 방법이 정해져 있을 경우, 비용을 최소화하기 위해서는 회의장에서의 대기시간을 최소화하는 동시에 지각하지 않아야 한다.

∴ K공사 ~ B지점(버스, 6분, 1:47 ~ 1:53) → 환승(2분, 1:53 ~ 1:55) → B지점 ~ 거래처(택시, 3분, 1:55 ~ 1:58) → 거래처 ~ 회의장(2분, 1:58 ~ 2:00)

30

정답 ②

- 혜정이의 비용

  500(버스 요금) + 800(환승 비용) + 1,600(회의장에서의 대기 비용) = 2,900원
- 진선이의 비용

  2,300(택시 요금) + 800(환승 비용) + 500(버스 요금) + 600(회의장에서의 대기 비용) = 4,200원

따라서 혜정이와 진선이의 비용 차는 $4,200 - 2,900 = 1,300$원이다.

31

정답 ③

작년 남성 지원자 수를 x명, 여성 지원자 수를 y명이라고 하자.
작년 전체 지원자 수는 1,000명이므로 $x+y=1,000 \cdots \bigcirc$
작년에 비하여 남성과 여성의 지원율이 각각 2%, 3% 증가하여 총 24명이 증가하였으므로
$\dfrac{2}{100}x + \dfrac{3}{100}y = 24 \rightarrow 2x+3y=2,400 \cdots \bigcirc\!\!\bigcirc$
$\bigcirc$과 $\bigcirc\!\!\bigcirc$을 연립하면 $x=600$, $y=400$이다.
따라서 올해 남성 지원자 수는 $600 \times (1+0.02) = 612$명이다.

32

정답 ②

두 열차가 같은 시간 동안 이동한 거리의 합은 6km이다.
두 열차가 이동한 시간을 x시간이라고 하자. KTX와 새마을호 속도의 비는 $7:5$이므로 KTX와 새마을호가 이동한 거리는 각각 $7x$km, $5x$km이다.
$7x+5x=6$
$\therefore x=0.5$
따라서 KTX가 이동한 거리는 3.5km, 새마을호가 이동한 거리는 2.5km이다.

33

정답 ⑤

폐기물처리시설은 악취, 지가 하락 등의 이유로 주민들이 꺼리는 시설 중 하나이다. 그러나 친환경 에너지타운을 설치함으로써 폐기물처리시설로 인한 피해는 최소화하고, 비료 만들기, 태양력·소수력 발전 시설 설치 등 경제적 효과를 얻을 수 있게 하였다. 따라서 마을 주민의 생산력도 높아지고, 경제적 효과도 크므로, 마을 주민들이 폐기물처리시설 설치를 반대한다고 볼 수 없다.

34

정답 ①

고대 그리스, 헬레니즘, 로마 시대를 순서대로 나열하여 설명하였으므로, 역사적 순서대로 주제의 변천에 대해 서술하고 있다.

35

정답 ③

을과 정은 상반된 이야기를 하고 있다. 만일 을이 참이고 정이 거짓이라면 합격자는 병, 정이 되는데 합격자는 한 명이어야 하므로 모순이다. 따라서 을은 거짓말을 하였고, 합격자는 병이다.

36

정답 ②

조건에 따라 각 층에 살 수 있는 경우를 정리하면 다음과 같다.

구분	1층	2층	3층	4층	5층
경우 1	E	A	B	C	D
경우 2	E	A	B	D	C
경우 3	E	A	C	D	B
경우 4	E	A	D	C	B

즉, E가 1층에 살기 때문에 A, B, C, D는 1층에 살 수 없다. 따라서 A는 E보다 높은 층에 산다.

37

오답분석

①은 두 번째 문장, ②는 제시문의 흐름, ③과 ⑤는 마지막 문장에서 각각 확인할 수 있다.

38

정답 ②

MOD 함수는 어떤 숫자를 특정 숫자로 나누었을 때 나오는 나머지를 알려주는 함수로 짝수 혹은 홀수를 구분할 때에도 사용할 수 있는 함수이다.

오답분석

① SUMIF 함수는 조건에 맞는 셀의 값들의 합을 알려주는 함수이다.
③ INT 함수는 실수의 소수점 이하를 제거하고 정수로 변경할 때 사용하는 함수이다.
④ NOW 함수는 현재의 날짜와 시간을 알려주는 함수이며, 인수는 필요로 하지 않는다.
⑤ VLOOKUP 함수는 특정 범위의 첫 번째 열에 입력된 값을 이용하여 다른 열에 있는 값을 찾을 때 사용하는 함수이다.

39

정답 ①

VLOOKUP(SMALL(A2:A10,3),A2:E10,4,0) 함수를 해석해보면, 우선 SMALL(A2:A10,3)의 함수는 [A2:A10]의 범위에서 3번째로 작은 숫자이므로 그 값은 '3'이 된다. VLOOKUP 함수는 VLOOKUP(첫 번째 열에서 찾으려는 값, 찾을 값과 결과로 추출할 값들이 포함된 데이터 범위, 값이 입력된 열의 열 번호, 일치 기준)로 구성되므로 VLOOKUP(3,A2:E10,4,0) 함수는 A열에서 값이 3인 4번째 행, 그리고 4번째 열에 위치한 '82'가 출력된다.

40

정답 ③

ㄴ. 조직이라는 전체로 통합되기 위하여 업무는 다양한 특성을 가지고 있다. 개별 업무들은 요구되는 지식, 기술, 도구의 종류가 다르고 이들 간 다양성도 차이가 있다.
ㄷ. 업무가 독립적으로 이루어지지만 업무 간에는 서열성이 있어서 순차적으로 이루어지기도 하며, 서로 정보를 주고받기도 한다. 따라서 한 조직 내의 업무라고 해도 독립적인 업무도 있다.

오답분석

ㄱ. 조직 내에서 업무는 조직의 목적을 보다 효과적으로 달성하기 위하여 세분화된 것이므로 궁극적으로는 같은 목적을 지향한다.
ㄹ. 연구, 개발 등과 같은 업무는 자율적이고 재량권이 많은 반면, 조립, 생산 등과 같은 업무는 주어진 절차에 따라 이루어지는 경우도 있다.

41

정답 ③

응답기간 중 가장 낮은 두 정당은 항상 D, E로 같다. 이 두 정당의 매 조사 지지율의 합은 2023년 1월 8.9+5.6=14.5%p, 2023년 6월 5.2+3.3=8.5%p, 2023년 12월 4.7+7.5=12.2%이다. 따라서 D, E 정당의 지지율의 합이 정당 C의 지지율보다 낮은 때는 2023년 6월 조사(11.2%) 때 한 번뿐이고, 2023년 1월 조사(12.8%)와 2023년 12월 조사(10.8%) 모두 D, E 정당의 지지율의 합이 정당 C의 지지율보다 높았다.

오답분석

① 2023년 1월부터 2023년 12월까지의 정당 A ~ E의 지지율 증감 추이는 각각 A 증가 - 감소, B 증가 - 증가, C 감소 - 감소, D 감소 - 감소, E 감소 - 증가이므로, 동일한 지지율 증감 추이를 보이는 정당은 C와 D이다.
② 응답기간인 2023년 1월부터 2023년 12월까지의 정당 A와 B의 지지율의 합은 2023년 1월 38.2+34.5=72.7%p, 2023년 6월 41.5+38.8=80.3%p, 2023년 12월 36.8+40.2=77%p이므로 응답기간 중 정당 A와 B의 지지율의 합은 항상 70% 이상이다.

④ 총응답자 수는 표에서 성별 응답자 수의 합으로 또는 연령대별 응답자 수의 합으로 구할 수 있으며 총 995+1,005=600+705 +695=2,000명이다. 이 중 2023년 6월 조사에서 정당 A의 지지율은 41.5%이고, 정당 B의 지지율은 38.8%이므로 두 지지율 의 차이는 41.5-38.8=2.7%p이다. 따라서 지지자 수의 차이는 2,000×0.027=54명이다.

⑤ 2023년 1월 조사에서 20대부터 50대까지의 응답자 수는 600+705=1,305명이다. 이 응답자 수에서 정당 A와 C의 최대 지지 자 수를 제외하면 남은 인원이 정당 B의 최소 지지자 수가 될 것이다. 이를 구해보면, 2023년 1월 조사에서 정당 A의 지지율은 38.2%이므로 최대 지지자 수는 2,000×0.382=764명, 정당 C의 지지율은 12.8%이므로 최대 지지자 수는 2,000×0.128= 256명이다. 따라서 정당 A와 C의 최대 지지자 수는 764+256=1,020명이므로 정당 B의 최소 지지자 수는 1,305-1,020= 285명이다.

42   정답 ①

개인이 자란 문화에서 체화된 방식이 아닌 다른 방식을 느끼게 되면 의식적 혹은 무의식적으로 이질적으로 상대 문화를 대하게 되고 불일치, 위화감, 심리적 부적응 상태를 경험하게 되는 것을 문화충격이라고 한다.

[오답분석]
ㄱ. 문화충격은 한 사람이 자신이 속한 문화 내에서 경험하는 문화적 충격이 아니라, 타 문화를 접하였을 때 체험하는 충격을 가리킨다.
ㄷ. 문화충격에 대비하게 위해서 가장 중요한 것은 다른 문화에 대해 개방적인 태도를 견지하는 것이다. 자신이 속한 문화의 기준으로 다른 문화를 평가하지 말고, 자신의 정체성은 유지하되, 새롭고 다른 것을 경험하는데 즐거움을 느끼도록 적극적 자세를 취하는 것이 바람직하다.

43   정답 ⑤

가장 높은 등급을 1등급, 가장 낮은 등급을 5등급이라 하면 네 번째 조건에 의해, A는 3등급을 받는다. 또한 첫 번째 조건에 의해, E는 4등급 또는 5등급이다. 이때, 두 번째 조건에 의해, C가 5등급, E가 4등급을 받고, 세 번째 조건에 의해, B는 1등급, D는 2등급을 받는다. 따라서 발송 대상자는 C와 E이다.

44   정답 ④

세 번째 문단에서 '상품에 응용된 과학 기술이 복잡해지고 첨단화되면서 상품 정보에 대한 소비자의 정확한 이해도 기대하기 어려워졌다.'는 내용과 일맥상통한다.

45   정답 ⑤

통합형 검색 방식은 검색 엔진 자신만의 데이터베이스를 구축하여 관리하는 방식이 아니라, 사용자가 입력하는 검색어들이 연계된 다른 검색 엔진에게 보내고, 이를 통하여 얻어진 검색 결과를 사용자에게 보여주는 방식을 사용한다.

[오답분석]
① 키워드 검색 방식은 키워드가 불명확하게 입력된 경우에는 검색 결과가 너무 많아 효율적인 검색이 어려울 수 있는 단점이 있다.
② 키워드 검색 방식은 사용자 입장에서는 키워드만을 입력하여 정보 검색을 간단히 할 수 있다는 장점이 있다.
③ 주제별 검색 방식은 인터넷상에 존재하는 웹 문서들을 주제별, 계층별로 정리하여 데이터베이스를 구축한 후 이용하는 방식이다.
④ 통합형 검색 방식도 키워드 검색 방식과 같이 검색어에 기반해 자료를 찾아주는 방식이므로 옳은 설명이다.

46   정답 ①

• 김대리 : 집단의사결정은 한 사람이 가진 지식보다 집단이 가지고 있는 지식과 정보가 더 많아 효과적인 결정을 할 수 있다는 장점이 있다.
• 최주임 : 집단의사결정은 특정 구성원에 의해 의사결정이 독점될 위험이 있다.

- 유주임 : 집단의사결정은 개인의사결정 등에 비해 설득에 소모되는 시간 등으로 인해 시간이 많이 소모된다는 단점이 있다.
- 박사원 : 브레인스토밍은 아이디어를 비판 없이 제시하여 최대한 많은 안 중에서 최선책을 찾아내는 방법이므로 타인이 제시한 아이디어에 대해 비판을 제시하지 않는 것이 더 중요하다.

47
정답 ①

조직이 생존하기 위해서는 급변하는 환경에 적응하여야 한다. 이를 위해서는 원칙이 확립되어 있고 고지식한 기계적 조직보다는, 운영이 유연한 유기적 조직이 더 적합하다.

② 대규모 조직은 소규모 조직과는 다른 조직구조를 갖게 되는데, 대규모조직은 소규모조직에 비해 업무가 전문화, 분화되어 있고 많은 규칙과 규정이 존재하게 된다.
③ 조직구조의 중요 요인 중 하나인 기술은 조직이 투입요소를 산출물로 전환시키는 지식, 기계, 절차 등을 의미하며, 소량생산기술을 가진 조직은 유기적 조직구조를, 대량생산기술을 가진 조직은 기계적 조직구조를 가진다.
④ 조직 활동의 결과에 따라 조직의 성과와 조직만족이 결정되며, 그 수준은 조직구성원들의 개인적 성향과 조직문화의 차이에 따라 달라진다.
⑤ 조직구조 결정요인으로 크게 전략, 규모, 기술, 환경이 있다. 전략은 조직의 목적을 달성하기 위하여 수립한 계획으로 조직이 자원을 배분하고 경쟁적 우위를 달성하기 위한 주요 방침이며, 조직 규모 외에도 기술은 조직이 투입요소를 산출물로 전환시키는 지식, 기계, 절차 등을 의미한다. 또한 조직은 환경의 변화에 적절하게 대응해야 하므로 환경에 따라 조직의 구조가 달라진다. 이러한 점들은 4가지 주요 결정요인이므로 옳은 설명이다.

48
정답 ④

세탁기와 수도꼭지와의 거리에 대해서는 설치 시 주의사항에서 확인할 수 없는 내용이다.

49
정답 ⑤

세탁기 내부온도가 70℃ 이상이거나 물 온도가 50℃ 이상인 경우 세탁기 문이 열리지 않는다. 따라서 내부온도가 내려갈 때까지 잠시 기다려야 하며, 이러한 상황에 대해 고객에게 설명해주어야 한다.

①·④ 세탁조에 물이 남아 있다면 탈수를 선택하여 배수하여야 한다.
② 세탁기 내부온도가 높다면 내부온도가 내려갈 때까지 잠시 기다려야 한다.
③ 탈수 시 세탁기가 흔들릴 때의 해결방법이다.

50
정답 ①

세미나 등에서 경쟁사 직원에게 신분을 속이고 질문하는 것은 비윤리적 / 합법적의 1번으로 법적으로는 문제가 되지 않는 정보획득 행위이지만, 윤리적으로는 문제가 될 수 있다.

② 윤리적 / 합법적의 3번에 해당된다.
③ 윤리적 / 합법적의 2번에 해당된다.
④ 비윤리적 / 비합법적의 5번에 해당된다.
⑤ 비윤리적 / 비합법적의 1번에 해당한다.

발전회사 통합편 NCS 필기시험 답안카드

성 명	

지원 분야	

문제지 형별기재란	( )형	Ⓐ Ⓑ

수험번호

⓪	⓪	⓪	⓪	⓪	⓪	⓪
①	①	①	①	①	①	①
②	②	②	②	②	②	②
③	③	③	③	③	③	③
④	④	④	④	④	④	④
⑤	⑤	⑤	⑤	⑤	⑤	⑤
⑥	⑥	⑥	⑥	⑥	⑥	⑥
⑦	⑦	⑦	⑦	⑦	⑦	⑦
⑧	⑧	⑧	⑧	⑧	⑧	⑧
⑨	⑨	⑨	⑨	⑨	⑨	⑨

감독위원 확인

(인)

번호						번호						번호					
1	①	②	③	④	⑤	21	①	②	③	④	⑤	41	①	②	③	④	⑤
2	①	②	③	④	⑤	22	①	②	③	④	⑤	42	①	②	③	④	⑤
3	①	②	③	④	⑤	23	①	②	③	④	⑤	43	①	②	③	④	⑤
4	①	②	③	④	⑤	24	①	②	③	④	⑤	44	①	②	③	④	⑤
5	①	②	③	④	⑤	25	①	②	③	④	⑤	45	①	②	③	④	⑤
6	①	②	③	④	⑤	26	①	②	③	④	⑤	46	①	②	③	④	⑤
7	①	②	③	④	⑤	27	①	②	③	④	⑤	47	①	②	③	④	⑤
8	①	②	③	④	⑤	28	①	②	③	④	⑤	48	①	②	③	④	⑤
9	①	②	③	④	⑤	29	①	②	③	④	⑤	49	①	②	③	④	⑤
10	①	②	③	④	⑤	30	①	②	③	④	⑤	50	①	②	③	④	⑤
11	①	②	③	④	⑤	31	①	②	③	④	⑤						
12	①	②	③	④	⑤	32	①	②	③	④	⑤						
13	①	②	③	④	⑤	33	①	②	③	④	⑤						
14	①	②	③	④	⑤	34	①	②	③	④	⑤						
15	①	②	③	④	⑤	35	①	②	③	④	⑤						
16	①	②	③	④	⑤	36	①	②	③	④	⑤						
17	①	②	③	④	⑤	37	①	②	③	④	⑤						
18	①	②	③	④	⑤	38	①	②	③	④	⑤						
19	①	②	③	④	⑤	39	①	②	③	④	⑤						
20	①	②	③	④	⑤	40	①	②	③	④	⑤						

※ 본 답안카드는 마킹연습용 모의 답안카드입니다.

발전회사 통합편 NCS 필기시험 답안카드

성 명	

지원 분야	

문제지 형별기재란

( )형 Ⓐ Ⓑ

수 험 번 호

⓪	①	②	③	④	⑤	⑥	⑦	⑧	⑨
⓪	①	②	③	④	⑤	⑥	⑦	⑧	⑨
⓪	①	②	③	④	⑤	⑥	⑦	⑧	⑨
⓪	①	②	③	④	⑤	⑥	⑦	⑧	⑨
⓪	①	②	③	④	⑤	⑥	⑦	⑧	⑨
⓪	①	②	③	④	⑤	⑥	⑦	⑧	⑨
⓪	①	②	③	④	⑤	⑥	⑦	⑧	⑨

감독위원 확인

(인)

문번	①	②	③	④	⑤	문번	①	②	③	④	⑤	문번	①	②	③	④	⑤
1	①	②	③	④	⑤	21	①	②	③	④	⑤	41	①	②	③	④	⑤
2	①	②	③	④	⑤	22	①	②	③	④	⑤	42	①	②	③	④	⑤
3	①	②	③	④	⑤	23	①	②	③	④	⑤	43	①	②	③	④	⑤
4	①	②	③	④	⑤	24	①	②	③	④	⑤	44	①	②	③	④	⑤
5	①	②	③	④	⑤	25	①	②	③	④	⑤	45	①	②	③	④	⑤
6	①	②	③	④	⑤	26	①	②	③	④	⑤	46	①	②	③	④	⑤
7	①	②	③	④	⑤	27	①	②	③	④	⑤	47	①	②	③	④	⑤
8	①	②	③	④	⑤	28	①	②	③	④	⑤	48	①	②	③	④	⑤
9	①	②	③	④	⑤	29	①	②	③	④	⑤	49	①	②	③	④	⑤
10	①	②	③	④	⑤	30	①	②	③	④	⑤	50	①	②	③	④	⑤
11	①	②	③	④	⑤	31	①	②	③	④	⑤						
12	①	②	③	④	⑤	32	①	②	③	④	⑤						
13	①	②	③	④	⑤	33	①	②	③	④	⑤						
14	①	②	③	④	⑤	34	①	②	③	④	⑤						
15	①	②	③	④	⑤	35	①	②	③	④	⑤						
16	①	②	③	④	⑤	36	①	②	③	④	⑤						
17	①	②	③	④	⑤	37	①	②	③	④	⑤						
18	①	②	③	④	⑤	38	①	②	③	④	⑤						
19	①	②	③	④	⑤	39	①	②	③	④	⑤						
20	①	②	③	④	⑤	40	①	②	③	④	⑤						

발전회사 통합편 NCS 필기시험 답안카드

성 명

지원 분야

문제지 형별기재란

( )형   Ⓐ Ⓑ

수험번호

	⓪	①	②	③	④	⑤	⑥	⑦	⑧	⑨
⓪	①	②	③	④	⑤	⑥	⑦	⑧	⑨
⓪	①	②	③	④	⑤	⑥	⑦	⑧	⑨
⓪	①	②	③	④	⑤	⑥	⑦	⑧	⑨
⓪	①	②	③	④	⑤	⑥	⑦	⑧	⑨
⓪	①	②	③	④	⑤	⑥	⑦	⑧	⑨
⓪	①	②	③	④	⑤	⑥	⑦	⑧	⑨

감독위원 확인

(인)

1	① ② ③ ④ ⑤	21	① ② ③ ④ ⑤	41	① ② ③ ④ ⑤
2	① ② ③ ④ ⑤	22	① ② ③ ④ ⑤	42	① ② ③ ④ ⑤
3	① ② ③ ④ ⑤	23	① ② ③ ④ ⑤	43	① ② ③ ④ ⑤
4	① ② ③ ④ ⑤	24	① ② ③ ④ ⑤	44	① ② ③ ④ ⑤
5	① ② ③ ④ ⑤	25	① ② ③ ④ ⑤	45	① ② ③ ④ ⑤
6	① ② ③ ④ ⑤	26	① ② ③ ④ ⑤	46	① ② ③ ④ ⑤
7	① ② ③ ④ ⑤	27	① ② ③ ④ ⑤	47	① ② ③ ④ ⑤
8	① ② ③ ④ ⑤	28	① ② ③ ④ ⑤	48	① ② ③ ④ ⑤
9	① ② ③ ④ ⑤	29	① ② ③ ④ ⑤	49	① ② ③ ④ ⑤
10	① ② ③ ④ ⑤	30	① ② ③ ④ ⑤	50	① ② ③ ④ ⑤
11	① ② ③ ④ ⑤	31	① ② ③ ④ ⑤		
12	① ② ③ ④ ⑤	32	① ② ③ ④ ⑤		
13	① ② ③ ④ ⑤	33	① ② ③ ④ ⑤		
14	① ② ③ ④ ⑤	34	① ② ③ ④ ⑤		
15	① ② ③ ④ ⑤	35	① ② ③ ④ ⑤		
16	① ② ③ ④ ⑤	36	① ② ③ ④ ⑤		
17	① ② ③ ④ ⑤	37	① ② ③ ④ ⑤		
18	① ② ③ ④ ⑤	38	① ② ③ ④ ⑤		
19	① ② ③ ④ ⑤	39	① ② ③ ④ ⑤		
20	① ② ③ ④ ⑤	40	① ② ③ ④ ⑤		

※ 본 답안지는 마킹연습용 모의 답안지입니다.

발전회사 통합편 NCS 필기시험 답안카드

성 명

지원 분야

문제지 형별기재란

형 ( )

Ⓐ
Ⓑ

수 험 번 호

⓪	⓪	⓪	⓪	⓪	⓪	⓪
①	①	①	①	①	①	①
②	②	②	②	②	②	②
③	③	③	③	③	③	③
④	④	④	④	④	④	④
⑤	⑤	⑤	⑤	⑤	⑤	⑤
⑥	⑥	⑥	⑥	⑥	⑥	⑥
⑦	⑦	⑦	⑦	⑦	⑦	⑦
⑧	⑧	⑧	⑧	⑧	⑧	⑧
⑨	⑨	⑨	⑨	⑨	⑨	⑨

감독위원 확인

(인)

번호	①	②	③	④	⑤	번호	①	②	③	④	⑤	번호	①	②	③	④	⑤
1	①	②	③	④	⑤	21	①	②	③	④	⑤	41	①	②	③	④	⑤
2	①	②	③	④	⑤	22	①	②	③	④	⑤	42	①	②	③	④	⑤
3	①	②	③	④	⑤	23	①	②	③	④	⑤	43	①	②	③	④	⑤
4	①	②	③	④	⑤	24	①	②	③	④	⑤	44	①	②	③	④	⑤
5	①	②	③	④	⑤	25	①	②	③	④	⑤	45	①	②	③	④	⑤
6	①	②	③	④	⑤	26	①	②	③	④	⑤	46	①	②	③	④	⑤
7	①	②	③	④	⑤	27	①	②	③	④	⑤	47	①	②	③	④	⑤
8	①	②	③	④	⑤	28	①	②	③	④	⑤	48	①	②	③	④	⑤
9	①	②	③	④	⑤	29	①	②	③	④	⑤	49	①	②	③	④	⑤
10	①	②	③	④	⑤	30	①	②	③	④	⑤	50	①	②	③	④	⑤
11	①	②	③	④	⑤	31	①	②	③	④	⑤						
12	①	②	③	④	⑤	32	①	②	③	④	⑤						
13	①	②	③	④	⑤	33	①	②	③	④	⑤						
14	①	②	③	④	⑤	34	①	②	③	④	⑤						
15	①	②	③	④	⑤	35	①	②	③	④	⑤						
16	①	②	③	④	⑤	36	①	②	③	④	⑤						
17	①	②	③	④	⑤	37	①	②	③	④	⑤						
18	①	②	③	④	⑤	38	①	②	③	④	⑤						
19	①	②	③	④	⑤	39	①	②	③	④	⑤						
20	①	②	③	④	⑤	40	①	②	③	④	⑤						

※ 본 답안지는 마킹연습용 모의 답안지입니다.

2024 최신판 SD에듀 5대 발전회사 통합편
NCS + 전공 + 한국사 + 모의고사 5회 + 무료NCS특강

개정13판1쇄 발행	2024년 04월 15일 (인쇄 2024년 04월 08일)
초 판 발 행	2017년 01월 25일 (인쇄 2016년 12월 02일)
발 행 인	박영일
책 임 편 집	이해욱
편 저	SDC(Sidae Data Center)
편 집 진 행	김재희 · 강승혜
표지디자인	조혜령
편집디자인	최미란 · 곽은슬
발 행 처	(주)시대고시기획
출 판 등 록	제10-1521호
주 소	서울시 마포구 큰우물로 75 [도화동 538 성지 B/D] 9F
전 화	1600-3600
팩 스	02-701-8823
홈 페 이 지	www.sdedu.co.kr
I S B N	979-11-383-6950-3 (13320)
정 가	26,000원

5대
발전회사
통합편

정답 및 해설